理学思想与人文汝城

顾　问　李景源　杨曾文　万　里
廖桂生　黄志文
朱惠芳　肖春英
主　编　欧阳海波
副主编　朱忠悦　杨锦芳

湖南大学出版社

内容简介

“周敦颐与汝城暨理学思想与中国传统乡土社会学术研讨会”论文选集。内容包括周敦颐与宋明理学的关系、周敦颐与湖湘文化的关系、周敦颐汝城史迹、周敦颐理学思想在汝城的产生及影响、汝城古祠堂群落与理学文化、元至清代汝城地方士大夫与儒学、理学思想与汝城古代社会生态、祠堂祭典与古代家礼、古祠堂的建筑形制、古代汝城家族与教育、汝城的历史变迁与湖湘及岭南区域文化的交流、汝城古祠堂与牌楼群落田野调查等。

图书在版编目（CIP）数据

理学思想与人文汝城/欧阳海波主编. —长沙：湖南大学出版社，2013.10

ISBN 978-7-5667-0476-4

Ⅰ.①理… Ⅱ.①欧… Ⅲ.①周敦颐（1017～1073）—哲学思想—学术会议—文集 Ⅳ.①B244.2-53

中国版本图书馆 CIP 数据核字（2013）第 228792 号

理学思想与人文汝城

LIXUE SIXIANG YU RENWEN RUCHENG

作　　者：欧阳海波　**主编**

责任编辑：肖立生　**责任校对**：全　健　**责任印制**：陈　燕

特约编辑：蓝甲云　高　丽　卢付林

印　　装：衡阳顺地印务有限公司

开　　本：710×1000　16 开　**印张**：36.75　**字数**：680 千

版　　次：2013 年 10 月第 1 版　**印次**：2013 年 10 月第 1 次印刷

书　　号：ISBN 978-7-5667-0476-4/B·81

定　　价：110.00 元

出 版 人：雷　鸣

出版发行：湖南大学出版社

社　　址：湖南·长沙·岳麓山　　**邮　　编**：410082

电　　话：0731-88822559(发行部),88821594(编辑室),88821006(出版部)

传　　真：0731-88649312(发行部),88822264(总编室)

网　　址：http://www.hnupress.com

电子邮箱：pressxls@hnu.cn

前　言

由中国社会科学院文化研究中心、湖南省社会科学院哲学研究所主办，中共汝城县委、汝城县人民政府承办的“周敦颐与汝城暨理学思想与中国传统乡土社会学术研讨会”于2012年12月22日至23日在汝城召开。来自中国社会科学院与各省社会科学院、高校及汝城当地专家学者、有关媒体记者近100人参加了会议。

这次会议，历经方案筹划、邀请学者、筛选论题、田野调查、撰写论文、搜集整理资料、研讨交流数阶段一年多的精心筹备，发表论文60多篇。研讨会上围绕“周敦颐与汝城”、“理学思想与中国传统乡土社会”、“汝城历史文化”三个方面主题，举行了三场学术报告会，进行了交流发言。这是继2001年在汝城召开的“全国周敦颐理学思想研讨会”后又一次对濂溪理学的深入探讨，也是对周敦颐莅汝治县，蕴创理学及对汝城人文之深远影响的又一次挖掘和提升，是汝城濂溪情愫的又一次倾情展示，是汝城这座省级历史文化名城内涵的又一次打造和丰富。

现将本次研讨会发表的论文结集出版。

编　者

目　次

拓展周子思想研究　挖掘汝城地方文化遗产和文化资源

——在“周敦颐与汝城暨理学思想与中国传统乡土社会学术研讨会”上的讲话

李景源

各位领导、各位来宾、女士们、先生们：

大家上午好！感谢大家莅临汝城来参加周敦颐理学思想研讨会。此次由中国社科院文化研究中心、湖南省社科院哲学研究所共同主办，中共汝城县委和县政府承办，召开的“周敦颐与汝城暨理学与中国传统乡土社会学术研讨会”，对于拓展周子思想研究，挖掘汝城地方文化遗产和文化资源，进而推动当代中国新文化建构，推动理学思想以及中国传统文化的深入研究，都具有重要的意义。

周敦颐是中国古代著名哲学家，“北宋五子”之首，他对宋明理学的创建有突出的贡献。周敦颐的理学思想不仅对宋代以后的士大夫阶层有影响，并且对民间乡土社会也有深入、持久的影响。汝城地方文化中的祠堂文化、民俗乡土文化就是一个明显的体现。

周敦颐被后人誉为“理学开山”、“道学宗主”，是实至名归。他的学术贡献至今仍启迪后人，发人深思。

第一，周敦颐从佛家和道家的形上学得到启发，即儒家文化要得到新生和发展，必须为人们解决灵魂安顿问题，只有为生民的终极关怀提供根据的儒学才能有新的发展。他从《周易》中借鉴“太极”、“阴阳”等概念，又融汇佛、道两家资源，创造性地发挥和发展出新的理学的形上学。这种形上学要解决人们的精神寄托和精神栖息之所，解决民族精神生活中的终极关怀问题。周敦颐的太极理论是对形上学的理性建构，其最大功绩是帮助儒学建立了一条以哲学化解宗教、代替宗教的正确方向和道路。

第二，周敦颐把理性宇宙论和儒家的伦理教义统一起来，他的《太极图说》和《通书》充分展现了这种内在的统一。《太极图说》是探索宇宙之极，而目的却落脚于“立人极”，揭示了宇宙与人的统一性和天人合一的存在论根据。在太极理论中，太极是万事万物的总根源，是物质现象和精神现象的根本原因，太极演化和阴阳转化化生万物，其中人“得其秀而最灵”。正如许多学者指出的，周敦颐是通过为儒家伦理确立一个形上学的基础而重新彰显和深化了儒家的伦理学说。从他的太极说到他的爱莲说，以及他教二程兄弟寻找“孔颜乐处”的举动，都足以证明他的人生境界和他的信仰是内在统一的，他对人生境界的追求至今仍光照人间。

第三，民间文化史研究表明，民间日常观念是精英观念孕育产生的土壤。民间观念直接来源于人们的日常生活，它支配着人们的日用伦常。精英来自民间，精英观念是对民间观念的升华，然后再回归民间观念之中。周敦颐作为理学的开创者，他的思想数百年来一直影响着民族心理的构成和演变。理学思想和民间社会的影响是相互的，要真正把周子研究引向深入，一方面要关注理学对底层民众、乡土社会的渗透和影响；另一方面也要从民间社会入手，探讨理学产生的社会历史条件。应当指出的是，周子思想与湖湘文化具有同构性，湖湘学人对周子学术思想的接受和传承，正反映了彼此文化精神的同构性。周子诠释了这种精神特质，建构了湖湘精神特质，后人又把这种精神发扬光大。

1977年，邓小平在组建中国社会科学院时指出，未来的中国不仅要成为一个经济大国，而且要成为一个文化大国。中华民族的复兴包括物质文明和精神文明两个方面。百年中国从弱到强，已经上升到第二大经济体，但从文化立国角度看，中国还仅仅是一个文化资源大国，还不是文化产业强国。从资源大国到产业强国有一个中介环节，就是学术立国。今日的中国与近代中国相比，综合国力和国际环境发生重要变化，学术研究的重任正从学术救国转变为学术强国。重建中国学术大国的地位，是当今学子的重要历史使命。我希望通过这次会议，汝城地区把周子学的研究引向深入，为中华文化精神家园建设再立新功！

作者简介：李景源，中国社会科学院学部委员、文化研究中心主任，研究员。

理学名城研理学　濂溪故地话濂溪

——在“周敦颐与汝城暨理学思想与中国传统乡土社会学术研讨会”开幕式上的致辞

廖桂生

理学名城研理学，濂溪故地话濂溪。今天，全国周敦颐与汝城暨理学思想与中国传统乡土社会学术研讨会在我县隆重举行。在此，我谨代表汝城县委、人大、政府、政协、人武部和40万汝城人民，向出席本次研讨会的各位领导、各位专家表示热烈的欢迎！向主办单位中国社会科学院文化研究中心、湖南省社会科学院哲学研究所表示衷心的感谢！向致力于理学文化研究的各位专家学者致以崇高的敬意！

周敦颐是宋明理学的开山鼻祖，他“上承孔孟、下启程朱”，其理学思想在中国哲学史上具有承前启后的重要作用。公元1050—1054年，周敦颐就任桂阳（今汝城）县令且治绩尤著，并在此写下了《太极图说》、《爱莲说》和《拙赋》等千古名篇。从此，周敦颐与汝城紧紧地联系在了一起，历史给予了汝城一份丰厚的馈赠。千百年来，汝城以周敦颐莅汝治县为荣，以濂溪过化之地为耀，历来官风清正、民风淳朴、学风兴盛，理学文化与濂溪精神在汝城历经岁月洗礼而历久弥新，也赋予了这座历史文化名城厚重的文化底蕴。

近年来，汝城先后修缮了千年学府濂溪书院，召开了全国周敦颐学术思想研讨会，开办了“濂溪讲坛”，兴建了予乐亭、太极亭、吟弄亭以及濂溪广场、爱莲广场、拙政公园等纪念性建筑，提炼了“崇理尚德、玉汝于成”的汝城精神，进一步挖掘和弘扬了理学文化。本次研讨会的召开，不仅为专家学者提供了理学文化交流研讨的平台，也为更好地保护和开发汝城历史文化提供了智力支持，对于汝城高起点、深层次保护文化遗产、彰显文化特色、促进文化繁荣，必将起到很好的推动作用。我们恳请各位领导和专家学者更多地关心汝城、支持汝城、推介汝城，将我县丰富的文化资源推向全省、全国、全世界，让理学文化精髓进一步发扬光大，让汝城这座历史文化名城闻名天下！

作者简介：廖桂生，中共汝城县委书记。

崇理尚德，玉汝于成

——在“周敦颐与汝城暨理学思想与中国传统乡土社会学术研讨会”开幕式上的讲话

黄志文

值此中国（湘粤赣）“红三角”文化生态旅游节暨厦蓉高速通车庆典活动之际，我们满怀无比喜悦的心情，在这里欢聚一堂，共同参加这次由中国社会科学院文化研究中心和湖南省社会科学院哲学研究所主办，中共汝城县委、汝城县人政府承办的全国周敦颐与汝城暨理学思想与中国传统乡土社会学术研讨会。首先，我谨代表汝城40万人民向前来参加这次学术研讨会的所有领导和嘉宾学者们表示热烈的欢迎和衷心的感谢！向所有关心、支持、参与这次研讨会的各位领导、各界朋友、各位同志表示诚挚的谢意！

“吾道南来，原是濂溪一脉；大江东去，无非湘水余波。”理学思想博大精深，理学鼻祖周敦颐给后世的精神财富巨大而富有探究意义。作为理学发源地及《爱莲说》故乡的汝城，自古以濂溪过化为荣，以弘扬理学思想为职责。“崇理尚德，玉汝于成”，作为汝城精神，恰如其分地诠释了理学给汝城带来的深远影响。2001年，我们曾举办了“全国周敦颐学术思想研讨会”，11年后的今天，我们举办这次“全国周敦颐与汝城暨理学思想与中国传统乡土社会学术研讨会”，进一步彰显了汝城这座历史文化名城的理学氛围。

有朋自远方来不亦乐乎，让我们再次以热烈的掌声欢迎各位领导、专家学者出席此次研讨会。古人云：“冬日围炉，畅饮漫话，好不惬意。”今天，来自全国各地的专家学者相聚在这里，共同探讨中华民族的传统文化，实是万分难得。我们将以此为契机，进一步致力将汝城打造成为弘扬理学文化的基地，为传承中国历史文化做出应有的贡献！同时，恳请各位领导、各位专家学者继续关注、支持汝城的经济社会事业发展，为我们的奋力前行、加速赶超提供不竭的动力！

作者简介：黄志文，中共汝城县委副书记、县长。

云门宗佛印了元与周敦颐的交游

杨曾文

中国佛教的发展与以皇帝为首的封建中央集权的朝廷及各地儒者士大夫的支持有密切关系。禅宗作为唐末五代以后迅速兴起的佛教宗派自然也不例外，得到了地方节度使或观察使、州刺史的支持。进入北宋，禅门五宗中的沩仰宗已经消亡，盛极一时的是云门宗，其次为临济宗、曹洞宗。它们以儒者士大夫和皇室、外戚为“外护”，积极扩大社会影响。

云门宗在宋初经过创始人云门文偃之下二、三世的迅速传播，至云门下四、五、六三世的时候，大体相当于仁宗朝中期至徽宗朝初期（约 11 世纪中叶至 12 世纪初），得到空前的发展，著名禅僧有属于云门下四世的佛日契嵩、天衣义怀、圆通居讷、育王怀琏、云居山了元，五世慧林宗本、法云法秀，六世法云善本、法云惟白。他们或在州县形胜之地的寺院传法，或奉诏入京在皇家寺院担任住持，与当时在中央或地方担任军政要职的儒者士大夫有着密切的交往，经常就天道、性命、道德等问题进行对话或互通诗文。

这里仅就云门宗佛印了元与周敦颐交往的事迹进行介绍，从中可以窥测宋儒与禅僧交流情景的一斑。

佛印了元（1032—1098），佛印是号。俗姓林，字觉老，饶州浮梁（在今江西景德镇市）人，家世业儒。据宋惠洪《禅林僧宝传》卷二十九《佛印元禅师传》记载，佛印从两岁开始读《论语》，五岁时能诵诗三千首，稍长随师读五经，略通大义。后因在竹林寺读《楞严经》，产生出家的念头，在父母允许之后到宝积寺师事僧日用。宋朝规定出家者先要通过由官府主持的考试，才能正式剃度受戒。[①] 佛印参加考试，以诵《法华经》及格，正式剃度受具足戒成为僧人。

此后，佛印到庐山开先寺，礼云门下三世善暹禅师为师，因问答敏捷受到赏识。十九岁时又到庐山圆通寺参谒居讷（1010—1071）禅师。居讷欣赏他的

① 关于宋朝的佛教剃度受戒制度，请详见《宋会要辑稿·道释》诸章。

文笔，称赞说“骨格已似雪窦（按：云门宗僧重显）”，让他接替原由怀琏曾担任过的书记职位。在江州（治今江西九江）承天寺住持职位空缺时，居讷推荐佛印前往就任。在此后四十年间，佛印历任淮山的斗方寺，庐山的开先寺、归宗寺，丹阳的金山寺、焦山寺（皆在今镇江），江西的大仰山寺等寺住持，并且四次任南康军云居山真如寺（在今江西永修县五垴峰顶）的住持，在僧俗信徒当中拥有很高的声誉，与著名士大夫周敦颐和苏轼、苏辙兄弟等人有密切的交往。

周敦颐（1017—1073），原名敦实，后因避宋英宗之讳，改名敦颐，字茂叔，道州营道（在今湖南道县西）人。家族世代为儒，年十五父丧，到京城依舅氏龙图阁直学士郑向。经郑向奏荐，于宋仁宗康定元年（1040）出任洪州分宁县（治今江西修水县）主簿，历南安军（治今江西大余县）司理参军。庆历六年（1046）升任大理寺寺丞、知郴州。二年后为郴县（治今郴州）令，至皇祐二年（1057）移任桂阳（今湖南汝城）令，所在皆有治绩。至和元年（1054）任南昌知县，嘉祐元年（1056）改为太子中舍签书、署合州（治今四川合川县）判官事。六年（1061）迁国子博士、虔州（治所在今赣州）通判，在道经江州（治今九江市）时游庐山，因爱此山水之胜，筑书堂于山之麓备作归隐之所。堂前有源自莲华峰的流水，便以故乡濂溪之名称之，自此以“濂溪”为号。嘉祐八年（1063）宋英宗即位，迁虞部员外郎，仍任虔州通判，著《爱莲说》以自况。翌年，改任永州（治今湖南永州市）通判。宋神宗熙宁元年（1068）擢任广南东路转运判官、提点刑狱。四年（1071），年五十五岁，移知南康军（治今江西星子县），至年底以分司南京（今河南商丘南）的闲职辞官，归隐于庐山濂溪书堂。周敦颐于熙宁六年（1073）六月逝世，年五十七岁。黄庭坚称颂他：“人品甚高，胸怀洒落，如光风霁月。”[①]

周敦颐为官辗转各地过程中，读书、讲学、与友人商讨学问不辍，著有《太极图说》、《通书》，“推明阴阳五行之理，命于天而性于人者”（《宋史·道学·周敦颐传》），是宋代道学的创始人，程颢、程颐兄弟曾从其受业，两宋理学家承继其学说并发扬之。

周敦颐在庐山风景优胜之麓筑建书堂期间，佛印了元禅师正在庐山鸾溪上游的寺院。二人有密切交往，据载“相与讲道，为方外交”。周敦颐举《中庸》的语句问他：“天命之谓性，率性之谓道。禅门何谓无心是道？”佛印以“满目青山一任看”作答，其意是触目是道，处处是道。周敦颐从中受到启发，一日

① 《宋史》卷四二七《道学·周敦颐传》；陈可明点校：《周敦颐集》（中华书局，2009 年第 2 版）所载南宋·度正《周敦颐年谱》等。

见窗前草生，自语“与自家意思一般”，作偈呈于佛印。曰：

昔本不迷今不悟，心融境会豁幽潜。
草深窗外松当道，尽日令人看不厌。①

前两句蕴含禅宗的迷悟不二、心境融通的思想。他慕东晋慧远在庐山东林寺结白莲社邀集僧俗信众念佛之事，让佛印成立并主持青松社，作为谈禅说法之所。

周敦颐此后赴虔州任通判期间曾遭到谗告，然而他处之泰然。佛印闻知此事，特作诗从庐山派人送给他。诗曰：

仕路风波尽可惊，唯君心地坦然平，
未谈世利眉先皱，才顾云山眼便明。
湖宅近分堤柳色，田斋新占石溪声，
青松已约为禅社，莫遣归时白发生。

诗称仕宦之途风险多，赞周敦颐心地坦然，不图名利，醉心山川景致，告诉他在庐山的旧居周围有青青堤柳，潺潺溪声，劝他早日归山，欢聚禅社。此后，佛印又送诗给周敦颐劝他归山隐栖，其中有句：“仙家丹药谁能致，佛国乾坤自可休，况有天池莲社（按：此当指阿弥陀佛西方净土）约，何时携手话峰头？”认为佛教自有使人安乐长生的妙义，盼望与他再次相聚禅社，共话庐峰胜景。②

《居士分灯录·周敦颐传》还记载，周敦颐以前曾向临济宗黄龙派禅僧晦堂祖心（1025—1100）、东林常总（1025—1091）参问过“教外别传之旨”。祖心示意他“只消向你自家屋里打点”；常总劝他在契悟“实理”之“诚”上下功夫，并向他讲华严宗的理法界、事法界及“理事交彻”的道理。据称，这对他著《太极图说》有直接的影响。

宋代理学本来是在旧有儒学的基础上吸收佛、道二教的思想而发展起来的，不少理学家具有与佛僧、道士交往的经历。周敦颐与禅僧祖心、常总及佛印了元的交游只不过是其中一个例子。

作者简介：杨曾文，中国社会科学院荣誉学部委员、世界宗教研究所教授。

① 明·朱时恩辑：《居士分灯录》卷下《周敦颐传》。
② 南宋·晓莹：《云卧纪谈》卷上。

周敦颐与儒学传统的嬗变

罗传芳

儒学作为中国传统思想和学术的主流，在历史上影响深远。从儒学发展史来看，春秋战国是原始儒学的形成时期，此时的儒学，继承上古社会的人文传统，与诸子百家争鸣、交锋，充满了勃勃生气。至两汉立为官学，儒学转入经学时代，主要以章句训诂为主，直到唐代，笺注经学都是儒学的主要表达方式；而与此相关，思想则日渐凋敝，了无生气，以致无法与外来的佛教和民间道教相抗衡。宋代以后，儒家士人为了重建儒学道统和权威，在融合佛道的基础上构建了“理学”这一独特的理论体系，使其成为中国古代社会后期主要的国家意识形态。

近代随着西方思想的传入，学术界发生了“中西之争”、“科玄之争”等一系列论战；在这些论战过程中，代表中国传统思想的人物所遵循的也主要还是宋明理学一路。可以说，理学是宋代以后中国传统文化的代表，它融儒释道于一体，以“内圣外王”、“天人合一”为主旨，在精深的哲学思辨的基础上，将中国古代的学术思想推衍至极；其中的精华糟粕、是非功过如何评说，至今仍在讨论之中。

按照近人的说法，儒学在历史上曾经有过四次重大转型，即先秦儒学、汉唐经学、宋明理学和近现代新儒学。在这四次转型中，第三次理学的转型对于儒学道统的传承意义尤大，因为在北宋复兴儒学的使命下，儒学的价值取向（义理）和理论建构（心性本体）必须有一个根本的转变，方能使其重生，因此，由经学到理学，由重章句训诂到重心性修为，由一门独尊到兼采各家，就成为儒学变革的根本要求和必然趋势。

在由经学向理学的嬗变中，周敦颐起了开山和奠基的作用。因而《宋史·道学传》载：“两汉而下，儒学几至大坏。千有余载，至宋中叶，周敦颐出于舂陵，乃得圣贤不传之学，作《太极图说》、《通书》，推明阴阳五行之理，命于天而性于人者，了若指掌。”黄宗羲在《宋元学案》中也评论说：“孔子而后，汉儒止有传经之学，性道微言之绝久矣。元公崛起，二程嗣之……若论阐发心性义理之精微，端数元公之破暗也。”

具体言之，周敦颐在宋代儒学传统的嬗变和复兴中起到了以下几方面的关键作用。

一、经典诠释方法的义理转向

周敦颐在历史上一直享有“理学鼻祖”、“道学宗主”的称誉，若论他对儒学发展所起的作用，首先就表现在他将汉唐以来的笺注经学改造成以哲学思辨为主的心性之学，为儒学注入了新的理论和思想元素，使儒学焕发生机，进入了新的发展阶段。周敦颐生活在北宋儒学变革的关键时期，史称“庆历之际，学统四起”，反思批判儒学、谋求儒学革新已成为当时思想界的潮流，如欧阳修、司马光等人均对传统经学提出质疑，疑经毁传，甚至非议亚圣。在这股反传统儒学的思想潮流中，周敦颐表现出了非同一般的气质，他对儒学发展的独特贡献更多地集中在对儒学理论和方法的建构上；具体说，就是改变了传统经学的诠释方式和理论视域，为儒学开出了一条生路：既不拘泥于学派分判，也不固守章句训诂，而是以开放的姿态重新阐释经典，发挥其义理，赋予了经典以当代史的面貌。周敦颐涉及的儒家经典不多，主要是以《易传》和《中庸》为基础；在方法上，则援道入儒，以儒道互通互摄为理路，从宇宙论的高度重建了儒家的价值系统，使儒学的道德理性从内（心性）外（天道）两个方面获得了形上根据（“乾元诚体”）。自周敦颐以后，宋代理学家在解释经典时，基本沿袭了这种灵活变通、直接从文本阐发义理的方式，由此便形成了历史上与“汉学”对峙的“宋学”的解经风格。

二、生命化儒学的精神回归

理学的出现，从根本上源于外在形势逼迫下儒学自我更新的内在需要。与先秦时期生气勃勃的原始儒学相比，汉唐经学由于长期沉溺于章句训诂，已使儒学的思想活力和生命感召力丧失殆尽。而与此相反，唐五代的佛教禅宗却异常活跃，出现了许多具有独特生命气质和旺盛创造力的大师级人物，他们鄙弃荣华，苦心孤诣，对生命本质进行了终极追问，这使当时许多读书人和信众纷纷投入佛门。而相比之下，汉唐经学中人物的生命境界却显得那么狭隘，他们通经的目的只是为了走“取青紫如拾芥”的捷径，此捷径被班固指为“禄利之途”。这种功利化的人生哲学当然不能使有抱负的士人满意，因而出现了“儒门单薄，皆归释氏”的现象。周敦颐在北宋并非显赫人物，但他与传统经学人物的区别在于他具有“光风霁月”的人格魅力，为时人所景仰，这在宋代儒学转型期起到了一种精神引领的作用。周敦颐对程颢程颐兄弟的影响可见一斑。二程十多岁时，即“闻汝南周茂叔论道，遂厌科举之业，慨然有求道之志”，而且“吟风弄月而归，有‘吾与点也之意’”。从二程的自述来看，周敦颐对他们的影响主要在于精神上的指点，而非一般的学问传授，这也是后来二程开创的洛学虽与濂学不同，但在精神气质上一致的原因。如果说周敦颐开创的理学与以往有什么不同的话，那就是他将汉唐以来功利化儒学的价值取向引导到了对人的内在心性的重视和修为，从而使外在伦理规范内化为人的自觉需要（这与先秦儒学的旨趣是一脉相承的）。可以说，周敦颐的儒学是生命化的儒学，是“当下呈现”的儒学，是可以通达生命本质的儒学，与传统经学完全不同，从而为宋代儒学（理学）开启了一种独特的精神传统。史载周敦颐教二程以“寻孔、颜乐处”，实际上指示的就是这样一条生命化儒学的精神方向；而二程“吟风弄月而归”，则表现出他们对于这种生命化儒学精神实质的深切领会。

三、融摄佛道的超越境界

在儒学占统治地位的传统社会，佛教和道教作为“异端”一直受到儒家学者的排斥。但是，自魏晋南北朝以来，佛教学者深刻的哲学思辨能力，道家道教学者玄远的生命境界和生活情趣，都日渐博得人们的欣赏，到唐代，佛、道二教的势力更是达到了鼎盛；而同时，儒、佛的斗争也趋于激烈。唐代韩愈有《谏佛骨疏》，宋代欧阳修著《本论》，都对佛教提出了批评性意见，韩愈甚至提出要“人其人，火其书，庐其居”，主张对佛教采取激烈的手段。周敦颐则与此不同，明显表现出超然的境界。他主张对儒、佛、道三教不分轩轾，平等对待，这便为他融合儒佛道三教的思想精华提供了前提和基础。周敦颐在日常生活中也有隐者之风，爱好山水，吟诗弄月，好与高僧道人往还，这种个人生活上的情趣为他赢得了“周茂叔，穷禅客”的评价，也使他从情感上更接近于佛老的真义。他的《太极图说》与道家道教有着密切的关联，其中的“无极”、“主静”等观念明显来自道家。[①] 而另一部重要著作《通书》，则立足于儒家的“仁义礼乐”来融摄佛道之学。由此也可看出，宋代理学家在建构理学时之所以能自由出入释老，关键在于其自身有立足之处，立足之处既坚固，则外来观

① 陈鼓应先生的《论周敦颐〈太极图说〉的道家学脉关系》一文（《哲学研究》2012年第2期），从周敦颐的诗文、道家生活情趣以及《太极图说》中包含的道家道教理论和观念等几方面，论述了周敦颐思想的道家归属，可以参考。

念无不可以为己所用。周敦颐学说的开放视野和开放体系就是最好的说明。[①] 冯友兰先生在《中国哲学史新编》中曾说，禅宗的要义在于担水砍柴皆为妙道。但既然担水砍柴皆为妙道，事君事父就不是妙道？冯先生的这一论述实际揭示了禅宗与理学在学理上绝非对立，而是可以互通互摄的。但在当时，许多理学家出于自身的偏见，往往“明斥其人而暗用其说”，分明表现出一种狭隘的宗派性立场。从这一点上来说，在宋儒之中，真正能体现出思想宽容，做到与佛、道二教“相视而笑，莫逆于心”的，当首推周敦颐。

当然，周敦颐乃至整个理学也遭到了后来明清经世学派、考据学派的批评，其理由是理学有浓重的佛、道思想痕迹和严重的内化倾向，不符合先秦儒学刚健进取的精神气象。[②] 这虽然有一定的道理，但也从另一个方面印证了理学融合佛道、兼采众长、实现经学突围的努力。诚然，宋明以后，理学越来越注重内在体贴而忽视外在事功，进入了所谓“禅静消极之孤径”，这不能不说与周敦颐“无欲”、“主静”的佛道式修养思想有直接关系。但思想史的发展总是以解决当下急务为前提的，理学和周敦颐的局限以及被超越，应该是下一步思想史的任务；儒学传统在周敦颐和理学手里得到了接续和光大，应该是不争的事实。

作者简介：罗传芳，中国社会科学院《哲学研究》杂志社编审，哲学研究所研究员。

① 即使同意陈鼓应先生的上述观点，也只能说明，在周敦颐的道家道教思想中，一定有能开出儒家道德心性之学的理论出口，否则，二程、朱熹也不会奉周茂叔为道学宗师。

② 方东美曾指出，周敦颐的“无欲、主静”思想是魏晋新道家的理论，而非来自先秦儒学。

《爱莲说》是周敦颐的心性流露

黄夏年

周敦颐（1017—1073），字茂叔，号濂溪，湖南道州营道楼田堡（今湖南道县）人，曾封汝南伯、道国公、先贤周子，谥元，故称元公，是宋代著名的哲学家、理学家与文学家。他从小喜爱读书，“志趣高远，博学力行，有古人之风”，阅读诸子百家，广涉儒释道著述，勤于思考，努力钻研，又“信古好义，以名节砥砺”，精研《易经》，撰述《太极图说》，创立先天宇宙论思想，此说影响了后世，后人认为“两汉而下，儒学几至大坏。千有余载，至宋中叶，周敦颐出于舂陵，乃得圣贤不传之学，作《太极图说》、《通书》，推明阴阳五行之理，明于天而性于人者，了若指掌”。著名理学家程颐、程颢两兄弟都出自其门，故周氏被视为我国宋明理学的开山祖师。

一、古人爱莲和唱莲

周敦颐除了在中国哲学方面取得崇高的地位之外，在文学方面也很有成就。他酷爱雅丽端庄、清幽玉洁的莲花，曾经挖池种莲，名为爱莲池，漫步池畔，口诵《爱莲说》。其文云：

水陆草木之花，可爱者甚蕃。晋陶渊明独爱菊。自李唐来，世人甚爱牡丹。予独爱莲之出淤泥而不染，濯清涟而不妖，中通外直，不蔓不枝，香远益清，亭亭净植，可远观而不可亵玩焉。予谓菊，花之隐逸者也；牡丹，花之富贵者也；莲，花之君子者也。噫！菊之爱，陶后鲜有闻。莲之爱，同予者何人？牡丹之爱，宜乎众矣。

莲花也称“荷花”，是中国人最喜爱的花种，也是中国历史上最早记载的名花之一。“莲”在古代有多种称谓。《尔雅》云：“荷，芙蕖，其华菡萏。”晋代郭璞的《尔雅注》则指出：“江东呼荷花为芙蓉。《诗疏》花未发为菡萏，已发为芙蕖。”晋崔豹《古今注》又云：“荷花一名水且，一名水芝，一名泽芝，一名水华。”《三余帖》则说：“莲花一名玉环。”

古人对莲的特点早有认识。《种树书》云：“初春掘藕，节藕头着泥中种之，当年着花。”《丛话》云：“（莲花）有红、白、碧三色，有千叶者、重台者、双头者。”《学圃杂疏》云：“莲花种最多，有叶如伞盖，茎长丈许，花大而红。”《埤雅》云：“莲花有色有香，得日光乃开，敷生于水，水不能没，生于泥，泥不能污。”《本草》云：“花白者香，红者艳，千叶者不结实，以莲子种者生迟，藕芽种者易发。”许彦周《诗话》云：“世间花卉无逾莲花者。盖诸花皆借暄风暖日，独莲花得意于水月，其香清凉，虽荷叶亦自香也。”《结房》曰：“百子莲，此最宜种大池中。有一种，曰碧台莲花，白而瓣上恒滴一翠点，房之上复抽绿叶，似花非花。余尝种之。有一种曰锦边莲，蒂绿花白作蕊时，绿苞已微，界一红线矣。开时千叶，每叶俱以胭脂染边，真奇种也。《孝经·援神契》：王者，德至于地，则华苹感。注：华苹，并头莲。《祥瑞图》：双莲为苹。《真珠船》：双头莲即合欢莲，一名嘉莲，一名同心莲，自是一种，不足为瑞。”

莲的品种既多，特点亦异，古人记载了其独特的地方文化特点。如《山堂肆考》云：“云南滇池中产衣钵莲花，盘千叶，蕊分三色。”《演繁露》云：“洛阳无白莲花，白乐天自吴中带种归，乃始有之。”《北梦琐言》云：“湖州染户池生青莲花，云三世治靛瓮，常以莲子浸瓮底，经年则成青色。若以青莲子种，即红矣。”《留青日札》云：“缃荷，今之蜜荷也。缃浅黄桑，初生色苏。”王歆之《神境记》载：“九疑山过，半路皆行，竹松下狭，路有清涧，涧中有黄色莲花，芳气竟谷。”故《环诗》曰：“帷齐绿树当檐密，盖转缃荷接岸浮。”《麻姑山记》云：“坛东南池中有红莲，近忽变碧，今又白矣。”《记纂渊海》云：“近多重台荷，盖莲实中又生花，亦甚异也。”《宋起居注》云：“太始二年，嘉莲一双骈花并实，合跗同茎，生预州鳢湖。”《宋书》云：“文帝时，天泉池、乐游苑池、玄圃圆池，并二莲同干。”《杜阳编》云：“沧州金莲花，州人研之，如泥光彩，与真金无异。其花如蝶，每微风则摇荡如飞，妇人采之以为首饰。语曰：‘不带金莲花，不得入仙家。’”周伯琦《纪行诗注》载：“上都多异花，有名金莲花者，似荷而黄。”《酉阳杂俎》曰：“南海有睡莲，晓则花起向日，夜则花低入水。”《北户录》云：“睡莲叶如荇，而大其花布，叶数重不房，而蕊凡五种奇色，当夏昼开，夜缩入水。”《庐山记》云：“清源池生莲花，大如车轮，此也。”《洞冥记》云：“钓影山有紫河，深十丈。中有寒荷，霜下方香盛。”《一统志》曰：“儋州城南清水池，其中四季荷花不绝，腊月尤盛。”《三堂往事》曰：“宅有钓仙池，池中莲花一岁再结实，每实子十只，其花时香，兼桃、菊、梅，故谓之分香。莲郡人谚曰：分香莲，不论钱。”《铁线莲花谱》曰：“西番莲花，雅淡如菊。铁线莲花，心黑如铁线。”《昼卷》曰：

“南国所献，亦云月出则舒，故曰望舒荷。”

莲受人喜爱、赞美，历代朝野上下各个阶层都对莲情有独钟。帝王与莲有因缘者如是，《拾遗记》载：“周穆王时有水荷，出于水壑，火不能镕。”《三辅黄图》云：“汉昭帝寄琳池，植分枝荷，一茎四叶，状如骈盖。日照则叶低阴，根茎若葵之卫足，名曰低光荷。实如玄珠，可以饰佩。”《拾遗记》又云：“汉灵帝时有夜舒荷，长一丈，一茎四莲，其叶夜舒。”《洞冥记》则曰：“汉昭帝游柳池，中有紫色芙蓉，大如斗花，叶甘可食，芬气闻十里。”《杜诗注》云：“魏文帝芙蓉园有池，其中芙蓉即莲花也。产于陆者，曰木芙蓉；产于水者，名草芙蓉。”《天宝遗事》云：“太液池千叶白莲开，帝与妃子共赏。”《庐陵官下记》云：“魏正始中，郑公悫三伏之际，每率宾僚取大莲叶置砚格上，盛酒三升，以簪刺叶，令与柄通，屈茎上轮囷如象鼻，传吸之，名为碧筒杯。”《宋史》载：“兴国中，内出玉津园瑞莲一盆示辅臣，花与叶悉以合欢而生花异。”

文人爱莲叹莲，极尽阿谀，奉为上品。《词话》云：“曾端伯十友，荷为净友。”韩昌黎诗云：“太华峰头玉井莲，开花十丈藕如船。始意退之自为豪，伟之词后见真人。”《北梦琐言》云：“元和中，苏昌远遇素衣红脸女郎，与狎，赠以玉环。一日见槛前白莲花开中有物，则玉环也。”《鸡跖集》云：“房寿六月，召客捣莲花，制碧芳酒。”

莲与佛、道两教，因缘更深。《记纂渊海》曰：“佛书云芬陀利花，白莲花也；优钵罗花，青莲花也；波头摩花，赤莲花也。”《南史》载：“齐晋安王子懋七岁时，母阮淑媛尝病，笃请僧行道，有献莲花供佛者众。僧以铜罂盛水，渍其茎子，懋流涕礼佛曰：若使阿姨因此和胜，愿诸佛令花竟斋不萎。七日斋毕，花更鲜红，视罂中稍有根，当世称其孝感。”冯翊《桂苑丛谈》曰：“炀帝时，释法庆造佛像未成暴亡，到一像前，法庆曰：造像未毕，何乃令我死？检簿者曰：命禄俱尽。像曰：须成我矣，可给荷叶，以终其事。遂再生，竟不能食，每旦食荷叶一枚，斋时三枚，如此五年，功就而卒。”僧人讲经被称为“口吐莲花”。《佛图澄传》：“澄咒钵中青莲花生。”《珍珠船》云：“雍熙中，庐山开光寺望黄石岩瀑水中，一大红叶泛泛而下，僧取之，乃红莲，一叶长三尺，阔一尺三寸。”《笔谈》曰：“李及之知润州，园中菜花悉是莲花，仍各有佛坐花中，形如雕刻。”《白乐天诗序》云：“予游临邛白鹤山寺，佛殿前有木莲两株。其高数丈，叶坚厚如桂，以中夏发花，状如芙蕖，香亦酷似。山僧云，花折时有声，如破竹。”明代高僧憨山德清大师撰《法性寺优昙华记（并铭）》曰：“（金莲华）斯为法道之应，其华产于蕉本，抽茎而挺生其中，宛若芙蕖，而色若黄金。其叶坚厚倍之，瓣瓣丛簇，含裹香蕊，状如玉簪。中虚而体洁，盛甘露浆，吸而饮之，香沃肺腑，盖世所希见者。如佛所云优昙华，解之曰瑞应，岂是之谓乎。经云，佛现于世闲，譬如优昙华，时乃一出，正犹鳞凤芝草之生于嘉运耳。……且夫鳞凤芝草，为造化之精英，天地之正气，钟之在物，为嘉祥之瑞应。在人为群生之利见，故如来出世，如优昙华。……呜呼。优昙再现，佛日重辉。曹溪涸而复涨，觉华凋而再荣，是有望于今日也。……彼昙者华，为莲之瑞，从空涌见，岂曰无谓。阎浮之金，华色如之。甘露之浆，其味若斯。连理于庭，铁甲于疆。"（《憨山老人梦游集》卷二三）道教与莲花，有《关令尹喜传》云："真人游时，各坐莲花之上，花辄径十丈。"《华山记》云："华山顶上有池，生千叶莲华，服之者羽化，故名华山。"《搜神记》云："无锡湖陂，雨初止。陂吏见一小妇人，青衣戴伞，自投陂中。是大苍獭，衣伞皆是荷花。"

莲以其洁净的品格，成为传统文化中最受重视的花卉之一，也深入到民间生活之中。据《燕京岁时记》所载，辽、金时代曾在北京的莲花池西南建筑都城。后来因为辽、金灭亡都城被毁，莲花池也渐渐荒废。由此可以推断，至少在1200年前的唐、宋、元时期，北方地区曾经莲花盛开。东北辽宁普兰店市曾是水乡，当地有"莲花泡子"、"泡子"、"莲花山"等地名。周敦颐《爱莲说》则是颂莲之作的精品。诗人以菊、牡丹与莲作对照，指出前二者只是美艳与富贵的象征，莲则有更高的意境。其"出淤泥而不染，濯清涟而不妖"的本性；其"中通外直，不蔓不枝"，独傲世间的清高品格；其挺立淤泥之中，散发幽香的怡然自得，堪称花中君子。

二、《爱莲说》是周敦颐的心性流露

中国古代文人追求卓尔不凡的品格。《礼记·大学》云："心正而后身修，身修而后家齐，家齐而后国治，国治而后天下平。"士大夫首先要正心，专注于修身养性，然后才能治理小家、继而投身于国家的建设。《孟子·滕文公下》曰："居天下之广居，立天下之正位，行天下之大道。得志与民由之，不得志独行其道。富贵不能淫，贫贱不能移，威武不能屈，此之谓大丈夫。"这是说大丈夫应以天下为己任，无论在什么情况下，都应保持自己的独立人格。周敦颐认为重要的在于"行"，只有"行"才看出为人。故他说："圣人之道，入乎耳，存乎心，蕴之为德行，行之为事业，彼以文辞而已者，陋矣。"（《周元公集》卷一）

周敦颐的一生始终是在践行"修身、齐家、治国、平天下"的儒家理想，但是他更注意的是人的品格培养。"道之得于心者，谓之德。其别有是五者之用，而因以明其体焉，即五行之性也。"（《周元公集》卷一）其所著的《拙赋》虽然只有66字，但对后世影响甚大，"巧者言，拙者默；巧者劳，拙者逸；巧者贼，拙者德；巧者凶，拙者吉。呜呼，天下拙，刑政彻，上安下顺，风清弊绝”。（《周元公集》卷二）弄巧成拙，不如持拙，君子坦荡荡，不投机取巧，以拙为安，是以退为进，为最上乘之道。周敦颐强调：“乐者，本乎政也。政善民安，则天下之心和。故圣人作乐以宣㥶，其和心达于天地，天地之气感而太和焉。天地和，则万物顺，故神祇格，鸟兽驯。”（《周元公集》卷一）

周敦颐钻研周易，创立《太极图说》。他认为：“乾道成男，坤道成女。二气交感，化生万物。万物生生，而变化无穷焉。惟人也得其秀而最灵。形既生矣，神发知矣。五性感动，而善恶分，万事出矣。圣人定之以中正仁义而主静，立人极焉。故圣人与天地合其德，日月合其明，四时合其序，鬼神合其吉凶。君子修之，吉；小人悖之，凶。”人是万物之灵，最得天地之灵气。圣人心中存仁义，则静观万物，成就堂堂正正的人格。善与恶还是人性的表现：“几者动之微，善恶之所由分也。盖动于人心之微，则天理固当发见，而人欲亦已萌乎其间矣，此阴阳之象也。”（《周元公集》卷一）周敦颐对人性的判别，得到了人们的赞同。故人曰：“宋儒周敦颐曰，元亨诚之通，利贞诚之复，盖天地之内，无非实理。流行在天，为命在人，为性自性，而发则为情，情之善由于性之善，性之善由于天命之无不善，是以刚健中正之德，全具于人，而元亨利贞之理，无物不有，惟视人能法干而已矣。”（《日讲易经解义》卷一）“昔宋儒周敦颐有言，人生而蒙，长无师友则愚，故师道立，则善人多。善人多，则朝廷正，而天下治矣。然则择师求道，诚人生第一义也。”（《日讲易经解义》卷二）

做善人，才可进圣人之阶。人首先是要做好人，做善人，只有做了善人之后，才能做圣人。“是治天下，观于家，治家观身而已矣。身端心诚之谓也，诚心复其不善之动而已矣。”（《周元公集》卷一）周敦颐这一思想，对人们影响很大。史载：“黄庭坚称其（案指周敦颐）人品甚高，胸怀洒落，如光风霁月，廉于取名，而锐于求志，薄于徼福，而厚于得民，菲于奉身，而燕及茕嫠，陋于希世，而尚友千古，博学力行，著《太极图》，明天理之根源，究万物之终始……又著《通书》四十篇，发明太极之蕴。序者谓其言约而道大，文质而义精，得孔孟之本源，大有功于学者也。”（《宋史》卷四二七）周敦颐“其善开发人类”（同上），“而论人性者，了如指掌”（同上）。他所阐释的“人性”，体现在他的“慎独”功夫之中。然而善人与慎独，其最重要的基础还是来自“养心”，“天地圣人其道一也”。（《周元公集》卷一）“天下之本在君，君之道在心，心之术在仁义。”（同上）“十室之邑，人人提耳，而教且不及，况天下之广，兆民之众哉，故曰纯其心而已矣。”（同上）此心既是治天下感化世间之心，也是提高素养的自心，故有人曰：“宋儒周敦颐有云，治天下有本身之谓也。本必端，端本诚心而已矣。”（《御览经史讲义》卷八）所以“心”才是周敦颐所要强调的根本宗旨。

周敦颐强调善心善性善人，其典型的代表人物就是他在《爱莲说》中所强调的有莲之品质的“君子”。中国古代中的“君子”是现世间完美主义的典型，早在周代就已有与“小人”相对的“君子”一说。如《诗经·谷风之什·大东》曰：“君子所履，小人所视。”孔颖达《诗经正义》曰：“此言君子、小人，在位与民庶相对。君子则引其道，小人则供其役。”由此可知，“君子”是在上位，有引领作用的人物，故《春秋左传·襄公九年》云：“君子劳心，小人劳力，先王之制也。”在儒家里面，君子是有着良好道德的人物：“博闻强识而让，敦善行而不怠，谓之君子。既成君子之名，若反君子之身，则是小人之道。”（《周易举正》卷二）“君子食无求饱，居无求安；敏于事而慎于言，就有道而正焉，可谓好学也已矣。”（《论语·学而》）“君子之道者三，我无能焉。仁者不忧、知者不惑、勇者不惧。”（《论语·宪问》）“君子成人之美，不成人之恶。”（《论语·颜渊》）“君子固穷，小人穷斯滥矣。”（《论语·卫灵公》）所以，君子是有学识、有理想、有追求、有道德的人物，也是所有士大夫向往的理想。这就是周敦颐所说的“本必端，端本诚心而已矣。则必善，善则和亲而已矣”。（《周元公集》卷一）《爱莲说》的莲，有独立的品格与个性，在众多的各色奇花异卉之中，只有它卓然而立，“出淤泥而不染，濯清涟而不妖，中通外直，不蔓不枝，香远益清，亭亭净植”，既不像菊隐逸其面貌，也不像牡丹外露其富贵，但却在现实中冷眼观世，不羁不荡，于众花中独擅其美，于群花中独傲于水。儒家的君子就是这样的人物。“君之为言，群也；子者，丈夫之通称也。”（《白虎通义》卷上）孔子说：“君子有九思：视思明，听思聪，色思温，貌思恭，言思忠，事思敬，疑思问，忿思难，见得思义。”（《论语·季氏十六》）有天下之德，用“九思”的道德来做人，如此方显“君子”之本色。

君子是修养出来的。孔子说：“质胜文则野，文胜质则史。文质彬彬，然后君子。”（《论语·雍也》）也就是说，君子重在修心。周敦颐也强调：“实胜，善也。名胜，耻也。故君子进德修业，孳孳不息，务实胜也。”（《周元公集》卷一）他尤其重视养心，著《养心亭说》曰：“孟子曰，养心莫善于寡欲。其为人也寡欲，虽有不存焉者寡矣。其为人也多欲，虽有存焉者寡矣。予谓养心不止于寡焉而存耳。盖寡焉，以至于无。无则诚立，明通诚立。贤也，明通圣也，是圣贤非性生，必养心而致之。养心之善有大焉，如此存乎其人而已。”（《周元公集》卷二）在周敦颐看来，养心重在控制欲望：“见其大则心泰，心泰则无不足，无不足则富贵贫贱处之一也。处之一，则能化而齐，故颜子亚圣。”（《周元公集》卷一）以“寡欲”作为养心之道，心则无欲或寡欲，则进而为人立诚，通达圣贤，故曰：“纯者不杂之谓心，谓人君之心。”（《周元公

集》卷一）“心纯则贤才辅。”（《周元公集》卷一）

他本人也积极实践养心寡欲之道。他认为“君子以道充为贵，身安为富，故常泰无不足，而铢视轩冕，尘视金玉，其重无加焉尔”。（同上）又以“芋蔬可卒岁，绢布足衣衾。饱暖大富贵，康宁无价金。吾乐盖易足，名濂朝暮箴”（《周元公集》卷二）为生活准则，过着“静思归旧隐，日出半山晴。醉榻云笼润，吟窗瀑泻清。得闲方达士，失计只劳生。朝市谁头白，车轮未晓鸣”（《静思篇》）的恬适生活。他以“道充为贵，身安为富”的君子心态，云“紫霄峰上读书台，深锲云中久不开。为爱此山真酷似，冠鳌他日我重来”。（《冠鳌亭锦竹》，《全蜀艺文志》卷一二）与朋友游山，“三月山方暖，林花互照明。路盘层顶上，人在半空行。水色云含白，禽声谷应清。天风拂襟袂，缥缈觉身轻”。（《同宋复古游大林寺》，《御定佩文斋咏物诗选》卷二三二）同享春日美好时光，体会“琳宫金刹接林峦，一径潜通竹坞寒。是处尘埃皆可息，时清终未忍辞官”（《经古寺》，《御选宋金明四朝诗——御选宋诗》卷六五）之轻松。又独自站在自家的屋门，远眺“花落柴门掩夕晖，昏鸦数点傍林飞。吟余小立阑干外，遥见樵渔一路归”。（《题春晚》，《御选宋金明四朝诗——御选宋诗》卷六五）感慨“落叶蝉声古渡头，沙滩人拥欲行舟。别离情似长江水，远亦随君日夜流”。（《江上别石郎中》，《御选宋金明四朝诗——御选宋诗》卷六五）总之，就是这种无欲无奢、追求自然的心态，让他更加体会了君子的清高美韵，写下了传世隽永的“可远观而不可亵玩”之君子的《爱莲说》。

三、结语

周敦颐是中国哲学理学思想的创始人，他所开创的理学思想是宋代以后中国统治思想的重要基础，也是影响了中国社会，建立中国道德秩序的基石。同样，他创作的《爱莲说》，一千年来也不断受到朝野上下各阶层的重视与传习。特别是《爱莲说》提倡的君子精神与君子气质，成为中国士大夫阶层的精神支柱，“出淤泥而不染，濯清涟而不妖”，一直是中国士大夫们清高与独立品格的追求。

“莲，花之君子者也。”众花之中，唯有清莲最为殊胜。清莲的质地与个性不在于它的香，不在于它的独立，而是在于它的冷与静，在纷乱的世界、污浊的社会，它不同流合污，不汲汲名利，实在难能可贵，因此也赢得了“可远观而不可亵玩焉”之称赞，成为历代君子效仿的榜样。

“莲之爱，同予者何人?”要回答这个问题的人可谓无数，但是真正能够做到像周敦颐这样，用自己的智慧开拓中国思想的先例，影响后来的社会，用自己的莲之君子精神，撑起了中国士大夫的境界的，唯有周子一人。历代文人赞叹《爱莲说》，就是赞叹他的清新独立的精神，以及不与浊世为伍的高尚情操。119字的《爱莲说》可谓影响深远，莲花亦堪称中国士大夫阶层的“夫子花”。

莲之为君子，是因为它有顽强的生命力。1898年8月，俄国人修筑的东清铁路在哈尔滨破土动工。当铁路修至辽宁普兰店东郊泡子时，修筑路基的工人发现了一种硬如卵石、壳已炭化的古莲子。人们将它砸开后，发现其中有灰白色的莲子，不经意丢弃在水池中的莲子后来竟然绽出绿芽。1923年和1952年，日本学者大贺一郎和中国的科学家来到此地陆续发掘，在这周围四五平方公里的地下一至两米的黑色炭土层中，发现了大量的古莲子。中国、俄罗斯、日本、美国等国科学家相继对它进行研究实验，测定这些古莲子年代最久的达1288年，最短的年限也有400年，令人惊奇的是，经过培育后，这些古莲子竟能迸芽开花。生物界由此认定，古莲子是目前为止能够确定年龄并发芽开花的最古老植物种子。2008年9月，普兰店的古莲子代表地球最古老的植物物种，搭载“神七”飞船遨游太空，研究探索古莲子在经历太空失重的状态后再次进行繁育，引起了世界的关注。

1959年，在北京火车站通车剪彩仪式上，参加仪式的毛泽东主席抽出一张代表通车的火车票，当毛主席看到自己抽出的火车票是从北京到辽宁普兰店时，高兴地说道：“这不就是古莲的故乡吗！”1962年，中国科学院对古莲子进行了科学研究，培育出来的古莲子发芽、开花后，时任社会科学院院长的郭沫若先生掩饰不住兴奋之情，赋诗一首《古莲绽新花》曰：“一千多年的古莲子啊，埋没在普兰店的泥土下。尽管别的杂草已经变成泥炭，古莲子的果皮已经硬化。只要你稍稍砸破它，种在水池里依然迸芽开花！”1998年，中国残联主席邓朴方前往美国夏威夷，专程看望在那里定居疗养的张学良将军。当问到“您老人家对东北最留恋的有哪些事情？”张将军说：“我最留恋和感兴趣的是咱们辽南普兰店出土的千年古莲子，它可是世界上难得的物种呀！”

千年的《爱莲说》留给人们无尽的联想。它激励着一代代人为自己的理想而奋斗和抗争。在新的时代，阅读和品味《爱莲说》，也必将有新的收获！

作者简介：黄夏年，中国社会科学院世界宗教研究所《世界宗教研究》杂志社社长，研究员。

周敦颐的历史记忆与文化诠释[①]

朱汉民

地域文化的建构往往要借助于历史记忆与文化诠释。湖湘文化的建构过程，与湖南人（或者是寓居湖南的士大夫）对周敦颐的历史记忆、文化诠释是密切关联的。宋元明清以来湖湘学人在追述湖湘文化的历史与传统时，均认同周敦颐作为湖湘文化奠基者的地位。

其实，这种对周敦颐的历史记忆、文化诠释的过程，也正是湖湘文化的建构过程。所以，通过湖南人对周敦颐的历史记忆、文化诠释的探讨，可以进一步深入了解湖湘文化的建构过程、内涵及其特点。

一、湖湘人对周敦颐的历史记忆

周敦颐系北宋天禧元年（1017）生于道州营道（今湖南道县）。因故乡有溪名“濂溪”，晚年于庐山建书堂名“濂溪”，学者称其为濂溪先生。与传统的士大夫一样，周敦颐一边做官，曾担任过并不太重要的县令、通判、知州、提点刑狱等；一边做学问，曾著有《通书》、《太极图说》。与他后来崇高的学术地位相比，其在世时的学术思想影响不大。但是，从中国学术史、文化史的角度来看，他有两点贡献是十分重要的。其一，他的学术思想涉及宋学的一个根本性的问题意识：即如何在名教中安身立命？他的《太极图说》、《通书》对这个问题作出了极有开拓意义的回答；其二，周敦颐传学于“慨然有求道之志”的程颢、程颐两兄弟，而二程后来又成为宋代理学的奠基人。周敦颐为中国学术史、文化史所做出的上述两点重要贡献，给后人的历史记忆、文化诠释留下了巨大的空间，有待于后人的不断理解、认知与开拓。周敦颐后来成为理学的开山之祖，与这两个重大学术文化的贡献有关。

但是，对两点贡献的理解和认识，则是后来的事情，特别是与南宋湖湘学

① 基金项目：国家社科基金重大项目：《湖湘文化通书》（10&ZD067）.

人对周敦颐的推崇有密切关联。周敦颐作为一个湖南人，以及后来在湖南做官、讲学所产生的影响，使得湖湘学人对周敦颐的历史记忆、文化诠释具有鲜明的地域文化色彩。据周敦颐的《年谱》、《家谱》记载，濂溪先生的十二世祖就迁入湖南定居，是一个地道的湖南人。周敦颐晚年定居庐山，仍以故乡的“濂溪”命名书堂，可见其对故乡的感情之深。同时，他最初做州、县地方官时，在湖南任职的经历较多，包括担任郴县县令、桂阳县令、永州通判、邵州知州等。他在湖南做官时不仅留下了很好的政声、名望，尤其是他作为一个宋朝“循吏”对儒学传播做出了不懈的努力。如他在任郴县县令时“首修学校以教人”，作《修学记》；任邵州知州时迁建州学作《邵州迁学释菜文》，等等。所以说，周敦颐作为一个出生于湖南、又在湖南留下诸多影响的重要文化人，为后来湖湘人的历史记忆、文化诠释创造了条件。

周敦颐才逝世不久的一段时期内，他似乎处于一种被遗忘的状态中。但是，几十年之后，情况发生了变化。从南宋初年开始，对周敦颐的历史记忆开始被唤醒。这时，已经有学者在搜集、整理他留下的学术著作，开始继续讨论他著作中探讨的问题，开始修建纪念他的祠堂，开始创办以“濂溪”、“爱莲”等（与周敦颐有关）命名的书院。而推动人们强化对周敦颐的历史记忆的文人学者，恰恰是湖湘学人。正由于是湖湘学者强化了周敦颐的历史地位，因而，有关周敦颐的历史记忆，就具有了湖湘文化建构的特别意义。湖南地区的士大夫、乡绅在强化对周敦颐的历史记忆的同时，也在展开对他的文化诠释。正如莫里斯·哈布瓦赫所说：“依靠社会记忆的框架，个体将回忆唤回到脑海中。换言之，组成社会的各类群体在每时每刻都能重构其过去。”① 湖湘士人在回忆周敦颐时，同时也是一种“重构过去”，即对周敦颐展开文化诠释的活动。

二、对周敦颐普遍性文化意义的诠释

在中国文化史上，对周敦颐的文化诠释是多元化的。譬如，同样是学者，推崇儒家的学者与推崇道家、道教的学者对周敦颐的文化诠释是不一样的；同样是儒家学者，宋儒与清儒对周敦颐的文化诠释也不一样；即使同样是宋儒，朱熹与陆九渊对周敦颐的文化诠释也差别甚大。可见，由于每个人的“社会记忆的框架”不一样，故而对历史文化的诠释也不一样。由于本文是采用区域文化的视角，故而希望能考察湖湘士大夫、乡绅在展开对周敦颐的文化诠释时，如何赋予了周敦颐以独特的区域文化意义。

---

① 莫里斯·哈布瓦赫：《论集体记忆》，上海人民出版社，2002年，第303页。

宋代儒学形态有一个很重要的特点，就是体现出儒学知识的普遍性与地域性的双重性。一方面，儒学是一种全国独尊的意识形态与学术系统，表现出儒家对“天下”的思考，故而具有普遍性意义；另一方面，儒家学者在不同地区从事学术研究、人才培养活动，又是一种地域性的知识形态与学术传统，故而又体现出地域性意义。事实上，湖湘士大夫群体对周敦颐的地域文化诠释，包括了对濂溪学所具有的普遍性与地域性的双重意义的诠释。

首先讨论湖湘学人对濂溪之学的普遍性意义的文化诠释，这种意义的诠释目的，就是要尽可能地将濂溪学这种地域性学术形态的普遍性意义阐发出来，表明湖湘地域文化在中华文化体系中的地位和对中华文化的贡献。所以，无论是胡宏、胡铨，还是张栻、真德秀，他们总是力图从儒家道统承传、道学学术建构的普遍性意义来诠释周敦颐。

胡宏是濂溪学的重要诠释者。他虽是福建人，但长期在湖湘之地从事学术、教育活动，二十多年的湖湘之地的学术经历，使得他对本地区的文化资源表现出特别的关注，成为张扬濂学的重要学人。正是由于地缘关系，才使得胡宏对周敦颐之学表达出一种特别的关切。胡宏对濂溪学作文化诠释的特点，就是张扬这种地方性学术传统的普遍性意义。他在《周子通书序》一文中，就完全是从道统传承、道学建构的普遍性意义来诠释周敦颐及其《通书》。所以，胡宏一方面从传承孔孟之道的普遍性意义来理解，说明周敦颐的重要地位，认为：“今周子启程氏兄弟以不传之学，一回万古之光明，如日丽天，将为百世之利泽，如水行地。其功盖在孔孟之间矣。”另一方面，胡宏从道学建构的意义来诠释《通书》的普遍性意义，认为：“故此一卷书，皆发以示人者，宜度越诸子，直与《易》、《诗》、《书》、《春秋》、《语》、《孟》同流行乎天下。”[①] 胡宏对周敦颐及其《通书》的诠释，不断强调的正是濂学所具有的儒学的普遍性意义。

道州太守向子忞创建濂溪祠，并请湖湘学者胡铨作记。胡铨是湖湘学派奠基人胡安国的弟子，他虽然知道建立道州濂溪祠是一个具有地方文化建设意义的举措，有利于改变地域文化格局，但是，他的记仍然把重点放在对濂溪之学的普遍性意义的阐发上。他的《道州濂溪祠记》，主要篇幅均是论述周濂溪在承传先秦儒学上的重要地位，强调周子《通书》与儒家经典的一脉相承。他认为可以通过周敦颐的《通书》，以“合乎《曲礼》之诚”、“合乎《月令》之诚”、“合乎《乐记》之诚”、“合乎《中庸》之诚”、“合乎《大学》之诚”，故而，“由是而充焉，则尽性也，能化也，前知如神也，无息则久也，知天地之

① 胡宏：《胡宏集》，北京：中华书局，1987 年，第 161 页。

化育也，宜皆吻合《通书》之旨”。[①] 胡铨对濂溪之学的诠释，同样是在强化其在中国儒学史上的普遍性意义。

张栻对濂溪学的文化诠释，更加突出其普遍性的意义。张栻不仅是代表湖湘学派发展到新阶段的学者，也是理学发展到乾、淳之盛时的集大成者之一，是与朱熹齐名的“一代学者宗师”。他对濂溪学所体现的儒学普遍意义的文化诠释也达到了一个新的高度。虽然张栻对周敦颐的推崇具有区域文化背景的原因，但是他在诠释濂溪之学时，则完全是从儒家传统、道学建构的普遍性着眼。他在为道州重建濂溪祠作记时，完全是从中华主流思想文化的延续、发展着眼的。他将濂溪之学的出现放在一个重大的背景下来考察：自先秦儒学奠基人孔孟没后，汉唐儒者仅仅求儒家经典于训诂章句之间，士大夫从政则又出于功利之末，故使得汉唐以来佛老异端之学大盛。周敦颐出现的重大意义在于，“以孔孟之遗意复明于千载之下，实自先生（周敦颐）发其端”，于是，“学者始知夫孔孟之所以教，盖在此不在乎他。学可以至于圣，治不可以不本于学，而道德性命初不外乎日常之实。……然则先生发端之功，顾不大哉！”[②] 显然，这是继胡铨的濂溪祠记之后的又一篇对濂溪之学作儒学普遍性意义的文化诠释的重要文献。张栻从更加开阔的文化视野、更加清晰的文化理念对濂溪之学的普遍性学术价值、文化价值作了新的诠释。

由此可见，尽管胡宏、胡铨、张栻及后代湖湘学人对周敦颐的推崇均具有区域文化的背景，他们或是湖湘学派的宗师，或是湖湘后学，而他们为之作记的濂溪祠也均是地域文化的设施，具有张扬地域文化的意义，但是，他们对濂学的文化诠释，均体现出一种将地方文化、区域学术传统提升为一种具有中华文化普遍性意义的学术形态的意图。

三、对周敦颐地域文化意义的诠释

其次，我们再讨论湖湘学人对濂溪之学的地域性意义的诠释。尽管许多湖湘学人对周敦颐之学作中华文化的普遍性意义的文化诠释，与此同时，他们仍然关注周敦颐之学的湖湘文化的地域性意义。当然，这种地域性文化诠释的目的，也是基于一种地域文化建构的需要。

最早对濂溪之学作地域性文化诠释的也是胡宏。胡宏曾经这样论述北宋时期的几位著名理学家：

① 胡铨：《道州濂溪祠记》，《濂溪志》卷四，爱莲堂藏版。

② 张栻：《道州重建濂溪周先生祠堂记》，《张栻集》，长沙：岳麓书社，2010年，第576页。

我宋受命，贤哲仍生，舂陵有周子敦颐，洛阳有邵子雍、大程子颢、小程子颐，而秦中有横渠张先生。①

这段话有两点值得注意：其一，胡宏首次将周、邵、二程、张五位北宋的道学家并举，这也就是后来常说的“北宋五子”，胡宏将周敦颐列为北宋五子之首，其实是奠定了周敦颐理学开山祖的地位；第二，胡宏是以儒学的地域化形态论述北宋五子的，从而强化了对周、邵、程、张的地域性学术的文化诠释，也开了张扬濂、洛、关等地方学术传统的先河。可见，这一段话，既表达了胡宏对濂溪之学的儒学普遍性意义的文化诠释，同时也强调了濂溪之学的湖湘地域性文化的意义。

南宋时期，进一步从地域文化角度诠释濂溪之学的是理学家真德秀。真德秀曾经于宋嘉定十五年（1222）担任湖南安抚使，为了劝勉士子继承湖湘学术传统，他作有《劝学文》一篇，在这篇文章中，特别地从地域学术源流来诠释周敦颐，他说：

窃惟方今学术源流之盛，未有出湖湘之右者。盖前则有濂溪先生周元公生于舂陵，以其心悟独得之学，著为《通书》、《太极图》，昭示来世，上承孔孟之统，下启河洛之传。……此邦之士，登门墙、承謦欬者甚众，故人材辈出，有非他郡国所可及。②

真德秀在此文中进一步强化了对濂溪之学的双重文化意义的诠释。一方面，他仍然从“上承孔孟之统，下启河洛之传”的儒家道统意义来说明濂溪之学的普遍性价值；另一方面，他特别强调从湖湘学术源流的地方传统来诠释濂溪之学的地域性特色。同时，他还将周敦颐与湖湘学派的几位宗师胡安国、胡寅、胡宏、张栻等均纳入到湖湘地域的学术脉络之中来。真德秀对濂溪学的这种地域性文化的诠释，彰显了湖湘地域文化的特质与象征意义，对后来的湖湘学子有强大的影响力，推动了湖湘文化的建构。

元明清以来，随着濂溪学的地位完全确立，出于地域文化建设和发展的需要，湖湘地区的士大夫更进一步强化了对濂溪之学的地域性诠释。这种地域文化的诠释体现在以下几个方面：

其一，强调周敦颐的学说源于或产生于湖湘之地。周敦颐的学术思想渊源，一直是学术界一个有争议的问题。特别是他的《太极图说》，自宋至清一直有许多人认定为源于道士陈抟；与此同时，亦有许多学者认为是源于濂溪本

① 《胡宏集》，北京：中华书局，1987年，第162页。

② 宋·真德秀：《西山文集》卷四〇，《劝学文》。四部丛刊本。

人，“渊源精粹，实自得于其心”[①]。但是，明清以来，许多湖湘士大夫另外提出地域性的文化诠释，认为周敦颐“太极图说”的学术思想与他家乡的地理环境有关。在濂溪故里西八里左右有一山崖，其中有一处被称作“月岩”，因为月岩之顶的岩洞很像“太极图”，于是明代开始在道县就广泛流传一个看法，周敦颐是在月岩悟“太极图”的。明代张乔松说：“周元公应运而生，静养是岩之侧，超然神解，作为‘太极’一图，以续孔孟之绪，是天地兆其象，而元公启其秘也。……予故表之为‘太极岩’。后之达观君子玩太极之象、悟太极之理，默会元公心法于千载之下，未必不以予言为然也。”[②] 当时，在此处还建有月岩书堂，纪念周敦颐在此读书悟道。明清时期，这类观念在湖南地区十分流行。其实，这些言行均是对濂溪学的地域文化的诠释，旨在强调濂溪学的产生与湖湘地域的渊源关系。

其二，从湖湘学术的源流脉络上理解周敦颐，强调濂溪之学与湖湘之学的学脉关系。宋代理学家真德秀早就从湖湘学术源流来诠释濂溪学的地域性意义。他的观念被明清之后许多湖湘后学所继承，特别是许多湖湘士大夫自觉地传承周敦颐所开创的湖湘学统，从而将自己的学术活动、学术成绩纳入到这个湖湘学术演进的脉络中去。清嘉庆时任岳麓书院山长的袁名曜，他在岳麓创建濂溪祠特祀周敦颐，他说的理由是：

（岳麓）书院为湖南学者萃聚之地，濂溪周子为湖南人，尤当建专祠，于从祀外加特祀，以彰俎豆先贤之谊，且以吾乡学者之感发为尤近也。……乡之人有能读周子书、继周子业而勃然兴起者，得非其神灵所默相而佑启者乎？[③]

可见，他的理由是“濂溪周子为湖南人”，故而应该激励湖湘士子继承濂学，即“乡之人有能读周子书、继周子业而勃然兴起者”。事实上，这种“读周子书、继周子业”者不断涌现，如湖湘名儒邓显鹤就是如此。他“因思周子大儒，诞生吾楚，而其《遗书》、《文集》，苦乏精刻”，故而重新编校、刻印《周子全书》。据他自己表述，他这样做皆与地域文化的传承、建设有关，他说：“显鹤生长邵州，为先生权守过化之地。自来濂溪，僭充院长。……意又以先生兴起邵学，吾邵人尤不可无书。”[④] 显然，邓显鹤对周敦颐的推崇，其动机、目标均与地域学术传统的承传、湖湘文化的建构有关。

其三，从湖南人的精神特质、湖湘文化的深层内涵去解读周敦颐。近代以

① 明·张乔松：《月岩辩》，《濂溪志》卷四，《祠墓》。
② 明·张乔松：《月岩辩》，《濂溪志》卷四，《祠墓》。
③ 朱汉民主编：《岳麓书院》，湖南大学出版社，2005年，第118页。
④ 邓显鹤：《周子全书编后记》，《周敦颐集·附录二》，北京：中华书局，1990年，第132页。

来，湖南人在全国的地位迅速提升，湖湘文化在中华文化大格局中也表现得积极夺目。于是，许多人都在探讨湖南人的精神性格特质，探讨湖湘文化的深层内涵，为了证明这种精神性格特质、深层文化内涵的历史依据，他们也以此去解读、诠释周敦颐，使周敦颐具有更加鲜明的地域性特质。如近代维新志士杨毓麟在谈到湖南人的特别独立之根性时说："且我湖南有特别独立之根性……自濂溪周氏，师心独往，以一人之意识，经纬成一家学说，遂为两宋道学不祧之祖。"① 杨毓麟诠释周敦颐，完全是从一种区域文化、精神性格的视域，他用湖湘文化的精神特质去诠释周敦颐，故而肯定他具有"师心独往，以一人之意识，经纬成一家学说"的湖南人"特别独立之根性"。

从上述的几个方面可以看到，湖湘士大夫不仅强调濂溪之学作为儒学正统的普遍性意义，更强调其地域性意义。当然，他们对濂溪学意义的双重强调，均包含地域文化建构的目的。

文化诠释其实是一种社会思想活动，它涉及记忆、建构的不同面向，正如莫里斯所说："一方面是记忆，一个由观念构成的框架，这些观念是我们可以利用的标志，并且只指向过去；另一方面是理性活动，这种理性活动的出发点就是社会此刻所处的状况，换言之，理性活动的出发点是现在。"② 湖湘士大夫对周敦颐的文化诠释，作为一种社会思想活动，一方面是以关于周敦颐及其学说的历史为基础的社会记忆活动，另一方面是立足于社会现实需要的理性活动，也就是一种文化建构活动。宋元明清以来湖湘地区的士大夫、乡绅对周敦颐所做的种种文化诠释活动，其目的十分明确，就是满足当时的湖湘文化建构的需要。

作者简介：朱汉民，湖南大学岳麓书院院长，教授。

① 杨毓麟：《新湖南》，《杨毓麟集》，长沙：岳麓书社，2001年，第35页。

② 莫里斯·哈布瓦赫：《论集体记忆》，上海人民出版社，2002年，第304页。

周敦颐“希圣”之学的心体论基础与“立人极”核心

赖功欧

如果我们把传统的中国文化看成是一种“圣贤”文化，那么，周子之学便大略可概之为“希圣”之学。周敦颐作为宋代理学的开山人物，其主要贡献即在此。宋代理学，天道观是人性论的准备，而心性论又是修身论（特别是修养方法）的准备；它们一“理”贯通，周敦颐的《太极图说》与《通书》，即为宋明理学作了这种一理贯通的理论奠基。周敦颐和早期儒家一样，有志于道德理想之目标，这正是其“希圣”之学的最终价值取向。周子的这一取向在其《通书·志学第十》中有高度概括的命题性表达：“圣希天，贤希圣，士希贤。”志从学来，学以裕志；故周子继言“志伊尹之所志，学颜子之所学”。周子的“希圣”之学，根本宗旨在使道德由外在的制约规范变而为个体的内在要求；因而，它在心性论上的完备与成熟，使道德修养的方法论具备了相当深刻的思想基础。宋明理学倡言人人可成为圣人，故其理论主要聚焦在教人怎样做人，而其修身方法，通常是把积学明理作为立其大本、集义养气作为正其志意、由静而敬作为专致主一的步骤或方法；通过这些方法，达到“成圣”目标。周敦颐的“主静，立人极”，则是对修身方法与成圣价值取向的统一；这一命题揭示出：在道德实践中，人们可以充满自信地付诸实施，只要通过努力，人人都可达成成圣目标。朱子在《隆兴府学先生祠记》中，对周敦颐的“希圣”之学有个总体概括：“盖尝窃谓先生之言，其高极乎无极太极之妙，而其实不离乎日用之间；其幽探乎阴阳五行之赜，而其实不离乎仁义礼智刚柔善恶之际。其体用之一源，显微之无间，秦汉以下，诚未臻斯理者，而其实不外乎六经、《论语》、《中庸》、《大学》七篇之所传也。……性此理而安焉者，圣也；复此理而执焉者，贤也。自尧舜以来，至于孔孟，其所以相传之说，岂有一言易此哉！……及先生出，始发明之，以传于程氏，而其流遂及于天下，学者始知圣贤相传之实乃出于此，有以用其力焉。此先生之教所以继往圣，开来学，而大有功于斯世也。”[①] 此中朱子所言“及先生出，始发明之”，乃至“圣贤相传之实乃出于此”，其评价之高，实透露出周敦颐“希圣”之学的历史地位及其价值。《宋史》对周敦颐的记载亦可略窥一斑：“博学力行，著《太极图》，明天理之根源，究万物之终始。又著《通书》四十篇，发明太极之蕴。……其言约而道大，文质而义精，得孔、孟之本源，大有功于学者也。”[②] 此中所言“得孔、孟之本源”，当可见出周敦颐“希圣”学的源头所在。

无论根据周子本人的“希圣”命题，还是根据历史评价，我们都可将周子之学界定为“希圣之学”。周子一生短短的两部文献《太极图说》、《通书》中，在在显现了其对“圣德”、“圣人”、“圣王”、“圣功”、“圣学”、“睿圣”、“希圣”的诉求。此一“圣”字，成了周子文献出现频率最高的概念之一。

一、“希圣”之学的心体论基础

周敦颐的“希圣”之学，是有着深刻的心体论基础的。他以“寂然不动者”为心之体：“寂然不动者，诚也；感而遂通者，神也；动而未形，有无之间者，几也。诚精故明，神应故妙，几微故幽。诚、神、几，曰圣人。”[③]（本文采周子之说，均见江西教育出版社 1993 年版《周敦颐全书》）诚、神、几在这里都成了心体论中的概念了。寂然不动是心之体，而周子说“寂然不动者，诚也”，这个诚就不仅仅是天道论中的“诚体”，而是天人贯通的一种本然的精神境界。“诚”作为贯通天人的本体性范畴，此处显为人道中“心体”之说。须知，周子《通书》开篇几章便立于“诚”这一范畴——《诚上第一》、《诚下第二》、《诚几德第三》，或知此“诚”在其思想体系中占有何等重要之地位；而其深意，不仅在将“诚”作为天道诚体，亦将其作为人之心体。故周子在《通书·诚上第一》起始便言：“诚者，圣人之本。‘大哉乾元，万物资始’，诚之源也。‘乾道变化，各正性命’，诚斯立焉。纯粹至善者也。故曰：‘一阴一阳之谓道，继之者善也，成之者性也。’元、亨，诚之通；利、贞，诚之复。大哉易也，性命之源乎！”此诚之“立”、“通”、“复”过程，贯通天人，既关涉宇宙论，又关涉道德论；终归落在一个“诚”字上。周子将此诚直接对应于寂然不动之心体，其深意是要以此心体作为“感而遂通”的前提条件。寂然不

① 宋·朱熹：《隆兴府学先生祠记》，《周敦颐全书》卷八，江西教育出版社，1993 年，第 339 页。

② 元·脱脱著：《宋史》，卷四二七，中华书局，1977 年。

③ 周文英主编：《周敦颐全书》卷三，《通书·圣第四》，江西教育出版社，1993 年。

动而为诚的心体，其发用则为“神”，故说“感而遂通者神也”。显然，这是精神（心）本体之作用。周子的高明之处在再加上一个“几”字，几是虽动而微，可见又不可见处，处于动静有无之间，按周子自己的解释是：“动而未形，有无之间者。”朱子的解释是“至其微动处，即是几，几在诚神之间”。[①] 周子用诚、神、几三个概念论心，这个“几”就作为心体到神用之间的中介范畴了；朱子所谓“几在诚神之间”是也。这样，心体之寂然与诚对应，心体之感通（用）与神对应，心体处于寂然与感通的有无之间与“几”对应。黄干在《无欲斋记》中说：“寂然不动，心之体也。事物未接，思虑未萌，湛然纯一，如水之正，如衡之平，则其本静也。……故主静者所以制乎动，无欲者所以全乎静，此周子之意，而亦有所自来也。”[②] 黄干已明确说到寂然不动为心之体，动由静出，用由体出，寂然不动是心体本然静中境界，如此方能万象毕具，故周子主静，以静为体，动为用，静而后“人极”可立。重要的是，寂然不动之心体与“诚”的内在逻辑关系何在？又为何要从心体发用之初的“几”上论善恶？请看周子《通书·诚几德第三》：

诚无为，几善恶。德，爱曰仁，宜曰义，理曰礼，通曰智，守曰信。

在朱子看来，“诚无为”说的是本体寂然不动之无为，“几”则是“动之微”；动而有为，则有善恶。在其初心有毫忽之微时，宜为穷察，便能识得是非。几微之决，善恶可分。周子的诚无为、几善恶的理论，不仅在理论上而且在实践上都有着十分重大的意义。因为人之为人，在于其有理智，能思维，故能明辨是非善恶；特别是人之一念如果于萌芽状态的露而未露、动而未动的“方感之初”，就能觉察、突显人之灵性所在，可达到圣而神的境界。此心体之发用被周子称为“发微不可见，充周不可穷之谓神”。这正是孟子所说的“大而化之之谓圣，圣而不可知之之谓神”的境界。

处在有无之间的几微幽隐是不可见的，这也正是“几”的妙处。“几”这一概念表征了宇宙与人生的深奥；周子主张守静，便是要使人控制未发已发之际的“几微”间的状态，关于“主静”之说，我们在后面谈修身方法时还要讲到。心体纯一则明，神应感通则妙，有无之间、几微不可见则幽。这虽是本于圣而言，实则为开发人心之成圣的基础；心体之神用是“充周不可穷”的，因其神感神应能通天下之故。所以周子又说：“静无而动有，至正而明达也。”[③] 这个心之所以能作为“心体”，就在于它的“静无”，静时纯一不杂，处于“至

① 周文英主编：《周敦颐全书》卷三，《通书·圣第四》，江西教育出版社，1993年，第106页。
② 周文英主编：《周敦颐全书》卷三，《通书·圣第四》，江西教育出版社，1993年，第341页。
③ 《通书·诚下第二》。

正”状态，但绝非真正的“无”；因其动时则有，所以能达到“明达”。周敦颐在《太极图说》中又指出：“唯人也，得其秀而最灵，形既生矣，神发知矣。五性感动，而善恶分，万事出矣。圣人定之以中正仁义而主静，立人极焉。”人既得“正且通”的清气而为“秀”，故有“灵明”，灵明之心体，发用必为“神妙”。所以“神”亦即人心认知活动能达到的一种最高而又不可言说之境界。心之认知活动，其神妙莫测的功能在于虚而灵明的心体，所以能感物而动，动而中节，使善恶昭明于心。“匪灵弗莹”，不为外物所遮蔽，纯一而静的心体，就能透彻地明理以至于“神妙万物”，故曰“静虚则明，明则通”。

周敦颐又用“思”与“睿”两概念代表了心体之用：

洪范曰：“思曰睿，睿作圣。”无思，本也；思通，用也。几动于此，诚动于彼。无思而无不通为圣人。不思，则不能通微；不睿，则不能无不通。是则无不通生于通微，通微生于思。故思者圣功之本，而吉凶之几也。易曰：“君子见几而作，不俟终日。”又曰：“知几其神乎!”①

显然，周敦颐所要强调的重点在思而无所不通者为圣人。思是心体之作用与功能，孟子所言“心之官则思”，正是对应于“耳目之官不思而蔽于物”而言的。但为什么要说“无思，本也”？这也许是周子欲以虚灵不昧之心体为本，本体为形而上的，当然是“无思”，无思为体，“通微”为用，所以无思绝非“不思”，心之本体毕竟要落实于“思通”之用上。结合周子所说的“厥彰厥微，匪灵弗莹”，更可看出其旨意。这两句话是指无论彰著明显还是幽隐未形，不经过心体神妙之用，皆不能使之通透明白。“灵”就是心体虚灵而神用。周子的目的在于以“思”为作圣的功夫：思——睿——圣，而并非言一般做学问或其他之“思”。因此“思”之重点仍在“几”上，知“几”才能通微；作圣的功夫，首在于辨是非善恶。故知几通微则无不通。所以周子不说思为学问之本，而说思者“圣功”之本，完全是从道德主体意义上说的。结合其“几善恶”的观点，即以思之功落实于“几”上，洞见“几微”，化除“几恶”，思而纯其心，仁义中正之性得以显现，从而使道德实践之主体终归于善。这正是周子“希圣”之学的价值取向所在。

二、“希圣”之学的“主静立人极”核心

一般认为，周敦颐的“无欲”说从佛道二家而来，然周敦颐的目标却在建

① 《通书·思第九》。

树儒家“人极”之道德主体。人们把他的无欲说与程朱的“存理去欲”同等看待，正如其《通书·圣学第二十》中所说：“无欲则静虚动直，静虚则明，明则通。动直则公，公则溥。明通公溥，庶矣乎！”从周敦颐的整体理论体系看，无欲则“静虚动直”的主张非常重要，它是以“诚”体为核心的逻辑结构中的基础。人性的力量始于此，通过无欲的修炼，达于“静”的自然本性，归于诚的最高境界。因此无欲以学圣，是周子《通书》之大旨。

然而，无欲与“静虚动直”是什么关系？所谓“静虚”是指此心如明鉴止水，无一毫私欲在其中；静虚为体，动直为用。动直在朱子看来是指动无所碍，若有私欲，便碍便曲，便不是直。曲则私，私则狭。无私欲挠之，其动才能从天理流出。周敦颐的这段话，其思维缜密而连贯，无隙可击。心体之静虚，是以无欲为基础的；静虚明鉴，则邪不能入。所以心体之虚，乃“明”之前提；明则道理通透，通为明之极，明而达于通。同样，无欲导致的动无所碍，直道而行，又是“公”的前提——“动直则公”。而“溥”则指公之极。可见无欲作为“静虚动直”的重要前提条件，是这章“圣学”内容的奠基石。周子又指出：“欲动情胜，利害相攻，不止则贼灭无伦焉。故得刑以治。情伪微暖，其变千状，苟非中正明达果断者，不能治也。”① 周子讲寂然不动，是将其作为心体现“诚体”的关键；这里所讲的“欲动情胜”，则显然指人心之所趋向，这实际上是以善恶为根本标准。也就是说，有情欲，必有善恶，必导致利害相攻。情是心之动，若其掩蔽天理，微暖不明，也即遮蔽了心之光明。因此，周子极力主张无欲故静，主张心纯；并在“诚”的范畴基础上，将这一理论系统化。《太极图说》、《通书》都可看出这一用心所在。故其无欲说，前有太极诚体、天道动静之理，后有人道几微、圣人之学，它们都在周子的范畴网络中有恰如其分的重要位置，成为理学天理人欲说的开端。后来，张载、二程、朱子以及象山，都对他的这一理论作了极大的发挥，使其突显为理学一大核心论域。

“静”这一理念是中国哲学中重要范畴之一，道家以其养生练气，佛家以其达到超脱境界。理学家则普遍以主静修身。实质上，静以涵养，敬以省察，正是理学中讲心性修养的基本方法。静则虚，虚则明，明则神。静中涵养，可使心体自我呈现；持敬穷理，主一严整，自做主宰，敬以省察自心而不可顷刻间断。可见由静到敬是作为实际有效的方法论而被理学家所强调的。但我们必须指出的是，静与敬之分，在理学家们的解说中绝非壁垒分明的。

必须指出的是，周敦颐的主静立人极与无欲故静说，与其无极太极的宇宙

① 《通书·刑第三十六》。

观相统一；因其在宇宙论中，乾坤各兼动静，动静是相对而言的。乾之动为健，坤之动为顺。太极所呈的动静两种状态，又可以互相转化；动至极为静，静至极则又动；动静互为对方存在的根据和转化的归宿，含有相互依存的辩证关系。周敦颐说“圣人定之以中正仁义而主静”，又说“无欲故静”，正是根据太极动静之原理而来的。朱子在对此的解说中便认为，人具有动静之理，而常常失之于动。欲动情胜，利害相攻，则人极不立，而圣人则能全动静之德，常本之于静。静中境界，万象毕具，此心湛然，此时才能真辨别是非善恶，故主静而后能立人极。朱子说：“苟非此心寂然无欲而静，则又何以酬酢事物之变，而一天下之动哉！故圣人中正仁义，动静周流，而其动也必主乎静。”① 应该说，这抓住了周敦颐主静说的命脉。

周敦颐虽从太极本体出发，看出万物始乎静，终乎静，如老子说“归根曰静，静曰复命”，是指有一个原始的“静”的状态。而周子则以此种本体之静，转化为圣人主静，这当然不是随意所指，更非将两者硬性凑合，而是在通过对天道的认识，洞察出主静能动而无不中节，而又不失其本然之静。因此，这是从天道自然的本体论思维路径而得出的人生静修涵养之理，亦即以自然主义为基础而达至人文主义目标的修身论。周敦颐将主静作为修身的基本原则，以“中正仁义”而达至“立人极”为其核心内容。这是显而易见的。

三、“希圣”学之步骤——“志学”而“明通公溥”

周敦颐虽没有具体的格物致知之论，但他对德性之知是极为看重的。这不仅可从其修养至圣的基本观念表现出来，而且在他的“师友”之道，“诚几德”之义理，“志学”之修养中都可见出他对学问日增、修养日进的关系及境界的强调。

按周敦颐的思维理路，首先是把“中正仁义”作为道德性命之学，这是他的人生论总纲。他以此为人生修养的目标。“圣人定之以中正仁义，而主静，立人极焉。故圣人与天地合其德，日月合其明，四时合其序，鬼神合其吉凶。”② 有了这以中正仁义而主静的修身目标与方法论，才能达到与天地合其德的境界。在这一原则指导下，周敦颐在《通书》中认为有“设教”的必要：

> 故圣人立教，俾人自易其恶，自至其中而止矣。故先觉觉后觉，暗者求于明，而师道立矣。师道立则善人多，善人多则朝廷正而天下治矣。③

① 《通书·刑第三十六》，第58页。

② 《太极图说》。

③ 《通书·师第七》。

圣人立教是以传道为心，此即以先觉者启发后觉者的觉悟。常人都须以求道为心，这是“求学”，也即“求于明”，明即明理。有教有学，师道才立得起；求学明理，就能修身养性而至于善，达于“中”。所以在周敦颐眼中，师道立，必使善人多，善人多则天下治。其前提当然在个体之善，而个体之善又在其积学明理——自易其恶——自至其中。这里的逻辑连贯是一看即知的。周敦颐进一步论述这一必要的人生修养的条件：“必有耻，则可教；闻过，则可贤。”[①] 朱子解释说，有耻则能发愤而受教；闻过知改而为贤。有人把“知耻”作为中国圣贤文化的一大特点，是有其理由的。人能知耻受教，闻过而改，才具备修养而不断上进的可能性；而人总是在不断求学明理的过程中，实现这种可能性的。所以周敦颐又强调“志伊尹之所志，学颜子之所学”[②]。程颐在受到周子这种教导后，曾写过《颜子所学何学论》，认为凡学之道，不过是正心养性而已。周敦颐之所以要以伊尹、颜渊为标准，就是要人们不断努力，学识日增，修养日进；这样的治学目标完全与修养至圣之目标一致。朱子注曰：“虽志于行道，若自家所学，元未有本领，如何便能举而措之天下？……然亦必自修身始，修身齐家，然后达诸天下也。”[③] 朱子确看重“学”的本领并将其与修身结合起来。对此，孙奇逢说得极为中肯：“志从学来。”[④] 可见，积学明理（周子谓“求”学）作为修身的方法，是不可或缺的。周敦颐在《通书·师友下》中又反复申言道义之学之于德性修养的重要性：

道义者，身有之则贵且尊。人生而蒙，长无师友则愚，是道义由师友有之。

道义是公理，是穷天地亘古今不变的，人若具此道义，从而具有道德修养与人格力量，才能显示出人生价值。然而这仍然要建立在积学明理之基础上。周敦颐认为若无师友的开导与规劝，人是很难开蒙的，人生来需要在师友帮助下学习；否则，就难免处于一种以是为非、以非为是的蒙昧、冥固状态中。因此，周敦颐极为强调师友之道之于“希圣”境界的重要性。

此外，须提及的是集义养气论，宋代理学家唯二程与朱子最重视孟子的集义养气论。此前，周敦颐虽未涉及此主题，但其“性者，刚柔善恶中而已矣”，“刚善，为义，为直，为断，为严毅”等论旨，已是以气禀论性。其刚善之性即与孟子至大至刚之气有关系，所以朱子评价说：“濂溪说性，只是此五者，

① 《通书·幸第八》。

② 《通书·志学第十》。

③ 《通书·志学第十》，第121页。

④ 《通书·志学第十》，第121页。

他又自有说仁义礼智底性时。若论气禀之性，则不出此五者。然气禀底性，便只是那四端底性，非别有一种性也。所谓刚柔善恶中者，天下之性固不出此五者。然细推之，极多般样，千般百种，不可穷究，但不离此五者尔。”① 周子虽未论及如何养气，但却极力弘扬师道、主张正义，使人达至刚柔皆善而至于中。其苦心正在以师道“正人之不中而已”②。这也是“致养其气”的间接途径。气从义生，而义多从学而来。义者“宜也”，义而达于中，是产生正气的根本条件。这也是文天祥在《正气歌》中所歌颂的“是气所磅礴，凛烈万古存”的浩然义勇之正气。须知，文天祥正是宋代理学所催生的英雄人物。

周子在《通书·圣学第二十》中说：“圣可学乎？曰：可。曰：有要乎？曰：有。请问焉，曰：一为要。一者，无欲也。无欲则静虚动直，静虚则明，明则通。动直则公，公则溥。明通公溥，庶矣乎！”在他看来，人生境界应与静虚本体的状态取得一致，所谓“一”，就是纯一无杂。关于“一”，中国哲学中有极深刻的思辨，它不仅表达了对宇宙本体的自在状态，且同时是“一天人”的贯通天人之道，统一天人的一种表达，而当“一”单单用于人生修养的领域时，它则直接为静虚纯一的人生修养境界之表征。周敦颐在《通书·治第十二》中说：“纯其心而已矣。”如果纯一无杂是一心的状态，那么无疑也就是一种“无欲”的状态与境界。无欲并非纯一的条件，无欲本身即为纯一。人无欲之时，心即为纯一不二，而纯一不二正是体之未发的“静虚”境界，是心如明鉴止水，无一毫私欲在其中，故能“动直”，即做事一往无前，直道而行，无所曲碍。若有一丝私欲，便自生窒碍，便不是直。所以在朱子及其弟子看来，静虚是体，动直是用。虚则明，明则见道理透彻，所谓“明则通”。在这样基础上，才有清楚的道德是非观。由此而达到“公而至于溥”的人生修养的高境界。《礼记·祭义》云：“溥之而横乎四海。”可见溥有广大遍布之意。周子这一理论的内在逻辑为：静虚而动直，动直则廓然大公，公之极则“溥”，即周遍而无所不及。修养到此地步，可谓圣人境界了。

钱穆先生曾高度评价说：“是则濂溪之志与学，亦即大学明明德之道。程子朱子皆尊大学，亦可贯通于濂溪之意。伊尹之志，以天下为终极。而颜子之学，则以心意为基本。以一己之心意，而终极于天下之事事物物，即其至善之所止也。”③ 志于“至善”之境，当然是儒家正统的“希圣”“希贤”之学了。更值得高度关注的是刘宗周对周子圣学的评价：“濂溪为后世鼻祖，《通书》一

① 《通书·志学第十》，第111页。

② 《通书·志学第十》，第114页。

③ 钱穆：《宋代理学三书随杂》，台湾东大图书有限公司，1983年，第111—112页。

编，抒《中庸》道理，又翻新谱，直是勺水不漏。第一篇言诚，言圣人分上事，句句言天之道也，却句句指圣人身上家当。‘继善成性’，即是‘元亨利贞’，本非天人之别。”① 此中尤须提及的是刘宗周极有洞察力地指出了周子“言圣人分上事”、“句句指圣人身上家当”，周子“希圣”之学由此亦可见出。

四、余论

事实上，就圣人境界之最终达成，周敦颐早已作了两个方面的铺垫，一是：人亦是生生不息大化流行的宇宙的产物之一，亦是“太极”本体的展开。另一方面，人是禀阴阳五行之灵秀而成，具有道德理性的基本能力；因为从根本上说，人“几希”于其他动物的最重要特性就在他有道德善恶观，周敦颐将此作为立“人极”的标志，据此而强调了人当以“中正仁义”作为尺度。这当然是一个极有意义的价值取向，然而对人类社会的进步而言，仅有正确的价值取向而缺失前行的基本手段及方式，也是难以为继的。所以，笔者以为对周敦颐而言更难能可贵的是，周敦颐同时能注意到修身方法论的重要性，并极力主张以“主静无欲”作为人格修养的基本方法论。笔者以为，这也是朱子后来极为看重周敦颐，并将其作为理学开山人物的根本理由之一。

这里，需要稍加深化的是，对儒家而言，所有个体的人格修养，无不广及社会人群的基本秩序；而正是在这一点上，儒家看重“礼”的基本训练，周敦颐在《通书·礼乐第十三》中即以理训礼：

礼，理也；乐，和也。阴阳理而后和。君君臣臣，父父子子，兄兄弟弟，夫夫妇妇，万物各得其理然后和。故礼先而乐后。

礼理互训，不是没有根据的。理为天之道，《礼记·礼运》说：“夫礼，先王以承天之道。……是故夫礼，必本于天，殽于地，列于鬼神，达于丧、祭、射、御、冠、朝、聘。故圣人以礼示之，故天下国家可得而正也。”礼本于天是承天之道的说法，给理学家的礼学留下了广阔的形而上天地。而《礼记·乐记》更是直接把礼的实质归结于理。周敦颐以简捷而又深刻的思维，从“万物各得其理”的思路建构起君臣父子夫妇在伦理形式上的合理性。因而尊者自尊，卑者自卑，自然而然，各就其位，和谐合理，这就是周敦颐的“各得其理”、“礼先乐后”的意旨所在。周敦颐无非是要极力说明伦理秩序是发自自然，各得其宜，从而是合于理的。所以他还要进一步指出：“古者圣王制礼法，

① 《周敦颐全书》卷八，江西教育出版社，1993年，第94页。

修教化，三纲正，九畴叙，百姓大和，万物咸若，乃作乐，以宣八风之气，以平天下之情。”① 畴，指类，即门类之意；叙指序，即有秩序之意。为什么周敦颐谈礼必与乐结合在一起呢？其实这正是中国儒家的根本观念，儒家认为乐是通伦理的，并且有“和”的功能，是关乎风气的。儒家的原始精神，即可以礼乐二字概括。在儒家眼中，理想之世界必重礼乐！礼使人相互敬重，乐使人和谐流畅，与物通情。《礼记·乐记》说：“乐者天地之和，礼者天地之序。和则百物皆化，序故群物皆别。”致礼可以“治躬”，致乐可以“治心”。乐才为同，礼者为异；同则相亲，异则相敬。其形而上的意义在于：大礼与天地同节，大乐与天地同和。质而言之，礼乐乃实现社会群居的和谐之道。孔子对乐的最重要的见解即认为音乐要引人入善，顺从天道。《礼记·乐记》又说：“礼以导其志，乐以和其声，政以一其行。”儒家确实在礼乐当中看到了社会循序的统一与和谐，因而对礼别异、乐合同的说法建立了宇宙论的根据，并使其通于个体修身的基本方法。

周敦颐尤在此基础上强调了制礼法、修教化的重要性，因为这是“三纲正，九畴叙”的前提条件。我们知道，三纲是封建宗法制度的根本所在，作为一种伦理规范，它之所以特别重要，是因为它如网上纽结，纲举目张，可使社会运转有序。前述周敦颐所讲“八风之气”，“天下之情”，可以看出他是极其注重整体的社会风气和人的精神风貌的。极为重要的是，礼的伦理秩序的最终实现，必须通过其教化民心、移风易俗的调节功能——此所谓化民成俗的教化功能。因而，在30年的政治生涯中，周敦颐一面做官，一面热心于儒家学说那种潜移默化之传播。据《年谱》载：他在郴县为县令时，首修学校，以教人；在合州五年，与士大夫广为交结，士之从学者甚众。在周敦颐的传道讲学活动中，处处可体现他是一位善启人心的圣学导师。据《宋史》记述说：“侯师圣学于程颐，未悟。访敦颐，敦颐曰：‘吾老矣，说不可详。’留对榻夜谈，越三日乃还。颐惊异之，曰：‘非从周茂叔来耶?’其善开发人如此。”大意为，程颐的学生侯师圣听不懂老师所讲的道理，就去向周敦颐请教，经周的开导与启发后，茅塞顿开。而程颐一知此事便立即猜测到，该学生一定向周敦颐请教过了。此事不仅说明周敦颐启发了侯师圣，更说明程颐当年定然受学于周敦颐。

作者简介：赖功欧，江西省社会科学院哲学研究所所长，研究员。

① 《通书·乐上第十七》。

略论理学家的“理欲论”及其当代意义

——以朱熹为例

胡发贵

一

如何处理物欲以确证和纯化人性，是中国古代思想史上一直深受关注的一个大问题。历史大变革时期，这一问题更为突出。如春秋战国时期，当时的哲人大都关注“义—利”的平衡，主张在肯定物欲的基础上，对之加以引导和控制。如春秋智者就有“幅欲”与“制欲”之说，如晏子说：“且夫富如布帛之有幅焉，为之制度，使无迁也。夫民生厚而用利，于是乎正德以幅之，使无黜嫚，谓之幅利。利过则为败。吾不敢贪多，所谓幅也。”①

孔、孟等原始儒家肯定财富的必要和物欲的合理。“子曰：富与贵是人之所欲也。”② 孔子甚至还说过：吾岂匏瓜也哉！言下之意，我不是植物，我是有欲求的人。孔子的这一比喻实际上也肯定了物欲的必要和合理。孟子更以“恒产—恒心”说揭示财富（恒产）的基础性的价值，还肯定士有时是为“养”（亲）而求仕的。但与此同时，孔孟也非常强调“君子爱财，取之有道”。“子曰：富与贵是人之所欲也，不以其道得之，不处也。贫与贱，人之所恶也；不以其道得之，不去也。君子去仁，恶乎成名？君子无终食之间违仁，造次必于是，颠沛必于是。”③

孔孟还突出“义—利”的紧张对峙和舍利取义的价值取向，以远离“小人”，成就“君子”。孔子所谓“君子喻于义，小人喻于利”正言此。由此，孔子还特别强调君子人格对物欲的超越。“子曰：士志于道，而耻恶衣恶食者，

① 《春秋左传·襄公二十八年》。

② 《论语·里仁》。

③ 《论语·里仁》。

未足与议也。”[①] 又说：“君子谋道不谋食。……君子忧道不忧贫。”[②] 孟子则更以细密的分析指出，人有“大体、小体”，前者为能思考的“心之官”，而后者则是不能思考的感官；如果没有“大体”的引导与制约，则“小体”很可能沉溺于物欲，终将“物交物引之而已”的害性败德。所以孟子又特别强调“寡欲”，主张以“教化”驯化、引导人欲，认为人如果“饱食、暖衣，逸居而无教”，就会“近于禽兽”，实际上就是被物欲牵着鼻子走，并丧失人性；所以“圣人有忧之，教以五伦”。孟子这一说法显然是循着孔子的思路，更为切实地论证了对物欲要加以控制，即要“幅欲”。

由上简述可见，先秦智者是有保留地肯定物欲的，是主张将物欲置于可控的范围内；而且在价值论上，“道”显然被认为高于、重于物欲（衣食等）。

二

朱熹的理欲论，受孔孟的影响很大。如在对孔子“富与贵是人之所欲也，不以其道得之，不处也。贫与贱，人之所恶也；不以其道得之，不去也”一章的注解中，朱子就发挥说：“不以其道得之，谓不当得而得之。然于富贵则不处，于贫贱则不去，君子之审富贵而安贫贱也如此。……言君子为仁，自富贵、贫贱取舍之间，以至于终食、造次、颠沛之顷，无时无处而不用其力也。然取舍之分明，然后存养之功密，存养之功密，则其取舍之分益明矣。”[③]

在对人欲的理解上，朱子一方面持有限的认可：“人欲也未便是不好。”[④] 而之所以“未便是不好”，他认为欲望是人之本性，“饮食、男女，固出于性”[⑤]，又如：“饮食者天理也，要求美味，人欲也。”[⑥] 朱子甚至还断定：“人欲便也是天理里面做出来，虽是人欲，人欲中自有天理。……人生都是天理，人欲却是后来没巴鼻生底。”[⑦]

虽然肯定“食色，性也”，人欲是与生俱来的必然需要，但是另一方面朱子仍然着意强调人性“不止于食色”，强调要节制人欲：“欲，如口鼻耳目四支之欲，虽人之所不能无，然多而不节，未有不失其本心者，学者所当深戒也。

① 《论语·里仁》。
② 《论语·卫灵公》。
③ 《四书章句集注·论语·里仁》。
④ 《朱子语类》卷七八。
⑤ 《孟子或问》卷一一。
⑥ 《朱子语类》卷一三。
⑦ 《朱子语类》卷一三。

程子曰：所欲不必沉溺，只有所向便是欲。”[①] 强调天理与人欲对立：“天理人欲，同行异情。循理而公于天下者，圣人之所以尽其性也。纵欲而私于一己者，众人之所以灭其天也。”[②] 又说：“人之一心，天理存则人欲亡，人欲胜则天理灭，未有天理、人欲夹杂者。学者须要于此体认省察之。”[③] 强调人欲对天理的干扰与遮蔽：“人性本善，只为嗜欲所迷，利害所逐，一齐昏了。”[④] “盖心地本自光明，只被利欲昏了。”[⑤] 因此，朱子主张克尽人欲，彰显天理：“克己复礼，私欲尽去，纯是温和冲粹之气。”[⑥] 又说：“学者须是革尽人欲，复尽天理，方始是学。”[⑦]

当然朱子的上述说法中，也不无矛盾的地方：既然人欲中自有天理，克尽人欲又何从显现“天理”？另外从思想的演进角度看，较之前贤往哲的“幅欲”和“寡欲”说，朱子的“革尽”说显然更为决绝，以致遭到后世戴震的强烈批评。那么朱子为何要如此突出天理—人欲的对立，并断然要“革尽人欲”呢？这可能与朱子对当时耽于利禄的士风强烈不满密切相关。

公元 1181 年，朱子与来访的陆九渊及其弟子，一起来到白鹿洞书院，并请陆氏讲学。陆氏以孔子“君子喻于义，小人喻于利”为题，抨击科举坏士子之心，启贪婪之念：“科举取士久矣，名儒钜公，皆由此出。今为士者固不能免此。然场屋之得失，顾其技与有司好恶如何耳，非所以为君子小人之辨也。而今世以此相尚，使汩没于此而不能自拔，则终日从事者，虽曰圣贤之书，而要其志之所向，则有与圣贤相背而驰者矣。推而上之，则又唯官资崇卑、禄廪厚薄是计，岂能悉心力于国事民隐，以无负于任使之责哉！”[⑧] 史称听者“莫不竦然动心焉”，甚至“有流涕者”，可见陆氏讲演之痛切。

朱子也对陆氏之演讲大为赞赏，事后他对杨道夫说过这么一段话：“曾见子静义利之说否？曰：未也。曰：这是他来南康，某请他说书，他却说这义利分明，是说得很好。如云：今人只读书，便是为利。如取解后又要得官，得官后又要改官，自少至老，自顶至踵，无非为利。说得来痛快，至有流涕者。今人初生，稍有知识……干名逐利，浸浸不已。其去圣贤日以益远，岂不深可痛

① 《四书章句集注·孟子集注》卷一四。
② 《四书章句集注·孟子集注》卷一。
③ 《朱子全书》卷三。
④ 《朱子语类》卷一二。
⑤ 《续近思录》。
⑥ 《续近思录》。
⑦ 《朱子语类》卷一三。
⑧ 《陆九渊集·卷二三·白鹿洞书院讲义》。

惜？”[①] 朱、陆虽然学问有分歧，一主“理学”，一主“心学”，但对士人“干名逐利”之风的炽热还是有共同认识的，所以朱子以为陆氏演讲“切中学者隐微深痼之病”，讲得精彩，还请他留下文字稿：“熹犹惧其久而忘之也，复请子静笔之于简而受藏之。凡我同志，于此反身而深察之，则庶乎其可以不迷于入德之方矣。”[②]

事实上，对于当时的士风，朱子与陆九渊颇有同感，都认为科举制在取代了“乡选里举”的推举后，唯重“文词”，不再重视“敬长上，顺乡里，肃政教”的尚德之举，从而学风大坏，“不知所以为人师之德，不知所以为人师之道，是以学术之官虽遍天下，而游其间者，不过以追时好取世资为事，至于所谓修身、齐家、治国、平天下之道，则寂乎其未有闻也。是岂国家所为立学校教人之本意哉”[③]。利禄之念日益膨胀，“大抵今之学者之病，最是先学作文干禄，使心不宁静，不暇深究义理，故于古今之学，毅力之间，不复察其界限分别之际，而无以知其轻重取舍之所宜。所以诵数虽博，文词虽工，而只以重为此心之害。”[④] 甚至是“忘本逐末，怀利去义，而无复先王之意”。[⑤] 有理由推测，当时普遍的“作文干禄”的士风，计“禄廪厚薄”的心态，大概是朱子深辨天理、人欲，并断然宣扬“革尽人欲，方始是学”的重要原因。

三

虽然在思想倾向上，朱子的“革尽人欲”，更为激进地发展了上古时期“幅欲”和“寡欲”的理念，但同时也应看到，朱子的“天理人欲”说，并非意在窒息基本的生存需求，亦非拒绝合理的生活欲望，而是意在培植“天理”，伸张“天理”，意在凸显人的价值；而在实践意义上，“革尽人欲”说则意在遏制士风之贪婪，以重建社会廉耻，再塑君子人格。此意诚如朱子所述：“某窃观古昔圣贤所以教人为学之意，莫非使之讲明义理以修其身，然后推以及人；非徒欲其务记览，为词章，以钓声名，取利禄而已也。”[⑥]

朱子的“天理人欲”论，在当今物质极为丰沛、消费主义盛行、享乐成为时尚，甚至有所谓“娱乐至死”的“物质时代”，有其直切的现实借鉴意义。

---

① 《朱子语类》卷一六。

② 《朱子文集·跋子静白鹿洞书堂讲义》。

③ 《朱子大全文集》卷七四。

④ 《朱子语类》卷一三。

⑤ 《朱子文集·静江府学记》。

⑥ 《朱子文集》卷七四《白鹿洞书院揭示》。

其一是警醒欲望的正当性。孔孟主张对待将得之利和财，当反思其合“义”否，即是否正当与合理。朱子大此思绪，提出对待欲望当树立“合当如此”的意识，“寡欲则是合不当如此者，如私欲之类。若是饥而欲食，渴而欲饮，则此欲亦岂能无？但亦是合当如此者”。[①] 所谓“合当如此”，显然是指理应如此，其本质不外是一种正当性，当然它必然也是符合“天理”的。值得注意的是，朱子这里不仅对“私欲”提出了正当性的拷问，对于“渴而饮”的自然合理需求，也提出了应有是否“合当如此”的考量。可见，正当性是朱子取舍欲望的一种内在尺度，往大里说，它就是“天理”。朱子的天理人欲之辨，不仅是辨何为天理，何为人欲，更意在为人欲确立一合适的边界，以防其泛滥无归。当今社会欲望泛滥、光怪陆离之势，常令人瞠目结舌，“我欲故我在”十分强势。这种社会情势下，尤其需要培养一种欲望批判和反思精神，以防“物交物引之而已”的人性遮蔽。此时朱子的“合当如此”正当性思想，无疑可成为今人与欲望周旋的有力思想武器。

其二是反思人性中不只是“食色”。朱子虽然认同孟子“食色，性也”的看法，但他更提出人性不只是“食色”，换句话说，在朱子那里更强调人性的丰富性和崇高性，用他的话说，人还有“天理”：“天理在人，终有明处。大学之道，在明明德，谓人合下便有此明德，虽为物欲掩蔽，然这些明底道理未尝泯绝。须从明处渐渐推将去，穷到是处，吾心亦自有准则。”[②] 我们今天的社会环境，为“食色”大行其道，提供了无比畅通的条件，曾几何时“食色”仿佛成为人生意义的内在规定性。这种时候反思朱子之论，将会促使我们思考人性中的更为神圣和崇高的一面，借用黑格尔的话说，这就是人的“第二性”，从而追求人的更深的意义和价值。

其三是景仰理想主义。朱子“天理人欲”学说，其精神实质是倡导一种超越当下的物欲而追求绝对的“天理”，是鼓励人在对理想的企慕中实现自我升华：“凡人须以圣贤为己任。世人多以圣贤为高，而己别是一样人，则早夜孜孜，别是分外事，不为亦可，为之亦可。然圣贤禀性与常人一同，既与常人一同，又安得不以圣贤为己任？自开辟以来，生多少人，求其尽己者，千万人中无一二。只是滚同枉过一世。”[③] 文中所谓“以圣贤为己任”，既是对孔孟思想的传承，也展示了朱子的理想主义情怀，即不断自我超越，不断追求崇高。这种精神取向，对于今天苦闷于过分的物质主义笼罩的当代人来说，仿佛是在沉

① 《朱子语类》卷九四。

② 《朱子全书》卷七。

③ 《朱子语类》卷八。

重的“食色”重幕中看到了一幅清新而富有活力的生命景象，它既有启悟之意义，也不无激励之功效。

作者简介：胡发贵，江苏省社会科学院哲学与文化研究所所长，研究员。

周敦颐与“二程”的文学特点比较

龚祖培

周敦颐与“二程”，即程颢、程颐兄弟，都以哲学思想名家，这是尽人皆知的事实。本文侧重讨论三人与文学有关的内容，包括文学思想和创作以及风格特点等方面，从而分析周敦颐所产生的影响的重点在什么地方，试图从新的视角认识周敦颐。

一

周敦颐著述不多，半为文学作品；官位不高，多尘走下僚。为什么能在中国文化史上产生很大的影响？就这一点说，已经是一个撩拨人思考的大问题。究竟是什么使其然？恐怕其人格是最值得研究的内容。而其人格的铸就，文学写作和审美取向的作用不小，或许超过了他的哲学思想等著述的影响。

周敦颐以近乎完美的人格备受当时闻人赏誉，却没有遭受负面的讥议和诟病，这在整个宋代的道学家之中恐怕是独一无二的。黄庭坚评曰：“舂陵周茂叔人品甚高，胸怀洒落如光风霁月。好读书，雅意林壑。”纯粹为一高蹈林丘的诗人画像，完全没有道学家的影子。古往今来，恐怕只有“完人”可当“胸怀洒落如光风霁月”一语。苏轼赠诗也有“先生本全德，廉退乃一隅……先生岂我辈，造化乃其徒”等句①，简直是高山仰止般心仪。“全德”一词似乎都说到了极致，很值得玩味。这些极致的赞誉如果出自后学道家之口，那是不足为奇的。而它们却出自苏、黄之口。二人的性情和好尚与程朱等道学家的冲突矛盾，竟在周敦颐身上得到了完全不同的融合消解。这真是耐人寻味。除了周敦颐的高尚人格之外，还有其他的原因。这个原因主要就是周敦颐的山水自然之趣和文学写作的契合点。简言之，周敦颐的性情好尚与苏、黄有类聚之同。他不是纯粹的道学家，而是诗人气质突出的文人。因此，很多学者将周敦颐从

---

① 《周元公集》卷三《诸儒议论》，影印文渊阁《四库全书》本，台北：商务印书馆，1986年。

道学家中分别开来认识，那是很有道理的。

自宋以来，多有学者认为周敦颐为理学开山之祖，直接影响了“二程”以下的思想学说。持不同观点的学人也不少，近代亦然。钱穆先生说：“近世论宋学者，专本濂溪《太极图》一案，遂谓其导源方外，与道、释虚无等类并视，是岂为识宋学之真哉!”① “后人以濂溪为宋学开山，或乃上推之于陈抟，皆非宋儒渊源之真也。”② 钱先生也看出了程颐对周敦颐学术不认同的隐微之处：“伊川于安定，终其身非先生不称，于濂溪则字之曰茂叔而已。”③ 英国人葛瑞汉认为“二程的哲学根本不是什么周敦颐学说的发展，两者的大前提完全不同”④，还承袭钱穆之说：“可以肯定，二程并不视周为正式老师。伊川提到太学时的老师胡瑗时，总是称之为‘胡先生’；二程却直呼周敦颐的字‘周茂叔’。”⑤ 此处笼统地以“二程”为说不妥，应该是程颐，不应连及程颢。葛瑞汉还有“十一世纪时周敦颐并不以哲学家著称”的观点⑥，都表达了正宗的程朱理学与周敦颐学术不同的看法。

既然如此，研究周敦颐的人格以及与之关系密切的文学等内容无疑可以作为一个新的视角。应该从文人的角度认识周敦颐，用文学的要素分析其著述，然后再梳理其影响的脉络。纵观其著述，最可论者“一图，一赋，一文，三诗，四字文论”。如果超越文学范畴，以大文化的眼光衡估，那么其著述的学术价值和水准，一图、一赋、一文为一流作品，诗为二流作品，文论为三流作品。此周学之大概。

“一图”即《太极图》。尽人皆知，那是主要讨论宇宙本体论的哲学内容。“无极而太极”；“太极动而生阳，动极而静，静而生阴”；“阳变阴合，而生水、火、木、金、土”；“二气交感，化生万物。万物生生，而变化无穷焉”。文字论说之外，还配有那阴文、阳文的复杂图形。⑦ 如此等等，在《易经》论说的基础上更加神秘化，更有内涵。其间充满了灵性，可以作无尽的沟通，无穷的阐发。对心灵和艺术尤其有效。张栻弟子游诚之就由此悟入，作诗便能通其灵：“游诚之，南轩高弟。尝言：‘《易》有太极，而周子加以无极，何也？试即吾心验之，方其寂然无思，万善未发，是无极也。虽云未发，而此心昭然，

① 钱穆：《中国近三百年学术史》，北京：九州出版社，2011年，第5—6页。
② 钱穆：《中国近三百年学术史》，第3页。
③ 钱穆：《中国近三百年学术史》，第3页。
④ （英）葛瑞汉著，程德祥译：《二程兄弟的新儒学》，郑州：大象出版社，2008年，第235页。
⑤ （英）葛瑞汉著，程德祥译：《二程兄弟的新儒学》，第233页。
⑥ （英）葛瑞汉著，程德祥译：《二程兄弟的新儒学》，第227页。
⑦ 《周敦颐集》，北京：中华书局，2009年，第1—5页。

灵源不昧，是太极也。’闻者服其简明。其诗亦可爱，如‘春风未肯催桃李，留得疏篱浅淡香’，‘平生意思春风里，信手题诗不用工’，‘闲处慢忧当世事，静中方识古人心’，皆有味。”[①] 作家的创作想象，它带来了无限构思的空间。“阴阳”的神通广大，可以构建宏伟的文本结构。不用说诗文的灵窍，就是小说、戏剧等大作，都可以从《太极图》中获取营养，创造出“阴阳剑”、“九阴真经”，创造出“十绝阵”、“万仙阵”，创造出“太虚幻境”等。传奇、神秘色彩本是文学的灵魂，古今中外的文学名著，很多就因此成就了精彩和不朽。《红楼梦》和《百年孤独》即其显证。因此，文学也可以将《太极图》视为“圣经”，存乎一心，就看作者如何通灵。

周敦颐今存只有一篇赋，66 字的《拙赋》，其实赋的正文只有 40 个字。恐怕应该是天下最短的以“赋”名篇的作品。就这一点说，周敦颐又创造了一个第一。它完全无视赋体“铺采摛文”的基本特征，不铺写，不堆砌，无辞采，无事证；不过它不“体物”而有“写志”的内容，以对句、排句一气而下，与赋体还保留着一息气脉，它不是空中起步，创造“第一”也根源于继承之中，虽面目全非而精神犹在。它有鲜明的立意，将老庄思想推陈出新；它有结构层次，由立身处世说到治国平天下，辽阔宏远：

> 巧者言，拙者默；巧者劳，拙者逸；巧者贼，拙者德；巧者凶，拙者吉。呜呼！天下拙，刑政彻。上安下顺，风清弊绝。[②]

作文可以从中悟出道理；人生可以从中悟出道理；立国可以从中悟出道理。袁宏道就受其启发，写出了名篇《拙效传》：“而四拙以无过，坐而衣食，主者谅其无他，计口而受之粟，唯恐失其所也。”[③] 袁家的四个仆人都获益于“拙”；相反，满朝多是机关算尽的“巧”贼，国何以堪？一个群体都是聪明绝顶的“大师”，谁还愿意吃那不得不吃的“亏”？《拙赋》这样的作品，中国人知道那是聪明智慧的表现，所谓“大巧若拙”，但外国人就有一点云里雾里的不解。英国人葛瑞汉说：“周敦颐的诗中有炼丹和愚胜智之类的主题，同样令人吃惊。”[④]

君子人格是周敦颐的符号，这已是盖棺之论。不过细究建构周敦颐君子人格的结构成分，除了他人品道德、为官行事的清廉正直之外，还有他的文章撑起了一片天。换句话说，如果周敦颐只有为官行事的清廉正直的人生履历，没

---

① 宋·罗大经：《鹤林玉露》，北京：中华书局，1983 年，第 28 页。

② 宋·周敦颐：《周敦颐集》，北京：中华书局，2009 年，第 60—61 页。

③ 明·袁宏道等：《三袁随笔》，成都：四川文艺出版社，1996 年，第 157 页。

④ （英）葛瑞汉著，程德祥译：《二程兄弟的新儒学》，第 237 页。

有文学著述，那么他只能做一个默默无闻的古代循吏、好官。但以其官品来说，恐怕难以载入国史，将会无声无息地永远消失在历史的风尘之中，绝不可能青史留名。历史上清廉正直有君子人格如周敦颐者不少，他们在古文献中却没有留下一点痕迹。周敦颐的什么文章让他的君子人格熠熠生辉？不言而喻，显然是《爱莲说》。

《爱莲说》的主题是以莲荷为“花之君子”。以莲荷喻人，非首创之文心。唐人郭震诗“湘妃雨后来池看，碧玉盘中弄水晶”，刘禹锡诗“庭前芍药妖无格，池上芙蕖净少情”，李德裕诗“玉女袭朱裳，重重映皓质”，陆龟蒙诗“无情有恨何人觉，月晓风清欲堕时”等，都将莲荷拟人，不过多为女性。受先唐诗作“江南可采莲”、“涉江采芙蓉”、“采莲南塘秋”等暗示，咏莲荷的作品还多蕴含男女情事。采莲女儿“芙蓉向脸两边开”，“无端隔水抛莲子”，莲荷即美女，美色如莲荷。有些诗作少不了还有“亵玩”的心理。《爱莲说》标出新意，视莲荷为君子，与爱情、“女色”划清界限。莲荷有了大丈夫的躯干，那是作者的人格外化。这已经不是简单的文学创作新变，而是划时代的革命。仅此又可称第一。论者极口称说，唯钱锺书先生读出不同，先肯定“出淤泥而不染”为“名言传诵”，又认为其语有“拾彼法牙慧之嫌”①。所谓“彼法”指佛经《维摩经》、《四十二章经》等文献。不过钱先生没有深论将莲花出淤泥而不染与君子处浊世而保持其高尚人格二者的“艺术”联系，就看不出周文的“创造”。尽管佛经中有“吾为沙门，处于浊世，当如莲花，不为泥所污”的说理，物与人的类比成立。《史记》等书称赞屈原“泥而不滓”的语典，肯定对周敦颐的写作有启发作用，但《爱莲说》将二者的关系集中论说，借象取譬的主题阐发，尤其是简劲清雅的艺术语言，给读者深刻而优美的审美体验，却是前所未有的。非但不拾人牙慧，反而正是文学艺术的继承和创新的闪光之处，正是海德格尔所说的“每个伟大的诗人都只出于一首独一的诗来作诗”②。《爱莲说》可以称为“一首独一的诗”。其次，《爱莲说》正文仅119个字，却首尾完整，主题鲜明，重点突出。在中国古代屈指可数的优秀的“百字文”中毫不逊色，可以和韩愈《送董邵南序》，苏轼《记承天寺夜游》等辉映文苑。复次，这一篇短文的句式也很有特点。句式参差错落，长短互补；是散文，同时又有整齐的对句；还有排句，一气呵成。真是将赋句、骈句、散句融为一体，形成了骈散兼行而又流畅自然的语言风格。长篇可以做到，短文实在难能可贵。就驾驭语言的能力来说，作者也堪称文学大师。再次，作文重道是周敦颐一切著

① 钱锺书：《谈艺录》，北京：三联书店，2008年，第39页。

② （德）海德格尔撰，孙周兴译：《在通向语言的途中》，北京：商务印书馆，1997年，第25页。

述的共同特点，《爱莲说》也很突出，而且正是突出这一点才彰显了君子人格的主题思想，使本文大放光彩。不过本文并不是枯燥的说教论文，而是靠语言的中介塑造了莲荷的鲜明形象。如果没有“出淤泥而不染，濯清涟而不妖，中通外直，不蔓不枝，香远益清，亭亭净植”等描写，没有“可远观而不可亵玩”的人格透视，那么本文就成了一篇只有说理的文章，已经没有多少可传的价值，更不要说成为名篇。正是因其抓住莲荷的神韵而形象地描写，大大地凸显了“美”，才让受众将其视为古代第一流的美文之一，的确是实至名归。比较《养心亭说》，同样是周敦颐的文章，同样是论道主题，可是有多少人知道它呢？原因就是其文主体部分全是议论，而且全是敷衍《孟子》“养气”之说，缺乏形象描写，难以让受众获取突出的审美体验。这就是著名和不为人所知的关键所在。用当今盛行的排行榜进行统计，“古代文学作品选”一类书籍，恐怕都选入了《爱莲说》。即使不占鳌头，也肯定可以进前三甲。一个作家或诗人，如果从文学史的角度说，留下一句两句诗歌就可以成为不朽，如“满城风雨近重阳”，“风萧萧兮易水寒，壮士一去兮不复还”，“将军三箭定天山，战士长歌入汉关”等，那么周敦颐有一篇《爱莲说》，已足以在文坛铭刻“立言”的名字。一篇短文就可以彪炳文学史册。南宋柴与之诗云：“一诵《爱莲说》，尘埃百不干。”这已经从文学之美深入到立身立人的境界了。

周敦颐也是一个诗人。今存诗 38 首，有些还有著作权的争议，未必是周作。仅以其中无争议的论说，好诗有，但数量不多，比较突出的可说有以下三首：

花落柴门掩夕晖，昏鸦数点傍林飞。吟馀小立阑干外，遥见渔樵一路归。（《春晚》）

东风放牧出长坡，谁识阿童乐趣多。归路转鞭牛背上，笛声吹老太平歌。（《牧童》）

朝市谁知世外游，杉松影里入吟幽。争名逐利千绳缚，度水登山万事休。野鸟不惊如得伴，白云无语似相留。傍人莫笑凭栏久，为恋林居作退谋。（《同石守游》）[①]

在诗歌格律化已经老去的宋代，周敦颐也主要写格律诗；受其自身审美趣味简洁的影响，他的诗作以绝句为多，短小；在议论风气已开的北宋，周敦颐也以议论为诗，所谓“理趣诗”初见端倪；受乐道成为时代文学好尚的主题的影响，周敦颐也与时推移成为宋诗作者中的一员。有人认为庆历作家群体范仲

① 《周敦颐集》，第 61—75 页。

淹、欧阳修、梅尧臣、苏舜钦、尹洙等，“将‘复古明道’与修身、行事、立言有机统一起来，提倡以‘道义之乐’为核心的文学审美新理念，并将人性人情纳入‘圣贤之道’的理解范畴，缩短了‘道’与现实人生的距离，拓展了文学反映时代人生的深度和广度”。[①] 周敦颐与他们同时，其诗作何尝不是那样的审美理念。

周敦颐对诗歌的喜爱，一生都如此。作品有10卷之多。[②] 其作《吉州彭推官诗序》，度正《年谱》系于25岁时。该文叙事详明，娓娓道来，称道彭推官之作，更流露了自己对诗歌的热情，诵好诗的愉悦。文曰：“坐间，诵吉州彭推官篇者六七人，其句字信乎能觑天巧而脍炙人口矣。”“暨还邑局，闻推官之诗益多，亦能记诵不忘。”[③] 由此推知，周敦颐少年时代已与诗结缘。又《与傅秀才书》云：“稍有一日空暇，则或过客，或节辰，或不时聚会。每会即作诗……”[④] 据度正《年谱》，此文作于合州判官任上，时年41岁。[⑤] 作诗已是人生不可少的内容，如饮食相伴相随。事实上风气使然，北宋文人莫不如此。作诗的交流和消费功能比较突出，如同邵雍《首尾吟》所说：“尧夫非是爱吟诗，诗是尧夫访友时。”又据《年谱》，治平二年49岁：“三月十四日，自虔赴永，同宋复古游庐山大林寺，至山巅有诗。”[⑥] 又治平三年50岁：“又寄诗与乡人，有‘故人若问吾何况？为道舂陵只一般’之句。”[⑦] 又熙宁四年55岁：“以正月九日领提刑狱职事，行部至潮州。有《题大颠堂诗》云：‘退之自谓如夫子，《原道》深排佛老非。不识大颠何似着，数书珍重更留衣。’”[⑧] 周敦颐至老于诗不倦。两年后携诗情永归道山。

周敦颐具审美眼光，能透过山水自然、人情世态发现诗美。加上自己的人生价值取向，宁拙勿巧，宁退勿趋，最大的追求是心灵的宁静。诗也如其人。“山水有清音”，宁静的最佳伴侣就是山水自然，于是诗歌中借景抒情，拥山水而俯仰之作占去大半。如同既往诗人的作品一样，拒绝浊世而无悲吟之声，歌颂人与山水之自然成为主题。《春晚》一绝很有代表性。不仅融入自然的“渔樵”归来，引发诗人情不自禁的吟咏，即使“昏鸦”其实也在快乐之中，能让

① 张兴武：《宋初百年文道传统的缺失与修复》，《文学遗产》2006年第5期。
② 宋·潘兴嗣：《周敦颐墓志铭》，《周敦颐集》，第91页。
③ 宋·周敦颐：《周敦颐集》，第53—54页。
④ 宋·周敦颐：《周敦颐集》，第58—59页。
⑤ 宋·周敦颐：《周敦颐集》，第105页。
⑥ 宋·度正：《周敦颐年谱》，《周敦颐集》，第109页。
⑦ 宋·度正：《周敦颐年谱》，《周敦颐集》，第109页。
⑧ 宋·度正：《周敦颐年谱》，《周敦颐集》，第110—111页。

诗人感受到同样的怡情。这首诗通体澄澈，一派和谐。正是昏鸦绕林的意象点缀，才使得它与王维的《渭川田家》等一派祥和的意象组合的唐诗有了区别；也和“昏鸦”所常常引发的思乡怀人、贬谪漂泊的人生失意等为主题的诗歌拉开了距离。马致远《秋思》“枯藤老树昏鸦”一曲，“昏鸦”是引发“断肠人在天涯”的情思之象。本诗“昏鸦”与“渔樵”看似意象组合的冲突，但自然本如此，天使与魔鬼同在，美与丑相生，吉凶可转化，全在诗人的审视一瞬间。表面看“昏鸦”使诗歌的画面晦暗，而且“昏鸦”常引起不吉利之联想。但是与“傍林”相连，就引发了归巢、栖息、生息、团聚等自然属性的联想。乌鸦也是生灵，乌鸦也有道，乌鸦之道同属自然，为何不能令人心生怜爱？或许诗人正是为了不拾唐人牙慧，才有意这样驱遣灵妙，让“昏鸦”映衬于诗中。《牧童》一绝也是自然的主题，也是善于捕捉景物之作，只是主角牧童骑牛吹笛的形象多添了一分天真和悠然的韵味，“太平歌”反而成了“歌咏先王之道”的蛇足。值得注意的是此诗与南宋诗人雷震《村晚》绝句的联系。尽管关于雷震的生平履历一无所知，但就其“牧童归去横牛背，短笛无腔信口吹”的诗句，可以读出来龙去脉，可以看出周诗对他的影响。其诗的主题与《牧童》关联，还与《春晚》关联，可见雷震是一个得“道”的诗人，受道学诗人的影响不浅。当然，周诗的主题太露，缺乏蕴藉深沉的含蓄，就主题而言，并无多少新意。这与他写作太真情倾泻的风格有关，也与“文以载道”的认识有关。《同石守游》一首七律，佳句如“野鸟不惊如得伴，白云无语似相留”，移情于景，融入自然，因其对偶而更增整齐之美。此处的语言修辞恰到好处。如果以名句论周诗，那么此联与《游大林寺》之“水色云含白，禽声谷应清”，《题寇顺之道院壁》之“青山无限好，俗客不曾来”可以并列第一。然而如同宋人多泥于对句那样，此诗“争名”一联，为求工整，显得有些死板，“度水登山万事休”更是近于幼稚，有勉强凑合的痕迹。

就其诗歌风格言，体现为四字特点，即真、清、劲、直。“浩然心意复吾真”（《题惠州罗浮山》）①，夫子自道“真”字，诗中常用“真”字：本真、真我。文学写真实，不能虚假作伪态，这是原则问题。直抒胸臆，“真”可以畅快抒情，可以感动人而使其共鸣，但也会因缺乏细腻的修辞表达而流于粗率，过于直露。周诗的“真”体现为人格的诗化，人生价值观的诗化。其人恬静安闲，其诗也如此；其人豁达宽容，其诗也如此；其人喜言性理，其诗也如此。不过其人观山水之美，得山水之乐，性理便消散在山水的形象之中，谈理而有清趣，议论而不枯燥。其诗喜用“清”字。如《题濂溪书堂》：“田间有清水，

① 宋·周敦颐：《周敦颐集》，第69页。

清泚出山心。”[①]《静思篇》“醉榻云笼润，吟窗瀑挟清”[②]，《宿大林寺》“公程无暇日，暂得宿清幽”皆由其清气而频繁入诗。“禽声谷应清”，不只是禽声清脆，山谷回声清幽，其实是诗人的心声感应。鸟叫山谷回声，是自然现象；“鸟鸣山更幽”，不是纯自然现象；诗人听出“清”音，更不是自然现象，而是性情人格的标志。从古以来，“清”就是君子修养追求的高境界。清正、清廉、清高为君子历练之人格。以之入诗，有鸟鸣谷应的烘托，加之以语言艺术的点染，形成了周诗“清新”、“清雅”的审美趣味。前人称宋诗“瘦硬”，周诗则为“劲直”，与之声息相通。《爱莲说》取象莲荷“中通外直，不蔓不枝”，此正为作者立身之象，立地挺拔，不偏不倚。将其移用于诗歌风格之说，也完全适合。因此可以说周敦颐的诗文风格是统一的，都是其人格铸就的。他的诗，山水怡情之作多，而山水物象常寄意云外、峰峦、大树、高林。杉松之挺直，松柏之苍劲，即为笔下常有之意象。如《忆江西提刑何仲容》：“兰自香为友，松何枯向春。”[③]《同友人游罗岩》：“闻有山岩即去寻，亦跻云外入松阴。”[④]《题鄷州仙都观》：“钦想真风杳何在，偃松乔柏共萧森。”[⑤]《同石守游》：“朝市谁知世外游，杉松影里入吟幽。”[⑥]他的诗没有无病呻吟的低唱，没有怀才不遇的忧伤，没有人生短暂的悲愁，没有历史沧桑的慨叹；大谈风月而无卿卿我我，议论风发而不矫揉造作，高吟“老子生来骨性寒”而不摇尾乞怜，称得上硬朗的丈夫诗风。可以说，宋诗的风格形成，周诗参与了建设。不过周诗直露而缺余韵，浅淡未造平淡，着实而乏虚灵，整饬而少活泼，也有可议之点。

在宋代诗酒唱和的士风，酒令词曲浓厚的文化氛围之中，周敦颐竟然没有一首小词传世，可见他谨守君子操守的矜持的一面。这在庆历作家群体中则是区别之点。以其文学观而言，大概也是将诗和词区别对待。“词为艳科”，别是一家；诗言志，载道之器。

“文以载道”是周敦颐提出的。《爱莲说》充分体现了作者的文学思想，“文”和“道”的关系十分清楚，无论语言如何美化，写作如何修辞，技巧如何讲究，通篇都是为阐扬君子人格的“道”服务。不过他也认识到“文辞，艺也；道德，实也。笃其实，而艺者书之，美则爱，爱则传焉”的文、道辩证关

---

① 宋·周敦颐：《周敦颐集》，第62页。
② 宋·周敦颐：《周敦颐集》，第64页。
③ 宋·周敦颐：《周敦颐集》，第66页。
④ 宋·周敦颐：《周敦颐集》，第68页。
⑤ 宋·周敦颐：《周敦颐集》，第69页。
⑥ 宋·周敦颐：《周敦颐集》，第73页。

系。[①] 他认识到了“艺”和“美”的作用，认识到了作文修辞的作用。“言之无文，行而不远”，只有美文才可以流传久远。其文、其诗正是在这样的文学思想指导之下写作的，因此《爱莲说》能写出美来，其诗也不乏其美。如果只看“文以载道”四个字，其思想仅是苍白的理论框架，貌似神圣的面孔而已，而且了无新意。本来，“道”和“文”的关系，早在“朝闻道，夕死可矣”的孔子时代已经确立，“道”至高无上。“道之大原出于天”，“文”只能是“道”的侍从，为其服务的奴仆，二者的关系决不能逆反。即使体大思精的理论大作《文心雕龙》，开宗明义第一篇也是《原道》。再加上韩愈《原道》等文的大声镗鞳，此处已题无剩义，不容置喙。周敦颐以续貂之论，除去修辞的技巧之外，真是毫无理论价值可言。令人惊奇的是后人乃至今人，记住的第一格言竟然多是“文以载道”四字，而前此之理论反而化为云烟。不过周说还是至少有两点让其“文以载道”之论得以流行，掩盖前人之功。一是拈出“艺”和“美”两个醒目的字眼加以论说，相比“言之无文，行而不远”的孔夫子含糊话语，更为鲜明而深入。二是将抽象的文、道关系具象化，用车载为喻更为形象生动，将复杂的道理简单化，更能使人接受而传扬。

周敦颐并无多少道学著作，却成了道学开山祖师；周敦颐并无文学思想的创新，却似乎成了“文”、“道”关系的理论泰斗。真是有一点嘲讽历史。其实这正是艺术参与的功效。当然，周敦颐的历史地位正是他通艺术，重形象，会审美，善于驾驭语言的能力取得的。简言之，是他的文学成就取得的。

二

程颢、程颐兄弟，先说程颐。程颐明显与周敦颐疏离，突出表现于对文学的认识不同。或许不称周为先生的原因就在此，还说“周茂叔穷禅客”[②]，有奚落的意味。

程颐对文学的认识是肤浅的，对文章修辞润色等持排斥态度。他深于论道而陋于审美，几乎不懂得艺术。从理论到实践都旗帜鲜明。

程颐说：“今之学者有三弊：一溺于文章，二牵于训诂，三惑于异端。”[③]他甚至认为“有高才能文章”的人是“不幸”的。[④]

① 宋·周敦颐：《周敦颐集》，第36页。

② 宋·程颢、程颐：《二程集》，北京：中华书局，2008年，第85页。

③ 宋·程颢、程颐：《二程集》，第187页。

④ 宋·程颢、程颐：《二程集》，第443页。

周敦颐认为文章通过艺术加工之美能让人喜爱，因而能传播久远；程颐相反，认为潜心于写作是“玩物丧志”，文辞优美的作品如同俳优。下面一段问答很典型：

问：“作文害道否？”曰：“害也。凡为文，不专意则不工，若专意则志局于此，又安能与天地同其大也？《书》曰‘玩物丧志’，为文亦玩物也。吕与叔有诗云：‘学如元凯方成癖，文似相如始类俳。独立孔门无一事，只输颜氏得心斋。’此诗甚好。古之学者，惟务养情性，其佗则不学。今为文者，专务章句，悦人耳目。既务悦人，非俳优而何？”①

他又说：“后之儒者，莫不以为文章、治经术为务。文章则华靡其词，新奇其意，取悦人耳目而已。”② 他否定文章对人对社会的功用：“后之人，始执卷，则以文章为先，平生所为，动多于圣人。然有之无所补，无之靡所阙，乃无用之赘言也。不止赘而已，既不得其要，则离真失正，反害于道必也。诗之盛莫如唐，唐人善论文莫如韩愈。愈之所称，独高李、杜。二子之诗，存者千篇，皆吾弟所见也，可考而知矣。”③

程颐自言“素不作诗”，对诗歌不能有诗心的沟通，描写优美的作品也被鄙视。下面一段问答也很典型：

或问：“诗可学否？”曰：“既学诗，须是用功，方合诗人格。既用功，甚妨事。古人诗云‘吟成五个字，用破一生心’；又谓‘可惜一生心，用在五字上’。此言甚当。”先生尝说：“王子真曾寄药来，某无以答他，某素不作诗，亦非是禁止不作，但不欲为此闲言语。且如今言能诗无如杜甫，如云‘穿花蛱蝶深深见，点水蜻蜓款款飞’，如此闲言语，道出作甚？某所以不常作诗。”④

可见程颐对写景状物的生动形象无所会心。写景状物是文学作品中最为常见的成分，从《诗经》而下比比皆是。杜诗“穿花蛱蝶”等诗句，都为学人所津津乐道，程颐视之为“闲言语”，即“无用之赘语”。除了《诗经》等经书之外的诗歌，他基本上是持否定态度的。即使对“存者千篇”的李、杜诗歌，程颐表面没有做任何评说，仅以“皆吾弟所见也，可考而知矣”对待，其实皮里阳秋，话语之中有不足挂齿的意味，也是瞧不起的。正如有学者论述指出那样：“程颐举了‘存者千篇’的李杜诗，虽然没有直接评价，听那口气，即便

① 宋·程颢、程颐：《二程集》，第239页。

② 宋·程颢、程颐：《二程集》，第580页。

③ 宋·程颢、程颐：《二程集》，第600—601页。

④ 宋·程颢、程颐：《二程集》，第239页。

不说有害于‘道’，至少也是‘无用之赘言’。”[①]《能改斋漫录》卷一一引用程颐之说，然后连举“桑之未落”、“杨柳依依”、“萧萧马鸣”等描写名句为例，对程颐的批评很是疑惑。其中有“予谓正叔盖有激而云”一句。[②] 是什么激发了程颐的批评呢？恐怕不是因人而发的怨气，还是对文学艺术的认识所产生的排斥心理引发的。程颐留下了不少与他人龃龉冲突的掌故，表现在性情不同、志趣不同、理念不同等方面，而产生冲突往往是因文学艺术等引发的，即使道学中同志也不例外。

程颐与苏轼的冲突，继而形成洛党、蜀党之争，是学人尽知之事。且不论其中的是非曲直，仅将苏轼、黄庭坚等人对周敦颐的赞美和对程颐的态度相比较，已经可以看出人以群分的性情、志趣的差异。程颐的性情、志趣和苏、黄、周以及其兄程颢等都有明显的不同。《宋元学案·濂溪学案表》还将苏轼列入“私淑”周敦颐的名单之中。有人认为，苏轼写诗赞美周敦颐，有针对程颐之党而发的动机：“作此诗时，周敦颐已去世十六年，其学为二程所操，势力甚盛。而程门人士纷纷与苏轼为敌，苏轼亦与程颐交怨，诗言‘世俗眩名实’，‘怒移水中蟹’，当是有感而发；而‘先生本全德，廉退乃一隅’，亦有现实的针对性。盖谓周氏自甘廉退，身体力行之践履功夫，已罕见于其继承者中。而诬陷大臣、急于求进，乃于程颐与其门人的行迹中见之，故苏轼借周氏亡灵而感慨之。”[③] 程颐“市井目为五鬼之魁”[④]，苏轼嘲讽其食古不化是“鏖糟陂里叔孙通”[⑤]，有“素疾程颐之奸”的论说。孔文仲上奏章弹劾，称程颐虚伪阴险，故弄玄虚：“凡经义所在，全无发明，必因藉一事，泛滥援引，借无根之语，以摇撼圣听，推难考之迹，以眩惑渊虑。”[⑥] 让人联想到章学诚《书朱陆篇后》批评戴震之学，有“离奇其说”、“故为高论，出入天渊”、“多为恍惚无据、玄之又玄、使人无可捉摸”等语。[⑦] 戴震之学从程朱理学着手，他也“不能为诗与华藻之文”[⑧]。前后渊源，性情习惯，真有可通之处。尽管孔文仲奏章中有过激之词，但程颐为学专一所形成的性情固执，心胸不开阔

① 祝尚书：《以道论诗与以诗言道：宋代理学家的诗学观原论——兼论“洛学兴而文字坏”》，《四川大学学报》2011年第4期。

② 宋·吴曾：《能改斋漫录》，上海：上海古籍出版社，1979年，第311页。

③ 杨胜宽：《苏轼人格研究》，成都：四川大学出版社，1994年，第168页。

④ 宋·程颢、程颐：《二程集》，第343页。

⑤ 宋·程颢、程颐：《二程集》，第416页。

⑥ 宋·程颢、程颐：《二程集》，第445页。

⑦ 清·章学诚：《文史通义》，《续修四库全书》，上海：上海古籍出版社，1996—2003年，第448册，第170—171页。

⑧ 清·卢文弨：《校礼堂初稿序》，《校礼堂文集》，北京：中华书局，1998年，第2页。

等，恐怕正是与他人冲突的原因之一。邵雍临死前对程颐所说的一番话可以见豹一斑："伊川曰：'从此与先生永诀矣，更有可以见告者乎？'先君声气已微，举张两手以示之。伊川曰：'何谓也？'先君曰：'面前路径，须常令宽。路径窄，则自无着身处，况能使人行也？'"[①] 有研究者认为："邵雍所谓的'面前路径，须常令宽'就是批评程颐学问路径太窄，心胸不豁达。"[②] 程颐的性情与先天遗传和潜心于理学的思维方式都有关。潜心于理学研究，认为是"求道"的学问，高于一切，容易产生排斥其他学术的心理；喜爱文学艺术者，往往谈笑诙谐，对道貌岸然的学者每每以头巾冬烘嘲讽。简单地说，理学家与文学家不容易调和，或许正如有的研究者所说："道学家的文学观念都无一例外地证明，一个人无论怎样熟悉诗文特性，只要他是从道学的思维模式出发来思考文学问题的，那他就不可避免地受到极大的局限，就难免陷入逻辑的矛盾之中，这是因为道学与文学作为两种迥然不同的话语形态，的确存在着价值取向的不兼容性。"[③] 诗文的艺术表达程颐往往不能理解，无从鉴赏。钱锺书先生引戴震《书郑风后》的解释，然后评说："厥词辨矣，然于诗乐配合之理即所谓'准诗'者，概乎未识，盖经生之不通艺事也。"[④] 钱先生有讨论经生迂腐解读儿歌之例，很是生动有趣："闻寓楼庭院中六七岁小儿聚戏歌云：'一二一，一二一，香蕉苹果大鸭梨，我吃苹果你吃梨'；又歌云：'汽车汽车我不怕，电话打到姥姥家。姥姥没有牙，请她啃水疙瘩！哈哈！哈哈！'……即若前举儿歌，苟列《三百篇》中，经生且谓：盖有香蕉一枚、苹果二枚、梨一枚也；'不怕'者，不辞辛苦之意，盖本欲乘车至外婆家，然有电话可通，则省一番跋涉也。"[⑤] 程颐笃信经书，其实也是"不通艺事"的经生。举一事可资比较。《诗经·秦风·蒹葭》是一篇创造了朦胧意境的好诗，极有艺术表现力。一经程颐解释，真有味同嚼蜡的感觉。《诗解》云：

> 蒹葭，芦苇众多而强，草类之强者，民之象也。葭待霜而后成，犹民待礼而后治，以兴焉。苍苍而成，白露为霜矣。伊人犹斯人，谓人情所在。人情譬诸在水之中，顺而求之则易且近，逆而求之则艰且远。"凄凄"，青苍之间也。"未晞"，未凝也，犹礼教之未至。"采采"，茂盛未已，方浓之状，未有礼教也。礼教未立，则人心不服而俗乱。[⑥]

---

① 宋·程颢、程颐：《二程集》，第 675 页。
② 魏崇周：《程颐文学思想发展过程简论》，《河南教育学院学报》，2010 年第 3 期。
③ 李春青：《从杨万里到严沧浪——论诗学对宋学精神的拒斥与背离》，《求索》2001 年第 1 期。
④ 钱锺书：《管锥编》，北京：三联书店，2007 年，第 106 页。
⑤ 钱锺书：《管锥编》，第 112—113 页。
⑥ 宋·程颢、程颐：《二程集》，第 1060 页。

死板地拘泥于《诗序》之说，只盯着“礼教”二字，迂腐可笑。《诗序》云：“《蒹葭》，刺襄公也。未能用周礼，将无以固其国焉。”《诗序》之说，古人早已不从。朱熹《诗集传》解《蒹葭》云：“言秋水方盛之时，所谓彼人者，乃在水之一方，上下求之而皆不可得。然不知其何所指也。”① 《蒹葭》之美，正美在朦胧含蓄，“伊人”缥缈迷离，“不知其何所指”，就可与诗美沟通。王照圆说：“《蒹葭》一篇最好之诗，却解作刺襄公不用周礼等语，此前儒之陋，而《小序》误之也。”② 程颐不顾词语的意义，还自相矛盾为说。“晞”《毛传》解释为“干也”，《说文》解释为“干也”，都是无水分、干爽、干燥之义，似乎从古以来“晞”字都无“凝”之义，将此义强解为礼教，是新版之郢书燕说；既然释“采采”为“茂盛未已，方浓之状”，就是兴盛，充满生机之象，就是治世之象，又如何与“未有礼教”相关？“人情在水之中”叫什么话语？“易且近”、“艰且远”与顺水和逆水求的“理”在哪里？程颐的泥古尊经的思想，还作为教诲弟子的教条。《曲洧旧闻》卷三云：“伊川一日对群弟子取《毛诗》读一二，掩卷曰：‘诗人托兴立言，引物联类，其义理炳然如此，其文章浑然如此，诸君尚何疑耶！若劳苦旁求，谓我所自得以眩惑后生辈，吾不忍也。非独《诗》为然。凡圣人书熟读之，其义自见，藏之于心，终身可行，患在信之不笃耳。”③ 不能怀疑，只能笃信经书，当然就不懂解读文学作品本身就是再创作的道理。作品一涉及艺术构思表达，程颐的解读之谬论就会让人啼笑皆非。如：

正叔言：“永叔诗：‘笑杀颍阴常处士，十年骑马听朝鸡。’夙兴趋朝，非可笑之事，不必如此说。”④

欧阳修诗句是说自己在京城忙碌于公事，让悠闲的处士见笑，无非是自嘲式的虚写；“骑马听朝鸡”只是借形象说话而已，与什么时间上朝毫无关系。程颐无诗心沟通，却计较于凌晨上朝“非可笑之事”，反而说欧阳修写得不对。道学家的头脑有时一点灵性也没有。

秦观《水龙吟》“小楼连苑横空”一词，有“天还知道，和天也瘦”的名句，表达很美，是将天拟人化，将主人公因相思劳瘁的消瘦移情于彼的创作，如同李贺《金铜仙人辞汉歌》中的“天若有情天亦老”那样，都是虚实结合的艺术手法，这样才能增强抒情感人的效果。可是程颐不懂，反而板起面孔说

① 宋·朱熹：《诗集传》，上海：上海古籍出版社，1980年，第76页。

② 王照圆：《诗说》，转引自陈子展《国风选译》，上海：上海古籍出版社，1983年，第317页。

③ 宋·朱弁：《曲洧旧闻》，北京：中华书局，2002年，第124页。

④ 宋·程颢、程颐：《二程集》，第112页。

教："一日，偶见秦少游，问'"天若知也和天瘦"是公词否？'少游意伊川称赏之，拱手逊谢。伊川云：'上穹尊严，安得易而侮之？'少游面色骍然。"[①]天不会瘦，秦观也没有侮天，但遇上了不开窍的"经生"，只有被教训后的脸红。其实，应该脸红的是程颐，只是他生活在自我的世界里浑然不知。

道学家压抑人欲和情感，有时到了违背自然，违背人性的荒唐"不情"地步。"食色，性也"，古代圣贤也不避讳谈说。程颐教导皇帝不要近女色，连梦见女人也是见了魔鬼，林语堂先生《苏东坡传》以最直接通俗的话语叙述，最见讽刺意味："哲宗十二岁那年，苏东坡的政敌程颐曾经劝他当心女色的魔力。小皇帝对他的警告十分厌烦，一到十八岁碰到女人，就相信女人好，程颐不好。有一次，程颐的门生用两行诗描写他'灵魂出窍'，梦中去找女人，程颐惊叫说：'魔鬼之论！魔鬼之论！'"[②] 罗大经《鹤林玉露》卷一二记载："胡澹庵十年贬海外，北归之日，饮于湘潭胡氏园，题诗云：'君恩许归此一醉，傍有梨颊生微涡。'谓侍妓黎倩也。厥后朱文公见之，题绝句云：'十年浮海一身轻，归对黎涡却有情。世上无如人欲险，几人到此误平生。'《文公全集》载此诗，但题曰'自警'云。"[③]《诗经》中都有"巧笑倩兮，美目盼兮"的肖像描写，将最能表现女性外貌美的两大特征眼神和笑靥凸显，成为后代文学作品写女性外貌的着力之点，可是也被朱熹否定了。道学家一脉相承，数典忘祖。

程颐还拒绝看花。《河南程氏文集·遗文》引邵伯温《易学辩惑》："伊川又同张子坚来，方春时，先君率同游天门街看花。伊川辞曰：'平生未尝看花。'先君曰：'庸何伤乎？物物皆有至理。吾侪看花，异于常人，自可以观造化之妙。'伊川曰：'如是则愿从先生游。'"[④]

程颐还拒绝观画。朱熹《伊川先生年谱》引《龟山语录》："经筵承受张茂则尝招诸讲官啜茶观画。先生曰：吾平生不啜茶，亦不识画。竟不往。"[⑤] 大概画中有仕女，有花儿，还可能有春宫内容，还有绘画是讲技巧，论艺术的，这些都是程颐拒绝的原因。

拒绝自然之美，拒绝人工之美，拒绝人，拒绝物，当然就无从审美。不通艺事，没有审美的深刻体验，怎么能正确地认识文学艺术？程颐的文学观偏差，导致其无诗作可述，论道之文虽多而无艺术可言。

---

① 宋·程颢、程颐：《二程集》，第442页。
② 林语堂著，宋碧云译：《苏东坡传》，远景出版事业公司（内部资料本），第134页。
③ 宋·罗大经：《鹤林玉露》，第229页。
④ 宋·程颢、程颐：《二程集》，第674页。
⑤ 宋·程颢、程颐：《二程集》，第343页。

三

程颢与程颐大不同。

如果说程颢得了周敦颐道学思想之衣钵，那么他同时也得了周敦颐文学的心印。程颢是道学家，也堪称诗人，而且有较高的成就。他的诗深得山水之灵趣。从宋代至今，颇得好评。如：“理学固重道轻文，以理抑情，但其论理言道毕竟要借助文的形式，所以在实践上理学家并不废文，有的甚至在诗文方面取得较高的成就，正如宋末江湖派文人刘克庄《跋恕斋诗存稿》所说：‘嘲弄风月，污人行止，此论之行已久，近世贵理学而贱诗，间有篇咏，率是语录讲义之押韵者耳。然康节、明道于风月花柳未尝不赏好，不害其为大儒。’可见追随理学者‘率是语录讲义之押韵者’，而真正的大理学家并不‘贱诗’。”[①] 钱锺书先生有一句“佳者便是诗人之诗”的评语，就是针对邵雍、程颢等人的好诗而言。钱先生举例说：“亦犹尧夫能赋‘半记不记梦觉后，似愁无愁情倦时。拥衾侧卧未欲起，帘外落花撩乱飞’；程明道能赋‘不辞酒盏十分满，为惜风花一片飞’，又‘未须愁日暮，天际是轻阴’……虽学道之人，而诗不必专为理语。”[②] 而程颢的诗歌成就及其特色与周敦颐的影响关系，似乎尚未论及。

程颢与周敦颐的学术渊源，或者说他受周敦颐的学术影响，程颐《明道先生行状》有一处记载：“先生为学：自十五六时，闻汝南周茂叔论道，遂厌科举之业，慨然有求道之志。”[③] 出自对周敦颐学术有排斥心理的弟弟程颐之笔，可见其彼此关联的真实性。此处主要说的是“论道”、“求道”的问题，至少能说明程颢传其道学思想的结论成立。周敦颐与程颢的文心、诗心之印记也是清楚的。《周敦颐集》卷三“遗事”下记载：“明道先生尝曰：‘昔受学于周茂叔，每令寻仲尼、颜子乐处，所乐何事。’”“又曰：‘诗可以兴。自再见周茂叔后，吟风弄月以归，有“吾与点也”之意。’”[④] 这两条《二程集》中无后一条。朱熹《伊洛渊源录》卷一记前一条抬头为“程氏门人记二先生语曰”，记后一条抬头为“又曰明道先生言”。前一条大概是程颢之说，那是得道之乐的内容。后一条肯定出自程颢之口，“再见周茂叔”之后，由得道之乐转化为徜徉山水、

① 许总：《论理学与宋代诗学中的情理关系》，《社会科学研究》，2000年第1期。

② 钱锺书：《谈艺录》，第560页。

③ 宋·程颢、程颐：《二程集》，第638页。

④ 宋·周敦颐：《周敦颐集》，第81页。

吟风弄月之乐了。这与文学相关联。其文本像诗一样美，本身就是语言艺术，有审美价值。与程颢的很多诗作、语录话语的风格吻合。试读其“云淡风轻”之诗，“望花随柳过前川”之乐，就是吟风弄月“咏而归”之乐。道家论自然之道，主张生命本体的自由；儒家也赞美自然，欣赏与山水同化之乐。这在周敦颐和程颢所谓言性理的作品之中表现是突出的。李梦阳云：“赵宋之儒，周子、大程子别是一气象，胸中一尘不染，所谓光风霁月也。前此陶渊明亦此气象；陶虽不言道，而道不离之。”钱锺书先生据此论说：“盖儒家性理有契于山水，道家玄虚亦有契于山水；而恣情山水者，可托儒家性理之说张门面，亦可借道家玄虚之说装铺席。一致百虑，同归殊途，人心善巧方便，斯其一端也。”[①] 说得很对。孔子口中的“吾与点也”的确与道法自然的思想如水乳之交融。它们共同影响了融入山水体认生命自由的创作。周敦颐论道，以及得山水之清趣，赋诗吟唱的文学写作，给予了程颢心灵的震撼，所以才道出“吾与点也”的深刻认同，还因此直接影响了他写作的语言和风格。可以说周敦颐不仅传道于程颢，而且将其塑造成了诗人。如果衡量道学与文学的影响，那么文学也不亚于道学。

程颢乐于寻幽览胜，即兴赋诗。就现存的诗作看，除了“道通天地有形外，思入风云变态中”等极少数宏阔博大的论道之作外，多为山水游观、唱和赠答的诗歌，主要是内心体验和交际应酬两类主题。和周敦颐的诗作比较，题材多同，主题多同，写作表达方式多同，连意象的组合也常常不谋而合。周诗用“风月”，《题濂溪书堂》：“倚梧或欹枕，风月盈中襟……元子与周子，相邀风月寻。”[②] 一首诗中不避重复使用；颢诗也用“风月”，《和尧夫首尾吟》：“醉里乾坤都寓物，闲来风月更输谁?”《和尧夫西街之什二首》之二：“先生高蹈隐西街，风月犹牵赋咏才。”都是流连风月之意。这是程颐一类道学家绝口不谈的内容。周诗标举“清”字，颢诗俯拾即是：“借问近郊行乐地，潢溪山水照人清。”（《是游也，得小松黄杨各四本，植于公署之西窗，戏作五绝，呈邑令张寺丞兴宗》之一）“谁言无远趣，自觉有馀清。”（《盆荷二首》之一）“好是微风入亭户，清香交送满檐楹。”（《药轩》）周诗鄙薄名利，白眼对庸俗，颢诗亦然：“老仙笑我尘劳久，乞与云膏洗俗肠。”（《游户县山诗十二首》之七《长啸岩中得冰，以石敲餐甚佳》）“天将仙掌都遮断，元恐尘中俗眼看。”（同前之九《长啸洞北，回望大顶，如列屏障。比到山前，却不见，盖为仙掌所

① 钱锺书：《谈艺录》，第582页。

② 由于比较时所引零散诗句太多，无特殊情况则未标出引文页码。周敦颐诗作参见《周敦颐集》第61—75页；程颢诗作参见《二程集》第472—488页。

蔽》）“坐中无俗客，水曲有清音。”（《陈公廙园修禊事，席上赋》）当然，二人的诗歌意象，最多还是体认生命自由的“乐”和“闲”，这是他们相同的人生境界。

程颢的诗歌较周敦颐为多，因而颇见匠心的山水怡情佳句常有，除了已述及者之外，再如：

喷崖雨露千寻湿，落石珠玑万颗红。（《高观谷》）
存留金蕊天偏与，漏泄春香众始猜。（《桃花菊》）
消尽风威犹料峭，放开山色已嶙峋。（《新晴野步二首》之一）
槛前流水心同乐，林外青山眼重开。（《和尧夫西街之什二首》之一）
尽日无风横蚱蜢，有时经雨饮霓虹。（《西湖》）
静听禽声乐，闲招月色过。（《和花庵》）
带风成料峭，和雨作廉纤。（《春雪》）

程颢是能创作文学语言的人，即使生活中也有出口成章的灵秀妙语。如：“荆公尝与明道论事不合，因谓明道曰：‘公之学如上壁。’言难行也。明道曰：‘参政之学如捉风。’”[①] “上壁”与“捉风”都有创意，形象与意义生动而恰当。二者可为传世之妙对。程颢当然不是为诗而诗，而是如有的学者所论述那样：“程颢特别强调道德情感的自我体验，以此作为实现‘仁’的境界的重要方法。和大多数思想家一样，他不是提倡排斥情感，禁绝情感，而是主张开放情感，陶冶情感，使之‘适道’、‘合理’，实现情性合一，情理合一的境界。”[②] 诗歌本是抒情的需要，苏轼与程颐之冲突，对程颐的“不情”深为不满。“不情”内涵丰富，包含了不通人情、排斥情感、压抑情感等义，进一步解读，甚至包含了不懂抒情表达等意义。就这一点说，二程兄弟差异很大。

程颢深得诗歌审美之道，还精于鉴赏。邵雍有“梧桐月向怀中照，杨柳风来面上吹”句，程颢评论说：“真风流人豪也。”[③] 石曼卿名句“乐意相关禽对语，生香不断树交花”，程颢赏其美，更能超越景语认识：“此语形容得浩然之气。”[④] 程颢善于从感性悟入，能抓住诗歌的精髓切入，与之沟通交流。如：“明道先生善言《诗》，佗又浑不曾章解句释，但优游玩味，吟哦上下，便使人

① 宋·程颢、程颐：《二程集》，第255页。

② 邓萤辉、林继中：《“诗以道情性之正”——论宋代理学文学的情形观》，《福建师范大学学报》，2008年第2期。

③ 宋·程颢、程颐：《二程集》，第413页。

④ 宋·程颢、程颐：《二程集》，第413页。

有得处。"[1] 他论道说理也善于用形象说话："伯淳曰：'与贤说话，却似扶醉汉，救得一边，倒了一边，只怕人执着一边。"[2]

程颢和周敦颐的诗歌也有不同的特点。最大的不同之处就是程颢的戏作乃至近于文字游戏的作品。程颢的诗总的来说不刻意，即兴为之，颇见性情。但有些作品目的就在于戏耍、调侃，于是留下很深的痕迹。如《九日访张子直，承出看花，戏书学舍五首》之四："下马问老仆，言公赏花去。只在近园中，丛深不知处。"套用贾岛诗格，而作玩笑语。这一组诗处处是调侃，都以老来赏花取乐："贪随看花伴，应笑我龙钟。""直使华颠老公子，看花争入少年场。""就中得意张公子，十日花前醉不归。"由于太随意，因此意象多有重合。看花、赏花、贪花、醉花前等，五首诗首首有"花"，五首诗内容相同，没有变化。程颢诗以"戏"为题的不少，如"戏作五绝"、"戏书五首"、"戏题"等。沉浸在山水灵趣与诗心交融的快乐之中，因而不假思索的"偶成"之作大多以议论为之，虽然不乏兴味，尤其是《春日偶成》得道浑成的好诗，但"不是吾儒本经济，等闲争肯出山来"，"世上利名群蠛蠓，古来兴废几浮沤。退安陋巷颜回乐，不见长安李白愁"，"富贵不淫贫贱乐，男儿到此是豪雄"等言志乐道之作，实在浅露，缺乏诗美的含蓄。程颢的诗议论太多是其缺点。对偶不乏佳句，也常有强弱不等、优劣不均的现象，或者可称为死句，如"洞壑积阴成气象，鬼神凭暗弄威风"，"门前歧路通西国，城上楼台压巨涛"，"水心云影闲相照，林下泉声静自来"，"青阳变晚春，弱条成老干"等。对句多为凑合，复意居多；有些为对而对，不知所云，如"城上楼台压巨涛"。程颢的性情和诗风与邵雍接近，曾调侃邵雍为"乱世之奸雄中，道学之有所得者，然无礼不恭极甚"[3]，"君实笃厚，晦叔谨严，尧夫放旷"[4]，邵雍"其为人则直是无礼不恭，惟是侮玩，虽天理亦为之侮玩"[5]。其实程颢的性情也有"侮玩"的一面。程颢《和首尾吟》等作多在字句上下功夫，离诗道亦远。还动辄借邻韵为诗，炫耀作诗技艺，亦多有消遣无聊之作。不过从现代文学理念的消费功能说，程颢的诗作即使有文字游戏之嫌，也可以满足寻快乐的精神消费需要。从这一点说，它还有现代价值。

程颢除了"重道"的著述之外，没有阐述文学思想的专门论著，其文学观应该与周敦颐很接近；文章较之程颐，也不乏情感真挚的抒情作品，但最可述

① 宋·程颢、程颐：《二程集》，第425页。
② 宋·程颢、程颐：《二程集》，第426页。
③ 宋·程颢、程颐：《二程集》，第32页。
④ 宋·程颢、程颐：《二程集》，第87页。
⑤ 宋·程颢、程颐：《二程集》，第45页。

者还是他与周心灵贯通的诗。

四

程颢、程颐兄弟，同父母所生，相差仅一岁，却对文学的认知和实践相去甚远。有如此结果，最重要的原因取决于性情。对周敦颐的学术，主要是文学艺术方面，兄弟俩一认同，一排斥。究其原因，有来自遗传基因的影响。程颐所作《先公太中家传》云：

居常默坐，人问：“静坐既久，宁无闷乎?”公笑曰：“吾无闷也。”家人欲其怡悦，每劝之出游，时往亲戚之家，或园庭佛舍，然公之乐不在此也。尝从二子游寿安山，为诗曰：“藏拙归来已十年，身心世事不相关。洛阳山水寻须遍，更有何人似我闲。”顾谓二子曰：“游山之乐，犹不如静坐。”盖亦非好也。①

程太中拈出“闲”和“静”字，程颢得“闲”，得“游山之乐”；程颐得“静”，得“盖亦非好也”。程太中的诗其实很有味，程颢传其神；程太中不以山水之乐为乐，程颐承其性。二程的母亲于文学的认识也很有个性。程颐所作《上谷郡君家传》云：

夫人好文，而不为辞章，见世之妇女以文章笔札传于人者，深以为非。平生所为诗，不过三十篇，皆不存。独记在历阳时，先公觐亲河朔，夜闻鸣雁，尝为诗曰：“何处惊飞起，雝雝过草堂。早是愁无寐，忽闻意转伤。良人沙塞外，羁妾守空房。欲寄回文信，谁能付汝将?”②

闺怨诗作，畅快言情，与古诗“空房难独守”等相思之作同出一源。程颢传其诗情，程颐拒绝“辞章”，兄弟俩各异。日后性情、学术有分道扬镳之处。其实都同出一源。程颢得父母之宽和，程颐得父母之严峻。《程氏外书》卷十一《时氏本拾遗》有一处可见性情：“明道先生每与门人讲论，有不合者，则曰‘更有商量’，伊川则直曰不然。”③ 程颢与学生商量论学，程颐则师道尊严。又如《程氏外书》卷十二《传闻杂记》：“明道先生坐如泥塑人，接人则浑

① 宋·程颢、程颐：《二程集》，第652页。
② 宋·程颢、程颐：《二程集》，第655页。
③ 宋·程颢、程颐：《二程集》，第416页。

是一团和气。”[①] 又：“伊川与君实语，终日无一句相合；明道与语，直是道得下。”[②] 又：“朱公掞来见明道于汝，归谓人曰：‘光庭在春风中坐了一个月。’游、杨初见川，伊川瞑目而坐，二子侍立。既觉，顾谓曰：‘贤辈尚在此乎？日既晚，且休矣。’既出门，门外之雪深一尺。”[③] 一热一冷，大不相同。程门立雪式的师道尊严，以今观之，如此对待学生，恐怕老师的教席保不住了。相反，程颢的温和宽厚足以走向现代。而其温和宽厚的性情，正可照见周敦颐“光风霁月”的影像。程颢并不道貌岸然，还有随性出格之语。如《程氏外书》卷十二载谢良佐《上蔡语录》云：“昔录《五经》语作一册，伯淳见，谓曰：‘玩物丧志。’”[④] 如果不理解是他对学生学习方法的批评，那么很容易被当作离经叛道之语。即使是批评学习方法之语，程颐也绝不会如此说。又《程氏外书》卷十二引吕本中《童蒙训》谓：“伊川尝言：‘今僧家读一卷经，便要一卷经中道理受用。儒者读书，却只闲了，都无用处。’”[⑤] 此话语出自程颐口中甚为可疑。与吕本中同时的吴曾《能改斋漫录》卷十二“儒者读书无用处”却记载为：“程伯淳言：‘今僧家读一卷经，便要经中道理受用。儒者读书，却只闲读了，都无用处。’”[⑥]《能改斋漫录》成书于南宋绍兴年间，比《童蒙训》早。朱熹对《程氏外书》记载的真实性颇有怀疑，针对此话语说：“其间记录未精，故语意不圆，所以为可疑耳。”[⑦] 朱熹的怀疑很有道理，这些话语的主人恐怕是张冠李戴了。仅以性情论，读书无用之说也不太可能出自谨严守道的程颐之口。读书无用，是从古至今常拾起的话题，诗人说得最多。狂狷者不待言，黄景仁说“百无一用是书生”，杜甫叹“儒冠多误身”“文章憎命达”，即使像欧阳修那样有涵养的人，也有“文章无用等画虎”的愤激之语。程颢如此说，足见其在道学家中性情立体多层面的特点。有这样的话语，其实才还原了人的真实，而不是“不情”的压抑和矫揉造作。

周敦颐少年时就“志趣高远”，濂溪是他钓鱼之处，又是他“吟风弄月”之地：“濂溪之西十里，有岩洞，高敞虚明，东西两门，入之若月上下弦，中圆若月望，俗呼月岩。”周敦颐“好游其间，相传睹此而悟‘太极’，想当然

① 宋·程颢、程颐：《二程集》，第 426 页。
② 宋·程颢、程颐：《二程集》，第 428 页。
③ 宋·程颢、程颐：《二程集》，第 429 页。
④ 宋·程颢、程颐：《二程集》，第 427 页。
⑤ 宋·程颢、程颐：《二程集》，第 443 页。
⑥ 宋·吴曾：《能改斋漫录》，第 344 页。
⑦ 《朱子语类》卷九七，文渊阁《四库全书》本。

耳”[①]。他十五岁丧父，随母迁居京城，舅舅龙图阁学士郑向认为他“有远器，爱之如子”[②]，其经历颇同司马迁少时“耕牧河山之阳”，再进京城。先得山野天性之自由，发奇想于天穹日月，然后再经历人世社会。有一点天降大任的味道。他能写出清雅的《爱莲说》，写出清新的山水诗，铸就那样的人格，那是先得天地之灵气，再成就立人的正气。其性情的形成与此有关，与二程有所不同。所谓近朱者赤，其性情影响程颢甚巨，影响程颐不大。

性情与爱好文学艺术与否关系密切。周敦颐和程颢都有宽容、和气的性情。他们的性情形成，有受文学艺术陶冶的功效。与之相反的性情，就有可能是缺乏文学艺术的陶冶。同样，秉承宽容、和气天性的人可能会爱好文学艺术，不是这样天性的人大概不会爱好文学艺术。先天的基因也很重要。性情和文学艺术是相辅相成的。休谟认为：“生动的情感通常伴随着生动的想象，在这一方面，正像在其他方面一样，情感的力量一方面决定于对象的本性或情况，一方面也决定于人的性情。”[③] 爱好文学艺术的人可能会有极端的感情经历，激动、着迷甚至疯狂，可能会感伤、苦闷、天真、幼稚，可能会清高、有傲气，但不会偏执、狭隘。爱好文学艺术的人，特别是有深入创作经历的人，不仅懂得审美，还有认识自我、超越自我的感受。自我调侃，幽默自己的写作，实际是性情调整、补苴人格的表现，是完善人格的过程。乐在山水，亲近自然的人，能够培养爱护外物、尊重他人的情感，有利于宽容、和气的性情养成。古代写作诗文的作者，可因其作品反映的情感倾向分为两类：一是怨天尤人，抒发怀才不遇的情感。这一类作者不容易形成宽容、和气的性情。二是幽默诙谐，抒发乐观旷达的情感。这一类作者往往是宽容、和气的性情。周敦颐和程颢的诗文，都没有因一生都为低级官吏而怨天尤人，没有抒发怀才不遇的情感，而常常表现幽默诙谐，表达乐观旷达的情感，与他们的宽容、和气的性情是统一的。他们的诗歌都爱用“闲”字，诗文中的“闲”字意味深长。有一点可以肯定，得“闲”者即得人生的乐趣，如苏轼所云：“江山风月，本无常主，闲者便是主人。”[④] 其实这就是诗化的生活，艺术化的人生，尤其是古代的文人，得“闲”不仅适性，还可以疗伤。相反，拒绝艺术的人，连江山风月之美也不会鉴赏，尽管有深厚的学问功底，但缺少审美的人生体验，即使有阅读能力，夹杂着某些审美成分于阅读过程之中，也不能算是充分的审美，不能

① 宋·周敦颐：《周敦颐集》，第100—101页。

② 宋·周敦颐：《周敦颐集》，第90页。

③ （英）休谟著，关文运译：《人性论》，北京：商务印书馆，1980年，第465页。

④ 宋·苏轼：《东坡志林》，北京：中华书局，1981年，第79页。

达到欣赏文学艺术所需要的心理和精神状态。正如卡希尔所说："审美经验，沉思的观照的经验，是和我们的理论判断的冷淡和道德判断的冷静，不同的一种心灵状态。"[①] 程颐即如此，有阅读能力，但在他的意识之中拒绝一切艺术，因此一切阅读活动都从未进入真正的审美阶段，甚至连些许审美成分都没有。他的性情和程颢不同，就因为没有受到文学艺术相得益彰的熏陶。

作者简介：龚祖培，成都师范学院中文系教授。

① （德）恩斯特·卡希尔著，刘述先译：《论人——人类文化哲学导论》，桂林：广西师范大学出版社，2006年，第208页。

论理学对宋代史学的深刻影响

庞天佑

在中国古代历史上，宋代是史学空前繁盛的时代。我们翻检《四库全书总目》著录的史部书目，其中宋代史家编撰的史著的数量，达到总部数的四分之一，总卷数的三分之一。陈寅恪先生论宋代史学成就有言："中国史学，莫盛于宋。"① 又曰："宋贤史学，今古罕匹。"② 陈寅恪先生纵观中国数千年的史学发展，得出宋代史学成就空前绝后而"今古罕匹"的结论，堪称高瞻远瞩而极有见地。我们应该多角度考察宋代史学之"盛"：一方面必须看到宋代史学大师辈出，史家人数众多，史著数量大量增加；一方面更要考察因为理学的影响，宋代的史学思想达到前所未有的高度，在研究领域、史著体例、治史方法等方面，超越前人而后人也难以企及。宋代史学取得巨大成就的原因是复杂的，既与宋代社会内忧外患、统治者以文治国联系在一起，也与中国古代史学发展的内在逻辑密切相关，更与这一时期意识形态领域理学的流行有着直接的关系。在这里笔者对理学与宋代史学的关系，作一点探讨与分析。

一、研究领域：拓展古史与重视唐、五代及宋本朝史

从研究领域考察宋代史学，概括起来有两种基本趋势：一方面是重视上古时代，广泛搜集史料探讨上古时代的历史；一方面是关注唐、五代至宋本朝治国安民的利弊得失，注意对唐、五代及宋本朝的兴衰成败作出总结。宋代史家既重视上古时代的历史，又关注唐、五代与宋本朝的历史。前者与体察及把握作为形上本体的天理联系在一起，而后者则着眼于探求攸关现实治国兴邦之道，宋代史学研究领域这两种趋势与理学有着密切的关系。

① 陈寅恪：《陈垣明季滇黔佛教考序》，《金明馆丛稿二编》，生活·读书·新知三联书店，2001年，第272页。

② 陈寅恪：《隋唐制度渊源略论稿》，上海古籍出版社，1980年，第134页。

宋代学者对上古史的研究，取得了大量的成果。这些成果大体上可以总括为三个方面：其一是在宋代疑辨儒家经传的考据学著作中，在宋代学者阐述理学思想的言论与著作中，在宋代学者的各种史论、史考著作中，包括对上古史实的大量考察与论述，寓含对上古社会的许多推测与各种判断；其二是在邵雍的《皇极经世》，张栻的《经世纪年》，黄震的《古今纪要》，郑樵的《通志》，马端临的《文献通考》等通史著作中，包含诸多上古历史沿革的记载，涉及上古以来的时代变迁与兴亡更替；其三则是出现了如司马光的《稽古录》，刘恕的《通鉴外纪》，苏辙的《古史》，胡宏的《皇王大纪》，罗泌的《路史》，金履祥的《通鉴前编》等古史专著，这些专著都以上古历史作为对象，扩展了研究的视野。如胡宏的《皇王大纪》开篇《三皇纪》，从盘古时代开始。司马光的《稽古录》卷一，记伏羲氏时代。郑樵的《通志》开卷的《三皇纪》，从有巢氏开始。宋代学者拓展上古历史的研究，无论是广度还是深度，都在前人的基础上达到了新的层次。

理学是推动宋代学者不断拓展上古历史的研究领域，超越前人研究范围的思想动力。笔者认为，理学内部虽然存在众多的思想流派，但无论是“理”一元论还是“心”一元论，其把宇宙本原归结为“理”或者“心”，着力揭示宇宙自然与人类社会的形上本体，因而都有着形上本体论的思想属性。理学认为天下万物各有其理，万物之理又统一于天理，这就是所谓“理一分殊”。《宋史》追述“理一分殊”的渊源说：周敦颐“作《太极图说》《通书》，推明阴阳五行之理，命于天而性于人者，了若指掌。张载作《西铭》，又极言理一分殊之旨，然后道之大原处于天者，灼然而无疑焉”。[①] 朱熹认定“理一分殊”，即“合天地万物而言，只是一个理”。[②] 又言：“上而无极、太极，下而至于一草、一木，一昆虫之微，亦各有理。一书不读，则缺了一书之理；一物不格，则缺了一物之理。”[③] 理学探求宇宙生成与宇宙本原，强调考察天下万物的形上本体，推动学者深入思考万物的由来，以“格物穷理”作为人生价值追求。理学家宣称自己传承圣人道统，标榜尧、舜、禹、汤、文、武、周公、孔子、孟子的圣人之道，其理论将思想道统论与崇古复古的历史观融为一体。理学深刻影响宋代学者的史学思想，促使他们突破前人历史视野与思想局限，追溯远古先民的历史与社会的最初形态，通过拓展研究的范围与领域，努力探究宇宙自然与人类社会的渊源。宋代史学家将研究上古历史作为“穷理”的重要途径，以

① 元·脱脱：《宋史》卷四二七《道学传序》，中华书局，1977年，第12710页。

② 宋·黎靖德编：《朱子语类》卷一，中华书局，1986年，第2页。

③ 宋·黎靖德编：《朱子语类》卷一五，中华书局，1986年，第295页。

此寻求精神的超越与理想的实现。

宋代学者对唐、五代史的研究，倾注了极大的热情。其研究成果不仅大量存在于各类通史与史论、史考中，而且表现在以唐、五代史为对象的众多专著中：如胡旦有《唐乘》《五代史略》；王溥有《唐会要》《五代会要》；孙甫有《唐史记》《唐史论断》；欧阳修有《新五代史》，与宋祁合撰《新唐书》；范祖禹有《唐鉴》等。诸如此类，数量众多。宋代学者认为，唐于本朝，如夏之于商，商之于周。唐代在时间上接近北宋，“人臣引古规戒，当近取前代，规事势相接，言之者有征，听之者足以鉴”。[①] 范祖禹精研唐代历史，“深明唐三百年治乱”，被人们称为“唐鉴公”。[②] 五代则直接连接着宋代，总结五代历史更能为宋代提供鉴戒。在宋代统治者看来，从公元618年唐朝建立到公元960年北宋建立，在这三百四十多年的时间里，经历了唐朝前期的强盛、唐朝中期的动乱、唐朝后期的割据、五代时期的分裂几个阶段。从安史之乱至五代十国，道德沦丧，礼坏乐崩，礼义廉耻，荡然无存。宋统治者为了避免本朝重蹈唐中后期及至五代时期的覆辙，重建纲常伦理与道德秩序成为最重要、最紧迫的任务。认真总结唐、五代的历史，反思纲纪伦常与盛衰成败的关系，揭示忠孝礼义攸关世道人心，有助于认识天理对治国兴邦的作用，这是重建天下道德与社会秩序的急切需要。在唐、五代史研究中，宋代学者以天理作为评判史事、评价人物的尺度。孙甫著《唐史记》批评唐太宗于被征服的突厥之地设州县，斥其为混淆夷夏之辨。宋祁、欧阳修的《新唐书》，“创立纪统，裁成大体”。[③]《新五代史》以三纲五常评价人物，既立死事传、死节传，表彰忠臣义士的事迹；又立杂传，贬斥叛逆奸佞的行为。那些记载毫无忠节廉耻之心的贰臣的《杂传》，几乎占到全书内容的四分之一。范祖禹的《唐鉴》虽然肯定唐太宗、魏征等人的历史贡献，但又以天理纲常作为评判他们的尺度。他指出：“从义而不从君，从道而不从父，使君不陷于非义，父不入于非道。”[④] 唐代治日少而乱日多，是因为天理纲常丧失所致。

宋代学者把研究本朝史作为神圣的责任，认为上古史离本朝较远，而本朝史则与现实密切相关。上古历史虽然对现实有鉴戒作用，但不如本朝史对现实的鉴戒那么直接。本朝史则最能体现纲常伦理的作用，研究本朝史非但可使忠臣义士、乱臣贼子善恶之迹，万世之下不得淹没；还可昭示天理纲常与社会治

① 宋·洪迈：《容斋随笔》卷一六《前代为鉴》，江苏广陵古籍刻印社，1984年。

② 元·脱脱：《宋史》卷三三七《范祖禹传》，中华书局，1977年，第10800页。

③ 元·马端临：《文献通考》卷一九二《经籍》十九，“新唐书”条引宋仁宗语，中华书局，1986年。

④ 宋·范祖禹：《唐鉴》卷五，四库全书本。

乱的关系，对人们进行道德伦理教化。李焘“博极载籍，搜罗百氏，慨然以史自任，本朝典故尤悉力研覈”。[①] 他“每恨学士大夫，各省纪传，不考诸实录、正史，纷错难信”，因而搜集日历、实录、国史、会要、宝训、御集等官方文书，以及私家笔记、野史、碑志、文集等百家杂著，编撰《续资治通鉴长编》，记载北宋一代治国施政的史实，表彰忠臣义士建树的业绩，以“昭明祖宗之丰功盛德”。[②] 李焘宣称：“若不就今文字未尽沦落，尚可著意收拾，同力整顿，日复一日，必至是非混乱，忠义枉遭埋没，奸谀反得恣睢，史官之罪大矣。”[③] 李心传“每念渡江以来，纪载未备，使明君、良臣、名儒、猛将之行事，犹郁而未彰”，“兵戎财货之源流，礼乐制度之因革，有司之传，往往失坠”[④]，因而“纂辑科条、编年纪载，专以日历、会要为本，然后网罗天下放失旧闻，可信者取之，可削者辨之，可疑者阙之，集众说之长，酌繁简之中”[⑤]，编成《建炎以来系年要录》与《建炎以来朝野杂记》。徐梦莘“网罗旧闻，会萃同异”，编成《三朝北盟会编》，“凡曰敕、曰制、诰、诏、国书、书疏、奏议、记序、碑志，登载靡遗”[⑥]，以及当时臣僚著述等材料二百余种，斥责乱臣贼子，表彰忠臣义士。其《弹子岩题名并诗》曰：“平生学忠孝，余力从文章。临节不可夺，当官有何疆。穷乃见节义，老当志弥刚。”[⑦] 李焘的《续资治通鉴长编》、李心传的《建炎以来系年要录》、徐梦莘的《三朝北盟会编》等本朝史著作，堪称呕心沥血的忧愤疾世之作，蕴涵着心忧天下、关注国家的深沉理念，显示出为天地立极、为生民立命的博大精神，表现出神圣的天下道统担当、为后世开太平的责任意识！

宋代学者重视唐、五代史与本朝史研究，究其原因是非常复杂的。中国史学有详近略远的传统，司马迁编撰《史记》，其重点即在与其相近的秦史和密切相关的西汉史。以史为鉴、入世经世的治史传统，使宋人把研究前朝史和本朝史作为责任，将历史批判与现实批判结合起来。宋代修史机构完备，官修史书数量众多，雕版印刷逐渐普及，有利于史料的搜集与保存，为前朝史与本朝

---

① 元·脱脱：《宋史》卷三八八《李焘传》，中华书局，1977年，第11914页。

② 元·马端临：《文献通考》卷一九三《经籍》二十，“续通鉴长编举要”条引李焘语，中华书局，1986年。

③ 清·徐松：《宋会要辑稿·职官》一八之七十，引宋·李焘《请求重行刊修徽宗实录札子》，中华书局，1957年。

④ 宋·李心传：《建炎以来朝野杂记序》，商务印书馆，1937年，《建炎以来朝野杂记》卷首附。

⑤ 宋·许奕：《付出高宗皇帝系年要录指挥》，商务印书馆，1937年，《建炎以来朝野杂记》卷首附。

⑥ 元·脱脱：《宋史》卷四三八《徐梦莘传》，中华书局，1977年，第12983页。

⑦ 转引自张舜徽主编：《中国史学家传·徐梦莘》，辽宁人民版社，1984年。

史研究提供了良好条件。宋统治者为了天下的长治久安而大兴文教，广泛推行科举取士而导致士人数量大增，内忧与外患彼此交织则使士人心忧天下，“居庙堂之高，则忧其民；处江湖之远，则忧其君”，[①] 堪称宋代士人忧患意识的真实写照，故总结前代和本朝的历史，以为治国施政提供借鉴。这些对宋代学者的唐、五代史与本朝史研究，有着重要的推动作用。然理学具有道德伦理性的思想属性，对宋代学者的唐、五代史与本朝史研究的影响，也不容小觑而值得我们高度重视。理学一方面认为天理存在于一切事物之中，无处不在而无所不覆，作为至高无上的天下之理，决定宇宙自然与人类社会的一切。“理则天下只是一个理，故推至四海而准。”[②] 一方面则视天理为永恒的不可违背的道德原则，必须坚守的天经地义的行为规范，强调以天理评判是非与端正纲纪，进而化育风尚与铸造灵魂，这样一来政治道德化与学术政治化，彼此紧密地纠集在一起。二程指出：“格物致知，所谓本也，始也；治天下国家，所谓末也，终也。治天下国家，必本诸身。其身不正，而能治天下国家者，无之。”[③] 唐、五代史与宋本朝史研究，对探求修身、齐家、治国、平天下之理，体察为人君、为人臣、为人子之道，不仅关系密切而且非常有用。宋代学者将以史为鉴、入世经世的传统，与理学强调纲常伦理、关注治乱兴衰结合起来；研究唐、五代史与宋本朝史，从中体察与把握天理，以求救偏补弊，实现拨乱反正，挽救社会危机，巩固宋王朝的统治。

总之，理学具有形上本体论与道德伦理性的双重属性，导致宋代史学研究领域形成两种趋势：一方面深入思考形上本体问题，远古蛮荒时代接近天下起源，将目光投射到上古时代，向上拓展研究的范围，研究古史旨在考察万物本源，达到把握天理与遵循天道的目的；一方面深深忧虑天下社稷的长治久安，唐、五代史及宋本朝史与现实联系在一起，反思其治国施政的成功经验与失败教训，对于重建纲常伦理与道德规范，具有极为重要的借鉴意义。如果说前者体现宋代史家的哲学思维与深沉理性，那么后者则凝聚宋代史家的现实关注与探讨治道，这两者反映出来的是理学内圣与外王的双重属性，折射出来的是理学对史学的影响。因为错综复杂的社会矛盾和民族矛盾吸引宋代学者的眼光，使其对社稷安危与生民命运满怀深沉的忧患意识，所以两者比较起来对后者重视程度更高。

---

① 宋·范仲淹：《岳阳楼记》，《范文正集》卷七，四库全书本。

② 宋·朱熹编：《二程遗书》卷二上《二先生语上》，上海古籍出版社，2000年，第89页。

③ 宋·程颢、程颐：《河南程氏粹言》卷一《论学篇》，《二程集》，中华书局，1981年，第1197页。

二、史著体例：编年体史的流行与新史体的创立

从史著体例考察宋代史学，概括起来有两个基本特点：其一是编年体史流行于史坛，成为史学的主流，涌现出许多编年体史大家；其二是随着纪事本末体、纲目体等新史体的创立，中国古代史家撰著历史的主要史体已经大体完备。编年体史的流行与纪事本末体、纲目体等新史体的创立，宋代史著体例这两个方面的特点与理学有着直接的关系。

编年体形成于先秦，纪传体则肇始于秦汉。刘知几认为，二体“各有其美”，应该“并行于世”。[①] 魏晋南北朝是纪传体流行的时代，门阀士族褒贬人物的社会风气，促使纪传体史风靡史坛。宋代虽然编成了《旧五代史》《新五代史》《新唐书》《通志》等纪传体史，但总的来说纪传之风已经悄然消退，编年体则流行于史坛而成为主流。宋代不仅编撰的编年史著作达数十种之多，而且出现了司马光、李焘、李心传等编年史大家。司马光广搜史料，“研精极虑，穷竭所有，日力不足，继之以夜。遍阅旧史，旁采小说，简牍盈积，浩如烟海，抉摘幽隐，校计毫厘”[②]，修成了《资治通鉴》这一论君道、鉴盛衰的编年体通史巨著。《资治通鉴》这一书名虽然为宋神宗御赐，但揭示出该书对君主治国兴邦有着永恒的鉴戒意义，对当时与后代史学的发展产生了深远的影响。李焘的《续资治通鉴长编》，李心传的《建炎以来系年要录》等，都是在其影响下出现的极有价值的本朝编年体史著作。

宋代统治者实行以文治国，朝廷重视史料的保存与搜集，这是编年体史流行的重要原因。《宋史》称：“书榻前议论之辞，则有时政记；录柱下见闻之实，则有起居注；类而次之，谓之日历；修而成之，谓之实录。”[③] 实录是以宋代帝王为中心的编年史，有宋一代所修实录达三千五百余卷。大量编修实录既为宋代史家研究本朝史保存了大量材料，又对编年体风行史坛产生了重要的影响。《通鉴》这部编年体通史修成以后，对其续编、注释、简编、考证之类继起，对编年体史的流行有着直接的推动作用。然理学视纲常伦理为不可移易的天理，而《春秋》强调尊王攘夷，彰显尊卑等级名分，被视为“百王之法度，万世之准绳”的经世大典[④]，在宋代这个各种矛盾错综复杂的社会里，极

---

① 唐·刘知几著，清·张振珮笺注：《史通笺注》卷二《二体》，贵州人民出版社，1985 年，第 32 页。

② 宋·司马光：《进资治通鉴表》，中华书局，1956 年，《资治通鉴》卷末附。

③ 元·脱脱：《宋史》卷四四五《汪藻传》，中华书局，1977 年，第 13131 页。

④ 元·脱脱：《宋史》卷四三五《胡安国传》，中华书局，1977 年，第 12913 页。

为适合理学家的需要，故而《春秋》学非常发达，研究《春秋》的著作达二百四十二部，二千七百九十九卷。[①] 在《春秋》学盛行的影响下，人们认识到编年体比纪传体更能体现纲纪伦常与劝戒之道，竞相效法《春秋》为代表的编年体著史，成为史坛的普遍风气。孙甫言："《春秋》记乱世之事，以褒贬代王者之赏罚，时之为恶者众，率辨其心迹而贬之，使恶名不朽，为君者、为臣者为恶之效，安得不惧而防之，此戒之之道也。""后之为史者，欲明治乱之本，谨戒劝之道，不师《尚书》《春秋》之意，何以为法！至司马迁修《史记》，破编年体创为纪传，盖务便于记事也"，"于治乱之本，劝戒之道，则乱杂而不明矣。"[②] 因为编年体史以帝王为中心，而国家之治乱与社稷之安危，尽在人君；天下之本，在于陛下之心。所以按照年代顺序记载历史演进过程，可以体察君主行为与社会治乱的内在联系，探究国家治乱存亡之本，做到辨贵贱，序亲疏，端正纲常伦理，明确君臣之位，犹天地之不可易。理学与编年体史的流行，有着密切联系。

宋代既是编年体史风行的时代，又是新史体创立的时代。袁枢创立纪事本末体；朱熹创立纲目体，首创学术史专著；宋代学者还确立了方志体，中国古代史著体例至此大体完备。新史体的创立虽然与史学发展的内在逻辑相关，但理学的影响也发挥了重要的作用。

纪事本末体的创立与理学的影响有关。理学视三纲五常为神圣无比的道德规范，其出发点与关注点是现实社会的治理，使宋代学者通过治史探求治道。袁枢对《通鉴》重新裁截编排，选择二百三十九件大事，分别汇集有关材料，因事命篇而不拘常格，形成以事件为中心的纪事本末体史。其《通鉴纪事本末》关注乱世，瞩目军事政治，从中揭示治道。如从三国至隋统一三百七十年，设目几占全书一半。即使是历史上的升平时期，也重视对祸乱兴衰进行总结。这些表面上彼此孤立的历史事件的选择，着眼于历史与现实之间的关系，将其从《通鉴》中细绎出来，为现实社会治理而提供经验、教训、方法和借鉴。《宋史》称袁枢"论开言路以养忠孝之气"，"论规恢复当图万全"，"论士大夫多虚诞、侥荣利"。宋孝宗把《通鉴纪事本末》"赐东宫及分赐江上诸帅，且令熟读，曰：'治道尽在是矣'"。[③] 杨万里言："今读子袁子此书，如生乎其时，亲见乎其事，使人喜，使人悲，使人鼓舞。未既，而断之以叹且泣也！"[④]

---

① 元·脱脱：《宋史》卷二二〇《艺文》一，中华书局，1977年，第5066页。

② 宋·孙甫：《唐史论断序》，四库全书本。

③ 元·脱脱：《宋史》卷三八九《袁枢传》，中华书局，1977年，第11934页。

④ 宋·杨万里：《通鉴纪事本末序》，中华书局，1964年，《通鉴纪事本末》卷首附。

朱熹认为《通鉴纪事本末》一书，“部居门目，始终离合之间，又皆曲有微意”。[①] 在朱熹看来，《通鉴纪事本末》节录《通鉴》的有关材料，重新概括历史事件，从事目标题到史料选择，渗透道德评判的原则，彰显天理的深刻意蕴，发挥资于治道的作用。

纲目体的创立与理学密切联系在一起。朱熹作为理学家与史学家的主体地位，以天理作为标准观察历史，融理学与史学为一体。朱熹认为司马光的《资治通鉴》中，有些记载不符合天理，颠倒了对历史传承正统的认知。李方子指出：在朱熹看来，“帝曹魏而寇蜀汉，帝朱梁而寇河东，系武后之年，黜中宗之号，与夫屈原、四皓之见削，扬雄、荀彧之见取”[②]，诸如此类，既不合乎天理，也不合乎《春秋》惩劝之法。朱熹一方面称赞袁枢把《资治通鉴》改编成《通鉴纪事本末》为“曲有微意”；一方面则将《资治通鉴》改为《通鉴纲目》，创立纲目体这一新的史体。《朱子语类》载言：“问纲目主意？曰：主在正统。问何以主在正统？曰：三国当以蜀汉为正，而温公乃云，某年某月诸葛亮入寇，是寇屦倒置，何以示训？缘此遂欲起意成书。”[③] 纲目体表岁以首年，因年以著统，大书以提要，分注以备言，“使夫岁年之久近，国统之离合，事辞之详略，议论之同异，通贯晓析，如指诸掌”；“岁周于上而天道明矣，统正于下而人道定矣，大纲概举而鉴戒昭矣，众目毕张而几微著矣，是则凡为致知格物之学者，亦将慨然有感于斯”。[④] 纲目体把叙史与论史结合起来，根据时间连续性反映历史演进，彰显天理决定一切的道理，体现“会归一理之纯粹”，能够“垂懿范于将来”。[⑤] 朱熹的理学思想，成为凝聚《通鉴纲目》全书的灵魂，理学指导史学而史学体现理学。

《伊洛渊源录》是我国历史上第一部学术史专著，奠定了后代学案体史著体例的基础。宋代以前的纪传体史虽然立有儒林传、艺文志或经籍志等记载学术文化的专篇，但没有出现学术史专著。朱熹为了辨明北宋理学的思想渊源，考察这些理学家的师承关系与传授脉络，揭示他们的生平事迹与学术联系，编撰《伊洛渊源录》这一学术史专著。《伊洛渊源录》全书十四卷，以二程理学为主干，着重阐述二程与北宋其他学派的关系。每卷大体由三部分组成：一是有关学者的生平资料，如《行状》《家传》《墓志铭》；二是有关学者学术著作的内容摘录，如文集、语录等；三是其他材料，如有关学者的交游、遗闻、逸

---

① 宋·朱熹：《晦庵集》卷八一《跋通鉴纪事本末》，四库全书本。

② 宋·李方子：《资治通鉴纲目后序》，四库全书本《资治通鉴纲目》卷末附。

③ 宋·黎靖德编：《朱子语类》卷一〇五《通鉴纲目》条，中华书局，1986 年，第 2637 页。

④ 宋·朱熹：《资治通鉴纲目序例》，四库全书本《资治通鉴纲目》卷末附。

⑤ 宋·李方子：《资治通鉴纲目后序》，四库全书本《资治通鉴纲目》卷末附。

事、师友评论等。《伊洛渊源录》说明了北宋理学的由来，概括出其发展过程与演变，辨章学术而考镜源流，不仅在内容上与理学有着直接的关系，而且对研究理学的历史具有重要的史料价值。

方志体例的确立折射出理学对宋代史学的影响。魏晋南北朝时期，适应门阀士族褒贬人物的需要，出现了记载方域分界、山川物产、民情风俗、人物故事之类的地记。《隋书·经籍志》："晋世，挚虞依《禹贡》《周官》作《畿服经》，其州郡及县分野封略事业，国邑山陵水泉，乡亭城道里土田，民物风俗，先贤旧好，靡不具悉，凡一百七十卷。"① 宋代乐史撰《太平寰宇记》，在唐代《元和郡县图志》的基础上，增加风俗、姓氏、艺文、人物、土产等门，总志编撰粗具规模，体例正式确立。《四库全书总目》言："后来方志必列人物，艺文者，其体皆始于（乐）史。盖地理之书，记载至是书而始详，体例亦自是而大变。"② 宋代地方经济的发展，教育文化水平的提高，各地学者注意社会盛衰，修撰方志成为风气，体例上走向完备。方志作为亦地亦史的著作，记载自然概貌、地理沿革、民情风俗、社会生活、人物艺文、物产方物等，对于总结古今兴替之道极为有用，因而适应统治者深察天理，敦睦教化，鉴识典章，资于治道的需要。宋代修撰方志成为风气，修成六百余种，现存达三十种。③

总之，理学不仅为编年体史广泛流行的重要原因，而且直接导致诸多新史体的创立。从稳定统治秩序，维系等级名分，有资于治道的角度考察，《通鉴纪事本末》确实比《通鉴》更加有效。纪事本末体创立者袁枢与理学虽然没有直接的师承关系，但其思想受到理学的深刻影响则是毫无疑义的；而纲目体史与学术史专著的创立，从思想内容到编撰形式都与理学相关。我们只有深入考察理学对宋代学者的影响，才能对编年体的流行与诸多新史体的创立，作出正确的解释与说明。

三、推崇会通：纵贯古今与综观时代的有机结合

从研究方法考察宋代史学，最为突出之处是重视与推崇会通。这主要体现在两个层面：其一是贯通古今历史，撰著各类通史，考察盛衰兴亡，把握历史大势；其二是搜集各类史料，探究彼此联系，综合考察问题，从中得出结论。

---

① 唐·魏征：《隋书》卷三三《经籍志二》，《史部·地理类后序》，中华书局，1973 年，第 988 页。

② 清·纪昀：《四库全书总目》卷六八《史部·地理类一》，中华书局，1965 年，第 596 页。

③ 张家璠主编：《中国史学史简明教程》，广西师范大学出版社，1992 年，第 170 页。

如果将前者视为纵贯，那么后者则可看成横通。这两个层面都体现了会通精神，构成纵横交错的关系。然而无论是纵贯古今还是综合考察，宋代学者都超越了前人，这与理学的影响有着深刻的内在联系。

会通指贯通上下古今，深究天人之际，考察盛衰治乱，探讨历史演变，即综览天下而融为一体，探讨宇宙自然与人类社会的变化，为治国兴邦提供历史的借鉴。会通不仅是一种治史方法，而且是一种思维方式，既包括材料的搜集与综合，更强调思想的融合与通贯，成为中国古代学者治学的优良传统。孔子是会通治史的首创者，其整理古代的文献典籍，会众书于一人之手，这是最早的治学会通，对后代史家有着深远影响。司马迁究天人之际，通古今之变，其《史记》记载历史，时间上纵贯三千年，空间上纵横数万里，编撰中国古代第一部纪传体通史，将孔子开创的会通方法推进到新的高度。宋代理学的基本观点及思维方式，影响史料的搜集与史书的编撰，支配人们对历史问题的看法，决定其对历史现象的解喻，作用于对史学价值的认识。理学探究宇宙自然和人类社会的形上本体，视天理为万物的本源与主宰，治学是为了“明天理之根源，究万物之终始”。[①] 既然宇宙万物都是一理，理一分殊，那么贯通天地万物与古今沿革，即能揭示出历史盛衰的轨迹，洞察凝聚其中的天理的意蕴，从中把握治乱兴亡之道。理学开阔了宋代学者的视野，深化了他们的史学思想，提高了他们的思维能力。宋代学者强调贯通古今与撰著通史，重视材料的博综与领域的通贯，注意将纵贯与横通紧密结合起来，其会通的方法在前人基础上达到了新的层次。

宋代史家推崇会通的方法，大都主张通史，纵贯古今的各类通史相继出现：如邵雍有《皇极经世》，司马光著《资治通鉴》，郑樵撰《通志》，袁枢改《通鉴》而成《通鉴纪事本末》，朱熹定《通鉴纲目》，马端临编《文献通考》等，这些著作虽然编写体例不同，但都是贯通古今的通史。撰著通史成为治史求会通的象征，建立在对历代沿革的全局认识基础上，说明了对于古今之变的深沉思考，反映了对于盛衰兴亡的宏观把握，显示出开阔的视野与磅礴的气势。邵雍称：“夫古今者，在天地间犹旦暮也；以今观今，则谓之今矣；以后观今，则今亦谓之古矣。以今观古，则谓之古矣；以古自观，则古亦谓之今矣。是知古亦未必为古，今亦未必为今，皆自我而观之也。”[②] 古今虽然是相对的，但又是相通的；只有把握古今的内在联系，才能贯通古今之间的历史，从盛衰兴亡中得出正确的认识，体察其中寓含的深刻义理。其《皇极经世》贯

---

① 元·脱脱：《宋史》卷四二七《周敦颐传》，中华书局，1977年，第12712页。

② 宋·邵雍：《皇极经世》卷五五《观物内篇》之五，九州出版社，2003年，第390页。

通古今，融会天人，探讨历史过程，考察盛衰转化。司马光搜集的史料，包括正史、稗史、野史、谱录、正集、别集、墓志、碑碣、行状、别传等，“专取关国家盛衰，系生民休戚，善可为法，恶可为戒者”，“懋稽古之胜德，跻无前之至治”。[①]《资治通鉴》彰明名教，体现统纪，深究义理，寓含资治的深刻理念。胡三省指出《通鉴》的鉴戒意义，认为“夫道无不在，散于事为之间。因事之得失成败，可以知道之万世亡弊”。君王如能“鉴于往事”，即“有资于治道”，“为人君而不知《通鉴》，则欲治而不知自治之源，恶乱而不知防乱之术；为人臣而不知《通鉴》，则上无以事君，下无以治民；为人子而不知《通鉴》，则谋身必至于辱先，作事不足以垂后”。[②] 郑樵认为，“天下之理，不可以不会，古今之道，不可以不通”[③]，主张会天下之书为一书。他宣称：“欲读古人之书，欲通百家之学，欲讨六艺之文而为羽翼”[④]。其闭门读书三十年，十年为经旨之学，三年为礼乐之学，五六年为天文地理之学，为虫鱼草木之学，又外出采访十年，奠定了贯通古今的知识基础。《通志》勾画出古人行事、治乱兴衰、典章经制、学术文化、华夏王朝、周边政权、自然现象等内容，显示旷古未有的博大气象。马端临认识到，典章经制的发展沿革有其深刻的内在联系，因此效仿《通典》之成规，增益其门类之所未备，离析其门类之所未详，“融会错综，原始要终”[⑤]，编成典制体通史《文献通考》，究明历代典制变通弛张之故。这些通史都纵览古今考察历史，展现盛衰演变的过程，昭示治国兴邦的道理，显示出天理的决定作用。即使欧阳修、苏轼、胡寅等人的史论，也总是贯通古今论说治乱兴亡；而李焘《续资治通鉴长编》，李心传《建炎以来系年要录》，徐梦莘《三朝北盟会编》等本朝史著作，虽然都不是贯通古今的通史，但也蕴涵纵览古今以考察盛衰，远绍往古而传承前人的深意。

宋代史家不仅重视纵贯古今而撰著通史，而且注意搜集各种史料展开综合研究。宋代社会重视文化而又内忧外患的环境，孕育了众多的思想文化流派，涌现了诸多学识博通的史家，形成群星璀璨而异彩纷呈的局面。这些学者传承古代学者治学博综的精神，在史学研究中取得了令人瞩目的成就。有的学者博采史料，综合比较，严密考据，引出结论。如欧阳修贯通文史，引金石文字于考据，对前代史书补阙纠谬，其《集古录》为第一部以金石考史的专著。赵明诚在欧阳修基础上，广搜古文奇字，钟铭鼎识，碑志叙记，残章断画，仿《集

① 宋·司马光：《进资治通鉴表》，中华书局，1956年，《资治通鉴》卷末附。
② 元·胡三省：《新注〈资治通鉴〉序》，中华书局，1956年，《资治通鉴》卷首附。
③ 宋·郑樵：《夹漈遗稿》卷三《上宰相书》，四库全书本。
④ 宋·郑樵：《夹漈遗稿》卷二《上皇帝书》，四库全书本。
⑤ 元·马端临：《文献通考总序》，中华书局，1986年，卷首附。

古录》体例而成《金石录》。朱熹认为，“凡圣贤之言行，古今之得失，礼乐之名教，下而至于食货之源流，兵刑之法制”，都应“考诸载籍之文，沉潜参伍以求其故”，“则夫天下之理，其必有以尽其纤悉而一以贯之”。[①] 有的学者兼取诸家，不主一说，综罗文献，考经证史。如李心传既搜集史料，编《建炎以来系年要录》《建炎以来朝野杂记》等本朝史著作，又遍考群经，成《学易编》《诵诗训》《春秋考》《礼辨》等经义考据之作，还考辨史实，撰《读史考》《旧闻证误》历史考据之作。其《旧闻证误》考辨李焘的《续资治通鉴长编》之误，具有重要的学术价值。王应麟兼综朱学、吕学、陆学，广涉六经众史、百家子集、注疏传记、谱牒艺术等，编撰《玉海》这一大型类书，及《古易考》《诗考》《诗地理考》《汉制考》《汉书艺文志考证》《通鉴地理考》《困学纪闻》等经史考据著作。胡三省撰《资治通鉴注》，对司马光的《资治通鉴》，作了大量的辨正与补遗的工作。这些学者的研究已经不是简单的校勘与考证，而是包含比较、对照、判断、推论的科学探讨。有的学者研究历史，重视归纳与思辨。司马光在《通鉴》卷一的“臣光曰”中指出：“天子之职莫大于礼，礼莫大于分，分莫大于名。何谓礼？纪纲是也。何谓分？君、臣是也。何谓名？公、侯、卿、大夫是也。”[②] 袁枢将《资治通鉴》改编为《通鉴纪事本末》，不是简单的选定题目而节录史料，而是着眼历史大势总结治国经验教训。朱熹考察历代兴亡治乱，强调治道、心术、人才、世风的作用，引述时人之语概括说：“为国之要有三：曰用人，曰赏功，曰罚罪。”“故古人善为国者，贤不以雠而弃，愚不以亲而用，赏不以远而遗，罚不以近而免。盖不敢以一己之私而废天下之公也。”[③] 郑樵的《通志》的“二十略”，“总天下之大学术而条其纲目”，“百代之宪章，学者之能事，尽于此矣”[④]。这些学者研究历史，不是就事论事地考察某些具体问题，而是包含对盛衰兴亡的理性思辨。有的学者论评历史，深究典籍，提要钩玄，探幽发微，参稽互证。如薛季宣“于古封建、井田、乡遂、司马法之制，靡不研究讲画”；[⑤] 陈傅良“自三代、秦汉以下靡不研究，一事一物必稽于极而后已”[⑥]；吕祖谦精研历代典制，考察其发展源流，把握其因革损益；陈亮“研穷义理之精微，辨析古今之同异，原心于秒忽，较

① 宋·朱熹：《晦庵集》卷八〇《福州州学经史阁记》，四库全书本。

② 宋·司马光：《资治通鉴》卷一《周纪一》，威烈王二十三年，中华书局，1956年，第2页。

③ 宋·朱熹：《晦庵集》卷九六《少师观文殿大学士致仕魏国公赠太师谥正献陈公行状》，四库全书本。

④ 宋·郑樵：《通志总序》，浙江古籍出版社，1988年，卷首附。

⑤ 元·脱脱：《宋史》卷四三四《薛季宣传》，中华书局，1977年，第12883页。

⑥ 元·脱脱：《宋史》卷四三四《陈傅良传》，中华书局，1977年，第12886页。

礼于分寸，以积累为工，以涵养为正”。[①] 这些学者研究历史，涉及政治军事、经济生活、典章制度、思想文化、民情风俗、民族关系、地理沿革等众多领域，有着综合性的整体考察的特色。

总之，在中国史学史上，思想的发展与史学的进步密切联系在一起，社会思潮与学术思想的变化，必然导致史学思想与史学方法的变化。我们总结宋代史学的巨大成就，应该关注其研究领域、史著体例、史学方法等方面，得以超越前代的原因及其新的特点，进而揭示理学对于宋代史学的深刻影响，挖掘蕴涵其中的时代精神与思想价值。从研究领域来说，宋代学者既重视探讨古史而拓展考察范围，又高度关注唐、五代史与宋本朝史，尤其以后者作为研究重点所在；从史著体例来说，一方面编年体风行史坛，一方面创立了纪事本末体、纲目体，出现了学术史专著，形成了方志体；从史学方法来说，强调贯通古今考察盛衰兴亡，重视综合整体地研究历史问题，治史求会通成为普遍风气。这些从不同角度反映出理学对宋代史学的深刻影响，说明理学对宋代史学发展有着巨大的推动作用，我们应该如同陈寅恪先生那样，承续宋贤史学将坠之业，“开拓学术之区宇”，“补前修之所未逮”，“转移一时之风气，而示来者以轨则”[②]，“脱心志于俗谛之桎梏”，追求“独立之精神，自由之思想”[③]。这对于繁荣今天的学术研究，具有重要的启示与借鉴意义。

作者简介：庞天佑，湛江师范学院历史系教授，北京师范大学史学理论与史学史研究中心兼职教授。

① 元·脱脱：《宋史》卷四三六《陈亮传》，中华书局，1977年，第12941页。

② 陈寅恪：《王静安先生遗书序》，《金明馆丛稿二编》，生活·读书·新知三联书店，2001年，第247页。

③ 陈寅恪：《清华大学王观堂先生纪念碑铭》，《金明馆丛稿二编》，生活·读书·新知三联书店，2001年，第246页。

21世纪以来周敦颐研究述略

郭天祥　黄群昂

宋代哲学家、理学创始人周敦颐在中国思想史上占有重要地位，具有广泛而深刻的影响。自北宋以降，周敦颐一直是学术界关注和研究的重要思想家之一。进入新世纪以来，国内周敦颐研究持续走热，成果丰硕。据不完全统计，十多年来，出版有杨柱才、郑晓江著《周敦颐哲学思想研究》①、吴兴勇等著《周敦颐的著作及其研究》②、周建刚著《周敦颐研究著作述要》③ 等专著四五部，发表学术论文200多篇。回顾综述近十多年来周敦颐研究的主要成就和研究动态，相信必将有助于促进周敦颐研究的不断深化。本文拟从以下九个方面来择要综述介绍。

一、《太极图说》与《通书》文本研究

新世纪以来，一些学者对周敦颐主要著述《太极图说》与《通书》文本的研究，仍然具有浓厚的兴趣，并取得了不少成果。在《太极图说》研究方面，杨柱才《周敦颐〈太极图说〉儒道解之比较研究》，通过对朱子注解和李道纯注解的比较，具体地探讨了儒道之间的互动关系。④ 曹树明、田智忠《〈太极图〉与〈太极图说〉之"五行说"比较研究》，以朱震所列《太极图》"动阳"二字的标准为突破口，对比严甲《六经图》和《道藏周易图》及朱熹等人改造过的流变图，结合周敦颐《太极图易经》及《易通》的文字叙述，考证了周敦颐《太极图》的原貌。⑤ 王诚《周敦颐〈太极图〉源流考辨》，抓住周敦颐《太极图》的著作权问题这个中心线索，认为记载周敦颐著作最早最可靠的材

---

① 人民出版社，2004年。

② 湘潭大学出版社，2008年。

③ 湖南大学出版社，2009年。

④ 《南昌大学学报》，2001年第1期。

⑤ 《周易研究》，2003年第4期。

料应该是其墓志。① 田智忠、黄宏海《〈太极图〉与〈太极图说〉之关系再考察》，批判了许多人认为的“传图者必传说”的观点，提出周敦颐可能只是作了《太极图说》而非《太极图》，或者说长期以来周敦颐秘传的只是《图》，而《说》则是一直公开的。② 汪剑、和中浚《周敦颐〈太极图说〉对中医学学术思想发展的影响》，则从医学角度探讨了其价值，认为《太极图说》是朱丹溪“相火论”、“阳有余阴不足论”和明代温补学派“命门学说”的学术之源，开中医学探求生命本源的风气，是“太极命门”的立论根据。③

《通书》文本研究论文相对较少。张官妹《周敦颐的〈通书〉成文于何处》认为，周敦颐的《通书》是他思想成熟后的作品，应是在邵州、永州讲学的文稿，而他在永州通判任上也有时间有精力整理《通书》成文。④ 刘鹿鸣《〈通书〉文本的历史真相》认为，《通书》在义理上兼有《易》和《中庸》的思想，而文本上的直接依据则是《中庸》，写作目的不仅是为了诠释《易》之性理大义，也是为了诠释《中庸》的成德之道，即通过严谨的文本结构隐含地表达儒家成德之道的为学境界次第，再现《中庸》的内在义理。⑤ 徐洪兴《周敦颐〈通书〉、〈太极图说〉关系考——兼论周敦颐的本体论思想》，则重点考察了《太极图说》和《通书》的两书关系，进一步肯定了牟宗三《通书》比《太极图说》重要的观点。⑥

二、周敦颐哲学思想研究

新世纪以来的周敦颐哲学思想研究，当首推杨柱才、郑晓江著《周敦颐哲学思想研究》⑦ 一书，它是 21 世纪以来对周敦颐哲学思想进行系统研究的一部力作。全书分为上、下两篇：上篇考察周敦颐的著作，主要是对《太极图》的渊源和流变问题进行梳理；下篇系统讨论周敦颐的哲学思想，既注意结合北宋中前期的学术思想状况探求其本意，又重视结合理学的历史发展过程考察其影响，是一部值得一读的好书。因为周子哲学思想内涵丰富，下面分几个小问题来综述介绍：

---

① 《船山学刊》，2009 年第 3 期。
② 《山东大学学报》，2010 年第 5 期。
③ 《南京中医药大学学报》，2006 年第 4 期。
④ 《开封大学学报》，2004 年第 4 期。
⑤ 《安徽大学学报》，2011 年第 6 期。
⑥ 《中国哲学史》，2000 年第 4 期。
⑦ 人民出版社，2004 年。

1. 本体思想研究。徐洪兴《周敦颐〈通书〉、〈太极图说〉关系考——兼论周敦颐的本体论思想》认为，周敦颐努力尝试从本体论角度建立儒学的宇宙论和心性论，使儒学能够开始真正从本体论层面上回应来自佛道二教的挑战，并且为宋明理学初步提供宇宙本体和道德本体的理论框架。[①] 李禹阶《周敦颐〈太极图·易说〉的理学本体论意义》认为，周敦颐《太极图·易说》在理学本体论建构上具有重要的理论价值：一是其非人格化的本体思想；二是首次较为系统地将性、气有机结合，改变了千余年来汉学机械被动的宇宙发生论；三是首次确立了理学人性论的本体论内涵，使其更具有思辨的色彩。[②] 何善蒙《周敦颐：儒学本体论思维向度的开启者》一文认为，周子虽曾出入佛道，但他学术的最终旨趣在于儒学，“无极”是其儒学宇宙本体论思维向度进入的标志，而“诚”则是其对儒学道德本体论的论证。[③] 赵新友《论周敦颐之心性本体论对儒学宋代转型的意义》认为，周敦颐的心性本体论继承了先秦儒家“性与天道”的思想，改变了被汉儒扭曲为政治至上的天人感应论，恢复了原始儒家天人合一思想的内在道德联系。[④] 金维明《试比较老子与周敦颐的本体学说》认为，周子在一定程度上继承了老子的思想，并对老子的宇宙生成过程展开了具体论述，但对整个本体论的深度把握上，与老子有一定差距。[⑤] 周群林《论周敦颐的“无极而太极”的本体论思想》认为，“无极而太极”，既具有本体论之含义，亦具有生成论的含义，这表明周敦颐的思想体系处于向本体论的过渡阶段。[⑥] 周群林另一篇论文《“天人合一”本体论的开创者——论周敦颐的“无极而太极”》认为，周敦颐的“无极而太极”的本体论价值，在于它提出圣人境界即是人与“无极而太极”完全合一之境界。[⑦] 郑雄《从无极到诚——略论周敦颐本体思想的演变》认为，周敦颐在《太极图说》中以“无极”为本体，体现出对道家思想的吸收。后来经过反思，在《通书》中抛弃了“无极”本体而建构了“诚”本体。从“无极”到“诚”的本体之演变过程，同时也是周敦颐思想走向成熟和对《周易》、《中庸》进行诠释的过程。[⑧]

2. 人生哲学研究。郑晓江《论周敦颐的人生哲学》认为，周敦颐的人生

① 《中国哲学史》，2000年第4期。

② 《重庆师院学报》，2002年第4期。

③ 《青岛大学师范学院学报》，2006年第1期。

④ 《河南理工大学学报》，2007年第1期。

⑤ 《佳木斯大学学报》，2007年第2期。

⑥ 《经济研究导刊》，2010年第1期。

⑦ 《陇东学院学报》，2010年第3期。

⑧ 《孔子研究》，2012年第2期。

哲学思想主要有两部分：一是政治人生，追求“政事精绝，宦业过人”；二是人生态度，主张“孔颜之乐”与“吟风弄月”。[①] 其另一篇论文《周敦颐生死哲学探微》认为，周敦颐的生死哲学也主要由两部分构成：一是生死态度，即所谓“今死矣，命也!”二是生死观，即所谓“原始反终，故知死生之说”。这不仅为儒者之积极入世、道德践履的人生观奠定了坚实的基础，更从本根上确立了儒式的生死观。[②] 郑晓江《周敦颐的“君子人格”与“君子之政”及其当代价值》认为，周敦颐在《爱莲说》、《通书》、《太极图说》等著作中对君子人格进行了阐述，认为生命中之道德境界的追求，高于和重于生活中之物质与地位欲望的满足，能有如此体认并能力行践履，便成就了“君子人格”，并以这种人生哲学思想指导着其从政实践。[③] 崔伟《周敦颐的人生价值理想及其现代意义》认为，周敦颐的人生价值主要包含两个层面的内容：其一，希贤希圣希天的内圣诉求。其二，因诚借礼凭乐以化成天下的终极人文关切。[④]

3. 政治哲学研究。黄守红的《周敦颐的社会政治思想》认为，周子的社会政治思想，主张依靠德治和刑治，其本质属性则脱离不开人治。[⑤] 吴静、邱东《论周敦颐以“性”为“体”的社会控制思想》认为，周敦颐的政治社会思想中包含社会控制思想。认为周敦颐在代表作《太极图说》中将天人相交、性（太极）与气合一，奠定了理学社会控制思想的哲学基础，并在此基础上发展了礼主刑辅的外在控制和“立人极”、“圣人”人格的内在控制思想，从而确定了理学建立主体道德理性进行社会控制的发展方向。[⑥] 孙晓春、赵荣华《周敦颐〈太极图说〉的政治哲学解读》认为，《太极图说》使得思想家在作为世界本原的“道”与人类社会政治生活必须遵循的道德法则之间，建立起了逻辑上的联系，也使得思想家在更抽象的水平上理解社会政治生活成为可能。[⑦]

4. 其他问题研究。尹金欣《周敦颐宇宙生成论的哲学思想探析》认为，周敦颐的哲学思想是从他对宇宙本原问题的探讨中建立和发展起来的。[⑧] 张官妹《“交错”与“交感”的交汇——试论柳宗元、周敦颐哲学思想的一些联系》指出，周敦颐认为宇宙的一切事物都是对立统一的，并提出阴阳互为依存并互

① 《孔子研究》，2003 年第 6 期。
② 《学海》，2006 年第 2 期。
③ 《武陵学刊》，2010 年第 3 期。
④ 《湖南工程学院学报》，2011 年第 3 期。
⑤ 《船山学刊》，2002 年第 4 期。
⑥ 《西华大学学报》，2007 年第 1 期。
⑦ 《山东大学学报》，2010 年第 5 期。
⑧ 《开封教育学院学报》，2003 年第 1 期。

为转化。[①] 权相佑《理一分殊的内涵和周敦颐哲学思想》认为，程颐所主张的理一分殊的内涵是仁义。周敦颐把太极看作是人性和价值理念根据的思想，可理解为理一分殊。[②] 付长珍《周敦颐境界哲学的视野》认为周敦颐在承续原始儒学精神的同时，吸取佛道境界说的合理因子，创造性地建构起一套系统化的境界理论，由此奠定了理学境界论的基本模式，凸显了理学的主题。[③] 此外，张连良《周敦颐"人极"标准思想的哲学意义》[④]、温海明《从认识论角度看宋明理学的哲学突破》[⑤]、李丕洋《略论周敦颐圣学观的内在逻辑和思想特色》[⑥] 等，也从不同角度论述了周敦颐的哲学思想。

三、周敦颐和谐思想研究

和谐思想是周敦颐整体思想的重要组成部分，在当今强调构建和谐社会的大背景之下，研究周敦颐的和谐思想更具现实意义。张京华《周濂溪的"和"的思想——〈通书〉论〈乐〉三篇刍议》认为，周敦颐的"和"的思想，继承了古代《乐》所传达的思想，并有发挥。其特色在于周敦颐提出了"用和"、"中和"、"和亲"、"乐和"、"太和"、"政和"等独特的概念。[⑦] 吴怀祺《太极学说与和谐思维》认为，太极图与太极学说，是中国民族文化融合、更新的产物，是易学的总体的发展，它们都体现了中国人天人和谐的和谐思维。[⑧] 冯天瑜《太极图与和谐文化》认为，周子太极图将易道的"流行"与"对待"两大精义生动揭示出来，体现了从社会人生到宇宙万象的多元综合性、互补和谐性、动态演化性。这种特性体现于天人之际，便是人类与自然相亲和，与生态环境的和谐共生。[⑨] 实际上，周子主张的"孔颜乐处"，也是其和谐思想的一部分。彭先兵《周敦颐的"孔颜乐处"思想》认为，"孔颜乐处"实质上是一种"见大心态"和"道充身安"的身心和谐状态。社会功用是"蕴之为德行，行之为事业"，即以"身心和谐"去实现其时的"社会和谐"。[⑩] 杨杰《周敦颐

① 《零陵学院学报》，2003 年第 3 期。
② 《洛阳师范学院学报》，2004 年第 1 期。
③ 《齐鲁学刊》，2005 年第 6 期。
④ 《人文杂志》，2006 年第 6 期。
⑤ 《中山大学学报》，2010 年第 2 期。
⑥ 《井冈山大学学报》，2012 年第 1 期。
⑦ 《湖湘论坛》，2007 年第 3 期。
⑧ 《文史知识》，2007 年第 7 期。
⑨ 《人民日报》海外版，2007 年 8 月 2 日。
⑩ 《南通大学学报》，2007 年第 5 期。

“孔颜乐处”思想新探》认为，周敦颐对“孔颜乐处”的探讨，涉及所乐何处、为何而乐、能乐等哲学问题。这些都从不同侧面体现了其和谐思想。① 彭路《论周敦颐“乐学”思想在构建和谐社会中的作用》，着重探究了周子思想对构建和谐社会的启迪作用。② 周良英《周敦颐“和”思想的当代价值》，赵四学、李煌明《略论周敦颐“孔颜之乐”的本质及其现实意义》③，韩丽红《周敦颐和谐思想及现代价值反思》④，也对周子和谐思想的现实意义进行了阐释。

四、周敦颐的道德修养观研究

人所共知，理学家最重人的道德修养，周子自不例外。吕梁《周敦颐〈太极图说〉的道德修养论》认为，周子强调“主静”的道德修养功夫，认为无欲才能主静，将解决人欲问题作为道德修养的要点，奠定了理学修养论的基本思路，以及强调节制人欲服从天理的基本内容。⑤ 朱道忠《论周敦颐的道德教育伦理思想》认为，周子特别强调君主修圣德、纯其心和用贤能，并由此构成其道德修养观。⑥ 马良信《简论周敦颐道德观的核心——“诚”》，则探讨了诚在周敦颐道德观中的核心地位。认为“诚”是人类产生道德行为的根本原因，圣人之所以能够达到“诚”的境界，就是因为他们的思想中充分体现出“诚”的天性，并使个人的活动规律服从人类社会发展规律，使人类社会的发展规律又遵循宇宙发展的总规律，这就是天人合一。⑦ 黄钊《论周敦颐的道德学说及其对宋明理学道德理论的开创性贡献》认为，周敦颐的道德修养观中所强调的尚“中”、贵“诚”、重“公”的道德价值取向，所倡导的“惩忿窒欲”、“迁善改过”的修身方法，不仅在当时受到广泛的重视，而且在其后也产生深远的影响。⑧ 毛玮豫《周敦颐的修养论略谈》认为，周敦颐的修养思想，其内容首先是修养的必要性；其次是修养的三种主要思想境界；第三是“主静无欲”的修养方法；第四是将这种修养方式视为社会规范。⑨ 朱雪芳《论周敦颐的修养观》认为，周子《爱莲说》旨在论述君子之道，《通书》则旨在阐明圣人之道。

---

① 《南昌大学学报》，2012年第3期。
② 《湖南科技学院学报》，2006年第12期。
③ 《理论月刊》，2011年第4期。
④ 《牡丹江师范学院学报》，2011年第2期。
⑤ 《吉林师范大学学报》，2007年第3期。
⑥ 《求索》，2001年第4期。
⑦ 《郴州师范高专学报》，2002年第1期。
⑧ 《焦作大学学报》，2003年第2期。
⑨ 《黑龙江社会科学》，2007年第5期。

前者是儒家修养观的基本层次，着重说明如何充实生命、获得生命的本来的意义；后者阐述修养的全体大用，重点说明如何将充实的生命充分展现，让生命变得充实而有光辉。[①] 周欣《周敦颐官德思想探析》认为，周敦颐将“为官重德”视为官德的基本原则，提出官员不仅要“诚心端身”，消解内心的妄念，而且要以“仁爱之心”，做到“爱民务实”，把为人谋利作为思考问题的出发点和落脚点。[②] 孙雨嘉《论周敦颐对儒家“慎独”思想的超越》指出，周子《爱莲说》提出了外在环境污浊的情况下，也要保持自己清廉的节操，这样就扩大了君子的参照系，超越了“慎独”的原意。[③] 这方面的论文还有朱雪芳《周敦颐“诚者圣人之本”》[④]、崔华前《论周敦颐道德思想体系之建构及其现代整合》[⑤]、《周敦颐的道德精神及其现代价值反思》[⑥]、张冠湘《周敦颐“诚”的道德观及其现代转化》[⑦] 等，也很值得关注。

五、周敦颐教育思想研究

近年来对周敦颐教育思想的研究更趋多样化，深度广度也有所拓展。张冠湘《论周敦颐〈通书〉之教育理念》认为，其教育理念表现在立师之道、教育之则、乐教之善诸多方面。并把立师设教提高到“天下治”的高度，强调培养提高人的品性。此外，又在启蒙教育方面，提出“渎则不告”、“汩则必乱”、“为而不止”、“慎其时中”等重要教学原则。[⑧] 吴艳红、王献敏《论周敦颐的品性论及其教育思想》认为，周敦颐主张通过设师立教，重师友，重教育，达到完美的“中”。[⑨] 朱桂莲《周敦颐德育目标思想探析》认为，周敦颐的德育目标思想，主要表现在两个方面：一是追求“万物顺、万民化”的社会政治目标；二是培养“尊天理、明治乱”的圣贤之人的人才目标。[⑩] 黄南婷、方红梅《周敦颐教育思想探微》，则对周敦颐教育思想的内涵做了较为全面的概括，认为在教育目的上，他主张以人为本，侧重于普通人能“为善”、“务实”；在教

① 《湖南科技学院学报》，2009 年第 10 期。
② 《船山学刊》，2011 年第 1 期。
③ 《湖南行政学院学报》，2011 年第 2 期。
④ 《湖南科技学院学报》，2005 年第 9 期。
⑤ 《安徽教育学院学报》，2005 年第 2 期。
⑥ 《船山学刊》，2005 年第 2 期。
⑦ 《湖南科技学院学报》，2005 年第 9 期。
⑧ 《青海师专学报》，2004 年第 3 期。
⑨ 《南昌高专学报》，2004 年第 3 期。
⑩ 《许昌学院学报》，2005 年第 1 期。

育内容上，主张以六经为主，杂以各家学说，以达“诚信”、“立志”之目的；在施教方法上，主张多采用“启发式教学”、“因材施教”和“学思并重”等。① 周欣、陈安民《周敦颐道德教育思想及现代价值》认为，周敦颐的道德教育思想以“惟人得其秀而最灵”为哲学基础，以“志伊尹之志”和“学颜子之学”为教育目标，以“先觉觉后觉，暗者求于明”为道德教育原则，构建了“慎动”、“迁善改过”的教学方法。② 朱道忠《论周敦颐的教育伦理思想》认为，周敦颐的教育伦理思想强调道德教育的目的和意义，主张以“仁义中正礼智信诚公”等儒家伦理作为道德教育的内容，强调道德修养的务实原则和方法。③ 燕国材《周敦颐的教育心理思想论评》认为，周敦颐以“诚”为本的人性论、学可为圣的学成论构成其教育心理思想。以立志于学、思而通之、信守不渝的道德意志、特立独行的道德行为构成其学习心理思想。④ 张官妹《试论柳宗元周敦颐教育思想的联系》，则比较了柳宗元与周敦颐思想的承继关系及其异同。⑤ 李佩桦《周敦颐王船山德育思想之比较》一文，则从德育目标、德育内容、德育方法三方面比较周敦颐与王船山德育思想的异同。在德育的最终目标上，周敦颐在纯粹至善的“诚”的基础上提出“成圣”的目标。德育内容包括仁、义、中、正、礼、智、信、诚、公、孝、悌等。德育方法强调启发人们自我教育、自我反省、引导学生在“思”的基础上“内省”自己的所思所学，进而有所收获。⑥ 张勇《周敦颐“圣希天，贤希圣，士希贤”教育思想的现代价值》，主要论述了周敦颐在《通书》中集中阐述的“圣希天，贤希圣，士希贤”的教育思想，认为这种思想对提高人们的道德自律、追求道德进步具有积极意义，对我国当前的廉政建设亦有重要借鉴价值。⑦

六、周敦颐易学思想研究

周敦颐易学思想是其整体思想的一个重要组成部分，一直有学者关注研究。林忠军《周敦颐〈太极图〉易学发微》阐发了《系辞》太极生八卦说，提出《太极图》属象数易中的象学，指出周子《太极图》的意义在于复兴了象数

① 《九江职业技术学院学报》，2008年第4期。
② 《中南林业科技大学学报》，2010年第3期。
③ 《零陵师范高等专科学校学报》，2002年第2期。
④ 《湖南师范大学教育科学学报》，2011年第3期。
⑤ 《开封大学学报》，2005年第4期。
⑥ 《衡阳师范学院学报》，2012年第1期。
⑦ 《濮阳职业技术学院学报》，2011年第5期。

易，开创了以义理治《易》的新风。[①] 朱汉民《周敦颐〈易〉学的宋学精神》认为，周敦颐从根本上抓住了如何在名教中安身立命这一宋学的问题意识，将《四书》所倡儒家伦理建立在《周易》的宇宙哲学基础之上，成功地使《周易》的太极阴阳、天地合德、吉凶之几、知性智慧，转向《四书》的“圣人之本”、“孔颜乐”、“善恶之几”、德性修养，重新建构了以内在德性为本的天人合一之道。[②] 张沛《周敦颐易学思想体系》认为，周敦颐成功地以《周易》作为自身的学术根基，建立了理学史上第一个高度哲学化的天人之学。[③] 赵载光《周敦颐的易学性命之学》认为，周敦颐把易学转变为道性命之学，具有开时代风气的创新意义。[④] 蔡方鹿《周敦颐对儒家经学的创新——以〈易传〉、〈中庸〉为中心》认为，周敦颐作为宋代理学的开创者，以新的视野诠释《易传》和《中庸》等儒家经典，构建将宇宙本体论与儒家人性论、道德修养论相结合的道德形上学，并把儒家经学哲学化、义理化。[⑤]

七、周敦颐与佛教文化研究

周敦颐与佛教文化的研究，也取得不少成果。宋道发《周敦颐的佛教因缘》认为，周敦颐一生结交高僧大德多人，《居士分灯录》即载有周敦颐参叩祖心、了元、常总三位禅师的语录。所以周敦颐之首倡道学，实与诸位禅师有关。[⑥] 章启辉《程颐、程颢与周敦颐的佛学思想》认为，二程从周子处学得援佛会儒，悟得佛学，从而创造出新儒学即理学。然而，二程援佛，似乎更多的是辟佛，而周子则是融佛，不同于二程。[⑦] 孙金波《周敦颐的佛学思想剖析》认为，周敦颐受到佛学思想影响，原因是唐代三教合流的趋势已奠定的基调使然。其佛教思想广泛地表现在其文章与著述中。《爱莲说》、《太极图说》、《通书》均不同程度地反映了其佛学思想。[⑧] 张俊相《析周敦颐的“无欲”观》认为，北宋理学开山周敦颐的无欲观，实际上是以中国传统的伦理道德为基础的，把自然观与历史观结合起来的佛教“无欲”观。[⑨] 傅振宏《周敦颐〈太极

① 《孔子研究》，2000 年第 1 期。
② 《北京大学学报》，2006 年第 4 期。
③ 《周易研究》，2007 年第 3 期。
④ 《周易研究》，2009 年第 4 期。
⑤ 《湖南大学学报》，2009 年第 6 期。
⑥ 《法音》，2000 年第 3 期。
⑦ 《求索》，2001 年第 5 期。
⑧ 《广西社会科学》，2003 年第 3 期。
⑨ 《黄山学院学报》，2004 年第 4 期。

图说〉儒道佛渊源论》认为，周敦颐为官之余喜欢参禅问道，与佛教结下了不解之缘，佛教沩仰宗所建立的圆相旨趣，开启周子太极图之先河。洞山、曹山师徒以重离卦而立五位君臣的宗旨，演变发展而逐渐启发了周子《太极图说》。[①]

八、周敦颐与道教文化研究

近年来，周敦颐与道教文化的研究也取得了不少成果。杨柱才《周敦颐〈太极图说〉儒道解之比较研究》认为，道教中人注周敦颐《太极图说》，以李道纯的注解最为全面，并将李注和朱子注解比较，具体地探讨了儒道之间的互动关系。[②] 金维明《试比较老子与周敦颐的本体学说》一文认为，《太极图说》中的许多思想和概念实来源于道家始祖老子，周子所说的“无极”，相当于老子的“道”、“无”或“朴”，而“太极”则相当于老子的“一”。[③] 刘聪《〈太极图说〉道教渊源新探——兼论“无极而太极”之说的形成》一文，通过分析《太极图说》的内在理路，认为《太极图说》表达的是“时间在先”的宇宙生成意。结合周敦颐在《咏阴仙丹诀诗》中所说他与宋初道士陈抟思想的关系，能够明显看出《太极图说》的“自无极而生太极”，是直接源自道教的宇宙生成论。[④] 高文《周敦颐道家生命智慧略论》认为，“道”作为人们生存的法宝，蕴藏着无尽的生命智慧。基于对老庄之“道”独到的把握与体认，周子援道入儒，其宇宙生成观、自然观、名节观，无不闪烁着道家大和、人和、境和等生命智慧。[⑤] 龙井仁、蒋民胜《北宋理学对传统经学承传贡献之我见——以周敦颐为例》认为，周敦颐的太极图是与《道藏》中的“太极先天之图”相互一致的。同时，周敦颐的宇宙化生的推衍、“主静”、“无欲”的思想亦都受到道家思想的影响。[⑥] 陈鼓应《论周敦颐〈太极图说〉的道家学脉关系——兼论濂溪的道家生活情趣》一文，从周敦颐的诗文入手，论析他的道家思想生活、《太极图说》与道家学脉的关系，并联系其诗文中所流露出来的老庄生活情趣及美学意境，揭示了周敦颐的学术思想与其道家生活意境之间的关系。[⑦]

---

① 《淮阴师范学院学报》，2006 年第 1 期。

② 《南昌大学学报》，2001 年第 1 期。

③ 《佳木斯大学学报》，2007 年第 2 期。

④ 《管子学刊》，2008 年第 3 期。

⑤ 《湖南工业大学学报》，2009 年第 1 期。

⑥ 《社会科学家》，2009 年第 8 期。

⑦ 《哲学研究》，2012 年第 2 期。

九、周敦颐与湖湘文化研究

周敦颐作为湖湘地区的历史文化名人、大思想家，他和湖湘地域文化之间的双向影响关系，自然会受到一些学者的关注。张官妹《浅说周敦颐与湖湘文化的关系》认为，湖湘文化影响了周敦颐，而周敦颐的思想又是湖湘文化的重要思想基础。周敦颐的做官须先“立诚”“成圣人”的为官论影响了湖湘人的价值取向。他身上表现出来的刚直倔蛮与善思多义是湖湘人的典型性格，周敦颐大力办学兴学又促进了湖湘教育的兴盛与发展。[①] 李斌《近代湖湘学人与周敦颐》侧重于周敦颐对后人的影响，他指出，近代以来，庞大的湖湘人才群体对湖南乃至全中国都产生了深远影响。其中，许多著名学人（包括官师同道者）都很推崇周敦颐的理学地位、理学思想及其人生价值观，而这种推崇的本身，实际上也就是他们受周敦颐影响的表现。[②] 杨金砖《〈爱莲说〉对潇湘文学的承继及影响》则从文学的角度，从《爱莲说》入手，分析周敦颐与湖湘文化的关系。[③] 熊吕茂《近年来湖湘教育名人的教育思想研究综述》，就周敦颐、胡宏、张栻、王夫之、曾国藩、杨昌济和徐特立等湖湘教育名人的教育思想作了一番综述比较，揭示了其思想的承继性，以及周子对后起的湖湘教育名人的教育思想不同程度的影响。[④] 赵载光《胡宏道学对北宋三家的继承》认为，胡宏道学直接继承了北宋周敦颐、张载与程颢的思想而形成自己独特的哲学体系。尤其在本体观方面，他继承周敦颐“乾元立诚”以诚论性的思想，提出性与道与诚的统一。[⑤] 何静《远绍周敦颐的阳明心学》认为，湖湘人王阳明对周敦颐的继承和发展在于：改造周敦颐《太极图说》的本源论思维，使之成为本体论；承继周敦颐的诚的内涵，并使之从价值本体上升为宇宙本体。其次，还承袭了周敦颐的立志、无欲主静和迁善改过等思想。[⑥] 何云峰《探微周敦颐影响湖湘文化之契合性精神》指出，周敦颐的思想内核与湖湘文化精神特质存在契合性渊源关系。认为可从湖湘文化的发展脉络、周敦颐本身思想的精神内核两个维度，来审视周敦颐精神层面上对湖湘文化的影响。[⑦]

---

① 《湖南科技学院学报》，2005 年第 3 期。

② 《湖南科技学院学报》，2007 年第 10 期。

③ 《船山学刊》，2007 年第 2 期。

④ 《湖南科技学院学报》，2008 年第 2 期。

⑤ 《湘潭大学学报》，2008 年第 3 期。

⑥ 《浙江社会科学》，2011 年第 8 期。

⑦ 《兰台世界》，2011 年第 19 期。

纵观21世纪以来的周敦颐研究，可谓硕果累累，而且研究方法多样，视角新颖，领域宽广，多姿多彩。当然也存在一些问题，譬如一些论著不够严谨，观点陈陈相因，缺乏新意等等。这些都是今后应该注意的。

作者简介：郭天祥，广东湛江师范学院历史系教授。
黄群昂，广东湛江师范学院历史系2010级学生。

周敦颐的几个问题

曹旅宁

周敦颐（1017—1073），湖南道州营道人，生活在北宋中叶，以恩荫入仕曾任虔州南安军司理参军，湖南郴县和洪州南昌县的县令，也曾做过广南东路的转运判官和提点刑狱。官职都不很显赫，著有《太极图》、《通书》。他的著作在北宋一代未受到重视，但是获得南宋大儒朱熹的推崇，获得理学开山祖的地位，其学传二程，成为学术界沿袭的通说。[①] 其实，这种说法是很成问题的。此外，周敦颐与湖湘文化的关系也值得重新探讨。

一、周敦颐与湖湘渊源——永州朝阳岩题名考释

周敦颐，《宋史》有传，他一生的行迹，除了少年时与家乡略有联系，中年以后还在湖湘、广东任地方官外，主要生活的地方为汴梁、润州等地，晚年又是在九江庐山度过的。现保存在湖南永州零陵县朝阳洞题名是周敦颐与湖南有直接联系的石刻史料，虽吉光片羽，但弥足珍贵。现依笔者实地踏访时所拍摄照片及拓片移录如下：

治平三年十二月　荆湖南路提点刑狱公事、尚书职方郎中程濬治之，尚书虞部郎中、知军州事鞠拯道济，尚书比部员外郎、通判军州事周惇颐茂叔，治平三年十二月十二日，同游永州朝阳洞。[②]

其中涉及的同游人物之一的程濬（1001—1082），字治之，眉山（今四川

---

① 吕思勉：《理学纲要》，《中国思想文化史九种》，上海古籍出版社，2009年，第311页。秦家懿：《王阳明》，三联书店，2011年，第10页。

② 嘉庆《湖南通志》卷二一〇。又见光绪《零陵县志》卷一四。笔者2011年3月参加全国第八届书法史国际研讨会期间曾到永州零陵朝阳岩上实地考察，瞻仰摩崖原刻。此石拓片著录亦收入刘刚主编《湖湘碑刻》(一)（湖南美术出版社，2009年），第21页，第118页。摩崖原刻高82厘米、宽42厘米，字体为楷书，唐颜真卿体，刘先生认为系周本人所书，尚有疑义。因为宋人一般通行颜真卿体字，摩崖原刻究竟谁人所书？石刻中未明确交代。

眉山）人。天圣五年赐同学究出身，选猗氏县尉，历戎州司户参军、凤翔府节度推官，授大理寺丞。再举进士中乙科，通判彭州、嘉州、梓州，迁知归、遂二州。历屯田、都官、职方郎中，提点荆湖南路刑狱，除太常少卿，徙夔州路转运使。年七十，乃谢事。元丰五年十一月卒，年八十二。赠太中大夫。有诗五百余篇。见吕陶《太中大夫武昌程公濬墓铭》。至于同游的鞠拯，则有诗传世。鞠拯《题谢自然》云："真仙能轻举，飘渺出尘寰。碑石名常在，松枯鹤不还。风烟残照外，楼阁翠微间。为访林泉去，浮生得暂闲。"二人均为一般官吏，均未能以学问名世。

至于朝阳洞题名中"周敦颐"作"周惇颐"，这里需要略作疏说。① 这是周敦颐的原名，后因避南宋光宗赵惇之讳而改。由于宋代避讳最严，南宋魏了翁为周敦颐请谥时，奏疏中均改称周为周颐。② 可见后来改称周敦颐系由避讳而来，并非有学者认为是从俗而来。

周敦颐好游山水，除朝阳洞题名，据宋度正《周敦颐年谱》，尚有在湖湘及江西多次出游刻石之雅事，但未见原石及拓片。这也说明周敦颐可能因仕途功名并不如意，醉心于山水以排遣忧愤。故后来周敦颐去世后，著名诗人黄庭坚在江西九江应周敦颐儿子焘、光二人之请而作《濂溪诗》的时候，就并没有花费笔墨称赞其学问，也只是盛赞其"人品甚高，如光风霁月，好读书，雅意林壑"。

二、周敦颐的师承与传授补说

唐韩愈撰写《原道》，并创立道统传授之说。南宋人朱熹推崇周敦颐的学问，为其建立师承传授，奉为理学开山祖。但是这很早就引致学人的怀疑。

任继愈先生早年随汤用彤先生受学，所撰写《理学探源》为其 20 世纪 40 年代在北京大学文科研究所完成的毕业论文。但一直到 1984 年始发表在为纪念汤用彤先生九十诞辰纪念而编成的《燕园论学集》一书当中。任先生在此文中虽然也列周敦颐为理学开山祖，但他也注意到二程不以周敦颐为师，称茂叔而不曰先生，尽管其《颜子所好何学论》多承太极图说及《通书》，伊川却反复强调，"天理"二字却是自家拈出的。③ 任继愈先生的怀疑是有道理的。原

① 《宋史》卷二四七"道学一·周敦颐传"："元名敦实，避英宗旧讳改焉。"可见周敦颐一生两次改名以避讳，一次是生前自己所改，一次是死后为他人追改。

② 《宋史》卷二四七"道学一·周敦颐传"："嘉定十三年赐谥曰元公，淳祐元年封汝南伯，从祀孔子庙庭。"

③ 任继愈：《理学探源》，《燕园论文集》，北京大学出版社，1984 年，第 301—338 页。

来，古代学人最重学术师承传授，二程如果曾经以周敦颐为师，决不会说出如此数典忘祖的话语。

邓广铭先生在北京大学1988年纪念陈寅恪先生诞辰百年学术研讨会上发表《周敦颐的师承和传授》一文指出：

一、周敦颐的《太极图》和《通书》，都是他本人深造自得的著作，而决非受之于穆修的。从他著作的内容看，知其学术思想所受道家的影响必甚大，但他与陈抟、种放等人之间也不存在直接或间接的传授关系。至于他究竟受学于何人，则于史无征。

二、二程决非周敦颐的学业的传人。二程以外，在北宋人的文献记载当中，也找不到有任何人曾经受学于他。所以他的学业，在北宋一代并未见有人加以称述和表彰。到南宋孝宗时候，经胡宏、张栻，特别是朱熹才得揭出其人其书而大加表扬，使之著称于世。

三、在宋人的记载当中，也找不到周敦颐与其同时代的主要学人互相商讨、切磋学术问题的痕迹。……就连推崇周氏备至的朱熹，他也不能不用十分遗憾的口气说道："濂溪，在当时……无有知其学者。"语气尽管遗憾，却道出了一个铁一般的事实。因此，我以为，如果专就北宋时期内的学术界来说，周敦颐在其时的儒家学派当中，是根本不曾占有什么地位的。①

邓广铭先生撰写本文的目的是还原历史真相。但是值得强调的一个问题是，学术地位高低与真有学问是两个不同的概念。周敦颐确实有学问，而且还是自家钻研出来的真学问，所以才能被南宋朱熹大力发掘，才获得应有的学术地位。周敦颐虽然不是理学的开山祖，但他的著作为后来的理学家进一步发挥其学说提供了理论基础。仅此一点，就足以使周敦颐其人其学在历史上不朽了。《宋史·周敦颐传》："以疾求知南康军。因家庐山莲花峰下，前有溪，合于溢江，取营道所居濂溪以名之。"湖南营道"濂溪"这一僻远地方的水名，竟也因周敦颐的学问而名闻天下。

三、周敦颐与湖湘文化关系辨析

宋代湖湘文化不逮江西、福建。到明初湖南茶陵刘三吾，为朱元璋删节《孟子》，成《孟子节文》一书，为时人目为陋儒。清季乾嘉时期，湖湘地区发

① 邓广铭：《关于周敦颐的师承和传授》，《邓广铭治史丛稿》，北京大学出版社，1997年，第212—213页。

展还是滞后于全国，未见有入流的学者涌现。检现代湖南大学者杨树达《积微翁回忆录》1934年10月27日条有云："读唐仲冕《陶山文录》，陶山之学不主一家，然吾湘乾嘉间前辈能了解汉学者仅陶山及余存吾（廷灿）两人耳。"[①] 其后湖湘学者，虽有贺长龄编《皇朝经世文编》，提倡经世致用在前；陶澍出任督抚，提倡学术在后，但在全国的影响还是有限。

湖湘文化崛起，是清道光之后的事情。[②] 如明清之际王船山隐居衡阳石船山著书立说，被誉为当时中国三大思想家之一。但其为全国所知，却是与曾国藩兄弟刊刻船山遗书，大力表彰有关。魏源著述《海国图志》、《圣武记》开一时风气。但魏源本人常寓居于江苏。后来咸丰、同治朝曾国藩本人学术、事功皆有成就。曾国藩"就连诗文造诣也不同凡响，如曾国藩曾文正撰《罗忠节公神道碑铭》有'矫矫学徒，相从征讨；朝出鏖兵，暮归讲道。'如此类雄奇瑰玮之句，实非一般桐城派文章中可得常见也"。[③] 曾国藩以黄老治心，以申韩治兵，建立功业。就连青年毛泽东也曾说过"余于近人，独服曾文正"的话语。

北宋的周敦颐与明清之际王船山有相似的际遇，生时声名不彰，身后为有学之士大力表彰方才名世。而二人的师承传授虽然不明，只有著作传世，但这并不妨碍被后世学人所发掘，及对后世学术及学人产生重大影响。顾炎武在《与友人论门人书》中说到这样的话语："君子之教人，有私淑艾者，虽去百世而若同堂者也!"[④] 我们今天在研究周敦颐的学术及影响时，要特别注意这个问题。

作者简介：曹旅宁，华南师范大学教授。

① 杨树达：《积微翁回忆录》，上海古籍出版社，2006年，第89页。

② 林增平：《近代湖湘文化试论》，《历史研究》，1988年第4期。余英时：《曾国藩与"士大夫"之学》，《现代儒学的回顾与展望》，三联书店，2012年。

③ 俞大维：《谈陈寅恪先生》，《谈陈寅恪》，台湾传记文学出版社，1978年再版，第6页。

④ 明·顾炎武：《与友人论门人书》，《亭林文集》卷三，四部丛刊本。

《舆地纪胜》周敦颐行实与纪念遗迹述考

李勇先

《舆地纪胜》二百卷，南宋王象之撰，是宋代重要的历史地理著作。全书分府（州、军、监）沿革、县沿革、风俗形胜、景物上、景物下、古迹、官吏、人物、仙释、碑记、诗、四六等门类。该书征引资料十分繁富，凡历代正史、杂史、方志、本朝官修私著、笔记小说、文集诗话、行实碑志以及仙释神怪之书无不征引，具有重要的史料价值。关于周敦颐生平事迹和纪念遗迹的记载，宋代主要有王称《东都事略》、度正《濂溪先生周元公年表》、王象之《舆地纪胜》等三书。王象之在撰写《舆地纪胜》时，曾参考过前两种著作，但从全书来看，仍有不少内容为《东都事略》和《濂溪先生周元公年表》所无，也不见于之后《宋史》及各种年谱记载，现根据《舆地纪胜》相关记载，再结合其他历史文献资料，拟对周敦颐行实和纪念遗迹作一初步梳理。

一、《舆地纪胜》与周敦颐行实述考

周敦颐（1017—1073），字茂叔，原名敦实[①]，避英宗旧讳改。湖南道州营道人（今湖南道县）。号“濂溪”，世称“濂溪先生”，其创立的学派称为“濂学”。[②] 周敦颐博学力行，倡明道学，善谈名理，精于《易》理，为理学派开山鼻祖，程颢、程颐皆从之学，对后世理学发展产生了重大影响。著有《太极图》、明天理之根源，究万物之终始。又著《通书》（又名《易通》）四十篇，发明太极之蕴，“其言约而道大，文质而义精，得孔、孟之本源，大有功于学

① 周敦颐舅氏龙图阁学士郑向知周敦颐有远器，爱之如子，郑向以“敦”名其子，因以“敦”名周敦颐。

② 事迹见潘兴嗣《濂溪先生墓志铭》、朱熹《濂溪先生行实》、《东都事略》卷一一四、《宋史》卷四二七本传，宋人度正，明人周与爵、周沈珂，清人吴大榕、今人许毓峰均编有《周敦颐年谱》，其中度正所编年谱为现存最早的周敦颐年谱，明清人所为周谱多就此谱而增删改易。

者也”。后人将其所著编为《元公周先生濂溪集》、《周子全书》等。嘉定十三年，赐谥曰“元”，故后人以“元公”尊称之。淳祐元年，封汝南伯，与程、张、朱并从祀于孔子庙庭[①]，确定了周敦颐理学开山的地位。元至顺二年，加封道国公。明崇祯十五年，改称先贤。[②] 黄庭坚称其“人品甚高，胸怀洒落，如光风霁月。廉于取名而锐于求志，薄于徼福而厚于得民，菲于奉身而燕及茕嫠，陋于希世而尚友千古”。[③]

（一）周敦颐生于贺州桂岭县

周敦颐祖籍湖南道州营道县，但其出生地却在与道州相邻的广南西路贺州。据《舆地纪胜》卷一二三贺州官吏门记载：“周辅成，濂溪先生之父也。大中祥符八年，蔡齐榜登科，终贺州桂岭县令，累赠谏议大夫。”[④] 桂岭县在贺州东北一百二十五里。唐李吉甫《元和郡县志》云：“因界内有桂岭，以为名。武德四年，改属贺州。”周敦颐出生于书香世家。其父周辅成于大中祥符八年因六举以上特奏名赐进士出身，曾为贺州桂岭县知县，后赠谏议大夫。北宋天禧元年，时任桂岭县令的周辅成之子周敦颐降生于桂岭县县衙。

（二）任洪州分宁县主簿

明道三年，周敦颐先以舅氏龙图阁学士郑向荫子恩奏补为将作监主簿。康定元年，从吏部调洪州任分宁主簿。据《舆地纪胜》卷二六隆兴府官吏门“周敦颐”条记载：“（周敦颐）初任为分宁簿，县有疑狱，久不决，先生至，一讯立辨，邑人惊诧曰：‘老吏不如也。’”由是士大夫交口称赞，旋被台檄摄袁州庐溪镇市征局，鲜有政事，袁之进士来讲于周敦颐斋室者甚众。

（三）任南安军司理参军

庆历四年，周敦颐经部使者荐，调南安军司理参军。在任期间，有囚法不当死，转运使王逵欲深治之。周敦颐独能据理力争，囚犯得免于死。《舆地纪胜》卷三六南安军官吏门“周敦颐”条引《东都事略》记载了此事，云：“有囚法不当死，运使欲深治之。茂叔争不胜，投其告身以去，曰：‘如此，尚可仕乎！杀人以媚人，吾不为也。’运使感悟，囚赖以活。”王逵由是“贤先生，

① 《宋名臣言行录》外集卷一，清同治七年临川桂氏弟修本。

② 《山东通志》卷一一之二，影印文渊阁《四库全书》本。

③ 《宋史》卷四二七《周敦颐传》，中华书局，1977 年点校本，下同。

④ 《舆地纪胜》卷五八“道州人物门·周辅成”条亦云：“周辅成，营道人。濂溪之父也”，四川大学出版社，2006 年点校本。下同。

且荐于朝”。[1]

周敦颐为宋代理学开山始祖，在南安期间，大理寺丞程珦通判军事，见其“气貌非常人”，与之交谈，更知其“为学知道”，同他结为朋友，随即使二子程颢、程颐往受业焉。后来，周敦颐将自己所著《太极图说》传给二程，故二程学术思想深受周敦颐影响。《舆地纪胜》卷三六南安军人物门“二程先生濂溪先生”条引《图经》云：“惟河南二程先生道德性命之说天下所宗。其初也，侍父通守。而濂溪周先生为理曹掾，相从讲学，遂能绍千载不传之秘。”故程颢云：“自再见周茂叔后，吟风弄月以归，有‘吾与点也’之意。”“侯师圣学于程颐，未悟，访敦颐，敦颐曰：‘吾老矣，说不可不详。’留对榻夜谈，越三日乃还。颐惊异之，曰：‘非从周茂叔来耶?’其善开发人类此。”[2]《舆地纪胜》卷二六隆兴府官吏下“周敦颐”条亦云：“周敦颐，字茂叔，号濂溪先生。道学之懿，二程尝受学焉。”《舆地纪胜》卷三〇江州人物门“周敦颐”条云：“程明道曰：‘吾再见周茂叔吟风弄月而归，得吾与点也之意。’伊川亦曰：‘吾再见周茂叔论道，遂厌科举之习。’其推尊如此。”

（四）任郴州郴县令

庆历六年，以转运使王逵荐，周敦颐移知郴州郴县令，治绩尤著。至县，首修学校以教人，有《修学记》，并在郴县作书堂。《舆地纪胜》卷五七郴州官吏门“周茂叔”条记载：周敦颐任“郴令，移桂阳令，皆有治绩”。周敦颐移郴州桂阳令时，郡守李初平贤其能，语之曰：“吾欲读书，何如?”敦颐曰：“公老无及矣，请为公言之。”二年果有得。[3] 后李初平卒，周敦颐护其丧归葬之，并往来经纪其家，始终不懈。

（五）任郴州桂阳县令

皇祐二年，周敦颐改郴州桂阳令。于桂阳县厅置木匮一，高四尺，阔视其高加尺焉，以贮官文书，上锓“皇祐四年置，桂阳县令周”十字，而书押于下。当道诸公，皆以周敦颐治郴、桂有政绩，交荐之。

（六）知洪州南昌县

至和元年，周敦颐以荐者言，改大理寺丞，知洪州（南宋升为隆兴府）南

① 宋·度正：《濂溪先生周元公年表》，见《元公周先生濂溪集》附录，宋刻本。下同。

② 《宋史》卷四二七《周敦颐传》。

③ 《宋史》卷四二七《周敦颐传》。

昌县。《舆地纪胜》卷二六隆兴府官吏门“周敦颐”条记载：“后知南昌，邑人见其来，咸曰：‘是能辨分宁狱者，吾属得所诉矣。’山谷为之作《濂溪》诗。”在任期间，人们互相告诫，勿违教令，以至富家大姓、黠吏恶少惴惴焉不独以得罪于令为忧，而又以污秽善政为耻。

（七）签署合州判官厅事

嘉祐元年，周敦颐迁太子中舍，签署合州判官。是岁转殿中丞，赐五品服，仍判合州。周敦颐在合州四年，士之从学者甚众。部使者赵抃惑于谮人之言，临之甚威，周敦颐处之超然。《舆地纪胜》卷一五九合州官吏门“周敦颐”条云：“国朝濂溪先生，嘉祐间，佥书合州判官事，转殿中丞。郡事不经先生手，吏不敢决，苟下之，民不从。”

（八）通判虔州

嘉祐六年，周敦颐迁国子监博士、通判虔州。嘉祐八年四月，英宗登极，以恩迁虞部员外郎，仍判虔州。周敦颐在任合州判官时，已与赵抃有交往。后来周敦颐通判虔州，赵抃任虔州知州，两人相处甚密，赵抃“熟视其所为，乃大悟，执其手曰：‘吾几失君矣，今而后乃知周茂叔也’”。[①] 据《舆地纪胜》卷三一吉州景物门“金船岭”条记载：万安县南金船岭有法轮院，旧名香林寺。赵抃知虔州赴召，通判周敦颐专门安排在吉州“饯于此寺，唱和有诗”。

周敦颐通判虔州时，道出江州，爱庐山之胜，有卜居之志，因筑书堂于其麓。嘉祐八年五月，周敦颐写了一篇文字优美、寓意深刻的《爱莲说》，以此寄寓自己的情怀和道德品性。该文由沈希颜书，王抟篆额，钱拓上石，即十五日事也。

（九）通判永州

英宗治平元年，周敦颐通判永州。治平二年十一月，朝廷合飨天地于圜丘，周敦颐迁尚书比部员外郎，后又迁尚书驾部员外郎。《舆地纪胜》卷五六永州官吏门“周敦颐”条云：“治平中通判永州，尝著《拙赋》。”

（十）权知邵州

治平四年，周敦颐曾权知邵州。《舆地纪胜》卷五九宝庆府官吏门“周茂叔”条云：“治平五年，以永倅来摄郡事。迁学于郡之东，有文释菜于先圣，

① 《宋史》卷四二七《周敦颐传》。

讲明理学，诱掖诸生。其治民专以仁爱为心，政事务以教化为急，不旬月，郡大治。”按熙宁元年正月三日，祭新迁先圣庙，周敦颐作《释菜文》和《告颜子文》，又属荆湖北路转运使孔延之作《邵州迁学记》。[①] 孔延之在文中极力称赞“周君好学博通，言行政事，皆本之六经，考之孟子，故其所设施，卓卓如此。异时宋史书周君之善，以为后世法，未必不以邵学为先”。《舆地纪胜》卷五九“宝庆府碑记门”云：“《释菜文》，在郡学，濂溪周先生文。”

（十一）新知郴州

早在庆历、皇祐年间，周敦颐就曾知郴州属县。熙宁初，周敦颐又有知郴州之命，但未成行，即改任。

（十二）任广东转运判官兼提点刑狱

熙宁元年，因赵抃、吕公著力荐，周敦颐擢授广南东路转运判官。熙宁三年，周敦颐转尚书虞部郎中，擢提点广南东路刑狱。[②] 在任期间，“以洗冤泽物为己任。行部不惮劳苦，虽瘴疠险远，亦缓视徐按”。[③] 吕公著荐牍云：“周敦颐操行清修，才术通敏，凡所临莅，皆有治声。臣今保举，堪充刑狱钱谷繁难任。”《舆地纪胜》卷九〇韶州官吏门“周敦颐”条云：“熙宁四年为提刑，不惮瘴毒，荒涯绝岛，人迹所不至，皆缓视徐按，以洗冤泽物为己任。以病，求知南康军。”

（十三）知南康军

熙宁四年，周敦颐遘疾，又惊闻润州大水啮其母郑太君墓，遂以疾求知南康军。[④] 同年八月，至南康，病剧，旋上南康印，分司南京而归。[⑤] 熙宁六年，赵抃再镇蜀，将奏用之，闻周敦颐致仕，拜章乞留，朝命及门，而周敦颐以疾卒，享年五十七岁。

---

① 《江西通志》卷七三：“孔延之，字长源，新淦人，孔子四十六世孙，庆历进士，九迁至司封郎中，平生与周敦颐友善。”

② 《舆地纪胜》卷一二四“琼州官吏门·周敦颐”条引《南海志》云：“茂叔于熙宁元年以虞部郎中充判官，四年就除本路提刑。”

③ 《宋史》卷四二七《周敦颐传》。

④ 《舆地纪胜》卷八九“广州官吏门”引《道州志》云：“周茂叔为广东转运，以疾求南康印以归。”

⑤ 《周子全书》卷一九黄庭坚《濂溪祠并序》：“茂叔虽仕宦三十年，而平生之志终在丘壑。”

二、《舆地纪胜》与周敦颐纪念遗迹述考

《舆地纪胜》一书中除有关周敦颐行实记载以外，还有许多有关周敦颐纪念遗迹的记载，如岳州有五贤堂，“在州学，祀濂溪、明道、伊川、南轩、晦翁”。[①] 富顺监有景濂堂，“在西湖，取景周濂溪爱莲之义”。[②] 重庆温泉寺有周濂溪《跋彭应求诗序碑》。[③] 普州郡学有四贤堂，“绘濂溪、横渠、明道、伊川四先生像”。[④] 封州有爱莲亭，在城外东园，“取濂溪《说》为名”。[⑤] 颍昌府有七先生祠，在郡学，“祀宋时周敦颐、程颢、颐、张载、司马光、邵雍、朱熹”。[⑥]《舆地纪胜》记载周敦颐重要纪念遗迹还有：

（一）道州营道县周敦颐故居

周敦颐祖籍道州营道县。道州属荆湖南路，营道县为道州附廓县[⑦]。在周敦颐祖籍营道县有多处与周敦颐有关的纪念遗迹。据《舆地纪胜》卷五八道州景物上“濂溪”条记载：“濂溪，在州城西三十里，周茂叔故居也。”可知周敦颐故居位于濂溪旁，东距州城三十里。濂溪上有桥，桥有小亭，周敦颐曾钓游其上，吟弄风月。王象之在古迹门“春陵濂溪[⑧]、九江濂溪”条下对道州濂溪和九江濂溪作了辨正：“濂溪在道州营道县之西，距县二十余里。先生既不能返其故乡，卜居庐山之下，筑室溪上，名曰濂溪书堂。南轩《道州祠堂记》云：‘先生春陵之人，言曰：“濂溪，吾乡之里名也。”先生世家其间。及寓于他郡，而不忘其所自生，故亦以是名溪。’晦翁《江州书堂记》云：‘世家春陵，而老于庐山之下，因取故里之号，以名其川曰濂溪。’清献赵公自成都寄诗先生云：‘君向濂溪湖外行，倅藩仍喜便归程。’指道州之濂溪也。杨杰《无

---

① 《舆地纪胜》卷六九“岳州景物门”。

② 《舆地纪胜》卷一六七“富顺监景物门”。

③ 《舆地纪胜》卷一七五“重庆府碑记门”。

④ 《舆地纪胜》卷一五八“普州景物门”。

⑤ 《舆地纪胜》卷九四“封州景物门”。

⑥ 《记纂渊海》卷一九《郡县部》引《舆地纪胜》，影印文渊阁《四库全书》本。

⑦ 《元和郡县志》云：“本汉营浦县。隋改永阳县。正观八年省入营道，置道州，以县隶焉。天宝六年，改为洪道县。”《寰宇记》亦云天宝六年改为洪道县。《唐志》则云天宝元年更名洪道。年月小不同。《舆地广记》云：“国朝建隆三年，复曰营道。”《九域志》云：“熙宁五年，省永明县为镇，入营道。”《舆地志》又云：“元祐二年，复置永明县。”

⑧ 春陵即道州别称，故城在道州宁远县，又名光武城。宋·章颖撰道州方志即名《春陵志》。《元和郡县志》云：“春陵故县，在延唐县北五十里。长沙定王封中子买为春陵侯是也。”元朔五年封，故他书或云周敦颐为春陵人。

为集·濂溪诗》云：‘山为康仙传旧姓，溪因廉士得新名。’此指江州庐山之濂溪也。二者不可不辩。”

（二）道州周濂溪祠堂

道州为周敦颐祖籍。据《舆地纪胜》卷五八道州古迹门记载，道州有周濂溪祠堂，在州学，胡铨为记。南宋淳熙年间重建，张栻为记[①]。

（三）归州三游洞

归州巴东县有龙昌洞。嘉祐元年，周敦颐署合州判官，溯三峡至秭归，闻龙昌洞之盛，遂与庐陵蒋概、洪崖彭德纯往游。《舆地纪胜》卷七四归州景物门“三游洞”条记其事，云：“三游洞，即巴东龙昌洞。至和三年，蒋概、彭德纯、周茂叔三人同游，故曰三游洞，有蒋概记。”同卷碑记门“归州怀忠堂”条引蒋概《三游洞记》云：“与周茂叔俱游，则处友必端矣。”

（四）江州濂溪书堂

嘉祐六年，周敦颐出任虔州通判[②]，路过江州时，爱庐山之胜，乃有卜居之心，于是筑堂于其麓，书堂前面有一溪流，发源于庐山莲花峰下，前有溪，合于湓江，取营道所居濂溪以名之，决定退休后定居于此，以遂其隐居山林之志。赵抃有《题周敦颐濂溪书堂》一文。[③]《舆地纪胜》卷三〇江州景物门“濂溪”条引黄庭坚《濂溪诗序》云：“春陵周茂叔，中年乞身，老于湓城，有水发源于莲花峰下，洁清绀寒，下合于湓江，茂叔乐之，筑屋于其上，名曰濂溪。以此溪之水配茂叔以永久，所得多矣。”同卷人物门“周敦颐”条云：周茂叔“酷爱庐阜，买田筑室，退居濂溪之上，人称濂溪先生”。同卷古迹门引《道州志》亦云：濂溪先生，道州人也，其所居名濂溪。“及先生隐居庐山，有水经所居之前，亦以濂溪名之。”《舆地纪胜》卷五八道州人物门“周敦颐”条记载：“神宗时为广东运判，以疾上南康印以归，居九江濂溪，名濂溪书堂。”

---

① 按道州濂溪祠堂为章颖所建。《江西通志》卷七三：“章颖，字茂献，临江军人。以兼经中乡荐。孝宗嗣服，颖为万言书附驿以闻，礼部奏名第一。调道州教授，作周敦颐祠。”又见《湖广通志》卷四五。

② 《舆地纪胜》卷三二“赣州”云：“《中兴小历》：‘绍兴二十三年，校书郎董德元言虔州谓之虎头城，非佳名也。今天下举安，独此郡有小警，意其名有以兆之。既而改名赣州。’《章贡志》在二十二年，而《国朝会要》在二十三年，当从《会要》及《小历》。又《系年录》云：‘绍兴二十三年二月，改虔州为赣州。州汉赣县地，贡水自新乐山至城东北与章水合，故名焉。先是董德元论虔州谓之虎头城，非佳名，望赐以美称，至是拟定。’”

③ 宋·赵抃：《清献集》卷一，影印文渊阁《四库全书》本。

（五）江州濂溪祠堂

据《舆地纪胜》卷三〇江州古迹门记载，江州州学曾建有濂溪祠堂，“以明道先生、伊川先生配”。

（六）江州濂溪书院

据《舆地纪胜》卷三〇江州古迹门“濂溪书院”条记载，书院在州南五里。

（七）江州拙堂、爱莲堂

据《舆地纪胜》卷三〇江州古迹门“濂溪书院”条记载：“后百余年，象之先君子守九江，为建拙堂及爱莲堂于祠之侧。又其后，象之季兄观之为德化宰，新造祠宇、书院、讲堂，为屋数十间，仿白鹿书院例，招致名儒以为堂长，诸县举秀民以为生员，仍置田租以赡之，至今不废。”按王象之父（即先君子）王师古，绍熙初曾知江州[①]；王象之季兄（一作叔兄仲甫）王观之，曾知江州德化县令，他们都十分景仰周敦颐，且建堂立祠，以示纪念。

（八）江州德化县清泉社三起山周敦颐墓

熙宁四年，周敦颐在任广东转运判官时，惊闻润州发大水，啮其母郑太君墓[②]，旋以疾辞官，乞知南康军。八月朔，移南康。十二月十六日，改葬郑太君墓于庐山清泉社三起山。周敦颐卒后，亦附葬于母墓之旁。以后子孙世居江州，后裔绵衍。《舆地纪胜》卷三〇江州古迹门“周濂溪墓”条云：“在德化县之清泉社。”

（九）洪州南昌县周敦颐祠堂

据《舆地纪胜》卷二六隆兴府官吏门“周敦颐”条下记载：“南昌有祠堂，

---

① 元·吴师道：《敬乡录》卷一二、（光绪）《金华县志》卷六“人物门”、《金华贤达传》卷八等记载：王师古，金华人，绍兴二十四年进士第，任袁州宜春县主簿，后又任南剑州教授，隆兴间为青田令，淳熙八年知江阴军，绍熙初知江州，建拙堂与爱莲堂于濂溪祠侧，历仕州县，皆有治迹，除广东提点刑狱卒。

② 宋·度正《濂溪先生周元公年表》云：天禧九年，周敦颐十五岁时，其父卒，卜葬营乐里祖居之右，遂奉寡母郑氏（左侍禁成都郑灿之女）从湖南老家到京师开封，投靠舅父龙图阁郑向。后来，舅父郑氏知杭州，卒于任上，归葬润州丹徒县。景祐四年，周敦颐母仙居县太君卒，遂扶榇厝于龙图公墓侧。

朱熹为之记。"

（十）洪州南昌县爱莲亭

爱莲亭，在南昌县治。《舆地纪胜》卷二六隆兴府景物门"爱莲亭"条云："邑令赵崇宪稡，以濂溪先生尝宰是邑，故以'爱莲'名之。有南轩先生书《爱莲说》在焉。"

（十一）洪州三贤堂

洪州三贤堂建于南宋，三贤即周敦颐、黄庭坚、陈敏识。据《舆地纪胜》卷二六隆兴府官吏门"陈敏识"条引张栻《跋陈分宁传》云："建炎中，北敌蹂践，及于江右，牧守之臣望风逃避，以延旦夕之命者相属也。独分宁宰陈敏识，以区区一邑，抗义不屈，斩敌使，期与民守，卒全其境。"《舆地纪胜》作者王象之曾"出宰分宁，相望百年，而陈公之英风遗烈今犹未泯。揭为庙貌，祠于邑庠濂溪、山谷二先生之侧，扁其堂曰三贤，为文以记之。"① 另据《江西通志》卷三八记载，隆兴府奉新县也有三贤堂，三贤为周敦颐、苏轼、黄庭坚②。

（十二）合州周濂溪祠

嘉祐年间，周敦颐曾出任合州判官。后人为纪念他，修有周濂溪祠。《舆地纪胜》卷一五九合州古迹门云："周濂溪祠，在佥厅。"

（十三）永州拙堂

据《舆地纪胜》卷五六永州官吏门"周敦颐"条记载，周敦颐在任永州通判时，"尝著《拙赋》"，期于上安下顺，风清弊绝。既去，永人思之，于通判厅事后作堂祠之，题曰"康功"，郡守胡寅有诗记之。"倅厅有拙堂，取此名也。"

（十四）永州思贤堂

周敦颐曾任永州通判，后人为纪念他，在州学创思贤堂。《舆地纪胜》卷五六永州景物门"思贤堂"条云："在州学，绘周濂溪、范忠宣、范内翰、邹

---

① 《舆地纪胜》卷二六"隆兴府官吏门"。

② 《江西通志》卷三八引《明一统志》：在奉新县治东南。宋周敦颐为分宁簿，苏轼省其弟于瑞州，黄庭坚又分宁人，故奉新之地三贤所经游。后人慕而筑堂，且祠焉。元欧阳圭斋记。

道乡、张忠献共为一堂，榜曰思贤。”

（十五）邵州濂泉

治平四年五月，周敦颐曾权知邵州，“邵故濂溪先生旧治也”。[①] 邵州原有沃泉，以先生得名濂泉，在通道坊。《舆地纪胜》卷五九宝庆府景物门“濂泉”条云：“以周茂叔濂溪先生来摄郡故也。”[②]

（十六）广州景濂堂

周敦颐曾任广东运判，德惠在民。后人为纪念他，专门创建景濂堂。据《舆地纪胜》卷八九广州景物下“景濂堂”条记载：“景濂堂在石洲湖西，以景慕周濂溪，故名。”

（十七）韶州濂溪祠堂

熙宁年间，周敦颐曾任广东转运判官兼提点刑狱，行部至韶州，后人遂于韶州建濂溪祠堂以纪念他。《舆地纪胜》卷九〇韶州古迹门云：“濂溪、明道、伊川三先生祠堂，在州学东廊。太守周舜元谓濂溪先生发明圣学，明道、伊川二先生皆得其传。况是邦实濂溪熙宁间弭节之地，乃祠濂溪于学，以二程飨配焉。”张栻撰有《濂溪祠堂记》，朱熹亦撰有《州学濂溪祠堂记》。[③]

（十八）南康军爱莲堂

周敦颐酷爱雅丽端庄、清幽玉洁的莲花，知南康军时，曾在府署东侧挖池种莲，名为爱莲池，池宽十余丈，中间有一石台，台上有六角亭，两侧有“之”字桥。盛夏时漫步池畔，欣赏着散发缕缕清香、随风飘逸的莲花，口诵《爱莲说》。自此莲池名震遐迩。《舆地纪胜》卷二五南康军景物下“爱莲堂”云：“周濂溪有《爱莲说》，尝守是邦，后人作爱莲堂于郡圃。”

（十九）南康军濂溪祠

《舆地纪胜》卷二五南康军官吏门“周敦颐”条记载：“周敦颐，字茂叔，春陵人。尝以吕公著荐擢广东运判，移提刑。以病求知南康。病剧，上南康印，分司南京。茂叔酷爱庐阜，买田其旁，筑室以居，号曰濂溪。事见《东都

---

① 《舆地纪胜》卷五九“宝庆府风俗形胜门”引杨万里《希濂堂》文。

② 据《湖广通志》卷七九记载，邵州有爱莲池，在城内。宋周敦颐在邵观莲处有《爱莲说》。

③ 《舆地纪胜》卷九〇“韶州碑记门”。

事略》。淳熙间，郡守朱熹以濂溪周先生尝守是邦，为建祠于军学讲堂之西，配以明道、伊川先生，左司张栻为之记。”

当然，除《舆地纪胜》以外，其他一些方志、年谱也有关于周敦颐纪念遗迹的记载，这些遗迹主要包括：道州营道县月岩周敦颐读书室①、营道县含晖洞周敦颐题名刻石②，镇江府周濂溪祠③，宁国府六先生祠④，徽州歙县先贤祠⑤，徽州婺源县三贤祠⑥，盱眙县周濂溪祠⑦，江州大林寺周敦颐诗记⑧，江州周敦颐所建浸月亭⑨，赣州雩都县南五里善山濂溪阁⑩，赣州赣县马祖岩⑪，

① 宋·度正《濂溪先生周元公年表》云：“天圣八年庚午，先生年十四，濂溪之西有岩，东西两门，中虚，顶圆如月，出入仰视，若上下弦，名月岩。先生筑室读书其间，相传睹此而悟‘太极’。”

② 《舆地纪胜》卷五八“景物门·含晖洞”条引《刘禹锡集》云：“薛君景晦为道州，得游其境，有石穹然如夏屋，因名其地曰含晖洞。”有含晖岩。度正《濂溪先生周元公年表》云：“（治平四年）三月六日，同乡人蒋概、区有邻、欧阳丽、理掾陈赓游含晖洞，题名刻石。”

③ 《江南通志》卷三九“鹤林寺”条云：“先生读书其中。周濂溪祠在府城南门外鹤林寺西，祀宋周。”据《舆地纪胜》卷七“镇江府景物门”云：“鹤林寺，在黄鹤山，旧名竹林寺。《宋书》高祖常游京口竹林寺，独卧讲堂前，上有五色龙章。即位，改名鹤林寺，今为报恩寺。”

④ 《江南通志》卷四一：“在府治，祀宋周敦颐、程颢、程颐、张载、朱熹、张栻。”影印文渊阁《四库全书》本。

⑤ 《江南通志》卷四一：“祀宋周敦颐、程颢、程颐、张载、朱子。”影印文渊阁《四库全书》本。

⑥ 《江南通志》卷四一：“祀周敦颐、程颢、程颐。”影印文渊阁《四库全书》本。

⑦ 《江南通志》卷四二：“祀周敦颐。”影印文渊阁《四库全书》本。

⑧ 《舆地纪胜》卷三〇“江州景物门·大林寺”条云：“此地实康庐间第一境。”宋·度正《濂溪先生周元公年表》云：“周敦颐曾与宋复古同游，至山巅，有诗纪焉。”

⑨ 初由周敦颐修建，因亭在湖心，一墩如月，故名“浸月亭”，后不断兴废，取“山头水色薄笼烟”之意境，改名“烟水亭”，清顺治十七年，巡道崔抡奇复修烟水亭建立五贤阁，奉周敦颐为五贤之一。

⑩ 《江西通志》卷四二：“嘉祐八年周敦颐邀余杭钱拓、四明沈希颜游罗崖，题名，并有诗刻石，故邑令沈希颜因建此阁于善山，顶有‘高山仰止’亭。”影印文渊阁《四库全书》本。

⑪ 《舆地纪胜》卷三二“赣州景物下·马祖岩”条云：“在赣县。六祖禅师天下谓之马祖，故以名岩。”宋·度正《濂溪先生周元公年表》云：“嘉祐七年，周敦颐亦曾与赵抃同游于此。”

衡州濂溪祠①，南安军大庾县道源书院②，合州赤水县龙多山周敦颐诗刻石③，汉州绵竹县周敦颐《冠鳌亭》诗④，永州澹山岩⑤、朝阳岩⑥、严华岩⑦、九龙岩⑧周敦颐题字刻石⑨，端州阳春岩、七星岩周敦颐刻石⑩，端州大颠堂周敦颐题诗，惠州罗浮山周敦颐题诗，惠州阳山周敦颐题名，惠州巾山周敦颐刻

① 宋·度正《濂溪先生周元公年表》云：周敦颐舅氏为衡州人，其故宅在衡州城南。衡人以周敦颐幼依舅氏居，因即宅旧址建濂溪祠。

② 《江西通志》卷二二："在县学东。庆历年间，周敦颐任南安军司理参军，程珦以兴国令摄判事，遣二子受业焉。乾道乙酉，军学教授郭见义辟屋一楹，绘三先生像祠之，自为记。嘉定己卯，知军刘强学改辟于县学东。淳祐二年，漕臣江万里属知军林寿公创建书院。宝祐三年，知军吴革据教授赵希哲状请敕额。越三年，知军郭廷坚又状请。诏下南安军，以周程书院为道源书院，仍令教授兼山长。景定四年，理宗赐'道源书院'四大字，建云章阁以藏之。"

③ 《舆地纪胜》卷一五九"合州景物门·龙多山"条云："在赤水县北五里。有唐孙职方樵《龙多山录》云：'山负一道宫，曰至道观。东有大池，即唐武后时放生池，又有天宝十四载韦藏锋祭山题名。中峰有鹫台院，东为佛慧院，院有万竹轩，竹径围尺，暑为之却扇。有东岩，广五十丈，多唐人刻字。又有灵山院，泉自岩出，潴为方池，大旱不竭。其山高明窈深，变态万状。有驾鹤轩，下视涪水如带，祥云出没，山之伟观也。"宋·度正《濂溪先生周元公年表》云：嘉祐五年，周敦颐被檄按赤水县簿书，与其县令费琦游龙多山，有诗刻石。

④ 《全蜀艺文志》卷一二，四川大学出版社，2003年点校本。按原本"绵竹"作"锦竹"，据雍正《四川通志》卷二七、卷三九改。

⑤ 《舆地纪胜》卷五六"永州景物门·澹山岩"条云："在零陵县南二十五里。……岩有二门，中有澹山寺，楼殿屋室，隐隙罅中，虽风雨不能及。四顾石壁，削成万仞。傍有石窍，古今莫测其远近，目之者有长往之志，黄山谷有二诗。又岩中石壁所镌先贤题识，高下鳞次，穷日之力乃能尽阅。"

⑥ 《舆地纪胜》卷五六"永州景物门·朝阳岩"条云："在零陵县南二里，下临潇江。旧云道州刺史元结以地高而东其向，故以'朝阳'名之，今所刊记犹在岩下。有洞，有涧自中出，流入湘江。亭台凡十六所，自唐迄今，名贤留题皆镌于石。"

⑦ 《舆地纪胜》卷五六"永州景物门·华严岩"条云："在州南三里。有寿圣院，傍岩，碑刻略遍。"

⑧ 《舆地纪胜》卷五六"永州景物门·九龙岩"条云："在东安县北一百里。有山室，九龙居之。有寿圣院。"

⑨ 宋·度正《濂溪先生周元公年表》云：治平三年四月六日，周敦颐与尚书都官郎中、知军州事陈藻（君章）、郡从事项随（持正）、零陵令梁宏（巨卿）同游澹山岩。同年十二月十二日，又与荆湖南路提点刑狱公事，尚书职方郎中程濬（治之），尚书虞部郎中、知军州事鞠拯（道济）同游朝阳岩，均题名刻石。治平四年三月十三日，回永州，过澹山岩，与家人同游。十四日，鞠拯、项随、梁宏及前录事参军刘璞、司法参军李茂宗、零陵县尉周均来澹山，又与先生同游，题名刻石。神宗熙宁元年五月五日，周敦颐在永州，适零陵进士廉州判官蒋忱撰《九龙岩记》，零陵主簿张处厚书，尉韩蒙享篆额，周敦颐上石，署衔即称新广南东路转运判官。

⑩ 宋·度正《濂溪先生周元公年表》云：熙宁二年正月，周敦颐至广南端州，题名阳春岩；三月，题名七星岩，均刻石。

石[1]，连州翠巾峰周敦颐“濂泉之源”石刻[2]等等，这些都是自宋代以来有关周敦颐的重要纪念遗迹。

以上主要根据《舆地纪胜》相关记载，结合其他历史文献资料，对周敦颐行实与纪念遗迹作了初步梳理，并有待以后在全面搜集、掌握相关历史文献和考察资料的基础上进行更深入、细致的研究。

作者简介：李勇先，四川大学历史文化学院教授。

① 宋·度正《濂溪先生周元公年表》云：熙宁四年正月九日，周敦颐领提点刑狱事，行部至潮州，有《题大颠堂》诗。至惠州，有《题罗浮山》诗，至阳山题名，巾山刻石。

② 《广东通志》卷一三，影印文渊阁《四库全书》本。

化自然以归人文

——论周敦颐融道归儒的宇宙论思想

周建刚

周敦颐的著作主要有《太极图说》和《通书》,《太极图说》依据《易传》,以《老》解《易》,以气化宇宙论阐述自然世界的演化过程;《通书》则结合《易传》和《中庸》,展现了儒家人文宇宙观的本义。周敦颐思想还有一个重要的方面就是"孔颜乐处",即通过"孔颜乐处"体认圣人之人格与气象,化自然以归人文。在周敦颐的这三层思想中,《太极图说》的宇宙论有明显的道家倾向,《通书》融道归儒,建立儒家的价值形而上学体系,"孔颜乐处"的思想则指明了宋代儒学的精神方向。

一、《太极图说》中的自然宇宙观

周敦颐的《太极图说》阐述宇宙演化的过程,自"无极而太极"到"万物化生",以生动简明的笔法描述了自然世界的演变过程。周敦颐的《太极图》,在历史上有各种说法,朱熹认为是周敦颐自作,但清代的毛奇龄、黄宗炎等人普遍认为是袭自道家的修炼图。现代学者的研究认为,《太极图》为周敦颐自作的可能性较大。[①] 但不管怎么说,周敦颐的思想主要体现在文字的《图说》而非"图像"的《太极图》中,图像化的《太极图》只不过是顺应宋代易学的"象学"风气而产生,本身在周敦颐的思想中并不占很重要的地位。在文字的《太极图说》中,周敦颐明确以《易传》的思路,阐述天地万物的生成以及人类社会的道德规范,其思想风格和理路是"儒家易"而非"道家易"。这在《图说》的"立人极"部分阐述得尤为清楚,"圣人定之以中正仁义而主静,立

① 参见李申:《话说太极图——〈易图明辨〉补》,知识出版社,1992 年,第 1—48 页;吾妻重二:《〈太极图〉之形成——围绕儒佛道三教的再检讨》,载吴震、吾妻重二主编《思想与文献——日本学者宋明儒学研究》,华东师范大学出版社,2010 年,第 177—193 页。

人极焉”。“圣人之道，仁义中正而已矣。”[①]“人极”通过“中正仁义”的价值规范而得以体现，“仁义中正”就是圣人之道，这充分说明周敦颐的思想在价值理念方面是归本于儒家。

周敦颐的《太极图说》在价值指向上是儒家的，但其具体展示的宇宙论则有明显的道家倾向，这主要体现在“无极”和“主静”等观念上。《太极图说》阐述了自然世界自无极而太极、二气五行、万物化生的演化过程，这基本上是一个气化宇宙论的模式。如果以汉唐易学为背景来理解，那么周敦颐《太极图说》中的“太极”，实际上是“元气”的代名词，而所谓“无极”，则取自于《老子》的“有生于无”以及魏晋玄学的“以无为本”。在唐代《五经正义》的《周易正义》中，这两种学说都被保留下来。如《周易正义》中，韩康伯的《注》说：“夫有必始于无，故太极生两仪也。太极者无称之称，不可得而名。取有之所极，况之太极者也。”[②]孔颖达的《疏》则说：“太极谓天地未分之前，元气混而为一，即是太初、太一也。”[③]周敦颐的“无极而太极”无疑就是综合了汉唐易学的成果，以“太极”为自然世界最初演化阶段的“元气”，无极则是更为根本性的本体之“无”。这一理路，是以《老子》和玄学的思想解释《易传》，和《通书》以《中庸》来诠释《易传》有很大差异。此外，根据陈鼓应的分析，“主静”的观念在周敦颐思想中占据极为重要的位置，“无极”为“主静”的形上依据，人道论的“主静”说与宇宙本原的“无极”说相对应，而“无极”、“主静”的观念都承自道家，因此，“周敦颐《太极图说》的主题思想从宇宙生成论、万物化生论，到主静立人极，我们能清楚地看到其中深受老子哲学的影响”。[④]在《太极图说》中，儒家的价值观和道家的宇宙观两者并存，显得极不调和，这也是《太极图》和《太极图说》在历史上备受争议的主要原因。

周敦颐在《太极图说》中还提到了“立人极”问题，涉及人类社会道德规范的形成。就周敦颐的本意来说，应该是希望从“天道流行”的宇宙论高度来论述“人极”的当然性，以“太极”而立“人极”。所谓“人极”虽然是人类社会自身的规范，但也应该同“太极”一样具有至高无上的尊严性，如同康德所说的“头上的星空”和“心底的道德”同为我们所敬畏的对象。但从《太极图说》的论述来看，周敦颐远远没有做到将“人极”与“太极”之间的关系说

---

① 《周敦颐集》，中华书局，2009年，第6页。

② 李学勤主编：《十三经注疏·周易正义》，北京大学出版社，2000年，第340页。

③ 李学勤主编：《十三经注疏·周易正义》，第340页。

④ 陈鼓应：《论周敦颐〈太极图说〉的道家学脉关系》，《哲学研究》，2012年第2期，第34页。

清楚。究其原因，一方面是因为《太极图说》深受道家思想影响，将自然世界的形成理解为一个自在的过程，从无极、太极到万物化生是一个自然流转、生成的进程，其中看不到人文价值理想的因素，因而“人极”的树立从根本上与天道流行的宇宙进程并不相关，也就是张载所批评的“体用殊绝”。另一方面，在方法论上，方东美认为周敦颐的《太极图说》是一种“描述型”的宇宙论，“因为它只是根据道教的说法，把宇宙分成五个阶段，这五个阶段仅仅是静态的加以叙述而已，并没有动态的把它们连贯起来做一个系统的说明”。[①] 按照方东美的解释，这一“描述型”的宇宙论或“宇宙开辟论”，无法对人文价值世界的形成有积极建树。

周敦颐的《太极图》和《太极图说》，其中体现的究竟是一种本体论思想还是宇宙生成论思想，这在历史上是富有争议的。在笔者个人看来，这两种思想在《太极图说》中都存在，但总体而言还是生成论的意味更为浓重一些。这不仅是因为《太极图说》对万物生化过程层次分明的解说，更是由于周敦颐本人在生活情调方面给了我们鲜明的提示。二程语录中曾提到：“周茂叔窗前草不除去，问之，云：与自家意思一般。”另一处则说：“观天地生物气象。”（小字注：周茂叔看。）[②] 这说明周敦颐主观上将自然世界理解为一个不断生成变化的过程，生机盎然而又充满诗意，也就是《太极图说》说的“万物生生，而变化无穷焉”。这一思想基调的底色是生成论而非本体论的。周敦颐在《读英真君丹诀》中说：“始观丹诀信希夷，盖得阴阳造化机。”[③] 所谓“阴阳造化机”，即是道家和道教所理解的天地生成之不测之机。周敦颐熟悉道教学说，说明他的这种生成论思想受到过道教的影响。

二、《通书》中的人文宇宙观

周敦颐的《太极图说》虽然对宋明理学造成了广泛影响，但究其实际，是由于朱熹对《太极图说》的解释和宣传起了很大作用，而朱熹以“太极”为“理”（牟宗三称之为“只存有不活动”之“理”）的解释与周敦颐的原意是有一定距离的。在周敦颐的著作中，《通书》比《太极图说》更能反映周敦颐的思想，而《通书》对“乾元诚体”的描述则比《太极图说》有了明显的不同。《太极图说》侧重于宇宙生成论，描绘的是天道流行的自然外在过程。但就儒

① 方东美：《新儒家哲学十八讲》，黎明文化事业股份有限公司，1983 年，第 122 页。

② 《二程集》上，中华书局，1981 年，第 83 页。

③ 《周敦颐集》，第 69 页。

家传统而言，天道流行不仅是一个自然、自在的进程，同时也由其自身的创生性力量而呈现为一个“带着诗意的感性光辉对人的全身心发出微笑的客观存在”。[①] 换言之，道家的宇宙观是一个与人的身心漠不相关的冷冰冰的事实存在，“天地不仁，以万物为刍狗”[②]；而儒家的宇宙观则更带有“人化”的色彩，“显诸仁，藏诸用，鼓万物而不与圣人同忧，盛德大业至矣哉”。[③] 在儒家传统的宇宙观中，世界不仅是自然的世界，更是彰显人文价值理想的世界，与人的存在从根底上说就呼吸相通、痛痒相关。宋明理学中有很多关于“万物一体”的论述，实际上就是出自这种具有高度人文价值关怀的宇宙观视野。周敦颐在《通书》中对于“乾元诚体”的描绘，客观上是从《太极图说》的道家式自然宇宙观回归到了儒家的人文宇宙观，为宋明理学的形上思想奠定了基础。可以说，从唐代的柳宗元、刘禹锡等人一直到宋代庆历年间的刘牧等人，尽管旨在确立儒家的人文价值观念，但在宇宙观上始终不能摆脱道家自然宇宙论的影响，至周敦颐始明确摆脱了这一思路，从而使宋代的儒学复兴有了明确的方向。

《太极图说》“无极而太极”的思路是以《老子》解《易》，即“有生于无”，《通书》以“诚”释“乾元”则明显是采用了《中庸》的思想。《通书》与《太极图说》有密切关系，按照朱熹的说法，《通书》与《太极图说》是相为表里的关系，“盖先生之学，其妙具于《太极》一图。《通书》之言，皆发此图之蕴”。[④] 而陆九渊则反对此说，认为《太极图说》是周敦颐早年所作，《通书》才代表了周敦颐的成熟思想。近人牟宗三则一反前人所说，认为《太极图说》是根据《通书》中的主要思想概括而成。[⑤] 由于周敦颐的著作几经后人改变，其原始面目已不可知，这一问题可能注定要湮没在历史的谜团中。但从思想理路来看，《通书》无疑与《太极图说》有甚深的关系，其中《动静》、《理性命》二章更是直接触及到了《太极图说》的主题，极有可能是根据《太极图说》的内容总结、深化而成。如《动静》章中说：“五行阴阳，阴阳太极。四时运行，万物终始。混兮辟兮，其无穷兮。”[⑥]《理性命》章则说：“二气五行，化生万物。五殊二实，二本则一。是万为一，一实万分。万一各正，小大有

① 余敦康：《汉宋易学解读》，华夏出版社，2006年，第245页。

② 《老子》第五章。

③ 《周易·系辞上》。

④ 《周敦颐集》，第44页。

⑤ 参见牟宗三：《心体与性体》，上海古籍出版社，1999年，第306页。

⑥ 《周敦颐集》，第27页。

定。"[①] 这些内容明显是对《太极图说》的陈述和总结，并且在哲学思辨的层次上有了进一步的提升。此外，关于动静关系问题，《太极图说》中有"太极动而生阳，动极而静，静而生阴，静极复动"的说法，这一说法没有将太极之动静与物之动静进行区别，因而在解释中造成了困难。在《通书》的《动静》章中，周敦颐将动静分为"动而无静，静而无动"和"动而无动，静而无静"两个层面，并且引申出"物则不通，神妙万物"的结论，实际上是从《太极图说》的生成论转变到了体用论的立场，注意到了万物生成演变这一"大化流行"过程背后的主导性、推动性的力量，由体而立用，因物而知神。这一结论和张载在《正蒙》中所说的"散殊而可象为气，清通而不可象为神"[②] 的说法有类似之处。

周敦颐对于宋明理学的真实贡献在于，他从自己的生成论思想出发，认识并领悟到了天道流行的宇宙进程背后的根本性力量，这是宇宙内在而真实的力量，无象无形而又"神妙万物"，是涵虚实、有无、动静为一的创造性实体。周敦颐结合《中庸》和《易传》的传统，将宇宙的这种创生力量解释为"诚"，"'大哉乾元，万物资始'，诚之源也。'乾道变化，各正性命'，诚斯立焉。纯粹至善者也。"[③] 诚即真实无妄，既是天道流行的创生性力量，也是人类社会价值规范的根源。从这一意义上讲，天道流行所展现的就不仅是一个服从自然规律的自在的世界，更是一个焕发出人文价值理想光辉的人文世界。从自然主义的立场来看，所谓"天道流行"是一个宇宙万物顺应自然规律而生长变化，"乾道变化，各正性命"的过程，从人文主义的立场来看，这同时也是价值规范得以成立，"诚斯立焉"的过程，因此宇宙的生化过程就不仅是阴阳五行的气化作用，而更蕴涵一种道德意识和道德作用。

周敦颐所说的"诚"，实际上就是儒家传统所强调的"天地之生意"，并加以哲学的论证，使之成为形上化的创生性实体，牟宗三在《心体与性体》一书中将其直接命名为"诚体"。周敦颐和二程都极为重视这种体现了大自然勃发生机的"造化生意"，在日常生活中时常加以流露。宋代理学家如周敦颐、邵雍、张载、二程等人都有观察大自然的爱好，这种观察往往不是出于单纯的审美欣赏目的，而是努力在自然世界中发现人文价值世界，进而打通隔阂，合而为一，化自然为人文，合内外为一体，"觉飞跃蠕动，碧绿青黄，眼前看底，

---

① 《周敦颐集》，第 32 页。

② 《张载集》，第 7 页。

③ 《周敦颐集》，第 13—14 页。

耳边闻底，自然皆有勃勃生机之发，昭昭天理之行”。[①] 周敦颐《通书》所阐发的，正是这种洋溢着勃发生机的人文主义宇宙观，这种宇宙观奠定了宋代理学的哲学形上学基础。

周敦颐以《中庸》和《易传》相互诠释的思路有其具体的思想史背景，那就是北宋庆历时期儒家知识分子对《中庸》的重视。据余英时考证，宋代《中庸》之学最初是由僧人发端，其后才得到了儒家知识分子的重视。[②] 如范仲淹劝说张载“儒者自有名教可乐”，即以《中庸》授之，其后张载的《正蒙》基本也是阐发《中庸》和《易传》的观点而组织成一个本体论系统。宋代儒者倡导《中庸》之学，是因为《中庸》包含着早期儒家关于“性与天道”思想的一些思考，而这些思考在汉唐经学家那里已经中断。以《中庸》与《易传》互相诠释，从而开启出儒家独有的天道观、宇宙论和本体论学说，是庆历时期儒家经学转型的一个重要标志，周敦颐和张载的学说就是这一时代思潮所结出的硕果。

三、化自然为人文的“孔颜乐处”

周敦颐对宋明理学的重要影响还在于“孔颜乐处”的提法。据二程自述，他们十五六岁从周敦颐问学时，周敦颐便教导他们“寻孔颜乐处，所乐何事”。程颐在《明道先生行状》中说：“先生（程颢）为学：自十五六时，闻汝南周茂叔论道，遂厌科举之业，慨然有求道之志。”[③] 程颢则自言：“诗可以兴。某自再见茂叔后，吟风弄月以归，有‘吾与点也’之意。”[④] 可见周敦颐“孔颜乐处”的教导对二程的学问方向有决定性的作用，将他们从世俗功利化的“科举之业”引向精神领域的“道”之追求。在二程之中，周敦颐对程颢的影响力似乎更大一些，所谓“孔颜乐处”，在程颢的个人生活中也得到了更为充分的体现。后人评价二程，总认为程颢坦然平易，而程颐则拘谨严肃，就气象上而言，程颢与周敦颐更为类似。这类评价也说明程颢对于周敦颐“孔颜乐处”的思想有更深的领悟。

所谓“孔颜乐处”，是将孔子和颜渊并提，《论语》中说颜渊“一箪食，一瓢饮，居陋巷，人不堪其忧，回也不改其乐”[⑤]，《庄子》中也有颜渊向孔子请

① 陈荣捷：《近思录详注集评》，华东师范大学出版社，2007年，第154页。

② 参见余英时：《朱熹的历史世界》，三联书店，2011年，第65—109页。

③ 《二程集》上，第638页。

④ 《二程集》上，第59页。

⑤ 《论语·雍也》。

教“心斋”的记载。《庄子》的记载未必可信，但也说明在春秋战国时期，人们已普遍认为颜渊在孔门弟子中以“心学”的修养见长，与子夏、子贡等人有明显的不同，可说是代表了孔门中最高级的精神传统。“孔颜之乐”的问题其实就是“名教之乐”，也就是如何在“名教”的规范中体会到精神性的快乐，并由此将儒家的礼教规范化为主体的自觉性行动。魏晋时期的乐广针对玄学名士放肆流荡、蔑弃礼教的风气曾指出：“名教中自有乐地，何为乃尔也。”[①] 范仲淹初见张载时也说：“儒者自有名教可乐，何事于兵。”[②] 可见如何从儒家的礼教规范中体会其“乐处”，在儒学中是一个传统话题。但是从道家和佛教的角度来看，儒家知识分子埋头章句训诂，专注于具体的社会政治事务，实无精神性的快乐可言。西汉时深通道家之学的司马谈在《论六家要旨》中说儒家“累世不能通其学，当年不能究其礼，故曰博而寡要，劳而少功。若夫列君臣父子之礼，序夫妇长幼之别，虽百家弗能易也”[③]，就已经指出儒家的长处仅在于处理社会政治和族群伦理关系，而其烦琐程度已经令人生厌，无法让人从中体验到任何精神性的愉悦。长期以来，儒学的这一“形而下”的方向制约了自身的发展，许多知识分子尽管在价值取向上认同儒家，但在更为终极性的精神领域中却不得不倒向道家或佛教，这是因为儒家最高级的“心学”传统自颜渊以后已经断绝，所谓“颜子没而圣学亡”，而汉唐经学的章句训诂之学虽有保存文献之功，但在精神领域却始终无法与佛道抗衡。如唐代的柳宗元称：“浮图诚有不可斥者，往往与《易》、《论语》合。”[④] 刘禹锡则以《中庸》会通佛教内典，“是余知突奥于《中庸》，启键关于内典。会而归之，犹初心也”。[⑤] 儒家知识分子在通向终极性的精神领域时，不得不借重于佛教的心性之学，这说明了儒家精神传统的没落。而要扭转这一局面，就要重提“孔颜之乐”，将价值规范化为主体的自觉行动，并从这种自觉行动中体会到精神性的快乐，周敦颐“孔颜之乐”的命题就是适应这样的时代要求而提出的。

在周敦颐的《通书》中，有两处地方涉及“孔颜之乐”。一条是《志学》章“志伊尹之所志，学颜子之所学”[⑥]，将颜渊与伊尹相提并论，实际上是指出儒学的整体结构包含“内圣”和“外王”两个层面，缺一不可，而“学颜子之所学”则是恢复先秦儒家“内圣”心学的点睛之笔。另一处涉及颜渊的是

① 《世说新语·德行》。

② 《宋史·张载传》。

③ 《史记·太史公自序》。

④ 《柳宗元集》，中华书局，1979 年，第 673 页。

⑤ 《刘禹锡集》，中华书局，1990 年，第 389 页。

⑥ 《周敦颐集》，第 23 页。

《颜子》章，其中说道："颜子一箪食，一瓢饮，在陋巷，人不堪其忧，而不改其乐。夫富贵，人所爱也。颜子不爱不求，而乐乎贫者，独何心哉？天地间有至贵至爱可求，而异乎彼者，见其大而忘其小焉尔。见其大则心泰，心泰则无不足。无不足则富贵贫贱处之一也。处之一则能化而齐。故颜子亚圣。"[①]《师友》章又说："天地间，至尊者道，至贵者德而已矣。至难得者人，人而至难得者，道德有于身而已矣。"[②] 将《颜子》和《师友》这两章的内容合在一起看，周敦颐所体会的"颜子之乐"，就是"道德有于身"。在"道德有于身"的状态中，道德践履已成为主体的自觉行动，从而实践者由道德行为中体验到一种精神性的快乐，这种快乐超越了富贵、贫贱等具体处境。颜渊学孔子之所学，体验到了这种精神性快乐，因而在陋巷中箪食瓢饮，也能"不改其乐"，成为了儒家精神修养取得高度成就的一个标志性人物。

周敦颐在《通书》中的论述，似乎是将"孔颜之乐"限定为由道德意识、道德行为所导致的快乐，实际上周敦颐所说的"孔颜之乐"远非如此简单。就儒学传统本身而言，当然并不排斥由道德行为而带来的快乐、幸福等感受，但也从不将其作为主要的追求目标，否则就会沦于功利主义的境地而不能自拔。结合周敦颐的整体思想来看，"孔颜之乐"当然不是乐于"箪食瓢饮"之贫贱境遇，但也不是单纯的乐于"道德有于身"，而是由自然世界的"造化生意"中体会出其形而上的意义，并进而"化自然以归人文"，领悟到道德规范来源于宇宙本体之后所产生的"天人合一"的特殊心理体验，在这一心理体验中，既有感性的成分，也有理性的因素，既有道德的庄严，更有审美的愉悦，自然世界与人文价值世界贯通为一，再无隔阂可言，体用一源，显微无间。由此而言，"孔颜之乐"是德性之乐，但更是超道德的审美之乐。

二程对周敦颐所指点的"孔颜之乐"深有领会，在文集和语录中屡有提及。程颢在《颜乐亭铭》中指出："天生之民，是为物则；非学非师，孰觉孰识？圣贤之分，古难其明；有孔之遇，有颜之生。圣以道化，贤以学行，万世心目，破昏为醒。"[③] 程颐则在《颜子所好何学论》中明确提出："圣人之门，其徒三千，独称颜子为好学。夫《诗》、《书》六艺，三千子非不学而通也。然则颜子所独好者，何学也？学以至圣人之道也。"[④] 二程都指出孔子和颜渊有圣、贤之分，作为圣人的孔子具有"生知安行"的素质，作为贤人的颜渊则必

① 《周敦颐集》，第 32—33 页。

② 《周敦颐集》，第 33 页。

③ 《二程集》上，第 472 页。

④ 《二程集》，第 577 页。

须作克己复礼的功夫，因此为学之道在于通过“学颜子之学”而通达圣人之道，成就圣人人格。圣人人格和境界的体现是“不思而得，不勉而中，从容中道”，游于名教之中，而又出乎名教之外，这无疑是二程对“孔颜之乐”的进一步深入阐发。

周敦颐对“孔颜之乐”没有进行太多的阐释，但就其人格风貌而言，确实体现了“孔颜之乐”的特殊精神内涵。黄庭坚称周敦颐“光风霁月”，苏轼也赞叹周敦颐“造化乃其徒”，这种同时代人异口同声的评价表明周敦颐的人格光明通透，确已接触到儒家“内圣”之学的要点，因此为宋明理学开辟了一个非常明确的精神方向。周敦颐之后，关于“孔颜之乐”、“曾点之乐”，就成为理学家经常讨论的一个话题。

四、周敦颐宇宙论思想的融道归儒倾向

周敦颐作为二程之师、宋代理学的先驱，其思想有其时代的特殊性。在周敦颐的时代，理学作为一股时代思潮，尚处于酝酿阶段。理学的主题是将传统儒学由章句训诂的汉唐经学学风中拨转到“向上一路”，即指点出儒学中蕴含的独特精神价值，从而在社会层面消除佛老的影响，为社会政治和道德风尚的全面改善奠定基础。在这一过程中，儒家知识分子一方面需要对汉唐经学的遗产进行重新诠释，另一方面也必须正视佛老在宇宙论、心性论等形上学领域的成就。

就周敦颐而言，他的宇宙论深受道家学说影响，有“有生于无”的生成论痕迹，同时《太极图说》中的宇宙生成论学说也没有摆脱汉唐经学家的影响，基本上还是一个气化宇宙论的模式。朱熹以“太极”为理、“阴阳为气”的本体论诠释，实际上是朱熹的一家之言，并不符合周敦颐学说的原意。但是《太极图说》并不能代表周敦颐思想的全貌，因为《太极图说》中的思想反映的是道家式的“自然宇宙观”，换句话说，是“天道无为”的思想而非“天道健行”的思想，由这种“天道无为”式的“自然宇宙观”，实际上不能开显出儒家的人文价值理想，因此陆九渊与陆九韶怀疑《太极图说》是“周子少作”，“与《通书》不类”[1]，至少从思想理路上来看是有一定道理的。但是从周敦颐思想的整体面貌来看，他所要表述的并不是一个与人文价值理想无关的自然世界，而是恰恰相反，是一个“名教”与“自然”合一的人文价值世界。“名教与自然”的关系问题是魏晋玄学的主题，但魏晋玄学的处理方法是以道家的“自

① 参见《陆九渊集》，中华书局，1980年，第22—23页。

然”为体，儒家的“名教”为用，因而不能恰当地体现出儒学的精神内涵。周敦颐对这一问题的理解是通过以《中庸》和《易传》相互诠释的方法，将自然世界中天道流行之创生性力量解释为具有道德规范意味的“诚”，宇宙生成的“元亨利贞”过程就是“诚之复”、“诚之通”的过程。在这一意义上，宇宙的生成化育之德也就通于儒家道德规范之“仁义”，“天以阳生万物，以阴成万物。生，仁也；成，义也”。[①] 由此而言，《通书》的思想与《太极图说》有明显的不同。《太极图说》尽管也提出“立人极”的问题，但主要是综合汉唐易学的成果，提出了一个系统化的宇宙生成论和宇宙演化论，而在《通书》中，则将宇宙生化的主题确定为“诚”，并且提出了“神”与“物”的区别，“动而无静，静而无动，物也。动而无动，静而无静，神也”。“物则不通，神妙万物。”[②] “物”与“神”的区分在于物有限定而神无方所，神即是宇宙万物生成演化背后的推动性和创造性力量，也就是“诚”。这一说法实际上是将宇宙生成论和宇宙本体论合而为一，在过程中确定本体，因而带有体用论的色彩，同时也将“天道无为”的自然世界转化为“天道健行”、诚实无妄的人文价值世界，为宋明理学奠定了形上学和价值论合一的基础。

不可否认的是，周敦颐尽管是“宋学之祖”，但其思想与道家和玄学有很深的关联，尤其是他对于《易传》的理解，尽管有正面的传统儒家式的“天地之大德曰生”的理解，但也有反面的道家式的“有生于无”、“以无为本”的理解。就正面的、儒家式的理解而言，天地的“生生之德”就是“诚”，“诚”不仅体现了天道流行的创生力量，同时也是“五常之本，百行之源”，因此儒家的价值规范上通于天道，人道即天道，人极即太极，名教即自然。从反面的道家式理解来看，周敦颐又认为宇宙的本体是“无极”，有生于无，因此人道修养的主要功夫就在于“无欲主静”。在一定程度上，这两者的立场是不可调和的，因为《通书》中的“诚”体现的是“天地之大德曰生”，而“无极”则是象征“寂然至无”的最高存在，这两者之间是一动一静的关系，反映了儒家心灵与道家心灵的基本区别。王弼论“大衍之数”云“夫无不可以无明，必因于有。故常于有物之极而必明其所由之宗也”[③]，这句话就是“无极而太极”之所本。周敦颐所主张的“无欲故静”的修养论，实际上也来自王弼解释《复卦象》所说的“然则天地虽大，富有万物，雷动风行，运化万变，寂然至无，是

① 《周敦颐集》，第 23 页。

② 《周敦颐集》，第 27 页。

③ 李学勤主编：《十三经注疏・周易正义》，第 328—329 页。

其本矣。故动息地中，乃天地之心见矣”。[①] 这一段话讲得很明确，“动息地中，乃天地之心见矣”，说明“天地之心”是主静的，然则周敦颐所谓“无欲主静”就是王弼所说的因静而见天地之心，其为道家化、玄学化的修养功夫无疑。在周敦颐之后的程颐对此不以为然，认为“一阳复于下，乃天地生物之心也。先儒皆以静为见天地之心，盖不知动之端乃天地之心也。非知道者，孰能识之”[②]，这一批评是针对王弼的，同时也包含了周敦颐这样的“先儒”在内。

周敦颐的《太极图说》中包含着种种道家化、玄学化的思想，这主要是由于《太极图说》是解《易》之作，而北宋初年的易学思想还沿袭了《五经正义》中王弼和韩康伯的注解，同时象数学易学流行，儒家正统的义理派易学还在摸索之中，因此周敦颐的易学也无法摆脱时代的限制。周敦颐以《太极图》的“象学”为形式，以道家玄学的义理为骨干，这在一定程度上是时代风气使然。但就周敦颐的整体思想来说，他无疑是以儒家为本而试图融合道家，因此《通书》中就采取《中庸》之“诚”来表征天地运行的“健动”过程，“无极”的观念也不再出现，修养功夫也是兼动静而言，将“无欲主静”的说法改为“无欲则静虚动直”，避免了道家化的纯粹主静的观念。可以说，《太极图说》和《通书》的观念系统确有明显不同之处，前者的重心在道家系统，后者则转向儒家系统而融摄道家观念，二者之间体现出一种递进的关系。南宋时的陆九渊兄弟曾说《太极图说》为“周子少作”，这一说法值得我们仔细推敲。

作者简介：周建刚，湖南省社会科学院哲学研究所中国哲学史研究室主任，副研究员。

① 李学勤主编：《十三经注疏·周易正义》，第132页。

② 《二程集》下，第819页。

宋代理学对《周易》女性观的继承与发展

——以《伊川易传》和《周易本义》为中心

焦　杰

两宋时代是易学发展的新时代。在儒释道三家合流的趋势之下，宋代儒家学者对经学的研究完全抛开了前人的研究成果，尤其是汉代经学家的成果，他们结合孟子的心性之学，在借鉴佛教禅宗和道家玄学修行方法的基础上，转而从本经中直接探索圣人的本意，对《易》、《书》、《诗》、《礼》和《春秋》都重新做了解释，从而使经学发展到理学阶段。在这五部经典中，《周易》向来最为人推重。作为中国早期文化的总结，《周易》里面不但蕴含了大量的政治、经济和文化思想，也蕴含着丰富的女性思想。它的阴阳思想不但奠基了中国传统的哲学思想的基本原理，也奠基了我国传统性别文化的基本原则。在理学背景下，宋代儒家也对《周易》中的妇女观念重新做了解释。

两宋时代也是我国传统女性观的强化时代，随着"三纲五常"是天理，以及"饿死事小，失节事大"观念的提出，儒家伦理对女性的约束与控制越来越严格。在这样的背景下，那么宋儒是如何解释《周易》中的女性观的？宋代易学著作中的女性观是否完全抛开了汉儒的影响？它的解释是否完全符合《周易》的本义，他们的解释哪些是继承的？哪些是发展的？这些问题都非常值得我们研究。然而学界对宋代易学的研究主要集中在哲学思想方面，对女性观视而不见。目前唯有彭华的《周敦颐性别意识探微》一文涉及于此，但她主要是探讨周敦颐本人的性别意识，间或论及宋代儒者，并没有对理学时代的妇女观念做深入的研究，因撰本文以补其缺。

一、阴阳思想与男女两性

阴阳思想是中国哲学最基本的思想，这一思想在人们解释《周易》一书中最重要的两卦——乾坤时表现得淋漓尽致。然而，从乾坤的卦爻辞来看，阴阳思想和乾坤之德最初都是思考君子之德，并不特指男女两性，而自从形成于战国时代《系辞》提出了“乾道成男，坤道成女”的说法后，乾坤与男女两性便结合到一起，之后又被汉代以后的易学家大肆附演，完全指代了男女两性。[①]宋代理学家除了承继《周易》本经的二元对立的哲学思想外，更继承了汉儒的思想，将阴阳概念与男女两性紧密相连，理学的创始人周敦颐在《太极图》中说道：“乾男坤女，以气化者言也，各一其性，而男女一太极也。”[②]“阳而健者成男，则父之道也；阴而顺者成女，则母之道也。”[③]朱熹认为《系辞》所言之“乾道成男，坤道成女”是“变化之成形者，此两节，又明易之见于实体者”，[④]言外之意，男女就是易之阴阳思想的明显可见的真实写照。

既然乾男坤女，那么男女关系就应该按照乾男坤女的原则进行。周敦颐在《易通》中说道：“天以阳生万物，地以阴成万物。”[⑤]他认为天根据阳的原则来创造万物，地遵循阴的性质成就万物。两者一主一从构成了天下万物发生发展的规律。程颐和朱熹继承了周敦颐的思想，对乾坤秩序做了进一步的解释。程颐解《乾卦》云：“乾，天也；天者，天之形体，乾者，天之性情；……乾者，万物之始，故为天为阳为父为君。”[⑥]朱熹释道：“元者，物之始生；亨者，物之畅茂；利，则向于实也；贞，则实之既成也。……其以圣人而言，则孔子之意，盖以此卦为圣人得天位，行天道，而致太平之占也。”[⑦]程朱二人皆认为乾坤之间，乾是根本坤是附属，阴阳之间，阳是主导阴是从属，乾是阳也是天，乾在人间就是君就是圣人。因为阳主阴从，乾主坤附，所以坤必须服从于乾，坤的性质就是一心奉献协助乾完成生成万物大任。如程颐释《坤》卦词“先迷，后得，主利”道：“阴从阳者也，待唱而和。阴而先阳则为迷，错居后乃得其常也。主利，利万物则主于坤生成，皆地之功也。臣道亦然，君令臣行，劳于事者，臣之职也。”[⑧]朱熹也说：“坤者，顺也，阴之性也。阴之成

① 焦杰：《性别视角下的〈易〉〈礼〉〈诗〉妇女观研究》第二章第二节《乾坤之德的变化与性别意识》和第五节《男阳女阴与战国以后妇女观的发展》，北京：中国社会科学出版社，2011年6月。

② 宋·周敦颐撰，陈克明注释：《太极图说》，《周敦颐集》卷一，北京：中华书局，2009年，第2页。

③ 宋·周敦颐撰，陈克明注释：《太极图说》，《周敦颐集》卷一，北京：中华书局，2009年，第6页。

④ 宋·朱熹撰，廖名春点校：《周易本义》，北京：中华书局，2009年，第222页。

⑤ 宋·周敦颐撰，陈克明注释：《易通·顺化第十一》，《周敦颐集》卷二，北京：中华书局，2009年，第23页。

⑥ 宋·程颐撰：《伊川易传》，上海：上海古籍出版社，1989年，第3页下。

⑦ 宋·朱熹撰，廖名春点校：《周易本义》，北京：中华书局，2009年，第33页。

⑧ 宋·程颐撰：《伊川易传》，上海：上海古籍出版社，1989年，第10页下—11页上。

形，莫大于地。……阳先阴后，阳主义，阴主利。”[①]

既然男女是阴阳特质在人类的真实写照，所以阴阳秩序也就是男女秩序，男女相处就要按照阴阳的规律进行。朱熹说道：“盖凡物之属乎阴阳者，莫不如此。大抵阳先阴后，阳施阴受。阳之轻清未形，而服之重浊有迹也。”[②] 朱熹又说：“坤顺而静，凡其所能，皆从乎阳而不自作，故为以简而能成物。”[③]他认为任何属于阴阳性质的事物，都必须遵循先阳后阴、阳主施行阴主承受的原则，作为阴的坤凡事都要遵从阳的指导，所以说坤只有简便行事才能完成“成物”的重任。总之，阴阳之间是阳先阴后，阳是施行者阴是承受者，顺从是阴的本性，不能抛开阳自作主张。举一反三，任何涉及男女之间的事情都必须是男主女从。

《周易·蛊卦》是讲侍奉父母之道的，但卦爻辞的语气明显是重父轻母。[④]战国时期的《彖传》从爻辞的排列解释为“蛊，刚上而柔下，巽而止，蛊”。程颐《易传》继承《彖传》的倾向进一步释道：“以卦变及二体之义而言，刚上而柔下，谓乾之初九上而为上九；坤之上六下而为初六也。阳刚尊而在上者也，今往居于上；阴柔卑而在下者也，今来居于下。男虽少而居上，女虽长而在下，尊卑得正，上下顺理，治蛊之道也。由刚之上柔之下变而为艮巽，艮止也，巽，顺也。下巽而上止，止于巽顺也。以巽顺之道治蛊，是以元亨也。”[⑤]他认为从卦体来看，《蛊》代表着刚上柔下，即阳尊阴卑，这说明男女之间就是男尊女卑的关系，男子哪怕年少也为尊，女子即使年长也为卑，只有如此才会上下理顺，才能达到元亨。

《周易·咸卦》是以男女互相喜悦、情感相通为取象的，因而卦名为咸，即感通的意思，但秦汉以来的儒家皆认为是男子主动追求女子，因符合男主女从之义，所以感通。程颐继承了这一的观点，他认为《咸卦》体现了男女交感的原则——男下女，即男子主动求爱，而女子被动接受，而这正是男女交感的原则，故而能感通。其云：“咸，感也，不曰感者咸有皆义，男女相交感也，物之相感莫如男女而少复甚焉。凡君臣上下以至万物皆有相感之道，物之相感，则有亨通之理。君臣能相感，则君臣之道通，上下能相感，则上下之志通，以至父子、夫妇、亲戚、朋友皆情意相感，则和顺而亨通，事物皆然，故

① 宋·朱熹撰，廖名春点校：《周易本义》，北京：中华书局，2009年，第42—43页。

② 宋·朱熹撰，廖名春点校：《周易本义》，北京：中华书局，2009年，第222页。

③ 宋·朱熹撰，廖名春点校：《周易本义》，北京：中华书局，2009年，第223页。

④ 焦杰：《性别视角下的〈易〉〈礼〉〈诗〉妇女观研究》，北京：中国社会科学出版社，2011年，第52—55页。

⑤ 宋·程颐撰：《伊川易传》，上海：上海古籍出版社，1989年，第71页下。

咸有亨之理也。利贞，相感之道利在于正也，不以正则入于恶矣。如夫妇之以淫姣，君臣之以媚说，上下之以邪僻，皆相感之不以正也。取女吉，以卦才言也，卦有柔上刚下，二气感应相与而止说，男下女之义，以此义取女则得正而吉也。”[①] 男女交往有原则，万事万物交感也有原则，符合原则就会向好的方向发展，最后达到亨通；违反原则而交就是淫，就不能达到亨通。朱熹赞同程颐的观点，认为《咸卦》是少男悦少女而主动追求，符合男女交往的礼仪，是为吉，反之则凶。其云：“咸，交感也。兑柔在上，艮刚在下，而交相感应。又艮止则感之专，兑说则应之至。又艮以少男下于兑之少女，男先于女，得男女之正，婚姻之时，故其卦为咸。其占亨而利贞，取女则吉，盖感有必通之理。然不以贞，则失其亨，而所为皆凶矣。”[②]

二、夫妻关系与家庭伦理

夫妻是两性秩序中最重要的一种关系，也是确立两性权力关系的重要途径。《周易》的六十四卦中取象夫妻关系的地方很多，由于编撰者男性为中心的性别立场，凡是涉及夫妻权力的取象无不体现着男尊女卑的原则。宋代易学家对此也有阐发。周敦颐就强调阳尊阴卑，他认为只有遵循这种阴阳之理夫妇之道才能达到“和”，即“阴阳理而后和”。[③] 他说道：“礼，阴也；乐，阳也。阴阳礼而后和，君君、臣臣、父父、子子、兄兄、弟弟、夫夫、妇妇，万物各得其理，然后和。”[④] 他又说道：“古者圣工制礼法，修教化，三纲正，九畴叙，百姓大和，万物咸若。……三纲者，夫为妻纲，父为子纲，君为臣纲也。”[⑤] 显然他的理就是儒家所一贯提倡的“夫尊妇卑”、“夫义妇顺”。

“夫尊妇卑”和“夫义妇顺”在宋代理学家的《易书》中有很多体现。《周易·恒卦》是讲夫妻之道的，主张夫妻关系要以长久为好，即白头偕老。如何保持长久呢?《恒卦》本义主张妻子要柔顺，但丈夫要刚柔相济，一味地刚对夫妻关系不利，但自《序卦》以来传统的易学家皆认为是恒久的关键是妻子的

① 宋·程颐撰：《伊川易传》，上海：上海古籍出版社，1989年，第120页上。

② 宋·朱熹撰，廖名春点校：《周易本义》，中华书局，2009年，第128页。

③ 彭华：《周敦颐性别意识探微》，《船山学刊》，2008年第1期。

④ 宋·周敦颐撰，陈克明注释：《通书·礼乐第十三》，《周敦颐集》卷二，北京：中华书局，2009年，第25页。

⑤ 宋·周敦颐撰，陈克明注释：《通书·乐上第十七》，《周敦颐集》卷二，北京：中华书局，2009年，第28—29页。

顺从与守一，这其实与《恒卦》本义不符。[1] 宋代理学家完全继承了秦汉以来儒家的观点，主张夫妻关系要持久妻子必须顺从丈夫并对丈夫守贞，如程颐解《恒卦·六五》"恒其德，贞，妇人吉，夫子凶"云："五应于二，以阴柔而应阳刚，居中而所应又中阴柔之正也，故恒久其德则为贞也。夫以顺从为恒者，妇人之道，在妇于则为贞，故吉；若丈夫以顺从于人为恒，则失其刚阳之正，乃凶也。"[2] 朱熹完全赞同程颐的观点，解释得言简意赅，其云："以柔中而应刚中，常久不易，正而固矣。然乃妇人之道，非夫子之宜也。"[3] 他们都认为夫妻恒久的根本是妇人的顺从，顺是妇人之道，如果丈夫顺于人就失去了阳刚的性质，是不祥之兆。

形成于战国时代的《象传》不仅提倡妇顺于夫，而且提倡妇要从一而终。其云："妇人贞吉，从一而终也，夫子制义，从妇凶也。"程颐非常赞同这一观点，他在《易传》解释道："如五之从二在妇人则为正而吉，妇人以从为正以顺为德，当终守于从一，夫子则以义制者也，从夫人之道则为凶也。"[4] 朱熹《周易本义》对此没有做进一步疏说，显然赞同程颐的主张。

《家人卦》是讲家庭管理的，在个体家庭里丈夫是一家之长，承担着管理家人的重要作用，作为家庭的成员，妻子儿女必须服从家长的管理，妻子的责任就是准备家人日常生活所需，凡事不能自作主张。[5] 程颐认为治家之任必须是父亲而不是母亲责任，因为父亲性格刚毅，不会因亲情而丧失义理，母亲不能治家是因为其柔弱重感情，难以做到义胜于情。其云："人之处家，在骨肉父子之间，大率以情胜理，以恩夺义，惟刚立之人则能不以私爱失其正理，故家人卦大要以刚为善。……六二以阴柔之才而居柔，不能治于家者也，故无攸遂，无所为而可也。夫英雄之才，尚有溺爱而不能自守者，况柔弱之人其能胜妻子之情乎？如二之才若为妇人之道则其正也，以柔顺处中正，妇人之道也。故在中馈则得其正而吉也。"[6] 朱熹的解释虽然简短，但与《易传》原则一致，如"初九以阳刚处有家之始，能防闲之，其［悔亡］矣"。"六二柔顺中正，女之正位乎内者也。"[7] 至于治家的原则，程颐主张为"治家者治乎众人也。苟

① 焦杰：《性别视角下的〈易〉〈礼〉〈诗〉妇女观研究》，北京：中国社会科学出版社，2011年，第77—80页。

② 宋·程颐撰：《伊川易传》，上海：上海古籍出版社，1989年，第127页上。

③ 宋·朱熹撰，廖名春点校：《周易本义》，北京：中华书局，2009年，第133页。

④ 宋·程颐撰：《伊川易传》，上海：上海古籍出版社，1989年，第127页上。

⑤ 焦杰：《性别视角下的〈易〉〈礼〉〈诗〉妇女观研究》，北京：中国社会科学出版社，2011年，第58—61页。

⑥ 宋·程颐撰：《伊川易传》，上海：上海古籍出版社，1989年，第142页下—143页上。

⑦ 宋·朱熹撰，廖名春点校：《周易本义》，北京：中华书局，2009年，第145页。

不闲之以法度，则人情流放必至于有悔，失长幼之序，乱男女之别，伤恩义害伦理，无所不至，能以法度闲之于始，则无是矣。”① 在夫妻关系上，程朱完全秉承了《家人卦》的本义，主张父亲治家，母亲顺从，治家的原则是长幼之序和男女之别。

《周易·归妹卦》取象商代贵族嫁女之事，其事本无吉凶，但因为当时婚姻六礼尚未建立，从周代婚姻六礼的角度来看，很不合礼，所以历代儒者都认为是女子喜欢一个男人，不等举行婚姻之礼就主动嫁给男人做了妻子。如《彖传》曰：“说以动，所归妹也，征凶，位不当也。无攸利，柔乘刚也。”② 程颐继承了这种说法，他解释道：“大率以说而动，安有不失正者？……男女有尊卑之序，夫妇有唱随之礼，此常理也。如恒是也。苟不由常正之道，徇情肆欲惟说是动，则夫妇渎乱；男牵欲而失其刚，妇狃说而忘其顺。……夫阴阳之配合，男女之交媾，理之常也，然纵欲而流放，不由义理，则淫邪无所不至，伤身败德，岂人理哉？”③ 程颐认为男尊女卑、夫唱妇随是常理，夫妻结合要遵循常理，不能纵情肆欲，否则便会伤身败德。朱熹曰：“妇人谓嫁曰归，妹，少女也。兑以少女而从震之长男，而其情又为以说而动，皆非正也。”④ 与程颐思想一致，只是比较简练。

由少女非礼而嫁，程朱又联系到夫妻之间的关系，他们认为要想保持夫妻相处和睦，非但结婚的时要候必须循礼而嫁娶，连夫妻日常生活中的相处也要遵循礼仪而不能有所违背。《周易·象传》云：“泽上有雷，归妹，君子以永终知敝。”程颐注曰：“又夫妇之道当常永有终，必知其有敝坏之理而戒慎之。敝坏谓离隙。归妹说以动者也。……少女之说情之感动，动则失正，非夫妇正而可常之道，久必敝坏。”⑤ 朱熹亦云：“雷动泽随，[归妹] 之象。君子观其合之不正，知其终之有敝也。推之事物，莫不皆然。”⑥ 他们俩都认为夫妻之道是要持久永恒，即白头偕老，互不背离，要达到这一目的必须以礼相处，不能因循感情和欲望，反之便是淫邪，便是不正，不是夫妇长久相处之道。当然，所谓的礼是男尊女卑、夫唱妇随，妻子随时听从丈夫的安排与指导，只有这样夫妻关系才会长久。

---

① 宋·程颐撰：《伊川易传》，上海：上海古籍出版社，1989 年，第 142 页下。

② 魏晋·王弼注，唐·孔颖达疏：《周易正义》卷五《归妹》，北京：中华书局影印阮元十三经注疏本，1980 年，第 64 页上。

③ 宋·程颐撰：《伊川易传》，上海：上海古籍出版社，1989 年，第 212 页。

④ 宋·朱熹撰，廖名春点校：《周易本义》，北京：中华书局，2009 年，第 191—192 页。

⑤ 宋·程颐撰：《伊川易传》，上海古籍出版社，1989 年，第 212 页下—213 页上。

⑥ 宋·朱熹撰，廖名春点校：《周易本义》，北京：中华书局，2009 年，第 192 页。

三、女性道德与行为规范

《周易·蒙·六三》:“勿用取女,见金夫,不有躬,无攸利”本义是指女子见到英俊帅气的男子便爱上他,与他私订终身,但战国秦汉以来的儒者却附会为女子见了有钱的男人便委身以事。[①] 宋代易学家继承了战国秦汉以来儒者的说法,程颐说道:“是女见金夫也。女之从人当由正礼,乃见人之多金说而从之,不能保有其身者也。无所往而利矣。”[②] 他认为女子与异性结合必须遵循婚姻礼仪,即“父母之命媒妁之言”,可这个女子一见男人钱财很多,就不待礼而委身,不能保持贞操的完整。这种女人是不能娶作妻子的。朱熹赞同程颐的解释,他说:“六三阴柔不中不正,女之见金夫而不能有其身之象也。……金夫,盖以金赂己而挑之,若鲁秋胡之为者。”[③] 言外之意,他们均认为做女人的一定要洁身自好,不能贪图钱财,更不能与男人发生婚姻以外的关系。

《周易·姤卦》中也有一条不能娶女的卦辞:“姤,女壮,勿用娶女。”其本义乃是婚恋过程中女性非常主动,男性处于被动地位,不符合男主女从的观念,女被视为壮,故不可娶作妻子。[④] 在这一点上,程颐继承了《周易》的本义,其云:“一阴始生,自是而长,渐以盛大,是女将长壮也。阴长则阳消,女壮则男弱,故戒勿用取如是之女。取女者欲其柔和顺从,以成家道。姤乃方进之阴,渐壮而敌阳者,是以不可取也。女渐壮,则失男女之正,家道败矣。”为什么不能娶壮女呢,程颐又解释道:“一阴既生,渐长而盛,阴盛则阳衰矣。取女者,欲长久而成家也,此渐盛之阴将消胜于阳,不可与之长久也。”[⑤] 程颐认为夫妻之间丈夫要阳刚要掌握主动,妻子要阴柔处处顺从,这才是夫妻长久相处之道,如果一个女性表现得很强势,既不够温柔,与不够顺从,是不利于夫妻关系和谐的。

汉代以后,随着夫权思想的加强,姤意由主动变为淫,阴渐长壮之意变成了一阴配五阳,姤女也由强势变为不贞。[⑥] 朱熹的解释则继承了汉儒的观点,

---

① 焦杰:《性别视角下的〈易〉〈礼〉〈诗〉妇女观研究》,北京:中国社会科学出版社,2011年,第50页。

② 宋·程颐撰:《伊川易传》,上海:上海古籍出版社,1989年,第21页下。

③ 宋·朱熹撰,廖名春点校:《周易本义》,北京:中华书局,2009年,第55页。

④ 焦杰:《性别视角下的〈易〉〈礼〉〈诗〉妇女观研究》,北京:中国社会科学出版社,2011年,第49—52页。

⑤ 宋·程颐撰:《伊川易传》,上海:上海古籍出版社,1989年,第171页。

⑥ 焦杰:《性别视角下的〈易〉〈礼〉〈诗〉妇女观研究》,北京:中国社会科学出版社,2011年,第74页。

其曰："姤，遇也。……以其本非所望，而卒然值之，如不期而遇者，故为遇。遇已非正，又一阴而遇五阳，则女德不贞而壮之甚也。"① 朱熹认为女性不能与男性随意交往，连不期而遇都属违礼，一遇已经非礼了，连续五遇就是非礼之至了，这个女子肯定不是贞洁的女子，绝不能娶来做妻子。不论是不能娶主动追求男子之女，还是不能娶淫女，都反映了宋代理学家对女性的期望，他们希望女性性情柔弱，没有自我，没有慕男之心，在男女关系中要被动地等待男子的追求与支配。

《周易·渐卦》反映的是周代贵族以礼嫁女的情况，所以卦词为"女归吉，利贞"。在这一点上，程颐继承了《周易》本经和历代儒者的思想，其云："以卦才兼渐义而言也。乾坤之变为巽艮，重而为渐，在渐体而言，中二爻之交也，由二爻之交，然后男女各得正位。初终二爻虽不当位，亦阳上阴下得尊卑之正，男女各得其正，亦得位也。与归妹正相对。女之归能如是之正，则吉也。"② 朱熹亦云："渐，渐进也。为卦止于下而巽于上，为不遽进之义，有［女归］之象焉。又自二至五，位皆得正，故其占为［女归吉］。"③ 他们都认为女子从人必须遵礼而行，要循渐进，即在男方的主导下一步步地达到与男子结合的目的。透过礼仪的表面仪式看其实质就是要求女性服从，不能有自己的主张和要求。

女子在婚姻问题上不能表达自己的意愿和要求，出嫁必须遵从礼仪循序渐进，嫁人之后又应该如何作为呢？《周易·渐卦·九三》："夫征不复，妇孕不育，凶。"《九五》："妇三岁不孕，终莫之胜，吉。"表达了西周初期宗法社会对女性的贞操要求，即要求她们在婚姻期间保持守一，防止乱族现象的产生。④ 程朱理学在这一点上既继承了《周易》本经的思想又有进一步的发展。程颐说道："顾义理，妇谓四，若以不正而合，则虽孕而不育，盖非其道也。"⑤"鸿之所止最高处也，象君之位虽得尊位……而中正之德同乃隔于三四……未能即合，故三岁不孕，然中正之道有必亨之理，不正岂能隔害之。"⑥ 他认为妇孕不育是因为与人野合，所以即使怀孕也不能生下孩子；可是如果妇人保持贞操，即便因为不能与丈夫结合致使三年不能怀孕，也会拥有完美的结

① 宋·朱熹撰，廖名春点校：《周易本义》，北京：中华书局，2009年，第163页。

② 宋·程颐撰：《伊川易传》，上海：上海古籍出版社，1989年，第207页下。

③ 宋·朱熹撰，廖名春点校：《周易本义》，北京：中华书局，2009年，第188页。

④ 焦杰：《性别视角下的〈易〉〈礼〉〈诗〉妇女观研究》，北京：中国社会科学出版社，2011年，第64—67页。

⑤ 宋·程颐撰：《伊川易传》，上海：上海古籍出版社，1989年，第209页下。

⑥ 宋·程颐撰：《伊川易传》，上海：上海古籍出版社，1989年，第210页下。

局。显然他认为贞节对女性最为重要，保持对丈夫的贞操是女性保持家庭地位的根本。朱熹的注解比程颐的简练，但内容基本相似。

女性不仅要柔顺服从男性，而且要为男性保持守一，同时还必须贤惠有德，即便贵为帝王之女也必须如此。《周易·归妹·九四》："归妹愆期，迟归有时"，程颐解曰："阳刚在女子为正德贤明者也。……女子居高贵之地，有贤明之资，人情所愿娶，故其愆期，乃为有时时，盖自自待不非不售也，待得佳偶而后行也。"① 程颐认为阳刚本是男子之性，若阳刚为女子之性则与男子之阳刚不同，女子之阳刚是品德正、性情贤，即三从四德。一个女人出身高贵，又有贤惠明礼的品质，那是为众人所仰慕而愿意求娶的。朱熹亦云"阳刚在女子为贤正之德"②，明显赞同程颐的主张。程颐又说："王姬下嫁，自古而然。至帝乙而后正婚姻之礼，明男女之分离，虽至贵之女不得失柔巽之道，有贵骄之志。……贵女之归，唯谦降以从礼乃尊高之德也，不事容饰，以说于人也。"③ 他认为妇人贤明是懂得柔顺之行，以品行而赢得丈夫的爱慕，所以不应该将心思花在梳妆打扮上面。

通过以上三个问题的分析可以看到，理学背景下的理学妇女观与上古时期的传统女性观并没有实质的不同。男阳女阴、男尊女卑、男主女从、男刚女柔、女持贞守一仍然是理学家对女性的主要期望。在对《周易》女性观的解释中，宋代易学在许多方面既继承了《周易》时代的本义，也吸收了不少战国秦汉以来的儒家主张。尽管他们打着理学的旗号，号称汉儒的解释脱离了圣人的本义，将其抛开不谈，但实际上由于汉代"罢黜百家独尊儒术"以来，儒家伦理思想在上层建筑的稳固与一致性，身为儒家思想的传人——宋代理学家，他们不可能完全抛开汉儒的影响。事实上，由于他们推崇"三纲五常"，并将之定为"天理"，主张"存天理灭人欲"，因此在两性观念中，他们接受汉儒的思想还着实不少。宋代女性观在易学中的体现不仅反映了中国传统文化的一脉相承的特点，也表现了以男性为中心的父权制文化体系中性别观念的稳固性与顽固性，而这种稳固性与顽固性并不因为社会的发展和新思想的渗透而改变多少。

作者简介：焦杰，陕西师范大学历史文化学院教授、女性研究中心副主任。

① 宋·程颐撰：《伊川易传》，上海：上海古籍出版社，1989年，第214页上。

② 宋·朱熹撰，廖名春点校：《周易本义》，北京：中华书局，2009年，第192页。

③ 宋·程颐撰：《伊川易传》，上海：上海古籍出版社，1989年，第214页下。

周敦颐的廉文化思想

李群利

周濂溪上承孔孟、下启程朱，是宋明理学的开山鼻祖。其在揭示天道、地道、人道的同时，恪守君子品德，清正廉洁，为后人树立了榜样。濂溪学说中廉文化的思想普遍存在，于今教育意义深远。

一、立诚之廉

周濂溪理学代表作《通书》中说得最多的就是“诚”字。在其理论体系中，诚是作为理论范畴使用的，是人生的最高境界，道德的最高原则，天道与人道的本质统一。周濂溪的立诚观点，主要有四个显著特征。

一是把诚视为道的本性及人的本性。《通书》开篇“诚上第一”中说：“诚者，圣人之本。大哉乾元，万物资始，诚之源也，乾道变化，各正性命，诚斯立焉。”

二是把诚视为各种德行本源。《通书》“诚下第二”中说：“圣，诚而已矣。诚，五常之本，百行之源也。静无而动有，至正而明达也。五常百行，非诚非也，邪暗塞也。故诚则无事矣。”集中论述了诚的产生、确立和表现，引出了中国封建社会五常的伦理道德规范，用五常、百行概括封建社会的一切伦理道德和行为准则，而诚便是这五常之本，百行之源。

三是提出了以诚进德的修养境界。《通书》“诚几德第三”中说“诚无为，几善恶。德，爱曰仁，宜曰义，理曰礼，通曰智，守曰信。”以诚、几、得为三种不同层次的修养境界，首先立诚，其次知已，然后可以进德。同时对“仁义礼智信”的封建五常道德进行了界定。围绕“爱”实施仁心、仁义、仁政、仁慈；围绕“宜”突出道义、义理、义举、义务；围绕“理法”突出礼节、礼仪、礼貌、礼义廉耻；围绕“通达”知行合一；围绕“操守”守信、守业、守职、守土、守家立业。

四是在“圣第四”中进一步指出“寂然不动者诚也……”这个境界要求人

的心境保持一种“寂然”不动的状态，实质是顺其自然持之以恒做到诚。

周濂溪一生为政为人都坚持了这种自然的诚。在湖南桂阳（今汝城）任县令，郴州郡守李初平向其求学，周濂溪直截了当说：“公老无及矣，请为公言之。”两年，李初平果然学有所得。

二、守拙之廉

“拙”在中国传统文化中影响颇深，意境颇深。抱朴守拙、涉世之道，大智若愚、大巧若拙，不弄技巧、以拙为进，崇俭养廉、守拙保真，藏巧于拙、寓清于浊，阡陌相通、拙朴实在，不弄技巧、以拙为进。

作为中国传统道德卫道士，融儒佛道而倡理学的周濂溪深谙中国传统文化，极善用“拙”。其守拙思想体现在《拙赋》一文中。

或谓予曰：“人谓子拙。”予曰：“巧，窃所耻也，且患世少拙者。”

喜而赋之曰：“巧者言，拙者默；巧者劳，拙者逸；巧者贼，拙者德；巧者凶，拙者吉。呜呼：天下拙，刑政彻，上安下顺，风清弊绝。”

任江西虔州任通判的时候，州守赵忭因过去听过不少周濂溪的坏话，因此对其有疑。周濂溪不以为意。赵暗中观察，最后发现周濂溪是个正直难得的君子，忍不住握住他的手说：“几失君矣，今日乃知周茂叔也！”此后，每逢举荐人才，都有濂溪在内。

左丞蒲宗孟过去对周濂溪也有看法，主要源于对周濂溪的不同传说。周濂溪在四川合州任上，与蒲宗孟初次见面，一谈就是三昼夜，周濂溪对蒲宗孟提出了问题，回答得头头是道。蒲宗孟退而叹曰：“世有欺人欤！”把自己的妹妹嫁给他做继室。

三、寡欲之廉

周濂溪有《弄心亭记》一文，对寡欲进行阐析，全文如下。

孟子曰：养心莫善于寡欲。其为人也寡欲，虽有不存焉者，寡矣。其为人也多欲，虽有存焉者寡矣。

予谓养不止于寡于存耳。盖寡焉以至于无，无则诚立，明通。诚立，贤也。明通，圣也。是圣贤非性生，必养心而至之。养心之善大焉如此。存乎其人而已。

周濂溪于嘉祐五年作《养心亭记》，强调“无欲”以养心。而此时其正解职回京师开封，次年迁国子博士，任虔州通制，可谓正在仕途。

公正廉洁历来是官德之本、官威之源。“廉者，政之本也，民之表也；贪者，政之祸也，民之贼也。”周濂溪一生追求这种廉洁为官的德性，无论在江西、湖南、四川、广东等地任职，都廉洁奉公，不贪不挪，超然洒落。

在南昌任县令期间，有次患病昏睡，友人潘兴嗣到访，见他的行李只是一个破旧的竹织的方形小箱子，里面仅有一百钱，可谓身无长物，素知他官德表现的潘兴嗣很受感动。

周敦颐历年所得俸禄，除部分养家糊口外，大部分周济同族贫苦人家或用来接待亲朋好友，有时没了食饭钱。所以在他出生的故地，并没有留下什么深宅大院与百顷田园，晚年筑居庐山峰下的起居室也与民居无大的悬殊。他在永州曾咏诗一首，后四句是：“事冗不知筋力倦，官清赢得梦魂安，故人欲问吾何况，为道舂陵只一般。”可见，他自知廉洁从不需担惊受怕。

在任湖南汝城县令时，也只有一个高四尺、宽五尺的木柜伴随，用以存放文件、衣物等，无多余物件。

四、法莲之廉

周濂溪一生爱莲颂莲，其以莲花般的君子品德要求自己。其在百花中弃牡丹舍菊花，而对莲情有独钟进而赋之，缘由应在于莲花之寓意及静态之美与周之理学精髓珠联璧合。

濂溪理学是融儒、佛、道三家思想而产生的，经弟子程颐、程颢，到朱熹而集大成，成为中国自北宋以来封建社会的统治理论。在继承孔孟之道的基础上，佛道两家宗教思想在濂溪思想中占有相当大的比重。

佛教着重探讨解脱人生苦难。它一方面渲染人生是苦海，一方面宣扬成佛的无比神奇，佛国的无比美妙，教人在尘世中积德从善而寻求解脱。佛教中的美好事物都由莲花来表述。对佛祖母摩诃摩耶的美描写成“美丽如莲花”，佛祖释迦牟尼有“如莲花的双手”和“似出淤泥的莲花大眼”。佛之座为莲花台。佛家名为莲池、莲宗、莲花等有莲字的名字比比皆是。观音有座莲观音。去西大取经的唐僧，帽子上也是朵朵莲花。在《华严经探玄志》中，更是说“莲花有四德，一香二净三柔软四可爱……谓常乐我净。”佛家对莲的青睐，关键在于莲对佛教思想有其特殊的寓意。佛教主张的解脱即从凡人到圣人，从尘世到净界，从众恶到众善的过程，正好像从淤泥中生长却一尘不染开出无比鲜美之花的莲一样。

道家则称莲为“仙花”。道家始祖、思想家老子终身只有一篇《道德经》，却让世人永远学不完做不完用不尽。至今我们常用的“法网恢恢，疏而不漏”、“祸兮福所倚，福兮祸所伏”都是老子的辩证观。“宝莲灯”的故事就是宣传道教的。《封神榜》讲的也是道家斗法，最后由道主宰世界，其中的哪吒就是莲花化身。李白有道家思想，也曾有一首颂莲的诗《古风》留世：“素手把芙蓉，虚步蹑太清。霓裳曳广带，飘拂升天行。”显然，周濂溪在吸收佛、道理论内核的同时，吸收了佛道对莲之寓意、肯定和赞美，因而突破了中国传统意义上把梅、兰、竹、松作为正直人格的一般化象征。

既然周濂溪在菊花、牡丹等百花中独爱莲，为什么又把菊花、牡丹拿来与莲花相比呢？濂溪理学道德观的中心主旨是无欲诚心，这是人的认知修善的最高境界。虽然这一思想吸收于佛道两家，但周又不赞同把情和欲看作万恶之源，教人出家脱离尘世，他主张主静、无欲、顺理，把物质生活欲望降到最低限度。因此，他认为菊花耻与众芳为伍而独开于百花之后，是“花之隐逸者”，牡丹则仪态雍容浓艳，追求繁华富贵，是“花之富贵者”，而莲花洁身自好，不浮华不俗气，正好吻合其主张积极入世，又不受尘世污染的观念。所以其将莲花、菊花、牡丹代表三种不同的人格风尚，让众人去爱牡丹，让陶渊明去爱菊花吧，我独爱莲法莲！

五、正直之廉

周濂溪《爱莲说》中“出淤泥而不染，濯清涟而不妖”是千古名言，但事实上周濂溪却连用了五个不字来标榜一种正直的人生观。

一是不染。做到出淤泥而不染，必须要有顽强的抗干扰、拒腐蚀的能力，抵得住金钱美女、声色犬马的诱惑，增强免疫力，不贪不沾、清白廉洁。

二是不妖。妖者，怪异邪恶也，妖魔鬼怪，妖里妖气，妖娆。《左传》中说“口言善，身行恶，国妖也”。人生务必濯清涟而不妖。

三是不蔓。蔓就是攀附，趋炎附势，蔓草一样不断扩展滋生，哪里高就攀到哪里，哪里硬就攀到哪里，哪里有钱就靠到哪里，巴结献媚，卖身投靠，附骥尾而行千里，随虎啸而景云升。不蔓则反其道而行之，坚持正义和真理，不察言观色，不随风使舵，香远益清，亭亭净植。

四是不枝。不节外生枝，不拐弯抹角，不伸手扩张，不拉帮结派，不划圈子，不搞山头，不搞裙带，不亲近疏远。

五是不可亵玩。可远观而不可亵玩，这是莲的一种特性，如果你用手去拨弄了莲花，或者随意搬弄莲花，花肯定会蔫。被人亵玩，要么就是尊严不够，要么就是有短被人掌握，有盖子怕人揭开，无才而被人愚弄，无德而被人谩骂。因此人有不可亵玩的尊严，不是件容易的事。

周濂溪在广东任职期间，端州知州、虔部员外郎杜咨霸占端州砚石开采，当地民众失去采砚谋生之路。濂溪先以好言相劝，杜咨不听，他如实奏报朝廷并得到朝廷批示："端州之砚，允许百姓开采，凡仕于端州者，买砚不得超过两方。"批示传到端州，贪霸之风终止，百姓重获采矿制砚谋生权。

六、公明之廉

通书《公明二十一》说："公于己者公于人，未有不公于己能公于人也。明不至则疑生。明，无疑也，谓能疑为明，何啻千里。"可见周濂溪的民本思想很浓，公于己而后公于人。

周濂溪虽身在官场，但坚持原则，不畏权势，为人正直，大义凛然，"公生明，廉生威"。

踏入仕途不久，面临分宁县一件长久不决的案子，经过周密审讯、辩证，立即断定出谁是谁非，当地人交口称赞说："老吏不如也。"

在南安任职期间，发现一囚犯依法不应判死刑，但转运使王逵硬要处以极刑。面对高几个级别官位的王逵，周濂溪据理争辩，宁愿不要乌纱帽而坚持正义，并提出辞职说："如此尚可仕乎？杀人以媚人，吾不为也!"终使王逵感悟，免除囚犯的死刑，后来还力举周濂溪。

作者简介：李群利，中共汝城县委常委、组织部长。

淡则欲心平　和则躁心释

——周敦颐理学思想与古琴艺术之管窥

何志军

周敦颐的理学思想与古琴艺术是两个不同的领域，表面上似乎没有什么必然联系，我把它们论及一块，不免给人以牵强附会之嫌。那么，周敦颐的理学思想与古琴艺术有没有关系，它们相互之间又产生过什么影响呢？下面笔者谈点粗浅的认识，不当之处请方家指正：

在中国思想史上，周敦颐是继孔孟之后第一人，被世人尊称为“先儒周子”、“道学宗主”、“理学鼻祖”，他留给后人仅6248字，可谓惜字如金、字字珠玑，言约而道大、文质而义精。其《太极图说》和《通书》是奠定其理学思想的扛鼎之作。《通书》有四十篇，关于“乐”的章节从“乐上第十七～十九”共三篇。

《乐上第十七》

古者圣王制礼法，修教化，三纲正，九畴叙，百姓大（太）和，万物咸若，乃作乐，以宣八风之气，以平天下之情。故乐声淡而不伤，和而不淫。入其耳，感其心，莫不淡且和焉。淡则欲心平，和则躁心释。优柔平中，德之盛也；天下化中，治之至也。是谓道配天地，古之极也。后世礼法不修，政刑苛紊，纵欲败度，下民困苦。谓古乐不足听也，代变新声，妖淫愁怨，导欲增悲，不能自止。故有贼君弃父，轻生败伦，不可禁者矣。呜呼！乐者，古以平心，今以助欲；古以宣化，今以长怨，不复古礼，不变今乐，而欲至治者，远矣！

《乐中第十八》

乐者，本乎政也。政善民安，则天下之心和，故圣人之作乐以宣畅其和心，达于天地，天地之气盛而太和焉。天地和则万物顺，故神祇格，鸟兽驯。

《乐下第十九》

乐声淡则听心平，乐辞善则歌者慕，故风移而俗易矣，妖声艳辞之化亦然。

如果再加上“礼乐第十三”共有三个半章节，比开篇被周敦颐喻为“圣人之本”，“万物资始”的“诚”还要多出一个章节，

周敦颐为什么要用这么大的篇幅来论述“乐”？到底是什么“乐”“能宣八风之气，以平天下之情”？什么样的乐声能“淡则欲心平，和则躁心释”？是什么乐器能够“优柔平中，德之盛也”？是什么样的演奏形式才能“宣畅其和心”、“乐声淡则听心平、乐辞善则歌者慕”？奏乐者必用其器也，使用的是什么乐器？但周敦颐的著作里并没有写明，人们也很少关注这个问题。笔者曾对较为流行的二胡、扬琴、琵琶、古筝、笛子、唢呐等乐器做过研究，无论其乐器形制或其音色、音量都难以达到上述内涵，而“泠泠七弦上，静听松风寒，古调虽自爱，今人都不弹”的古琴则能很完美准确地体现“淡则不伤，和而不淫”的精神特质。古琴艺术之所以能与周敦颐“乐”的理学思想相通，与“淡”、“和”的内涵相符，我们得先来了解一下古琴：

古琴又称瑶琴、七弦琴，在古代统称琴，由于其历史悠久，现在人们都泛称它为古琴。“琴棋书画”四艺中，居其首的琴就指古琴。琴声音色深沉，余音悠远，是中国传统文化中最具有典型意义的一件乐器。自古流传下来的琴曲约3000余首，门派众多，琴谱、琴论等专著更是浩如烟海，是首批国家级非物质文化遗产保护项目，现为世界级非物质文化遗产保护项目。

古琴始创何时，历来琴家们众说纷纭，据史料载，一般有以下几种看法：

（1）伏羲说。

汉代著名琴家蔡邕在《琴操》中说道：伏羲氏作琴，所以御邪僻、防心淫，以修身理性、反其天真也。

（2）神农说。

桓谭的《新论·琴道》中说：昔神农氏继宓羲而王天下，上观法于天，下取法于地，近取诸身，远取诸物。于是始削桐为琴、绳丝为弦，以通神明之德，合天地之和焉。

（3）炎帝说。

《吕氏春秋·古乐》：“昔古朱襄氏之治天下也，多风而阳气蓄积，万物散解，果实不成。故士达作五弦之瑟，以来阴气，以定群生。”

（4）黄帝说。

《新和太音大全集》历代琴式：“梁元帝《纂要》曰：‘古琴有清角者，黄帝之琴也。’”

（5）尧说。

元泰定本《事林广记》文艺门引《礼仪纂》：“尧使毋句作琴、五弦。”

（6）舜说。

《礼记·乐记》：“昔者舜作五弦之琴，以歌南风，夔始制乐，以赏诸侯。”

上述几种看法都将琴的发明归之为上古传说中的“三皇五帝”，历来学者们虽有不同的看法，各取一说。但足可说明琴的尊贵地位，根据湖北省随县曾侯乙墓出土的十弦琴和湖北荆门楚墓、湖南长沙马王堆出土的七弦琴实物，以及其他文献确切的记载古琴的始创年代至少在3000年以上，是件历史悠久、非常古老的乐器，其“尊”与“古”是符合周敦颐所说的“乃作乐”之器，也只有这种雅器才最配以“礼乐”来教化众生。

古琴其形制是最合数理且具中国人文色彩的乐器，在构造上也充分体现着天人合一的价值观念。古琴是由琴面和底板两块木头精合而成，琴面拱圆，是为“天圆”，天为乾，琴面上有丝弦主阳动；底板平坦，是为“地方”，地为坤，底板上有音孔主阴静；阳动阴静，阴阳相合。“一动一静，互为其根。分阴分阳，两仪立焉。”（周敦颐《太极图说》）。琴长约三尺六寸五分，象征一年三百六十五天，“上广下狭，法尊卑之礼”。琴宽六寸，象征“六合”，东、西、南、北、上、下，容纳宇宙天地洪荒；琴面上有十三点琴徽，代表一年中十二月及一个闰月；七根弦由一弦至五弦的音高分别为宫、商、角、徵、羽，五音分属土、金、木、火、水五行，同时又表示君、臣、民、事、物五个等级，“君君臣臣，父父子子，兄兄弟弟，夫夫妇妇，万物各得其理然后和”（周敦颐《通书·礼乐》第十三）；而第六弦、第七弦相传为周文王和周武王所加，大弦缓和而隐是君，小弦清廉而不乱是臣。是文、武之声，也是君臣的化身，实乃“二五之精，妙合而凝”也（周敦颐《太极图说》）。

琴头上部称为“额”，“额”之下，一条架弦的弧形硬木称为“岳山”，它在整个琴面上位置最高，似山岭一般。根据《易经》，山泽必相对，而在古琴的构造上也充分印证着古人的这种宇宙观，“泽”既是琴轸部位的“轸池”，以及琴底部的两个音槽，即发音孔，其中位于底板中部琴首处的称为“龙池”，尾部较小的称为“凤沼”。山泽相应，龙凤相对，这便是万象天地。如此看来，小小一具琴身上，有天地，有年、有月，有君、有臣，有文、有武，有山、有水，有龙、有凤，有时间、有空间，天地之道，万物之和，这便是古琴的化身，亦是古琴的精神。

古琴有泛音、散音、按音三种音色，泛音清脆高远、轻盈明亮，称为天声；散音深沉浑厚、雄健坚实，称为地声；按音圆润细腻、婉转舒情，称为人声。这三种音色被称为天籁、地籁、人籁，这也是效法易经卦象的六爻，取象“三才”的天、地、人，各以音色相类。此也合周敦颐《太极图说》之论：“立天之道，曰阴与阳；立地之道，曰柔与刚；立人之道，曰仁与义”。这种古琴所表达的融合，可以说正是周敦颐理学思想的最理想的道德境界。

历代斫琴都非常注重选材，古人认为桐树生长于崇山峻岭，吸取日月天地之精华，并采山光水石之灵气，无疑具有高洁品质，因而只有凤凰才配栖息。选桐木为制琴良材，是因它有“举之则轻，击之则松；抚之则滑，折之则脆”；即“轻、松、滑、脆”的四善标准，面桐底梓，合精而成，乃成佳器；取材于良，斫工于善，妙指发之，其音甚妙。一般理想的取音有：松透、清亮、古朴、浑厚、苍劲、宏大、凝重、灵透、幽奇、清润、甜美。明代琴家冷谦在《琴书大全》有琴具“九德”之说：奇、古、透、静、润、圆、清、匀、芳，人们称它为“雅器”、“道器”。琴作为高雅文化的象征与典范。因此，对“雅”的追求体现在各个方面并形成了许多弹琴的讲究与规矩。

《操琴十戒》

头不可不正，坐不可不端。容不可不肃，足不可不齐。耳不可乱听，目不可邪视。手不可不洁，指不可不坚。调不可不知，曲不可不终。

《五不弹》

疾风甚雨不弹，于尘市不弹，对俗子不弹，不坐不弹，不衣冠不弹。

《琴有十四宜弹》

遇知音，逢丽人；对道士，处高堂；升楼阁，在宫观；坐石上，登山埠；憩空谷，游水湄；居舟中，息林下；值二气清朗，当清风明月。

由此看来，古琴是有别于其他乐器的，它是自古文人用来陶冶性情的专有的圣洁之器，文人用它来抒发情怀寄托理想，会友时互通心境，独处时修身养性，琴成了理想人格的象征。在中国，最早提出琴“性极静”的是嵇康，其琴声如桓谭《新论·琴道》所说：“大声不振哗而流漫，细声不湮灭而不闻”，崔遵度在《琴笺》中的“清丽而静，和润而远”。因此而形成古琴“清微淡远，中正平和”的“德音”。周敦颐在《通书》（乐上第十七）论道：“入其耳，感其心，莫不淡且和焉。”基于上述而言，笔者认为只有古琴的形制及其德音才配得上周敦颐“乐”中之“器”。

周敦颐的著述字不过万，并没有具体论及古琴，甚至连一个“琴”字也很难找到。那么，在与周敦颐有关的人和事或者诗文中能否寻其踪迹呢？笔者留心探寻，可谓比比皆是：

下指正声调玉轸，放怀雄辩起云涛。（宋·赵抃《同周敦颐国博游马祖山》）

古柏根深寒不变，老桐音淡世难知。（宋·赵抃《次歆周敦颐叔国博见

赠》)

琴樽日左右，一堂不为泰。(宋·赵抃《题茂叔濂溪书堂》)

素琴携来谩横膝，无弦之乐音至微。(宋·赵抃《题茂叔濂溪》)

弦琴兮觞酒，写溪声兮延五老以为寿。(宋·黄庭坚《濂溪词并序》)

青云路三峡，寄傲开琴樽。(宋·吕陶《送周茂叔殿丞序》)

泉石激而泠泠兮，抑弦诵之遗乎?(宋·邹旉《游濂溪辞》)

弦歌在昔为人牧，俎豆于今是我师。(清·徐之凯《谒濂溪祠》)

过化称先哲，鸣琴政自闲。(清·范承命《谒濂溪祠》)

履近元公席，琴鸣单义弦。(清·颜鼎受《濂溪祠纪事三十韵》)

县古琴三弄，官清鹤一吟。(清·范秉秀《题濂溪吟弄处》)

所以看出，作为“人品甚高”的大儒周敦颐的生活、思想与古琴艺术是有关联的。值得称道的是：赵抃、潘兴嗣、吕陶与周敦颐不但是同朝同僚，而且是性情相近的好友，他们在琴道上均有很深的造诣，常在一起饮酒、弹琴、赋诗，志趣高远。赵抃曾一琴一鹤赴蜀上任，受到宋神宗的赞赏，成为千古美谈。周敦颐告老还乡，很多同事作诗与周、吕陶为之作序并诗，把盏之余，抚琴相送，此景此情令人动容。周敦颐是否擅弹琴，虽无记载，但从他所交往的朋友来看，应该说他对古琴是很熟悉的，从他的《通书》(礼乐第十三、乐上第十七、乐中第十八、乐下第十九)之论，可以看出，他对古琴是很有研究，故有“乐声谈则听心平，乐辞善则歌者慕”的深切感受。“古者圣王制礼法，修教化，三纲正，九畴叙，百姓大(太)和，万物咸若，乃作乐，以宣八风之气，以平天下之情。”是认为琴乐是具有教化功能的，关于这一点，荀子在《劝学》篇中就有说明：

夫声乐之入人也深，其化人也速，故先王谨为之文。君子以钟鼓道志，以琴瑟乐心。动以干戚，饰以洞旄、从以馨管。故其清明象天，其广大象地，其俯仰周旋有似于四时。故乐行而志清、礼修而行成，耳目聪明，血气和平，移风易俗，天下皆宁，美善相乐。

琴乐不仅可以使社会的人从个体上达到身心和谐，畅意抒情，还在于它能通过与礼相偕，使个体的情感自然流露与满足的同时，受到礼的规范和制约，自然性情感与社会性情绪和谐起来，使自然的人成为社会的人，使纯感性的情感打上理性的烙印，从而消除二者之间的隔膜和对立，利用调动审美情感的方法来填平鸿沟，消解对立，“美善相乐”，达到“以平天下之情”。

“故乐声淡而不伤，和而不淫。入其耳，感其心，莫不淡且和焉。淡则欲心平，和则躁心释。”周敦颐认为乐声真正的德音是“淡”与“和”，这也是古琴最显著的特征。“淡”是针对“妖声艳辞”而言的，是一种平实、朴素、不做作的“大音希声”之美。“和”是中国古典文化的审美精髓，其内涵主要包括自然界、社会人事和艺术作品三方面的和谐。它的基本特征是追求“天人合一”；人与人相和，人与社会相和，人与自然相和。表现在琴道上是：人与琴和，手与弦和，散（音）、按（音）、泛（音）相和。周敦颐认为“乐，和也”，乐的使命是和；“乐者，本乎政也”，乐，又是主政的需要；“政善民安，则天下之心和，故圣人作乐以宣畅其和心，达于天地，天地之气感而太和焉。天地和则万物顺，故神祇格，鸟兽驯”。通过“乐声淡”的教化，而达到“天地和”的目的。

“优柔平中”是古琴艺术的具体表现，“优美、柔和、平静、中正”这正是古琴的“德音”。是天地正音，是品格最高，德音极盛的。明万历年间著名琴家徐上瀛深受周敦颐理学思想的影响，在他的《溪山琴况》著作里开篇首章“和”论到“和也者，其众音之窥会，而优柔平中之橐龠乎?”而成为琴学经典。

作为中华礼乐文明主力的历代文人，几乎都与古琴结下了不解之缘。“左琴右书”，“琴棋书画”，“礼乐射御书数”，历代文人都把“琴”放在首要位置，通过弹琴来修身正心，陶冶性情完善自己理想的人格，提高自己的品位。如果我列出一个名单的话，有长长的一大串在中国文化史上颇为响亮的名字，例如我们最为熟知的就有孔子、司马相如、刘向、桓谭、蔡邕父女、嵇康、陶渊明、李白、王维、白居易、范仲淹、欧阳修、苏轼、王安石、李清照、赵抃、潘兴嗣、吕陶、朱熹、文天祥、李渔、王夫之、谭嗣同等，这种琴学的影响，是任何乐器都不能比拟的，周敦颐誉之“德之盛也”一点也不为过。

在精神文明和物质文明高度发展的当今社会、人们对“琴棋书画”、“礼乐射御书数”传统文化又真正了解、掌握多少呢？更多的是人们为日益膨胀的欲望，上下奔波，行色匆匆，显得特别的忙，权欲、物欲、性欲，票子、房子、车子，把人们折腾得精疲力竭、目光呆痴，为填补空虚的灵魂在卡拉OK厅的麦克风前五音不全地咆哮着、号叫着，无病呻吟的“靡靡之音”，内容粗俗的“妖声艳辞”大行其道，“乐声淡则听心平，乐辞善则歌者慕”的雅乐、德音却遭沦丧。俗话说：“曲高和寡”，不但在当今社会，就在古代要普及雅乐也并非易事，周敦颐叹道：“呜呼！乐者，古以平心，今以助欲，古以宣化，今以长怨。”如社会要和谐发展，“不复古礼，不变今乐，而欲至治者，远矣！”生活在当今竞争社会的人们，尽管物质生活确比古代高出许多，但在浮躁中所产生的负面效应也层出不穷，其幸福、快乐、安逸指数就不见得会高出古人多少。生命的意义在于享受其过程的体认与感悟，而不是对其结果无止境、贪得无厌的追求，一张一弛，文武之道；劳逸相合，生活之道。我们何不也像古人那样，常常择一清静之所，一杯好茶，一本好书，感受一下古琴“清微淡远、中正平和”的“德音”，心静神凝，内省身心，稍作停息，养精蓄锐，再踏征程？

作者简介：何志军，汝城县文物管理所所长。

周敦颐静修思想辨析

邓慧君

以周敦颐为代表的宋朝儒学家们，立足儒家思想的本源，吸取本土道家思想和域外佛教思想的营养，丰富儒家学说，赋予儒家思想新的形式和内容，践行儒家理想人格，使儒家思想步入发展的新阶段。以周敦颐为代表的宋朝儒学家们的思想一方面推动了儒学的发展，使儒家思想达到极致，另一方面，也使儒家思想步入一条自我封闭自我保守的模式。本文以周敦颐静修思想为主，辨析其形成的脉络、社会价值以及实践意义。

一、静修思想的本源

“静”在周敦颐的学说中是非常重要的哲学范畴。其《太极图说》云：“圣人定之以中正仁义而主静，立人极焉。”圣人把握了阴阳两极至中至和而实现静，此为人世间的太极。换言之，自然界的太极是阴阳两极的相对静止状态，圣人能够把握之。他进一步论述“圣人与天地合其德，日月合其明，四时合其序，鬼神合其吉凶”。圣人能够把握天地、日月、四时、鬼神的规律。周敦颐受太极出发思考静是承道于道家，但他的静和道家的静是有区别的，道家的静是顺其自然的静，将个体置于自然，交于自然，然后听命于自然，顺从于自然的静，这是消极的静。而周敦颐的静是将个体置于社会，从中得到自我价值的实现，这是积极主动的静，是承儒家修身自律而形成的静。也就是周敦颐的静是将个体的欲望予以克制以后达到人生的一种完美的境界。同时，周敦颐的静也吸收了佛教静修自我，万念俱空的超然之情，但周敦颐吸收佛教思想却不逃避现实，并蕴含一种社会担当意识，因此其静修终归是儒家入世的哲学，是为现实服务的。

我们可以这样总结，周敦颐的静修思想是立足儒家修身本源，吸取道家太极阴阳平衡协调之理，吸收佛教超凡脱俗的思想而形成的修身思想。

二、静修的社会思想背景

周敦颐从塑造个体人格入手，躬身践行了儒家独善其身的修身理念，这与周敦颐所处的历史环境以及儒家学说发展到宋朝以后自身的要求是分不开的。周敦颐生活在北宋1017年到1073年这一历史时期，此时是宋朝前期。这一时期中国封建社会结束了五代十国时期的混乱局面，实现了局部的统一，人民生活暂时安宁，休养生息成为所有人的期盼。

从中国历史进程看，每一个动荡的时代结束以后，统治者都奉行静的理念，以静制动，以静守动，使民休养生息，安居乐业，实现社会短暂的安宁和稳定。结束五代十国纷争不断的历史建立起来的宋朝，也急需这样一个相对安宁的环境，实现王朝的秩序构建和思想平复，静的思想成为上上下下的愿望和社会的必然选择。

这一时期，在中国社会思想领域，从东汉传入的佛教一直与本土思想意识互相吸收互相排挤，经过唐朝儒佛之争，到五代十国时期佛教以不可抗拒的姿态被中国北部的少数民族政权接收膜拜，经历了波澜壮阔的自我发展过程，到此时它急需和本土儒学达成思想的协议，开始新的转机，佛教自然地被儒学所接受。这与宋儒面临拐点寻求新的发展的思想吻合，佛教进入儒学领域。佛教思想通过静修超脱的觉悟，受到周敦颐的赏识。

另外，影响封建社会意识形态的儒学经过西汉初期以来一千年的发展步入一个拐点，在和佛教思想的影响和较量后，它需要重新思考自我，审视自我，强化自我，开始新的起步。儒学在自我审视中，学习吸收了两种思想，一种是本土的道家思想，一种是域外的佛教思想。从这两种思想吸取营养，强大自我，丰富自己的内涵。总之儒学需要寻找在道、释、儒之间共通的节点。

社会的、思想的发展不约而同地寻找呼吸相的结合点，这些需求刺激产生了周敦颐静修人格的哲学思想。周敦颐承担了这一思想责任，寻找到儒释道三家的共通节点，并加以调和，形成了自己的一套思想认识。这个节点就是静的思想，通过将道家之静和佛家之静与儒家静修思想的调和，将儒学特有的修身之学推至极致。

三、儒家修身之学

中国的修身之道源远流长，本是一个很古老的话题。儒、释、道三家都讲修身，儒家修身注重个体对社会的责任感，修身为了更好地治国平天下，理想是成就内圣外王之道；释家修身注重修心，是为了解脱世俗的苦恼，忘却肉体的痛苦，理想是成就佛果，达到精神上的超然和解脱；道家修身顺应自然，谦卑自然，注重养生，修身是为了恩宠于自然，从肉体上超越生死，理想是成仙得道。

各种修身都有其所需和追求，周敦颐却以儒家为己任，致力于儒家的修身之学。究其原因有二：一是如前面所论，在求静的社会和思想氛围下，周敦颐是顺应时代的需求，承担了时代的思想；二是儒家作为中国封建社会的主流思想意识，仍然受到士大夫阶层的推崇和呵护，其符合封建专制统治的需求，能够被封建专制统治接受和欣赏。在封建专制统治下，需要两种人，一种是俯首听命的老百姓，一种是具有社会担当追求人格高洁的士人。周敦颐顺应了中国社会的思想需求，实现了自己的鸿儒夙愿。

作为中国封建社会士大夫的精神学说，在本质上是倡静之学，以一种依附于政治统治的姿态活跃在历史舞台上，自身没有动的能力和需求。经过唐朝与佛的较量，儒家更要守住自我的基点，即静。通过实现极致的静来保存自我，周敦颐的思想就是适应这一儒家的要求形成的。以后儒家经过朱熹的发展可以看出，宋儒们将这种静推到极致。其中朱熹将人所有的自然欲望都灭绝，他认为有欲就有动，灭欲就灭动。这是儒家静修思想带来的负面影响，不在本文议论之列。

儒家的修身不仅仅是为修身而修身，不是为个人的快乐而修身，而是为国家的责任和社会的担当而修身。儒家将修身之哲学上升到家国爱恨的高度，以人格是否有利于家国爱恨的角度判断之，如果你的个人行为不利于国家和社会，那你就是失败的，如果有利于家国利益，那就是成功的。这是儒家人格哲学的特点和局限性。儒家修身不是解决生命个体的困惑，而是解决国家和社会的困惑，是以个人人格的完整达到满足国家社会需要的理想。

儒家致力维护的国家和社会秩序是君主专制制度，是曾经的周王朝为其体制设计出了一套完整的礼仪规程，但这种利益规程由于以血缘为纽带，最终成为限制社会发展的羁绊其处于被解开和丢弃的境地。以后封建郡县专制集权体制建立后，急需某种思想附和它，由于儒家修身自律的家国意识能够给专制统治者提供生存的思想基础，因此很快受到统治者的欣赏，并邀请成为统治集团的座上宾。

儒学自从春秋战国时期形成后，经过汉朝，到宋朝已经主宰人的思想意识达百年，中国封建社会也经历了风风雨雨。在儒家那里，何谓修身？修身就是通过个人的自律、克己、学习、教化使自我达到一种完美的人生境界。孔子由此制定出了一系列的礼仪规范，供人们学习、遵守。修身在人性本质的哲学基础是性本善，人性本善，可为什么会有不善之举呢？那就是社会的熏染和侵蚀，使人从善变成恶。因此，需要修身。

儒家修身的方法有不少，主要有两点：一是慎独。儒家提出慎独的思想，即当你独处的时候，你仍然能够保持君子风范，而不逾越规矩，稍有闪失。无人约束你的时候和友人约束你的时候是一样的，在什么场合和环境，都要显示出你修身的诚意和一贯性。儒家明白人的修养有蒙骗众人眼睛和耳朵的嫌疑，有的人满嘴道德，滔滔不绝，在背地里却作恶多端，有的人表面上坦坦荡荡，光明磊落，暗中阴险歹毒，邪恶无耻，这些人都能蒙骗别人的眼睛和耳朵，混淆视听。其修身成为为其获得名利的招牌和幌子。要杜绝利用修身之义而给自己披挂彩衣的伪善行为，就要提倡修身的独处，不论在什么场合都做到始终如一，不敢怠慢，“不欺暗室”，“无愧屋漏”，保持人格的尊严和高贵，达到修身的最高境界。

另一点是反省。儒家认为君子应该反省。是人都有缺点，都会犯错误，所谓“不畏过，而畏无耻”。只要善于反省，就能及时更正自己的缺点和错误，使身心端正。那么怎么才能知道自己的不足和缺点呢？一个人可以反省，如果反省不了自己，怎么办呢？那就要思贤，见贤思齐，看到贤良之人要想到和他一样，通过榜样的力量塑造自己。见贤思齐是儒家反省的一种方法。通过观察贤者之举对照自己，参照自我，看自己还有无不足的方面。孔子通过对历史的考察和现实的思考，将中国历史上的贤者做了总结，认为尧舜皆贤人。儒学以圣人为理想人格，自然要人们仿效圣人。如何仿效呢？《易传·系辞上》说：“书不尽言，言不尽意。然则圣人之意其不可见乎？子曰：圣人立象以尽意。”圣人用自己的所作所为表达了所有的意思。提倡学习的同时，儒家鼓励人们学习圣贤，不要以为圣贤可望而不可即，他认为“人皆可以为圣贤”。只要我们见贤思齐，注意自我修养，能反省自爱，人人都可以成为圣贤的。

四、道、佛的静修思想

周敦颐从道家学说吸取营养，丰富完善儒家学说。在先秦思想史上，道家比儒家更早，道家从自然的本源和自然法则入手思考人，儒家从国家和社会需求出发思考人。道家更尊重人的自然属性，儒家更看重人的社会属性。在道家那里，人是自然的，人应该按照自然法则生存，自然法则就是自然规律。道家认为自然界按照一定的规律运行，人作为自然之物，也有其规律，由此发现了阴阳学说。人也由阴阳构成，人要尊重自身的阴阳。阴阳之学就是动静之学，自然界一切都动静互参，动中有静，静中有动，动之极为静，静之极为动。道家发现自然界的动静之变思想终归要被人们使用，道家将其发展形成了一套黄老之学，即按照道家创始人认识世界的理论把握自然和社会的学说。道家思想应用到社会的那一部分就是静，以静止动，以静观变。在阴阳之学里，阴所体现的静态更符合中国传统的专制体制，人民要顺从忍受温顺，统治者也要学会休养生息，不折腾民生，双双都需要静，以达到社会的稳定安宁。

在儒家那里，认为人是社会的，人应该遵守社会法则，而儒家眼里的社会法则就是礼仪规范和社会秩序，这些礼仪规范和社会秩序，是先祖发现并践行了的，但我们将其破坏毁灭，现在要恢复这一套社会法则。儒家认为，恢复社会法则的基点就是要从自我修身做起，克制自己的欲望，实现社会的有序和仁义。对统治者而言，要学会仁义，对个体的被统治者而言，要学会修身，这样，就能达到互相的协调和有序，使社会步入和谐安宁的状态。

周敦颐寻找到道家和儒家的共同点都以静为点的思想点后，从中国哲学思想的本源太极入手，思考道家太极阴阳之学。其《太极图说》开宗明义，云："无极而太极。太极动而生阳，动极而静，静而生阴，静极复动。一静一动，互为其根。分阴分阳，两仪立焉。阳变阴合，而生水、火、木、金、土。五气顺布，四时行焉。五行，一阴阳也；阴阳，一太极也；太极，本无极也。五行之生也，各一其性。无极之真，二五之精，妙合而凝。乾道成男，坤道成女。二气交感，化生万物。万物生生而变化无穷焉。惟人也得其秀而最灵。形既生矣，神发知矣，五性感动而善恶分，万事出矣。"由太极阴阳交合生成五行而得出人是万物之灵秀，其有五性，五性为其善恶。人如何杜绝善恶，那就要求静，凡事求静便不可有善恶，静可将善和恶都灭掉。因此，静修身是周敦颐从道家和儒家里寻找出的契合点，以此为原点，达到修身自我，杜绝善恶，使五性不互相激荡，达到美的人生境界。

周敦颐还从佛教吸取营养，阐述自己的静修之说，他将佛教的吉祥物莲花引入到其修身思想中，达到修身的绝美境地。莲花是佛教的吉祥物。莲花以其清雅、洁净而受到佛教徒的推崇，寄托了他们脱俗的以到达理想境界的愿望。《楞严经》云："尔时世尊，从肉髻中，涌百宝光，光中涌出，千叶宝莲，有化如来，坐宝莲上……"《维摩经·佛国品》曰："不著世间如莲花，常善入于寂行。"《诸经要解》说："故十方诸佛，同生于淤泥之浊，三身证觉，俱坐于莲台之上。"莲花表示由烦恼而至清净。说明它生于淤泥，绽开于水面，出淤泥而不染，均有深刻的人格含义。同时在炎热夏季的水中盛开的莲花，给人们带来清凉的感觉，产生远离烦恼的意象。莲花是生于佛国净土的圣物化身。佛祖救世出于淤泥间的至神。

周敦颐从佛教的静修思想和莲花吉祥获得灵感，再次感受到静修乃世间做人的第一法宝，塑造出寓人于物的花中君子——莲花，以莲花寓人，中通外直，亭亭玉立，显示出高贵典雅，洁净纯粹的美，挥笔写下寄托自我人格追求的《爱莲说》。关于周敦颐与佛的关系如前辈学者所言："而周子致力于老庄佛教（于禅宗尤甚）以得其所学说，则无可疑义者。"① "周子之思想为佛教的，然其以新题为无思，以为中含动而为吉凶，悔吝之几，又以为由无欲慎动，复不善之动归于无妄静虚之本，即有通明之用。是又用易系辞寂然不动感而随通语，殆必受之唐之李翱与？此在禅宗言之，则云定慧，在天台宗言之，则云止观，实则内容即禅也。易之寂然感通，中庸之自诚明。其无思而无不通者为圣，则明为禅的。"② 其《宿崇圣》一诗文，也反映了其接受佛教空静的思想，"公程无暇日，暂得宿清幽。始觉空间客，不生浮世愁。温泉喧古洞，晚磬度危楼。彻晓都忘寐，心疑在沃洲。"

从静修到莲花，周敦颐将自我人格经过完美的诠释，终于找到了一个人生的终结点和精神寄托，吸收其他学说和思想，为儒家的修身服务，从而使儒释道的思想得到完美结合。他终归是个儒家，因为他的学说以儒家为平台，在静修思想之下，周敦颐又得出一个理念，那就是诚的思想。他认为阴阳互化是因为阴阳皆守诚，各守其分，以诚相待，达到生成五行、继生万物的目的。他将道家的自然之理引入人世，认为人也应以诚为要义，守候自我，善待万物，达到互相的协调。诚是一种守候，而守候则需静，诚则守，守则静，以静待变，以静化物。这是周敦颐人格塑造的逻辑推理。动静是中国易学的基本命题，它们互相转化，互相依赖，互相支撑，而周敦颐为什么选择用静来休养身心，用静观察万物，如前所述，这体现了那个时代的要求和儒家发展的特殊阶段。

诚和静是一本两体，都源于太极阴阳中阴之理论。在社会的阴阳构成中，诚为本，可以友善阴阳。不管是阴，还是阳，都要以诚为先。诚能使阴阳达到互依互存的目标。诚并不是不动，诚到极致就能动，如其《通书》第三十五章拟议云："至诚则动，动则变，变则化。故曰：'拟之而后言议之而后动，拟议以成其变化。'"则由诚导致的变化是友善仁义的，因此，其变化也会往友善仁义的方向发展。另外，在阴阳一体中，阴静更需要以诚承托阳动，达到自我的完美和深沉。就个体而言，将自我置于阴精的一方，成全别人，是为高尚的君子。在儒家那里，诚是君子应该遵守的基本道义，与仁义并重，有诚才能有仁义，无诚则无仁义。诚是一种成全别人的心态和气度。在佛教那里，诚是自我的超脱，与万物同修，诚于己心，不欺骗自己，尽心修炼，达到超然脱俗的无

① 林科堂：《宋儒与佛教》，万有文库，商务印书馆印。

② 林科堂：《宋儒与佛教》，万有文库，商务印书馆印。

我状态。周敦颐诚的思想和静修的思想是一脉相承的，是一本两体。

五、静修思想的哲学价值

周敦颐以儒家本源的思想修身为基础，尊崇道家自然之性，糅合佛教静心脱俗，探索儒家理想人格的自然之性和社会之理，完善儒家学说，并躬身实践，自律自爱的正人君子，为后人树立起一座人格的丰碑。在周敦颐那里，一个修身自我的人就是一个对社会有贡献的人。

周敦颐是具有社会责任感的思想家，其思想的社会价值在今天仍然具有现实意义。在当今社会个性化发展的时代，更需要提倡个体生命修身的完美和人格的高贵。无疑，周敦颐为我们提供了思想理论和实践借鉴，他的思想具有现实意义。

从来没有一个时代，像今天这样，需要心灵的安静和滋润，需要用传统文化来抚慰人们的心灵。在当代中国价值体系建构中，周敦颐修养自我的精神仍然需要我们继承和发扬，这是中华民族的人文瑰宝，更是华夏文化的璀璨结晶。

作者简介：邓慧君，甘肃省社会科学院政治所研究员。

周敦颐《太极图说》所阐释的天人之道

朱超良

太极图的产生是“周易”继伏羲画八卦，文王演六十四卦，孔子整理成册并作“易传”之后又一次升华和完善，太极图将“周易”抽象的卦象，艰涩的卦爻辞及难以把握的阴阳消长变化用一对咬合的阴阳鱼构成的圆环图像直观地陈现出来，既给人以无限的奥秘感和丰富的想象空间，又使人对“周易”复杂的阴阳关系一目了然，图中阳长阴消，阴长阳消，极阳中含阴，极阴中含阳，像二条互相咬尾的游鱼充满动感。据南宋朱震记述：陈抟以《先天图》传种放，种放传穆修，穆修以《太极图》传周敦颐，周敦颐传程颢、程颐。显然穆修的《太极图》是从陈抟的《先天图》变化而来，陈抟为五代末著名的道士和学者，陈抟之前没有《太极图》的历史记载。道家从东汉魏伯阳著《周易参同契》始将周易中的阴阳转换作为修炼内丹外丹的法门，明末黄宗炎说：“方士之诀，逆则成丹。茂叔之意以为顺而生人，太虚无有，有必无本，是为最上。乃更炼神还虚，复归无极之名，曰无极而太极。”周敦颐作《太极图说》却将得之于道家的《太极图》用儒家的理论观点进行理解诠释。《太极图说》虽然只有短短的267个字，却被公认为宋明理学的开篇之作，是儒家从孔孟创立后一千五百年最大变革思潮的发端。《太极图说》将北宋以前儒家关于《周易》的理论观点尤其是《易传》的思想精华进行整合贯通，提炼创新，以太极图为中介描绘展示了一幅全新的宇宙生成，万物化生的图景，这是中国儒家式的创世学说，使古代模糊不清的，充满神话传说意味的世界创造，宇宙生成观念发展为一个理性的较为完整的理论体系，从而为儒家所提倡的个人修身成德找到了一个终极本源。

《太极图说》首先确定了一个宇宙的原初状态“无极”而后发展、演化为“太极”，“无极”“太极”指的是什么历来众说纷纭。南宋朱熹认为：“上天之载，无声无臭，而实造化之枢纽，品汇之根柢也。故曰：‘无极而太极。’非太极之外，复有无极也。不言无极，则太极同于一物，而不足为万化根本，不言太极则无极沦于空寂，而不能为万化根本。”又说：“无极即是无形，太极即是有理，周先生恐学者错认太极别为一物，故著无极二字以明之。问：太极还是未有天地之先，有个浑成之物，是天地万物之理总名否？曰：太极只是天地万物之理。在天地言，则天地中有太极，在万物言，则万物中各有太极。”很显然，朱熹的观点是：“无极”与“太极”是同一事物的不同称谓，“无极”是“太极”的无形态，是无声无臭，无形无态的，“无极”并不是一个宇宙实体，也不是“太极”之前的一种宇宙状态，这种解释显然不符合周敦颐的本意。首先，周敦颐是从太极图来理解“太极”的，太极图是由两条“阴阳鱼”交错构成的一个圆形图，这个图是动态的，包含着阴阳的消长规律及相互储存的关系，“阴阳鱼”中有五行、八卦及朱熹所说的万物之理。如果太极图所呈现的是宇宙的某一个阶段的话，那么应该就是宇宙的现时状态，这是个有序的宇宙，是按阴阳的消长规律运行的无限时空。很明显这不是宇宙的最初状态，在此之前一定有一个初始的本源，这个混沌无序的宇宙本源状态就是周氏所称的“无极”，用现代天文学的理解“无极”就是宇宙大爆炸到宇宙现时状态之间的一个存在阶段，先有“无极”而后有“太极”。

朱熹认为“太极只是天地万物之理”，这是把现时宇宙的有序运行规律抽象出来。太极之理是作为实体的宇宙物质即天地万物必须遵循的不变的宇宙法则，天地万物既是从这一宇宙法则中产生，又必须遵循这一宇宙法则运行，大到整个宇宙是如此，银河系是如此，太阳系是如此，地球是如此，小到地球中万物无不如此，此理既在万物之外在万物之中。这也就是太极图所揭示的周易中简易、变易、不易的三重含义，简易是指宇宙万物虽极为多样复杂而简言之只有阴与阳二种变量，体现在卦就只有阴爻和阳爻，体现在图则只有阴“鱼”和阳“鱼”。变易是指阴阳此消彼长即周氏所谓：“太极动而生阳，动极而静，静而生阴，静极复动。一动一静互为其根。”这里所谓的“静”并不是指不动之“静”，而是指阴阳消长变化的一种运动方式，是说明阴具有与阳不同的性质，二者是“互为其根”的对应关系，程颐在《程氏易传·剥传》中所说：“《剥》之为卦，诸阳消剥已尽，独有上九一爻尚存，如硕大之果不见食，将有复生之理，上九亦变则纯阴矣。然阳无可尽之理，变于上则生于下，无间可容息也。圣人发明此理，以见阳与君子之道不可亡也。或曰：剥尽则为纯《坤》，岂复有阳乎？曰：以卦配月，则《坤》当十月。以气消息言则阳剥为《坤》阳来为《复》，阳未尝尽也。《剥》尽于上，则《复》生于下矣。故十月谓之阳月，恐疑其无阳也。阴亦然。圣人不言耳。”就是说宇宙万物没有纯阳和纯阴，阴阳永远在间不容息的变化运动着，不变的“静”是没有的。不易是指宇宙的运行规律是不变的，整个宇宙的有序运行是有其所遵循的法则，这一法则既创造了宇宙所有天体，也规范了所有天体的有序运行，这一法则是不变的也是不能变易的，变则使有序变成混乱，宇宙将面临毁灭。这一不易的法则就是“太极”，也是宋明理学所谓“理”的终极本源。

《太极图说》所展示的宇宙生成图式为：无极→太极→阴阳→五行→万物。这与《易传·系辞上》：“《易》有太极是生两仪，两仪生四象，四象生八卦，八卦是吉凶，吉凶生大业。”及与《老子》：“有物混成，先天地生，寂兮寥兮，独立不改，周行而不殆，可以为天下母，吾不知其名，字之曰道。”又说：“道生一，一生二，二生三，三生万物，万物负阴抱阳，冲气以为和”等古代儒道二家的主流宇宙生成模式更加清晰、有序、完整。《易传·系辞上》所展示的宇宙生成模式是从《周易》象、辞、占中提炼出来的，就是“易”论“易”的观点，并没有从《周易》的功能中抽象出来。《老子》的“道”更近似于周氏的“无极”，而“一”则近于“太极”，“二”是理解为“阴阳”，但《老子》的宇宙生成模式则过于抽象而模糊，且“道生一，一生二”也与“无极而太极，太极而阴阳”的最大异趣在于周氏“太极”所包含的不可或变的宇宙法则即天理是《老子》“一中”所难以体认的。

太极与阴阳的关系，是太极中有阴阳，而阴阳相互间的消长变化则无不体现出太极中的宇宙法则即天理，所谓“立天之道，曰阴曰阳，立地之道，曰柔曰刚，立人之道，曰仁曰义”，柔即阴、刚即阳，仁即阴、义即阳，无论是天道，地道还是人道都无例外地遵循着阴阳所体现的宇宙法则。阴阳相互间的消长关系在太极图中可以直观地展现出来，同样用德国著名数学家莱布尼茨从《周易》中发现的二进位制将六十四卦进行排列，如果将阴爻定为0，将阳爻定为1，那么《坤卦》就是0，《复卦》为01，《师卦》为02，然后依次为《临》，《谦》，《明夷》，《升》，《泰》，《豫》，《震》，《解》，《归妹》，《小过》，《丰》，《恒》，《大壮》，《比》，《屯》，《坎》，《节》，《蹇》，《既济》，《井》，《需》，《萃》，《随》，《困》，《兑》，《咸》，《革》，《大过》，《夬》，《剥》，《颐》，《蒙》，《损》，《艮》，《贲》，《蛊》，《大畜》，《晋》，《噬嗑》，《未济》，《睽》，《旅》，《离》，《鼎》，《大有》，《观》，《益》，《涣》，《中孚》，《渐》，《家人》，《巽》，《小畜》，《否》，《无妄》，《讼》，《履》，《遯》，《同人》至《姤卦》为62，《乾卦》为63。反之将阳爻定为0，阴爻定为1，则《乾卦》为0，《姤卦》为01，按前面次序逆推至《复卦》为62，《坤卦》为63。依程颐的观点，《剥》尽于上则《复》生于下，其变换无间息可容，《剥》，《复》之间的纯阴卦《坤》在阴阳的消长变易中是不存在的，同理纯阳卦《乾》也是一样。用二进位制来排列六十四卦的阴阳消长次序会发现纯阴的《坤》和纯阳的《乾》始终排在阴阳变化的始点和终点，可见《坤》与《乾》是阴阳的两个极点，就像地球的磁场有阴极和阳极一样。而整个六十四卦或者说六十二卦的阴阳变换关系就是太极，在太极图中就体现为一个圆内二条互相咬尾的阴阳“鱼”。

周氏说：“无极之真，二五之精，妙合而凝，乾道成男，坤道成女，二气交感，化生万物，万物生生而变化无穷焉。惟人也，得其秀而最灵。”所谓“无极之真”就是“太极”，“太极”既是阴阳，“二五之精”，二既是阴阳，五既是五行，所谓“阳变阴而生水，火，木，金，土”。又说：“五行，一阴阳也”五行所体现的亦是阴阳关系，所以说：“二气交感”，化生万物。所谓“妙合而凝”，“二气交感”，都是依据太极，阴阳所遵循的宇宙法则而化生万物及人类，人类万物既然是由“太极”，阴阳，五行所化生，就必须遵循“太极”，阴阳、五行所遵循的宇宙法则，《易传·乾文言》说：“夫大人者，与天地合其德，与日月合其明，与四时合其序，与鬼神合其吉凶；先天，而天弗违，后天，而奉天时，天且弗违，而况于人乎？况于鬼神乎？”就是说在遵循宇宙法则上，天、人、鬼神都不能例外，从这一角度来说天人是合一的。“大人”就是尧、舜、周公，孔子等圣贤人物，“合”就是符合、一致，“大人”是能够自觉地与天地，日、月，四时，鬼神一致遵循宇宙法则，每一个人都不能违背这一法则，“君子修之吉，小人悖之凶”。

儒家学说是以个人修身成德为基础，由下而上，由小而大，由近而远，进而齐家，治国，平天下，个人的修身成德在孔孟以“礼”为行为规范，以亲情为纽带，援“情”为教以致“仁”，孟子说：“仁也者，人也。合而言之，道也。”“仁”既是“道”，“道”就是“天且弗违，而况于人乎？”的宇宙法则，不违于道则成仁，家不违于道则家庭和睦，所有的个人和家庭不违于道则国家和谐，国家和谐则天下大治。孔孟的儒家思想是充满人情味的以遵道为手段，和谐为目的建立理想人格和理想社会的学说。但孔孟儒学援“情”为教以“亲亲”之为“仁”，“仁”道缺乏普遍有效的客观依据，个人修身成德找不到一个终极本源，周敦颐的《太极图说》由无极而太极而阴阳，从宇宙的生成演化，为宋明理学业解决了最重要的三大基础理论问题即：世界的本源问题，人性的来源问题和认识的来源问题。承上则弥补了孔孟儒学之憾，启下则开始了宋元明清近千年理学之源。

作者简介：朱超良，汝城县商务局主任科员。

周敦颐对湖湘文化和湖南人才的影响

易永卿

周敦颐（1017—1073），原名惇实，字茂叔。出身于北宋时期湖南道州营道县营乐里楼田堡（今道县久佳乡楼田村）一个书香之家。其父亲周辅成，又名怀成，祥符八年（1015）进士，官至贺州桂岭令，多有善政，后赠谏议大夫。周敦颐两个儿子，一名周寿，字季老，又字元翁，元丰五年（1082）进士，官至郎中，著有《周元翁诗集》；一名周焘，字通老，又字次元，元祐三年（1088）进士，官至两浙转运使、宝文阁待制，著有《爱莲堂集》。周敦颐家从他父亲开始，祖孙三代四人，产生了三个进士、一个思想家。周敦颐虽不是进士出身，却是湖南产生的第一个本土大思想家，被尊为宋明理学的"开山鼻祖"，对以后湖湘学派成为一个具有全国影响的重要学术流派，对于湖湘文化的发展和湖南人才的成长都具有十分重要的意义。

一、周敦颐是湖湘文化形成过程中的关键人物

"文化"，此处当指精神生产能力和精神产品，包括一切社会意识形态，即自然科学、技术科学、社会意识形态。中国地域辽阔，地形复杂，各地自然条件、生活环境有很大区别。加上古代曾实行分封制，出现过许多在政治、经济、文化上都有区别的诸侯国。因此，自古以来，我国就产生了一些特点各异的区域文化，如荆楚文化、齐鲁文化、燕赵文化、吴越文化等等。湖湘文化就是产生和形成于今天湖南地域范围内的一个具有全国影响的区域文化。

追根溯源，人们在讨论湖湘文化时，常常提到两个伟人，即屈原和周敦颐。清代学者戴德诚说："三闾（屈原）以孤愤沉湘，元公（周敦颐）以伊尹为志，遂开湘学仁侠之大宗。"① 近代学术大师钱基博说得更加明白："天开人文，首出庶物以润色河山，弁冕史册者，有两巨子焉：其一楚之屈原，著《离

① 戴德诚：《湘学类纂·湖南宜善守旧》。

骚经》，以香草美人为比兴，以长言永叹变四言，铿锵鼓舞，于三百篇之外，自成风格。创楚辞以开汉京枚马之辞赋。其一宋之周敦颐，作《太极图说》、《通书》，契性命之微于大易，接孔颜之学于一诚，而以太极人极发明天人之蕴，倡理学以开宋学程朱之性理。一为文学之鼻祖，一为理学之开山，万流景仰，人伦模楷，风声所树，岂徒一乡一邑之光哉！”① 屈原是楚国人，一般认为其出生地在今湖北秭归，但他被贬谪到湖南，长期在湖南生活。屈原是文学之鼻祖，他的很多文学作品是在湖南创作的。屈原是湖南古代文化、也是湖湘文化的重要开拓者；周敦颐为理学之开山，湖湘文化正是以理学为主要特点的。因此，可以说产生在古代湖南地域的、以屈原为代表的楚辞歌赋，实际上就标志着湖湘文化的萌芽；而周敦颐理学思想的出现，则标志着湖湘文化的形成。

周敦颐创理学，湖南因之而产生了一批理学家，再加上胡安国父子和张栻等人的传扬和发展，湖湘文化成为一种理学形态的文化。理学是继先秦诸子、两汉经学、魏晋玄学、隋唐佛学之后的一种文化思潮。一方面它以儒家经典为宗，重新解释，发扬光大，促使了儒学的振兴。另一方面它又吸收了佛、道诸家的哲理，使儒家学说更加完善，更加理论化。可见，理学是对中国传统文化的综合和提高，更加适合封建社会的需要。唐以后，游牧民族不断骚扰北方，侵犯中原，“五胡乱华”、“安史之乱”、“靖康之难”，中原地区战火不断，中原人口也纷纷南下避乱。南方则相对安定，经济、文化渐次崛起，开始超过北方。宋代，南方已经成为中国文化重心，许多著名的文人、学者产生在南方，或在南方活动。一些有影响的学派，著名的书院，也在南方。北方的文化已经落在南方的后面，处在衰退之中。随着文化重心的南移，到两宋时期，各地开始形成了自己的学术思想、学术特色、学术传统。北方有孙复的泰山学，张载的关学（陕西），司马光的涑水学（山西），二程（程颢、程颐）的洛学（洛阳），邵雍的百源学（河南）等。南方则更多，如朱熹的闽学，胡安国父子和张栻的湘学，苏轼兄弟的蜀学，陆九渊的象山学（浙江），吕祖谦的婺学（福建），陈亮的永康学（浙江），薛季宣的永嘉学（浙江）等。其中，周敦颐的理学，又称濂学、濂溪学，独具特色。而且自周敦颐之后，一批著名学者在湖南活动，使理学、湘学更加发扬光大。湖南更产生了一大批有影响的理学家，他们都开创和发展了湖湘文化的形态和特色。对此，真德秀指出：

“窃惟方今学术源流之盛，未有出湖南之右者。盖前则有濂溪先生周元公，

---

① 钱基博、李肖聃：《近百年湖南学风·湘学略》，岳麓书社，1985年，第1页。

生于舂陵，以其心悟独得之学，著为《通书》、《太极图说》，昭示来世，上承孔孟之学，下启河洛之传。中则有胡文定公，以所闻于程氏者，设教衡岳之下，其所为《春秋传》，专以息邪说、距诐行、扶皇极、正人心为本。自熙宁以后，此学废绝，公一出书，大义复明。其子致堂、五峰二先生，又以得于家庭者，进则施诸用，退则淑其徒，所著《论语详说》、《读史》、《知言》等书，皆有益于后学。近则有南轩先生张宣公寓于兹土，晦庵先生朱文公又尝临镇焉。二先生之学源流实出于一，而其所以发明究极者，又皆集诸老大之成，理义之秘，至是无复余蕴。此邦之士，登门墙承謦欬者甚众。故人才辈出，有非它郡国所可及。”①

这就是说，理学思想大盛于湖南，并形成了以理学为思想主流的湖湘文化。它包括了“推崇理学，强调经世致用，主张躬行实践”三大要素。它的基本特点是：因重经世，重践履，推崇理学，而不流于空疏或虚诞；因推崇理学，有务实的经世观念，躬行践履，而易流于保守；因理学和经世观念的制约，重躬行实践，而局限于政治伦理。②

二、周敦颐为湖南开创了一个教育鼎盛的局面

周敦颐为政一生，勤勉务实，为百姓做了不少好事、实事；也为教一生，每到一地，兴教办学，致力于人才的培养。据度正所修《濂溪先生周元公年表》记载，周敦颐先后在郴州郴县、桂阳县，洪州分宁等地任职，每到当地，都十分重视教育事业。在郴县，他“首修县学”；工作闲暇时，他亲自讲学，“鲜事，袁之进士来讲学于公斋者甚众”。③ 在任洪州分宁（今江西修水）主簿期间，周敦颐择地讲学，建立书院（后人称之为景濂书院）。后来，郴县、汝城人民分别建立“濂溪祠”、“濂溪堂”、“濂溪书院”，以纪念周敦颐。特别是庆历六年（1046），周敦颐收程颢、程颐兄弟为徒，后世称之为“二程”，这是他一生当中对教育事业影响最大的一件事。程颐在《明道先生行状》中写道：“先生为学，自十五六时，闻汝南周茂叔论道，遂厌科举之业，慨然有求道之志。”④ 正是二程使周敦颐开创的理学思想得以继承并发扬光大。由于周敦颐重视教育事业和人才的培养，他的一代代弟子纷纷在湖南讲学授徒，从而在湖

① 宋·真德秀：《劝学文》，《真西山文集》卷四〇。

② 王驰等：《湖湘文化大观》，岳麓书社，2003年，第11—15页。

③ 宋·度正：《濂溪先生周元公年表》

④ 宋·程颐：《明道先生行状》。

南开创了一个教育鼎盛的局面。宋仁宗曾诏令各地设立官学，湖南是执行得比较好的，有 13 个州（府、军），31 个县设立了官学。而书院的兴起和繁荣，更成为宋元时期湖南教育文化史上的一道亮丽风景。据陈谷嘉、邓洪波《中国书院制度研究》一书统计，两宋时期湖南书院近 70 所，其中四分之三是南宋时新建的，其中岳麓书院和石鼓书院影响最大，是当时中国四大书院之二。至于胡安国父子在衡山创建的碧泉书院，则是湖湘学派的教育基地，开启了湖湘学派的源流。教育事业的繁荣为湖湘文化的鼎盛和湖南人才的鹊起奠定了坚实的基础。

周敦颐重视教育，他的一代代弟子们也都十分重视教育。绍兴元年(1131)，周敦颐的三传弟子、二程的再传弟子胡安国来到湖南衡山，隐居于紫云山下。他买地结庐，“夷榛莽，植松竹，山有为樵牧所残者养之，流有为嵩壅者流之，岩石之为草木所湮者辟之”。[①] 建立碧泉书舍，讲课授徒。其受业弟子除胡氏子侄胡寅、胡宏、胡宁、胡宪、胡实等人外，还有一批湖南学子，比较知名的有：谭知礼，字子立，长沙人；黎明，字才翁，长沙人；杨训，字子中，湘潭人；彪虎臣，字汉明，湘潭人；乐洪，字德秀，衡山人。外省学子也纷纷来到衡山，听课受业，拜胡安国为师。衡山也因碧泉书院开始成为宋代湖南教育和湖湘文化的中心，并由此奠定了“湖湘学派”的基础。

胡安国去世后，他的儿子，33 岁的胡宏生活艰难，仍然独立治理理学，并将碧泉书舍扩大为碧泉书院，吸引了大批学子。“远邦朋至，近地风从，袭稷下以纷芳，继杏坛而跄济；云台断栋，来求檃臼之楩楠；天路渐逵，看引风声之骐骥；驱除异习，纲纪圣传；斯不忝于儒流，因永垂于士式。”[②] 可见胡宏希望衡山成为第二个“稷下”。“稷下”，战国时齐宣王在临淄稷门扩建学宫，招揽文学游说之士数千人，自由讲学、辩论、研究，成为当时百家学派荟萃的中心；并逐渐形成一个具有一定倾向的学派，后人称之“稷下学”。在胡宏的主持下，一大批学子慕名从全国各地到衡山拜师求学。全祖望在《宋元学案·五峰学案》的案语中说：“绍兴诸儒所造，莫出五峰之上，其所作《知言》，东莱以为过于《正蒙》，卒开湖湘之学统。”事实确是如此，被称为“东南三贤”的三人，和胡宏都有师门关系：张栻是胡宏的正式弟子；朱熹虽未曾师从胡宏，但深受其影响，黄宗羲在《宋元学案》中称朱熹为胡宏的“私淑弟子”；吕祖谦也受益于胡宏。故明人彭时认为胡氏父子“俱为大儒，遂启新安朱氏，

① 《胡宏集》，中华书局，1987 年，第 153 页。

② 《胡宏集》，中华书局，1987 年，第 202 页。

东莱吕氏，南轩张氏之传，而道学益盛以显。”[①] 衡山虽然未能像“稷下”一样，成为全国百家学派荟萃的中心。但在胡宏的主持下，衡山和“稷下”一样，开启了一个湖湘学派。从这一点说，衡山超过了“稷下”。胡宏成为湖湘学派的开创者和奠基人，为湖湘学派、为湖南也为全国，培养了大批人才。

四川人张栻自幼跟随父亲张浚到湖南读书。绍兴十一年（1141），8岁的张栻第一次来到湖南长沙，一住5年。绍兴二十年（1150），张栻再次到湖南，在永州随侍父亲。十年后再到长沙，又禀从父命至衡阳，师从胡宏。其后，寓居长沙，在城南妙高峰建城南书院，开始讲课授徒。乾道元年（1165），湖南安抚使刘珙修复岳麓书院。次年，刘珙荐张栻主讲岳麓书院。张栻主持岳麓书院，前后7年。他反对以应付科举考试为目的的教育，提出教育的宗旨在于培养“传道济民”的人才。他说：“君臣、父子、兄弟、夫妇、朋友之伦，皆以不乱；而修身、齐家、治国、平天下，无不宜者，此先王之所以教，而三代之所以治，而后世不可以跂及者也。后世之学校，朝夕所讲，不过缀缉文辞，以为规取利禄之计，亦与古之道大戾矣。”[②] 在教学活动中，他确立了辨理欲、明义利，传道济民，经世治国的办学方针，力求培养济世利民人才。在教学方法方面，张栻以新兴的学术思想——理学为传授内容，要求“目视而耳听，手持而足行，以至于饮食起居启动之际，谓道而外夫是，乌可乎！”[③] 强调以自己研究理学的成果教授学生，解答学生在自学中产生的疑难问题。同时，张栻还增加了岳麓书院的功能，使其由一个单纯的教育功能，又增加了学术研究的功能，从而使岳麓书院成为集教学和研究为一体、并独立于官学以外的大书院，成为湖湘学派的学术基地。乾道三年（1167），朱熹从福建赶来长沙，与张栻会见，讲论学术，探讨义理，并在城南、岳麓大开讲坛，听讲者蜂拥而来。“学徒千余，舆马之众，至饮池水立竭，一时有潇湘洙泗之目焉。”[④] 朱张会讲是湖南教育史上的盛举，促进了湖湘学与闽学的交流，使湖湘学发展到一个鼎盛阶段。由于张栻在长沙主讲城南和岳麓，也由于朱张会讲的轰动影响，促使湖南学术思想和教育活动的中心由衡阳转移到了长沙。张栻的学术、人品，都受到时人推崇，被尊为“东南三贤”之一。因此“一时从游之士，请业问难者至千余人，弦诵之声洋溢于衡峰湘水”。[⑤] 据李肖聃《湘学略·岳麓学略》记载，张栻门下的著名弟子有：胡时，字季随，福建崇安人；彭龟年，字

① 明嘉靖《建宁府志》卷一七。

② 《南轩文集·邵州复旧学记》。

③ 《南轩文集·岳麓书院记》。

④ 康熙新修《岳麓书院志》卷三。

⑤ 杨锡绂：《城南书院志·改建书院叙》。

子寿，号止堂，江苏清江（今淮阴）人；吴猎，字德夫，号畏斋，湖南醴陵人；游九言，字诚之，号默斋，福建建阳人；游九功，字勉之，号受斋，福建建阳人；周奭，字允升，号饮斋，湖南湘乡人；赵善佐，字佐卿，福建邵武人；吴伦，字子常，湖南零陵人；蒋复，字汝行，湖南零陵人；陈琦，字择之，号克斋，四川临江人；钟如愚，字师颜，湖南湘潭人；王居仁，字习隐，湖南常宁人；赵方，字彦直，湖南衡山人；钟炤之，字彦昭，江西乐平人；梁子强，字仁伯；蒋元夫，清湘人；谢用宾，湖南祁阳人；萧佐，字定夫，湖南湘乡人。可见，张氏门人弟子之多之盛。故全祖望针对“张栻弟子不如朱熹弟子”的论调，明确指出：“宣公身后，湖湘弟子有从止斋、岷隐游者，如彭忠肃公之节概，二游、文清、庄简公之德器，以至胡盘谷辈，岳麓之巨子也。再传而得漫塘（刘宰）、实斋（王遂），谁谓张氏之学弱于朱子乎！”[①] 张栻的教育活动，为湖南培养了一批人才，上述18名张门弟子中，湖南有10人，占55.56%。

朱熹（1130—1200）字元晦，号晦庵，江西人，生于福建。自幼聪慧好学，18岁中进士，曾在福建、江西、湖南任地方官十年，其他时间多在福建生活和讲学，故其学称为“闽学”。他博学多识，是“二程”的再传弟子，为宋代理学之集大成者。朱熹曾两次到湖南。第一次为乾道三年（1167）九月，朱熹由福建崇安抵长沙，与张栻会面，讲学岳麓书院。《岳麓志》说：“乾道丁亥，（朱熹）如长沙访张南轩，讲学城南、岳麓，每语学者观《孟子》道性善及求放心两章，务收敛凝定，以至克己救仁之功。”听讲者众，车马空前，开创了岳麓自由讲学的风气。朱张会讲、讨论的中心是所谓“中和”问题。“中和”，是《中庸》中的一章：“喜怒哀乐未发谓之中，发而皆中节谓之和。中也者，天下之大本也；和也者，天下之达道也。”张栻等湖湘学者认为“心为已发，性为未发”。朱熹基本上接受了这一见解；张栻也十分欣赏朱熹的许多观点。他们还同游岳麓、南岳等地，相互唱和，留下了许多诗篇。朱熹在岳麓书院留下了“忠孝廉节”、“道中庸”等手书匾额，以及“赫曦台”、“朱张渡”等古迹。第二次是绍兴五年（1194），朱熹被任为湖南安抚使，驻长沙。主要做了三件大事：一是镇压和平息湖南少数民族起事；二是整饬吏治，“申敕令，严武备，戢奸吏，抑豪民”；三是振兴岳麓书院。为了振兴书院，朱熹为岳麓聘请名儒主讲；扩大学生名额；颁布教规；扩建斋舍500多间；置学田50亩。朱熹还亲自到岳麓讲课，考察学业，由是书院名声大响，学者云集，多时达千人，“坐不能容”。特别是他颁发的《朱子书院教条》，提出书院教育的总方针

① 转引自《湘学略》，岳麓书社，1985年，第140页。

是："父子有亲，君臣有义，夫妇有别，长幼有序，朋友有信。"强调学习的方法和原则是："博学之、审问之、慎思之、明辨之、笃行之。"此外，朱熹还规定了道德修养、行为准则，为书院树立了一种新的学风。朱熹两次来湖南，并在岳麓讲学，培养了一批门人弟子，促进了湖南人才的成长，也促进了学术交流和湖湘文化的发展。"自朱子以乾道三年监南岳庙，与南轩张子讲学长沙。自绍兴五年来知潭州，重建岳麓书院，湖南正学大明。"[①] 同时，朱熹还是最早为"湖湘学派"命名的学者，他在《朱子语类》中多次说到"湖湘学者"、"湖南学"、"湖南一派"。总之，朱熹对于湖湘文化的发展和湖南人才的成长，是做出了杰出的贡献的。

三、周敦颐开创了湖南人才群起的局面

从北宋当时来看，湖南人才虽然从数量上表现并不突出，但是，第一个本土大思想家周敦颐的诞生，却一改湖南人才"罕见史传"的局面，此后，湖南逐渐成为一个引人注目的人才大省。周敦颐就像是湖南人才发展史上的一盏明灯，照耀着一代又一代的湖南学子不断前行。

周敦颐对湖南人才群体的影响，主要表现为以下几个方面：

（一）周敦颐兴学重教，培养了一批又一批的杰出人才

教育是直接培养人才的行为，学校是直接培养人才的主要阵地。如前所述，周敦颐一生十分重视教育，他每到一地供职，总是兴办学校，甚至亲自讲学授徒，不仅培养了程颢、程颐等一批优秀的学生，而且，他倡导的兴学重教的优良传统，在湖南各地得到了发扬光大，官学、私学齐头并进，特别是各地兴办书院，为湖南培养了一代又一代优秀人才，例如岳麓书院，就先后培养了彭龟年、游九功、胡大时、吴猎、王夫之、陶澍、彭浚、贺长龄、魏源、曾国藩、左宗棠、胡林翼、刘长佑、曾国荃、刘坤一、刘蓉、郭嵩焘、唐才常、熊希龄、杨昌济、范源濂、程潜等一大批杰出的人才；又如城南书院，曾有著名学者张栻、朱熹、陈本钦、孙鼎臣、何绍基、王先谦、郭嵩焘等先后担任主讲，湘中大儒李元度、左宗棠，民主革命家黄兴、陈天华，著名教育家杨昌济、谭云山、杨毓麟以及知名之士邓辅纶、樊锥、杨端六、皮宗石、文斐亦藏修于此；衡阳石鼓书院，曾有苏轼、周敦颐、朱熹、张栻、程洵、郑向、湛若水、叶钊、邹守益、茅坤、旷敏本、赵大洲、林学易、王敬所、蔡汝南、胡东

① 《平江县志·平江书院新建君子祠记》。

山、李同野、罗近隐、王闿运、曾熙等人在此执教，培育了王居仁、夏汝弼、管嗣裘、邹统鲁、朱炳如、伍定相、曾朝节、陈宗契、王夫之、曾国藩、彭玉麟、彭述、杨度、齐白石等一大批对中国历史产生重大影响的名人，这些人才，都是湖南人才群体的重要成员。周敦颐生活工作过的地方，都受到他的影响，尊师重教，民风淳朴。例如：湖南汝城，周敦颐曾在那里工作过 4 年，当地人至今对教育十分重视，明朝时汝城就出现了一个进士人才群，共产生举人 54 名，其中进士 15 名。① 湖南其他各地也非常重视文化教育，例如益阳就流行这样一种风俗，假如有人发现地上有写了字的废纸，就要立即把它捡起来塞到墙缝里，其含义是：废纸上写了字，那是文化，不能任人在地上踩踏。清代中兴名臣湖南益阳人胡林翼，从小接受良好的教育，年轻时捐官，他完全可以选择条件较好的地方，但他受理学经世思想的影响，立志要为国家做一番事业，所以，他选择条件十分艰苦、民情十分复杂的贵州安顺、镇远、黎平等地任职；太平军兴起以后，1854 年，他毅然出黔抗击太平军；他虽然位至巡抚，但一生清贫，不贪一文，甚至把家里历代积累的财产全部投入教育事业，在家乡建立了箴言书院，实现了他父亲想实现而没有实现的遗愿，到他去世时，书院还没有完全建好，他在遗书中，要求把他葬礼收到的礼金全部用于书院建设，并要求他的子孙后代不得动用书院的财产。

（二）周敦颐的学术思想影响了一代又一代的湖南学子

周敦颐是中国理学的开山祖师，是中国学术史上的一座丰碑。中国哲学史上，宋代有濂（湖南周敦颐）、洛（洛阳张载）、关（关中程颢、程颐）、闽（福建朱熹）四大学派，而其中以周敦颐的濂学为首。周子开创的理学思想在中国哲学史上起了承前启后的作用，延续了文武周公孔孟的学术道统，所以清代乾隆皇帝赐给岳麓书院“道南正脉”匾额。清代学者黄宗羲在《宋儒学案》中说得很清楚：“孔子而后，汉儒止有传经之学，性道微言之绝久矣。元公崛起，二程嗣之……若论阐发心性义理之精微，端数元公之破暗也。”② 黄宗羲认为，孔子创立儒家学说以后，到汉儒以后，传统的道统断裂了，直到周敦颐复兴儒学，二程继承了周子的道统。周敦颐以“太极”说“人极”，把宇宙论与人生哲学结合起来，创立了一种新的天人合一本体论，开创了一个学术的新时代。周子的学术直接开二程洛学之先，以后又经过胡宏、朱熹等人的阐扬，

① 朱忠悦：《理学思想熏陶下的明代汝城人才群》，《湖南城市学院学报》2012 年第 4 期，第 33—37 页。

② 明·黄宗羲：《宋儒学案》。

再到船山的总结与批判，鼓舞着一代又一代的湖湘学子。中国近代史上一大批影响深远的学者、思想家、改革家，无不深受周敦颐学术思想的影响，如著名的经世改革家陶澍、魏源、湘军统帅曾国藩等，都是理学大家。曾国藩、罗泽南、胡林翼、王鑫、左宗棠、刘长佑、彭玉麟、曾国荃、郭嵩焘、刘蓉等一大批的知识分子，他们以书生领兵，“上马杀贼，下马讲经”，之所以能打败太平军，就是因为他们思想上受到周敦颐、王船山等人的深刻影响，以理学为正统，视拜上帝教为邪说异端，奋起卫道，挽大厦之将倾。

在周敦颐理学思想的鼓舞下，湖南产生了众多优秀的人才。北宋时期湖南人才最为突出的是文化学术型和政治型人才，其共同特点是大多具有较高的文化素质，而且多数出身于进士。北宋时期湖南人才，多文人学者，著名的有路振、周尧卿、周式，黄照邻、黄植父子，柳拱辰、柳平父子等。此外，还有曹衍、郑向、孙颀、谭知礼、杨训、乐洪、希白、狄遵度、禹偁、邓忠臣、武洞清、易元吉、廖李侨、苏坚、周寿、周焘、王观国等。上述人物，在文化学术方面，都取得了一定成绩，为湖湘文化的发展作出了贡献。北宋时期的湖南人才中，有不少是政治型人才，著名的有如陶弼、谭世勣、陈遘、狄斐等，以及朱昂、邵晔、胥偃、周湛、张颉、黄照、彭慥、李杰、邓雅、狄斐、斐栗、狄遵度、狄遵礼等，上述人才，均有良好的官声政绩，其中陶弼、谭世勣、陈遘，较为突出。

周敦颐的学术思想在当代并未产生重大影响，而在后世却影响深远。此后，随着周敦颐学术思想的发扬光大，周敦颐倡导的理学经世致用的思想在湖南逐渐深入人心，成为后世湖南人才的共同的思想观念，湖南人才辈出的局面逐步形成了。宋以后，湖南先后出现了南宋、明后期、清中期三个人才小波峰，并产生了湖南近现代史上著名的五大人才群体，即以陶澍、魏源、贺长龄等为代表的湘系经世改革派人才群，以曾国藩、左宗棠、胡林翼、郭嵩焘、彭玉麟等为代表的湘军人才群，以谭嗣同、唐才常、熊希龄等为代表的湖南维新人才群，以黄兴、宋教仁、陈天华、蔡锷等为代表的辛亥革命人才群，以毛泽东、刘少奇、罗荣桓、贺龙等为代表的湖南无产阶级革命家人才群。这一时期，湖南人才数量之多、地位之高、影响之大，都是全国最突出的，甚至有人说，湖南是中国的人才之都。

（三）周敦颐的人才思想

在为政、为教的实践中，周敦颐提出了培养人才的目标，培养人才的内容和方法，人才所应具备的品德和能力等多方面的问题。

1. 培养人才的目的在于“学为圣贤”

周敦颐把人才的培养目标分为三个等级：“名士”、“贤人”、“圣人”，三者均属人才的范围。最理想的人才是“圣人”，所谓“圣人”，就是“诚”的化身。《通书》说：“圣、诚而已矣”；“诚者，圣人之本”；“诚、神、几，曰圣人”。“神”，当指奇异莫测、通晓一切的本领。“几”，即见微知著、明辨是非。又说：“圣人之道，仁义中正而已矣。”周敦颐心目中的“圣人”，是尧、舜、孔子等，“道德高厚，教化无穷，实与天地参而四时同，其为孔子乎！”“贤人”，则是如伊尹、颜渊之类的人。这些人，就是周敦颐培养人才所树立的榜样。

2. “学为圣贤”是可以实现的

周敦颐明确指出：“圣可学乎，曰：可。曰：有要乎？曰：有。请闻焉。曰：一为要。一者，无欲也。无欲则静虚动直，静虚则明，明则通；动直则公，公则溥。明通公溥，庶矣乎！”这段话的关键在一个“一”字，历代思想家都在说明这个字。有人认为：“一者，纯一也。”也有的说：“一者，是表里俱一，纯彻无二。”或是说：“无一毫私欲。”所谓“一”，就是纯无杂念，专心致志，只要确立了目标，以圣贤为榜样，就可以成为有用的人才。周敦颐说：“圣希天，贤希圣，士希贤”；“志伊尹之所志，学颜子之所学，过则圣，及则贤，不及则亦不失于令名”。通过专心致志的学习，即使不能成为圣贤，也不失于“令名”，即德行完美，成为有一定的名气和才干的人才。

3. 圣贤人才的重要意义

周敦颐认为，社会的进步和发展离不开圣贤人才。人才的作用，主要体现在两个方面：一是“以仁育万物，以义正万民”。即是说：宣传美好的道德，解释诚、仁、义、礼、智、信等道德观念，制作礼乐，推行正道，哺育万物，化民成俗，树立良好风气，促使社会安定和平。二是“圣人立教，俾人自易其恶”。即教育人们迁善改过，易恶至中。周敦颐将人的品性用“刚、柔、善、恶”四字分类，认为人有刚有柔，又可善可恶。即是说：刚可善，则“为义、为直、为断、为严毅、为干固”；亦可恶，则“为猛、为隘、为强梁”；柔可善，即“为慈、为顺、为巽”；亦可恶，则“为懦弱、为无断、为邪佞”。人才的作用，就在于使人“自易其恶”。

4. 培养人才要以六经为主

《六经》是六部儒家经典，始见于《庄子》，即《诗》、《书》、《礼》、《易》、《春秋》、《乐经》。周敦颐“好学博通，言行政事皆本之《六经》，考之孔孟”。（孔延之：《即州新迁州学记》）其中，他最重视《易经》。他说：“大哉易也，性命之源乎！”“《易》何止《五经》之源，其天地鬼神之奥乎！”他认为《易经》揭示了人生性命之渊源，是《五经》之本；而且还揭示了天地万物、鬼神幽冥的奥秘与规律，是人生最基本最重要的教科书。《礼》和《乐》也是非常重要的教材，他说：“礼，理也；乐，和也。阴阳理而后和：君君、臣臣、父父、子子、兄兄、弟弟、夫夫、妇妇，万物各得其理，然后和，故先礼而乐和。”“礼”，是伦理纲常、礼法制度，是维护社会安定的基本原则。“乐”，则是陶冶人民的感情，转变社会风气，培养人民的优秀品德。“礼、乐”的结合，就能建立一个和睦幸福、安定团结的社会。他认为《春秋》：“正王道，明大法也，孔子为后世王者修也；乱臣贼子诛死者于前，所以惧生者于后也。”即是说：为后世树立仿效的楷模，对乱臣贼子则起着惩儆的作用。他认为《六经》的教育，是最基本的，主要是培养人才的道德品质。同时主张学习文辞，认为“文辞，艺也；道德，实也”，只有通过文辞，才能传扬好的道德品质，推行儒家的道德理想。

5. 培养人才要“学思结合”

培养人才的关键在于学，学习的关键在于“思”。只有通过“思”，才能把学习得到的东西把握，转化为行动。学是基础，“思”才可产生效果。周敦颐说：“思曰睿，睿作圣。无思，本也；思通，用也。几动于彼，诚动于此，无思而无不通为圣人。不思则不能通微，不睿则不能无不通。是则无不通生于通微，通微生于思。故思者，圣功之本而吉凶之几也。”“思”就是思维能力、判断能力、综合能力、分析能力；通过“思”，才能决定取舍，才能变成自觉行动，才能达到圣人的境界。

6. 发挥教师在培养人才中的作用

周敦颐一生从政，却一直坚持讲学授徒；不仅是一个好官，而且是一个好教师。他为政也是教育人民，改良风俗；作为教师，则是更直接地培养人才。他认为教师的责任在于化民成俗，培养人才的道德品质，提高人才的学识水平；从而使人人向善，天下大治。“师道立，则善人多；善人多，则朝廷正；而天下治矣。”首先，他认为人才不是天生的，哪怕是圣贤也不是天生的，“圣贤非性知”。即认为圣贤也必须经过教师的培养教育，才能成才，“非师友则不可得也已”。其次，只有通过教师的言传身教，才能产生真正的人才。他说：“人生而蒙，长无师友则愚。”人生下来是无知的，如果没有师友的教育，就会成为愚人、蠢人。他主张教师要以自己纯正的品德和正确的方法去教育培养学生，只有这样，才能培养出真正的人才。

总之，周敦颐对湖南的影响是很深远的，他创立的理学思想是湖湘学派的指导思想，因而，周敦颐是湖湘文化形成过程中的关键人物。他兴学重教，办学授徒，直接培养了不少的优秀人才，而且，他的理学思想、人才思想、教育思想，都在后世引起了悠远的回响，为湖南开创了一个人才群起的局面。

作者简介：易永卿，《湖南城市学院学报》副主编，教授，编审。

周敦颐任职桂阳县令及周程授受事迹考

万　里

周敦颐（1017—1073）字茂叔，号濂溪。宋代道州营道楼田堡（今湖南道县）人。为北宋著名哲学家，宋代理学的开山鼻祖。晚年归隐于庐山莲花峰下，世称濂溪先生。所撰《太极图说》与《通书》，在中国哲学史上产生了极为重要的影响。由于在他世时声名未显，加之后人为其所撰之墓志铭、年表、年谱等亦极为简略，又《宋史》之周敦颐本传中的记载也有一些舛误，故其先后任职郴州郴县及桂阳县（今湖南省汝城县）县令时的事迹，以及程颢、程颐兄弟受学于他的经历，尚存在一些模糊不清之处。本文即就此进行考证。

一

关于周敦颐生平事迹的史料，主要有三类：其一为墓志铭等。传世的有周敦颐挚友潘兴嗣所撰之《周敦颐墓志铭》① 以及周敦颐继配夫人之兄蒲宗孟所撰之《周敦颐墓碣铭》②。其二为历代关于周敦颐的传记。较早而又影响最大的当推南宋朱熹所撰之《濂溪先生事实记》③，以及元代托克托等修《宋史·道学一·周敦颐传》④；其他还有在述及周敦颐学术思想时对周氏生平事迹的

① 宋·潘兴嗣撰：《周敦颐墓志铭》，载宋本《元公周先生濂溪集》卷八，北京图书馆古籍出版编辑组编《北京图书馆古籍珍本丛刊》第88“集部·宋别集类”，书目文献出版社，2000年。又见于宋·吕祖谦编：《宋文鉴》卷一四四，影印文渊阁《四库全书》本，台湾商务印书馆，1986年。

② 宋·蒲宗孟撰：《周敦颐墓碣铭》，载宋本《元公周先生濂溪集》卷八，北京图书馆古籍出版编辑组编《北京图书馆古籍珍本丛刊》第88“集部·宋别集类”，书目文献出版社，2000年。

③ 宋·朱熹撰：《濂溪先生事实记》，《晦庵集》卷九八，影印文渊阁《四库全书》本，台湾商务印书馆，1986年。

④ 元·托克托等修：《宋史》卷四二七“列传第一百六十八·道学一”之《周敦颐传》，影印文渊阁《四库全书》本，台湾商务印书馆，1986年。

简介，如南宋吕中撰《宋大事记讲义·周濂溪之学》[①]、宋·李幼武纂集《宋名臣言行录·外集·周敦颐濂溪先生元公》[②] 等。其三为年谱、年表等。自南宋迄今，有多种关于周敦颐的年谱、年表，最早的当推南宋度正所编《濂溪先生周元公年表》[③]，此后，又有清吴大镕等编《道国元公濂溪周夫子志·年表行实志》[④]，以及清张伯行编纂《周敦颐年谱》[⑤] 等多种。近人许毓峰也撰有《宋周濂溪先生惇颐年谱》[⑥]。

一般而言，墓志铭等出自周氏同时代人，尤其是其挚友、姻亲之手，所述内容的依据多为逝者亲人所提供的行状等一手资料，当然较为可靠，只是限于体例篇幅，皆未能周详。这是最为可靠的第一手资料。朱熹所撰之《濂溪先生事实记》为最接近周敦颐生活时代的传记文献。但朱熹所撰之周敦颐传记文献有两种系列版本传世。其一即收入朱熹《晦庵集》中的《濂溪先生事实记》[⑦]，并以《（周敦颐）先生事状》之篇名收入宋本《元公周先生濂溪集》卷八中[⑧]。其二为《濂溪先生行录》，收入明吕柟所撰《周子抄释·附录》[⑨] 中；并以《濂溪先生行实》之篇名收入明周沈珂所编《周元公集》卷四[⑩]中，但未见于朱熹的《晦庵集》中。而收入宋本《元公周先生濂溪集》卷八中的《（周敦颐）先生事状》，也与《濂溪先生行录》一道被同时收入南宋熊节所编、熊刚大注释的《性理群书句解》[⑪]，以及明吕柟所撰《周子抄释·附录》[⑫] 中。两种署名

---

① 宋·吕中撰：《宋大事记讲义》卷一四“周濂溪之学”，影印文渊阁《四库全书》本，台湾商务印书馆，1986 年。

② 宋·李幼武纂集：《宋名臣言行录·外集》卷一“周敦颐濂溪先生元公”，影印文渊阁《四库全书》本，台湾商务印书馆，1986 年。

③ 宋·度正编：《濂溪先生周元公年表》，载宋本《元公周先生濂溪集》卷首，北京图书馆古籍出版编辑组编《北京图书馆古籍珍本丛刊》第 88“集部·宋别集类”，书目文献出版社，2000 年。

④ 清·吴大镕主修，常在编：《道国元公濂溪周夫子志·年表行实志》，民国间朱丝栏抄本，北京图书馆编《北京图书馆珍藏本年谱丛刊》第 14 册，北京图书馆出版社，2001 年。

⑤ 清·张伯行编纂：《周敦颐年谱》，《周濂溪先生全集》卷十，《正谊堂丛书》本，福州正谊书院藏版。

⑥ 许毓峰撰：《宋周濂溪先生惇颐年谱》，王云五主编《新编中国名人年谱集成》第十二辑，台湾商务印书馆，1986 年。

⑦ 宋·朱熹撰：《濂溪先生事实记》，《晦庵集》卷九八，影印文渊阁《四库全书》本，台湾商务印书馆，1986 年。

⑧ 宋本《元公周先生濂溪集》卷八，北京图书馆古籍出版编辑组编《北京图书馆古籍珍本丛刊》第 88“集部·宋别集类”，书目文献出版社，2000 年。

⑨ 明·吕柟撰：《周子抄释·附录》，影印文渊阁《四库全书》本，台湾商务印书馆，1986 年。

⑩ 明·周沈珂编：《周元公集》卷四，影印文渊阁《四库全书》本，台湾商务印书馆，1986 年。

⑪ 宋·熊节撰，熊刚大注：《性理群书句解》卷二〇，影印文渊阁《四库全书》本，台湾商务印书馆，1986 年。

⑫ 明·吕柟撰：《周子抄释·附录》，影印文渊阁《四库全书》本，台湾商务印书馆，1986 年。

为朱熹所撰之周敦颐传记文献，其篇幅、内容及述事先后均有较大的差异，《（周敦颐）先生事状》为870余字（不计标点符号，后同），《濂溪先生行录》为1100余字。为何会出现如此不同的两种文本，并且一道同时被收入宋、明的这两种书籍中，下文将会讨论。但是，在收入宋本《元公周先生濂溪集》及明吕柟撰《周子抄释》中的《（周敦颐）先生事状》文末，均有相同的按语云："晦庵即潘志、蒲碣及孔司封、黄太史所记先生行事之实，删去重复，为此事状。"潘志即潘兴嗣所撰之《周敦颐墓志铭》；蒲碣即蒲宗孟所撰之《周敦颐墓碣铭》；孔司封为孔文仲，撰有《祭（周敦颐）文》[①]；黄太史为黄庭坚，撰有《濂溪诗并序》[②]。后两者并无多少关于周敦颐的行年事迹史料，可见，朱熹主要是依据前两者文献即潘志、蒲碣来撰写周敦颐传记的。对此，朱熹自己也有所说明。他在于乾道五年（1169）六月所撰《周子〈太极〉〈通书〉后序》中称："右周子之书一编……又诸本附载铭、碣、诗、文事多重复，亦或不能有所发明于先生之道以示学者，故今特据潘志置图篇端，以为先生之精意则可以通乎书之说矣。至于书之分章定次亦皆复其旧贯，而取公及蒲左丞、孔司封、黄太史所记先生行事之实删去重复，合为一篇，以便观者。盖世所传先生之书言行具此矣。"[③] 十年后的淳熙六年（1179）五月，朱熹在《再定〈太极〉〈通书〉后序》又说："右周子《太极图》并说一篇、《通书》四十一章，世传旧本遗文九篇，遗事十五条，事状一篇，熹所集次，皆已校定，可缮写。……又即潘志及蒲左丞、孔司封、黄太史所记先生行事之实删去重复，参互考订，合为事状一端。又得何君营道诗序及诸尝游舂陵者之言，而知事状所叙濂溪命名之说有失其本意者。覆校旧编，而知笔削之际亦有当录而误遗之者。"[④] 可见，朱熹曾经两次整理编辑周敦颐的著作及行年事迹。在第二次整理编辑时，他参考了包括"程氏（笔者按：即二程兄弟）及其门人之言"等更多的资料，并在这篇后序中详细注明了他对所见资料的删削取舍、考订情况及具体内容。前述朱熹所撰之周敦颐传记文献有两种系列版本传世，或即这两次先后所撰。由于收入《晦庵集》中的《濂溪先生事实记》朱熹已经题记为撰写于第二次整理编

① 载宋本《元公周先生濂溪集》卷八，北京图书馆古籍出版编辑组编《北京图书馆古籍珍本丛刊》第88"集部·宋别集类"，书目文献出版社，2000年。

② 宋·黄庭坚撰：《濂溪诗并序》，《山谷集》卷一，影印文渊阁《四库全书》本，台湾商务印书馆，1986年。

③ 宋·朱熹撰：《〈周子〈太极〉〈通书〉后序》，《晦庵集》卷七五，影印文渊阁《四库全书》本，台湾商务印书馆，1986年。

④ 宋·朱熹撰：《再定〈太极〉〈通书〉后序》《晦庵集》卷七六，影印文渊阁《四库全书》本，台湾商务印书馆，1986年。

辑《太极图》并说、《通书》及周敦颐的行年事迹之后的一个月，即“淳熙六年六月乙巳”，故其所撰之《濂溪先生行录》(《濂溪先生行实》)应该是他在第一次整理周敦颐的著作时所撰。正是这两篇文献确实均出自于朱熹之手，故一道被同时收入明吕柟所撰《周子抄释·附录》中。弄清楚了这些，对于后文关于周敦颐与二程兄弟授受事实的考证非常重要。

宋人度正所编《年表》之资料的来源，主要是依据前述两种墓铭，以及朱熹所撰周敦颐的传记；清人吴大镕、清张伯行等所编年表（谱）等，则是综合上述墓铭、年表（谱）及传记资料而成。许毓峰所撰《宋周濂溪先生惇颐年谱》，则综合诸多史料，对周敦颐的行年事迹进行了详细的梳理考证，为迄今为止最为翔实的周敦颐年谱。

在这些文献中，关于周敦颐任桂阳县令的问题，有两种不同的说法。其一为周敦颐先任郴县令，而后再任桂阳县令；其二则认为周敦颐是从南安军司理参军任上受荐直接担任桂阳县令的。大致而言，所有的墓铭、年表（谱）均持第一种说法；诸多的传记文献则两说并存，而以元托克托等修《宋史·道学一·周敦颐本传》持第二种说法，并为其代表。

然而，问题并非出自于元人所编的《宋史·道学传》，而是出自早于《宋史》的文献，也就是前述朱熹所撰之关于周敦颐的两种系列传记文献。

朱熹在《濂溪先生事实记》中称：“先生……部使者荐以为南安军司理参军，移郴及桂阳令。……在郴、桂阳皆有治绩。”显而易见，这里所称之“郴”指的是郴县而非郴州。但是，在《濂溪先生行录（实）》中，朱熹却说：“先生……部使者荐其才为南安军司理……移郴州桂阳令，皆有治绩。”将“郴县”置换为“郴州”。《宋史·道学传》正是据此称周敦颐“移郴之桂阳令”的。问题是，朱熹不止是认真读过“潘志、蒲碣”，并且还对蒲宗孟所撰之《周敦颐墓碣铭》进行过删节。收录于宋本《元公周先生濂溪集》及明吕柟所撰《周子抄释》中的蒲宗孟所撰之《周敦颐墓碣铭》前有“大字晦庵删本，小字蒲碣全文”的题记，晦庵即朱熹。蒲宗孟所撰之《周敦颐墓碣铭》则明确记载，周敦颐是“……移郴州郴县令，又为桂阳令”。因此，朱熹这里的说法，既与他所熟悉的“蒲碣”记载不合，又与其在《濂溪先生事实记》中的说法不合。这样的错误不是作为一位严谨学者的朱熹所容易出现的。那么问题究竟在哪里呢？就笔者所见文献看，似乎是出在朱熹一位弟子的笔下，这就是南宋熊节所编、熊刚大注释的《性理群书句解》。

《四库全书总目·儒家类·性理群书句解》提要云：“臣等谨案《性理群书句解》二十三卷，宋熊节编，熊刚大注。节字端操，建阳人，官至通直郎知闽清县事。刚大亦建阳人，受业于蔡渊、黄干，嘉定中登进士，自称觉轩门人，掌建安书院，朱文公诸贤从祀祠，其仕履则不可考。注中称迩年皇上亲洒《白鹿洞规》以赐南康，则理宗时人也。节受业于朱子。是书采摭有宋诸儒遗文，分类编次。首列濂溪、明道、伊川、康节、涑水诸大儒传道支派，次赞，次训，次戒，次箴，次规，次铭，次诗，次赋，次序，次记，次说，次录，次辨，次论，次图，次《正蒙》，次《皇极经世》，次《通书》，次文，而以七贤行实终焉。……节亲受业于朱子，故犹不敢恣为高论也，所录之文，亦以七贤为主。……刚大所注盖为训课童蒙而设，浅近之甚，殊无可采，以其原附此书以行，姑并录之以存其旧焉。"

熊节等人在《性理群书句解》中录入了朱熹所撰之《濂溪先生行录》全文并进行了详细注释，相关文字为（笔者按：括号中为熊刚大注，下同）："……逵感悟（逵感其言语），囚得不死（罪囚由此得生），且贤先生荐之（且贤先生之见荐之于朝），移郴州桂阳令（迁为桂邑宰），皆有治绩（并著政声）。用荐者改大理寺丞（又以人奏荐改为棘寺丞），知洪州南昌县（为隆兴属邑宰）。"[①]在这里，熊节等人编注之朱熹所撰《濂溪先生行录》已经出现了"移郴州桂阳令"的字句。前述收录于明吕柟所撰《周子抄释》及明周沈珂所编《周元公集》中之朱熹所撰《濂溪先生行录（实）》，均比熊节等人所编注的《性理群书句解》为晚。就目前所见文献看，虽然难以说是熊节等人在编入朱熹原文时产生了误录，但是，在另外一处录入朱熹的文字时，却出现了明显的误读。《性理群书句解》卷七编入了一篇题名为朱熹所撰之《濂溪先生画像记》的文字，其中云："……部使者荐以为南安军司理参军（监司荐之朝，辟为南安司理官）。移郴及桂阳令（随又移官于郴州及为桂阳县令）。用荐者改大理寺丞（又用人之荐任为狱官大理丞），知洪州南昌县事（又为洪州南昌邑宰）。……在郴时（官郴州时），郡守李公初平（太守李姓名初平者）知其贤（知先生之贤德），……逵亦感悟（王逵因此有感而悟其过），囚得不死（罪囚因是得以免死）。在郴、桂阳（在郴州及桂阳县），皆有治绩（并著治功）。来南昌县（及至南昌作宰）……淳熙六年六月乙巳后学朱熹谨记。"[②] 按此文实即朱熹所撰《濂溪先生事实记》，文字内容及落款时间完全相同，不知熊节等人为何将其改

① 宋·熊节撰，熊刚大注：《性理群书句解》卷二〇，影印文渊阁《四库全书》本，台湾商务印书馆，1986年。

② 宋·熊节撰，熊刚大注：《性理群书句解》卷七，影印文渊阁《四库全书》本，台湾商务印书馆，1986年。

题为《濂溪先生画像记》[①]，但他们对朱熹原文进行了误读，却是无疑的。如前所述，朱熹“移郴及桂阳令”，所称之“郴”指的是郴县而非郴州，意思是移郴县令及桂阳县令，熊刚大的注释却成为了“随又移官于郴州及为桂阳县令”，将本应为“郴县”的“郴”注释为“郴州”；随之又将朱熹的“在郴时”注释为“官郴州时”，将“在郴、桂阳皆有治绩”注释为“在郴州及桂阳县并著治功”。熊节等人将题为《濂溪先生画像记》的朱熹文字编入《性理群书句解》卷七时，对原文作了莫名其妙的误读，因此随后将朱熹所撰之《濂溪先生行录》编入《性理群书句解》卷二〇时，便随意将原文中的“移郴及桂阳令”擅改为“移郴州桂阳令”，“及”、“州”一字之差，意思却天隔地远。一言以蔽之，在对周敦颐推崇备至并有深入研究的朱熹笔下，绝不会出现如此低劣并自相矛盾的错误。由此可见，熊节等人并未认真读过“潘志、蒲碣”等关于周敦颐的事迹资料，又误读了朱熹的文字，从而将周敦颐任职郴、桂的史实完全搞错，成为产生这种错误的始作俑者。《宋史·道学传》称周敦颐“移郴之桂阳令”，便是从熊节等人所编之《性理群书句解》的“移郴州桂阳令”而来。明吕柟《周子抄释》及明周沈珂《周元公集》中的错误也是转录熊节等人的文字所致。《四库全书总目提要》称《性理群书句解》之“刚大所注盖为训课童蒙而设，浅近之甚，殊无可采”，看来“为训课童蒙”而编注的此书远不止是“浅近之甚，殊无可采”可以概括的。

通过以上考证，周敦颐来郴州后，是先任郴县令，后任桂阳县令，这一史实是没有疑问的。据考证较为翔实之许毓峰撰《宋周濂溪先生惇颐年谱》的记载，周敦颐任职任郴县令的时间为宋仁宗庆历七年至宋仁宗皇祐元年（1047—1049），周敦颐时年31～33岁；任职桂阳县令的时间为宋仁宗皇祐二年至皇祐五年（1050—1053），周敦颐时年34～37岁[②]。

二

正如诸多文献所载，周敦颐是一位“有山林之志”的人物，如黄庭坚称：“舂陵周茂叔人品甚高，胸中洒落，如光风霁月。好读书，雅意林壑。……虽

① 《性理群书句解》卷七还收入了一篇题为南轩先生（张栻）所撰之《龟山杨先生画像记》的文章，此文实即宋·张栻撰《南轩集》卷十中的《浏阳归鸿阁龟山杨谏议画像记》。故有可能熊节等人编录朱熹所撰《濂溪先生事实记》时，这篇文章被某处祭祀周敦颐的祠堂用作供奉周氏画像的说明文字，故有此改动。

② 许毓峰撰：《宋周濂溪先生惇颐年谱》，王云五主编《新编中国名人年谱集成》第十二辑，第22—36页，台湾商务印书馆，1986年。

仕宦三十年，而平生之志终在丘壑。”[①] 张栻称：“濂溪学问如此，而举世不知，为南安掾程太中始知，可见无分毫矜夸，方是朴实下工夫人。”[②] 因此，他的性格行为从来就是不事张扬，亦不会主动与他人结交，往往都是其他人通过与其日常共事交谈，而后才“发现”了他。如二程之父“程公珦假倅南安，视先生气貌非常人，与语，果知道者，令二子师之”；“在郴，守李初平知其贤，不以属吏遇之，既荐诸朝，又周其不给”[③]；“在合州，事不经先生手，吏不敢决，苟下之民不肯从。蜀之贤人君子皆喜称之。赵公（抃）时为使者，人或谗先生。赵公临之甚威，而先生处之超然。然赵公疑终不释。及守虔，先生适佐州事，赵公熟视其所为，乃寤，执其手曰：几失君矣！今日乃知周茂叔也”[④]；即使是后来成为其姻亲的蒲宗孟，也自称：“始，予有女弟，明爽端淑，欲求配而未之得。嘉祐己亥，泛蜀江，道合阳，与周君语三日三夜。退而叹曰：‘世有斯人欤！真吾妹之敌也。’明年，以吾妹归之。”[⑤] 类似记载还有一些，不再赘引。因此，明人薛瑄云：“濂溪先生在当时知之者少，故从游者不多，惟程珦知之，使二子从学，遂明斯道之传。是则周子从游者虽少，反胜于从游者之多也。”[⑥] 正是如此，在周敦颐的行年事迹中，凡是有类似与他人、尤其是名人交往情况的年份，周敦颐的事迹就比较清楚，反之则较为模糊。

周敦颐在郴州的郴、桂两县任职近八个年头，从度正所撰《年表》看，只著录了庆历八年、皇祐元年、皇祐二年、皇祐五年这四个年份。前两个年份在郴县，所述事迹均为与李初平交往事，包括李初平“发现”他、问学于他，以及他为李初平安排身后事等；后两个年份在桂阳县，皇祐二年下仅称“先生时年三十四，为郴州桂阳令”，皇祐五年下仅称“先生时年三十七”，以及一句极为粗略之“在郴、桂皆有治绩，诸公交荐之”对周敦颐在两县履职状况评述。这是一句常见于官宦传记年谱中的套话，对研究周敦颐在郴、桂两县仕宦情况及其他活动情况没有任何实质性的价值。可以说，该年表对周敦颐自皇祐二年

① 宋·黄庭坚撰：《濂溪诗并序》，《山谷集》卷一，影印文渊阁《四库全书》本，台湾商务印书馆，1986 年。

② 宋·黄震撰：《黄氏日抄》卷三九“读本朝诸儒理学书七·南轩先生语录·本朝诸子”，影印文渊阁《四库全书》本，台湾商务印书馆，1986 年。

③ 宋·李幼武纂集：《宋名臣言行录·外集》卷一“周敦颐濂溪先生元公”，影印文渊阁《四库全书》本，台湾商务印书馆，1986 年。

④ 宋·朱熹撰：《濂溪先生事实记》，《晦庵集》卷九八，影印文渊阁《四库全书》本，台湾商务印书馆，1986 年。

⑤ 宋·蒲宗孟撰：《周敦颐墓碣铭》，载宋本《元公周先生濂溪集》卷八，北京图书馆古籍出版编辑组编《北京图书馆古籍珍本丛刊》第 88“集部·宋别集类”，书目文献出版社，2000 年。

⑥ 明·薛瑄撰：《读书续录》卷九，影印文渊阁《四库全书》本，台湾商务印书馆，1986 年。

至皇祐五年的四年间在桂阳县的活动情况全付阙如。而在其他一些年份，关于周敦颐事迹的记载则较为详细。其原因便在于，程珦（尤其是因命二程师事周敦颐而青史留名）、赵抃、蒲宗孟等均为史籍中有名的人物，他们与周敦颐交往事迹的相互印证，致使在相关的年份中周敦颐的事迹得以彰显。而李初平是一位在历史上籍籍无名的人物；加之与周敦颐交往最为密切的挚友潘兴嗣为江西南昌新建人，长期居住于江西，并短暂出任江西地方的低级官吏，对周敦颐在郴州八年的具体活动也不是很清楚，仅仅只记载了“移郴令，改桂阳令，皆有治绩……郴守李初平最知君，君既荐之，又赒其所不给。及初平卒，子尚幼，君护其丧以归葬之。士大夫闻君之风，识与不识，皆指君曰：是能葬举主者”[①]，致使周敦颐在郴、桂二县的其他事迹基本缺乏。

顺便说一句，李初平去世时，其子尚幼，虽然称其“老无及矣”，但这是就其“欲读书”的年龄而言。此语出自朱熹所撰《濂溪先生事实记》。正如孔子所言：“吾十有五而志于学，三十而立，四十而不惑，五十而知天命。”从“志于学”的角度看，到了本应该“不惑”及“知天命”的年龄都可以算“老”了；在同一篇记文中，朱熹称周敦颐于庆历六年（1046）年三十岁“在南安时，年少，不为守所知”，就生理年龄而言，三十岁肯定不能称为“年少”，而是认为周敦颐“博学力行，闻道甚蚤……为政精密严恕，务尽道理”[②]，已经臻于“知天命”的境界，故称其年少。因此，估计李初平的享年不是很长，因“其子尚幼”，没有能力为其父治丧，故周敦颐又“为护其丧归葬之”，从“往来经纪其家，始终不懈”等语看，表明李初平的归葬地及遗属的居住地应当在郴县附近，否则周敦颐不可能“始终不懈”地“往来经纪其家”。

值得注意的是，在出自周敦颐同时代人之手的两份最重要可信的传记文献“潘志、蒲碣”中，也只记载了周敦颐与郴守李初平上述事务性的交往情况，对周敦颐的学术思想及活动，包括李初平问学于他的情况，则只字未予涉及。直到南宋时期，才在朱熹关于周敦颐的两篇行年事迹传记以及更为晚出之度正所撰《年表》中出现。

朱熹《濂溪先生行录》（《濂溪先生行实》）云：“先生在南安时，年甚少，不为守所知。洛人程公珦摄通守事，视其气貌非常人，与语，知其为学知道也，因与为友，且使其子颢、颐受学焉。及为郎，故事，当举代，每一迁授辄

① 宋·潘兴嗣撰：《周敦颐墓志铭》，载宋本《元公周先生濂溪集》卷八，北京图书馆古籍出版编辑组编《北京图书馆古籍珍本丛刊》第88“集部·宋别集类”，书目文献出版社，2000年。又见于宋·吕祖谦编：《宋文鉴》卷一四四，影印文渊阁《四库全书》本，台湾商务印书馆，1986年。

② 宋·朱熹撰：《濂溪先生事实记》，《晦庵集》卷九八，影印文渊阁《四库全书》本，台湾商务印书馆，1986年。

以荐之。程公二子皆唱鸣道学以继孔孟不传之统，世所谓二程先生者，其原盖自先生发之也。在郴时，其守李公初平知先生贤，不以属吏遇之，既荐诸朝，又周其乏困。尝闻先生论学，叹曰：吾欲读书如何？先生曰：公老矣，无及也。惇颐请得为公言之。初平逐日听先生语，盖二年而有得。"① 在这里，朱熹将二程兄弟受学于周敦颐事与李初平问学于周敦颐事进行了先后叙述。如前所述，这篇文献是朱熹在第一次整理编辑周敦颐著作时所撰。十年后，朱熹第二次整理编辑周敦颐著作，在掌握和参考更多资料的基础上，又撰写了《濂溪先生事实记》，对周敦颐的这段行年事迹的叙述进行了修改："先生……在南安时，年少，不为守所知。洛人程公珦摄通守事，视其气貌非常人，与语，知其为学知道也，因与为友，且使二子往受学焉。及为郎，故事，当举代，每一迁授辄以先生名闻。在郴时，郡守李公初平知其贤，与之语而叹曰：吾欲读书何如？先生曰：公老无及矣，某也请得为公言之。于是初平日听先生语，二年果有得。而程公二子，即所谓河南二先生也。……淳熙六年六月乙巳后学朱熹谨记。"② 两次所述内容没有多大的差异，主要是对述事的顺序进行了调整，即将李初平问学于周敦颐事插述到二程兄弟受学于周敦颐事之间。联系到后文的讨论，可以看出，李初平问学于周敦颐的事情，朱熹是从二程兄弟的事迹言论中得知的。因为，李初平问学于周敦颐的事迹，情节细致生动，历历在目，非亲见或亲闻者不可能得知。而这件事情，正是通过程颐之口传播出来并为世人所知的。朱熹编《伊川语录》云："（伊川）先生曰：古人有言曰，共君一夜话，胜读十年书。若一日有所得，何止胜读十年书也。尝见李初平问周茂叔云：'某欲读书如何?'茂叔曰：'公老矣，无及也，待某只说与公。'初平遂听说话，二年乃觉悟。"③ 伊川先生即程颐。"尝见李初平问周茂叔云"之语，正表明程颐曾经或目睹或亲闻其事，即所谓"在场者"。朱熹在其所编纂的《伊洛渊源录》中也记载了此事，称："伊川先生……又曰：李初平见周茂叔云：'某欲读书如何?'茂叔曰：'公老矣，无及矣，待某只说与公。'初平遂听说话，二年乃觉悟。"④ 据此，可以坐实，李初平问学于周敦颐的事迹正是通过

① 明·吕柟撰：《周子抄释·附录》，影印文渊阁《四库全书》本，台湾商务印书馆，1986年。又见明·周沈珂编：《周元公集》卷四，影印文渊阁《四库全书》本，台湾商务印书馆，1986年。

② 宋·朱熹撰：《濂溪先生事实记》，《晦庵集》卷九八，影印文渊阁《四库全书》本，台湾商务印书馆，1986年。

③ 宋·朱熹编：《伊川语录》，《二程遗书》卷二二上，影印文渊阁《四库全书》本，台湾商务印书馆，1986年。

④ 宋·朱熹撰：《伊洛渊源录》卷一"濂溪先生·遗事"，影印文渊阁《四库全书》本，台湾商务印书馆，1986年。

程颐之口传播出来的，而最早注意和转述此事的是朱熹。朱熹不止是从程颐的语录中发掘出此事并编入周敦颐的行年事迹，并且还经常以此事例教育门人。如《朱子语类》记载："李丈问：'前承教，只据见定道理受用，某日用间已见有些着落。事来也应得去，不似从前走作。'曰：'日用间固是如此，也须随自家力量成就去看如何。'问：'工夫到此，自是不能间断得。'曰：'博学、审问、慎思、明辨、笃行，这个工夫常恁地。昔李初平欲读书，濂溪曰：公老无及矣，只待某说与公，二年方觉悟。他既读不得书，濂溪说与他，何故必待二年之久觉悟？二年中说多少事，想见事事说与他不解，今日一说，明日便悟，顿成个别一等人，无此理也。公虽年高，更著涵养工夫，如一粒菜子，中间含许多生意，亦须是培壅浇灌，方得成，不成说道有那种子在此，只待他自然生根生苗去。若只见道理如此，便要受用去，则一日止如一日，一年止如一年，不会长进，正如菜子无粪去培壅，无水去浇灌也。须是更将《语》、《孟》、《中庸》、《大学》中道理来涵养。'"① "潘志、蒲碣"中未能记载李初平问学于周敦颐事，既有可能是限于墓志铭碣的体例篇幅，因为历年向周敦颐问学的人必定非常之多，李初平并非显宦，也不是一位成名学者，如果将类似的事情都记录于墓志铭碣中，将不胜其录了；当然也有可能是"志"、"碣"的两位撰写者并不知道此事，因为潘兴嗣与蒲宗孟虽然分别是周敦颐的挚友姻亲，但毕竟没有与周敦颐一道在郴州亲历此事，此事是发生于周敦颐与李初平两人的日常交往之中，非亲见或亲闻者不能得知，亦非亲见或亲闻者不能追述。倒是李初平对周敦颐的知遇荐赙之情，周敦颐为李初平操理丧事并归葬之事，涉及士大夫的道德行为及社会所推崇的价值观，此即影响甚大之所谓"君（周敦颐）笃气义，以名节自处"，"士大夫闻君之风，识与不识，皆指君曰：是能葬举主者"②，故不能不记录下来。而相对于潘兴嗣与蒲宗孟，作为学者的二程兄弟及朱熹，他们更关注的是周敦颐的学术事迹及思想，便对周敦颐与李初平之间的问学事津津乐道。

周敦颐与李初平之间的学问授受，既有时间的长度，也有时间的密度，此即朱熹两篇关于周敦颐传记中所云："初平日听先生语，二年果有得"③，"初

---

① 宋·黎靖德编：《朱子语类》卷一二〇"朱子十七·训门人八"，影印文渊阁《四库全书》本，台湾商务印书馆，1986年。

② 宋·潘兴嗣撰：《周敦颐墓志铭》，载宋本《元公周先生濂溪集》卷八，北京图书馆古籍出版编辑组编《北京图书馆古籍珍本丛刊》第88"集部·宋别集类"，书目文献出版社，2000年。又见于宋·吕祖谦编：《宋文鉴》卷一四四，影印文渊阁《四库全书》本，台湾商务印书馆，1986年。

③ 宋·朱熹撰：《濂溪先生事实记》，《晦庵集》卷九八，影印文渊阁《四库全书》本，台湾商务印书馆，1986年。

平逐日听先生语，盖二年而有得”[①]。持续了两年时间的“日听”、“逐日听”，表明这种问学授受是在日常的工作或生活交往中经常进行的，故场所的所在地只可能是在郴州州衙与郴县县衙同处一城的情况下才能进行。换言之，即在周敦颐担任郴县令的任期内。两种年谱（表）均将李初平问学于周敦颐之事的开始时间系于庆历八年，那么时间便延续到了宋仁宗皇祐元年（1049）；各种文献记载，李初平也是在皇祐元年去世的。前文已经讨论，作为在场者的程颐“尝见李初平问周茂叔……初平遂听说话，二年乃觉悟”，表明在李初平问学于周敦颐之事的时间段内，二程兄弟曾经随侍在旁，才有可能得知。这种在场，既可能是在两年时间段内的自始至终（直至李初平去世而结束），也可能是在这一时间段内的最后一段时间，因为哪怕只要是在最后时间段内的短暂在场，也可能得知以前发生的事情，即作为上司的李初平为何会向作为下属的周敦颐问学事情之本末。据此，二程兄弟有着第二次去郴州从学于周敦颐的经历，时间的下限至少不会晚于皇祐元年。

三

根据以上的考述，可以确定，最早传播出李初平问学于周敦颐之事的是程颐，而程颐正是与其兄程颢一道在较长时期中随侍周敦颐身边受教时耳闻目睹此事的。李初平是郴州知州（郴州守），此事只能发生在郴州。如此，则二程兄弟应该随同周敦颐在郴州生活过一段较长的时间。

无论是根据可靠的传记年谱资料，还是根据二程兄弟的自述，二程兄弟有两次从学于周敦颐的经历。如朱熹编《二程遗书》卷三所载谢显道（谢良佐）记忆明道先生（程颢）平日语云：“诗可以兴。某自再见茂叔后，吟风弄月以归，有吾与点也之意。……右明道先生语。”[②] 何谓“再（次）见”？应该是相隔了一段相当长的时间后的再次相见。如果是指二程兄弟在江西期间初次奉父命受学于周敦颐，在同一地点的同一时间段中，哪怕是由于某种原因，断断续续，相隔了若干时日再次求教于周敦颐，也不可能说“再（次）见”，因此，这次“再见”应该指的是第二次正式受学于周敦颐。

先看二程兄弟第一次从学于周敦颐的时间。朱熹撰《伊川先生年谱》云：

① 明·吕柟撰：《周子抄释·附录》，影印文渊阁《四库全书》本，台湾商务印书馆，1986年。又见明·周沈珂编：《周元公集》卷四，影印文渊阁《四库全书》本，台湾商务印书馆，1986年。

② 宋·朱子编：《二程遗书》卷三“谢显道记忆平日语”，影印文渊阁《四库全书》本，台湾商务印书馆，1986年。

“先生名颐，字正叔，明道先生之弟也（明道生于明道元年壬申，伊川生于明道二年癸酉）。幼有高识，非礼不动（见语录）。年十四五，与明道同受学于春陵周茂叔先生（见哲宗、徽宗《实录》）。”① 朱熹又云：“伊川先生作明道先生行状曰：先生自十五六时，闻汝南周茂叔论道，便厌科举之业，慨然有求道之志。”② 更为详细的文字亦见于程颢所撰其兄程颐的《明道先生行状》：“先生为学，自十五六时，闻汝南周茂叔论道，遂厌科举之业，慨然有求道之志，未知其要，泛滥于诸家，出入于老释者几十年，返求诸六经，而后得之。”③ 正如前述朱熹所云：“明道生于明道元年壬申（1032），伊川生于明道二年癸酉（1033）。”按照古人虚岁的算法，程颢的“十五六”岁与程颐的“年十四五”，应该是宋仁宗庆历六年至七年之间（1046—1047），正跨越了周敦颐在江西任南安军司理参军的最后一年至其到湖南郴州任郴县令的第一年（周敦颐出任郴县令为该年的具体时间不详）④。据此可以确定，二程兄弟第一次受教于周敦颐，正是在这一段时间内。

毫无疑义，二程兄弟在江西从学于周敦颐，是周敦颐在江西任南安军司理参军，而程珦以大理寺丞知兴国县事摄倅南安之时。然而，诸史籍对此事的具体时间记载不详。清谢旻等监修《（雍正）江西通志》在记载江西南安府道源书院时称：“道源书院在大庾县学东，宋庆历丁亥，濂溪周敦颐为南安军司理，程珦以兴国令摄判事，遣二子受业焉。”⑤ 相同的记载亦见于清金𫓹等监修《（雍正）广西通志》引《南安志·道源书院记》。⑥ 庆历丁亥即庆历七年（1047），正是周敦颐由江西南安军司理参军移任湖南郴州郴县令之年。如果此说可靠，则宋人度正及近人许毓峰等所撰周敦颐年谱（表）均将二程兄弟在江西开始受教于周敦颐时间系于宋仁宗庆历六年（1046）尚值得推敲。

研究者往往只注意周敦颐何时在郴州先后担任郴县及桂阳县令，然后二程

---

① 宋·朱熹撰：《伊川先生年谱》，《晦庵集》卷九八，影印文渊阁《四库全书》本，台湾商务印书馆，1986年。

② 宋·朱熹撰：《伊洛渊源录》卷一“濂溪先生·遗事”，影印文渊阁《四库全书》本，台湾商务印书馆，1986年。

③ 见宋·程颐撰：《明道先生行状》，《二程文集》卷一二《伊川文集》，影印文渊阁《四库全书》本，台湾商务印书馆，1986年；又收入宋·朱熹撰：《伊洛渊源录》卷二，影印文渊阁《四库全书》本，台湾商务印书馆，1986年。

④ 关于周敦颐莅任湖南郴州郴县令的时间，度正及许毓峰所撰年谱（表）均系于宋仁宗庆历七年（1047）。笔者认为可能是在庆历七年的年末至庆历八年的年初。

⑤ 清·谢旻等监修《（雍正）江西通志》卷二二“书院二·南安府·道源书院”，影印文渊阁《四库全书》本，台湾商务印书馆，1986年。

⑥ 清·金𫓹等监修：《（雍正）广西通志》卷五一“秩官·宋·知龚州”，影印文渊阁《四库全书》本，台湾商务印书馆，1986年。

兄弟在此时得以从学于周敦颐；却没有人注意二程兄弟只有在何时才有可能来郴州从学于周敦颐。其实，思路的改变，便可以得出更为接近史实的结论。

二程兄弟第一次从学于周敦颐的时间底线是在周敦颐去郴县赴任前，那么第二次从学的时间便只能是在周敦颐去郴县赴任后。度正所撰年表未提及此事；许毓峰所撰年谱则将其系于庆历八年（1048），称："明道与伊川至郴县复从学先生。"[①] 宋人李幼武纂集《宋名臣言行录·外集》卷一"周敦颐濂溪先生元公"称："颢年十六七时，好田猎，既而自谓已无此好。茂叔曰：'何言之易也，但此心潜隐未发，一日萌动如初矣。'后十二年，暮归，在田野间见猎者，不觉有喜心，乃知果未也。"[②] 此事亦见于朱熹所编《二程遗书》卷七："颢自谓今无此好。周茂叔曰：'何言之易也，但此心潜隐未发，一日萌动，复如前矣。'后十二年，因见，果知未（一本注云：明道年十六七时，好田猎，十二年，暮归，在田野间见田猎者，不觉有喜心）。"[③] 程颢的年"十六七时"为庆历七年至八年（1047—1048），"既而……"之语表明时间当在"颢年十六七时"之后，因此，二程兄弟应该是在周敦颐于庆历七年去郴县赴任后的若干时日，也可能跨过了一两个年头，也就是程颢的年龄超过"十六七"以后，才再次去郴县从学于周敦颐的。据此，许毓峰所撰之年谱将"明道与伊川至郴县复从学先生"的开始时间系于庆历八年尚值得推敲。

如前所述，周敦颐是一位"有山林之志"、"而平生之志终在丘壑"超然物外的人物，显然具有浓郁的道家思想性格色彩。二程兄弟，至少是程颢（明道），第一次从学于周敦颐受到的影响便显现在"闻汝南周茂叔论道，便厌科举之业，慨然有求道之志"。此时，二程兄弟还是少年，思想尚未定型；而周敦颐时年三十岁左右，其学术思想亦在发展定型之际。

四

为何二程兄弟会到郴州再次从学于周敦颐，除了有继续学习的意愿外，可能也与其父程珦改任广西龚州（今广西平南县）知州有关。二程兄弟到郴州第二次从学于周敦颐的起始及终止时间亦可就此得以明确。

程颐为其父所撰《先公大中家传》称程珦："就移知龚州事，时宜州反獠

① 许毓峰撰：《宋周濂溪先生惇颐年谱》，王云五主编《新编中国名人年谱集成》第十二辑，台湾商务印书馆，1986年，第22页。

② 宋·李幼武纂集：《宋名臣言行录·外集》卷一"周敦颐濂溪先生元公"，影印文渊阁《四库全书》本，台湾商务印书馆，1986年。

③ 宋·朱熹编：《二程遗书》卷七，影印文渊阁《四库全书》本，台湾商务印书馆，1986年。

殴希范既诛，乡人忽传其降言：‘当为我南海立祠。’于是迎其神以往，自宜至龚历数州矣，莫之禁也。公使诘之，对曰：‘过浔州，守以为妖，投奉神之具于江中，逆流而上，守惧，乃更致礼。’公曰：‘试再投之。’越人畏鬼甚于畏官，皆莫敢前。公杖不奉命者。及投之，乃流去，人方信其为妄。在州二岁，部使者未尝入境。时潘师旦为提点刑狱，最称严察，一道慑畏。尝过境上，以书谢公曰：‘既闻清治，不须至也。’”[①] 此处虽然未能言明程珦移知龚州的具体时间，但有两个时间坐标可以参考，即在“殴希范既诛”之后，并且在龚州任上的时间超过了两年。

“殴希范”即“欧希范”，为当时广西的农民起义首领。宋陈均撰《九朝编年备要》载：“甲申，庆历四年。春正月，宜州蛮欧希范反，讨平之。是夏，以杜杞为广西转运按察兼安抚，趣明年讨平之。杞诱杀希范及降者六百余人。”[②] 庆历四年正是甲申年。“殴希范既诛”是在次年，即庆历五年。准确的时间，据宋彭百川撰《太平治迹统类》记载，是在庆历五年（1045）的三月份。[③] 因此，程珦担任龚州知州的时间只能是庆历五年以后。而庆历五年，程珦尚在江西任上，因此他改任龚州知州的时间应该是“殴希范既诛”之后的若干年。据清金鉷等监修《（雍正）广西通志》记载，程珦知龚州的时间是“皇祐间”[④]。具体在皇祐间的何年呢？《（雍正）广西通志》又载：

平南（笔者按：即龚州。下文括号内文字为原注）有畅岩，在城西二十里。二程夫子随父来守是邦，读书于此。《方舆胜览》云：程珦皇祐间守龚州，二子随侍，乃明道、伊川也。今考《程氏遗书·大中家传》，大中改大理寺丞知处州兴国县事。移知龚州。迁太子中舍，明堂覃恩，改殿中丞。代还在途，而侬智高作乱，破州城，后守贷死羁置，人皆以公获免为积善之报。（《稽古录》：皇祐四年，智高陷邕州）。《上谷郡君家传》云：殿中丞公官岭外，偶迎凉露寝，中瘴疠，及北归道中，病革。召医视脉，曰：可治。谓二子曰：给尔也。未终前一日，命颐曰：今日午为我祀父母，明年不复祀矣。夫公以景德元年甲辰十月十三日生于太原，皇祐四年壬辰二月二十八日终于江宁（大中由南

① 宋·程颐撰.《先公大中家传》,《二程文集》卷一三《伊川文集》，影印文渊阁《四库全书》本，台湾商务印书馆，1986年。

② 宋·陈均撰:《九朝编年备要》卷一二“仁宗皇帝·甲申庆历四年”，影印文渊阁《四库全书》本，台湾商务印书馆，1986年。

③ 宋·彭百川撰:《太平治迹统类》卷九“仁宗平欧希范”，影印文渊阁《四库全书》本，台湾商务印书馆，1986年。

④ 清·金鉷等监修:《（雍正）广西通志》卷五一“秩官·宋·知龚州”，影印文渊阁《四库全书》本，台湾商务印书馆，1986年。

安转龚州，盖在皇祐初年。南安尚在庾岭之北，未可言岭外，岭外盖指龚州也。观道中病革谓二子之言，则明道、伊川侍行可知）。又《南安志·道源书院记》：周、程三先生相授受以道，起于宋庆历丁亥，相遇于南安。是时周元公为南安军司理，程大中公方以兴国令来摄通判事，识元公于稠人中，遣二子纯公颢、正公颐受学焉。又《伊川年谱》年十四五与明道同受学于舂陵周茂叔先生。……按明道生于明道元年壬申，伊川生于明道二年癸酉，至庆历七年丁亥，明道方十六岁，伊川方十五岁。皇祐元年己丑，明道方十八岁，伊川方十七岁。皇祐四年，明道方二十一岁，伊川方二十岁。大中任龚州只二年，皇祐四年已出岭在道，则移龚当是元年。……此大贤履历之迹，故详考而明辨之，以补年谱之缺云（旧志）。[①]

此处所述程珦的经历，大多引自于程颐所撰《先公大中家传》，但将程珦的生卒年搞错了。按《先公大中家传》称其“景德三年丙午正月二十三日生于京师泰宁坊”，而不是“景德元年甲辰十月十三日生于太原”；“元祐五年正月十三日以疾终于西京国子监公舍……享年八十有五”[②]，而不是“皇祐四年壬辰二月二十八日终于江宁”。错误产生的原因是，在引述程颐为其母亲所撰《上谷郡君家传》文时，将二程之母“从先公官岭外，偶迎凉露寝，遂中瘴疠。……夫人以景德元年甲辰十月十三（一作二十二）日生于太原，皇祐四年壬辰二月二十八日终于江宁，享年四十九。始封寿安县君，追封上谷郡君”[③]，误引为二程之父“殿中丞公官岭外，偶迎凉露寝……夫公以景德元年甲辰十月十三日生于太原，皇祐四年壬辰二月二十八日终于江宁”。

此外，《（雍正）广西通志》推断程珦改任龚州知州的时间为皇祐元年，其实可能更晚，因为在程珦之前，另外有人也在皇祐年间担任过龚州知州。清人汪森编《粤西文载》载：“姚嗣宗，皇祐初守浔州，继知龚州，平狱讼，定礼仪，百姓顺治，有循良之气。”又云：“程珦，河南人，皇祐间知龚州。……郡故有畅岩，为前守姚嗣宗吟咏处，珦与其子颢、颐讲学其中，复改为畅岩。”[④]此处记载，姚嗣宗是“皇祐初守浔州，继知龚州”，程珦是“皇祐间知龚州”，

---

① 清·金鉷等监修：《（雍正）广西通志》卷一二七“艺文·杂记”，影印文渊阁《四库全书》本，台湾商务印书馆，1986年。

② 宋·程颐撰：《先公大中家传》，《二程文集》卷一三《伊川文集》，影印文渊阁《四库全书》本，台湾商务印书馆，1986年。

③ 宋·程颐撰：《上谷郡君家传》，《二程文集》卷一三《伊川文集》，影印文渊阁《四库全书》本，台湾商务印书馆，1986年。

④ 清·汪森编：《粤西文载》卷六三“传·名宦”，影印文渊阁《四库全书》本，台湾商务印书馆，1986年。

“初”“间”的时间表述已有前后之别，况且继而明言“前守姚嗣宗”，因此，程珦知龚州可能在皇祐元年底至皇祐二年初。前述《先公大中家传》称其“在州二岁”，指的是程珦在龚州知州任上有实实在在的两年时间以上，而非虚数的两个年头，因此必须定期来巡视的“部使者未尝入境”，才有炫耀的价值，因此，他卸任的时间应该到了皇祐四年（1052）。

程珦卸任后，“迁太子中舍，明堂覃恩，改殿中丞。代还在涂（途），而侬智高作乱，破州城。后守贷死羁置，人皆以公获免为积善之报，授知徐州沛县事”。[①]“侬智高作乱”事在皇祐四年。《九朝编年备要》记载：

壬辰，皇祐四年……夏四月，侬智高陷邕、横等州。先是，智高复贡金函书请内属，知邕州陈珙上闻不报。时邕州庭中有白气，而江水溢，司户孔宗旦以为兵象，度智高必反，以书告珙，不听。智高既不得请，日与交趾为雠，且擅山泽之利，遂招纳亡命，数出敝衣易谷食，绐言洞中饥，部落离散，故邕不设备。智高乃与广州进士黄师宓及其党日夜谋入寇。一夕，焚其巢穴，绐众曰：“平生积聚今为天火所焚，无以为生，计穷矣，当拔邕州，据广州以为王，否则兵死。”是月，率众五千沿江东下，攻破邕州横江寨，张日新等死之。陷邕州，都监张立、司户孔宗旦骂贼而死，珙以下皆遇害。于是智高即州伪建大南国，僭号“仁惠皇帝”，改年“启历”，赦境内。师宓等皆称中国官名。进陷横、贵、龚、藤、梧、封、康、端州，惟封州守臣曹觐、康州守臣赵师旦、监押马贵战死，诸州守臣张仲、李植、江滋、丁宝臣等并遁。[②]

侬智高是在皇祐四年的四、五月间“遂陷横、贵等八州”[③]，其中就包括龚州。此时程珦还在返京的途中，因此他离任龚州的时间应该是在皇祐四年的春季某月。而在此前的若干时日，也就是二程兄弟之母亲“从先公官岭外，偶迎凉露寝，遂中瘴疠”，即程珦尚在龚州任上之时，二程应该早已陪送生病的母亲北上。二程的母亲于皇祐四年壬辰二月二十八日去世，“侬智高作乱”发生于同年的四、五月间，此时二程兄弟应该还在江宁为其母治理丧事，而不会返回正发生兵乱的龚州。实际上，在宋仁宗庆历、皇祐年间，广西境内一直不是十分安定。如庆历间有前述欧希范之乱，欧希范被诛后，民众“迎其神以

① 宋·程颐撰：《先公大中家传》，《二程文集》卷一三《伊川文集》，影印文渊阁《四库全书》本，台湾商务印书馆，1986年。

② 宋·陈均撰：《九朝编年备要》卷一四“仁宗皇帝·壬辰皇祐四年”，影印文渊阁《四库全书》本，台湾商务印书馆，1986年。

③ 元·托克托等修：《宋史》卷一二“本纪第十二·仁宗四”，影印文渊阁《四库全书》本，台湾商务印书馆，1986年。

往，自宜至龚历数州矣，莫之禁也”，表明欧希范的影响仍然存在。侬智高对广西的威胁开始于皇祐元年。《九朝编年备要》载：“己丑，皇祐元年……九月，岭南蛮侬智高寇边。邕州西南有广源州，虽号邕管羁縻，其实服役于交趾。初知傥犹州侬全福为交趾所虏，其妻阿侬嫁商人，生智高，因冒侬姓，本雷火峒。久之，复与其母出据傥犹州，建国曰‘大历’。交趾拔之，执智高，释其罪，使知广源州。居四年，内怨交趾，袭据安德州，僭称为‘南天王’，改元‘景瑞’。至是寇邕州。诏江南、福建发兵捕之。”[①] 程珦很有可能是作为“能吏”在此时派往广西龚州的。程珦离任龚州的时间在皇祐四年初，在任的时间又超过了两年，故其赴任龚州的时间应该是在皇祐元年的下半年，甚至年尾。

综上所述，笔者认为，二程兄弟第二次从学于周敦颐的起始时间，是在皇祐元年（1049）的下半年。当时程珦受命移任广西龚州知州，从江西赴任广西途中经过郴州，携二子一道会见了时任郴州郴县令的周敦颐。考虑到广西正值兵乱过后，社会仍然动荡不定，自己又重任在身，既无法分心教育二子，又担心二子的安危，加之二程兄弟在南安时从学于周敦颐时间不长，故让二子留在郴州伴随周敦颐继续学习，自己与夫人赴任。将时间推断为皇祐元年的下半年，则既可以与程颢所言“某自再见茂叔”相合，又正赶上了李初平与周敦颐问学经历的最后时日，才有以后程颐“尝见李初平问周茂叔……初平遂听说话，二年乃觉悟”的述说。

二程兄弟第二次从学于周敦颐的结束时间，许毓峰撰年谱认为是皇祐二年（1050），即“（濂溪）先生改郴州桂阳令”时，“明道、伊川似亦离郴州，随其父程珦居龚州”[②]。笔者认为应该是在皇祐三年（1051）左右，即周敦颐担任桂阳县令的第二年。换言之，即二程兄弟随同周敦颐从郴县移居桂阳，并在桂阳从学了近两年（两个年头）的时间。他们离开桂阳的原因，应当与前述二程之母在龚州患病有关。在古代，岭外素称瘴疠之地，患上瘴疠，便视之为难治之症。很可能是二程的母亲在龚州患病后，二程兄弟奉召赶到龚州服侍母亲，而后护送母亲北归，此即《上谷郡君家传》所称：“遂中瘴疠。及北归道中，病革，召医视脉，曰：‘可治。’谓二子曰：‘绐尔也。’未终前一日，命颐曰：

---

① 宋·陈均撰：《九朝编年备要》卷一四“仁宗皇帝·己丑皇祐元年”，影印文渊阁《四库全书》本，台湾商务印书馆，1986年。

② 许毓峰撰：《宋周濂溪先生惇颐年谱》，王云五主编《新编中国名人年谱集成》第十二辑，台湾商务印书馆，1986年，第37页。

'今日午为我祀父母，明年不复祀矣。'"[①] 二程的母亲于皇祐四年二月逝世于江宁，故他们开始北归的时间应当是在皇祐三年年底，最迟不会晚于皇祐四年年初。考虑到二程的母亲从患病到病情加剧还有一段时间，故二程离开桂阳往龚州的时间最迟不会晚于皇祐三年的下半年。因此，他们第二次从学于周敦颐的时间可能有两年多的时间，在桂阳的时间有一年半以上。

五

如前所述，二程兄弟在江西第一次从学于周敦颐时，还是少年，从学方向尚未定型，故（程颢）既"好田猎"，又"遂厌科举之业，慨然有求道之志"；而周敦颐时年三十岁左右，其学术思想亦在发展定型之际。四年过去了，二程兄弟求学的方向也日趋稳定，周敦颐的学术思想更是已经成熟。因此，对于二程兄弟日后思想的发展，第二次从学于周敦颐的收获应该更大。

周敦颐对二程兄弟这两位弟子是十分欣赏的。宋朱弁撰《曲洧旧闻》云："茂叔能知人。二程从父兄南游时，方十余岁。茂叔爱其端爽，谓人曰：'二子他日当以经行为世所宗。'其后果如其言。"[②]

在宋代，桂阳（今汝城）是一个地域较为偏僻、经济文化较为落后的地方，但从钻研学问而言，却是一处较少受到外界影响干扰的地方。周敦颐与二程兄弟的年龄本来就相差不是很大（年长大程约十五岁），初到桂阳时，周敦颐三十四岁，这时大程（程颢）十九岁，小程（程颐）近十八岁（均为虚岁）。周敦颐于二程亦师（就学问而言）亦友（就年龄而言），一道谈论学术，优游山水，不亦乐乎！在周敦颐一生的诸多经历过化之地中，或真实，或附会，每每出现许多名为"濂溪"、"爱莲"等遗迹。但以"予乐"为名者，却仅见于桂阳。如《（雍正）湖广通志》记载："予乐亭，在县西五里。"[③] 又载："莲溪书院在桂阳县西，有爱莲、予乐两亭。后即亭为祠，祀周敦颐。"[④]《清一统志》云："光风堂，在桂阳县治东，宋邑令周思诚建，以祀濂溪周子。""予乐亭，

---

① 宋·程颐撰：《上谷郡君家传》，《二程文集》卷一三《伊川文集》，影印文渊阁《四库全书》本，台湾商务印书馆，1986年。

② 宋·朱弁撰：《曲洧旧闻》卷三，影印文渊阁《四库全书》本，台湾商务印书馆，1986年。

③ 清·迈柱等监修，夏力恕等编纂：《（雍正）湖广通志》卷七九"古迹志·桂阳县"，影印文渊阁《四库全书》本，台湾商务印书馆，1986年。

④ 清·迈柱等监修，夏力恕等编纂：《（雍正）湖广通志》卷二三"学校志·直隶郴州"，影印文渊阁《四库全书》本，台湾商务印书馆，1986年。

在桂阳县治东爱莲池上，又相近有味清亭、醒溪亭。”[①] 而“予乐”一语，则出于程颢（明道先生）的诗：“云淡风轻近午天，傍花随柳过前川。旁人不识予心乐，将谓偷闲学少年。”此诗在《二程文集》中题为《偶成》，题注称“时作鄠县主簿”；“傍花”作“望花”[②]。前引谢良佐（谢显道）记忆明道先生（程颢）语云：“诗可以兴。某自再见茂叔后，吟风弄月以归，有吾与点也之意。”[③] 谢良佐为二程弟子，与游酢、吕大临、杨时号称程门四先生，他将这首诗所展现出来的思想情怀与明道先生受到周敦颐影响后的思想变化直接联系在一起：“学者须是胸怀摆脱得开，始得有见。明道先生在鄠县作簿时有诗云：‘云淡风轻近午天，傍花随柳过前川。旁人不识予心乐，将谓偷闲学少年。’看他胸怀直是好与曾点底事一般。”[④] 而这种影响，程颢自称是“再见茂叔后”所获得。因此，后人在周、程曾经吟风弄月之地的桂阳修建予乐亭等，既是对周、程授受关系的肯定，也是纪念。

汝城有着浓郁的崇文重教、文风巍然的文化传统。所谓“一方水土养一方人”，这种“水土”不光指的是自然环境，更多的应该是作为隐性的、非物质的、浸蕴于心灵中、表现在行为上的社会环境与人文传统。汝城这些优秀的政治、文化传统及社会习俗特征无不渊源有自，通过历史上众多高风亮节的乡贤人物如朱英、曾鉴、范辂、何庆元等，一直可以追溯到宋代的濂溪先生周敦颐。

关于濂溪先生在中国学术思想史上的地位，宋代著名学者陈淳在《师友渊源》一文中阐述得极为明晰：“（孟）轲之后失其传，天下骛于俗学，盖千四百余年昏昏冥冥，醉生梦死不自觉也。及我宋之兴，明圣相承，太平日久，天地真元之气复会，于是濂溪先生与河南二程先生卓然以先知先觉之资相继而出。濂溪不由师传，独得于天，提纲启钥，其妙具在太极一图，而《通书》四十章又以发图之所未尽，上与羲皇之易相表里，而下以振孔、孟不传之坠绪，所谓再辟浑沦。二程亲授其旨，又从而光大之，故天理之微，人伦之著，事物之众，鬼神之幽，与凡造道入德之方，修己治人之术，莫不秩然有条理，备见于

① 《钦定大清一统志》卷二八八“郴州”，影印文渊阁《四库全书》本，台湾商务印书馆，1986年。

② 宋·程颢撰：《二程文集》卷一《明道文集一》，影印文渊阁《四库全书》本，台湾商务印书馆，1986年。

③ 宋·朱子编：《二程遗书》卷三“谢显道记忆平日语”，影印文渊阁《四库全书》本，台湾商务印书馆，1986年。

④ 宋·谢良佐撰：《上蔡语录》卷一，影印文渊阁《四库全书》本，台湾商务印书馆，1986年。

《易传》《遗书》，使斯世之英才志士得以探讨服行，而不失其所归。”[①] 宋代另一位著名学者真德秀在《劝学文》中说：“窃惟方今学术源流之盛未有出湖湘之右者。盖前则有濂溪先生周元公生于舂陵，以其心悟独得之学著为《通书》、《太极图》，昭示来世，上承孔、孟之统，下启河洛之传。”[②] 宋代著名学者魏了翁也在《奏乞为周濂溪赐谥》的奏议中云：“周（敦）颐则又程颢兄弟亲炙而师事之者……周（敦）颐及程颢兄弟倡明绝学俱有功于斯道……然（朱）熹、（张）栻之学实宗周、程。”[③] 据此可知，濂溪先生之“上与羲皇之易相表里，而下以振孔、孟不传之坠绪”，是通过自己所撰之《太极图说》与《通书》本身，并由“二程亲授其旨又从而光大之”后，通过朱熹、张栻等人彰显于世的，其承前启后之功绩，为世所崇仰。这就是所谓薪火相传的学术传统，亦可称之为“道统”，其内核便是深厚的历史文化底蕴，亦即文化基因。

真德秀虽然称濂溪先生“生于舂陵（道州别称）”，但濂溪先生自十五岁离开道州营道县（今湖南道县）后，除了在宋英宗治平二年至治平四年（1065—1067，先生时年四十九至五十一岁）担任永州通判期间，于治平四年携二子寿、焘回家乡展墓外，基本上没有在家乡停留过较长的时间。反而，先生在出任郴州的郴县与桂阳县（今汝城县）县令的七年时间内，长时间为郴州知州李初平讲道，向程颢、程颐兄弟授学。古语有所谓“教学相长”之说，讲学不止是使受学者获益，讲学者也能够在此过程中使自己的学术思想更为缜密、更为系统、更为完善。濂溪先生正是如此。在郴县尤其是任职于桂阳县县令的四年多时间（1050—1054）里，正是他三十而立之后思想日趋成熟之时。因此，将汝城称之为湖湘学术乃至中国宋明理学的重要源头之一，是符合史实的。

当然，濂溪先生对后世的影响，远远不止局限于学术思想，而是多方位的。正如宋代著名文士黄庭坚在《濂溪诗并序》中所称：“茂叔短于取名而惠于求志，薄于征福而厚于得民，菲于奉身而燕及茕嫠，陋于希世而尚友，千古闻茂叔之余风犹足以律贪。”[④] 确实，仅仅就勤政廉洁而言，先生的一篇《爱莲说》便使得“千古闻茂叔之余风犹足以律贪”。

---

① 宋·陈淳撰：《师友渊源》，《北溪字义·严陵讲义》，影印文渊阁《四库全书》本，台湾商务印书馆，1986年。

② 宋·真德秀撰：《劝学文》，《西山文集》卷四〇，影印文渊阁《四库全书》本，台湾商务印书馆，1986年。

③ 宋·魏了翁撰：《奏乞为周濂溪赐谥》，《鹤山集》卷一五，影印文渊阁《四库全书》本，台湾商务印书馆，1986年。

④ 宋·黄庭坚撰：《濂溪诗并序》，《山谷集》卷一，影印文渊阁《四库全书》本，台湾商务印书馆，1986年。

濂溪先生辞世后，既为了纪念先生，又为了张扬和传承先生的学术思想，在全国各地，尤其是在先生出生、归田以及曾经履职的过化之地，创建了许多祭祀濂溪先生的祠堂，以及以“濂溪”、“爱莲”等命名的书院；部分场所兼具祭祀与教学功用，汝城的濂溪书院便是如此。

汝城濂溪书院创建于南宋宁宗嘉定十三年（1220），为时任县令的周思诚所建。最初为祭祀濂溪先生的祠堂，是桂阳县学的配套建筑，名为“光风堂”。《清一统志》记载：“光风堂在桂阳县治东，宋邑令周思诚建，以祀濂溪周子。”“光风”二字取自前述黄庭坚在《濂溪诗并序》中赞誉“周茂叔人品甚高，胸怀洒落，如光风霁月”语意。其后因兵乱等原因，屡圮复建，名称多有改易，或称“希濂堂”，或称“濂溪阁”，于明嘉靖三十三年（1554）定名为“濂溪书院”；地址亦屡有迁徙，今址位于县西金凤岭。其教学功用绵延近八百年时间，至1986年改为文物保护单位而停办。

作者简介：万里，湖南省社会科学院哲学研究所研究员。

周敦颐于汝城开阐理蕴传授二程初考

朱惠芳

宋明理学的产生，是中国儒学的第二次复兴。周敦颐因著《太极图说》开阐理蕴，授予二程，对理学的形成和发展起到了“发端示人”之功，从而“上承孔孟，下启程朱”，成为宋明理学的开山鼻祖，被朱熹尊为“宋儒之首”。《太极图说》也成为理学思想的奠基之作。正如胡宏所说：“孔孟之后，汉儒止有传经之学。性善微言，绝之久矣。元公崛起，二程嗣之，又复横渠（张载）诸大儒辈出，圣学大昌。……若论阐发心性义理之精微，端数元公之破暗也。”（《宗元学案·濂溪学案》）周子发端之后传二程，后经张载、朱熹集大成后，使儒家的圣学重放光明。周敦颐在何时何地著《太极图说》，又在何时何地手授《太极图说》于二程呢？汝城，公元 358 年置县，曾称卢阳等县名，公元 966 年即宋太平兴国元年改名桂阳县，公元 1913 年即民国二年复称汝城。笔者经初步考证，周敦颐任桂阳县令期间，在桂阳，即今汝城开阐理蕴并授道二程。

一、二程师事周子之时间

程氏兄弟，程颢，字伯淳，人称明道先生；程颐，字正叔，人称伊川先生。历史上有理学二程之称。从各种年谱和二程兄弟的自述，可以看出二程兄弟曾有两次从学于周敦颐的经历。

二程第一次师事周子。确切记载是始于宋仁宗庆历六年（1046）。据《周子年谱》，是年周敦颐（30 岁）在南安军司理参军任上，二程之父程珦知虔州兴国县，假卒南安，二人因此相识。程珦视敦颐之气貌，即觉非同寻常，“与语，果知道者，因与为友”，并令二子师事之，时程颢 15 岁，程颐 14 岁。元丰八年（1085），明道去世，伊川为其作《行状》，也讲到受学一事：“先生为学，自十五六时，闻汝南周茂叔论道，遂厌科举之业，慨然有求道之志。”朱熹撰《伊川先生年谱》云：“先生名颐，字正叔，明道先生之弟也（明道生于明道元年壬申，伊川生于明道二年癸酉）。幼有高识，非礼不动（见语录）。年十四五，与明道同受学于舂陵周茂叔先生（见哲宗、徽宗《实录》）。”程颢的“十五六”岁与程颐的“年十四五”，应该是宋仁宗庆历六年至七年之间（1046—1047）。《伊川年谱》载：“宋仁宗庆历七年，先生兄弟仍从周敦实学。”据《周子年谱》记载，庆历六年冬，周敦颐升任郴县令。据此可以确定，二程兄弟第一次师事周子，正是在周敦颐在江西任南安军司理参军的最后一年至其到湖南郴州任郴县令的第一年。

二程第二次师事周子。《谢良佐录明道语》载：“诗可以兴。某自再见茂叔后，吟风弄月以归，有吾与点也之意。”从“再见”可以推断二程与周子在第一次授受后隔了一段较长的时间且不在同一地点而见。据伊川《先公太中家传》，程珦在皇祐元年至四年知龚州（今广西平南县），后知徐州沛县、监京西染院、知凤州、知磁州、知汉州，至熙宁七年前后，近七十致仕。二程于嘉祐初随父入京。而明道除30岁前曾任江宁府上元县主簿之外，一生基本在北方为官。周敦颐一生全在江西、湖南、四川及广东一带的南方为官。可见在皇祐四年后周敦颐与二程相隔遥远，再见几无可能。由此也可推断，“再见”茂叔的时间应在皇祐四年前。这次“再见”也就是二程第二次师事周子。

二程第二次师事周子始止于何年，在史记载很少。笔者认为二程师事周子第二次的时间起于皇祐元年（1049）下半年，止于皇祐三年底或皇祐四年初。当时程珦受命移任广西龚州知州，从江西赴任广西途中经过郴州，携二子一道会见了时任郴州郴县令的周敦颐。考虑到广西正值兵乱过后，“欧希范”之乱余孽未除，岭南蛮侬智高作乱始兴，社会仍然动荡不定，自己又重任在身，既无法分心教育二子，又担心二子的安危，加之二程兄弟在南安时从学于周敦颐时间不长，故让二子留在郴州伴随周敦颐继续学习，自己与夫人赴任。据《先公大中家传》记载程珦知广西龚州，只二年。《（雍正）广西通志》载：“大中任龚州只二年，皇祐四年已出岭在道，则移龚当是元年。”皇祐二年，周敦颐改任桂阳令，二程随周子到桂阳从学。后因二程母亲患瘴疠，二程于皇祐三年底或四年初到龚州护送母亲北归。皇祐四年二月二程母亲逝世于江宁。因此，二程第二次师事周子的时间有两年多，其中在桂阳时间有一年半以上。但因在宋时，桂阳是一个偏僻且经济文化较为落后的地方，故二程在桂阳从学周子的史实在各类年谱和传记中并未记载。但桂阳的历届县志中还依稀可见一些记载。如民国《汝城县志》记载：“予乐窝，在县城西五里江口，二程从学濂溪至此。”又载：“《春游》（《春日偶成》），宋，程子，从周子在桂阳时所作。”

二、二程师事周子之所得

二程两次师事周敦颐。第一次授学，由于二程兄弟还是少年，思想尚未定型；且周敦颐时年三十左右，其学术思想亦在发展定型之际。所以，二程受周子的影响主要在传授诸子百家，四书五经上。故有“遂厌科举之业，慨然有求道之志”的感慨。但二程第二次师事周子时，兄弟俩求学的方向日趋稳定，周敦颐的学术思想也已逐渐成熟，成思了《太极图说》，加之从学时间有较长的宽度，周子向二程手授《太极图说》，让二程感悟“天地性命”之学，将其引入理学大门。因此，二程第二次从学于周敦颐的收获很大。

一是寻求“孔颜乐处”。“孔颜乐处”，这是周敦颐教导二程的首要内容，也是二程师事周子所得学问的重要方面。《程氏粹言》卷一：子谓门第子曰：“昔吾受《易》于周子，使求仲尼、颜子之所乐。要哉此言，二三子志之!”周敦颐所谓孔颜乐处，就是指内圣外王之学，是培养和扩充人的道德伦理和道德精神境界的基础，以“圣希天，贤希圣，士希贤”为人道德精神的发展方向和人生价值的实现途径，从而达到“见大而心泰”，“心泰则无不足”的精神境界。“孔颜乐处”在宋儒即已视作“二程之于濂溪，口传心授的当亲切处”，其后成为了宋明理学的一个重大课题。二程受此教导，就有了“慨然有求道之志”，“有吾与点也之意”的感慨。这充分说明二程在周子的教导下寻求“孔颜乐处”之所得。

二是感悟天地性命之学。《明道传》载：“自十五六时，与弟颐闻周敦颐论学，遂厌科举之业，慨然有求道之志，其后先生作《太极图》，独手授之，他莫得而闻焉。”这可以说明周敦颐著《太极图说》后，单独传授给二程，使二程触探到《太极图说》“明天理之根源，究万物之终始”的奥秘，豁然进入了周子的宇宙世界，从而对二程洛学的形成和发展起了“发端示人”之功。正如胡宏断言说“今周子启程兄弟以不传之学，一回万古之光明，如日丽天，将百世之利泽，如水行地，其功盖在孔孟之间矣”。周子的《太极图说》之动静阴阳，二气五行，形生神发，五性感动而善恶分，以至中正仁义等观念，在二程的早期作品中得以体现。如明道 37 岁作《程邵公墓志》和 43 岁作的《李仲通墓志铭》中都体现了周子以上的观点。在伊川十八岁时，也就是皇祐二年庚寅（1050）所作的《颜子好学论》中更有直接体现。《颜子好学论》中云：“然则颜子所独好者，何学也？学以至圣人之道也。圣人可学而至欤？曰：然，学之道如何？曰：天地储精，得五行之秀者为人。其本也，真而静，其未发也，五性具焉，曰：仁、义、礼、智、信。形既生矣，外物触其形而动于中矣。其中动而七情出焉，曰：喜、怒、哀、乐、爱、恶、欲。……中正则诚，则圣矣。”文中可以看出，伊川直接或间接的引用了周子《太极图说》的内容。从以上可以说明周敦颐传授《太极图说》给二程，二程也领悟了其思想内核，后虽对周子的思想进行了修正和发展，但周子的理学思想启发了二程，对二程后来形成的“天理”之学影响明显而深远。

三、周敦颐作《太极图说》授二程之所地

《明道传》：“自十五六时，与弟颐闻周敦颐论学，遂厌科举之业，慨然有求道之志，其后先生作《太极图》，独手授之，他莫得而闻焉。”从中可以看出以下几点：一是在二程第一次师事周子是明道十五六时，也就是庆历六、七年间，主要寻求孔颜之乐，通过寻求孔颜之乐后，才“遂厌科举之业，慨然有求道之志”。二是二程第二次师事周子时，也就是“其后”，周敦颐作《太极图说》并授予二程。如前所述，二程于皇祐元年下半第二次从学于周子，当时郴州郡守李初平与周敦颐问学，后李初平卒，周敦颐主要忙于处理李初平的后事。《周敦颐墓志铭》载：“移郴令，改桂阳令，皆有治绩……郴守李初平最知君，君既荐之，又赒其所不给。及初平卒，子尚幼，君护其丧以归葬之，往来经纪其家，始终不懈。”皇祐二年，周敦颐改任桂阳令。在宋代，桂阳（今汝城，）是一个地域较为偏僻、经济文化较为落后的地方，但从钻研学问而言，却是一处较少受到外界影响干扰的地方。周敦颐与二程兄弟的年龄本来就相差不是很大（年长大程约十五岁），初到桂阳时，周敦颐三十四岁，这时大程（程颢）十九岁，小程（程颐）近十八岁（均为虚岁）。周敦颐于二程亦师（就学问而言）亦友（就年龄而言），一道谈论学术，优游山水，不亦乐乎！在皇祐二年的春夏之交，正值生机盎然之际，周敦颐携二程郊游城郊朱家湾时，发现了朱家湾的天然太极图，后周子感悟《易经》著作《太极图说》，并亲手授予二程，在予乐湾现场传授点拨。程颢也得道而悦，触生情吟出七言绝句《春日偶成》：“云淡风轻近午天，傍花随柳过前川。时人不识予心乐，将谓偷闲学少年。”

先看城郊予乐湾的天然太极图的阴阳五行的格局。从现景分析看，予乐湾地形像一幅天然太极图，有种秉承天地灵气之感。粗看整个予乐湾，外圆两山抱水，两龙护堂，形成一个大圆球，正如宇宙世界的混沌状态。细看耒水成S形，就像太极图的阴阳分界线，将整个圆球分成两半，形成阴、阳两鱼。朱家花园就像太极图阴鱼的鱼眼，唐氏家庙就如太极图阳鱼的鱼眼。山水、村庄、花园、祠堂自然而形成金水木火土五行连续相生的局势，正是《太极图说》中

的“五气顺布，四时行焉”的理论。从阴阳五行力量对比上分析。从整体上看，外圆两山为阳，气势雄伟力量强大。河水水田为阴，粗看力量较弱，但河水流动不息，力量加倍计算，总体上看阴阳力量几乎平衡。从五行力量上分析，两山为土，力量强大，但山静力量打折，乾金流水为动，力量加倍计算仍有化土之力。从木的五行力量上分析，除朱家花园竹林外，还有其他林木植物，木的力量也强旺。从离火上看，火的力量较弱，但阳鱼鱼眼唐氏家庙其形似火，坐离向坎，有收坎水之功，朝门向巽，巽为木，形成水生木，木生坐山离火，从而加强火的力量。综合起来看，阴阳五行力量形成泄强补弱的平衡相生态势，完全符合《太极图说》讲的“无极之真，二五之精，妙合而凝。二气交感，化生万物。万物生生，而变化无穷焉”。予乐湾的天然太极图地形，为周子感悟阴阳太极，探究宇宙与自然的奥秘，成思《太极图说》提供了基础。

关于《春日偶成》作于何处。清《明道先生年谱》记载“在鄠有诗”。但并非说在鄠作此诗。况此诗充满童气，又含有不以少为少的少年老成心理，描写的也是南方春色。而在陕西鄠县任官时，已是二十八岁，且处北方。故明道文集延平答问：“云录示明道的绝句，便是吟风弄月，有吾与点也之气味，某尚疑此诗若是初见周茂叔归时即可，此后所发之语，恐又不然是也。”正如延平所想，是程颢在予乐湾现场得周子手授言传《太极图说》，满心喜悦，直到傍晚，吟风弄月而归。也正如明道所言：“某自再见茂叔后，吟风弄月以归，有吾与点也之意。”

关于二程师事周子至汝城，郊游予乐湾作《春日偶成》的佳话，汝城的古代诗文及历代县志均有记载。南宋嘉定十五年，桂阳县令周思诚在《初建濂溪祠记》载：“濂溪周先生去孔氏千五百年余年，一旦复振洙泗坠绪，昌明道脉，传示圣学于无穷，使百世而下闻之者，犹足以释蒙启蔽。庆历间，尝宰桂阳，去今仅百八十年。而县屡经盗火，先生流风遗迹，乃仿佛无复存焉。县西五里，有山环合，林木茂翳，而溪流清泻，萦纡其间，土人号其乡为予乐，岂亦因先生而名之欤？思诚窃记程明道先生‘有过前川而予心乐’之句，盖明道尝从先生游也。今读其诗，亦可想见先生之迹矣。”民国《汝城县志》记载也较明确：“予乐窝，在县城西五里江口，二程从学濂溪至此。有时人不识予心乐之句，后人遂名其地为予乐窝。俗名予乐湾。”

综上所述，可见周敦颐在庆历间任桂阳县令时，感悟予乐湾天然太极图作《太极图说》，开阐理蕴，传授二程。

四、周敦颐开阐理蕴授二程之受赞颂

民国《汝城县志》记载："按通考……自濂溪周子弦歌斯土，开阐理蕴，提倡宗风。"周子理学，对汝城的民风、文风、官风的形成发展产生了深远的影响。尤其邑人仕宦多为御史反映了周敦颐爱莲守拙理学思想的深刻影响。自宋而后，汝城有史记载出了 39 名进士，其中出现了朱英、朱海、范辂等十几名立朝有声的监察御史和按察使。正如清乾隆《桂阳县志》所言："独怪桂阳在楚南，虽属边徼，濂溪过化而后，流风余韵。至成化弘治间，人才特盛。"因而周敦颐在汝城开阐理蕴授道二程之备受赞颂。

一是载录铭记。汝城自明正德年间曹琚所修《桂阳县志》以来，县志中就有关于周敦颐在桂阳任县令的记载。把周敦颐在任县令时兴农桑，修水利，办教育等事迹记载下来，铭记在汝城人民的心中。如清同治《桂阳县志》就记载了周敦颐兴修水利之事。"泉塘池，在县东六里许，尖岗岭下，亦说是宋濂溪凿，灌田数十顷，今湮。"关于周子在汝城重教育、兴师道之事就举不胜举。同时，县志还记载了周子暇余的吟弄垂钓。民国《汝城县志》载："濂溪吟弄处，在县西桂枝岭对岸，峭石临江，先生筑亭于此，今圮，字迹犹在。"在《郴州水利志》中也有周子在汝城凿爱莲池，赏莲，咏莲的事迹。"爱莲池是郴州地区史料记载有明确年代的最早的池塘，系周敦颐为邑令时所凿。"

二是建祠祭祀。为纪念周敦颐及其理学在汝城发源、二程从师周子之实，《桂阳县志》记载，宋嘉定十三年，县令周思诚认为"入境诣学，谓学必有先生（周敦颐）祠。乃巍然犹存大成殿，其门庑遗址尽没于蒿莱。惟一厅一寝室，偿无他房。欲求拜先生之遗像而竟莫知所向，惕然为之不宁。"于是，周思诚利用修建县学的机会，于大成殿右庑之西南，立祠以祀周敦颐。他"又思县之正堂先生昔尝居之，因榜其中间曰'濂溪堂'，俾得申其景仰。别创屋三间，于东边曰'光风堂'，亦祀先生像于其中，其傍二间则以为政暇读书之所，庶几进夕如见先生。"到宋理宗宝祐年间，邑簿李劲请于邑令黄遂，又建祠于学宫前，颜曰："希濂堂"。以祀周敦颐、程颢、程颐、张载、邵雍、朱熹，名曰"六君子祠"。后几易其址，至明代建成"濂溪书院"。千百年来，历代文人和莅汝治县者时常到濂溪祠、濂溪书院拜谒周子之灵位，以表达对理学文化和其廉政思想的认识和继承，也留下了很多脍炙人口的诗词。如清桂阳知县徐之凯有《谒濂溪祠》："岭上秋香满桂枝，抠衣拾级拜名祠。弦歌在昔为人牧，俎豆于今是我师。时有光风披古树，依然霁月照清池。后来闻者能兴起，片石残碑正可思。"现濂溪书院为清代所建，是国内仅存的古建濂溪书院。2002 年，湖南省人民政府公布为省级文物保护单位。

三是诗文歌咏。汝城后人或来到汝城的文人墨客都会游观周敦颐留下的钓鱼台、濂溪吟弄处、爱莲池和纪念周敦颐郊游的予乐亭等景点，寻求二程从师、周子从游的情景，以表达对周子、二程子的敬仰，且留下了许多流芳千古的诗词歌赋。如明状元罗洪先来汝游览钓鱼台时就写有《钓鱼台》："泉石膏肓砭不开，九重恩诏许归来。江山景物资闲览，常共书台与钓台。"曾任广西北流知县的袁宗佺也留下了《秋日游濂溪吟弄处》"古篆何年挂石巃，登临弥望思无穷。今人不见当时月，百代犹闻夫子风。两岸青松长洒落，一泓秋水自照融。孔颜真乐无寻处，想在吟风弄月中。"清乾隆知县凌鱼游予乐亭留下的《过予乐亭》更是脍炙人口："孔颜真乐妙难名，吟弄千秋想二程。问柳喜逢云正淡，临川欣对水长清。应时禾黍皆含绿，适意鸢鱼更不惊。偶憩石亭思往事，风流谁得似先生。"

四是复景纪念。今人为纪念周敦颐及弘扬理学文化，对古时留下的纪念周敦颐的景点进行了修复，在县城的东拓南延中，也注入了较多的理学元素。如在濂溪书院前修建了濂溪广场，在予乐湾恢复予乐亭、兴建太极亭、周子从游雕像和石书、石碑，在"濂溪吟弄处"兴建了吟弄亭。在新行政中心前修建了爱莲广场，将《爱莲说》镌刻在广场正中的卷幅上。在行政中心正厅竖建刻有《拙赋》的屏匾。同时，将爱莲广场南北两条主要道路命名为"爱莲路"、"守拙路"。还在行政中心后山修建拙政公园。在南北横轴的东泉河上，根据《太极图说》的宇宙生成模式，按照"太极开元"、"两气交合"、"五行相生"、"万物共荣"等五段进行景观建设。今后，还将在行政中心对面的龙尾山上修建纪念理学鼻祖，彰显理学文化的周敦颐公园。

作者简介：朱惠芳，汝城县人大常委会主任，湖南省社会科学院文化研究中心特约研究员。

周敦颐汝城史迹考三题

周建刚

一、周敦颐任职桂阳令考——《宋史·周敦颐传》纠谬一则

周敦颐自十五岁离开湖南，二十岁因舅父郑向的赏识而“荫补”入仕，直至五十五岁因病辞官。在周敦颐长达三十五年的仕宦生涯中，曾多次返回家乡湖南任职。据度正所编的《周敦颐年谱》记载，周敦颐在湖南先后担任过郴县令（仁宗庆历六年冬至皇祐元年）、桂阳县令（仁宗皇祐二年至五年）、永州通判（英宗治平二年至四年秋）、摄邵州事（英宗治平四年秋至神宗熙宁三年）。从年数上看，周敦颐在湖南为官十三年，占到了他仕宦生涯的三分之一还多；同时这十三年也是周敦颐思想逐渐成熟、定型的时期。由此可见，湖南不但是周敦颐的家乡，也是濂溪理学真正的发源之地，湖湘文化对濂溪理学的生长、成熟和定型具有重要的影响力。

周敦颐在湖南的任职经历，史书记载基本一致，唯一有异说的周敦颐任职郴县令和桂阳县令的经过。据度正的《年谱》记载，周敦颐在任南安军司理参军之后，由转运使王逵推荐，在仁宗庆历六年冬（1046），升任郴州郴县令，仁宗皇祐二年（1050），由郴县令改任桂阳县令，直至仁宗至和元年（1054），改大理寺丞，知洪州南昌县，这才结束了他在湖南郴州地区的这一段任职经历。度正是南宋人，他的《年谱》所根据的早期资料，当为周敦颐友人潘兴嗣的《周敦颐墓志铭》和周敦颐姻亲蒲宗孟的《周敦颐墓碣铭》。度正《年谱》中说到周敦颐的身后事时，曾提及“清逸处士潘兴嗣为墓铭，左丞蒲宗孟为墓碣，而孔延之之子文仲为文以祭之”[①]，说明度正对这两份周敦颐的早期传记资料是曾经寓目并极为熟悉的。在潘兴嗣的《墓志铭》中，对周敦颐的这段仕

① 宋·度正：《周敦颐年谱》，《周敦颐集》，2009年，中华书局，第111页。

宦经历是这样概括的："逵为之改容，复荐之。移郴令，改桂阳令，皆有治绩。"[①] 蒲宗孟的《墓碣铭》也有内容相同的记载："转运使荐君为南安军司理参军。移郴州郴县令，又为桂阳令。"[②] 潘兴嗣是周敦颐生前好友，两人有密切的交往和深厚的情谊。早在周敦颐三十七岁任职洪州南昌县时，曾病危一日一夜，为之料理家庭事务的就是潘兴嗣。周敦颐四十五岁在江西庐山筑书堂卜居时，与潘兴嗣有异日相偕隐居之约："此濂溪者，异时与子相依其上，歌咏先王之道，足矣。"[③] 不特如此，据黄震《黄氏日抄》记载："且潘不特志先生之墓也，先生母夫人之墓，实先生请其志。窃计先生平日之所敬，实无以加于潘。"[④] 可见潘兴嗣不但写过周敦颐的《墓志铭》，还为周敦颐的母亲向氏写过墓志铭，对周敦颐的生平经历乃至家庭情况都十分熟悉。至于蒲宗孟，因出于对周敦颐的人格和学识的钦佩，在周敦颐丧妻之后主动"以其妹归之"，是周敦颐第二任夫人的兄长，应该对周敦颐的经历了如指掌。潘兴嗣和蒲宗孟作为周敦颐的挚友、亲戚，他们提供的资料是关于周敦颐生平的第一手材料，可信程度极高。由这两份材料互相印证，可知周敦颐在任南康军司理参军之后，由转运使王逵推荐，先任郴县令，其后又改任桂阳令。这一段经历，在史料证据上无懈可击，应该是确凿无疑的。

但是元人编修《宋史》时，特立《道学传》，在周敦颐的传记中，对于这一段历史给出了一个不同的说法。《宋史·道学传》云："（周敦颐）移郴之桂阳令，治绩尤著。郡守李初平贤之，语之曰：'吾欲读书，何如？'敦颐曰：'公老无及矣，请为公言之。'二年果有得。"[⑤]《宋史》说周敦颐"移郴之桂阳令"，"郴"是指的"郴州"，郴州在北宋时属荆湖南路的桂阳郡，辖郴县、桂阳、宜章、永兴四县，当时的郴州知州为李初平。所谓"移郴之桂阳令"，也就是调任为郴州所属的桂阳县令，这就把周敦颐任职郴县令的经历一笔抹杀了。按照《宋史》的说法，周敦颐在仁宗庆历六年（1046）离任南康军司理参军之后，直至仁宗至和元年（1054）担任南昌县令之前，一直担任郴州桂阳县令，而郡守李初平从学，也是发生在周敦颐担任桂阳县令期间。这一说法，无疑与周敦颐的早期传记资料是有所冲突的。

《宋史·道学传》的影响很大，自元代以后，大量的史志书籍沿袭《宋史》，认定周敦颐是任"郴之桂阳令"而非先后任郴县令和桂阳令。兹列举以

① 宋·潘兴嗣：《周敦颐墓志铭》，《周敦颐集》，2009年，中华书局，第90页。

② 宋·蒲宗孟：《周敦颐墓碣铭》，《周敦颐集》，2009年，中华书局，第92页。

③ 宋·度正：《周敦颐年谱》，《周敦颐集》，2009年，中华书局，第107页。

④ 宋·黄震：《黄氏日抄》卷三三，《四库全书》本。

⑤《宋史》卷四二七《道学》，第12711页。

下数种：

1. 元·张光祖《言行龟鉴》：李平，字初平，为郴州守时，濂溪先生为桂阳令。初平知先生之贤，与之语，叹曰："吾欲读书，何如?"先生曰："公老无及矣，某请得为公言之。"于是初平日听先生语，二年果有悟。①

2. 明·彭大翼《山堂肆考》：周敦颐……调南安司理，有囚法不当死，转运使王逵欲深治之，公力与辩，不听，公委手板，将弃官去。逵悟，因得释。调桂阳令，改知南昌。②

3. 明·冯琦《经济类编》：周敦颐……初因舅郑向任为分宁主簿……调南安司理……调桂阳令，改知南昌。③

4. 清·黄宗羲、全祖望《宋元学案·濂溪学案》：周敦颐字茂叔，道州营道人……景祐三年，向奏授洪州分宁县主簿，时有狱久不决，先生矣讯立辩，部使者荐为南安军司理参军。……知郴州桂阳县，用荐改大理寺丞，知南昌县。④

5. 清·徐乾学《资治通鉴后编》：（神宗熙宁六年六月）是月，知南康军营道周敦颐卒。初因舅郑向任为分宁主簿……调南安司理……调桂阳令，改知南昌。⑤

6. 清·朱轼《史传三编》：周子，名敦颐，字茂叔。……年十八，以舅郑向任为将作监主簿。康定元年，调分宁县主簿。……庆历五年，迁南安司理参军。……皇祐二年，移郴桂阳令。郴守李初平贤之，荐诸朝。……至和元年，改大理丞，知南昌。⑥

以上所举的六种史籍都出自宋代以后，性质上属于编纂辑录，除《宋元学案》外，其余五种在史学上的意义和贡献都不是很大。这些史籍都声称周敦颐在郴州任职期间的职务是"桂阳令"，而丝毫没有提及周敦颐在任桂阳令之前曾任"郴县令"，说明这些史籍的编纂者都是在抄录《宋史·道学传》，而没有参考更早的原始材料如度正《年谱》、潘兴嗣《墓志铭》和蒲宗孟《墓碣铭》。反过来看比较早期的宋代史料，可以发现，凡在《宋史》成书之前出现的史籍，如《宋大事记讲义》、《宋名臣言行录》等，大都与度正《年谱》、潘兴嗣

---

① 元·张光祖：《言行龟鉴》卷一，《四库全书》本。

② 明·彭大翼：《山堂肆考》卷一三五，《四库全书》本。

③ 明·冯琦：《经济类编》卷四九，《四库全书》本。

④ 清·黄宗羲、全祖望：《宋元学案》（第一册）卷一一《濂溪学案上》，1986年，中华书局，第481页。

⑤ 清·徐乾学：《资治通鉴后编》卷八〇，《四库全书》本。

⑥ 清·朱轼：《史传三编》卷三，《四库全书》本。

《墓志铭》、蒲宗孟《墓碣铭》口径一致，认为周敦颐在郴州地区先后担任郴县令和桂阳令，也即是所谓“移郴县令，改桂阳令”；而自《宋史》成书以后，由于正史的权威性，相关史籍的记录就变成了周敦颐“移郴之桂阳令”，也就是周敦颐在郴州地区仅担任过桂阳令。由此可见，《宋史·道学传》是周敦颐“移郴之桂阳令”这一说法的始作俑者。

《宋史》为元人所修，与《金史》、《辽史》同时进行，总裁官为蒙古人脱脱（清乾隆时改译为托克托），实际负责修撰的湖南浏阳人欧阳玄（有《圭斋文集》存于《四库全书》）。欧阳玄主持修撰《宋史》，所取材的主要是宋代所留存的《国史》、《实录》之类官修史书，间或参考引证宋人文集中的材料。宋代历朝都修有《实录》，同时在《实录》的基础上不间断地修撰《国史》。如据朱熹《伊川先生年谱》所说，程颢和程颐的传记就见于《哲宗实录》和《徽宗实录》。至于周敦颐，宋代的官修国史早就为其立传，证据是朱熹的《记濂溪传》一文中提到：“戊申六月，在玉山邂逅洪景庐内翰，借得所修国史，中有濂溪、程、张等传，尽载《太极图说》。盖濂溪于是始得立传，作史者于此为有功矣。”[①] 案濂溪立传本不始于洪迈所修《国史》，南宋初年成书的《东都事略》中就有周敦颐的传记，唯语言简略，亦不载《太极图说》。朱熹见到洪迈所修《国史》为周敦颐立传，且载有朱熹本人极为重视的《太极图说》，因此兴奋之情，溢于言表。由此可见，宋代官修史书中本有周敦颐和二程、张载等人的传记，且这一传记很可能就是欧阳玄主持修撰《宋史·道学传》的蓝本。但是从实际情况来看，《宋史》特立《道学传》，是欧阳玄等人的创举，由于受到理学思想的支配，在很多方面与宋代的官修国史很不相同。如《宋史·道学传》明言：“邵雍高明英悟，程氏实推重之，旧史列之《隐逸》，未当，今置张载后。”[②] 此外，据朱熹《记濂溪传》一文所说，洪迈所修《国史》中的“濂溪传”，所载的《太极图说》首句为“自无极而为太极”，不同于朱熹修订本的“无极而太极”，因此朱熹极为不满，认为是“百世道术渊源之所系”，坚持要求删改。洪迈有没有听从朱熹的要求，今由于宋代《国史》的散失，已无从查考，但《宋史·道学传》的作者分明是响应了这一要求，将《太极图说》的首句定为“无极而太极”。分析以上的这些现象，再联系到《宋史》编撰者欧阳玄本人的理学思想背景（《宋元学案》将欧阳玄列入朱熹后学的《北山四先生学案》），可以大致得出结论，《宋史·道学传》所依据的原始材料，除了宋代的官修史书外，更重要的部分可能来自朱熹系统理学家所作的史传材料；而从

---

① 宋·朱熹：《记濂溪传》，《周敦颐集》，2009年，中华书局，第89页。

② 《宋史》卷四二七《道学》，第12710页。

《宋史·道学传》以“道统论”为中心组织材料来看，朱熹本人所作的《伊洛渊源录》可能给予了《宋史·道学传》以较大影响，而周敦颐等人的传记材料亦可能就取自于《伊洛渊源录》。

朱熹一生对周敦颐尊崇备至，周敦颐能登上道学神坛，成为“道学宗主”，与朱熹的极力宣扬鼓吹是分不开的。朱熹除了注释周敦颐的著作《太极图说》和《通书》，对于周敦颐的生平也作了较为详细的考证。现存的朱熹著作中，唯一的一篇周敦颐传记作品是见于《晦庵先生朱文公文集》卷九八的《濂溪先生事实记》，末题“淳熙六年六月乙巳，后学朱熹谨记”[①]，说明此文作于南宋孝宗淳熙六年（1179）六月。关于朱熹作《濂溪先生事实记》的史料依据，应该还是潘兴嗣《墓志铭》和蒲宗孟《墓碣铭》，因为他在同年五月所作的《再定太极通书后序》中有明确的交代：“又即潘《志》及蒲左丞、孔司封、黄太史所记先生行事之实，删去重复，参互考订，合为《事状》一篇。”[②] 所谓《事状》，就是《濂溪先生事实记》，在宋本《元公周濂溪先生集》中作《（濂溪）先生事状》，题名不同，但实际是同一篇文字。朱熹在乾道九年（1173）年编纂《伊洛渊源录》，并在同年完稿。依照常理推断，《伊洛渊源录》成书早于《濂溪先生事实记》六年，书中的周敦颐传记当是另外一篇，但《伊洛渊源录》的首篇《濂溪先生事状》实际就是《晦庵文集》中的《濂溪先生事实记》。笔者推测其中原因，可能是因为《伊洛渊源录》完稿虽早，但至朱熹生前，一直处于未定稿的状态中，因此朱熹晚年将《濂溪先生事实记》（即《濂溪先生事状》）代替了乾道九年的作品。但无论如何，翻检朱熹现存的所有作品，《濂溪先生事实记》（或《事状》）是唯一的一篇周敦颐传记作品，代表了朱熹在潘兴嗣等人的原始材料基础上对周敦颐生平进行考订的最后结论，也是宋代理学家（主要是程朱系统）有关周敦颐生平状况的权威性总结。随着《濂溪先生事实记》进入《伊洛渊源录》，这一作品产生了更大影响。据清修《四库全书》馆臣的评论，《伊洛渊源录》一书“记周子以下及程子交游、门弟子言行。……其后《宋史》‘道学’、‘儒林’诸传，多据此为之，盖宋人谈道学宗派，自此书始，而宋人分道学门户，亦自此书始。”[③] 由此可见，《宋史·道学传》的材料，大都取自于《伊洛渊源录》，因此《宋史》中的“周敦颐传”部分，其材料必也取自于《伊洛渊源录》中的《濂溪先生事状》，也就是朱熹作于淳

① 宋·朱熹：《濂溪先生事实》，《朱子全书》第25册《晦庵先生朱文公文集》卷九八，2002年，上海古籍出版社、安徽教育出版社，第4559页。

② 宋·朱熹：《再定太极通书后序》，《周敦颐集》，2009年，中华书局，第47页。

③ 《朱子全书》第12册《伊洛渊源录》附录，2002年，上海古籍出版社、安徽教育出版社，第1124页。

熙六年的《濂溪先生事实记》。

如果说《宋史》取材于朱熹的《濂溪先生事实记》，而朱熹的《濂溪先生事实记》又取材于早期潘兴嗣和蒲宗孟的《墓志铭》等作品，其后度正的《年谱》也是取材于潘兴嗣和蒲宗孟的作品，如此从史源上追溯，《宋史·道学传》和度正《年谱》应该在材料上同出一源，不应发生分歧。事实上，在记录周敦颐生平经历方面，《宋史·道学传》与度正《年谱》也确实相差不大，唯一的分歧在于周敦颐任职郴州期间，是“移郴县令，改桂阳令”，还是“改郴之桂阳令”。如果明了《宋史·道学传》的材料是取自于《伊洛渊源录》中的《濂溪先生事状》，那么这一问题或许可以得以解决。因为朱熹的《濂溪先生事状》虽然取材于潘兴嗣和蒲宗孟的作品，但却经过了一番删繁就简的功夫，也就是他在《再定太极通书后序》中所说的“删去重复，参互考订”，因此他在叙述周敦颐在郴州地区任职经历时，将潘兴嗣《墓志铭》中的“移郴令，改桂阳令”概括为“移郴及桂阳令”，而《宋史·道学传》又误为“移郴之桂阳令”，一字之差，遂使周敦颐在郴州的任职经历仅限于桂阳县而不及于郴县。宋代以后的一些编纂性质的史书，沿袭《宋史》之误而习焉不觉，遂使这一错误长期流传。

以下以图表形式对《宋史·道学传》中周敦颐传记部分的史源进行说明：

潘兴嗣《墓志铭》

⇒朱熹《濂溪先生事实记》⇒《伊洛渊源录·濂溪先生事状》⇒《宋史·道学传》

⇒度正《濂溪先生年谱》

蒲宗孟《墓碣铭》

洪迈《国史·濂溪传》

王称《东都事略·周敦颐》

二、李初平从学濂溪考

周敦颐在郴州任职期间，他的上司郡守李初平曾向他问学，此事构成了宋明理学史上的一段佳话，《宋元学案》因此将李初平附录在《濂溪学案》中，列为“濂溪讲友”。李初平问学事，早期的潘兴嗣《墓志铭》和蒲宗孟《墓碣铭》皆有记载。潘兴嗣《墓志铭》云：“（周敦颐）笃气义，以名节自砺，郴守李初平最知君，既荐之，又赒其所不给。初平卒，子尚幼，君护其丧以归，葬之。士大夫闻君之风，识与不识，皆指君曰：‘是能葬举主者。’”[①] 蒲宗孟《墓碣铭》则曰：“李初平守郴，与君相好，不以部中吏待君。初平卒，子幼，不克葬。君曰：‘吾事也。’往来其家，始终经纪之。”[②] 到了南宋年间，孝宗淳熙六年（1179）六月，朱熹作《濂溪先生事实记》，其中说：“（周敦颐）在郴时，郡守李初平知其贤，与之语而叹曰：‘吾欲读书，何如？’先生曰：‘公老，无及矣。某也请得为公言之。’于是初平日听先生语，二年，果有得。”[③] 南宋宁宗嘉定十四年（1221），朱熹的弟子度正完成《周敦颐年谱》（宋版《元公周先生濂溪集》原题名《濂溪先生周元公年表》），其中关于“李初平从学濂溪”的记载，明显是综合了潘兴嗣《墓志铭》、蒲宗孟《墓碣铭》和朱熹《濂溪先生事实记》的记录，将李初平问学事系于仁宗庆历八年（1048）周敦颐为郴县令时，而李初平的卒年及周敦颐为李初平处理后事则系于仁宗皇祐元年（1049），其时周敦颐仍为郴县令。这样，李初平从学周敦颐，是在庆历八年（1048）和皇祐元年（1049）两年，这也比较符合朱熹关于李初平听周敦颐讲学“二年果有得”的记录。

关于李初平从学周敦颐之事，时间和地点本来都甚为清楚，但是《宋史·道学传》又说：“（周敦颐）移郴之桂阳令，治绩尤著。郡守李初平贤之，语之曰：‘吾欲读书，何如？’敦颐曰：‘公老无及矣，请为公言之。’二年果有得。”[④] 这样，似乎李初平从学是在周敦颐任桂阳令期间。

对于这一问题，当代学者的认识也有所分歧。一派主张依《宋史》所说，如姚名达的《程伊川年谱》说：

“宋仁宗庆历六年丙辰。……冬，周敦实改任郴州桂阳令，（原注：据《宋史·周敦实传》，《周子年谱》。）先生（程颐）尝见郴守李初平向敦实问学，（原注：据《遗书》卷二十二，唐棣所记《伊川杂录》。）据此，似先生（程颐）尝随敦实到郴州。”[⑤]

但另一派则主张仍从度正《年谱》所记，李初平从学事当在郴县。如许毓峰在《宋周濂溪先生惇颐年谱》中对此事详加考订说：

“考先生（周敦颐）为桂阳令在皇祐二年，李初平卒于皇祐元年，先生为桂阳令时，初平已卒后一年，何能从学？案先生为郴县令与为桂阳令根本两

① 宋·潘兴嗣：《周敦颐墓志铭》，《周敦颐集》，2009年，中华书局，第91页。

② 宋·蒲宗孟：《周敦颐墓碣铭》，《周敦颐集》，2009年，中华书局，第94页。

③ 宋·朱熹：《濂溪先生事实记》，《朱子全书》第25册，第4558页，并见《周敦颐集》第97页。

④ 《宋史》卷四二七《道学》，第12711页。

⑤ 姚名达：《程伊川年谱》，1937年，商务印书馆，第8页。

事，潘兴嗣《濂溪先生墓志》亦曰：'移郴令，改桂阳令。'而《宋史》混作一谈误矣。又案李初平从学先生之年代，各书记载不同，度《谱》谓庆历八年，《道学名臣言行外录》卷首摘要谓庆历六年，而内文叙述仍书庆历八年，《宋元学案》谓庆历六年，姚名达《程伊川年谱》同。《墓志》，《事状》，及《程氏遗书》均未书明年代。考庆历六年冬，先生始被荐为郴县令。到差当已年终。如谓初平问学先生，始于庆历六年似为不妥。又庆历七年二程未从学先生。（据《遗书》明道语。）何能见初平问学？更案初平卒于皇祐元年（度《谱》，《学案》），其卒时仍在郴，先生尚护其丧归葬之。自庆历八年至皇祐元年亦恰为二年，故其问学先生事，当以今年始为是。今依度《谱》与《道学名臣言行外录》，疑《宋元学案》、姚名达《程伊川年谱》均误。《学案》所称'庆历六年'者，恐系依据《言行外录》卷首摘要之讹。"①

在这两种意见中，笔者认为，许毓峰的考证是比较可信的。笔者在本文第一节"周敦颐任职桂阳令考"中就已经揭示，《宋史》中关于周敦颐"任郴之桂阳令"的说法属于误记，实际上应该是先后任郴县令和桂阳令，这一点，潘兴嗣《墓志铭》、蒲宗孟《墓碣铭》和度正《年谱》记录一致，应无可疑之处。因此，李初平从学濂溪事，是发生在郴县还是发生在桂阳，就要依据李初平的卒年来断定。按照度正《年谱》记载，李初平卒于皇祐元年（1049），其时周敦颐仍然担任郴县令，并为李初平处理后事，护丧而归。按照这一记录来推断，李初平从学濂溪，当然是发生在皇祐元年（1049）之前，度正《年谱》记载的"庆历八年"就是一个较为合理的时间点，而地点自然也就是在郴县而非桂阳。

李初平在宋代是一名不知名的官僚，传记资料十分稀少。笔者为此翻检《宋会要辑稿人名索引》，未发现任何关于李初平的传记资料。但笔者在翻检资料的过程中，意外发现有两份资料，可以供我们进一步了解李初平的生平状况，同时对度正《年谱》中的一些细节进行补充和说明。

首先是关于李初平的退休"致仕"时间。度正《年谱》仅言李初平任职方员外郎知郴州事，问学于周敦颐，又言李初平卒，周敦颐为其护丧而归，给人的印象是李初平似乎是皇祐元年（1049）卒于郴州知州任内。实际上据《万历郴州志》及《宋史》、《续资治通鉴长编》等材料，可以断言，李初平是庆历八年（1048）四月前就已经致仕"退休"，他在皇祐元年（1049）去世时，郴州知州已另有其人。

《万历郴州志》卷二《秩官表》列仁宗庆历到至和的郴州知州为：李初平

① 许毓峰：《宋周濂溪先生惇颐年谱》，1986年，台湾商务印书馆，第35—36页。

（分宜人，由职方员外郎任）——张存（由谏议大夫任）——郭亨（由驾部员外郎任）——陈藻（由屯田员外郎任）。《康熙郴州总志》卷五《秩官志》记载亦同。李初平的继任者张存，《宋史》卷三二〇列有专传，其中称："张存，字诚之，冀州人。举进士，为安肃军判官。……御史案验无状，犹夺职，知池州，又徙郴。"[①] 张存是北宋仁宗年间颇为有名的高级官僚，曾任天章阁待制陕西都转运使、延州知州、开封知府等重要官职，参与过宋与西夏之间的战争，他之所以担任郴州知州，是因一桩官司的牵连而遭受贬谪。关于张存任郴州知州的具体时间，李焘的《续资治通鉴长编》中有明确说明："（仁宗庆历八年夏四月）丙子，再降知池州左谏议大夫张存知郴州，坐尝举张得一也。"[②] 张存是李初平的直接后任，他于庆历八年（1048）夏四月被任命为郴州知州，说明李初平在这时候已经退休"致仕"。度正《年谱》中记录的周敦颐对李初平所说"公老无及矣"，也能间接说明李初平在庆历八年（1048）已经致仕或即将致仕。按照《宋会要辑稿》的记录："庆历二年六月，权御史中丞贾昌朝言臣僚年七十而筋力衰者，并优给改官令致仕。"[③] 则李初平的"致仕"年龄应该是七十岁。综合以上这些材料，李初平应该是在庆历八年（1048）时因年满七十而离任"致仕"，由张存继任郴州知州。但李初平"致仕"后或因年老的原因，没有回到位于江西分宜（据《万历郴州志》）的家乡，而是留在郴州继续向时任郴县令的周敦颐问学，"二年而有得"，并于次年皇祐元年（1049）逝世，由周敦颐护丧归乡。

《万历郴州志》所列的李初平之后的三任郴州知州，张存在《宋史》中有传，郭亨其人无考，陈藻则见于北宋文人祖无择的《郴州学记》（见《四库全书》本《龙学文集》卷七），该文并收录于明嘉靖《湖广图经志书》卷十四的《郴州文类》，题名为《修州学记》。《郴州学记》是祖无择应当时的郴州知州陈藻之请所写，其中说：

"皇祐五年七月，郴州新作夫子庙学成。太守陈君藻移书，俾无择识其始。……我国家因唐制，天下州县置夫子庙与学，用古道也。郴于湘南，界要荒之地，向之为州者，往往陋其俗而不教之使知其方，故旧祠址毁而弦诵之音未之闻焉。前年陈君通判是州，与太守李君初平始谋徹故而新，且上其事。朝廷嘉之，赐钱三十万以助其费。……阖境欢声，烝为太和，众工效能，事以亟集。谋虽肇于李，而成功者陈也。……陈君之是举也，郴人戴其德，曷有穷乎？矧

① 《宋史》卷三二〇《张存传》，第10414页。

② 宋·李焘：《续资治通鉴长编》第12册，卷一六四，1995年，中华书局，第3945页。

③ 清·徐帆：《宋会要辑稿》第105册《职官七七》，1957年，中华书局，第4150页。

君之自通守迁知州事，几四年矣，恩惠入民心也深矣。……”[①]

祖无择在《郴州学记》中提到一条极为重要的史料，即李初平任郴州知州时，曾与郴州通判陈藻一起上书朝廷，请求修复郴州的孔庙与州学，由朝廷赐钱三十万助成此事。但皇祐五年七月郴州的孔庙和州学完工时，李初平已卒，此时由陈藻继任知州，所以祖无择称“谋虽肇于李，而成功者陈也”。陈藻继任郴州知州是在何时，祖无择的《修州学记》也给出了明确答案：“矧君之自通守迁知州事，几四年矣。”意谓陈藻由郴州通判升迁为郴州知州，至此已有将近四年时间。祖无择作此文时，是在皇祐五年七月，由此往前推四年，应为皇祐元年（1049）。也就是说，当皇祐元年（1049）李初平去世前后，郴州知州已是陈藻。

此外，关于陈藻其人，还有一些与周敦颐有关的史料需要陈述。陈藻《宋史》无传，但在度正《年谱》中，“（宋）英宗治平三年丙午”条下说：“四月六日，与尚书都官郎中知军州事陈藻君章、郡从事项随持正、零陵令梁宏巨卿同游澹山岩。”[②] 今本《周敦颐集》中，有《澹山岩题名》，文曰：“尚书都官郎中、知军州事陈藻君章，尚书虞部员外郎、通判军州事周敦颐茂叔，郡从事项随持正，零陵令梁宏巨卿，同游。治平三年四月六日题。”[③] 案此陈藻疑即为祖无择《修州学记》中提到的陈藻，由郴州知州又移为永州知州，与周敦颐再次成为同僚。

李初平以七十左右的高龄向周敦颐问学，并且“二年而有得”，其所得的内容究竟是什么？这是令许多宋明理学研究者感到困惑的问题。就笔者个人来看，这一问题虽小，但却关涉到宋明理学在传统儒学史上的形态转变问题。就传统的汉唐经学形态的儒学而言，必须注重文本，训诂字句，“幼童守一艺，白首而后能言”。因此周敦颐对李初平的“读书”要求回应说：“公老，无及矣。”但是自周敦颐开始，经学形态的儒学已经逐渐向理学形态的儒学转化，理学尽管并非绝对废弃经典“束书不观”，但与经学相比较，显然更为注重个体生命境界的体悟与普遍化的哲学问题如“性与天道”等。同时，在知识的传播方面，理学更注重“讲学”而非“注书”。正因为宋代儒学转型的特征在周敦颐那里已表现得十分明显，李初平才有机会“日听先生语”而有得。事实上，宋明理学家也一直把李初平作为“闻道”的先驱加以推崇，如明代理学家

① 日本藏中国罕见地方志丛刊（明嘉靖）《湖广图经志书》卷一四，1991 年，书目文献出版社，第 1231 页。

② 种明立点校，宋·度正（周卿）：《周敦颐年谱》，《九江师专学报》，1995 年第 2 期，第 66 页。

③ 《周敦颐集》，2009 年，中华书局，第 78 页。

耿定向说："惟昔茂叔之于李初平，近代文成之于王心斋、董从吾，皆以隤然野老，坐进此道，而英敏才俊、博闻强识者，反逊焉。"① 周敦颐的《太极图说》末言"原始反终，故知死生之说。大哉《易》也，斯其至也"，通过肯定生命价值进而张扬一种"生死一如"的生存智慧，使儒学能够直接面对并安抚个体生命的存在问题，这是宋明理学所达到的高度哲学智慧。这一哲学智慧必然对暮年的李初平有所触动，他在周敦颐那里所领会的，想必也就是这样一种充满诗意并且豁达开朗的生命境界。

三、周敦颐与汝城地方理学文化

周敦颐于宋仁宗皇祐二年（1050）改任桂阳令，至和元年（1054）调任洪州南昌知县，在桂阳共任职四年。据潘兴嗣的《墓志铭》记载："（周敦颐）移郴令，改桂阳令，皆有治绩。"② 度正《年谱》则说："先生在郴、桂，皆有治绩，诸公交荐之。"③ 周敦颐任桂阳令期间，不但政绩斐然，同时其理学思想已趋于成熟地步，对桂阳（汝城）的历史文化发展产生了重要影响。这在清代到民国的三部汝城地方志书中有明显的反映。如《乾隆桂阳县志》卷首的凌鱼《序》称："桂阳在楚南虽属边徼，自濂溪过化而后，流风余韵，至成化、弘治间，人材号称特盛。"④《同治桂阳县志》卷首钱绍文《序》也说："桂阳号郴之上游，昔周子濂溪曾令于此，为昔贤过化存神之地。"⑤《民国汝城县志》的宛方舟《序》则再次肯定："斯邑为濂溪周子过化之地。"⑥

周敦颐对于汝城地区理学文化的影响，主要体现在以下三个方面。

（一）汝城地区的周敦颐遗迹和传说

汝城地方志书中有明确记载的濂溪遗迹主要有濂溪祠、濂溪阁、濂溪书院、濂溪吟弄处、予乐湾、爱莲池等。这些遗迹大多传说与周敦颐在汝城的生活经历有关，尽管这些传说在历史考证方面并不十分确切，但由于流传久远，历代文人题咏众多，亦具有相当的历史价值。

濂溪祠由南宋桂阳令周思诚所建，落成于宁宗嘉定十五年（1222），距今

① 明·耿定向：《夏叟传》，《明文海》卷三九九，《四库全书》本。

② 宋·潘兴嗣：《周敦颐墓志铭》，《周敦颐集》，2009年，中华书局，第90页。

③ 宋·度正：《周敦颐年谱》，《周敦颐集》，2009年，中华书局，第104页。

④ （中国地方志集成）《乾隆桂阳县志》，第1页。

⑤ （中国地方志集成）《同治桂阳县志》，第299页。

⑥ （中国地方志集成）《民国汝城县志》，第3页。

已有将近八百年的历史。濂溪祠建于桂阳县学内，同时，周思诚还在桂阳县正堂内榜其中间曰“濂溪堂”，又别创屋三间，东边曰“光风堂”，取黄庭坚赞颂周敦颐“光风霁月”之意，亦祀周敦颐像于其中。周思诚为此作《濂溪祠记》，收于清代《桂阳县志》和《民国汝城县志》。

濂溪阁，明洪武六年（1373）由邑令李原所建，建于县厅之东，“阁前为堂，堂下为池。肖先生像，春秋祀焉。”① 后因故废弃。嘉靖丙午，邑令刘翔捐俸重建，“树栋为堂，堂深而静，凿泉为池，池浚而洁。”② 刑部侍郎刘节为作《重修濂溪阁记》，收于《同治桂阳县志》卷二〇《艺文》。

濂溪书院，即在原濂溪祠的原址上扩建。汝城地区原有县立和乡立两所濂溪书院，此为县立书院。明嘉靖三十二年，宪使潘伯骧将刘翔所建濂溪阁迁至桂枝岭，次年由知县徐兆先构建讲堂，设立濂溪书院。明代著名理学家罗洪先为作《濂溪书院记》，收录于《同治桂阳县志》卷二〇《艺文》。

濂溪吟弄处，在县西桂枝岭对岸，峭石临江。传说周敦颐任桂阳令时，曾在此筑亭游观。《乾隆桂阳县志》中有“邑副榜”袁宗佺的《秋日游濂溪吟弄处》诗云：“两岸青松长洒落，一泓秋水自昭融。孔颜真乐无处寻，想在吟风弄月中。”③ 濂溪吟弄处的名称含义，当取自明道所云：“自再见茂叔后，吟风弄月而归。”这一名称，含有纪念周敦颐与二程的意味在内。

予乐湾，原名予乐窝，在县西五里江口，当地传说二程曾从学周敦颐至此，并留下“旁人不识予心乐”之句。按“旁人不识予心乐”出自程颢在陕西鄠县所作《春日偶成》，当地传说有误。据周思诚的《濂溪祠记》记载，此地在南宋宁宗嘉定十三年以前就已经以“予乐”为乡名，当因《春日偶成》一诗在民间广为流传，当地人民为纪念周敦颐和二程而取此名。予乐湾题咏者众多，如清代桂阳知县凌鱼的《过予乐亭》云：“孔颜真乐妙难名，吟弄千秋想二程。问柳喜逢云正淡，临川恰对水长清。应时禾黍皆含绿，适意鸢鱼更不惊。偶憩石亭思往事，风流谁得似先生。”④

爱莲池，在县治之东，遗址在典史署北，县堂之东，池上原有阁与堂。明代所建濂溪阁，即位于爱莲池旧址。清《湖广通志》“桂阳县”条下有云：“爱莲池，在县治东，宋周惇颐邑令时所凿。”⑤ 许毓峰《宋周濂溪先生惇颐年谱》

---

① （中国地方志集成）《同治桂阳县志》，第366页。
② （中国地方志集成）《同治桂阳县志》，第366页。
③ （中国地方志集成）《乾隆桂阳县志》，第277页。
④ （中国地方志集成）《乾隆桂阳县志》，第280页。
⑤ （清）《湖广通志》卷一二，《四库全书》本。

亦云："先生在桂阳时，尝于县东凿爱莲池。(据《湖南通志山水志》)"[1]

(二) 汝城地区的理学文化传承

汝城（桂阳）出于湖南边境地区，在古代交通不便，风气闭塞，文化本来不甚发达，但自宋代以后，文教逐渐兴盛，在明代中期达到顶峰，这与周敦颐任职桂阳的"过化"之功是分不开的。汝城（桂阳）历史上出于对周敦颐的崇敬之情，多次修建濂溪祠、濂溪阁，进而在此基础之上增修书院，培育人才，这是汝城（桂阳）地方文化繁荣兴盛的一个主要原因。也正因如此，汝城（桂阳）的地方文化被烙上了深刻的理学文化印迹，是一种以理学观念为主导的地方文化。

汝城历史上的文教之风，以明代中期为最盛，出现了一大批以理学为知识背景的著名士大夫。如明代正统、成化年间曾任太子太保、两广总督的名臣朱英，与理学家陈献章有深厚的交谊。《明儒学案》称："（成化）十八年，布政使彭韶、都御史朱英交荐，言：'国以仁贤为宝，臣自度才德不及献章万万，臣冒高位，而令献章老丘壑，恐坐失社稷之宝。'"[2] 陈献章虽未因朱英的推荐而出仕，但却终身感念朱英的知己之情。在现存《陈献章集》中，有《认真子诗集序》、《题桂阳外沙朱氏族谱》、《朱君惟庆墓志铭》、《朱夫人胡氏墓志铭》、《祭太子太保朱公诚庵先生文》、《祭诚庵先生文》、《与朱都宪》（三则）等多首与朱英及朱氏家族有关的作品。朱英本人有《认真子集》、《澹庵纪事》等作品，并刻印梓行《宋史》，有《宋史序》存《乾隆桂阳县志》中。明代正德年间的汝城籍官员范辂，以不惧权势、清正廉洁著名，今汝城县尚完整保存有纪念范辂的明代"绣衣坊"实物。据《闽中理学渊源录》记载，范辂的老师是曾任桂阳教谕的福建理学家李文利，李文利的著作《律吕元声图解》就是由范辂作序并刻行的。范辂的侄子范永銮，曾任四川右布政使，著有《明律例》三十卷、《明儒警语》一卷（据《千顷堂书目》），并曾在明世宗嘉靖初年向朝廷进献李文利所著《律吕元声图解》（据《明史》）。

此外，《民国汝城县志》中还记载了一批乡土性的理学家，这批人声名不著，但也有一定特色，反映了理学文化在汝城地区的广泛流传。如清代雍正年间的朱然，字燕山，受业于桂阳名士郭远（字青来），手不释卷，博通经史，邑人称"理学先生"。乾隆时的朱有仁，字体元，五上春官不第，积学不倦，

① 许毓峰：《宋周濂溪先生惇颐年谱》，1986 年，台湾商务印书馆，第 37 页。

② 清・黄宗羲：《明儒学案》（下册），1986 年，中华书局，第 79 页。

手抄经史，“辑《周易讲义》数卷，参以心得，皆与道契”。[①]

（三）汝城地区的宗祠文化现象

以周敦颐为“开山”、二程衍其绪、朱熹集大成的理学文化，是宋代以后中国封建王朝的官方意识形态。理学家穷极精微，辨析理气性命，拒斥佛老二氏，在很大程度上是为了追求“复三代之治”的政治理想。因此理学本质上是一种精英文化和士大夫文化，它如何与民间乡土社会互动交融，一直是研究者较为忽视的问题。在汝城地区，除了官办的濂溪书院等场所以外，实际上民间广为盛行的宗庙祠堂也是理学文化的另一种载体，它体现了宋代以后民间社会对理学思想的自觉吸收和合理改造。

汝城现存祠堂家庙七百余所，遍布全县各地。据胡彬彬的《湘南地区明清祠堂建筑遗存考查报告》[②] 介绍，现存的汝城古祠堂共有 707 座，627 座为清代所建，19 座为宋元明三代所建。这些古祠堂中，除部分损毁外，大部分还在使用，为乡土社会中的人群提供了族群认同的心理和情感纽带。

家族祠堂源自于古代的家庙，家庙制度在唐代为品官所专用，庶民与品官的祭祀制度有严格的区分。宋代以后，家庙制度已基本废弃，宋代理学家基于人伦关怀和现实思考，倡导改革祭祀制度，变通家庙为祠堂，不再对品官和庶民的祭祀行为和方式进行严格的区分。号称为朱熹所作的《朱子家礼》对于祠堂制度进行了详细的描述，对宋代以后家族祠堂的兴起有重大影响。自明清以后，随着政府禁令的日渐宽松，民间的祭祀制度基本遵照《朱子家礼》，兴建祠堂，慎终追远，祠堂制度成为家族凝聚力的纽带，承担了祭祀、教育、慈善等基本的社会功能，体现了民间社会旺盛的自我创造力。

根据历史学家和人类学家的田野调查，我国现存的祠堂大部分在南方，呈现出“南多北少”的局面，而南方的祠堂又大多集中在福建、广东等沿海省份，这与福建、广东等省历史上多移民集体迁入、需要祠堂制度凝聚宗族有关。湖南作为中部省份，祠堂群落不多，但地处郴州的汝城县现保存有国内最大规模的祠堂群落，在 36 万人口、280 姓氏的县城内外，现有祠堂 700 多座，这为我们研究宋以后的家族祠堂制度提供了有利条件。汝城祠堂群落的存在，一方面与汝城特殊的地理环境有关，另一方面也与汝城作为“理学之乡”的人文环境有关。汝城古祠堂群落的存在生动体现了理学文化与乡土社会的交融互

① （中国地方志集成）《民国汝城县志》，第 359 页。

② 胡彬彬：《湘南地区明清祠堂建筑遗存考查报告》，载《建筑历史与理论》第九辑（2008 年学术研讨会论文选辑），中国科学技术出版社，2008 年。

动，理学不仅是心性修养，而是渗透到民间化为民众的日常行为准则；民众也并非毫无选择能力地被动接受理学教条，而是对其进行变通、创造，民间社会的自我创造力体现了乡土社会的智慧，是推动社会前进的基本力量之一。

作者简介：周建刚，湖南省社会科学院哲学所中国哲学史研究室主任，副研究员。

从《爱莲说》到濂溪书院

何军祥

作为宋明理学的开山鼻祖，理学家、教育家、文学家周敦颐先生，其理学代表作是《太极图说》、《通书》等，其文学的代表作是《爱莲说》。

一

千古名篇《爱莲说》到底出于何处，有过多种说法。有说是十五至二十岁这段时间写于衡州（现衡阳）。衡阳西湖，又名莲湖，面积百余亩，盛夏莲花绽开，红白相间，香气袭人。据说周敦颐少孤，依附舅父郑向读书于此，在这里触景生情写成《爱莲说》。但周敦颐15岁丧父，随母到京城投靠舅父郑向，至于郑向是否是衡阳人，是否在衡阳讲过学，说法各异。有说著于分宁（今江西修水县）。庆历元年（1041），濂溪先生24岁，以舅父荫子的关系，出任洪州分宁县主簿，开始仕宦生涯。他非常爱莲，在县署侧开挖莲池，种植荷莲观赏。《分宁州志》载：著名的《爱莲说》作于康定或庆历初年，也就是在分宁县主簿任内或上任前夕。但周敦颐刚刚踏入仕途，思想尚未成熟，理学更未形成。而没有成熟的理学思想是不可能写出这种很有理学深度的著名文章的。同时，作为一县主簿，辟地种莲机会不多。有说是度正的《周濂溪年谱》载：嘉祐八年（1063）五月作《爱莲说》于虔州（江西赣县）。周濂溪时年47岁，任通判。江西是陶渊明的故乡，在江西任职使他想到陶渊明不与腐败官吏同流合污，挂印辞职的故事，他要出淤泥而不染，要以道学来改造这个社会，故作《爱莲说》。这种说法有一定的可信度，但周敦颐早就在江西分宁任过主簿，江西南安（现江西大余）任过司理参军，为何非到虔州才想起陶渊明呢？且1064—1066年，周敦颐任永州通判。曾吟《任所寄乡关故旧》诗一首：“老子生来骨性寒，宦情不改旧儒酸。停杯厌饮香醪味，举箸常餐淡菜盘。事冗不知筋力倦，官清赢得梦魂安。故人欲问我何况，为道舂陵只一般。”其诗骨格清高、孤傲，没有成就和地位的人不敢有此口吻。而《爱莲说》清芳高洁，委婉含蓄，曲直分明，主在明志，两年内文风为何如此大转呢？还有一种说法，是周敦颐于宋神宗熙宁五年（1072），建书堂于庐山莲花峰麓，并隐居于此，作《爱莲说》。这也比较牵强，实际上周敦颐在此所作是《濂溪书堂》一诗。次年，周敦颐便去世了，时年 57 岁。

推断周敦颐《爱莲说》出于何处，不应仅以是否有荷莲池来判断。周敦颐一生爱莲，每到一处，一有机会便种莲赏莲。在各地纪念他的很多“濂溪书院”“濂溪祠”中，均辟有莲池。在中国历史上，莲花始终是高贵洁净、正人君子的象征。佛家把莲花视作佛花，释迦牟尼的座墩是莲花形的。卧莲观音含笑而卧或合掌趺坐于莲花池中。佛经中有《莲经》又称《法华经》。在《华严经探玄记》中说“莲花有四德，一香二净三柔软四可爱……谓常乐我净”。道家称莲花为“仙花”。李白有道教思想，在他《古风》诗中说：“素手把芙蓉，虚步摄太清，霓裳曳广带，飘拂升天行。”历史上还有《宝莲灯》的故事。《封神榜》中的天将哪吒就是莲花化身。除李白有古风《咏莲》外，白居易有《东林寺白莲》，朱熹、郭嵩焘、鲁迅等均有写莲的诗文。周敦颐是宋代理学家，饱学之士，上承孔孟，下启程朱，兼有儒、道、佛的思想，30 岁左右学业有成，用莲花来自喻自勉自警，把自己的心志化于莲花之中，洁身自爱，有感而作《爱莲说》，并以警世教人。因此《爱莲说》应是周敦颐早期的一篇教化明志的作品。并且经自己作为范例传授，同时一生操守名副其实的莲花品格而成为世代流传的不朽作品的。

二

从周濂溪的仕宦生涯，历史传载，在汝城留下的《拙赋》及程颢的《春日偶成》，汝城县志的有关记载和历代传说来看，周濂溪作《爱莲说》的地点应是在汝城。

（一）从周濂溪的仕宦生涯看。周敦颐一生九任地方官，兼从事讲学授业。宋仁宗庆历元年（1041），24 岁出任分宁主簿，庆历四年调任南安司理参军，次年到任，均曾与上司抗争而决案，始有声名。先生自宋庆历七年至至和元年（1048—1054），先后任郴县令及桂阳（今汝城）县令，其中任汝城县令时间为 1050 至 1054 年，正是 30 多岁，理学思想基本形成，春风得意时节，连郴州知州李初平也向其求学，一方面要治理一县，一方面大力弘扬其思想，其人生大目标应在此时立定。《宋史·周敦颐列传》载“移郴之桂阳令，治绩尤著”，可见，其政绩不薄，以一个清官的形象登上政治舞台。在汝城期间周曾在大成殿讲学，更足以说明，其理学思想及为政思想在这段时间基本成形并开始大力传授。以什么样的形象去为官呢？周濂溪要求自己就是像莲花般洁净。

（二）从二程拜周敦颐为师看。程晌，北宋时大理寺丞。周敦颐任南安司理参军时，程晌在南安通判军事，见周敦颐气骨非凡，品德高尚，不仅自己与之成为至交，而且还要他的两个儿子程颢、程颐拜之为师。周敦颐任桂阳令后，二程来到汝城，再一次从师周敦颐。汝城县志载，汝城西五里有予乐村，浙水萦带而过，江水澄澈，可通船。师徒三人郊游至予乐村，感悟浙水S形曲分予乐村，周敦颐蕴创《太极图说》并传授二程，程颢有感而作《春日偶成》。对此，汝城自明正德年间以来县志均有记载。可见此时，周敦颐为政颇为轻松得意。

（三）从周濂溪所作《拙赋》看。周敦颐之《拙赋》作于汝城，历代县志均有记载。《拙赋》全文是："或谓予曰：人谓子拙。予曰：巧，窃所耻也。且患世多巧也。喜而斌之：巧者言，拙者默。巧者劳，拙者逸。巧者贼，拙者德。巧者凶，拙者吉。呜呼！天下拙，刑政彻。上安下顺，风清弊绝。"周敦颐为何想到"拙"而赋之呢？汝城人善用"拙"字，对做事老实忠诚，不会弄权术，不善乖巧，不贪私利的人都称"拙"。周敦颐从不贪图私利，言其"拙"的话语肯定会传到他的耳中，于是有了《拙赋》。《拙赋》是周敦颐站在统治阶层的地位及其理学观念向民众提出的一种要求，即顺天理。当然他自己极力反对乖巧，甘心情愿作"拙"者。

（四）周敦颐在汝城时，其理学、文学均已成名，政绩显露。首先，周濂溪是个清官。其历年所得俸禄，大部分周济穷苦的亲友。《濂溪志·年谱》曾有这样的记载"妻子饘粥不给"，他也"旷然不以为意"。在汝城任县令期间，置办的物件仅一四尺高五尺宽的木柜而已，同时带头捐款办学。宋元以来，汝城出了39位进士，其中10多位是著名的监察御史，更有不少理学大儒，可见其对汝城民风官风文风的影响非常深远。其次，周敦颐在汝城时学术已经扬名。宋史载：移郴之桂阳令，治绩尤著。郡守（郴州郡）李初平贤之，语之曰："吾欲读书，何如？'敦颐曰："公老无及矣，请为公言之。"二年果有得。一个郡守向一县令求教，足见周之声名。其三，为政颇感轻松自信。汝城城西500米，现濂溪书院下面九塘江边有一块奇伟的磐石，周敦颐闲暇之际，常到此吟诗钓鱼。周敦颐离开汝城后，有人在石上刻"濂溪吟弄处"几个大字，任后人凭吊。20世纪60年代尚可见，后因将九塘江改直而毁坏，现又兴建"吟弄亭"。初入仕途，为政轻松，又作《拙赋》的周敦颐，在此作《爱莲说》，顺乎其然。其四，汝城历代人民喜种莲花，九塘江、浙水等两侧均荷花飘香，杨柳依依。周敦颐在汝城任县令期间，在县署旁挖池种莲，在大成殿讲学。周去世后，后人在大成殿上置周濂溪遗像，在周濂溪与二程同游过的予乐湾，立

“予乐亭”一座，以后迁搬至县署院内。南宋嘉定十三年（1220），汝城县令周思诚为进一步弘扬理学，整治民风，将大成殿改建成“濂溪祠”，两年竣工，即濂溪书院的前身。

综上所述，周敦颐在汝城任县令，正是其理学思想形成的时期，又是踏入仕途，独治一方的时节。不仅给自己为官为政明志，又开始将理学着手传授，文学开始显露，在此作“拙赋”以教民，同时，以莲花喻人，写下明志自勉，警世教人的千古名篇《爱莲说》。

三

近千年来，汝城人民始终信守爱莲守拙之训，并积极倡导弘扬周敦颐理学思想，历代统治者把周敦颐之理学作为统治理论，不断传播，其中一个最重要的基地，就是汝城濂溪书院。周敦颐离任汝城后，其在县署旁凿种莲之池，在大成殿授课之讲台等均予保留纪念。他去世后又供奉周濂溪雕像。南宋年间，理学经朱熹集大成，并认定周濂溪为鼻祖。周敦颐曾授课、任职、游历的地方均建濂溪祠、濂溪书院以作纪念。汝城县令周思诚遂将周濂溪讲学的大成殿改建为“濂溪先生祠”，即今“濂溪书院”的前身。

濂溪书院曾先后九易其址。宋理宗宝祐元年（1253），邑簿李劲请邑令黄遂建“希濂堂”于县府学宫前。明洪武六年（1373），邑令李原复建“濂溪阁”于县府之东。正德年间（1506—1512），邑人御史范辂请巡抚毛伯温发白金60两，嘱邑令陈德本将“濂溪阁”改建于县城西部桂枝岭麓。嘉靖丙午年（1546），邑令刘翔将之复迁归县府内。嘉靖三十二年（1553），兵使潘子正又将“濂溪阁”迁建于桂枝岭。次年，邑令徐兆先在“濂溪阁”增建讲堂学舍，正式命名“濂溪书院”。清顺治年间，书院毁于寇乱。康熙乙巳年（1665），邑令黄应庚在故址重建“濂溪书院”，日久又废。嘉庆甲子年（1804）复建于桂枝岭对岸（今址）。以后一直作为汝城高等小学。1950年，命名为“城西高小”。1989年汝城县人民政府将其列入县级文物保护单位。2000年县政府拨款15万元，将书院产权收回，交由文化部门保护管理。2001年，组织全县人民开展抢救维修濂溪书院募捐活动，捐款捐物价值50余万元。2001年8月，郴州市人民政府将濂溪书院列入市级爱国主义教育基地。2002年列入省级文物保护单位。

濂溪书院的建筑设计别出心裁，颇具特色。书院为仿宋建筑，四合院砖木回廊结构，中间主院成方形，中央突出承台，左侧3个小四合院。占地面积3564平方米，建筑面积1618平方米，大小房屋49间。书院选址精心，倚山临水，坐北朝南。东为汝城文塔、烈士陵园、虎头寨，106国道穿越而过。正南面为汝城名山桂枝岭、会云山，寿水、九塘江等汇流至此径入浙水，过去有钓鱼台、爱莲池等自然景点。院后梯田层层，潺潺流水。右侧一大片芭蕉林，连绵群山起伏，松华杉茂。越九塘江，上桂枝岭，遥逸南去，极目30余里，冈陵起伏，浙水萦回，村落参差，远见天际。整个书院结构蕴藏深厚的阴阳理数。书院中巧妙设计成7个天井。所有楼房之间均有走道楼梯相通，幽静雅致。其正南面阁 50.68m，折合古尺 16.893 丈，纵深 42.2m，折合古尺 14.133 丈，中央丹池 15.8m，折合古尺 5.3 丈，均取阴阳吉数，四合院中央平台形如官印，9.42m×9.42m，折合古尺 3.14 丈×3.14 丈，暗合圆周率，主厅大门 1.08m×2.12m，折合古尺 3.6 尺×6.4 尺，参照古代建筑门框构造法则，此门属官禄门、第五类黄金门，主出文武星君。书院历史价值、艺术价值和科学价值均不同凡响，是研究周敦颐学术思想及理学精髓的重要源泉，是研究汝城文化、学术发展的历史见证。

自希濂堂至濂溪书院，是宋代以来汝城人才崛起的风水宝地，历代名师在此授业解惑，哺贤育能。许多名人都与濂溪一脉有关。宋代监使朱辂，明代两广总督、太子太保、理学名臣朱英，工部尚书曾鉴，江西、福建布政使范辂，清代著名诗人郭远，当代中国人民解放军上将朱良才、李涛，和平诗人朱子奇等均曾在此求学立志，迈向辉煌人生。民国时期，国民党中将、县令胡凤璋曾亲任濂溪书院山长。

保护推介濂溪书院，历来是中共汝城县委、政府的一项民心工程，德政工程。其目的在于保护这处珍贵的历史遗址和革命文物，保护这块培育英才的风水宝地，利用周敦颐的理学思想和文化思想在汝城的形成及其对全国乃至全世界的深远影响，推动进一步挖掘汝城文化底蕴，丰富汝城文化内涵，提升汝城文化品位，提高汝城的知名度和美誉度，建成一个以濂溪书院为中心的人文景观区域，促进汝城文化旅游事业的发展。

作者简介：何军祥，汝城县人大常委会办公室副主任。

先生之风 山高水长

孙立信

北宋皇祐二年，周敦颐任桂阳（今汝城）县令。

四年内，先生把桂阳治理得政治清明，民风淳朴，文风鼎盛。“当道诸公皆以先生治郴桂有绩，交荐之。”吏部使者前来考察，宋朝考察地方官员的政绩标准是四善三最：“德义有闻，清谨明著，公平可称，恪勤匪懈为四善；讼无冤，催科不扰，为治事之最；农桑垦植，水利兴修为勤课之最；屏除奸盗，人获安处，振恤困穷不致流移为抚养之最。”考察结果先生俱优。《宋史·周敦颐列传》对这次考察也有记载，说先生“移郴之桂阳令，治绩尤著”。先生的治绩有三。

一是创办县学。先生认为天下最崇高的职业是教师，只有重视思想教育，才能使人们改恶从善，达到高尚的道德境界。“曷为天下善？曰：师。”先生又说：“故圣人立教，俾人身易其恶，自至其中而止矣”“中”是最高的道德境界。“惟中也者，和也，中节也，天下之大道也。”据民国《汝城县志·卷十七》记载：“按通考，宋初有郡国乡党之学而无州县学。皇祐四年，始诏州县立之……自濂溪周子弦歌斯土，开阐理蕴，提倡宗风。洛阳程子折节来学，逐为大儒过化之区。”这一点，在宋代度正的《周敦颐年谱》中也有记载，“移郴之桂阳令，至县，首修学授以教人，有《修学记》”。就是说汝城县学的创办在皇祐二年，为全国最早。为创办县学先生带头捐出自己的俸禄。号召乡绅捐资办学，修复了孔庙。先生在大成殿内开辟讲堂，亲自授课。郴州知州李初平是个武官，来汝城视察时听了先生的讲学问道：“我也想读书，你看还能行吗?”先生说：“您的年纪大了，细读来不及了，就让我给您讲学吧。”先生为李初平讲学两年，李初平的学问大有长进，成为郴州官场的佳话。

二是兴修水利。据《郴州水利志》载：“爱莲池是郴州地区史料记载有明确年代的最早的池塘，系周敦颐为邑令时所凿。”选址在典史衙北，县堂之东。池边筑有小亭一座曰“养心亭”。先生常于吏治之暇亭边观荷，日久遂有所得撰有《养心亭记》：“孟子曰：‘养心莫善于寡欲’。其为人也寡欲。虽有存焉者，寡矣。予谓养不止于寡而存耳。盖寡焉以至于无，无则诚立，明通。诚立，贤也，明通，圣也。是圣贤非性生，必养心而至之，养心之善大焉如此。存乎其人而已。”明嘉靖知县徐兆先曾为《养心亭》题联曰：“琴堂书永频携鹤，花诸春深又种莲。”明末清初，爱莲池屡经兵火，日久就湮，逐失所得。民国十九年县长陈必闻创开中山公园，不谋而得其址。爱莲池为半月形池塘，宽约亩许，满池荷花，绿叶如盖。园内芭蕉丛生，修竹掩映，清风徐来，沁人心脾。后为城区建设侵占，遗址不存。

据清同治《桂阳县志》记载，县内最早建成的官塘是泉塘池，“在县东六里许，尖岗岭下，亦说是宋濂溪凿，灌田数十顷，今湮”。为督办工程，先生麻衣草鞋，冒雨冲风，爬山越岭，视摩山形，确定了泉池的坝位。先生听取工匠意见，使用石灰、黄泥、沙子加糯米稀粥制成的三合土夯坝，解决了建筑材料的难题。在大兴官塘的同时，先生鼓励乡绅大户修筑民塘，提高抗旱能力。先生还在每年立春之日，祭祀神农，下田扶犁，劝事农桑。此后，城内田禾大熟，民无饥色。

三是开阐理蕴。暮春，先生携程颢、程颐兄弟娱游朱家湾。登高俯瞰，见耒水蜿蜒呈S形曲贯沃野，青山村落浑然相衬，先生恍然一悟。正像牛顿在苹果树下的一悟，发现了地球万有引力定律一样。先生的这一悟非同小可，所谓太极图就是一个圆，一篇《太极图说》不到300字。但正是由这个圆和300字组成的学说，被奉为千年的官方哲学，先生被誉为“上承孔孟，下启程朱”的理学开山鼻祖。

先生的开山之功在何处？说来话长，儒学注重的是人生哲学，伦理道德。儒学在宇宙论，世界观方面原本就不够完善。佛学自东汉传入中国后，逐渐形成中国特色，影响日广。道学吸取佛学的理论精华，从而大大减轻了教宗里装神弄鬼的成分，增添了科学的因素。这样，自汉以来儒学独尊的形势演变成儒、佛、道三足鼎立。面对“儒学式微，老释显行”的局面，前代儒家学者束手无策。唐代大学者韩愈在《原道》中哀叹，儒学自“轲之死，不得其传焉”。先生的过人之处就在于他不是简单地解释先贤大儒的经典，也不去坚持什么“天不变道亦不变”的陈规陋习，而是大胆吸收佛学，道学之所长来服务于社会现实。简而言之，先生开山之功有二：一是首次为儒学创建了一个宇宙论体系，把儒家伦理的“人道”纳入宇宙论体系的“天道”之中，使儒学在永恒的宇宙中获得了一种终极价值。二是确定了宋明理学为学的一个基本方向。圣可学与一为要的命题，不仅肯定了人人有成圣的潜质和可能，而且指明了成圣的途径和方法。先生在收取佛道学说宣传容忍思想的同时，又否定了佛教、道教教人出家，到世外桃源中寻求解脱的消极主张。推崇了儒家积极入世的思想精神。凭此二点，先生开创了一门新学问——理学。

先生对我们汝城的影响，深藏在人文精神遗传的密码中。清乾隆《桂阳县志》对此有精辟的见解：“独怪桂阳在楚南，虽属过徼，濂溪过化而后，流风余韵。至成化弘治间，人才特盛。”特盛是多少？宋代以来有进士 38 名，有 1900 余人获取科举功名。

奇迹！真是一个奇迹。穷乡僻壤能有这么多的读书人？我们汝城人秉承耕读传家，所谓“朝为田舍郎，暮登天子堂”是先人永恒的梦。当年，各村祠堂都设有学馆，聘请老师教授子弟。那是古代的优教政策，再穷不穷教育，再苦不苦孩子。远的就说不清了，就讲讲现代的几个典型吧。清光绪年，土桥监生何作霖创办了“公立启明高等小学堂”，亲任校长。启明小学名曰公立，实际上未用地方公款，全部开支由土桥香垣何氏家族承担。历经多年续建，启明高小校舍宽敞，设施齐全，办学经费充足。计有田产 301 亩，林场 6 处，土纸厂 2 个。每年可收稻谷 1900 余担，积有余谷 2500 多担。民国三十五年，何念二祖的族绅们开会，决定把启明高小扩建为启明中学，这就是今天汝城二中的前身。何作霖先生因连续担任校长 14 年，不领取学校薪俸，且多次捐资扩建校舍的义举，荣获国民政府颁发的“热心教育”奖章。津江村的“问津书屋”始建于宋宝祐年间，初为家塾，后扩建为朱氏族塾。清光绪二十八年改为储能高等小学，寓意“钻研学业、积蓄才能”。当年，朱氏家族助学兴教的事迹传到长沙，湖南省督军赵恒惕手书“敬学劝教”一匾赠津江村。20 世纪 40 年代，有人将储能学校办学情况向蒋介石汇报。蒋公闻后甚喜，亲题“热心教育”一匾赠津江村。三星矿业有限公司的总经理宋桥英，是千万元的纳税大户。宋桥英富了不忘回报社会，捐资助学是他的一大乐事。他先后创办了汝城一中、三星中学的助学基金会，基金总额数百万元。汝城县政府称他为“儒商”，赠匾曰“有财有德，儒商可敬”。据民国《汝城县志·教育志》的统计，民国十九年，全国的少年儿童入学率为 20%，而当年汝城邑民 153028 人，适龄儿童入学者 25415 人，入学率为 22%。汝城的教育事业能取得超常规的发展，全民办教育功不可没。

有趣的是，历史上我们汝城人为官以御史居多。为什么是御史居多？说白了，做官是要有背景的。既无背景，御史就是不错的差事。御史，官居七品，却能监督百僚。言达天听的荣誉背后却是伴君如伴虎。这样的差事有背景的人不愿干，对胸怀达则兼济天下，穷则独善其身的汝城士子来说，正谓人事两相宜。鸡肋！鸡肋！食之无味弃之可惜。可是先生的弟子一个个拙得出油，非常敬业。历史上竟有父子御史、兄弟御史、叔侄兄弟三御史。

在县城三拱门范家坐落着绣衣坊，那是明代巡湖广监察御史毛伯温为表彰范辂所建。范辂，明正德六年中进士授御史。授官之初曾作诗明志：“此心若有纤豪伪，口舌漂零不得还。”范辂任行人时，奉命前往册封纯化王。纯化王向他赠金被拒收。夜晚再赠，范辂正色道：“难道我是接受黑夜贿赂的人吗？”朝廷派他清理江西的军务，正是宁王朱宸濠嚣张之时。别人避之不及，范辂却上书提醒皇帝——宁王要造反。你说，这不是没事找事吗？正德十年，范辂遭朱宸濠陷害下狱。关了四年，又不明不白的释放了，贬到四川龙州任宣抚司。消息一传，朝野哗然，天理何在，公德何在！毛伯温一腔正气，联合几位同僚为范辂树碑立传。六百年后，这里便成了湖南第一坊。

在汝城这样的例子太多了，即使是大名鼎鼎的朱英也是从御史起家的。朱英一生平定内乱，推行均徭法，民颂青天。皇帝六次嘉奖，朱英每次都是只收嘉奖令，金银退回国库。然而，朱英也是以悲剧谢幕的。朱英死后三十年冤案平反。据说当年的平反大会极备哀荣，追谥“恭简”，“敕修太保第”，甚为风光。其实，那都是好听罢了，喜庆的鞭炮声中使人倍感官场险恶世态炎凉。汝城人后悔了吗？没有，甚至在朱氏家谱中也刻意将朱英蒙冤下狱一段隐去，朦胧中朱英似乎是在掌声中谢幕的。汝城人啊汝城人，你打断了牙齿和血吞，有苦夜半对灯流。为了先生这份积极进取的入世精神百折不回，九死不悔。

要说先生固执，那是确实的。堂堂的桂阳县令何至于穷到喝稀饭，病了无钱抓药的地步。然而，先生就是不肯与时俱进，还写诗自嘲：“老子生来骨性寒，宦情不改旧儒酸。停杯厌饮香醪味，举箸常餐淡菜盘。”拙令！十足的拙令！天长日久，拙令的风声传进了先生的耳朵。谁知先生并不生气，反称有人说我拙，我感到很高兴。提起笔来之乎者也地写了一大篇“巧者言，拙者默。巧者劳，拙者逸。巧者贼，拙者德，巧者凶，拙者吉。呜呼！天下拙，刑政彻，上安下顺，风清弊绝。”先生的守拙精神极大地影响了我们汝城人。君不见无论是清乾隆《桂阳县志》，还是今朝的《汝城县志》，都把先生的《拙赋》收入其中，奉为经典。为什么？宋明理学是一种道德学，教我们怎样做人，做什么样的人。官场的道德是社会道德的标杆。即所谓政者，正也。先生倡导“天地间至尊者道，至贵者德而已矣。至难得者人，人而至难得者，道德有于身而已矣。”先生举苦难中怡然自得的颜回为例，说明由财富和权位构成的富贵是小富贵，由道德修养构成的富贵才是大富贵。要求为官者要始终以“得其位，施其道，泽其生民”为宗旨，不要为了个人的升官发财丧失人格。读古而晓今，晓今而明责，明责而正行。今天，我们将行政中心广场命名为爱莲广场，将广场大道命名为拙政路，将行政大楼后花园命名为拙政园。守拙在这里表达的是一种权为民所用，情为民所系，利为民所谋的民本情怀。我们将汝城精神概括为“崇理尚德，玉汝于成”，就是我们崇敬先生的明证。

在汝城，老人们告诉我一个秘密——先生是神。你看，古往今来，历任县官上任之初都会去濂溪书院祭拜先生。汝城士子出门做官，都会去书院向先生辞行。他们崇敬先生，先生之神自然保佑他们。当然，人上一百，形形色色。这世界上有人信神，也就有人不怕鬼，正像《红楼梦》中王熙凤所宣称的，从来就不信什么阴司地狱报应的鬼话。民国九年来了个知事叫李裕，他也不信什么阴司地狱报应的鬼话，还嘲笑先生爱莲守拙，正道直行的操守是陈谷子，烂芝麻。结果，李裕麻烦不断，民怨沸腾，一年未满便卷被盖走人。缺德的是连夜将县库的银钱席卷一空。说也奇怪，主簿半夜梦见到先生叫他去查银库。主簿睡意正浓，意懒慵慵。先生急了猛推一把，主簿惊醒发现被子掀翻在地，连忙点灯查库，大惊失色。消息传开，县衙前人头涌动，气冲霄汉。我们汝城人容不下这样的贪官。邑人数十举着灯笼火把追赶 40 余里，在黄草乡将即将登船的李裕拦下。李裕大摆官威吓人，我们汝城人不怕官。李裕答应退银钱，我们汝城人不差钱。李裕慌了，要干什么？干什么？押回县城戴上高帽子，扦上黑牌子，鸣锣开道，游街示众。

神奇！是真是假？为此我特意考证了一番。关于历任县官上任时祭拜先生一事不虚。这点在北宋桂阳县令周思诚的《初建濂溪祠记》，清康熙桂阳县令盛民誉的《濂溪祠纪事诗》，清康熙桂阳县令鹿宾的《乾坤合德碑》中都有记载。南宋嘉定十五年，桂阳县令周思诚将县学和濂溪祠修好之后，率属僚以太牢三献（牛、羊、豕）为供品祭祀先生。祭礼从子时开始，周思诚为主祭人读祭文，钟鸣鼓乐中官儒绅商按长幼秩序排列，焚香化表行三跪九拜之礼。汝城士子 30 余人挟册吟咏其中。周思诚惊异地发现他们“多能读书通道德性命之说，非如他邦举子束此书于高阁，谓非时文所急也。乃知是邦之士沐先生之泽，洽于其心久矣”。于是周思诚在祭祀大典后向学生发表了一通讲话：“先生之道具于人心，先生之训垂于图典，夫岂远乎哉！故曰志伊尹之所志，学颜子所学。夫志，心之所之也，学所以效先觉也。实其心之所求，而以希圣希贤为效力之地，使穷不去义，达不离道，则尧舜伊尹周孔颜相传之旨岂外是哉！”据周思诚记载，他“言未竟，诸生皆惧然如有感，乃合辞而请曰：‘愿识之以验后来’”。关于李裕为官不仁，席卷库银确有其事。李裕贪墨的风声传到长沙官场臭了牌子，从此后销声匿迹。关于先生托梦显灵之说就很难考证了。我只能说莫伸手，伸手必被捉。先生的教诲还少吗？不信先生之神，就是不信先生之说。如果这样理解，先生之神是存在的。

清乾隆诗人谭瑄在《桂阳怀古》一诗中赞叹：“陈隋开境古卢阳，文物衣冠盛一方。易代久分郴县地，居民犹说汝城乡。”千年的古邑，独特的民风，曾引来过多少文人骚客关注的目光。清桐城学者高佑钇应县令盛民誉之邀，前来汝城考察民风，他也听到了关于先生之神的传说。高佑钯信不信神我不知道，但他是赞成先生之神的传说的。他说树立先生之神，是为了使“桂阳之人士过先生之祠者悚然知敬，相与勉为忠孝而耻为浮薄。日讲习于道德性命之说，以惭摩乎仁义，岂不彬彬乎圣人之徒，而先生之流风遗韵历久弥光也哉”。

作者简介：孙立信，汝城县退休干部。

从《爱莲说》感悟周敦颐的清廉为官从政思想

朱诗慧

我国宋代理学宗祖周敦颐的千古名篇《爱莲说》，入选在中学的语文课本里，我们从青少年时期就已经拜读了。作为为官从政者，现在，再次品读《爱莲说》，深深感悟着周公的清廉为官从政思想。

一、周敦颐魅力四射的千古名篇《爱莲说》

周敦颐的《爱莲说》，短短119个汉字，字字珠玑，历来为人所传诵。八百多年来，在中国几乎是妇孺皆知，其中“出淤泥而不染，濯清涟而不妖”最为人所推崇。它所倡导的洁身自好的君子品德，广泛而又深远地影响了一代又一代的中国人。

《爱莲说》以莲花来比喻人格，以物拟人。周敦颐用莲花来比喻君子，他既把莲花的姿态用很优美的语言表达出来，又多了一层把人和环境之间的关系加进去了，就是“出淤泥而不染”。周敦颐是理学的开山祖，“理学”就是糅合了儒家、道家和佛家的理论，三家合一，最后通过整合形成了一个新的思想流派。众所周知，观音菩萨底下是莲花宝座，莲花在佛教里是个常用的比喻物。另外，在很多的佛经里都有莲花的喻，《维摩诘经》里说，茂盛的莲花一定是从淤泥里生长起来的，如果完全是净水，就不会有一个茂盛的莲花。《华严经》、《探玄记》里面提到莲花的特点：第一就是香，第二就是净。可以说这些思想因子给了他以启发。周敦颐自己很强调人的人格修养，强调人要把自己的心性通过自己的修养提升到一个高的层次上，特别是对于真理、对于道德，要有一种坚定的信念。他把他的这种哲学的、思想的观点和历史的传统，和一种其他的思想因子相融合，写就了《爱莲说》，而且形成了一个很独特的比喻，用一种很优美的文字，得以广泛地传播。

二、《爱莲说》成为一笔宝贵的精神财富

《爱莲说》把几种花加以比较：说到牡丹，“花之富贵者也”；说到菊花，“花之隐逸者也”；最后落到了莲花上。这是几种不同的人格、几种不同的价值取向的比较。说“富贵”，是追求一种世俗的名利；说“隐逸”，是对社会有一种社会责任的淡化。强调莲花，一是强调和环境的关系。人周边的环境不可能是很理想的，环境上总有不如意的地方，甚至于在某一个段落、某一个特定的时间里，甚至于可能是恶浊的。在这种情况下你如何要保持自己的操守？你不能改变环境，但是你可以改变你自己。二是强调价值取向。《爱莲说》通过几种花的比较，说明作为一个人，首先你要自己在精神层面上、在人格上，你要立得住，应把这个价值取向放在首位，可以说它有一种普世的原则。人生一世，你不能够完全地被物欲遮蔽了，总还是应该有一种精神上的净土、精神上的家园。《爱莲说》所洋溢的和美之气，以及它所倡导的贫贱不移、富贵不淫的高尚品格，清廉为官的思想，早已经超越了时空限制，成为人们取之不尽的一笔精神财富。

三、把周敦颐的清廉为官思想代代相传

十白年来，中国封建社会的官场里，允满着残酷的权力斗争，许多人一踏入其中，常常是失去了道德伦理，因此怎样在弊端种种的官场中保持自我的纯洁与高尚，成为许多儒家学者思考的问题。而周敦颐的《爱莲说》中，莲花“生于污泥之中而不染，常被清水洗涤而不艳丽，中通外直、无枝无叉、清香四溢”的君子品格，也就是他自己的从政和立身之本，其一生为官清廉公正勤勉，为学精密严谨细致，以“出淤泥而不染，濯清莲而不妖”自律，使他赢得了人们的尊重，成为为官从政者学习的榜样。著名诗人黄庭坚曾这样评价周敦颐：“人品甚高，胸怀洒落，如光风霁月。”

据史料记载，周敦颐在世 57 个春秋，其中 31 年在做官。公元 1041—1044 年，周敦颐任桂阳（今湖南汝城）县令，期间县内政治清明，百业兴旺，民情淳朴，政通人和。他为官清廉公正勤勉，治学精深严谨，为人清廉正直，襟怀淡泊。不但把汝城治理得井井有条、风清弊绝，更留下了千古名篇《爱莲说》，其“出淤泥而不染，濯清涟而不妖”的廉政精神，对汝城官风产生了深远的影响。汝城自宋朝以来，出了十几位立朝有声的监察御史，监察御史现象成为汝城人文的特征之一。前人有诗曰：“千古濂溪周别驾，一篇清献锦江

诗。”称赞先生的廉政思想，净化了汝城的世风，净化了汝城人为官的政风。如为表彰明朝监察御史范辂所建的“绣衣坊”至今保存完好，几百年来，寄托着汝城人民对封建社会清明吏治的渴望；为明代清官朱海所建的专祠“豸史第”，距今约有500年历史。“豸”是指獬豸，传说中的神兽，拥有较高的智慧，它能辨是非善恶，发现贪赃枉法之人，就用头上独角指向他或抵死，令奸邪者不寒而栗。明清时以獬豸作监官员官服的补子图案，朱海曾为官御史，刚正耿直，乡人为纪念他建专祠冠名“豸史第”春秋祭祀，朱海其子朱守恕，也曾为官御史，清正廉洁，有父风，乡人称“父子绣衣”；为表彰明洪武朝御史孙逢吉而建的“御史第”也是汝城人的御史情结。

世称濂溪先生的周敦颐，长期担任地方官吏，博学力行，遇事刚果，为政精密严恕，务尽其理。由于他为政清廉，刚正不阿，声名远播，每到一处都得到百姓衷心的爱戴和颂扬，全国许多地方都建有纪念他的建筑物——濂溪书院。汝城，这座文化古城，是濂溪理学的发源地，是《爱莲说》的故乡，千百年来，汝城吏率其教，民怀其德，兴建书院永作纪念。汝城濂溪书院从1220年县令周思诚建濂溪祠起，虽历尽沧桑，但九易其址，薪火相传，一直保存至今，是目前全国唯一一座保存完好的濂溪书院。

濂溪书院作为一个载体把周敦颐的清廉为官的思想代代相传。汝城濂溪书院内，有周敦颐正堂画像、“道学宗主”牌匾、宋朝周思诚《桂阳濂溪祠记》、明代罗洪先《濂溪书院记》、清代徐之凯和范秉秀《谒濂溪祠》诗、湖南省周敦颐研究会专家梁绍辉的题词；有周敦颐简介和《爱莲说》木雕、宋史《周敦颐列传》和周敦颐《拙赋》、《太极图说》、《通书》、《暮春即事》、《任所寄乡关故旧》、《牧童》；有名家书写罗洪先诗《钓鱼台》和清代诗人郭远《爱莲池有怀》；书院中央立有周敦颐铜像。书院周边建有濂溪广场、爱莲广场、光风霁月桥、太极亭、予乐亭等文化设施。书院自创办以来，人文蔚起，声名远播，濂溪遗韵历久弥光，历代名师在此传道授业，一大批经天纬地之才脱颖而出。明代两广总督、太子太保朱英，江西、福建布政使范辂，清代著名诗人郭远，当代中国人民解放军上将朱良才、李涛，原中国作家协会党组副书记朱子奇等均在此求学立志，迈向辉煌人生。所有这些文化设施、文化元素，可以看到其蕴涵着包括《爱莲说》在内丰富的廉政文化内涵，也为后人特别是为官从政者传承着周敦颐的清廉为官思想提供了重要的载体，把周公上承孔孟、下启程朱的理学思想，以及《爱莲说》所蕴含的洁身自爱的精神力量感召着一代又一代人，把其清廉为官的思想这笔宝贵的精神财富不断传承。

作者简介：朱诗慧，湖南省汝城县科学技术协会会员。

周敦颐“道学宗主”地位的形成

——以濂溪祠记为中心

周　欣

在中国理学发展史上，周敦颐是被公认的宋明理学的“开山鼻祖”，他不仅开启了天道性命相贯通之先河，而且还教导二程朝着“性命之学”的方向发展，因此被后世尊称为“道学宗主”。不过，二程虽受周敦颐的启发，但并不传他的学问。事实上，周敦颐在北宋时期声名并不显赫，其著作既没有得到广泛传布，其思想亦未能在社会产生较大的影响。那么，他的“开山”之功何在？其“道学宗主”的地位与朱熹等人的推崇有没有必然的联系？这些疑问恐怕都有深入探讨的必要。

众所周知，朱熹以毕生精力沉潜于周子之学，钩玄索隐，不遗余力，一方面他通过校正《太极图说》、《通书》等文本，扩大其学术影响力；另一方面，积极推行民间祭祀周敦颐的活动，并亲自撰写了《江州重建濂溪先生书堂记》、《袁州州学三先生祠记》、《隆兴府学濂溪先生祠记》、《徽州婺源县学三先生祠记》、《韶州州学濂溪先生祠记》、《邵州州学濂溪先生祠记》等祠记，力图使濂溪祭祀普及化和程式化。

一、周敦颐最初受到关注

祠堂是供奉祖先神主，进行祭祀的场所。这个名称最早出现于汉代，当时的祠堂均建于墓所，故又称为“墓祠”。由墓祠进而家庙，也有一个漫长的演变过程。到了北宋时期，祠堂已经是一种具有完整宗法意义的建筑样式，既有祭祀功能，又有教化功能，所以一经出现，就引起了上层知识分子的注意。此后，尤其是南宋朱熹《家礼》的大力倡导和祠堂之制的最终确立，上行下效，民间纷纷修建祠堂以祭祀圣贤和祖先，逐渐形成了一个建设小高潮。因此，在朱熹、张栻文集中就出现了大量的祠记，包括濂溪祠记。通过梳理这些与周敦颐有关的祠记，我们其实可以看出南宋理学家对周敦颐存在一个认识和接受的过程，他的“道学宗主”的地位并非一蹴而就。

绍兴二十八年（1158）张栻作《永州州学周先生祠堂记》：

惟二程先生倡明道学，论仁义忠信之实，著天理时中之妙，述帝王治化之原，以续孟氏千载不传之道，其所以自得者，虽非师友可传，而论其发端，实自先生，岂不懿乎！[①]

该文认为二程倡明道学，是继孔孟以来接续千年道统的人物，而周敦颐仅仅是作为二程的启蒙老师而已。“懿”字偏重于对周敦颐的道德评价，并未涉及他的学问，这反映了周敦颐当时在学术界影响甚微。绍兴二十九年（1159），胡铨作《道州先生祠记》，其中提到：

春陵太守直阁向公，抵书某曰：绍兴之初，予尝莅兹土。壬子春，坐诸司诬铄，罢寓丰城僧舍。是秋，文定胡公自给事中免归，亦馆焉，得朝夕请益。一日谓予：濂溪先生，春陵人也，有遗事乎？对以未闻。后读河南语录，见程氏渊源，自濂溪出，乃知先生学极高明，因传《通书》诚说，味于其所不味。兹幸复假守视事。三日，谒先圣毕，语儒官生徒：先生天下后世标望，诚说具在，后学独不知尊仰，是大漏典，请建祠讲堂后三元阁上。[②]

这篇祠记是胡铨应胡安国弟子向子忞所请而作，向子忞时任道州太守，但对周敦颐却知之甚少，后来通过阅读《河南语录》，乃“见程氏渊源自濂溪出”，才开始关注周敦颐的学问。

乾道四、五两年间，朱熹与汪应辰、吕祖谦、张栻屡有书札往复。乾道五年朱熹在《与汪尚书》中说：

大抵近世诸公知濂溪甚浅。如吕氏童蒙训记其尝著通书，而曰用意高远。夫通书、太极之说，所以明天理之根源、究万物之终始。岂用意而为之？又何高下远近之可道哉？近林黄中九江寄其所撰祠堂记文，极论“濂”字偏旁，以为害道，尤可骇叹。……此道之衰，未有甚于今日，奈何奈何！[③]

当时学术界不能理解周敦颐之学，吕祖谦等只识《通书》等用意高远，但没有认识到周敦颐之学明确了天理的根源、万物的终始；林栗仿王学《字说》

① 《永州州学周先生祠堂记》，《张南轩先生文集》卷四。据宋本《元公周先生濂溪集》记载，该祠记尾有“绍兴二十八年冬十月”。

② 《道州先生祠记》，《元公周先生濂溪集》卷十。

③ 《与汪尚书》，《朱子全书·晦庵先生朱文公文集》卷三〇。

之法，以为“濂”字害道①；当时的《通书》版本附录中所载蒲宗孟的碣铭并没有反映周敦颐的精神实质②。那么，朱熹在此要说明什么问题？为何要推崇周敦颐？换句话说，即周敦颐思想中到底有什么东西在吸引着朱熹。实际上，关于周敦颐的评价与认知，朱熹早从老师李侗那已了解到，但并没有引起重视③。直到乾道三年（1167）至五年（1169），朱熹与张栻等湖湘学者会晤时讨论未发、已发问题时，才开始深入研究周敦颐。朱、张二人为建立太极理论的需要，通过对“太极”概念进行改造，将其引入二程已有的理气理论进行论述，确立了宇宙本体思想体系。这也是朱熹从“中和旧说”到“中和新说”的转型过程，而这一切得益于对周敦颐的吸收与改造。为此，朱熹于乾道六年（1170）厘定、校勘、阐释了周敦颐的《太极图说》、《通书》，并对周敦颐与二程之间的学术传承关系进行了梳理，而且引入了一个更大的问题，即道统。

二、朱熹道统说与周敦颐地位的提升

朱熹应用“道统”一词，最早见于《知南康榜文》。淳熙六年（1179），朱熹知南康军，立濂溪祠于军学，主祀周敦颐，以二程配祀，开祭祀先贤的创举。有《知南康榜文》，又牒云：“濂溪先生虞部周公心传道统，为世先觉。熙宁中，曾知本军。未委军学曾与不曾建立祠庙？”④ 很显然，“道统”的建立与推尊周敦颐有着重要关系。

朱熹在祠记及在其中所思考“道统”观念中，第一步，指出周敦颐的学说“不繇师传，默契道体”。淳熙四年（1177）朱熹作《江州重建濂溪先生书堂记》，从弘扬道统的角度对周敦颐进行定位：

---

① 据宋本《元公周先生濂溪集》记载：乾道二年二月二十六日，林栗作《江州州学先生祠堂记》，其中提到：“考其所谓濂者，其音切义训，与廉洁之廉异矣。廉之训，曰清夜，俭也，有检俭之义……濂与廉，同其音，似廉不类。”（《江州州学先生祠堂记》，《元公周先生濂溪集》卷十）

② 《周子太极通书后序》云：“故潘清逸志先生之墓，叙所著书，特以作太极图为称首，然则此图当为书首不疑也。然先生既手以授二程，本因附书后。传者见其如此，遂误以图为书之卒章，不复厘正，使先生立象尽意之微旨暗而不明。”（《周子太极通书后序》，《朱子全书·晦庵先生朱文公文集》卷七五）当时《太极图》附于《通书》后，学者习惯以《通书》概称周敦颐的著作，朱熹据潘志厘定了周敦颐著作，并置《太极图》于《通书》篇端。

③ 《周子通书后记》云：“熹自早岁即幸得其遗编（《通书》）而伏读之，初盖茫然不知其所谓，而甚或不能以句。壮岁获游延平先生之门，然后始得闻其说之一二。”（《周子通书后记》，《朱子全书·晦庵先生朱文公文集》卷八一）从“茫然不知其所谓”可知，朱熹问学李侗时对周敦颐著作有大致的了解。

④ 《知南康榜文·又牒》，《朱子全书·晦庵先生朱文公文集》卷九八。

道之在天下者未尝亡，惟其托于人者或绝或续，故其行于世者有明有晦，是皆天命之所为，非人智力之所能及也……若濂溪先生者，其天之所畀，而得乎斯道之传者与，不然，何其绝之久而续之易，晦之甚而明之亟也？盖自周衰孟轲氏没，而此道之传不属，更秦及汉，历晋、隋、唐，以至于我有宋。圣祖受命，五星集奎，实开文明之运，然后气之漓者淳、判者合，清明之禀，得以全付乎人。而先生出焉，不繇师传，默契道体，建图著书，根极领要。①

面对儒学日益衰败，朱熹历数上古圣人与周敦颐的贡献，在此基础上，指出周敦颐的思想“不繇师传”，其学得传于天，与天之间的直接关系类似于伏羲和孔子。其著作《太极图说》和《通书》蕴涵着圣人之道的纲要，“默契道体”，使得孔孟相传之道得以复明于当世。

第二步，强调“周程授受”，多次明确指出周敦颐传《太极图》于二程：

先生之学，自程氏得其传，以行于世。②

诸君独不观诸濂溪之图与其书乎？虽其简古渊深，未易究测，然其大指，不过语学者讲学致思，以穷天地万物之理……而程氏传之。③

窃独惟念先生之学，实得孔孟不传之绪，以授河南二程先生而道已大明。④

从师友渊源上看，周敦颐开启了二程之学，进一步弘扬了道统，其传道之功为孔孟以来所仅有。然而南宋以来，程颐多次讲明“予兄弟倡明道学”，认为程颢接续了圣人之道，完全把周敦颐排除在外。朱熹虽承认二程担负道统，却屡言周敦颐承“斯道之传”，并以之授二程。这是为什么？根据陈荣捷先生的研究，“道统之绪，在基本上乃为哲学性之统系而非历史性或经籍上之系列”，“道统之观念，乃起自新儒学发展之哲学性内在需要”⑤。也就是说，朱熹“道统”的提出，并非是为了反映某种历史真实，而主要是借助对道统内涵的阐述及道统传承谱系人物的选择来设定儒学思想发展脉络的内在演变系统。朱熹将周敦颐插入孟子与二程之间列于道统谱系之中，原因即在于周敦颐的思想理论体系为儒家伦理道德寻求宇宙论和本体论提供了根据，弥补了二程与孟子之间的缺隙，为整个宋明理学哲学系统的泉源，“在此一哲学性意义上，二

① 《江州重建濂溪先生书堂记》，《朱子全书·晦庵先生朱文公文集》卷七八。

② 《隆兴府学濂溪先生祠记》，《朱子全书·晦庵先生朱文公文集》卷七八。

③ 《徽州婺源县学三先生祠记》，《朱子全书·晦庵先生朱文公文集》卷七九。

④ 《邵州州学濂溪先生祠记》，《朱子全书·晦庵先生朱文公文集》卷八〇。

⑤ 陈荣捷：《朱熹集新儒学之大成》，载《朱学论集》，上海：华东师范大学出版社，2007年版，第17页。

程实乃自周子继其已绝之绪”。[①]

第三步，指出周敦颐的理论范式是克制佛、老泛滥的有效的理论架构。

淳熙五年（1178）朱熹应张栻之请作《袁州州学三先生祠记》指出：

盖自邹孟氏没而圣人之道不传，世俗所谓儒者之学，内则局于章句文词之习，外则杂于老子释氏之言。而其所以修己治人者，遂一出于私智人为之凿，浅陋乖离，莫适主统，使其君之德不得比于三代之隆、民之俗不得跻于三代之盛，若是者，盖已千有余年于今矣。濂溪周公先生奋乎百世之下，乃始深探圣贤之奥，疏观造化之原，而独心得之。立象著书，阐发幽秘，词义虽约，而天人性命之微，修己治人之要，莫不毕举。[②]

自孔孟没后，汉唐诸儒求儒家经典于训诂章句之间，士大夫从政则又出于功利之末，汉唐以来道学不明，佛老异端蜂拥而起。周敦颐“深探圣贤之奥，疏观造化之原”，把《老子》的“无极”、《易传》的“太极”、《中庸》的“诚”以及阴阳五行等思想资源进行熔铸改造，在融合了佛道的矛盾运动中对儒家传统文化的结构进行新的调整。尽管周敦颐从思想层面上抵制佛道文化，但在朱熹看来，更直接的问题是能否诠释和确立起自己的传统，即担起道统传承的责任。淳熙十年（1183）作《韶州州学濂溪先生祠记》更是明确指出周敦颐在道统传承中的重要地位：

宋兴，九疑之下、舂陵之墟，有濂溪先生者作，然后天理明而道学之传复续。盖有以阐夫太极、阴阳、五行之奥，而天下之为中正仁义者，得以知其所自来。言圣学之有要，而下学者知胜私复礼之可以驯致于上达；明天下之有本，而言治者知诚心端身之可以举而措之于天下，其所以上接洙泗千岁之统，下启河洛百世之传者，脉络分明而规模宏远矣。[③]

韶州州学的濂溪祠初建于乾道六年，而且当时已配祠二程。乾道六年，朱熹作《太极图说解》，完成了对周敦颐思想的清理，认为周敦颐最大的理论贡献就是“阐夫太极阴阳五行之奥，而天下之为中正仁义者，得以知其所自来”，这是直承孔孟并推进道统的关键：

盖有以阐夫太极阴阳五行之奥，而天下之为中正仁义者，得以知其所自来，言圣学之有要而下学者，知胜私复礼之可以驯致于上达，明天下之有本。

① 陈荣捷：《朱熹集新儒学之大成》，载《朱学论集》，上海：华东师范大学出版社，2007年版，第17页。

② 《袁州州学三先生祠记》，《朱子全书·晦庵先生朱文公文集》卷七八。

③ 《韶州州学濂溪先生祠记》，《朱子全书·晦庵先生朱文公文集》卷七九。

而言治者，知诚心端身之可以举而措之于天下。[①]

周敦颐以“无极—太极—阴阳五行—万物化生”的思维路径，从宇宙论的角度论述人生社会道德心性，开天道性命相贯通之先河，创立“天人合一”的理论框架，在这个思想体系中，“儒家的哲学清晰地被表达为三个连贯着的理论：（一）价值体系的形上依据；（二）伦理实践的切实路径；（三）功利成就的根本方法。朱熹的全部思想性诠释、讲学与论辩，形散与神聚，完全是环绕着此三个理论来展开的”。[②] 而这也正是使孔孟之学复明于世，重建儒学思想体系的理论构架。

另须指出，朱熹对《爱莲说》、《拙赋》完全没有评价，只有《书濂溪先生爱莲说后》提及《爱莲说》，该文为“（淳熙六年）周直卿自九江来访，以周敦颐爱莲说墨本及拙赋刻本见示，为作跋”[③]，其中写道：“熹得窃闻而伏读之有年矣。”[④] 由此可知，朱熹对《爱莲说》早有了解，但出于对道统观建立的考虑，对脍炙人口的《爱莲说》未留下任何具体的评论，甚至指出《拙赋》“天下拙，刑政彻，其言似庄老”[⑤]。如此看来，朱熹为振兴衰微的儒学，试图树立儒学道统谱系以抗衡佛道传授系统，一直在不断的努力。

三、对周敦颐《太极图说》的质疑

自朱熹为《太极图说》和《通书》作注释以后，历代学者围绕朱熹的注释引发的争议不断，由此也将周敦颐哲学思想和著述带到了理学家全面讨论的中心，尤其是朱熹和陆九渊兄弟之间的激烈辩论，《太极图说》获得了重大的影响力，形成了“尊崇朱熹者必推崇《太极图说》，而反对朱熹者也必须从《太极图说》寻找缺口，进而推翻朱熹的整个思想体系”[⑥] 的局面。

绍熙癸丑（1193）《邵州州学濂溪先生祠记》，朱熹借作记的机会，总结陆

① 《韶州州学濂溪先生祠记》，《朱子全书·晦庵先生朱文公文集》卷七九。

② 何俊：《南宋儒学建构》，上海：上海人民出版社，2004 年版，第 126 页。

③ 束景南：《朱熹年谱长编》（卷上），上海：华东师范大学出版社，2001 年版，第 635 页。

④ 《书濂溪先生爱莲说后》，《朱子全书·晦庵先生朱文公文集》卷八一。

⑤ 《朱子全书·朱子语类》卷九四。

⑥ 周建刚：《周敦颐研究著作述要》，长沙：湖南大学出版社，2009 年，第 76 页。

九渊的质疑，对《国史·濂溪传》[①] 中“自无极而为太极”进行辩论：

熹发函三复，为之喟然而叹曰：甚矣，道之难明而易晦也……先生之精，立图以示；先生之蕴，因图以发；而其所谓“无极而太极”云者，又一图之纲领，所以明夫道之未始有物，而实为万物之根柢也。夫岂以为太极之上，复有所谓无极者哉！近世读书不足以识此，而或妄议之，既以为先生病。史氏之传先生者，乃增其语曰：“自无极而为太极”，则又无所依据而重以病夫先生。故熹尝欲援故相苏公请刊国史“草头木脚”之比，以正其失，而恨其力有所不逮也。[②]

早在鹅湖之辩，陆九韶在鹅湖之会上因感“《太极图说》与《通书》不类”，就已否定《太极图说》为周敦颐所作。朱熹对此坚决反对：“周子留下《太极图说》，若无《通书》，却教人如何晓得？故《太极图说》得《通书》而始明。《通书》一部，皆是解《太极图说》。”淳熙十四年（1187）朱熹与陆九渊又爆发激烈论辩。论辩主要围绕周敦颐《太极图说》首句“无极而太极”展开。陆九渊训“极”为“中”，认为“太极”即理，不必再以“无极”来形容，“无极而太极”之说，犹如床上叠床，屋上架屋，纯属多余，并以“无极”为道家概念，指出《太极图说》非周敦颐所作。朱熹则训“极”为“至极”，把理之总汇称为“太极”，认为“不言无极，则太极同于一物，而不足为万物之根”。周敦颐“无极而太极”说出了人们所不敢言说的道理，得千圣以来不传之秘，并将“无极而太极”理解为“无形而有理”，使《太极图说》的思想与《通书》相贯通，从而把周敦颐作为开启理学思潮的人物。不可否认，这种解释存在着很大争议，但是，朱熹厘清周敦颐引入“无极”所产生的许多问题，赋予它们重要的意义，成为其思想理论体系建构的理论依据与精神内核。然则淳熙十五年（1188），朱熹在玉山借读洪迈所修《国史》，对《太极图说》首句作“自无极而为太极”提出异议，朱熹要求洪迈删去“自”、“为”二字，并未得到接纳。时隔五年（1193），修史者仍未采用朱熹删定的“无极而太极”，因此朱熹不得不在《邵州州学濂溪先生祠记》中再次重申其事。

朱陆关于“太极图说”的争论虽然没有结论，它却交织一项重要但常被忽

① 《记濂溪传》云：“戊申（1188）六月，在玉山邂逅洪景卢内翰，借得所修国史，中有濂溪、程、张等传，尽载太极图说。盖濂溪于是始得立传，作史者于此为有功矣。然此说本语首句但云‘无极而太极’，今传记载乃云‘自无极而为太极’，不知其何所据而增此‘自’、‘为’二字也。夫以本文之意，亲切浑全，明白如此，而浅见之士犹或妄有讥议。若增此字，其为前贤之累，启后学之疑，益以甚矣。谓当请而改之，而或者以为不可。”（《记濂溪传》，《朱子全书·晦庵先生朱文公文集》卷七十一）洪迈记《太极图说》首句为“自无极而为太极”，朱熹提出“请而改之”，并坚持“以为不可”。

② 《邵州州学濂溪先生祠记》，《朱子全书·晦庵先生朱文公文集》卷八〇。

视的问题：道统权威的界定。换言之，朱陆之辩的最终目的在于将自家学术思想确定为传道历史过程中的正统主流，分别出学术思想的正统与异端。陆氏兄弟向孟子寻求权威，并公开忽略北宋的道学家，在反面上自然是对北宋诸子，尤其是朱熹道统论发展的抑制。事实上，朱陆鹅湖之辩的前夕，朱熹与吕祖谦就已选编了《近思录》以面对二陆挑战。《近思录》以周敦颐开端，以二程作为理论建构为内容编排，卷首即题为道体，并将《太极图说》排在最前面以示其“开山”地位，指出该卷“性之本原，道之体统，盖学问之纲领也”。这种文本纲目结构的编排对周敦颐在道统传承中的地位界定有着重要作用，正如西方学者魏伟森指出：“《近思录》的编纂开创了一个新的典范，它由学术观点选入一些人物与著作，建构了一个传统，自然就把其他人物排除在外，‘道学’在这种方式之下形成了宗派，有向心和排他的双重作用。”[①] 这样，朱熹通过精心构造道统传承谱系，为周敦颐继承道统提供了理据。

但尤其让人感到困惑的是，淳熙十六年（1189）朱熹作《中庸章句序》，指出：

> 盖自上古圣神继天立极，而道统之传有自来矣。其见于经，则“允执厥中”者，尧之所以授舜也。“人心惟危，道心惟微，惟精惟一，允执厥中”者，舜之所以授禹也……自是以来，圣圣相承，若成汤、文、武之为君，皋陶、伊、傅、周、召之为臣，既皆以此而接夫道统之传，若吾夫子，则虽不得其位，而所以继往圣、开来学，其功反有贤于尧舜者。然当是时，见而知之者，惟颜氏、曾氏之传得其宗。及曾氏之再传，而复得夫子之孙子思，则去圣远而异端起矣……故程夫子兄弟者出，得有所考，以续夫千载不传之绪……虽于道统之传，不敢妄议，然初学之士，或有取焉，则亦庶乎行远升高之一助云尔。[②]

朱熹以“人心”、“道心”等四句话即十六字心法为圣贤相传之道，并明确了道统传承谱系：道统之传，始自尧、舜、禹传至孔子，中经孔门弟子颜、曾、思、孟发扬光大，孟子后“遂失其传”，一直到二程兄弟“续夫千载不传之绪”，道统才得以重建，从而构成了一个上继孔孟之道，下延二程的传承谱系。然而，朱熹三次提到“道统之传”，却未在孟子和二程之间加上周敦颐？其原因有三：一是，早在朱熹之前，程颐曾明确提出程颢传千四五百年来未传之学。二程虽受到濂溪的启发，但并不传濂溪的学问，对于二程从周敦颐那里

① Cf. Thomas Wifson，《Genealogy of The Way：The Construction and Uses of the Confucian Tradition in Late Imperial China》，Palo Alto，CA：Stanford University Press，1995。

② 《中庸章句序》，《朱子全书·晦庵先生朱文公文集》卷七六。

受到了何种思想的影响？周敦颐是否手授《太极图说》于二程等问题，缺乏有力的证据。二是，《中庸章句序》讨论的主题是心法传授，周敦颐对《中庸》及心法传授没有特殊的贡献。三是，周敦颐之学遭到陆氏兄弟质疑，朱熹在此不提可能是出于避嫌之需。

四、周敦颐道学宗主的最终厘定

朱熹不遗余力地宣传周敦颐的学术地位与成就：淳熙六年（1179）知南康军，立濂溪祠，刻《太极图说》、《通书》于南康；淳熙八年（1181），过江州，拜濂溪先生书堂遗像，指出：“惟先生承天畀、系道统，所以建端诸绪，启佑于我后之人者。”① 绍熙五年（1194）八月，“修建道州濂溪、明道、伊川三先生祠成，遣宁远县尉冯允中往祭。”② 他还在《答蔡季通》中嘱托蔡元定：“至舂陵，烦为问学中濂溪祠堂无恙否。”③ 正是由于朱熹对周敦颐的推崇，奠定了周敦颐理学开山地位，获得了普遍认可。淳熙六年（1179），朱熹作《隆兴府学濂溪先生祠记》，文曰：“以故自其乡国，及其平生游宦之所历，皆有祠于学，以至其瞻仰之意。”由此看来，当时的濂溪祠主要是周敦颐所生之乡国、平生游宦的州县学有请祠、立祠的行动。但是到了淳熙八年（1181），各地学宫争先立祠，《徽州婺源县学三先生祠记》曰：“然此婺源者，非其乡也，非其寓也，非其所尝游宦之邦也。且国之祀典，未有秩焉而祀之，于礼何依，而于义何所当乎？”即凡认同道统的州县学，都可将周敦颐列为先贤进行祭祀。

绍熙五年（1194）竹林精舍扩建后改名为沧州精舍，朱熹在此祭祀先贤，并撰写了具体操作仪式的《沧州精舍释菜仪》、《沧州精舍告先圣文》，充分展示了综合创新的新儒学道统观念：

> 恭惟道统，远自羲、轩。集厥大成，允属元圣。述古垂训，万世作程。三千其徒，化若时雨。维颜曾氏，传得其宗。逮思及舆，益以光大。自时厥后，口耳失真。千有余年，乃曰有继。周程授受，万理一原。曰邵曰张，爰及司马。学虽殊辙，道则同归。俾我后人，如夜复旦。④

绍熙五年朱熹65岁，这一道统传承应该是他的晚年定论。朱熹在此提出的道统谱系与《中庸章句序》不同的是：其一，在孔孟道统之前，增加了

① 《书濂溪光风霁月亭》，《朱子全书·晦庵先生朱文公文集》卷八四。

② 束景南：《朱熹年谱长编》（卷下），上海：华东师范大学出版社，2001年，第1133页。

③ 《答蔡季通》，《朱子全书·晦庵先生朱文公续集》卷三。

④ 《沧州精舍告先圣文》，《朱子全书·晦庵先生朱文公文集》卷八六。

“羲、轩”，意为上溯伏羲、黄帝；其二，强调“周程授受”，特推周敦颐为道统传人；其三，把“学虽殊辙，道则同归”的邵雍、张载与司马光等纳入道统谱系。

在沧州精舍祭祀中，朱熹举行了隆重的释菜仪式，《朱子语类》有详细的记述：

新书院告成，明日欲祀先圣先师，古有释菜之礼，约而可行，遂检五礼新仪，令具其要者以呈。先生终日董役，夜归即与诸生斟酌礼仪。鸡鸣起，平明往书院，以厅事未备，就讲堂行礼。宣圣像居中，兖国公颜氏、郕侯曾氏、沂水侯孔氏、邹国公孟氏西向配北上。并纸牌子。濂溪周先生，东一。明道程先生，西一。伊川程先生，东二。康节邵先生，西二。司马温国文正公，东三。横渠张先生，西三。延平李先生，东四。从祀。亦纸牌子。并设于地。祭仪别录。祝文别录。先生为献官，命贺孙为赞，直卿、居甫分奠，叔蒙赞，敬之掌仪。堂狭地润，颇有失仪。但献官极其诚意，如或享之，邻曲长幼并来陪。礼毕，先生揖宾坐，宾再起，请先生就中位开讲。先生以坐中多年老，不敢居中位，再辞不获，诸生复请，遂就位，说为学之要。①

朱熹祭祀先圣先师，并以“为学之要”即席开讲，这种祭祀先贤与书院教育的结合，表明了一种以探讨道德性命、穷究心性义理为主要特色的新的学术风尚、学术范式的形成，也标志着朱熹道统思想全面成熟。朱熹罗列传承道统的思想家，认为周、二程、张等继承了孔孟的道统，把圣人相传的道统谱系和儒家思想的精华传承关系演示给弟子们，“通过为先圣先贤树立塑像或悬挂画像，供祀对象由历史空间进入现实空间，逝者的形象为祭祀者提供现实的观照”②，在宣传道统论的同时，又阐扬了心性义理之学，使理学思想得到广泛传播。

特别要指出的是，1173 年 11 月朱熹作《六先生画像赞》，表彰的只有周敦颐、二程、邵雍、张载、司马光六先生，但竹林精舍祭祀中却把自己的老师李侗列入道统之内。究其原因，不难发现，朱熹最重要的老师是李侗，李侗学出罗从彦，罗从彦受业于杨时，杨时是二程的高弟，二程师从周敦颐。“通过把学李侗包括进道统内，朱熹要让人明白，道统已经传到他的身上。换句话说，朱熹是在声称，在他的那一代人中，只有他自己继承了从古代圣人和北宋大师那里传来的道统。”③ 这也是朱熹在推广道统传承谱系中，自命继承了道

① 《朱子全书·朱子语类》卷九〇。
② 蒋建国：《仪式崇拜与文化传播——古代书院祭祀的社会空间》，《现代哲学》，2006 年第 3 期。
③ 田浩：《朱熹的思维世界》，南京：凤凰出版传媒集团；江苏人民出版社，2009 年，第 312 页。

统，完善了道统体系。进一步说，“朱熹的道统论本来就是联结两个谱系而成：一是从上古圣神道孔子、曾子、子思、孟子的谱系，二是将周、程与自己直接联结起来的谱系。其中，前一个谱系将周、程相结，意味着将儒学的正统确定为周程之学；而将周、程与自己直接联结，则意味着道学的正统乃是正统，也包括了道学内部主张自己为正统的目的。”① 至此，朱熹将儒学提升为道学，即已完成了学术正统主流的争夺。

朱张之后，周敦颐在理学史上的地位更加稳定，宋宁宗嘉定七年（1214），魏了翁上书为周敦颐请谥：“盖自周衰孔孟氏没，更秦汉魏晋隋唐，学者无所宗主，支离泮涣，莫适与归……而（敦）颐独奋乎百世之下，乃始探造化之至赜，建图著书，阐发幽秘，即示人以日用常行之要，使诵其遗言者，始得以晓然于洙泗之正传。”② 通过魏了翁、真德秀等人奏请和表彰下，南宋嘉定十三年（1220）周敦颐赐谥为“元”；南宋淳祐元年（1241）追封为“汝南伯”，入祀孔庙；元代延祐六年（1319）加封为“道国公”，历朝相延入祀孔庙。周敦颐学术地位因得到官方承认，其“道学宗主”地位遂成定论。

作者简介：周欣，《湖南科技学院学报》编辑，讲师。

① ［日］土田健次郎著，朱刚译：《道学之形成》上海：上海古籍出版社，2010年，第455—456页。

② 《奏乞为周濂溪赐谥》，《鹤山集》卷一五。

明代理学名臣朱英年表

朱忠悦

朱英（1417—1485）字时杰，号诚庵，湖南桂阳（今汝城）人，明朝中期著名大臣，理学家、政治家，历官左都御史、太子少保等，赠荣禄大夫、太子太保，追谥“恭简”。

有《认真子集》、《澹庵纪年》、《诚庵奏稿》及后人整理的《朱恭简荣哀录》留世，含附录十三卷。辑疏十三篇、序七篇、传书等十六篇、记八篇、诗七十六篇，录敕谕八篇、圣褒六篇、制诰十二篇、传三篇、贺诗贺词二百余篇。诸多奏章上奏俱纳，论事必中。《救荒策》、《处置地方疏》、《请砌白石岩疏》、《勉男守孚书》等影响深远。

永乐十五年丁酉（1417），十二月二十五日生。

永乐十七年己亥（1419），3岁。十月十五日弟惟庆生。

永乐十八年庚子（1420），4岁。父思谏赴部考职，临行抚其头顾太夫人曰：“此吾之宝贵，后将必成大器，定要好生教养，不负众望。”说完垂泪而去。

永乐十九年辛丑（1421），5岁。父思谏于京都去世。逝前，嘱咐在身边的朱英从兄惟启、惟德：“吾死无所憾，独二子年幼，恐失教养。回家将此话告诉你们婶婶，吾瞑目矣。”

永乐二十年壬寅（1422），6岁。随从兄惟善先生启蒙。

洪熙元年乙巳（1425），9岁。从惟善先生肄业于香明寺书舍，兼学对偶声律。

宣德四年己酉（1429），13岁。过目成诵。

宣德五年庚戌（1430），14岁。学业日进，塾师期之以大器。

宣德六年辛亥（1431），15岁。补邑庠弟子贡。

宣德八年癸丑（1433），17岁。冬娶本乡石泉坊胡姓女为妻。

宣德九年甲寅（1434），18岁。长子守孚生。

宣德十年乙卯（1435），19岁。食禀饩。

正统元年丙辰（1436），20岁。次子守颐生。

正统二年丁巳（1437），21岁。与从侄守琛受学于邑学博，掌教凌乐先生特加器重。

正统三年戊午（1438），22岁。就学于白石书斋，由主学《诗》《书》二经改学《易经》。

正统四年己未（1439），23岁。三子守谦生。

正统五年庚申（1440），24岁。奉学道取录科举，极蒙奖赏，案发第一名。

正统六年辛酉（1441），25岁。与族兄、津江村朱海赴武昌乡试，落第。

正统七年壬戌（1442），26岁。弟惟庆出戍偏桥，家境贫落，但志力愈坚，尝曰“使学近颜子地位，又何富贵贫贱之有”。又苦读三年。

正统九年甲子（1444），28岁。中湖广乡试。

正统十年乙丑（1445），29岁。与族兄朱海同登商辂榜进士，拨任兵部观政。

正统十一年丙寅（1446），30岁。兵部尚书邝埜深为器重，曰：“吾乡老成凋谢，今负重致远者，惟子是望矣。”

正统十二年丁卯（1447），31岁。由吏部考送都察院转送山东道问刑，半年满后任浙江道监察御史。是年冬，与中官分守浙闽要道，擒贼党周明松等戮于市。

正统十三年戊辰（1448），32岁。弹劾不避权贵，同官皆畏之，曰：“老朱执拗，有事不可令他知。”

正统十四年己巳（1449），33岁。受皇命与诸御史同中官分巡郡县。所至恩威兼济，望风向顺，陈便宜五事。

景泰元年庚午（1450），34岁。弹劾外戚都督汪全纵容家人夺民田产，皇上准奏下诏责成所夺田产归还。

景泰二年辛未（1451），35岁。复御史职。

景泰三年壬申（1452），36岁。四月二十四日，敕赠父思谏文林郎、监察御史，母胡氏封太孺人，妻胡氏封孺人。四子守蒙生。八月，代宗欲撤换太子，与林聪直言相谏。有大臣诬害御史周鉴、王豪，朱英上章辩护，二人幸免于难，而大臣对朱英忌恨益深。年冬被调任广东布政司右参议，次年三月十二日到任。

景泰四年癸酉（1453），37岁。上任广东顺路回家省亲，囊中仅赐金十两，母亲喜曰：“我儿居官如此，吾无忧矣。”

景泰五年甲戌（1454），38岁。

景泰六年乙亥（1455），39 岁。连年专理抚恤，岁裁冗费万计。立均徭法，限民众十年服一次徭役，休役九年，使民得以休养生息。后在福建、陕西皆推行均徭法。主持修家谱。

景泰七年丙子（1456），40 岁。归朝觐见过南昌时，族兄克宽佥宪江西病故，缺归葬路费，出资遣人扶棺归葬故里。

天顺元年丁丑（1457），41 岁。英宗复位，林聪曰朱英：你过去保过太子，我可为你作证。朱英曰：过去上奏反对换太子，是我们御史的职责。从来不提保过太子之事。两广甚乱，诸多将领滥杀冒功。巡抚叶盛属朱英督察范围，及时制止参将范信诬赖永泰、永平二乡民为贼，屠戮殆尽，又欲进屠城乡之举，救得一方百姓。又有人诬告广州丰湖乡民作乱，察其冤情，使其免遭杀戮。

天顺二年戊寅（1458），42 岁。入京进万寿表。

天顺三年己卯（1459），43 岁。进万寿表归，新淦县令李舟、南海县令赵壮借事求见，各与白金相赠，俱拒收。后二人贪赃事败，受贿者俱受到连累，独朱英没有任何关系。长子守孚中湖广乡试。

天顺四年庚辰（1460），44 岁。

天顺五年辛巳（1461），45 岁。连年参赞军务，潮州贼罗刘宁等流劫远近郡县，屡挫官兵，会师剿灭之，还所掠人口数千。

天顺六年壬午（1462），46 岁。母丧，回家守制。升广东布政司右参政、朝议大夫。

天顺七年癸未（1463），47 岁。在家守制。

天顺八年甲申（1464），48 岁。在家守制。

成化元年乙酉（1465），49 岁。任陕西布政司右参政。

成化二年丙戌（1466），50 岁。守延绥甘凉时，延绥久旱，斋沐躬祷山川，求得甘雨。

成化三年丁亥（1967），51 岁。

成化四年戊子（1468），52 岁。地方势力满四领兵寇乱固原，官军征讨失利。皇命都宪项忠往讨之，朱英总馈饷有功，助讨贼成功。五子守贲生。

成化五年乙丑（1469），53 岁。长男守孚登进士。六月，升福建右布政司使。

成化六年庚寅（1470），54 岁。仍前职。

成化七年辛卯（1471），55 岁。十一月升陕西左布政司使。离任之日，福建士众不舍离去，同仁诸公绘画赋诗以赠。

成化八年壬辰（1472），56 岁。二月到任陕西，兴废皆宜。

成化九年癸巳（1473），57岁。仍前职。

成化十年甲午（1474），58岁。升都察院右副都御史。奉敕巡抚甘肃，先后陈安边二十八事，徒居戎、安流离、简贡使等俱切中时务。推举武官王玺、刘晟等分授要任，俱为当时名将。

成化十一年乙未（1475），59岁。十一月，奉敕总督两广军务兼理巡抚。民众遮道泣留相送，受保举重用的很多将领以金帛相赠，皆拒之。

成化十二年丙申（1476），60岁。三月到任，仅携一老头服侍。自韩雍大征以来，将帅喜邀功，利俘掠，名为“雕剿”。朱英约饬将士，整顿军纪，毋得张贼声势，忘请用师，先后招抚瑶、僮两地徭民，给预定编入户，拨给土地耕种，免征三年赋税；于是马平、阳朔、苍梧诸县蛮悉望风附。市舶中官韦眷诬奏朱英专权玩贼，知府史芳攻击朱英奸贪欺罔。经查无此事，皇谕二人协和共事。子守孚任刑部贵州清吏司主事。

成化十三年丁酉（1477），61岁。荔浦贼李恭主有叛众数万，曾久负固顽抗，也遣子李扶宝纳款归降，设永安州安置。十二月，陈情老疾乞请退休。敕命下：尔能开诚布公，屡树伟绩，朕方倚毗，仍用心巡抚地方，不允所辞，阶通议大夫。

成化十四年戊戌（1478），62岁。五月，赠祖攀麒通议大夫、都察院右副都御史，祖妣宋、继祖妣邓俱赠淑人，父思谏赠通议大夫、都察院右副都御史，母胡氏赠淑人，妻胡氏封淑人，孙璋恩荫太学生。十二月，升为右都御史，仍总督军务兼理两广巡抚。

成化十五年己亥（1479），63岁。仍前职。

成化十六年庚子（1480），64岁。历任两广以来，归附日众，予编四万三千多户，安置十五万多人，承认税粮15340余石钱欲，剿灭各寇巢穴170余处，擒斩贼首余丑，从治未尝妄杀，皇帝嘉奖慰劳。南方属国交趾入侵老挝，宪宗忧边境出事，询问朱英处置办法。上奏料定此不过互争边境隙地，下谕告诫，自当悔惧。宪宗依言，交趾果然谢罪臣服。平定广西浔、梧、高、廉四州叛乱。

成化十七年辛丑（1481），65岁。子守孚任刑部江西清吏司署员外郎，孙珑恩荫太学生。

成化十八年壬寅（1482），66岁。命亟还任。任资政大夫，赠祖攀麒资政大夫、都察院右都御史，祖妣宋、继祖妣邓俱加赠夫人，父思谏赠资政大夫、都察院右都御史，母胡氏加赠夫人，妻胡氏加封夫人。二月，上疏乞放归田里。敕谕：“卿练达边务，军民信服，不允所辞。”十一月，上疏乞假祭扫，奉旨：“事毕回任办事。”力荐新会举人陈献章，皇帝钦赐陈献章翰林院检讨。

成化十九年癸卯（1483），67 岁。平定桂林平乐蛮人之乱。兵部尚书缺额，朝廷众臣首荐朱英担任。皇上认为两广重地不可轻易让人替代，因此继续担任原职，并降敕奖励。

朱英清节一生，皇上先后六次赐玺书、金币，只收下嘉奖文书，金银全部存入国库。为甘肃积军储三十万，两广四十万，不作张扬，有人劝其上奏给皇上邀功，朱英答曰“积储是道臣常分，不足言”。

著《澹庵纪年录》。子守孚任刑部四川清吏司署郎中进阶奉政大夫，四子守蒙中湖广乡试第四名。

成化二十年甲辰（1484），68 岁。都察院台职缺，皇上认为老臣忠亮无人逾过朱英，乃以玺书召入掌都察院事。上疏乞辞重任。敕谕：卿才识老成练达有年，宜勉付委任，升俸一级。十一月，加升太子少保。年底考职，皇上遣中使赐彩缎羊酒。

成化二十一年乙巳（1485），69 岁。正月星变，疏陈八事：请禁边将节旦献马；镇守中官、武官不得私立庄田，侵夺官地；烧丹符咒左道之人，当置重典；四方分守监仓内官勿进贡品物；罢撤仓场、马房，上林苑增设内侍；召还建言得罪诸臣；清内府收白银积弊；治奸民投献庄田及贵戚受献者罪。未能全部实施。

上《救荒疏》，请移甘凉予备仓粮救济灾荒。又有大量饥民流入京师郡县，奏请发京师粮食救灾，成人每月三斗，小儿减半。

是年秋七月十二日病故，赠太子太保。次年，葬于马桥乡外沙村高陂之阳。正德十四年（1519），以其“敬顺事上，一德不懈”（见明·郭良翰撰《明谥纪汇编》卷十五“臣谥中·文臣”）追谥恭简。

嘉靖四年乙酉（1525），敕立专祠于泮宫之左，春秋祀之。清《（雍正）湖广通志》卷二十五“祀典志·桂阳县”载：“朱恭简祠在县东，祀明左都御史朱英。”

作者简介：朱忠悦，中共汝城县委宣传部副部长，湖南省社会科学院文化研究中心特约研究员。

宋申锡与唐文宗朝政治

戴显群　章　广

宋申锡，字庆臣，唐文宗时期宰相。约生于唐肃宗上元元年（760），据《旧唐书》载，宋申锡“少孤贫，有文学。登进士第，释褐秘书省校书郎”。[①] 关于他中进士的时间史无明载，清徐松撰《登科记考》也根据《旧唐书》而来，也没有考证出具体年份。宪宗元和十一年（816）韦贯之罢相，外放为湖南观察使，辟宋申锡为从事，成为他的幕僚，后累辟使府。穆宗长庆初年被任为监察御史，长庆二年（822），迁起居舍人；敬宗宝历二年（826）年任礼部员外郎，不久充任翰林侍讲学士。文宗继位，宋申锡“自礼部员外郎、翰林侍讲学士拜户部郎中、知制诰，大和二年（828）进中书舍人”（又《重修承旨学士壁记》：宝历三年正月八日，宋申锡自礼部员外郎、翰林学士迁户部郎中、知制诰，大和三年六月一日迁中书舍人。）。[②] 大和四年（830）拜尚书左丞，不久加同中书门下平章事（宰相）。后因与文宗谋诛宦官失败，被王守澄、郑注诬告他与漳王谋反，于大和五年（831）贬为开州司马，并与大和七年（833）七月卒于开州贬所。后被平反，于开成元年（836）诏复正议大夫、尚书左丞、同中书门下平章事、上柱国，兼赠兵部尚书，谥曰文懿。

一、宋申锡的籍贯略论

关于宋申锡的籍贯，今有两种说法。一种说法，《新唐书》云：“史失其何所人”。[③] 另据《新唐书·卷七五·宰相世系五上》记载，宋申锡出自广平宋氏，即今河北邯郸地区，与开元名相宋璟同出一系。宋申锡祖素，父叔夜，事迹不详，而因同出广平宋氏，后世多误认为其祖为宋璟。另一种说法，据《汝

---

① 五代·刘询等撰：《旧唐书》卷一六七“宋申锡传”，北京：中华书局，1975 年。

② 赵钺、劳格撰：《唐尚书省郎官石柱题名考》卷一一，光绪十二年（1886）月河精舍刊本。

③ 宋·宋祁、欧阳修等撰：《新唐书》卷一五二“宋申锡传”，北京：中华书局，1975 年。

城宋氏族谱》记载，宋申锡为唐宰相宋璟之后。宋璟曾任义昌（今汝城）县令，后累迁至广州都督、吏部尚书、同中书门下平章事（宰相）。宋璟生九子，次子宋成留居义昌石塘，成为汝城宋氏的肇基之祖，成公生申锡，申锡公为汝城宋氏的二世祖。宋申锡死后归葬故乡汝城，至今已越千年了。清乾隆五十年，后裔八房诸公重修宋申锡墓，墓门立碑石，还立有“宋公唐丞相碑”。宋申锡墓在今汝城君子岭，保存完整，如今成为汝城县级文物保护单位。汝城宋氏祠堂始建于宋理宗绍定四年（1231），至今香火旺盛，是汝城县一千多个祠堂中保护较为完整的一个，宋氏族人们坚定不移地认定宋申锡为汝城宋氏先贤。由此观之，宋申锡的籍贯问题还需进一步考证。

二、宋申锡的才学略述

宋申锡才思敏捷，“有文学”，在唐代以诗赋文章取士，讲究文辞华丽的时代情形下，他的文学成就自当不小。但翻阅《全唐诗》而无其诗作，《全唐文》也只录其一篇文章：《义成军节度使李公德政碑铭（并序）》。这篇碑铭的主人是文宗时期将领李听，是唐代中兴名将李晟之子，他曾在中央和各地任职，参与讨伐吴元济、李师道等藩镇叛乱，有勇谋，但“莅官苛细，好将迎遗赂，故急于聚敛，穷极侈欲”[①]。他于开成四年（839）十月病逝，由宋申锡为他撰写了这篇碑铭。从这篇碑铭即可见宋申锡文采之一斑。

这篇碑铭句式和笔法都很谨严，行文如流水，富有文采而不做作，他把人物事迹的真实性与碑铭文章的文学性结合起来，为读者展现出一个栩栩如生的人物形象。虽然碑铭文章都是为人歌功颂德，但宋申锡忠厚正直，颂其德，但是不粉饰夸张，真实可信。这篇碑铭，文辞质朴，叙述直白缜密，实为一篇雅俗共赏的佳作。现仅列其后铭词四段以示：

天地正气，间生人杰。云雷遘屯，卓立勋节。社稷匡复，神祇感悦。方夏乂宁，祆氛荡灭。德不望报，功无自伐。拯彼生灵，遏其溃穴。公之代业兮，耿乎前烈。（其一）

海岳粹精，炳为英灵。代济忠贤，国有典刑。下绩侯服，上应将星。桓桓武功，郁郁文经。才实兼姿，登翼泰宁。出车受（月辰），叠耀帝庭。公之似续兮，播乎德馨。（其二）

剖符三郡，鈇钺四镇。待物以诚，示人必信。灵邱法铸，安陆接刃。淮阴降旗，朔方乘衅。鸣沙翦寇，并州不阵。惟道是从，惟义是顺。公之报政兮，

① 五代·刘昫等撰：《旧唐书》卷一三三“李听传”，北京：中华书局，1975 年。

秉圭入觐。(其三)

郊劳有礼，宴喜有容。披呈肝胆，协契云龙。振耀来仪，欣戴时邕。宏宣利泽，懋建功庸。锡以辂车，赐之歌钟。麾幢迭代，带砺分封。公之事业兮，载援高踪。(其四)[①]

三、宋申锡与唐文宗朝政治

唐文宗李昂（原名涵，809—840），唐穆宗第二子，母侍女萧氏。唐敬宗之弟。敬宗宝历二年（826），被宦官王守澄等拥立为帝。他是唐朝第十四位皇帝（827—840 在位），在位 14 年，享年 32 岁。在位期间，颇思图治，出宫女三千多人，裁汰官员一千二百余人。时朝臣朋党相互倾轧，官员调动频繁，政权甚至皇帝的废立生杀均掌握在宦官手中，因此唐文宗先后起用宋申锡、李训、郑注等人，意欲铲除宦官，但都以失败告终。

唐文宗是由宦官拥立，他的父兄唐穆宗、唐敬宗都被宦官害死，宦官擅兴废立，使文宗也感到一种危机感，文宗“常患中人权柄太盛，自元和、宝历比致宫禁之祸。及王守澄之领禁兵，恃其宿旧，跋扈尤甚”。[②] 而且谋害宪宗、敬宗的“元和逆党”“犹有在左右者，中尉王守澄尤专横，招权纳贿，上不能制”，[③] 他由宦官拥立，处处受他们的掣肘，连宦官的飞扬跋扈都不能制止，其他政事更无法开展。由此，文宗继位后就开始着手剪除宦官，前后共有三次剪除宦官的斗争：第一次在元和二年（828），唐文宗亲试贤良方正、能直言极谏之科举人，刘蕡在对策中，呼吁铲除宦官祸害。后刘蕡对策落第，终身不被起用。第二次在大和五年（831），宋申锡奉文宗密诏，欲铲除王守澄、郑注等。最后事情败露，宋申锡被诬告谋反，病死贬所。第三次在大和九年（835），李训受文宗密命，在消灭“元和逆党”之后企图一举全歼宦官，但爆发“甘露之变”，以失败告终。“甘露之变”后，文宗更被宦官钳制，后来在开成五年（840）抑郁而死。

宋申锡为人忠厚正直，“清慎介洁”[④]，“长庆、宝历间，风俗嚣薄，驱煽朋党，申锡素孤直少与，及进用，议者谓可以激浮兢”。[⑤] 宋申锡不依附宦官、

---

① 清・董诰等撰：《钦定全唐文》卷六二三，嘉庆刻本第 312 册。
② 五代・刘昫等撰：《旧唐书》卷一六七“宋申锡传”，北京：中华书局，1975 年。
③ 宋・司马光撰：《资治通鉴》卷二四四“唐纪六十”，北京：中华书局，2011 年。
④ 五代・刘昫等撰：《旧唐书》卷一六七“宋申锡传”，北京：中华书局，1975 年。
⑤ 宋・宋祁、欧阳修等撰：《新唐书》卷一五二“宋申锡传”，北京：中华书局，1975 年。

朋党，又是文宗的近侍之臣，文宗“察其忠厚，可以任事”[①]，因此他被文宗起用剪除宦官。不久，他就被任命为尚书左臣，踰月之后，加同中书门下平章事，成为权重一时的宰相。宋申锡在起用之后，即任命吏部侍郎王璠为京兆尹，和他商议剪除宦官事宜，要他先除王守澄党羽郑注。但是从宋申锡和王璠商议除宦事宜到事情失败的近半年时间，他们没有采取任何行动，最后“璠不能谋，而注与守澄知之，潜为其备”[②]，为这次事件的失败埋下了伏笔。

大和五年（831）二月，王守澄、郑注“遣豆卢著诬告申锡与漳王谋反”[③]，宋申锡家差点被王守澄屠杀，得宦官马存亮劝阻才幸免，但宋申锡亲吏张全真、家人买子缘信及十六宅典吏被捕。唐文宗得到王守澄报告之后，“以为新然，甚怒”，“命守澄捕豆卢著所告十六宅宫市品官晏敬则及申锡亲事王师文等，于禁中鞫之”[④]，“罢申锡为太子右庶子，召三省官、大理卿、京兆尹会中书集贤院杂验申锡反状”。[⑤] 文宗自己对此也信以为真，以致在谏官在请求查清此事时“叱谏官令出者数四”。[⑥] 文宗亲任大臣密谋诛灭宦官，但当事情突变时在没有考察的情况下就轻易相信宋申锡谋反的事实，宁信要诛灭的阉宦而不信自己亲任的宰相。一时风云又起，“时京城恟恟，众庶哗言，以为宰相真连十宅谋反，百僚震骇”。事件最后，“贬漳王凑为巢县公，宋申锡为开州司马……晏敬则等坐死用及流窜者数十百人，申锡竟卒于贬所”。[⑦]

从整个除宦事件来看，唐文宗这次的失败，除了他“志除凶人，然懦而不睿”[⑧] 的因素外，最主要的原因是所任非人。首先，从当时的时代和个人才能来看，唐文宗任命的宰相宋申锡不具备除宦的能力。宋申锡在任宰相前为翰林学士，后来的参与剪除宦官的李训等人也是出身于翰林学士。翰林学士（加知制诰后）在唐代掌草拟诏书，地位比较重要，又为皇帝近侍之臣，可以参预政事，因此有“内相”之称。但是与唐朝宰相相比，他们的实际权力还是低很多，而跟唐中后期掌握禁军甚至皇帝生杀废立大权的宦官相比，他们更显示出文官特有的软弱，面对他们的攻击只能束手就擒。因此，从整个时代来看，宰相与宦官仍是掌握唐朝中后期政治权力的主力军，“唐代的知识分子，固然有

---

① 五代·刘询等撰：《旧唐书》卷一六七“宋申锡传”，北京：中华书局，1975年。

② 五代·刘询等撰：《旧唐书》卷一六七“宋申锡传”，北京：中华书局，1975年。

③ 宋·宋祁、欧阳修等撰：《新唐书》卷一五二“宋申锡传”，北京：中华书局，1975年。

④ 宋·司马光撰：《资治通鉴》卷二四四“唐纪六十”，北京：中华书局，2011年。

⑤ 宋·宋祁、欧阳修等撰：《新唐书》卷一五二“宋申锡传”，北京：中华书局，1975年。

⑥ 五代·刘询等撰：《旧唐书》卷一六七“宋申锡传”，北京：中华书局，1975年。

⑦ 宋·司马光撰：《资治通鉴》卷二四四“唐纪六十”，北京：中华书局，2011年。

⑧ 宋·宋祁、欧阳修等撰：《新唐书》卷一七八“刘蕡传”，北京：中华书局，1975年。

通过翰林学士的途径，表示自己的政见，施展自己的谋略，但在朝中并没有形成独立的中枢机构作用”。[①] 唐文宗任命的宰相宋申锡就是一个纯粹的文官，除了文宗赋予的权力之外，他没有掌握任何实际的权力，甚至不像后来的李训、郑注那样掌握少部分的军事力量。在当时情况下，没有军事力量的支撑想铲除敌对势力巩固政权就是天方夜谭。而从宋申锡本人来看，他似乎也不具备铲除宦官的政治才能。宋申锡被任命为宰相时“宠遇超倍，时情大为属望”，但是他受命之后没有什么明显的举动，“及到中书，剖断循常，望实颇不相副”。[②] 他似乎也是因循守旧，因此时人颇为不满。在其他方面，宋申锡“不趋党羽”虽然显得他孤直忠贞，但也使他孤立无援，在整个事件中他只依靠京兆尹王璠，在王璠叛变之后就只能束手就擒，甚至在明知他是被诬告时，朝廷的大臣也少有为他出面说话的。可见宋申锡似乎没有成熟的、突出的政治才能，两唐书对他的评价都相近，《旧唐书》言他“小器大谋”，[③]《新唐书》也说“谋小任大，颠沛从之”。[④] 因此，总的来说他是不具备铲除宦官的能力。

其次，王璠不是剪除宦官的正确人选。王璠虽然“仪宇峻整，著称于时”[⑤]，但他也是一个颇依侍权贵纵横恣睢的人。在李逢吉任宰相时，“特厚璠，骤拜御史中丞，颇横恣”，在路上遇见左仆射李绛而不回避，李绛上报穆宗皇帝，李逢吉惧怕此时，将他降为工部侍郎。而王璠在办理武昭狱时，“意逢吉德已，及罢中丞，乃大望”，当时人对他的逢迎阿谀已经很是不满。[⑥] 文宗时期，升为京兆尹，兼御史大夫，宋申锡与他密谋铲除宦官郑注，但是“璠反以告王守澄”[⑦]，将宋申锡的谋划泄露给了王守澄，直接造成了这次除宦行动的失败。而王璠由此得到郑注的倾心，仕途通达，“进左臣，判太常卿事。出为浙西观察使。李训得幸，璠于李逢吉故旧，故荐之，复召为左丞，拜户部尚书，判度支，封祁县男”。[⑧] 王璠在接到京兆尹任命和文宗除宦密旨之后，近半年时间迟迟没有着手，其背后利害的考虑，甚至是与阉宦的交易就不难想象了。而宋申锡还把铲除宦官的希望寄托在这样一个小人身上，不得不说是一个致命错误。

① 傅璇琮：《唐玄肃两朝翰林学士考论》，《文化遗产》，2000 年第 4 期。
② 五代·刘昫等撰：《旧唐书》卷一六七“宋申锡传”，北京：中华书局，1975 年。
③ 五代·刘昫等撰：《旧唐书》卷一六七“宋申锡传”，北京：中华书局，1975 年。
④ 宋·宋祁、欧阳修等撰：《新唐书》卷一五二“宋申锡传”，北京：中华书局，1975 年。
⑤ 宋·宋祁、欧阳修等撰：《新唐书》卷一五二“王璠传”，北京：中华书局，1975 年。
⑥ 宋·宋祁、欧阳修等撰：《新唐书》卷一五二“王璠传”，北京：中华书局，1975 年。
⑦ 宋·宋祁、欧阳修等撰：《新唐书》卷一五二“王璠传”，北京：中华书局，1975 年。
⑧ 宋·宋祁、欧阳修等撰：《新唐书》卷一五二“王璠传”，北京：中华书局，1975 年。

唐文宗铲除宦官的这一次尝试是以失败告终，宋申锡也因此谪官冤死贬所。但整个事件中，宋申锡可谓是极尽忠臣本分，其见重于唐文宗，贵为宰相，能廉洁奉公，“申锡自居内廷，及为宰相，以时风侈靡，居要位者尤纳贿赂，遂成风俗，不暇更方远害，且与贞元时甚相背矣。申锡至此，约身谨洁，尤以公廉为己任，四方问遗，悉无所受”，在他被诬告获罪之后“为有司验劾，多获其四方受领所还问遗之状，朝野为之叹息”。[①] 他被诬告谋反，冤屈倍至，但他仍胸怀坦荡，不怨天尤人。使称他回到处所等待朝廷消息时“其妻出谓之曰：‘公为宰相，人臣位极于此，何负天子反乎？’申锡曰：‘吾自书生被厚恩，擢相位，不能锄去奸乱，反为所罗织，夫人察申锡岂反者乎？’因相与泣下。”[②] 宋申锡可谓宠辱不惊，极尽一个忠厚谨严的文官之道。因此，总的来说，宋申锡是一个忠贞正直，廉洁奉公的良吏。

这次事件之后，“宦官益横，帝愈愤耻。而宪祖之弑，罪人未得，虽外假借，内不堪，欲夷绝其类，顾在位臣持禄取安，无伏节死难者”。[③] 宦官更加肆无忌惮，而文宗对他们的痛恨更加深刻，但朝中万马齐喑死气沉沉的状况使他继续物寻其他力量诛灭宦官。宋申锡事件只是唐文宗铲除宦官的一次尝试，它说明笔杆子是出不了政权的。通过这次尝试，唐文宗才认识到必须采取更有力的措施铲除宦官，因此这次尝试客观上为之后李训、郑注的部分成功奠定了基础。

作者简介：戴显群，福建师范大学社会历史学院教授。
章广，福建师范大学社会历史学院研究生。

① 五代·刘昫等撰：《旧唐书》卷一六七“宋申锡传”，北京：中华书局，1975年。
② 五代·刘昫等撰：《旧唐书》卷一六七“宋申锡传”，北京：中华书局，1975年。
③ 宋·宋祁、欧阳修等撰：《新唐书》卷一七九“李训传”，北京：中华书局，1975年。

明代桂阳贤达范永銮仕宦述略

周晓薇　邹　贺

范永銮，字汝和，号苏山，明代湖广布政司郴州直隶州桂阳县（今湖南省汝城县）人。先是于明孝宗弘治十七年（1504）甲子科中举[①]，逾十年，又中明武宗正德九年（1514）甲戌科第三甲赐同进士出身[②]。由江西抚州贵溪知县起步，之后历任监察御史（期间包括巡按浙江、巡按直隶、长芦巡盐、甘肃劳军、巡按四川）、福建按察副使（期间巡视海道、奉敕提督福建学政）、陕西兵备副使、浙江按察副使、江西左参政、河南按察使、四川右布政使等职，其间也有去官返乡的经历。作为地方官员，他涉足过行政、监察、司法、军事、教育、盐务等领域，特别是在四川、江西两处都立有平乱军功，殊为难得。又多有创作，著有《燕射古礼全书》、《明儒警语》、《律例解》等书[③]。纵观范永銮言行，敢言事、具干才、能属文、有政声，虽非白璧无瑕，大约也可以称为循吏。

---

① 乾隆二十年凌鱼纂修：《桂阳县志》卷九“选举・举人”，收入《故宫珍本丛刊・湖南府州县志》第5册，海南出版社，2001年，第385页。

② 乾隆二十年《桂阳县志》卷九“选举・进士”，第383页。

③ 案明・黄虞稷撰：《千顷堂书目》共收录范永銮著书三种，分别见于卷十“政刑类”：“范永銮《大明律例》三十卷”；卷一一“儒家类”：“范永銮《明儒警语》一卷”；卷一五“类书类”：“《燕射古礼全书》，范永銮”。上海古籍出版社影印，1990年，第262、302、404页。又案乾隆二十年《桂阳县志》卷十“人物・贤达”载范永銮著作有“著有《燕射古礼全书》、《天心仁爱录》、《名儒警语》、《大学衍义》、《律例解》、《孟浩然集何燕泉注》、《陶靖节集》、《杨石斋抒怀雅歌》等书。”第406页。两相比较，《燕射古礼全书》一书，记载全同；《明儒警语》一书，在乾隆二十年《桂阳县志》中记为《名儒警语》，推测此书仅有一卷，从篇幅看“明儒”更有可能；《律例解》一书，在《千顷堂书目》中记为《大明律例》，推测应当是黄虞稷之误。又《孟浩然集何燕泉注》、《陶靖节集》、《杨石斋抒怀雅歌》三书，应该是编辑性质，并非范永銮原著。

一、桂阳文政坊范氏家族脉系

范永銮系出桂阳文政坊范氏一族[1]，生卒年均不可考，其号“苏山”，应该典出桂阳县东的名胜苏仙山。范永銮之父范正通、祖父范应广，二人均未取得功名，后因范永銮而获赠监察御史、中奉大夫。[2] 范永銮有子名范时会，“字凤鸣”[3]，以贡举出任广西新业县教谕。[4] 此外，范永銮还有一弟，名范永锡，于嘉靖四年（1525）乙酉科考中举人。[5] 他的家族还有两位很有影响的人物，对范永銮求学受教，以及振兴桂阳文政坊范氏起到了关键作用，这就是范永銮的从祖父范渊及其叔父范辂。

范渊字静之，号君山，“自幼敏聪善书，及长游邑庠，笃志好学，长于吟咏……弘治戊申，提学副使沈钟试诸生，拔渊第一，有‘骐骥难淹枥下’之评语”。[6] 明孝宗弘治二年（1489）己酉中举、弘治九年（1496）丙辰考中进士。[7] 范渊性格耿介，行事秉正，正德九年（1514）[8]，卒于云南按察副使任

① 据民国《汝城县志》载，文政坊范氏之先祖为唐朝武后垂拱年间（686—688）宰相范履冰（《旧唐书》卷一九〇、《新唐书》卷二一〇有传）。其称，范履冰之孙范平迁居江西丰城县槎村，到北宋仁宗庆历年间，范氏后裔又迁往桂阳县文政坊三拱门定居。桂阳这一支的始祖名念一郎，传四世至范尧咨，范尧咨生四子范逵、范适、范遵、范迈。则明代桂阳范氏皆为此门之后。（民国）陈必闻修、范大溎等纂《汝城县志》卷二八“氏族志·文政坊范氏”，收入《中国方志丛书·华中地方》第312号，影印民国二十一年刊本，第1771页。又范永銮或者以宋代范仲淹后人自居，见于边贡撰《与范苏山四首》：“廊庙江湖身世，后先忧乐心情。本是仲淹孙子，往来中外知名。”乾隆二十年《桂阳县志》卷一二“艺文下·诗·六言绝”，第565页。以上说法皆无传世资料互证，似有依托名望之嫌，姑存其说。

② 乾隆二十年《桂阳县志》卷九“选举·赠”，第398页。

③ 乾隆二十年《桂阳县志》卷九“选举·贡选”，第389页。

④ 民国《汝城县志》卷二八“氏族志·文政坊范氏”，第1771页。

⑤ 乾隆二十年《桂阳县志》卷九“选举·举人”，“永銮弟”，第385页。

⑥ 乾隆二十年《桂阳县志》卷十“人物·贤达”，第405页。

⑦ 乾隆二十年《桂阳县志》卷九“选举·举人”，原文“己酉”误作“巳酉”，第385页；“选举·进士”，第383页。

⑧ 案边贡作有《再哭范君山》，诗云：“五年奔走别朝班，涕泪尝因旧侣潸。”收入乾隆二十年《桂阳县志》卷一二“艺文下·诗”，第552页。又案范渊因忤逆刘瑾被贬出朝，“正德四年，逆瑾擅权，恶渊不附己。两被系逮，左迁威州”。见万历《郴州志》卷一六“人物·范渊”，收入《天一阁藏明代方志选刊》，上海古籍书店，1981年，第718页。则边贡《再哭范君山》诗所记当为正德九年。又王守仁有小文《跋范君山宪副绝笔诗后》，其中有语作：“君山之殁，予方以谪宦奔走，不及一哭吊……正德乙亥冬，君犹子侍御史以载持以见示”，收入乾隆二十年《桂阳县志》卷一二“艺文下·杂体”，第530页。此处“正德乙亥冬”为正德十年（1515）。故范渊去世之年断在正德九年（1514），正与边贡、王守仁二人所述相合。

上，寿年五十八[①]。范渊一生颇享嘉誉，人称其“为人光明平易，立朝中鲠，居官仁恕，寮宷皆敬服之”[②]。著有《君山诗稿》，生前与王守仁、徐祯卿、李梦阳、何景明等学士诗人交游，多有诗文唱和。

范渊实为桂阳文政坊范氏崛起的关键，是最先一个通过科举考中进士而入朝仕官者。他曾经在桂阳县旧市街桥边立过一座新牌坊，名之曰光裕[③]，似以此名表达他对于桂阳文政坊范氏的作用。其威望、学识对桂阳文政坊范氏、乃至桂阳县的影响，可以推想而知。有如范辂、范永銮、乡邑邓文璧、何镐等贤达之士都曾从其学[④]。

范辂字以载，号三峰。《明史》有传。明孝宗弘治十一年（1498）戊午科中举，后中明武宗正德六年（1511）辛未科进士[⑤]。从血缘角度论之，范辂则是范永銮的叔父；从学缘角度论之，范辂则与范永銮是同学关系。二人都先后同时受教于范渊、邓文璧[⑥]、李文利[⑦]等人。范辂为人言语切直，敢于触犯权贵、宦官，终因开罪中官而下诏狱，幸赖朝中正直之士襄助，在明世宗即位后得以起复，最后卒于福建右布政使任上[⑧]。著有诗文集《三峰二京集》、《宦游集》等[⑨]。

范辂的子嗣，见于记载者凡四：永寰、永官、永宷、永宇。目前可知，范永寰是长子[⑩]、范永宷是四子[⑪]，还有幼子范永宇，“字伯宁，号斗山。辂少子

① 明·范渊撰：《绝笔诗》，诗曰：“五十八年事已休，白云一笑过沧州。”收入乾隆二十年《桂阳县志》卷一二“艺文下·诗”，第552页。

② 乾隆二十年《桂阳县志》卷十“人物·贤达”，第405页。

③ 乾隆二十年《桂阳县志》卷三“建制·坊表”，第324页。

④ 乾隆二十年《桂阳县志》卷十“人物·贤达”载：“邑人邓文璧、邓皋、何镐、从子辂、从孙永銮皆受业焉。”第405页。

⑤ 乾隆二十年《桂阳县志》卷九“选举·举人”，第385页；“选举·进士”，第383页。

⑥ 乾隆二十年《桂阳县志》卷十“人物·贤达”，弘治乙丑科进士，“邑人范辂、范永銮暨从侄皋俱受业门下”，第405页。

⑦ 明·范永銮撰：《进大乐律吕元声书》，收入明·黄训编纂《名臣经济录》卷二五“礼部·仪制上”，载“臣叔江西按察司副使范辂，亦尝同臣师事文利”。上海古籍出版社1987年影印《四库全书》本，第443册，第487页。又李文利其人“修学行，造士循循。去之日，诸生不忍言别，多泣下者”。见万历《郴州志》卷二十五“循良传”，第670页。

⑧ 清·张廷玉等撰：《明史》卷一八八“范辂传”，中华书局校点本，1974年，第4997、4998页。

⑨ 清·罗汝怀编纂：《湖南文征》卷二“姓氏传·范辂”，岳麓书社，2008年，第30页。

⑩ 乾隆二十年《桂阳县志》卷九“选举·贡选”，“辂长子”，第389页。

⑪ 乾隆二十年《桂阳县志》卷九“选举·荐辟”，“辂四子，吉府典膳”，第387页。

……有廉仁称”[①]，中嘉靖元年壬午科举人。问题在于范永官的排行，范永官“字叔修，号思斋。辂季子……清廉孤介”[②]，嘉靖七年（1528）戊子考中举人，之后任广州知州，卒于官。这里的“季子”可以指四子，也可以指少子，但不论是四子、少子，又分别与范永寀和范永宇的排行矛盾。而范永宇字伯宁，照理长子才用伯字，则范永宇取字或许采用了伯仲叔季循环的方法？若如此，范永宇就应该是第五子。以此类推，范永官字叔修，可能就是排行第三的意思。则范辂当有五子。

又范永宇有子名为范时敷，“字石汀。永宇子。浙江商安县教谕”。[③] 另外，范辂还有玄孙名范良镐，“字泾阳。辂玄孙。辟比雍学生，因乱隐避不仕，寿八十”[④]。然不知其是范辂五子中何者之后。

至此，大致排列出桂阳文政坊范氏族字排行为：志、应、荣、永、时、元、良。在范永銮的亲族关系中，尚有三点疑问：

第一，范渊子嗣不可考，其父名叫范志宣[⑤]。而范辂之祖父为范志惠[⑥]、父亲为范应义[⑦]。范辂作有《寄题君山仲父威州生祠》诗[⑧]，称呼范渊为仲父，但范渊并不是范应义的亲弟。

第二，范永銮的祖父为范应广，那么范辂的祖父范志惠是否就是范应广之父？又范永銮之父名范正通，则可以据此推论，范辂应该是正字辈，但是范永銮也曾写道：“吾三峰叔甫辂”[⑨]，似乎范辂又有名为甫辂。以上均不知何解。

第三，查《汝城县志》等方志，又有“范永嵘”、“范永陷”、“范时合”、“范良推”等人，从族字推测，皆应为范氏这一系成员。尤其是范时合，他由贡举出身，任广东安居县教谕[⑩]。特别之处在于，他的名字与范永銮之子范时

---

① 乾隆二十年《桂阳县志》卷九“选举·举人”，“辂子，台州九江府推官”，第385页；卷十“人物·贤达”，第407页。

② 分别见于乾隆二十年《桂阳县志》卷十“人物·贤达”，第407页；卷九《选举·举人》，第386页。又万历《郴州志》卷十六“人物·范永官”记范永官“字叔思”。从字义分析，“叔修”当是，故此处不采万历《郴州志》之说。

③ 乾隆二十年《桂阳县志》卷九“选举·贡选”，第389页。

④ 乾隆二十年《桂阳县志》卷九“选举·贡选”，第390页。

⑤ 乾隆二十年《桂阳县志》卷九“选举·赠”，“以子渊贵，赠承德郎、刑部主事”，第398页。

⑥ 乾隆二十年《桂阳县志》卷九“选举·赠”，“以孙辂贵，赠通奉大夫”，第398页。

⑦ 乾隆二十年《桂阳县志》卷九“选举·赠”，“以子辂贵，赠通奉大夫”，第398页。

⑧ 明·范辂撰：《寄题君山仲父威州生祠》，收入乾隆二十年《桂阳县志》卷一二“艺文下·诗”，第551页。

⑨ 明·范永銮撰：《隆兴桥记》，收入乾隆二十年《桂阳县志》卷一二“艺文中·记”，第489页。

⑩ 《汝城县志》卷二八“氏族志·文政坊范氏”，第1771页。

会联人字，不知道是出于巧合，还是他就是范永銮之子？

二、范永銮仕宦纪年考释

范永銮于明孝宗弘治十七年（1504）考中举人、明武宗正德九年（1514）考中进士。按照明朝进士观政制度，第三甲进士观政少则半年、多则三年，故范永銮不可能在正德九年三月十五日殿试放榜后立刻授官。范永銮回忆他在贵溪办社仓赈民一事时提到："予尝承乏贵溪，曾举晦翁社仓之法行之，三年之内，民不告饥。至予将代而始得一发，又束于当道，不得尽如予心，今尚有遗憾焉。"① 案这里的"三年之内"正好是县令的三年一任，也就是他一任贵溪知县的年数，而范永銮是在正德十四年升任御史，所以可以推知，他是在正德十一年（1516）外放贵溪知县②。

范永銮从正德十一年授任贵溪知县，三年期满后，于正德十四年（1519）十一月，"癸丑，授知县范永銮……俱试监察御史。永銮浙江道"③，做了浙江道监察御史。之后的宦迹，乾隆《桂阳县志·范永銮传》仅略记为："立朝持风裁，三奉敕长芦巡盐、甘肃劳军、四川巡按，有激扬之风，开瞿门路以便行者。迁福建按察司副使，巡视海道。复奉敕提督福建学政，又改陕西兵备副使。"④ 其中间有遗漏。

案明代监察御史一年一调换，所以，范永銮应该是在正德十五年（1520）八月以前改为巡按直隶⑤。下一年，转任长芦巡盐监察御史⑥。奉敕甘肃劳军，当在嘉靖元年（1522）左右。嘉靖二年（1523），改巡按四川。"嘉靖癸未，谬膺圣天子命来巡蜀土"⑦。直到嘉靖四年（1525）都在此任上。嘉靖六年（1527）十月壬戌，范永銮在福建按察副使提督福建学政任上时，为礼部尚书

---

① 明·翁继荣撰：《赈饥说》，收入乾隆二十年《桂阳县志》卷一二"艺文下·说"，第523页。

② 案何孟春撰有《送范进士知贵溪序》，收入《何文简公集》卷一一，这篇序有可能直接提供范永銮去贵溪的时间，可惜全文未见。

③ 《明武宗毅皇帝实录》卷一八〇"正德十四年十一月"，台湾"中央"研究院历史语言研究所影印国立北平图书馆红格钞本，1962年5月，第37册，第3502页。

④ 乾隆二十年《桂阳县志》卷十"人物·贤达"，第406页。

⑤ 《明武宗毅皇帝实录》卷一九〇"正德十五年闰八月"，"巡按直隶监察御史范永銮言"，第37册，第3598页。

⑥ 清·岳濬等监修，杜昭等编纂：《山东通志》卷二五之一"职官志·巡盐监察御史"，上海古籍出版社，1987年影印《四库全书》本，第540册，第525页。

⑦ 明·范永銮撰：《祭君山从祖文》，收入乾隆二十年《桂阳县志》卷一二"艺文下·祭文"，第525页。

桂萼所弹劾。其云："天下提学官多不得人，无以风励人才，请加考覈。上从之。……福建副使范永銮、湖广副使郭持平、广东副使祝品、贵州佥事刘彭年宜改别用。"[①] 案在范永銮以监察御史巡按四川迁福建按察副使后，"又改陕西兵备副使。忌者中之，家居数载"[②]。虽然"实录"中未载范永銮"宜改别用"的具体去向，但可以推断，他是在转任了陕西兵备副使之后又被罢黜归家。

范永銮罢官居家起止时间尚不能确定，大约在嘉靖六年至嘉靖十一年间。据记载范永銮在嘉靖年间出任过浙江按察司副使[③]，那么在嘉靖六年后、嘉靖十一年前，他的仕宦就有二种可能：第一，他从福建按察副使调为浙江按察副使，再改陕西兵备副使，罢官，起为江西左参政；第二，他从福建按察副使改陕西兵备副使，罢官，起为浙江按察副使，升江西左参政。

嘉靖十一年（1532）前，范永銮已经出任江西左参政。再往后，嘉靖十二年六月（1533），"升江西左参政范永銮为河南按察使"[④]。嘉靖十三年闰二月（1534），"升河南按察使范永銮为四川布政使"[⑤]。案范渊、范辂和范永銮三人俱入桂阳县乡贤祠，范永銮牌位题作"明四川右布政使范永銮"[⑥]，可知其最后官职即为四川右布政使。只是其致仕归乡的时间，暂且存疑。

三、范永銮仕宦事略

范永銮的仕宦经历主要集中在明武宗、世宗时期，其政务活动体现在两方面：一是对地方所实施的文教风化及其农田水利治理等诸多事务；二是较频繁的对朝廷上呈奏议。对地方的治理充分体现出范永銮的施政原则、方案及行政能力；而对中央朝廷的奏折则表现出范永銮关注国计民生大事，洞察力敏锐，有积极参政务政的意识。这些建议在武宗朝大多数未能上达均未被采纳，而在世宗朝则大多有了皇帝的采纳和回应。

① 《大明世宗肃皇帝实录》卷八一"嘉靖六年十月"，台湾"中央"研究院历史语言研究所影印国立北平图书馆红格钞本，1962年5月，第40册，第1808页。

② 乾隆二十年《桂阳县志》卷十"人物·贤达"，第406页。

③ 清·嵇曾筠等监修，沈翼机等编纂：《浙江通志》卷一一八"职官八·明二·提刑按察司副使"，上海古籍出版社1987年影印《四库全书》本，第522册，第182页。

④ 《大明世宗肃皇帝实录》卷一五二"嘉靖十二年七月"，第42册，第3456页。

⑤ 《大明世宗肃皇帝实录》卷一六〇"嘉靖十三年闰二月"，第42册，第3573页。

⑥ 乾隆二十年《桂阳县志》卷六"学校·殿庑·乡贤祠"，第352页。

(一) 范永銮在明武宗朝的主要施政活动

1. 任贵溪知县

范永銮在贵溪职任上的作为，主要包括尊崇儒教、禁毁淫祠、设置义仓、兴修水利、清查土地等。具体措施有表彰、提倡当地典型，例如“正德间，知县范永銮建仕优亭于仪门左，以祠名宦”。[①] 还有为贵溪当地烈女张氏事迹题诗：“正气歌残思惘然，将军头断几千年。西风洒尽英雄泪，秉笔何人续史编。”[②] 水利建设方面，如“正德十五年，知县范永銮濬北乡湮河，修筑陂渠”。[③] 夏言为之专门写有三首绝句，其一云：“决河千夫立两涯，横江巨石一时开。只消此事可千载，谁为苏山作记来?”[④] 夸张总是难免，然说明此举的确为当地农业水利建设办了实事。费宏对范永銮在贵溪的政绩颇有一番总结性描述：“汝和之治，主于爱民，而能以勤慎持之。”[⑤] 可谓知言。另据记载，范永銮曾经“清出官民粮一千四百石。僧舍与文庙邻，永銮毁之，建尊经阁。又筑城垣，拆毁淫祠，禁止师巫邪术……”，这些提倡儒教、禁毁巫邪，为民着想的措施，得到了其上司、时任江西“巡抚都御史孙公燧”的“深器重之”[⑥]，对他的成绩做了肯定并提拔他。

当然，孙燧器重范永銮，还因为范永銮能够积极参与孙燧曾经计划的清查土地方案。在《上江西孙巡抚书》中，范永銮分析当时江西各地存在十种“诡寄田粮”现象，并建议依照洪武鱼鳞图为准，进行清查。这既反映了他对百姓民生的关心，又显示了他勇于任事、思虑周详的优长：

近蒙明文，仰各府州县清查诡寄田粮……以曾具请台下，委官以理之矣。

① 清·谢旻等监修：《江西通志》卷二〇“公署·广信府”，上海古籍出版社，1987年影印《四库全书》本，第513册，第658页。

② 清·谢旻等监修：《江西通志》卷一〇〇“列女·抚州府”，载：“李贯五妻张氏，东乡人。李家甚贫，张悉卖奁妆以养舅姑。正德间，盗起。夫妇被执。张给贼令放夫还，备金来赎。贼信之。度夫去远，遂大骂，被杀。贵溪樊应魁传其事。邑令范永銮题其首曰……”，诗题为笔者所加，第516册，第320页。

③ 清·谢旻等监修：《江西通志》卷一五“水利二·广信府”，第513册，第515页。案《明武宗毅皇帝实录》卷一百八十“正德十四年十一月辛卯朔……癸丑，授知县范永銮……俱试监察御史。永銮浙江道”，可知《江西通志》此处记载有误。或者另一种可能是，真如夏言所描述，北乡河工程浩大，一直持续到了范永銮离任后，在正德十五年才完成。

④ 明·夏言撰：《赠苏山范明府开河三首》，收入乾隆二十年《桂阳县志》卷一二“艺文下·诗”，第565页。

⑤ 明·费宏撰：《赠贵溪令范汝和序略》，收入乾隆二十年《桂阳县志》卷一一“艺文上·序”，第474页。

⑥ 以上所引见于乾隆二十年《桂阳县志》卷十“人物·贤达”，第406页。

然于愚衷尤有所未尽者，盖以税可稽之旧籍，而田则无所考，故有沙崩田陷者；有池筑地辟者；有洒□升合、琐碎难明者；有有总无散者；有以上为中者；有以田为地者；有增加减税而出卖者；有一户而花为四五户者；有一名而诡为四五名者；有以官为民、以民为官者。

千端万绪，岂一人心力所能周？岂旬日之功所可举哉？为今之计，必通行各分守道，各选委廉能知府一员以总理之，廉能知县佐贰二员以分理之。取洪武中鱼鳞图籍为之准，而民役之善方田并善算法者，亲谒都鄙即寺观以为舍，裹糇粮以相随，履亩而丈量。沙崩水陷者减之，池筑地辟者增之。量之既周，仍画为鱼鳞图，定为流水册。册以记其租税，图以记其号段。犹恐其未公也，更易其人覆核之。听其民之再诉，以悉其情。夫如是，则积习之弊岂不尽革于今日，而万民之福其有既乎？其书算、工食、纸笔之费，则于逋租匿役者量处以给之。[①]

然而此事并未如愿充分展开，原因是其时正值明武宗在位末年，朝中有宦官弄权，地方有藩王反叛，并非政治形势顺遂之时。根据《江西通志》记载："任贵溪县时刘瑾用事，岁派杂征，宸濠暴横，岁取茶牙，民苦之。永銮裁抑，不畏强御。"[②] 案：其云"刘瑾用事"则讹，刘瑾在正德五年八月已经被凌迟处死，此时安能"用事"？范永銮任贵溪知县时，朱宸濠侵扰地方则有可能，孙燧在正德十四年朱宸濠之乱中遇害可证。范永銮所实行的赈济百姓的社仓之制，也受到干扰，"至予将代，而始得一发，又束于当道，不得尽如予心，今尚有遗憾焉"。[③] 即便如此，更见范永銮的实际能力。正所谓："盖汝和所已行者多宜民，而其所欲行者，又念念在民。民德之，其士论亦浩然归重云。"[④] 总之，正由于范永銮在贵溪的优异表现，正德十四年十一月被提拔为浙江道监察御史。

2. 任监察御史

在明代官职序列中，监察御史品级不高，但权责尤重。范永銮虽是地方巡按监察御史，其关注焦点却集中在从正德十二年开始就离京在外，南北巡游无度的明武宗身上。正德十五年（1520）六月甲申，"监察御史范永銮、朱裳、

① 明·范永銮撰：《上江西孙巡抚书》，收入乾隆二十年《桂阳县志》卷一二"艺文下·说"，第522、523页。

② 清·谢旻等监修：《江西通志》卷六三"名宦七"，第515册，第203页。

③ 明·翁继荣撰：《赈饥说》，收入乾隆二十年《桂阳县志》卷一二"艺文下·说"，第524页。

④ 明·费宏撰：《赠贵溪令范汝和序略》，收入乾隆二十年《桂阳县志》卷一一"艺文上·序"，第474页。

李润各疏请班师。皆不报”。[1] 同年闰八月庚戌，“巡按直隶监察御史范永銮言：‘天下之患，莫大于上下之情不通。近年以来，廷臣或请罢游幸，或请建储君，或请亲君子远小人，惟冀圣心感悟，悔往图新，奈何日月之光愈远、纶綍之音不闻。诸臣论列得入御览与否，不可得而知也。间有批答，多假乎左右，而内阁之臣无与。臣恐一日祸作，陛下置天下于何所邪?’不报。”[2] 而范永銮两次劝谏明武宗勤政、请罢游幸的一番话，亦并未传达到皇帝那里，因此也不可能被皇帝所采纳。

无论古今，初任言官者，一般总要对朝政议论一番，其言论大多务虚。范永銮真正参与明代时事，可以从正德十六年（1521）春正月丁丑的上书算起，在这份奏章中，他举荐了徐文溥等三人，弹劾了王宪等五人。“监察御史范永銮言：‘养病给事中徐文溥、为民御史徐文、革御史谪驿丞周广，皆能秉正嫉邪，先事察机。或历数宸濠之恶，而度其必至于叛亡；或直指钱宁之奸，而知其必至于误国。顾言不见用，反以得罪。新升兵部尚书王宪、工部尚书丛兰、右都御史萧翀、巡抚副都御史刘达、佥都御史宁杲，累经论劾，言愈切、位愈显。乞敕吏部罢黜翀等以杜奔竞之风、擢用文溥等以作敢言之气。’不报。”[3] 案此事内中可能颇有曲折，因为在历史上，王宪、丛兰二人风评颇佳，可以进入循吏行列。细究范永銮这次弹劾的两个理由：一是“累经论劾”、二是“奔竞”。以丛兰为例，之前的确因为忤逆刘瑾受过弹劾，再后来“世宗即位，御史陈克宅劾兰附江彬。帝以兰素清谨，释勿问”。[4] 这反而都证实丛兰乃一直臣。又“奔竞”之说更不实际，模糊难定。因此怀疑范永銮这次上书，可能背后有党争等因素作祟，这大概是范永銮宦迹中被隐藏的污点，也未可知。

总之，范永銮在明武宗在位时期的主要政绩，集中在贵溪知县任内。在升任监察御史后，目前已知的，他关于朝政的三次上书，都没有被采纳——当然，这也有明武宗个人问题——而且，范永銮在此时的上书，可能还存在别有用心等问题。换言之，范永銮对中央朝廷时政的参与，并不成功。然他能够积极的参政议政，前两次奏折又大胆请求皇帝罢游务政，也算得上颇有胆识气量。

---

① 《明武宗毅皇帝实录》卷一八七“正德十五年六月”，第 37 册，第 3570 页。

② 《明武宗毅皇帝实录》卷一九〇“正德十五年闰八月”，第 37 册，第 3598 页。

③ 《明武宗毅皇帝实录》卷一九五“正德十六年春正月”，第 37 册，第 3652 页。

④ 《明史》卷一八五“丛兰传”，中华书局校点本，1974 年，第 4910 页。

(二)范永銮在明世宗朝的主要政务活动

1. 参奏的关注点

正德十六年四月，明世宗继位，朝廷风气一新。范永銮在世宗嘉靖年间的奏章，主要集中于为同僚辩冤、保举人才、清查强占土地、检举奸佞违法等四个方面。比如同年六月，正在巡按直隶的范永銮先后两次上书，一是建议清查直隶地区非法侵占军民屯种土地；二是请求重审陆完、王琼案，均见载于《明世宗肃皇帝实录》：

(乙未)御史范永銮言："往者刘瑾、钱宁、江彬相继擅权，奸民乘隙多将军民屯种地土，诬捏荒闲及官田名色投献，立为皇庄，因而蚕食侵占靡有界限。旧租正额外多方掊克，苛暴万状。畿内八郡咸被其害，请敕户部差官一切体勘，系民者归民、系官者归官。应输租课，有司代收交纳。事竣仍绘图造册，缴部备照，永杜后奸。"诏所司知之……①

(甲辰)御史范永銮奏："陆完、王琼之狱事涉暧昧，请敕法司会廷臣辩明功罪，以公天讨。"上乃令三法司、锦衣卫再审鞫之。②

这两次上疏，皆言出有据。范永銮身为巡按直隶监察御史，直隶地区抢占土地现象，他自然亲眼得见。而王琼一案，"初言官劾琼结纳钱宁、张锐、江彬，纳贿擅权、排陷善类……上命群臣杂议，当琼交结近侍、(宁)杲故杀，皆论死……已得旨，如拟矣。而琼复诉辩。言官史道、范永銮亦请宥之，以全大体"。③ 所以，这两篇奏章均被明世宗采纳，分别令有司核查。

首先，正德十六年七月，户部正面回应了范永銮的第一篇关于清查直隶非法占地的奏章。"(己未)户部覆巡按御史范永銮奏言：'静海县濒海地多，闲旷小民自行垦辟，办纳赋税已百有余年。近皇亲沈传、吴让受奸民投献，冒请夺之。因而蚕食侵占延袤百里，履亩而税。贫氓采捕鱼蛤者，皆令输租，不堪其扰。又天津诸卫，逆瑾受献为庄田者，不下千顷。幸瑾败，入之官而诸内臣又一切传奉，号为皇庄，虽屡奉明诏查覈，而不令主者得还，故产日以流移。宜令抚按官查勘二皇亲家田，系冒占者，即以予民。诸凡勋戚功臣庄田，皆宜如有司例禁勿多取。遇灾则蠲之，有不奉诏者，罪如律。'上曰可。"④ 王琼一案因为需要三法司、锦衣卫以及廷臣合议，所以到了十一月，"己巳，原任兵

① 《明世宗肃皇帝实录》卷三"正德十六年六月"，第38册，第137页。

② 《明世宗肃皇帝实录》卷三"正德十六年六月"，第38册，第147页。

③ 《明世宗肃皇帝实录》卷八"正德十六年十一月"，第38册，第299页。

④ 《明世宗肃皇帝实录》卷四"正德十六年七月"，第38册，第174页。

部尚书王琼免死戍边……乃特宥琼死，发陕西庄浪卫充军”①。后来又改为发配绥德，“世宗入继，言官交勘琼系都察院狱，琼上书力讦杨廷和，疏辨交结。言官史道、范永銮等请宽之，戍庄浪，改绥德”②。

或许是受当时清算明武宗旧政的政治风气影响，范永銮在正德十六年七月还有两次惩恶扬善的相关行动。他与邢寰一起上言，为王俨、范镛、胡节、张璞、张经、王相、宿进、宋琏、成文、杨玮、戴书、邢昭等十二人鸣冤。“先是，给事中邢寰、御史范永銮言：‘王俨等并以忠直忤逆瑾，或窜或死，褫职者未复、含冤者未伸，宜加恩恤以风励天下。’吏部覆奏，故有是命”③。明世宗予以采纳，以上人等或复官，或追赠，并有恩赏。之后，他又协助举报张阳等伪造明武宗诏令，贩卖皇盐。这件事发生在七月辛酉，巡抚山东都御史王珝弹劾张阳、魏玺党附江彬，矫称奉明武宗之命，挟皇盐买卖于荆襄之地，“玺独为逻者所获，诸奸利事皆有验，宜按问。巡按御史范永銮亦以为言。事下户部，言：‘阳所贸物皆前输之官，奉旨处分矣。而玺等所犯在有司，宜诏抚按官验问如律。’上乃命徵玺下吏，捕未获者并鞫之。诘责阳，令自以状对”④。

这以后，范永銮的奏疏主要在于奖掖、保荐人才方面。比如在嘉靖元年（1522）向朝廷保荐了边将鲁经生。“嘉靖元年以来，节该钦差户科给事中孟奇、御史范永銮、巡按御史刘翀交章奏保。近又该钦差提督军务太监张忠荐称：‘鲁经生长边方，老成持重，熟闲韬略，累立战功，堪任主将’”⑤。奏书呈上，然未知下文。又在嘉靖三年（1524）五月，为已故江西按察副使刘菃陈情。“嘉靖初，（刘菃）起知长沙，迁江西副使，卒。御史范永奎（当作銮）讼于朝，特予祭葬。”⑥。朝廷的具体优抚措施包括：“辛未，赐故江西按察司副使刘菃祭一坛，仍令有司量为营葬优恤其家。”⑦ 相比较而言，范永銮在正德末年初任监察御史时，敢于上疏谏言皇帝勤政，或者弹劾朝中尚书等大员，参奏的问题锋芒毕露，直接指向皇帝和中央要员。而到了嘉靖时期，或者是因为长期滞留地方，或者是因为老于世故，他的上疏，虽然涉及皇亲，但已远离对皇帝重臣敏感问题的议论，对中央朝廷政治焦点问题的涉及更是距离殊远。

---

① 《明世宗肃皇帝实录》卷八“正德十六年十一月”，第38册，第299页。

② 清·觉罗石麟等监修、储大文等编纂：《山西通志》卷一〇七“人物七·太原府·明”，第545册，第163页。

③ 《明世宗肃皇帝实录》卷四“正德十六年七月”，第38册，第162页。

④ 《明世宗肃皇帝实录》卷四“正德十六年七月”，第38册，第178页。

⑤ 明·杨一清编纂：《关中奏议》卷一六“提督类·一为患病将官恳乞休致事”，上海古籍出版社1987年影印《四库全书》本，第428册，第481页。

⑥ 清·张廷玉等撰《明史》卷一八八“刘菃传”，中华书局点校本，1974年，第4973页。

⑦ 《大明世宗肃皇帝实录》卷三九“嘉靖三年五月”，第39册，第0988—0989页。

2. 任职四川、江西的风教与军功

毕竟范永銮长期在地方任职，他关注的重心始终是地方实情，他在地方的政绩，主要涉及经济、交通、治安、教育、乡风等方面。巡按四川时，他组织在瞿门处开凿道路，以便避开滟滪堆险要，工程规模浩大，动员民夫上万，成绩斐然。他写有《巡抚四川瞿门开路歌》，其曰："万夫开凿有今日，造化工欠参人为。坐看行旅相接踵，长驱不妨犹任重。荆南剑北皆坦途，此功拟与金牛共。层峰古树高千寻，炎天晴日常阴阴。喜从平地稳着脚，无复舟航更若心。须臾楚蜀欢声满，百里衢通能致远。更看貐㺜豺虎清，止息况有贻安馆。殷勤寄语全蜀人，三峡从今谢绝险。"①

表彰先进，树立乡风是范永銮在贵溪时就重视的地方建设内容，此时更加提倡。比如在嘉靖三年，为四川名士林俊立石纪功。"公（林俊）归蜀，人号哭追送，未几，而两川之寇复炽矣。范御史永銮为立石纪功。"② 还有在嘉靖十年、十一年间，为江西烈女孙氏立传。"卫廷珪妻孙氏，苏州吴县人。随夫商寓浔阳小江口，逆濠兵至，母女赴河死。孙年三十有五，长女金莲年十四，次女玉莲年十一。参政范永銮为之立传"。③

范永銮可能是通过奉敕甘肃劳军的经历，积累了一定的军事经验，还在四川、江西立有两处军功。一是在巡按四川时，参与了平灭四川当地土贼陇政的军事行动。此役更是获得朝廷嘉奖，在嘉靖四年（1525）七月"（丁卯）赏四川镇守太监杨应、巡抚都御史杨一渶、总兵官牛桓、前巡抚四川都御史杨沐、巡按御史范永銮白金、文绮有差，仍岁加通广禄米十二石升。钪一渶俸一级，以剿平土贼陇政等功也。"④ 二是在江西左参政任上，嘉靖十一年（1532），亲自统兵戡乱，剿灭了江西安福县土贼彭正。"（嘉靖）十一年（壬辰）安福土寇彭正猖獗，据洋泽道士岭、石巢铜、坑茶坪、鸡子寨等处。参政范永銮督兵讨平之"⑤。案讨平四川陇政一役乃是大阵仗，史载："嘉靖初，芒部土舍陇政、土妇支禄等叛。（何）卿讨之，斩首二百余级，降其众数百人。政奔乌撒，卿檄土官安宁擒以献。宁佯诺，而匿政不出。巡抚汤沐言状，帝夺卿冠带。川、

① 乾隆二十年《桂阳县志》卷一二"艺文下·诗"，第567、568页。

② 明·郑岳撰：《故荣禄大夫太子太保刑部尚书见素林公行状》，《山斋文集》卷一四，上海古籍出版社1987年影印《四库全书》本，第1263册，第87页。案林俊之事迹发生在正德六、七年间，其时范永銮还未出仕。所以，推测此处所记立石纪功事，乃范永銮巡按四川时所为。又，林俊《明史》卷一九四有传，中华书局校点本，1974年版，第5136—5140页。

③ 清·谢旻等监修：《江西通志》卷一〇二"列女六·九江府"，第516册，第385页。

④ 《大明世宗肃皇帝实录》卷五三"嘉靖四年七月"，第39册，第1317页。

⑤ 清·谢旻等监修：《江西通志》卷三二"武事四·明"，第514册，第136页。

贵兵合讨，贼始灭，还冠带如初。”[①] 而剿灭江西彭正一役则不见于《明史》，想必规模不大。

四、范永銮的文章与教化

范永銮颇具实干之才，以前述其宦迹已经了然。而其熟稔经世之学，能够编纂《律例解》则是他熟悉法律条文的体现。然范永銮似乎更在意笔墨文章，正德十四年（1519）四月，范永銮在北京与著名诗人何景明相见，何景明作诗记其事曰："君为进士宰江县，颇厌簿书耽笔砚……君山十年不相见，见君如见君山面。燕京四月花满甸，邂逅不得同游宴。"[②] 此诗透漏出一些信息：一是范渊（君山）正德四年后贬官离京，而正德十四年四月正好作为一个时间标尺，表明此时为他离京十年左右；二是"君为进士宰江县，颇厌簿书耽笔砚"一句，从侧面反映了范永銮雅好文翰的志趣。

以下采录其诗作三首，以证其擅长写诗作文：

《味清亭为何价清赋》：钓台旁筑味清亭，一曲春流足赏心。千古高情谁领略？濯缨时共坐清阴。[③]

《题朱氏醒溪亭》：峭峡回青嶂，虚亭俯碧流。林花连绮席，鸥鸟下春洲。凿水浮杯入，开轩纵鹤游。主人醒道眼，常啸坐消忧。[④]

《挽刺史曹桂山歌》：官山北下云峰起，翠壁层峦肃容与。春江耒水来新津，龟鹤金牛俯沙渚。东盘龙虎耀晨光，西迤山亭送夕阳。崚嶒古塔瞰城廓，倒垂阁影横三皇。神凝气结钟灵物，庐阳自古多朱绂。桂山毓秀实豪英，正气刚风羡孤佗。少年文学足三冬，天香笑折称人龙。长安一日花满丛，官拜司空受上封。功成两郡多欹蹶，百折刚肠岂终屈。门墙桃李被春风，德器熏陶总超越。平生慷慨若不羁，安能郁郁负幽期。桑榆回首日潇洒，凤毛喜见青云姿。吁嗟桂山真丈夫，裕后光先见亦孤。仙槎不向人间往，掀髯一笑归云途。吁嗟桂山有余荣，敛襟易箦犹完名。霜毫亲握题铭旌，不因生死移衷情。我歌桂山

① 《明史》卷二一一"何卿传"，中华书局点校本，1974年，第5589页。

② 明·何景明撰：《赠范君山从孙永銮》，收入乾隆二十年《桂阳县志》卷一二"艺文下·诗"，第543页。

③ 乾隆二十年《桂阳县志》卷一二"艺文下·诗"，第565页。

④ 清·邓显鹤编纂：《沅湘耆旧集》卷一五"范布政永銮（小字注：一首）"，欧阳楠点校，岳麓书社，2008年，第282、283页。又乾隆二十年《桂阳县志》卷一二"艺文下·诗"收录此诗名为《题朱瑞醒溪亭》："……凿水浮杯入，闲朝纵鹤游。主人醒道眼，长啸坐消忧。"第545页。

伤且痛，桂山在望人如梦。歌阑揽辔将北行，明时为惜朝阳凤。[①]

范永銮在明代可谓颇负诗文盛名，其与“前七子”何景明、边贡有诗文唱和自不待言。名士何孟春在范永銮中进士前就已经知晓其才，他曾在范永銮和邓皋赴试时就预言：“范、邓二子荆山玉也。行矣，吾卜子之荐于人也。”[②] 还有一例：“今岁春三月，刘侯经以名进士试政，五月余刑简化洽，有和平之渐。苏山子乃与一时贤隽，沽酒烹蔌，邀侯出游是岩……越三日，具其事谒苏山子于凤岗别舍，索文买石刻之，遂序其事以为记。”[③] 这是讲范永銮与刘经以及桂阳县教谕吴洲等一同游览桂阳名胜连珠岩，事后，刘经专门拜访范永銮，向他索文记游，表明刘经对范永銮文章的仰慕与欣赏。

或许正是文人天性，所以纵观范永銮思想、行事，大力提倡文教正是他非常在意的一个重点。比如在嘉靖三年“七月，御史范永銮进思南府教授李文利所著乐书”[④]，李文利的乐书名为《律吕元声》，又名《大乐律吕元声》，该书“画图立说，凡六卷。杨月湖廉称其天授，独见门人范辂为序，而刻传之”[⑤]。又“编未成而卒，其兄前庐江知县李元校补之”。实为李文利、李元二人合著，范辂作序，再由范辂传于范永銮。然而此书呈上，“王廷相、韩邦奇皆精心乐律者，不以其说为然”[⑥]。由此可知，李文利之书虽略有创见，却未被当时人普遍接受，主要嫌其“独宗《吕览》黄钟三寸九分之说”，认为“其说与古背，不可用”[⑦]。对此，范永銮所持态度已在《进〈大乐律吕元声〉书》中有所表示：“臣窃念本以肤浅于此理，茫然莫测其微奥。今得是帙而观之，恍若有得。或者大乐终不能晦，故刘恕、无忌、吕氏存其度于煨烬之余。而臣师李文利并其兄李元、臣叔范辂又拳拳互相发明于大坏之后欤。臣思不为之表白焉，则文利之志终不能伸，而音乐之正否、治道之污隆，终无以考验矣。乃誊写上献，如蒙乞敕廷臣再加详议，如文利之所著，果有裨于大乐，下之所司，试而行

① 乾隆二十年《桂阳县志》卷一二“艺文下·诗”，第568页。

② 明·何孟春撰：《和玉说（小字注：赠范永銮、邓皋二子赴试）》，收入乾隆二十年《桂阳县志》卷一二“艺文下·书”，第523页。

③ 明·范永銮撰：《连珠岩记》，收入罗汝怀主编《湖南文征》卷二〇“记四（小字注：明）”，岳麓书社，2008年，第505页。

④ 清·嵇璜、曹仁虎等撰：《钦定续文献通考》卷一〇五“乐考·历代乐制·世宗·嘉靖三年”，王云五主编《万有文库》第2集影印本，中华民国二十五年版，第1册，第3725页。

⑤ 清·李清馥撰：《闽中理学渊源考》卷四九“教授李乾遂先生文利”，上海古籍出版社，1987年影印《四库全书》本，第460册，第532页。

⑥ 清·嵇璜、曹仁虎等奉敕撰：《钦定续文献通考》卷一五八“经籍考·经乐·李文利大乐律吕元声六卷附律吕考注四卷”，第2册，第4132页。

⑦ 《明史》卷六一“乐志一”，中华书局校点本，1974年，1516页。

之，诚千万世之大幸，而文利平生辛勤考究之功，亦得以少见于天地间矣。”[①]揣测其用意，首先是为业师“平生辛勤考究之功”的乐书能够得到朝廷的起用而作宣传，而由于自身终究对大乐律“茫然莫测其微奥”，读此书之后方才“恍若有得”，自觉“有裨于大乐”，因此还希望朝廷命有识之士加以详议，再确定李文利之说是否可行。这其实反映了范永銮尊重事实的严谨态度，并非盲目崇信老师一家之言。

范永銮关心文教事业的实例还有很多，比如嘉靖三年为四川大益书院购置学田。“实嘉靖之甲申岁也。巡按御史范公永銮、刘公黻相继买田于双流以六百金，岁入以四百六十有余石，于是书院之居养裕矣。”[②] 再比如嘉靖九年(1530) 他在罢官乡居期间，为桂阳县学捐书[③]。根据范永銮在《与教谕翁继荣书》自述，“邑僻书籍寡至，永銮历官一十六年，所得片纸只字不敢自私”[④]。说明范永銮在其前十六年仕宦生涯中的为政措施，大多与文风雅教相关。

结　语

范永銮的仕宦生涯从江西贵溪知县开始，最后以四川右布政使致仕结束，主要政绩在治理地方。作为八股应试出身的文人，范永銮著有《大学衍义》等儒学专著，又能够作诗属文，同时还熟悉律例，可称有学识、文才兼备。观其宦迹行事，立朝基本能够做到直言，勇于任事。治理地方有实绩，能够组织起

① 明·黄训编纂：《名臣经济录》卷二五“礼部·仪制上”，第443册，第487页。

② 明·陆深撰：《大益书院记》，《俨山集》卷五二，上海古籍出版社，1987年影印《四库全书》本，第1268册，第325页。

③ 关于范永銮捐书时的身份，史籍有两种说法：一是以福建按察副使提督学政时（分别见于康熙《郴州总志》卷九“人物·桂阳先贤传”；第157页，乾隆二十年《桂阳县志》卷十“人物·贤达”，第406页）；二是致仕后（见于《钦定大清一统志》卷二八八“郴州”）。案这两种说法可能都有误，正确的事实应该是嘉靖九年范永銮正罢官居家时。有两证：第一，嘉靖九年桂阳县隆兴桥工程竣工，“落成之日，隆以姻旧，拉陈生志淳来索予记锲石”（乾隆二十年《桂阳县志》卷一二“艺文中·记”，第489页）。既然桂阳士绅能够登门求文，范永銮自然是身在桂阳。第二，桂阳县教谕翁继荣，从嘉靖七年起就任桂阳教谕，“方伯范永銮极重之。历五载，升宜宾知县”（分别见于乾隆二十年《桂阳县志》卷八“职官·宦迹”，第380页；卷八“职官·教谕”，第373页）。也即是他在嘉靖七年到嘉靖十二年间在桂阳。根据翁继荣的记述：“龙山子修志将竟，适苏山范子来，以志请质。”（明翁继荣撰：《赈饥说》，收入乾隆二十年《桂阳县志》卷一二“艺文下·说”，第523页）而嘉靖六年前、嘉靖十一年后，范永銮肯定不在桂阳。两相参证，正合前说。

④ 明·范永銮撰：《与教谕翁继荣书》，收入乾隆二十年《桂阳县志》卷一二“艺文下·书”，第523页。

大型工程，重视文教，特别是还能够以文人身份参与军事活动，并取得胜利，更是非同一般。考察其性格、思想，重视家族、感念师长，在其诗文、交游言谈中，屡提及其从祖范渊、叔范辂。所撰《祭君山从祖文》有云："概如此不肖，自髫年从游太学，每怀教育之恩，图报无由……西望祠堂，神采宛然在目，惟愧不能亲致一奠，抱泣天涯，曷其有极。谨述吾祖平生履历，并不肖感慕之私，遣成都县儒学教谕王纬代为致奠，如不祭之罪，尚复何逃？灵其鉴之享之。呜呼！幼叔夭亡，孤孙在抱，所系匪轻，冥冥之中，尚其护持。"[①] 真情流露。又将其老师遗作进献朝廷，都是他顾念旧情的体现。居家时，又能安享山水之乐，多以道家出世情怀入诗。

不过，就其风骨而论，范永銮与其从祖范渊相比，要稍落下风。在他身上存在避事少言等倾向，这些负面因素表现在三个方面：第一，身为监察御史，他对朝中焦点，如明武宗荒游怠政、明世宗"大礼仪"之争等，参与度并不高；第二，范永銮的弹劾、谏诤奏疏，多是与同僚一道言事，少有独立担当者；第三，最值得注意的是，他有过攻讦朝中忠良、干才的不光彩记录，不论其动机是出于党争，还是出于个人恩怨，皆非善意善举。当然，考量历史人物，还要顾及社会历史背景，范永銮入仕在明武宗末年，之后明世宗以地方藩王入继大统，均非正常政治状态。而范永銮本人长期任职在地方，又以副职为主，经验阅历自有局限。加之他个人可能也存在健康、年龄等问题。在嘉靖二年至四年巡按四川期间，便已经是"又值百病交作，具情求归，日切一日"[②]。所以，也有可能是他主动选择了疏离朝政旋涡，专心地方实政的为官之道。

作者简介：周晓薇，陕西师范大学历史文化学院文博系主任，教授。

邹贺，西北大学历史学博士后流动站博士后，西安电子科技大学人文学院社会科学系讲师。

① 明·范永銮撰：《祭君山从祖文》，收入乾隆二十年《桂阳县志》卷一二"艺文下·祭文"，第525、526页。

② 明·范永銮撰：《祭君山从祖文》，收入乾隆二十年《桂阳县志》卷一二"艺文下·祭文"，第526页。

明代诗人范渊研究三题

郝润华

一、范渊生平事迹考略

范渊（约1457—1512），字静之，号君山。明桂阳（今湖南汝城）人。范渊生年不详，然而李梦阳《七峰歌寿范郎中渊》云："六载为郎不爱身，五十生儿将白首。"此诗作于正德元年（1506），时范渊五十岁，才迁任刑部郎中，李梦阳亦同时迁任户部郎中，次年李梦阳即被刘瑾罢职归乡，可推范渊出生时间约在当在景泰七年（1456）。

《（雍正）湖广通志》卷三五载：范渊，桂阳人。中弘治二年己酉乡试榜。弘治九年（1496），范渊登进士第，继授刑部主事，历任刑部员外郎、郎中。据《明武宗实录》卷八记载，范渊在员外郎任上，曾持节册封郑府东垣王等藩王。正德初年，刘瑾专权，以韩文为首的大批官吏遭到贬谪或罢职。正德四年（1509），范渊被贬到威州（今四川理县）任知州。《（雍正）四川通志》卷七上载："范渊，桂阳人，正德中以郎中谪威州，选番民子弟入学宫，教以诗书，淑以道义，自是番民慕义归顺，民建祠祀之。"他还修建学校，对当地教育事业有所贡献。《（雍正）四川通志》卷五中载："保县儒学，在县南，旧在县西，明洪武中建，正德中知州崔哲、范渊相继增修。"正德五年，刘瑾败，范渊即迁任云南签事，六年，升任云南按察司副使。《明武宗实录》卷七二载：正德六年二月，"升……云南佥事范渊、扬州府知府邓文质俱为按察司副使。……渊，云南；文质，广西。"按，《（同治）桂阳县志》卷一九"艺文"录有布政董天锡的《范君山遗爱录序》一文，云："吾友范君山渊……初筮仕刑曹主事，谳狱平恕，人以无冤称之。继迁员外郎、郎中，声望益著。正德间，逆瑾用事，刻铄缙绅，君山遂以事谪守威州。威在蜀为边徼，素称难治……君山倍加振作，择其可教者教之，民用不变，文风远及荒裔，州人衔戢遗□为生祠祀之，未几，擢滇南宪副，威人不远数千里相携问候，是岂有所驱迫而然哉？平易之归，至诚之动，自不能已也。君山卒于滇南，易箦有作，谓‘报君匪懈，涉世无欺’者。盖自道其实，亦可见其平日所养，至死不乱焉。……君山与予同举丙辰进士，又同观政都台，仕刑曹，复同司，极亲且厚，其歿也，悼之，殆不能已。”此文叙范渊生平较详。今人谓刘瑾被诛后范渊曾任过京官，此事文献无载，笔者以为恐不足信。

关于范渊卒年，《（万历）郴州志》卷一六称范渊“后升云南副使，卒于官”。范渊升云南副使时间是正德六年二月，似正德八年（1513）卒于任。按，边贡《哭同年范副使渊兼悼亡友徐博士祯卿同空同李子作》诗有“旅殡春移玉垒关”之句，并自注曰：“徐卒于京。”“范卒于蜀。”按，徐祯卿去世是在正德六年三月。王守仁《徐昌谷墓志铭》曰：“正德辛未，三月丙寅，太学博士徐昌谷卒，年三十三。”[①] 云南与四川交界，故亦可作蜀地观。据刘化兵考证[②]，边贡此诗作于正德九年。故范渊卒年至迟在正德九年（1514）。范渊《绝笔诗》说“五十八年事已休”，其享年为五十八岁，若将其生年定为景泰七年（1456），则其卒年当在正德八年（1513）或九年。又，《明武宗实录》卷九九载：正德八年四月，“癸卯，升福建按察司佥事罗善为云南副使”。可见，在正德八年四月罗善任云南副使之前范渊已去世，则范渊卒年当在正德八年。

据《（嘉庆）郴州总志・典籍志》记载，范渊曾著有《君山诗稿》、《民训》等著作，但在通行书目中均难以找到，可见，早已散佚不存。因此，无从得知其全部创作与学术成就。

二、范渊佚诗校笺

范渊擅诗，《（嘉庆）郴州总志・人物上・乡贤》云：范渊“著诗若干卷”。又此《郴州总志・典籍志》据县志载有《君山诗稿》，云“明桂阳范渊撰”。可惜早已散佚。明人董天锡称范渊“为诗文清新古淡，类其为人”[③]。又据李梦阳、王守仁等记载范渊生前写有绝笔诗，当时许多文人均有和诗。可见其诗歌成就之一斑。据笔者查考各类文献，范渊现存诗歌作品约有 15 首，其中清代邓显鹤编《沅湘耆旧集》卷十二录范渊诗 4 首，并小序云：“有集，未见，兹从其家钞本摘录数首。”[④] 其余大部分载四川、云南、贵州等地方志，现全部

---

① 《王文成全书》卷二五，影印文渊阁《四库全书》本。

② 《徐祯卿年谱匡补及质疑》，《山东社会科学》，2005 年第 1 期。

③ （同治）《桂阳县志》卷一九“艺文”录董天锡《范君山遗爱录序》。

④ 《沅湘耆旧集》，道光二十三年邓氏南村草堂刻本。

辑录于此并加以校证，如下：

《镇江府倅朱正蒙疏允归田诗以赠之》

□自秋江分手后，客窗灯火废襟期。黑头致仕饶君早，白眼看人笑我痴。桂水钓船浮月夜，竹园书屋种花时。年来亦有家山思，好待从头和旧诗。

原注：按陈白沙先生作通判家传引佥事此诗，谓三、四语以介石浮云目之，五、六语以春风沂水拟之也。

《和明经朱甘节引退诗》

眼底何人问宝刀，渔舟沙角且拴牢。乾坤与道应常在，世事忙人只自劳。对景赋诗无杜老，开门问俗有神尧。竹园久不闻音耗，阑药于今长几高。

谢却红尘底事劳，春田入望雨如膏。静观造化随吾分，不羡人生与世遭。绿水一湾渔棹近，青山数点野堂高。读书还记十年约，别后何人问缊袍。

《绝笔诗》

五十八年事已休，白云一笑过沧州。报君匪懈终何补，垂老无功可自收。喜有诗书传子姓，谁题文字谢交游。郴山月落江花冷，还为潇湘寄早秋。

按，以上四首均录自《沅湘耆旧集》卷十二（清道光刻本）。此《绝笔诗》后录有王守仁所作《跋》，并编者小注曰："君山之殁，一时名人如何大复、李崆峒、徐祯卿、边廷实辈，皆挽以诗。"

《乌撒感怀》

千山怀古郡，骑马踏斜阳。石路穿云壑，人家散野荒。天涯魂欲断，春梦夜偏长。未了男儿事，其如两鬓苍。

按，该诗辑自嘉靖《贵州通志》卷十一"艺文志"，无诗题，云"范渊诗"。万历《贵州通志》卷十四"艺文志"亦有收，诗题作"乌撒感怀"，但文字有异："千山"，万历《贵州通志》作"看山"。据下句"骑马"，当作"看山"是。"石路"，万历《贵州通志》作"夷落"。"两鬓苍"，万历《贵州通志》作"两鬓霜"。诗系范渊之作。范渊生平未在贵州任职，但正德五年至七年，其在云南任签事、按察司副使，此诗当作于任职云南游历贵州时。

《失题三首》

其一：云翠空濛曙色收，西风吹动半山秋。山头月好楼头看，莫剪芙蓉带水流。

其二：半倚青峰江上屏，月华常自宿空楹。老僧锄药晚归去，金磬一鸣山更清。

其三：隐约楼台积翠浓，石阑深处落花红。谁携明月更斗酒，都付浮生一笑中。

按，以上三首载嘉靖《洪雅县志》卷五“艺文志”，无诗题，云“国朝范渊签事”。显系范渊之作。正德五年，刘瑾败，范渊迁任云南佥事。诗盖作于当时。

《失题》

人皆沉苦海，佛独示慈航。昨日风波恶，慈航忙不忙。

按，该诗亦载嘉靖《洪雅县志》卷五“艺文志”，无诗题，云“国朝范渊签事”。显系范渊之作。正德五年，刘瑾败，范渊迁任云南佥事。诗盖作于当时。

《过月珠寺用石刻原韵题赠清轩上人》录三首，贵州按察佥事范渊静，桂阳人。

云翠空蒙曙色收，西风吹动半山秋。山头月好楼头看，莫剪芙蓉带水流。

云容山翠阁霏微，风落疎钟欲夕晖。行看月珠亭下竹，一双黄鹄近人飞。

削出青天月半藏，东风岁岁自含芳。寒江影落孤云没，竹院清分小簟凉。自在僧多朝市远，未归人已鬓毛苍。凭高便欲望乡国，断雁一声秋色长。

按，原小注“范渊静”当作“范渊静之”，脱“之”字。“静之”为范渊之字。此诗录自《(嘉庆)洪雅县志》卷一八。又该志卷二十四载：“月珠寺《明月楼》诗，宋程少免，石刻已磨灭矣，今所存者二，其碑俱长丈余，高二尺，一载君山范渊静诗，一载台峰熊相诗，范书似苏文忠《洞庭赋》……”按，此“静”下又脱一“之”字。故此三诗当为正德五年至六年范渊在贵州任按察司佥事时所作。

《松林禅馆》

晚凉驱马来山寺，山寺晚钟还未鸣。云翠半连天脚近，松阴一路石头平。老僧茶灶初浮白，过客襟怀笑碧青。奔走不知尘里过，百年人世总相轻。

按，此诗载道光《荣县志·艺文志》，云“(副使)范渊桂阳人”。显系范渊之作。正德六年，范渊迁任云南按察司副使。诗盖作于当时。

《青华洞》

青华天上一游观，欲赋新诗点缀难。洞口见花春未老，石门留月夜生寒。古人有乐心先得，造化无根此足看。谁到昆池决天脉，不须重洗旧肠肝。

又：

叠叠青山望不穷，青华洞口立西风。群公有句题多尽，石磴无梯路亦通。

殊胜可人闻洱海，深幽佳处更崆峒。草花香带南来雨，行过短亭流水东。

按，此诗载康熙《云南通志·艺文志》，云“范渊郴阳”。显系范渊之作。正德五年至七年，范渊在云南任佥事、按察司副使，二诗当作于其时。“群公有句题多尽”句，《（康熙）大理府志》卷二九作“群公有句题应尽”。

以上15首诗，据笔者考证，当全部为范渊作品。

三、范渊与“前七子”等文人之交游

《（康熙）郴州总志·人物》载：范渊“后升云南副，卒于官，何景明、李梦阳诸公咸和其诗以为挽”。可见，范渊不仅长于诗歌创作，而且与当时“前七子”文人李梦阳、何景明、徐祯卿、边贡、王廷相等为诗友，常相唱和。惜范渊著述均已散佚，亦无传记、墓志可查，故其交游情况，只能从明中期个别文人的诗文集中探得蛛丝马迹。

据笔者考察，范渊与李梦阳有很深的交游，检李梦阳《空同子集》[①]，他写给范渊的诗有三首，即：《七峰歌寿范郎中渊》、《汉江歌送范子之桂阳》、《哭亡友范副使渊其族孙进士永銮寄其绝笔诗到》，悼念范渊的诗有一首：《有哀》。何景明《大复集》中收有何景明写给范渊的诗一首：《挽范君山和其绝笔诗》。边贡《华泉集》中收有他写给范渊的诗二首：《哭同年范副使渊兼悼亡友徐博士祯卿同空同李子作》、《同年范君山绝笔之作次韵》。徐祯卿《迪功集》中收有他写给范渊的诗《送范静之迁威州五首》。等。以下对范渊与诸文人的交游试作考述：

与“前七子”领袖李梦阳的交游：

李梦阳（1473—1530），字天赐，又字献吉，号空同（一称崆峒）山人，庆阳（今甘肃庆城县）人。弘治五年（1492），举陕西乡试第一，弘治六年中进士，十一年（1498）任户部主事，后迁户部郎中。弘治十八年（1505）草拟《上孝宗皇帝书》，得罪外戚张鹤龄兄弟，下狱，幸得明孝宗保全。正德元年（1506）户部尚书韩文秘疏请诛刘瑾，奏疏出梦阳之手，不幸为刘瑾所知，韩文等皆被斥逐贬谪，梦阳也“矫旨谪山西布政司经历，勒致士”。解职西行回乡，次年春，又被刘瑾矫旨逮入京，下锦衣卫狱，后被释放，归开封。正德五年（1510），刘瑾伏诛，次年春，梦阳复官为江西提学副使。九年，解职归开封闲居，潜心创作。嘉靖八年农历十二月（1530）去世。卒后弟子私谥“文

① 万历三十年，邓云霄、潘之恒校刻：《空同子集》六十六卷，此本即文渊阁《四库全书》之底本。

毅”，天启初年追谥“景文”。有《空同集》六十六卷行世。《明史》卷二八六有传。李梦阳是明代重要文学流派“前七子”领袖，在中国文学史上占有举足轻重的地位。

李梦阳与范渊的相识当在弘治年间。弘治九年（1496），范渊中进士，继任刑部主事，弘治十年夏，梦阳守制结束，回京，旋授户部主事，二人得以相识。正德元年二人同升任郎中，范渊过五十岁生日，梦阳作《七峰歌寿范郎中渊》（《空同集》卷二〇）一诗，为范渊祝寿，时范渊五十岁。七峰，在范渊家乡桂阳（明代属郴州，今湖南汝城县）。诗中有“六载为郎不爱身，五十生儿将白首。湘南新鲊红胜玉，燕京高会多名酒。岁岁登堂娱笑歌，歌我七峰为尔寿”数句。可证。据《明武宗实录》卷八，范渊任刑部员外郎时为弘治十四年。据“六载为郎不爱身”，范渊中弘治九年进士，继任刑部主事，又任员外郎，至此已六年，是该诗当作于正德元年。正德初年，范渊似有过返乡之旅，梦阳作《汉江歌送范子之桂阳》（《空同集》卷二〇）诗，该诗被“云间派”诗人宋徵舆称为“清适，似迪功”[①]。诗中有云：“莫倚仲宣能作赋，洞庭南接桂阳城。”正德七年，范渊在云南按察司副使任上病卒，梦阳正在江西任提学副使，便作《哭亡友范副使渊其族孙进士永銮寄其绝笔诗到》（《空同集》卷三三）一首，诗云：“绝命秪传词烂熳，窜身谁述路间关。”梦阳收到范渊族孙范永銮寄来的范渊绝笔诗，知好友范渊已在关山之外去世，不胜悲痛。并作《有哀》诗悼念。此诗虽未写明为何人而哀，但从“思向桂山歌偃蹇，月明天碧况闻猿”二句来看，显然是为范渊去世而作。

与何景明的交游：

何景明（1483—1521），字仲默，号白坡，又号大复山人，信阳（今河南信阳）人。终年仅三十九岁。弘治十五年（1502）进士，授中书舍人。正德初，宦官刘瑾擅权，何景明谢病归。刘瑾诛，官复原职。官至陕西提学副使。“前七子”之一，与李梦阳并称文坛领袖。有《大复集》。

何景明与范渊交游也是在弘治年间。何景明中弘治十五年进士，此后便通过李梦阳与范渊相识。何景明《大复集》卷一三有《赠范君》一首，写给范辂（字以载，范渊之从侄），诗中曰：“君山燕泉各一时，晚逢范君亦其偶。范君古貌更好古，问之君山乃其祖。……君山十年绝相见，见君如见君山面。”君山，即范渊，是范辂的族叔（笔者按，并非“祖”）。燕泉，即何孟春，与李、何均有交游，亦郴州人。何景明作此诗时范渊在云南任佥事。《大复集》卷二七有《挽范君山和其绝笔诗》，则作于正德八年范渊卒后，诗中云：“一别人间

① 陈子龙等编《皇明诗选》，华东师范大学出版社，1991年影印本。

真异世，十年天上可同游。鱼龙寂寞潇湘冷，谁采苹花荐晚秋。”表达对范渊的悲悼之情。

范渊与边贡的交游：

边贡（1476—1532），字庭实，自号华泉子，历城（今山东济南）人。弘治九年（1496）进士，初授太常博士，迁兵科给事中。正德九年，任河南提学副使。嘉靖初任南京太常寺少卿，七年，转南京刑部右侍郎、太仆卿、户部尚书。嘉靖十一年（1532）卒。边贡以诗著称于弘治、正德年间，与李梦阳、何景明、徐祯卿并称“弘正四杰”。有《华泉集》行世。

边贡与范渊为弘治九年同科进士，自此相识，并在弘治年间与“前七子”文人相唱和。边贡《华泉集》未载二人酬唱之作，但卷六收有《哭同年范副使渊兼悼亡友徐博士祯卿同空同李子作》，全诗如下：

五年奔走别朝班，涕泪长因旧侣潸。在楚早伤徐孺子，游梁今哭范君山。孤魂夜绕青枫阙（徐卒于京），旅殡春移玉垒关（范卒于蜀）。两地荒坟吊何日，梦迷歧路只空还。

按，据刘化兵考证①，该诗作于正德九年。此年冬，边贡起任河南提学副使，赴大梁（今河南开封），与此年秋已从江西罢官归家的李梦阳相见，梦阳示以所作《哭亡友范副使渊其族孙进士永銮寄其绝笔诗到》，边贡即作此诗。复作《同年范君山绝笔之作次韵》，云：“灵均实抱湘流恨，子美虚怀蜀道游。惆怅桂阳山下冢，断猿哀鹤领春秋。”范渊卒于云南，葬于桂阳（今湖南汝城），诗中将范渊比作屈原、杜甫，并表达对范渊的悼念。

范渊与徐祯卿的交游：

徐祯卿（1479—1511），字昌谷，一字昌国，吴县（今江苏苏州）人。弘治十八年进士，授大理左寺副。正德五年（1510）任国子监博士。正德六年卒。享年三十二岁。颇有才，擅诗，人称“吴中诗冠”，与唐寅、文徵明、祝允明同称“吴中四才子”。弘、正间受李梦阳思想影响，倡言复古。著有《迪功集》、《谈艺录》。

徐祯卿与范渊相识当从弘治十八年徐中进士开始。正德四年，范渊因得罪刘瑾被贬为威州（今四川理县）知州，临行前，徐祯卿为其送行，作《送范静之迁威州五首》（载《迪功集》卷三）。诗中云：“吾怜范巨卿，悃愊不邀名。作吏竹林下，清风讼狱平。与君同得罪，独窜夜郎城。万里巴江水，相思猿狖鸣。”不舍之情溢于言表。徐祯卿于正德五年（或六年）作《田中筑舍修治树

---

① 《徐祯卿年谱匡补及质疑》，《山东社会科学》，2005年第1期。

艺》诗，首联曰："庄生卧濠梁，范子去海隅。"按，此"范子"当指范渊，此时范远在云南，徐已归隐江南。徐祯卿卒于正德六年，范渊则于正德八年下世，二人的京城之别不想成了永诀。

除与"前七子"文人交游外，范渊还与当时文人杭淮、王守仁、李濂、鲁铎等人有交游。

杭淮，字东卿，别称双溪，宜兴（今江苏宜兴）人。弘治十二年（1499）进士，曾官刑部主事、湖广按察使、河南左布政使、南京太仆寺卿、总督南京粮储右副都御史。有《双溪集》八卷行世。李梦阳《朝正倡和诗跋》曾叙及在户部时，同"宜兴杭氏兄弟"唱和，《四库全书总目》卷二〇五云："（淮）与兄济并负诗名，与李梦阳、徐祯卿、王守仁、陆深诸人递相唱和。其诗格清体健。在弘治、正德之际，不高谈古调，亦不沿袭陈言，颇谐中道。"

杭淮与范渊交游时间主要在弘治十二年杭中进士始至正德初年间。杭淮《双溪集》卷八有《清华洞》诗，据其自注，为悼念范渊之作。诗云：

万壑西来见兹洞，不知开辟是何年。玄宫虚灵秘造化，白日泽洞生云烟。著脚重关愁鬼魅，举头一窍见青天。出门怅望来游客，石壁题诗尚俨然。伤范君山之亡。

《（雍正）云南通志》卷三"大理府太和县"载："青华洞，在城南八里，悬岩滴乳，石窍玲珑，日月光照可行十余里。"故"清华洞"亦作"青华洞"。据《明武宗实录》卷一二七、卷一九五，杭淮于正德十年七月至十六年正月期间任云南按察司副使，该诗当是杭淮在任职云南期间游清华洞时追念范渊而作。

王守仁（1472—1529），字伯安，号阳明，浙江余姚人，弘治九年进士，除刑部主事，改兵部主事。因劾宦官刘瑾，被谪龙场驿（在今贵州修文县）丞。后被起用，任左佥都御史兼南赣巡抚，以平定宁王朱宸濠之乱，封新建伯，总督两广。正德末退官。嘉靖八年卒，谥文成。有《王文成全书》一百二十八卷。《明史》卷一九五有传。《列朝诗集小传·丙集·王新建守仁》载："先生在郎署，与李空同诸人游，刻意为词章。"王守仁是明代著名学者、文学家、思想家，他与范渊也有交游。《（同治）贵阳县志》卷二一录王守仁《跋范君山宪副绝笔诗后》，云："此吾故人范君山绝笔也。君山之殁，予方以谪宦奔走，不及一哭吊，读其诗，为之泫然涕下，而文字谢交游之诣，犹不能无媿。正德乙亥冬，君犹子侍御以载，持以见示，书此，以识予感而归之。"正德乙亥为正德十年，此年范辂以范渊绝笔诗呈送王守仁，王故作此诗。

鲁铎（1461—1527），字振之，景陵（今湖北天门）人。好学不倦，不喜交游。弘治十五年（1502）中进士，授翰林院庶吉士。李东阳爱其才，任编修，预修《孝宗实录》。正德五年（1508），奉命出使安南。次年，迁任国子监司业，旋升南京祭酒，改北京。后以病辞官，嘉靖初年，以原官起用。次年又辞官归籍。后多次征召，均辞。卒，谥号文恪。著有《戒庵文集》二十卷、《鲁文恪公文集》十卷。《明史》卷一六三有传，《列朝诗集小传》丙集有《鲁祭酒铎》小传。

按，鲁铎《鲁文恪公集》卷二录有《送范静之秋官便道展墓》诗，从题目来看，似是范渊任职刑部时，概作于弘治十五年鲁中进士至正德初年之间。

李濂（1488—1566），字川父，祥符（今河南开封）人。受学于李梦阳。正德九年中进士，授沔阳知州，后迁宁波同知、山西佥事，嘉靖五年归乡。著有《嵩渚文集》、《汴京遗迹志》等。《四库全书总目》卷一七六《嵩渚集》提要云："濂少年尝作《理情赋》，其友左国玑持以示李梦阳，梦阳大嗟赏，访之吹台，濂自此声驰河、洛间，既罢归，益肆力于学，遂以古文名于时。"《明史》卷二八六有传。

李濂与范渊交游情况不详，李濂中进士时，范渊已作古，似未有交往。但李濂《嵩渚文集》卷二八有《延庆寺宴集答范秋官》："明州城边春可怜，垂杨古寺东风颠。君倾王甕酒如乳，我驻紫骝花满天。黄鹂碧草已三月，越舞吴歈还□□。□薇欲落饮须醉，无向流波悲岁年。"诗中的"范秋官"应指范渊，似当作于李濂在京考试时。李通过其师李梦阳与范渊相识，当时范渊正任刑部郎中，时间约在弘治末年至正德四年间。李濂《嵩渚文集》卷二九又有《追和范君山绝笔韵》："绝代文名死不休，白头诗思满沧州。梦回南岳人何在？赋吊长江泪未收。万里图书随老去，五云城阙忆同游。风流儒雅千年事，肠断燕台碧草秋。"当是正德十年左右为悼念范渊而作。按，从"五云城阙忆同游"来看，二人似有过交游。李濂与范辂有交游，曾作《金陵歌送范御史以载》（《嵩渚文集》卷一三），此不赘述。

据以上考述，范渊与"前七子"等作家的交游基本是在明孝宗弘治九年到明武宗正德七年之间。尤其弘治时期，正是以李梦阳为首的"前七子"等文人活跃文坛时期。弘治十一年（1498）李梦阳任户部主事时，与王守仁、杭淮、边贡、徐祯卿、顾璘等频繁交往，明人朱安氵虎《李空同先生年表》记载：

一时郎署才彦，有扬州储静夫、赵叔鸣，无锡钱世恩、陈嘉言、秦国声，太原乔希大，宜兴杭东卿，郴李贻教、何子元，慈溪杨名父，余姚王伯安，济南边廷实，后又有丹阳殷文济，信阳何仲默，苏州都玄敬、徐昌谷，南都顾华玉，皆能游思竹素，高步艺林。

《明史·李梦阳传》又称：

与何景明、徐祯卿、边贡、朱应登、顾璘、陈沂、郑善夫、康海、王九思等号十才子，又与景明、祯卿、贡、海、九思、王廷相号七才子，皆卑视一世，而梦阳尤甚。

一群高中进士并在各部担任郎官的年轻才俊，他们在一起作诗、雅集、唱和，“暇则酒食会聚，讨订文史，朋讲群咏，深钩赜剖，乃咸得大肆力于弘学，于乎！亦极矣”[①]。引领了当时的文学风气与潮流。史书中虽未出现范渊的名字，但范渊一定是参加过这些聚会与诗歌唱和活动的，从范渊与“前七子”等文人之间的交往可以充分证明这一点。正德初年以后，因刘瑾擅权，以李梦阳为首的诗人群体陆续被贬或被罢，纷纷离开京城，但范渊与他们仍然保持着联系，直到他去世。范渊远赴威州之前，徐祯卿写诗为其送行，范渊去世后，李梦阳、何景明、边贡、徐祯卿、杭淮等都有和范渊绝笔之作及悼念诗。范渊《绝笔诗》后录有王守仁所作《跋》，并编者小注曰：“君山之殁，一时名人如何大复、李崆峒、徐祯卿、边廷实辈，皆挽以诗。”可见，范渊在当时诗坛的地位以及文学界对范渊文学成就的认可，亦可见范渊与“前七子”文人之间交情之深厚。

以上通过对范渊与当时在文坛影响最大的以李梦阳为首的“前七子”文人之间交游的考证，可以说明一个事实：范渊也是明中期诗歌复古运动的一名重要人物，也为明中期的诗文复兴做出了重要贡献。

作者简介：郝润华，西北师范大学古籍所所长，教授。

① 明·李梦阳：《熊士选诗序》，载《空同集》卷五二。

汝城人郭远等首倡“南北分闱”

王兴国

“南北分闱”，即湖南、湖北乡试分别举行，为近代湖湘文化承担主体即湖南人才群体的兴盛，创造了可能性。所以历来为人们所重视。郭嵩焘在《城南书院名宦院长二祠碑记》中说：“自雍正元年湖南、北分闱省试，成之者李公发甲；而前此请定南北中额，有赵公申乔；始请分闱，有潘公宗络；同时又有吕公谦恒，典试湖广，屡以分闱请，迄今无能举其名矣。四公者，皆有惠于楚人士。”[①] 杨昌济则说：“以前科举时代，南北合闱，湖南士子，惮泛重湖，赴试者少，获隽亦难。有一年仅有一人中试，当时巡抚特加宠异，赠以‘一鹗横秋’之匾。风气闭塞，人才寥落，可想而知。及南北分闱，湘省士风，云兴雷奋；咸、同以还，人才辈出，为各省所难能，古来所未有，此分闱之效也。”[②] 郭嵩焘的话，说明了几位偏沅巡抚和学官对南北分闱实现所作出的巨大贡献，杨昌济的话，则说明了南北分闱对近代湖湘文化的发展所产生的巨大影响。

湖南在元代以后，长期属于湖广行省（明代称湖广省）。当时的省会在武昌（鄂州）。总督、布政使均驻武昌。所以科举考试中的举人考试（乡试）也是在武昌举行。康熙三年（1664），分湖广右布政使驻长沙，为湖南建省之始。但是乡试仍然是在武昌举行。当时由于交通不便，湖南至武昌非乘船经洞庭湖不可。但是，洞庭湖风险浪大，特别是每当六、七月间乡试举行时，由于天气的原因，航行的风险更大：有时要等风小一些才能开船，一等就是十天半个月，因而影响到士子们的如期赶考；有时由于风暴的袭击，甚至出现舟覆人溺的悲惨情景。这一切，都严重地阻碍了湖南士子们赴武昌应试的积极性，因而也严重地影响了湖南乡试的录取率。对此，当时不少士子向偏沅巡抚上书，请求呼吁朝廷将湖南、湖北乡试分开举行。

---

① 《郭嵩焘诗文集》，岳麓书社，1984年，第513—514页。

② 《杨昌济集》，湖南教育出版社，2008年，第233页。

笔者发现了一篇湖南桂阳（今汝城县）人郭远于康熙四十一年（1702）向湖南当局所上的《呈请南北分闱文》。郭远（1659—1714），字来倩，号青来。生于今汝城县长安村横江背，后迁本县联江溪浦。郭远自小聪明好学，博通经史，善长诗古文辞，为士林传诵。与三湘才子邵阳王元复，湘潭张岂石、车无咎、衡阳王敌齐名，为时人仰慕。但久困场屋，直至康熙五十年（1711）才中举人，赴京会试不第。他在准备科举考试的同时，益究心程朱之学。其传记说他“孝友称于乡里，器识渊涵，性刚好义，遇事勇决敢为。以事忤令，诬按之，系狱中。远读书吟咏自若，曰揆之于理，自信无罪也”。学使潘宗洛称赞他说：“五岭之秀尽在子矣！”[①]《桂阳县志》卷一九保存了郭远所上《呈请南北分闱文》的原文。

郭远的呈文，首先点明了其呈文的主旨，即皇帝体恤边远士子至详，而湖广行省却“北喜南愁”，湖南士子乡试录取名额较湖北少得多。希望此问题能得到矜怜和处置。他说：

呈为湖南乡试极苦，吁乞疏题分闱，以普皇仁，以广乐育事。

窃惟天地之大，以万物各得所为心；圣王之仁，以一夫不被泽为歉。

我皇上临御四十一年，养士爱民，虑无不周，西被东渐，远无不届。如乡、会广额，南北分卷，以至云、贵、广西，俱额中进士名数，所以体恤边远士子至详至厚；而湖广今年乡试复广额至八十三名，天恩浩荡，曷可名言。

惟是湖南九府州，僻处荒徼，瞻天万里，于多士奋兴之日，独有北喜南愁之叹，不得不备陈苦情，仰冀矜怜而处置者。

其次，郭远分析了造成湖南、湖北举人中额差距的原因，是因为洞庭湖的阻隔，使南士赴试的人数太少。郭氏用详细的数据说明了这一点：

盖湖南隔阻洞庭，洞庭之波八百余里。南士赴武昌乡试，有远至二三千里不等者。遍舟一叶，常以六月间起程，而长途迁延，加以大湖风阻，或相守至十日、半月不能移身，比至省城，试期已过。每科多有，而今年不及试期者尤甚。如郴州生员杨遂等二十五人，于八月初八日抵省，虽蒙北藩宪宽政，俱准入场。其余初九早始到，如长沙属生员尹有孚等四十二人，衡州属生员赵居敬等九十三人，常德属生员唐待徵等三十一人，宝庆属生员刘应奎等七十八人，永州属生员唐若愚等八十七人，郴州属生员朱大澍等九十六人，皆以弃舟奔赶，不及场期者，合计尚得四百二十七人。数千里裹粮而来，至不得一望见棘闱竟去，辛苦悽凉，谁可告诉？况又有冒险赴期，风波不测，为南士之所极不

① 《桂阳县志》卷一九，《郭远传》。

忍言者乎?

又湖北七十二学，奉取正科举三千名；湖南七十三学，亦奉取正科举三千名。然湖广每科乡试合南北常万有余人，湖北除正科举外，遗才尽收入场，多至八千余人，中止六十七名。湖南二千人，中仅十有五人；往年或中至二十余人。岂真湖南之人才逊于湖北哉？徒以湖南远而湖北近。近则赴闱易而遗才入场者多，故中者亦多；远则赴闱难，不惟遗才绝少，并正科举入场者皆少，故中者亦少。是湖南、湖北之科举中试，其难易多寡至于如此悬殊者，固非其人其才为之，实其地其势为之也。

尤有可叹者，南士相戒以科举为畏途，荜门寒士，资斧艰难，至有终身不窥场屋。近科以来，赴闱者视从前又加少矣。及今不为早计，将来日益凋落。可怜湖南！数千里赋税之地，渐弃为科第沦落之乡；则是朝廷今日之加恩广额，以湖北为近水之楼台，而湖南终不免向隅之嗟若也。然则为湖南念久远，为诸生择利害计，无有大于分闱一事者。

再次，郭氏在分析了湖南、湖北乡试录取率悬殊的原因之后，又从两个方面论述了南北分闱的必要性：

其一，自从康熙三年湖南设省之后，湖南“事事与湖北判然为二”，完全有必要单独进行乡试。他说：

且长沙为湖南省会，节制则另有抚宪，分司则另有藩臬，钱粮户口官职考成，事事与湖北判然为二。虽南、北总辖于制府，亦犹两江、两广总督之例，南抚宪即我南闱之监临，南藩宪即我南闱之提调，南臬宪即我南闱之监试。此于事体何所不宜？且如平溪四卫楚地也，版章户口悉隶湖南，惟以四卫远楚而近黔，乡试则拨赴贵州。况湖南、湖北相距二三千里，中阻大湖，独奈何舍长沙近地，顾使越险奔赴于湖北之远省乎？

其二，与周边的云、贵、广西等省相比，湖南物产、赋税、人文方面都要优越，可是乡试中额却无法与之相比，这也是急需分闱的一个重要原因。他说：

夫湖南虽僻，南岳禹穴在焉，山川风土赋税人文，实倍甲于云、贵、广西。乃云、贵、广西得以边远，自为省分，每科中试四十余人、三十余人不等；而湖南阻于险远，每科仅得十有余人，大既不得比数于湖北，小亦不能比例于云、贵、广西。此又湖南分闱之事体在今日宜亟为通变者也。

最后，郭氏分析了南北分闱的可行性。他说：

然分闱一事，诸生亦屡以为请，而从前上宪或不果具题者，不过以分闱则建贡院有费，科场供给有费，费多则事难遽任耳。生等窃以分闱须费有不敢仰给之朝廷者。湖南各属文武诸生约计近二万人，建贡院则约费若干，愿照各属学分大小，诸生捐银汇解，力亦可办。而三年科场供给，湖南每科协济湖北为数若干，可留为南闱之用，不足则以各属额设之科举盘费济之，亦可得三千余金。又不足则各属观场之贡监生员，复愿按名捐费，当无不给于用者。

且我皇上至仁如天地，比年赈济蠲免钱粮，岁计百万。况于因地制宜，开湖南莫大之美利，定百王不易之经制乎！若夫三年之中，为湖南别设一督学，为湖南别差两典试，与夫湖南、湖北中式举人名数，当作何定额，朝廷自有公平正大之制，非诸生草茅所敢议者。以今圣天子在上，德洋恩溥，复恭际都宪大人福星南照，一路春回，兴大利除大害，千载一时，瞻仰此举，伏乞疏请分卫［闱］长沙，就近乡试，俾湖南多士，人有功名之望，更无性命之忧，则皇恩永戴，宪德永垂，当与岳山并峙，与湘水同流矣。①

郭远的这篇呈文，声情并茂，有理有据，读之使人感动。据郭氏在呈文中所说，“分闱一事，诸生亦屡以为请”，这说明当时诸生中呈请分闱者早已有之，且不止一个。可是这些呈文保存至今者不多，目前我们所见者只有郭远的这篇呈文。此时的偏沅巡抚为金玺。此公原任左副都御史，所以郭氏呈文中称他为“都宪大人”。在康熙四十一年（1703）十二月十九日，朝廷任命赵申乔为偏沅巡抚。② 赵申乔（1644—1720），字松伍，又字慎旃，江苏武进人。赵申乔在康熙四十四年（1705）向朝廷上了一道奏疏，疏中虽然提到南北分闱，但主要是请求平均分配湖南、湖北乡试举人的名额，所以其疏名《请均定楚省乡试南北额数疏》。疏中提到了“生员王元复等所以连名环吁，有分卷之请”，自然包括了郭远等人的呈文。这篇疏将当年湖广乡试湖南的录取率低的情况，作了具体的说明，并提出了分额的要求：

该臣看得湖广幅员辽阔，苗傜杂处，于康熙六年题请分辖南北，惟有三年大比，湖南士子仍归湖北考试。第近科以来，自康熙二十三年甲子科至四十一年壬午科，湖广乡试中额不等，湖南总不及四分之一，或仅逾十分之三。且己卯、壬午两科俱蒙皇恩加额，而湖南取中之数反减于前。今四十四年乙酉科，又遇恩诏广额之年，士子感激自奋，志切观光。臣复遍饬地方官敦促赴试，学臣亦广加收录。今年应试生儒较往岁更多，及至榜发，湖南中式者仍不及四分之一。

① 《桂阳县志》卷一九“艺文”。

② 《湖南省志·大事记》，湖南人民出版社，1999年，第17—19页。

查湖南各属，半处山陬，加以洞庭险隔，应试之跋涉倍难，而入彀之英才甚少，以致宾兴盛典，独叹向隅。此生员王元复等所以连名环吁，有分卷之请也。兹据布政使具详前来，臣伏念我皇上振兴文教，八表同风，爱惜人才，一长必采，几怀铅挟策之士，无不踊跃功名，以期登进。即就湖南而论，如史册所载，名儒巨卿，事业文章，卓然可纪，指不胜屈。而家弦户诵，多士蔚兴，则未有如今日之盛者。臣仰体圣主立贤无方之意，目击士子感恩向进之忱，不敢壅于上闻，是以据情入告。

但分闱事属创始，固难轻议，至于分卷之说，按查科场条例，如顺天乡试有旦字等号，陕西省乡试有丁字、聿字等号，皆为边远地方而设。今湖广省之湖南，亦属边远，似可援例而行，庶使人知进取有额，并将鼓舞争趋。兹据诸生呈请，并该司议详俱，称两湖州县略同，人才亦复相埒，中额自应均分。然圣明在上，洞照万里，事无巨细，一经睿裁，普天悦服。非臣等愚昧所敢妄为置议也。①

如果说郭远的呈文还只是说明了康熙四十一年这一年湖广乡试湖南的录取率低（只占百分之十八）的情况的话，那么赵申乔的奏疏则将康熙二十三年至四十四年这21年湖南录取率作了综合说明（平均只占四分之一）。郭远和王元复的呈文，都主张南北分闱，而作为偏沅巡抚的赵申乔则知道分闱一时难以得到朝廷的批准，所以他先提出南北分卷。因为此事别省有先例，“似可援例而行”。对于赵申乔这种均额的要求，朝廷也没有答应。

就在赵申乔出任偏沅巡抚的同一年（康熙四十二年，1703），潘宗洛任湖广学政。潘宗洛，字书原，号巢云。江苏宜兴人。郭远的传记中说“学使潘公宗洛素重远，曰五岭之秀尽在子矣”，说明在康熙四十二年后，郭远就与潘宗洛有了交谊。康熙五十年（1711）正月，潘宗洛出任偏沅巡抚。潘、郭老友相逢，必然议及南北分闱事。所以郭远的传记又说：“潘公知其闱湖北，越洞庭之险，试者苦之，远屡呈巡抚，请分建南闱，言甚切。复为创疏稿。”② 这说明郭远不是一次呈请，而是“屡呈”巡抚，并且替巡抚写了疏稿。这个疏稿就是康熙五十一年（1712）所上《题请长沙分闱乡试疏》。此奏疏明确指出，分闱的要求是“公恳”。疏称：

题为皇上恩膏普被，湖南赴试维艰。恭逢圣明大庆之年，喜值乡会加科之典，公恳详达题请南北分闱，以收人才，以均雅化事。

---

① 《赵恭毅公剩稿》卷一，光绪壬辰浙江书局刻。

② 《桂阳县志》卷一九，《郭远传》。

该臣看得湖广通省幅员辽阔，人才众多。臣前任学政时，查得湖北府县卫学七十有七，每考额取新生九百一十四名；湖南府州县卫学七十有七，每考额取新生九百九十五名。总计湖南进学额数较湖北更多，湖南能文之士较湖北相等，只因中隔洞庭，致有南北之分。每遇乡试之时，正值秋水汪洋之候，贫士拮据资斧，行至湖滨，一遇风涛险阻，守候误期，有志之士或至痛哭而返。甚有科场期迫，念切功名，扬帆冒险瞬息而遭覆溺者，往往有之。以致多士畏虑，裹足不前。其能至武昌而入场者，十无二三，每科中式举人，不及湖北四分之一。诸生咸以此情向臣泣诉，求为题请分闱分额。

臣以江南、陕西均系大省，各设两抚藩臬，而乡试总归省城，从无分闱分额之例，湖南不便独创异议上渎宸听。臣于去年到任，适值辛卯科乡试，诸生又复具呈，臣亦如前拒绝。兹欣逢康熙五十二年皇上万寿正诞，特恩开科，士情踊跃，咸有上进之心，弥切望洋之虑，情愿自捐廪粮等项，盖造贡院，恳求分闱分额，以仰副我皇上寿考作人之至意。兹据布政使佟国勷、提学道佥事蒋德昌详据七府二州各学贡监生员胡兴耦等公呈，并准据衡、永各道暨长、靖等九府州移呈，会详请题前来。臣思湖南隔越洞庭，实与江南、陕西水陆无阻者不同。我皇上以亘古未有之圣人，创亘古未有之盛典，日月照临，无幽不烛，膏泽普遍，无远不周。湖南士子既有此种隐衷，微臣何敢壅于上闻。倘蒙我皇上怜其跋涉之艰难，鉴其爱戴之真切，伏恳特恩破格俞允，另差正副考官二员至长沙考试，分中楚省举人额数之半，则不特湖南士子感激高厚之恩，而土司红苗亦快睹文明之盛矣。至学道一官，南北闱不能兼顾，倘逢乡试之期，即于湖南道员之中，拣选一员，权委调度，合并陈明。①

由郭远起草的潘宗洛的这道疏请，不仅将其出任湖广学政时了解的南北合闱给湖南士子带来的不公作了说明，而且将布政使、提学道佥事以及各府道的“公呈”“移呈”作了综合反映，说明分闱的要求绝不是个别人的意见，而是湖南广大士子的普遍要求。但是仍然遭到朝廷的拒绝。

康熙五十五年（1716），李发甲出任偏沅巡抚。李发甲（1652—?），字瀛仙，河阳（今云南澂江）人。李氏出任偏沅巡抚的当年，就上了一道《请分设湖南乡闱疏》，疏云：

臣惟皇上振兴文教，八表同风；爱惜人才，一长必录。是以户习诗书，多士蔚起，未有如今日之盛者也。

查湖南七府二州所属，距湖广省会或一二千里，或三千余里。每逢三年乡

① 《潘中丞文集》卷一，《四库全书存目丛书》（集 257），齐鲁书社，1997 年，第 28—29 页。

试之秋，远隔八百洞庭之险，又值溽暑炎蒸，暴风陡发，波涛腾涌，舟楫倾危，历来应试诸生屡遭覆溺。自臣三月任事以来，据各属贡监生员杨启鼎等纷纷呈诉，俱称湖广分设抚藩，虽与陕西、江南相等，原无分闱之例，但陕西尽属陆地，江南止隔一江，俱无洞庭之险。湖南府州县卫学，多于湖北，额取新生亦多于湖北，而湖南赴试入闱者，不满三千名，湖北将及万人。风涛不测，以故裹足不前者十有七八。兹据诸生情词激切，吁请具题分闱。臣查康熙四十四年十一月内，经前抚臣赵申乔题请分闱分额；又于五十一年六月内，经前抚臣潘宗洛再行题请，俱经部驳未蒙俞允，臣何敢复渎圣聪。但湖南洞庭险隔，臣昔身经其地，每逢七八月秋水时，至一派汪洋，士子赴试，实有性命之虞，与陕西、江南水陆无阻者不同。我皇上好生之德，如天含覆，创千古未有之盛典，照临中外，无隐不周，无思不服。湖南士子既皆踊跃功名，又复畏顾性命，仰希怜才惜士之圣恩，各愿公捐三年廪膳、科举盘费及岁贡旗匾、举人会试脚费各项银两，于长沙府设立科场。现有明藩旧址，地势宽厂，建造有余。倘费有不给，各学绅士情愿按名再捐，不费国帑等情。但事属分闱大典，应否缮疏具题，臣未敢擅便，伏乞睿裁，指示遵行，谨具折请旨。[①]

李发甲的这个奏疏表明，前两届偏沅巡抚关于分额或分闱的奏疏之所以被朝廷反驳，原因就在“湖广分设抚藩，虽与陕西、江南相等，原无分闱之例”，所以李发甲的奏疏就特别强调湖南、湖北之间有洞庭之险，与陕西、江南不同。李发甲希望唤起皇帝“好生之德”，对“士子赴试，实有性命之虞”的情况予以同情。李发甲的这道奏疏，于当年十月十四日蒙皇上朱批：“即当具题”，但还是被礼部拒绝。于是，他于次年又向朝廷上了一道《再请分设湖南乡闱疏》。这道奏疏更是利用康熙皇帝在洪泽湖设“救生桩”一事，希望唤起皇帝的恻隐之心。疏云：

臣查得恳建南闱一案，前据湖南士子屡陈，洞庭危险，吁请分闱。臣因关系科制大典，未敢造次疏题，恭即具折请旨，蒙皇上御批“即当具题”。臣随钦遵缮疏具题，今礼部等衙门以“科场定例年久，不便纷更。议复奉旨：‘依议’。”臣何敢冒昧再请，以滋罪戾？惟是恭逢我皇上振兴文教，培养人才，事事超越千古：如乡试屡经广额，会试分省取中，万寿遇旬加科，苗徭一体科举，弁兵许应武试，以及文入武闱，武入文闱。凡兹旷典，亘古所无，何尝拘于定例。况湖南士子，因洞庭危险，覆溺甚多，吁请分闱，愿共捐三年廪膳等银，建造贡院，不费国帑。此等迫切情状，实出于万不得已，更有不忍以定例

① 《李中丞文集》卷三，同治九年湖南抚署重刊。

拘之者。

曩年圣驾巡视河工，悯念洪泽湖风波危险，设立救生桩，全活无数生灵，遐迩感戴。今洞庭之险，十倍洪泽，万难立桩，惟有分闱一举，可以保全士子之性命，是即洪泽湖之救生桩矣。圣恩浩荡，莫大于此！乃前抚臣赵申乔具题于先，既格于部议；抚臣潘宗洛继题于后，复格于部议；兹臣先奉谕旨，然后具题，仍复格于部议。若非洞庭十分危险，士子迫切呼号，何至前后三抚臣叠奏不已？伏思尧舜之主在上，臣身任地方，凡有益于士民、有益于国家者，例得备悉入告。今分闱一事，上以广圣主好生之德，下以救士子覆溺之危，且于科制大典倍见昌明。若因部议而不再沥下情仰达天听，则臣负主恩，厥罪滋大。除缮疏会题外，臣谨具折专差恭捧赍奏，伏乞睿鉴，特赐恩允施行。①

李发甲的这篇奏疏说明，为了南北分闱，三任偏沅巡抚具题都因为礼部等衙门以“科场定例年久，不便纷更”为由而拒绝了，即使李发甲的奏疏是事前征得皇帝的首肯的情况之下再具题的，仍然被拒绝，可见主持“部议”的官僚之顽固。但是，分闱是关系到湖南士子的生命和前程的大事，因为在封建社会中，士子们只有通过了乡试，取得举人的资格，才有参加会试的可能。而通过会试，取得了翰林的资格，才能为往后的仕途升迁奠定基础。这是一件关系笼络广大知识分子的人心、扩大和巩固封建统治政治基础的大事，即使皇帝也不敢怠慢。康熙五十九年（1720）吕谦恒举湖广乡试，再次奏请分闱。吕谦恒(1653—1728)，字天益，号涧樵，河南新安人。其《青要集》只有诗十二卷，而没有收奏疏等文稿。但其传记中记录了他于庚子年举湖广乡试时，曾“奏湖南士子赴试，距洞庭险远，当南北两闱分试，制胥报可”。方苞为其所写的墓志铭中，又谈到雍正元年（1723）他出任河南道御史时，“又奏夏秋之交，洞庭泷涛壮猛，湖南士子赴乡试苦遭覆溺，宜分设棘闱。天子皆听用，为更旧制”。② 所以到了雍正元年（1723），在吕谦恒的一再请求下，皇帝终于下了一道给礼部的谕旨：

湖南士子赴湖北乡试，必经由洞庭湖。湖水浩瀚无涯，波涛不测，六七月间，风浪尤险，间有覆溺之患，朕心深为恻然。或致士子畏避险远，裹足不前，又非朕广育人材之意。今欲于湖南地方建立试院，每科另简考官，俾士子就近入场，永无阻隔之虞，共遂观光之愿。明年二月为乡试之期，尔部可即行文湖南巡抚，若能于二月之前预备场屋，则于明春即分湖北、湖南两闱考试。

① 《李中丞文集》卷三，同治九年湖南抚署重刊。

② 《青要集》卷首。

傥为期已迫，预备不及，则于下科举行。至于湖广通省取中原有定额，今既分闱，其取中之数应如何分别，湖南湖北巡抚公议，著湖广总督从公酌定具奏。①

必须指出，李发甲任偏沅巡抚的时间是从康熙五十四年十二月五日至康熙五十六年九月，所以郭嵩焘说南北分闱“成之者李公发甲”是不准确的。雍正元年正月，偏沅巡抚改名湖南巡抚，巡抚为内阁学士魏廷珍。② 自从赵申乔在康熙四十四年（1705）第一次奏请南北分额，到雍正元年（1723）朝廷正式批准南北分闱，期间经历了18年；距郭远的呈文则为21年。这时，郭远已经逝世9年。郭氏生前未能亲见南北分闱的实现，这是令人遗憾的。但是，可以告慰郭氏英灵的是，正是由于以他为代表的一批又一批士人反复呼吁，又由于三届巡抚和御史吕谦恒的共同努力，终于使朝廷决心实行南北分闱。这一决策有效地推动了近代湖湘文化的发展与繁荣。

南北分闱之后，当时湖南、湖北议定：湖北中式50名，副榜10名；湖南中式49名，副榜9名；武举各25名。这样，就从制度上保证了在乡试中湖南取中举人的人数，参加乡试的士子成倍增加，进而为更多的人参加会试创造了机会。据统计，从顺治到康熙南北合闱的78年时间里，湖南所取中的举人人数只有326名，而从雍正二年南北分闱到乾隆六十年的72年里，湖南所取中的举人人数为1610名。③ 两段时间相比，后一段还少6年，但所取中的举人人数，后一段比前一段超出近5倍。乡试所取中的举人人数增加，就为更多的人参加会试提供了机会。同样以这两段时间为例，湖南取中进士的人数，顺治九年至十八年的10年间，只有23名；康熙三年至六十年的58年间，只有42名。而雍正元年至十一年的11年间，就有41名，较顺治年间所取中的人数增加了近一倍。乾隆元年至六十年的60年间，有135名，较康熙年间增加了三倍多。整个清代的267年间，湖南取中进士745名。④ 所以光绪《湖南通志叙例》说：“自雍正二年，奉旨分闱，解额较多，苗疆四厅别县中额，近年学额增广，多士观光者，几倍于旧，可谓盛矣。”⑤ 人是文化的创造者和承担者。特别是那些具有一定专业知识和技能的知识精英，更是精英文化的创造者。如果人才寥落，是无法创造出辉煌灿烂的文化的。当然通过科举考试取得一定功

① 光绪《湖南通志》，卷首《诏谕一》，第27页。

② 《湖南省志·大事记》，第26—29页。

③ 光绪《湖南通志》，第2648—1681页。

④ 《湖湘文化大辞典》附录一《湖南历代进士科第年里综表》，湖南人民出版社，2006年，第2007—2025页。

⑤ 光绪《湖南通志》，第11页。

名的人，并不等于就是人才，特别是出类拔萃的人才。但是，在封建时代，一个人能否出将入相，又非具有一定功名不可。所以，我们之所以重视南北分闱对于近代湖湘文化繁荣的重要影响，就在于它为近代湖南的人才的成批涌现和成长提供了可能。当然要使这种可能性成为现实性，还需要其他必要条件。对于这种条件，笔者当在另文专论。

作者简介：王兴国，湖南省社会科学院哲学研究所研究员，湖南省文史研究馆馆员。

历史桂阳与唐代汝城进士

刘范弟

关于湖南汝城历史上的进士，乾隆《桂阳县志》认为“（宋）以前无考”，列入进士首位的是北宋太平兴国八年（983）登科的邵晔①，同治《桂阳县志》和民国《汝城县志》的记载亦是如此②。据此，今日人们一般认为邵晔是汝城的第一位进士，如政协湖南省汝城县委员会编辑出版的《汝城人物》中《广州知州邵晔》一文说：“（邵晔）是汝城古县志中记载的第一位进士。”③ 今日汝城濂溪书院展室内“汝城历代名人”栏下有一“汝城历代进士表”，其赫然列在首位的也是邵晔。其实，邵晔并不是汝城人。《宋史》邵晔本传记载：“邵晔，字日华，其先京兆人。唐末丧乱，曾祖岳挈族之荆南，谒高季兴，不见礼，遂之湖南。彭玗刺全州，辟为判官。会贼鲁仁恭寇连州，即署岳国子司业、知州事，遂家桂阳。祖崇德，道州录事参军。父简，连山令。晔幼嗜学，耻从辟署，太平兴国八年，擢进士。”④ 从传文看，邵晔先辈本是长安人（京兆人），其曾祖父邵岳唐末避乱来到湖南，后任全州判官，最后到连州“知州事”（刺史），“遂家桂阳”。可见此处的桂阳，就是当时（即唐末）连州州治所在的桂阳县，其地也就是今日广东清远市所辖的连州市（县级市，1994年由连县改市而来），而不是后来（北宋）才出现的地处今日湖南汝城的桂阳县⑤，

① 乾隆《桂阳县志》卷九“选举志·进士”。

② 同治《桂阳县志》卷一三“选举志·进士”、民国《汝城县志》卷二八“人物志·仕进·科名表·进士”。

③ 肖春英主编《汝城人物》（汝城政协文史资料专辑第十四辑）第11页，2008年12月内部印刷本；“汝城史志网·邵晔”网页“http://szw.rc.gov.cn/show.asp?id=815”介绍邵晔也是持此看法。

④ 《宋史》卷四二六“循吏列传·邵晔传”。

⑤ 这一点我们在下文讨论历史上的桂阳县时有进一步的论述。

邵晔是广东连州人是可以肯定的[①]。虽然邵晔汝城进士第一人这一判断不能成立，但从现存的历史文献看，汝城进士的产生年代却比北宋要早，据笔者考察，至少在唐代后期，汝城就已出现了进士，且不止一位。要将此事弄清，则又与广东连州有关，这就必须先考察历史桂阳的地域范围和沿革，然后才能进一步考察清楚唐代汝城进士的情况。

上篇　历史桂阳考述

一

历史桂阳的情况是较为复杂的。先秦以来，历史上曾有六个地方使用过“桂阳”的名称，北方两处，南方四处。两处北方桂阳出现在战国时期：一是魏国《竹书纪年》所记载的“（周显王）十五年齐田期伐我东鄙，战于桂阳”的齐国“围魏救赵”战场，《史记·孙子吴起列传》记作“桂陵”，《资治通鉴》亦记作“桂陵”，其地在今河南长垣县北；二是《战国策》所记载的秦为了与楚国合作以进攻韩国，“封（楚）小令尹以桂阳”的桂阳，《史记·樗里子甘茂列传》记作“封小令尹以杜阳”，《史记索隐》：“杜阳，秦之地，今以封楚令尹，是秦楚相合也。”以上两处桂阳战国以后再未见出现，我们无须置论。这里主要讨论南方四处桂阳。从今日地域来看，有郴州（作为郡名）、桂阳（作为路、州、军、监名）、汝城（作为县名）、广东连州（作为县、州名）都曾以桂阳命名，其间又多有沿革变化，这就常常让人迷糊，以致连地方志的编撰者也往往混淆弄错[②]。历史上汝城曾是桂阳郡治下之地，同时汝城又曾在较长的时期内作为桂阳县而存在，弄清历史桂阳情况，对考察汝城历史人物的籍贯问题，实有必要。

先考察历史上的桂阳郡。

桂阳郡是在西汉设立的。班固《汉书·地理志》记载了桂阳郡的户口和辖

---

① 雍正《广东通志》卷五五“茔墓志·连州”：“宋谏议大夫邵晔墓，在龙口村谏议湾”，同治《连州志》卷四“选举志”和卷七“人物传”均记载了邵晔，《大清一统志》卷三五二“连州·陵墓”也记载了邵晔墓在州东谏议湾，但《连州志》和《大清一统志》二书不知为何却将邵晔的名字错成了“邵奕”，其登进士年代及仕履则与《宋史》邵晔传完全相同，可见二者就是一人。

② 如雍正《湖广通志》卷三二“选举志·进士”所载历代进士，就将桂阳县与桂阳州进士的籍贯混同全记为桂阳；又如前文所举乾隆、光绪《桂阳县志》将广东连州人邵晔当作汝城（桂阳）第一位进士。

县[①]，而未记载桂阳郡始置时间，《汉书·地理志》注则说是“高帝置”，北魏郦道元则说是“高帝二年分长沙置”[②]，而唐代中期的李吉甫则认为是东汉才设立，他说：“郴州，本汉长沙国地，后汉分长沙南境立桂阳郡，理郴县。”[③]此处的“后汉”也有人认为是传抄致误，多加了一个“后”字[④]。班固是东汉初人，《汉书》乃西汉一代之史，桂阳郡西汉所置应该无疑，但郦道元所说“高帝二年分长沙置”一说则要稍加解说。这一年是公元前205年，当时天下尚未统一，项羽于前一年自称西楚霸王，刘邦也于前一年被项羽封到汉中为汉王，“王巴、蜀、汉中四十一县，都南郑”[⑤]，刘邦似乎不大可能于此年份长沙郡置桂阳郡。但前一年项羽将楚怀王迁往郴县，这一年十月又密令九江王英布派人将楚怀王杀害于郴县。楚怀王是当时各路反秦大军共尊的最高领袖，刘邦、项羽名义上都是其手下的臣子，项羽杀害楚怀王，刘邦借此做文章，将从长沙郡南部地区分出，以楚怀王被害之地——郴县为治所设立桂阳郡，这是合乎情理的。虽然这完全只是一种虚拟的设置，因为当时刘邦所在汉中隔桂阳郡何止千里，刘邦对之只能是鞭长莫及。

公元前202年（汉高帝五年），刘邦打败了项羽，正式称帝，这一年他下诏“以长沙、豫章、象郡、桂林、南海立番君芮为长沙王”[⑥]，这时的桂阳郡已在长沙国范围之内[⑦]，应该已被撤销而归于吴氏长沙国管辖。公元前157年，吴氏长沙国被汉文帝废除，过了两年，公元前155年，汉景帝重置长沙国，其庶子刘发被封为长沙王，此时长沙国辖地已大为缩小，桂阳郡和零陵郡已被析出，《汉书·地理志》所记桂阳郡辖县十一，当是此时的实际。公元9年，王莽篡汉建立新朝，将桂阳郡改称南平郡[⑧]。东汉建立，仍改回桂阳郡，

---

① 《汉书》卷二八上“地理志上”：“桂阳郡，户二万八千一百一十九，口十五万六千四百八十八，县十一：郴、临武、便、南平、耒阳、桂阳、阳山、曲江、含洭、浈阳、阴山。”

② 《水经注》卷三九“耒水”注。《舆地广记》卷二十六“荆湖南路·郴州”也说：“项羽尊楚怀王为义帝，都郴，汉高帝二年置桂阳郡。”

③ 《元和郡县志》卷二九“江南道五·郴州”。

④ 见中华书局1983年出版的“中国古代地理总志丛刊”本《元和郡县图志》卷二九校记。

⑤ 《汉书》卷一上“高帝纪上”。

⑥ 《汉书》卷一下“高帝纪下”。

⑦ 1973年马王堆西汉墓三号墓出土了一幅《长沙国南部地形图》，这幅地图包括的范围大致为：西起今广西全州、灌阳一线，东至今湖南新田、广东连县一带，南达今广东珠江口外的南海，北抵新田、全州一线；其南部主区为深水（今潇水）流域和都庞岭一带山区，与史籍所载长沙国南部疆域的边界几乎一致，桂阳郡所辖正在其范围之内。

⑧ 《汉书》卷二八上“地理志上·桂阳郡”注：“高帝置，莽曰南平，属荆州。”

辖县仍是十一，比西汉少了一个阳山，新增一个汉宁，为永和元年（136）设置[①]。

三国时桂阳郡属吴国，同时其辖下的汉宁县也被改为阳安县[②]，到吴甘露元年（265）十一月，吴末代主孙皓分“桂阳南部为始兴郡”[③]。晋武帝灭亡吴国后，则“又以始兴、始安、临贺三郡属广州”，桂阳郡南部的五个县（即阴山、桂阳、含洭、浈阳、曲江），就此脱离桂阳郡的管辖，桂阳郡的辖县则只剩下了六个[④]，其中的晋宁县由阳安县改来[⑤]。东晋时，又在桂阳郡设置了汝城县[⑥]。南朝宋、齐、梁三朝，桂阳郡承袭前代变化不大[⑦]，辖县仍为六个[⑧]。陈朝初，汝城县被从桂阳郡分出设置为卢阳郡，郡治汝城[⑨]。

隋文帝平陈统一天下，将卢阳郡、桂阳郡废除，其地置为郴州，隋炀帝初

① 《后汉书》卷三二“郡国四”：“桂阳郡，十一城，户十三万五千二十九，口五十万一千四百三。郴、便、耒阳、阴山、南平、临武、桂阳、含洭、浈阳、曲江、汉宁，永和元年置。”

② 《宋书》卷三七“州郡三”：“晋宁令，汉顺帝永和元年立，曰汉宁，吴改曰阳安。”

③ 《三国志》卷四〇八“吴书·三嗣主传”。

④ 《晋书》卷一五“地理下”：“桂阳郡，汉置，统县六：郴、耒阳、便、临武、晋宁、南平。”

⑤ 《宋书》卷三七“州郡三”：“晋宁令，汉顺帝永和元年立，曰汉宁，吴改曰阳安，晋武帝太康元年改曰晋宁。”

⑥ 《宋书》卷三七“州郡三”：“汝城令，江左立。”所谓“汝城令”，是指汝城县长官为县令，因为当时有些县同时也是封国，其长官就不称“令”而称“相”，如同书同卷之“郴县伯相”、“耒阳子相”、“衡山男相”之类；所谓“江左立”，意思是汝城县是“东晋设立”，因东晋建都建康（今南京），地在长江之左，故称。

⑦ 有资料介绍说（如“百度百科·桂阳郡”http：//baike.baidu.com/view/437508.htm）：“桂阳郡，南北朝时，宋、齐、梁称桂阳国，陈时又为桂阳郡。”恐怕这是一个误解。《宋书》卷三七“州郡三”记载桂阳郡说：“桂阳太守，汉高立，属荆州。”明确指出桂阳长官是太守而不是相，《宋书》作者沈约历仕宋、齐、梁三朝，他不会不清楚桂阳是封国还是郡；《南齐书》卷十五“州郡下”更明确地说：“桂阳郡：郴、临武、南平、耒阳、晋宁、汝城。”《南齐书》为南朝梁萧子显所撰，萧子显生活在齐、梁两朝，本人就是齐、梁的皇族，他也应该不会将桂阳国弄成桂阳郡。其实当时桂阳应该是郡国同体，郡是实体，国只是虚封，受封者往往并不之国，所以其长官称太守而不称相。如《宋书》卷七九“桂阳王休范传”：“桂阳王休范，文帝第十八子也，孝建三年，年九岁，封顺阳王，食邑二千户。大明元年，改封桂阳王，为冠军将军、南彭城下邳太守。三年，出为江州刺史，寻加征虏将军，邑千户，入为秘书监。”桂阳王刘休范的情况正是如此。

⑧ 《南齐书》卷一五“州郡下”：“桂阳郡：郴、临武、南平、耒阳、晋宁、汝城。”东晋桂阳郡增设了汝城县，辖七县，南朝刘宋初，便县并入郴县，故桂阳郡仍辖六县。

⑨ 《陈书》卷三“世祖本纪”：“天嘉元年……五月乙卯改桂阳之汝城县为卢阳郡。”

年，废郴州复置桂阳郡，辖县三个：郴县、临武、卢阳①。唐高祖武德四年（621）平萧铣，废桂阳郡，以其地复置郴州②；唐天宝元年（742）又改郴州为桂阳郡，辖八县：郴、高亭、资兴、义章、蓝山、义昌、高平、临武。③ 唐肃宗乾元元年（758）复改为郴州④，从此以后，桂阳郡就成为一个历史名词而被郴州取代。⑤

从公元前205年桂阳郡设立，到公元758年桂阳郡名被废，桂阳郡存在了近1000年的时间（除了西汉吴氏长沙国及隋、唐的短暂改为郴州之外）。在此期间，桂阳郡的治所基本上就在今日的郴州市区（东汉初曾短暂地迁到耒阳，但不久即迁回原地），这在很多史料中都有明确的记载。⑥ 今日有人对此提出质疑，认为“桂阳郡治在郴县，其疑点有六”，提出了“桂阳郡治在今桂阳”的观点，但并未举出一条像样的史料证据。⑦

---

① 《通典》卷一八三“州郡十三·桂阳郡”：“陈以其地为桂阳、卢阳二郡，隋平陈，废二郡，置郴州。炀帝初州废，复置桂阳郡。”据此，废卢阳、桂阳二郡是在隋文帝平陈之时；但《旧唐书》卷四十“地理三·江南西道·郴州”说：“晋……立庐阳郡，领庐阳县，开元九年废郡，以庐阳属郴州。”《旧唐书》的说法是错误的，因为《隋书》卷三一“地理下”已明确记载，桂阳郡“统县三：郴、临武、卢阳。”隋时桂阳郡既已领卢阳县，则卢阳郡当已被废，所以《通典》关于“隋平陈，废二郡（桂阳、卢阳）”的记载是正确的，当以《通典》的记载为准。

② 《旧唐书》卷四〇“地理三·江南西道·郴州”：“隋桂阳郡，武德四年，平萧铣置郴州。”

③ 《文献通考》卷三〇九“舆地考五·郴州”“领县八”注。按《旧唐书》卷四〇“地理三·江南西道·郴州”说“天宝领县八”，却只列了郴、义章、义昌、平阳、高亭、临武、蓝山七个县名；《通典》卷一八三“州郡十三·桂阳郡”说“领县八，郴、高亭、蓝山、义昌、资兴、义章、临武”，也只列了七县；《文献通考》注则列出了八个县名：郴、南亭、资兴、义章、蓝山、义昌、高平、临武，但却将《通典》和《旧唐书》的“高亭”错成了“南亭”。《旧唐书》卷四〇“地理三·江南西道·郴州”：“高亭，汉便县地，属桂阳郡。晋省，陈复置，隋废。开元十三年，宇文融析郴县北界四乡置安陵县，天宝元年改为高亭，取县东山名。”

④ 《旧唐书》卷四〇“地理三·江南西道·郴州”：“隋桂阳郡，武德四年，平萧铣置郴州……天宝元年改为桂阳郡，乾元元年复为郴州。”

⑤ 宋代郴州称作“郴州桂阳郡”，元至元十四年称“郴州路总管府”，明洪武初改为郴州府，洪武九年降为州，清代则为直隶州。（据《大清一统志》卷二八八“郴州”）

⑥ 《水经注》卷三九“耒水”注：“郴，旧县也，桂阳郡治也……耒阳，旧县也，盖因水以制名，王莽更名南平亭，东傍耒水，水东肥南，有郡故城。”《旧唐书》卷四〇“地理三·江南西道·郴州”：“郴，汉县，属桂阳郡，汉郡理所也。后汉，郡理耒阳，寻还郴……隋平陈改为郴州，炀帝为桂阳郡，武德四年改郴州，皆以郴为理。”《大明一统志·衡州府·古迹》“桂阳郡城，在耒阳县治西，东汉建武中徙郡治于此。”

⑦ 雷晋福：《桂阳郡治质疑》，《郴州日报》2008年8月28日。

二

再来考察历史上的桂阳县。

先看历史上的第一个桂阳县，其地即是今日广东清远市所辖的连州市。早在西汉此地就已设立桂阳县，是当时桂阳郡所辖十一县之一。① 吴氏长沙国时期，桂阳郡成为长沙国的一部分，桂阳县也包括在内。② 吴氏长沙国被废，桂阳县仍归桂阳郡管辖，东汉沿袭。到吴甘露元年（265）十一月，吴末代主孙皓分“桂阳南部为始兴郡”③，郡治在曲江（今广东韶关市南），桂阳县归于始兴郡管辖④，两晋沿袭。⑤ 南朝刘宋时改始兴郡为广兴郡，萧齐时又改回始兴郡，桂阳县并属之。⑥ 萧梁又分始兴郡设立阳山郡，郡治阳山，地在今广东英德⑦，桂阳县属之，陈因之。⑧ 隋朝平陈，废阳山郡⑨，隋文帝开皇十年（590）置连州，隋炀帝大业（605—618）初改连州为熙平郡，唐武德四年（622）复设为连州，天宝元年（742）改为连山郡，乾元元年（758）复为连州，而桂阳

---

① 《汉书》卷二八上“地理志上”：“桂阳郡……县十一：郴、临武、便、南平、耒阳、桂阳、阳山、曲江、含洭、浈阳、阴山。”吴氏长沙国时期，桂阳郡是长沙国的一部分，

② 据《汉书》卷二八上“地理志上”记载和马王堆出土的《长沙国南部地形图》，吴氏长沙国设有22县：临湘、罗、益阳、连道、承阳、郝、昭陵、容陵、荼陵、湘南、攸、郴、营浦、南平、春陵、泠道、安成、桂阳、观阳、洮阳、龄道、下隽。

③ 《三国志》卷四八“吴书·三嗣主传”。

④ 《晋书》卷一五“地理下”：始兴郡，吴置，统县七：曲江、桂阳、始兴、含洭、浈阳、中宿、阳山。

⑤ 《通典》卷一八三“州郡十三·连州”：“（桂阳）吴属始兴郡，晋因之。”

⑥ 《元和郡县志》卷二九“江南道五·连州”：“桂阳县，本汉旧县，属桂阳郡，吴、宋、齐并属始兴郡。”按，有一种看法认为南朝刘宋高祖时置小桂郡，治所在桂阳，即今连州（见连州市政府网“中国·连州”http：//www.lianzhou.gov.cn“连州市建置沿革”），其根据大概是刘禹锡的《连州刺史厅记》所说：“宋高祖世，始析郴之桂阳为小桂郡，后以州统县更名，如今其制谊也。”（《刘宾客文集》卷九）；但胡三省注《资治通鉴》认为：“秦置桂林郡，汉武帝改曰郁林，郡治布山，桂林为县属焉。吴孙皓凤凰三年，分立桂林郡，因谓桂林为小桂。陶弘景曰：‘始兴桂阳县，即是小桂。’”（见《资治通鉴·晋纪·孝愍皇帝下》），并不认为小桂是郡名。

⑦ 雍正《广东通志》卷五三“古迹志”：“（英德县）阳山郡城在县西，梁天监中置，隋平陈，废郡，遂圮。”

⑧ 《元和郡县志》卷二九“江南道五·连州”：“桂阳县……梁、陈属阳山郡。”

⑨ 《隋书》卷三一“地理下·熙平郡”“桂阳”注：“梁置阳山郡，平陈，郡废，大业初，置熙平郡。”

县则一直为隋、唐两代熙平郡、连州、连山郡治所所在。[①] 自此直到两宋，桂阳县及连州之名称、辖境与州治均无移易。[②] 元朝世祖至元十九年（1278），桂阳县被升为桂阳州，下辖阳山县。[③] 明太祖洪武二年（1369），撤桂阳州并入连州。[④] 从此以后，地在今日广东省连州市的桂阳县和桂阳州，在存在了1500年后，就成为了历史名词。

再看历史上的第二个桂阳县，其地就是今日湖南的汝城县（也曾包括桂东县）。秦时，此地属长沙郡郴县；西汉时，先属吴氏长沙国，后属桂阳郡郴县，东汉、西晋沿袭。东晋穆帝升平二年（358）[⑤]，始分郴县地置汝城县，中国历

① 《旧唐书》卷四〇“地理三・江南西道・连州”：“连州，隋熙平郡，武德四年平萧铣置连州，天宝元年改为连山郡，乾元元年复为连州……桂阳，汉县，属桂阳郡，今州理是也。隋开皇十年，于县置连州，大业改为熙平郡，武德四年，复为连州，皆以桂阳为理所。”

② 《文献通考》卷三〇九“舆地考五・连州”：“隋炀帝初，置熙平郡，唐改为连州或为连山郡，属岭南道，领县三（宋同）。宋开宝四年，以广州浛光来属，六年以浛光隶英州，属广东路……领县三，治桂阳：桂阳、阳山、连山。”《宋史・地理六・广南东路》：“连州……县三：桂阳、阳山、连山。”

③ 《元史》卷六二“地理五・广东道宣慰使司都元帅府・海北广东道肃政廉访司”：“桂阳州，本桂阳县，唐宋因之，元至元十三年内附，十九年升桂阳县为散州，割连州阳山县来属下。”

④ 《大清一统志》卷三五二“连州”：“明洪武二年，并桂阳州入连州，寻废，十四年复置连州，属广州府。”

⑤ 关于设立汝城的具体年份，见乾隆《桂阳县志》卷之二《舆地・沿革》：“东晋穆帝升平二年戊午……析郴县地置汝城县，县治旧址在今县西南十五里，名曰城郭云。”但此前的史料中查不到这个具体年份，《晋书》中未见汝城设立资料，《宋书》卷三七“州郡三”只是说：“汝城令，江左立。”《元和郡县志》卷二九“江南道五・郴州”仅说：“义昌县，本汉郴县地，至东晋分置汝城县，属桂阳郡。”不清楚设置汝城的这个具体年份出自什么原始史料，这里姑且沿用乾隆《桂阳县志》的说法。

史上从此出现了汝城县之名，其境包括今汝城、桂东县地，属桂阳郡①；陈朝天嘉元年五月（560）乙卯，陈文帝陈蒨刚登上帝位，就下诏将汝城县从桂阳郡分出设置为卢阳郡②，郡治汝城，汝城县名被废，下辖卢阳一县③，卢阳郡

① 今日一般认为汝城县是分晋宁县而设立，如1997年12月出版的汝城县志编纂委员会编《汝城县志》说："东汉顺帝永和元年（136），析郴县置汉宁县，汝城为桂阳郡汉宁县地。三国时，汉宁县改为阳安县，汝城为阳安县地。西晋初，阳安县改称晋宁县，汝城属晋宁县地。东晋穆帝升平二年（358），始分晋宁县地置汝城县，辖今汝城、桂东县地，汝城县之名始见于史籍。"（见该书第50页）这一说法的根据当出自乾隆《湖南通志》卷三"沿革·桂阳县"注，其云："东汉汉宁县。"同治《桂阳县志》卷四"沿革"引用了这一说法："《湖南通志》注：'桂阳县系汉宁县地。'"但并不同意这一说法，明确指出："东汉永和元年，分郴县地置汉宁县，按汉宁县即今兴宁（笔者按：即今日资兴县）。"在紧接的下文更是明确指出："东晋升平二年戊午……析郴县地置汝城县。"嘉庆《湖南通志》卷五"建置沿革考"桂阳县注明确说："本汉郴县地，东晋析置汝城县……宋改为桂阳县。"而乾隆《桂阳县志》卷二"舆地沿革"也明确说："东晋穆帝升平二年戊午……析郴县地置汝城县。"光绪《湖南通志》则沿袭了乾隆《湖南通志》的说法，且进一步加以具体坐实，其卷三"地理·郡县沿革考"后汉桂阳郡"汉宁县"注说："顺帝永和元年析郴置，今兴宁、桂阳、桂东县地。"其实"桂阳县系汉宁县地"的说法并不成立。查《后汉书》卷三二"郡国四"："桂阳郡……汉宁，永和元年置。"《旧唐书》卷四〇"地理三·江南西道·郴州"："后汉分郴置汉宁县，吴改为阳安，晋改为晋宁。"及其他清代以前史料，都只说到分郴县置汉宁，改阳安、晋宁，并未说到今汝城在汉宁、阳安、晋宁境内；相反，有史料明确说汉宁、阳安、晋宁之地乃是资兴县地，如《元和郡县志》卷二九"江南道五·郴州"："资兴县，本汉郴县地，后汉于此置汉宁县，吴改曰阳安，晋改为晋宁，至隋省。开皇十一年又置改为晋兴，贞观废，咸通三年又置改为资兴。"这个资兴就是今日的资兴市，南宋绍定二年改名为兴宁，1914年因与广东省兴宁县同名，复改为资兴县，1984年撤县建市。查今日郴州地图，汝城县城在郴州的东南，而资兴县城在郴州的东北，汝城县城到资兴县城的距离比到郴州城区还要远，当时的晋宁怎么可能包括今日的汝城、桂东和资兴在内？所以《旧唐书》卷四〇"地理三·江南西道·郴州·义昌县"明确说："晋分郴县置汝城……陈废……立卢阳郡，领卢阳县，开元九年废郡（笔者按：前文注文已论述废郡是在隋初），以卢阳属郴州，天宝元年改为义昌。"

② 关于分汝城县设置卢阳郡的时间，乾隆《桂阳县志》卷二"舆地沿革"说："陈武帝永定三年己卯，析桂阳郡地置卢阳郡。"而同治《桂阳县志》卷四"沿革"说："（陈）武帝永定三年庚辰，析桂阳郡地置卢阳郡。"两《桂阳县志》年份虽都定为永定三年，即公元559年，但干支纪年则一说是"己卯"，一说是"庚辰"，而永定三年是己卯年，第二年才是庚辰年，这已是陈文帝天嘉元年，即公元560年；《陈书》卷三"世祖本纪"则明确记为："天嘉元年……五月乙卯改桂阳之汝城县为卢阳郡。"《陈书》作者姚思廉陈亡时已33岁，他作《陈书》几乎可说是当代人记当代事，当以《陈书》所记为准。

③ 关于卢阳郡辖地，《陈书》卷三"世祖本纪"明确地说："天嘉元年……五月乙卯改桂阳之汝城县为卢阳郡"，同书《侯安都传》也说"上乃下诏，改桂阳之汝城县为卢阳郡"，《舆地广记》卷二六"荆湖南路·郴州"亦说"桂阳县，汉郴县地，东晋分置汝城县，属桂阳郡，宋、齐、梁因之，陈改为卢阳县，及置卢阳郡"，即卢阳郡所辖就是原汝城县一地；而《旧唐书》卷四〇"地理三·江南西道·郴州"则有不同看法，认为："晋分郴县置汝城、晋宁二县，陈废二县，立卢阳郡，领卢阳县"，似乎卢阳郡所辖为原汝城、晋宁二县之地。但《旧唐书》的这一说法是错误的，因为晋宁，即后来的资兴，从未见有史料记载曾为卢阳郡所辖之地。《元和郡县志》卷二九"江南道五·郴州"说得很明确："资兴县，本汉郴县地，后汉于此置汉宁县，吴改曰阳安，晋改为晋宁，至隋省。开皇十一年，又置改为晋兴，贞观废，咸通三年，又置改为资兴。"

属东衡州（辖卢阳、始兴、安远三郡）管辖。设置卢阳郡的原因，是陈文帝为了报答扶其登上大位的前朝大臣侯安都，以便让安都之从弟就近在曲江（侯安都家乡是始兴郡曲江，为东衡州治所）任东衡州刺史，侍养安都在乡之老母[①]；而乾隆《桂阳县志》卷之二“舆地沿革”则认为是“陈氏建国，幅员益隘，务多立州县，以夸富庶”。隋平陈后，开始整理前朝滥设的州郡，废卢阳郡，以卢阳县（汝城）属郴州（隋文帝平陈，废桂阳郡置为郴州）。从公元560年陈文帝设卢阳郡，汝城之地归于郡治在珠江流域曲江的东衡州管辖，至此重新回归长江流域的郴州管辖，时间正好是三十年。隋炀帝初年复改郴州为桂阳郡[②]，以卢阳县属桂阳郡[③]。唐高祖灭隋后，于武德四年（621）平萧铣，废桂阳郡，以其地复置郴州，卢阳县属之[④]。天宝元年（742）又改郴州为桂阳郡[⑤]，卢阳县改为义昌县，属桂阳郡[⑥]。唐肃宗乾元元年桂阳郡（758）复改为郴州[⑦]，义昌县属之。后唐庄宗同光三年（925），为避唐庄宗李存勖祖父李

① 《陈书》卷八“侯安都传”：“侯安都，字成师，始兴曲江人也……高祖崩，安都随世祖还朝，仍与群臣定议翼奉世祖。时世祖谦让弗敢当，太后又以衡阳王故未肯下令，群臣犹豫不能决。安都曰：‘今四方未定，何暇及远？临川王有功天下，须共立之，今日之事，后应者斩。’便按剑上殿，白太后出玺，又手解世祖发，推就丧次，世祖即位……自是威名甚重，群臣无出其右。安都父文捍，为始兴内史，卒于官，世祖征安都还京师，为发丧。寻起复本官，赠其父散骑常侍金紫光禄大夫，拜其母为清远国太夫人，仍迎还都。母固求停乡里，上乃下诏，改桂阳之汝城县为卢阳郡，分衡州之始兴、安远二郡，合三郡为东衡州，以安都从弟晓为刺史，安都第三子秘，年九岁，上以为始兴内史，并令在乡侍养。”

② 《通典》卷一八三“州郡十三·桂阳郡”：“汉初以其地为桂阳郡……陈以其地为桂阳、卢阳二郡，隋平陈，废二郡，置郴州。炀帝初州废，复置桂阳郡。”《旧唐书》卷四〇“地理三·江南西道·郴州”则言：“义昌，晋分郴县置汝城……陈废……立卢阳郡，领卢阳县，天宝元年改为义昌。”按《旧唐书》所说“开元九年废郡，以卢阳属郴州”，似乎卢阳郡被废是在唐开元九年，然而据前引《通典》和《隋书》“地理下”：桂阳郡“统县三：郴、临武、卢阳”，卢阳郡被废是在隋初，隋代桂阳郡已辖卢阳县（即卢阳郡地），可见卢阳郡确实在隋代已被废改为卢阳县，并已成为郴州（隋文帝时）或桂阳郡（隋炀帝时）的一个属县。

③ 《隋书》卷三一“地理下·桂阳郡”：“统县三：郴、临武、卢阳。”

④ 《旧唐书》卷四〇“地理三·江南西道·郴州”：“隋桂阳郡，武德四年，平萧铣置郴州。领(郴)、卢阳、义章、临武、平阳、晋兴六县。”

⑤ 《旧唐书》卷四〇“地理三·江南西道·郴州”：“武德四年平萧铣置郴州……天宝元年改为桂阳郡。”

⑥ 《元和郡县志》卷二九“江南道五·郴州”：“义昌县，本汉郴县地，至东晋分置汝城县，属桂阳郡……天宝元年改为义昌。”

⑦ 《旧唐书》卷四〇“地理三·江南西道·郴州”：“隋桂阳郡，武德四年，平萧铣置郴州……天宝元年改为桂阳郡，乾元元年复为郴州。”

国昌名，义昌县改为郴义县[①]，属郴州。太平兴国元年（976），为避宋太宗赵光义之讳，改郴义县为桂阳县[②]，属郴州桂阳郡。从此年起到元朝至元十九年（1278）连州的桂阳县被升为桂阳州为止，南岭南北的两个桂阳县同时共存达302年之久。南宋嘉定四年（1211），分桂阳县地置桂东县。[③] 元、明二朝，桂阳县依旧，属郴州路总管府或郴州府、郴州，清代属郴州。[④] 中华民国二年（1913），桂阳县重新改回汝城县。[⑤] 从公元560年改为卢阳，经过1353年，汝城又恢复了公元358年启用的原名。

三

最后考察历史上的桂阳监、桂阳军、桂阳路、桂阳州。

其地域在今日湖南郴州市的桂阳县。此地在东晋以前，一直是作为郴县的一部分而存在。东晋分郴县设立平阳郡和平阳县，治所即在今日桂阳县地；至南朝陈，县与郡俱废，隋末萧铣复分郴置平阳郡和平阳县，唐高祖武德四年（621）平萧铣，废平阳郡，平阳县属郴州，武德七年省平阳县并入郴县，八年复置，属郴州，天宝元年属桂阳郡，唐肃宗乾元元年，平阳县属郴州。[⑥] 平阳县地产铜及银，所产铜供桂阳监铸钱。[⑦] 唐中期以前在郡（州）治所即今郴州

---

① 关于改“义昌”为“郴义”年代，《十国春秋》卷一〇二“十国地理表下”：“郴州……郴义，旧为义昌县，后唐同光中，避庙讳，更名曰郴义。”作“同光中”，乾隆《桂阳县志》卷二“舆地沿革”作“同光三年”，姑仍之。

② 《舆地广记》卷二六“荆湖南路·郴州”：“桂阳县……后唐改曰郴义，皇朝太平兴国元年改为桂阳。”宋人李攸《宋朝事实》卷一九“升降州县二·荆湖南路·郴州”：“太平兴国元年，改郴义县为桂阳县。”乾隆、同治二《桂阳县志》均作“太平兴国初”。

③ 雍正《湖广通志》卷四“沿革志·直隶郴州属县沿革”：“桂东县，宋嘉定四年，析桂阳之零陵、宜城二乡置。”

④ 《大清一统志》卷二八八“郴州”：“宋仍曰郴州桂阳郡，属荆湖南路。元至元十三年置安抚司，十四年改郴州路总管府，属湖广行省。明洪武初改为郴州府，九年降为州……本朝因之，为直隶州，领县五：永兴、宜章、兴宁、桂阳、桂东。”

⑤ 民国《汝城县志》卷二“舆地志·沿革考”：“前清湖南有两桂阳：一州一县，民国初年，州降为县，为避两县同名，二年改复东晋旧称。”

⑥ 《旧唐书》卷四〇“地理三·江南道七·郴州”：“隋桂阳郡，武德四年，平萧铣置郴州……天宝元年改为桂阳郡……领（郴）、卢阳、义章、临武、平阳、晋兴六县……平阳，晋分郴置平阳郡及县，陈废，后萧铣复分郴置，武德七年省，八年复置……乾元元年复为郴州。”

⑦ 《元和郡县志》卷二九“江南道五·郴州”：“平阳县……银坑在县南三十里，所出银至精好，俗谓之偶子银，别处莫及；亦出铜矿，供桂阳监鼓铸。”

市区设桂阳监，专管铜钱铸造，每年铸钱五万贯[①]，后曾一度废置（可能是因为安史之乱）。唐元和三年（806）桂阳监重新设立[②]，并从州城迁到平阳县[③]。五代后晋天福年间（936—942），设在今日桂阳的桂阳监开始由纯粹掌管矿冶铸钱的机构向地方行政机构转变，成为一个下辖属县的具有州一级行政职能的机构和特别行政区。[④] 进入北宋，桂阳监正式成为州一级的行政区和机构。[⑤] 南宋绍兴二十二年（1152）九月，桂阳监升格为桂阳军。[⑥] 元朝至元十四年（1277），桂阳军升为桂阳路。[⑦] 明太祖洪武元年（1368），桂阳路改为桂阳府，洪武九年降为桂阳县，洪武十三年复升为州。[⑧] 清初因之，雍正十年（1732），升桂阳州为直隶州。[⑨] 中华民国二年（1913），桂阳直隶州被废除，原属州直管的五都五十一里[⑩]设置为桂阳县。

---

① 《元和郡县志》卷二九“江南道五·郴州”：“郴县……桂阳监在城内，每年铸钱五万贯。”今日桂阳县官方认为当时桂阳监设在平阳（即今日桂阳县）：“唐至德二年（757），桂阳郡易名郴州，州治移平阳县城，唐贞元二十年（804），置桂阳监于平阳城，不领县，掌矿冶铸铜钱。”（见桂阳县政府网“中国·桂阳”网 http：//www.hngy.gov.cn“历史沿革”网页）这种说法是站不住脚的。桂阳郡易名郴州是在武德四年（621），天宝元年（742）又改回桂阳郡，乾元元年（758）复为郴州，且从未见桂阳郡或郴州曾移治所于平阳的史料记载；而《元和郡县志》所载“郴县……桂阳监在城内”，这已说得非常明确：桂阳监就设在当时的州治郴县城内。

② 《唐会要》卷八九“泉货”：“（元和）三年五月，盐铁使李巽上言：‘得湖南院中郴州平阳、高亭两县界有平阳冶及马迹曲水等古铜坑，纳二百八十馀井，差官检覆，寔有铜锡。今请郴州旧桂阳监，置两炉，采铜铸钱，每日约二十贯，计一年铸成七千贯，有益于人。’从之。”

③ 《方舆胜览》卷二六“桂阳军建置沿革”注：“汉高帝分长沙为桂阳郡……唐置郴州，宪宗时即平阳县置桂阳监。”

④ 《十国春秋》卷一〇二“十国地理表下”：“（楚）桂阳监，唐于郴州境置监，掌铸钱。晋天福初，以临武、高平二县益其地。”

⑤ 《元丰九域志》卷六“荆湖南路·郴州桂阳郡军事”：“同下州桂阳监，治平阳县。”

⑥ 今日桂阳县官方认为（见桂阳县政府网“中国·桂阳”网 http：//www.hngy.gov.cn“历史沿革”网页）桂阳监升军是在宋绍兴三年（1133），其依据大约是《宋史》卷八八“地理四·荆湖南路”所云：“桂阳军，本桂阳监，同下州。绍兴元年，隶荆湖东路，二年复故，三年升军……县二：平阳、蓝山。南渡后增县一：临武。”但这个说法是有问题的。据《建炎以来系年要录》卷一六三：“绍兴二十有二年……（九月）戊申，升桂阳监为军。”《建炎以来系年要录》专记宋高宗一朝史事，按日记事，是南宋当代人所编，具有很高的可信度；而《宋史》乃元人所作，成书时间短，草率粗糙，对史料缺乏鉴别考订。当以《建炎以来系年要录》所记绍兴二十二年为是。

⑦ 《元史》卷六三“地理六·湖广等处行中书·湖南道宣慰司”：“桂阳路，唐郴州，宋升桂阳军，元至元十二年置安抚司，十四年升桂阳路总管府……县三……平阳、临武、蓝山。”

⑧ 《明史》卷四四“地理五·湖广”：“桂阳州，洪武元年为府，九年四月降为县，省平阳县入焉，十三年五月升为州……领县三：临武、蓝山、嘉禾。”

⑨ 《大清一统志》卷二九〇“桂阳州·建置沿革”：“雍正十年升为直隶州，属湖南省，领县三：临武、蓝山、嘉禾。”

⑩ 五都五十一里之名称，见同治《桂阳州志》卷一“疆域”的记载。

下篇　唐代汝城进士

一

在本文的开头，笔者就说考察唐代汝城的进士与广东连州有关，与连州有关的人物，就是唐代后期的宰相刘瞻与其父亲刘景。

2000 年 6 月，暨南大学古籍整理研究所袁钟仁先生发表文章，认定刘瞻是广东连州人，其依据是："清朝广东阮元《广东通志·列传》确认刘瞻是'今连州（即连县）人。'"[①] 2006 年出版的作为连州市宣传当地历史文化工程的《连州历代名人》一书，专列《唐代贤相刘瞻》一节，图文并茂介绍刘瞻[②]；"百度百科"介绍刘瞻："刘瞻，字几之，唐代连州人。父亲刘景曾就教于诗人刘禹锡。刘景进士及第，开了连州学子进士之先例。"[③] 看来连州市对刘瞻、刘景父子是当地历史名人这点是确定无疑的；在古代方志中，刘瞻父子是连州人也有记载。如同治《连州志》就将刘瞻列为连州第一位进士（不知为何没将刘瞻之父刘景列为第一位）[④]，在"人物志"中也列有刘瞻的专传，介绍说："刘瞻，字几之，其先本彭城，后徙桂阳（原注：今连州）。"[⑤] 还有一些方志有刘瞻墓在连州的记载。[⑥] 看来清朝连州人对刘瞻父子是他们家乡人这点也确信无疑。

那么，刘瞻父子是连州人的根据是什么呢？应该说是有一定的史料根据的，这个史料根据就是五代人孙光宪在《北梦琐言》中的记载："唐相国刘公瞻，其先人讳景，本连州人。少为汉南郑司徒掌笺札，因题商山驿侧泉石，荥阳奇之，勉以进修，俾前驿换麻衣。执贽之后，致解荐，擢进士第。"[⑦] 这是

① 见《罕为人知的岭南唐朝贤相刘瞻》一文，刊于《岭南文史》2000 年第 2 期；《河池学院学报》2009 年第 4 期所载刘志勇《唐代岭南道进士考述》一文也持类似看法。

② 曹春生《连州历代名人》，研究出版社，2006 年 11 月出版。曹春生在"后记"中说："清远市委副书记邓光荣为此书题写了书名，连州市长林文钊为此书作序，连州市政协主席周永信为此书的出版奔走敦促，足见他们对连州市文化建设的重视和对本人的信任与厚爱。"

③ "百度百科·刘瞻"，http：//baike. baidu. com/view/212593. htm。

④ 同治《连州志》卷三"选举志·进士"。

⑤ 同治《连州志》卷七"人物志·刘瞻传"。

⑥ 如雍正《广东通志》卷五五"连州·茔墓志"载："宰相刘瞻墓在翠峰。"《大清一统志》卷三五二"连州·陵墓"载："唐刘瞻墓，在州东翠峰寺东。"

⑦ 《北梦琐言》卷三。

今天可见到的明确说刘瞻父子是连州人的清代以前唯一史料[①]，其他有关唐代的一些基本史料都无此说而只说他是彭城人或桂阳人。如《旧唐书》刘瞻本传说："刘瞻，字几之，彭城人。"[②]《新唐书》刘瞻本传说："刘瞻，字几之，其先出彭城，后徙桂阳。"[③] 孙光宪生活时代距刘景时已有100多年[④]，他说刘景是连州人，但他记载的刘景故事并非从某种确切资料中得来，而是得自传闻，据他自己在此条记事后的小注，乃是"王屋匡一上人"为之"细话之"的结果。那么，说刘景是连州人的其实就是这位"上人"，也就是一位和尚或道士之类的人士。这位"上人"似乎见到过刘景为连州人的材料（当然孙光宪也应该见过），这个材料应该就是刘禹锡为贺刘景登进士第而写的《赠刘景擢第》诗，诗云："湘中才子是刘郎，望在长沙住桂阳。昨日鸿都新上第，五陵年少让清光。"[⑤] 诗称刘景"住桂阳"，如果此处的桂阳作为一个县域，那就是当时的连州治所所在地——桂阳县（也就是今日的广东省连州市），据此，这位"上人"（孙光宪也应该同意）就断定刘景"本连州人"。然而要作出这个判断，必须有一个前提，即必须肯定刘禹锡诗中所说的"桂阳"是一个县名。我们姑且假定"桂阳"在此就是一个县名，这位"上人"（包括孙光宪）据此作出刘景是连州人这个判断也偷换了一个概念，即将作为县名的"桂阳"偷换成了作为州名的"连州"了，要知道连州当时可是下辖三县的州郡一级的行政地域，桂阳、连州二者是很难等同一视的。[⑥]

自南朝到唐宋，一般撰述中介绍某人籍贯，如果具体到县，通常要在县名前加上郡名（或州名）。如"许荆，字少张，会稽阳羡人也"[⑦]，"杨佺期，弘

---

① 除了孙光宪《北梦琐言》的记载外，尚有北宋王谠《唐语林》卷三"赏誉"有文字几乎完全相同的记载，王谠生活年代比孙光宪要晚几十年，他的记载完全抄自《北梦琐言》，故可置而不论。

② 《旧唐书》卷一七七"刘瞻传"。

③ 《新唐书》卷一八一"刘瞻传"。

④ 刘禹锡曾有《赠刘景擢第》诗，诗中称刘景为"刘郎"，刘景当少于刘禹锡，刘禹锡生于公元772年，刘景当生于公元790左右；而孙光宪生于公元900年左右，约晚于刘景110年。

⑤ 诗见《刘宾客文集·外集》卷八、《万首唐人绝句》卷六和《全唐诗》卷三六五。《新唐书》刘瞻本传说"刘瞻，字几之，其先出彭城，后徙桂阳"，与刘禹锡诗说刘景"住桂阳"其义相同，但《新唐书》作者欧阳修比《北梦琐言》作者孙光宪年代要晚，孙光宪不可能是根据《新唐书》的记载断定刘景是连州人。极有可能《新唐书》"后徙桂阳"的记载也出自刘禹锡的"住桂阳"。

⑥ 《文献通考》卷三〇九"舆地考五·连州"：隋炀帝初，置熙平郡，唐改为连州或为连山郡，属岭南道，领县三（宋同）。宋开宝四年，以广州浛光来属，六年以浛光隶英州，属广东路……领县三，治桂阳：桂阳、阳山、连山。"《宋史·地理六·广南东路》："连州……县三：桂阳、阳山、连山。"

⑦ 《后汉书》卷一〇六"许荆传"。

农华阴人”[1]，“刘毅，字希乐，彭城沛人也”[2]，“魏征，字玄成，钜鹿曲城人也”[3]，“毕构，河南偃师人也”[4]，“公讳某，字某，世为连州桂阳人”[5]。如果介绍中仅出现一个地名，那么这通常是其人籍贯所在的州郡，至于究竟是这个州郡辖下的哪个县，则是不清楚的。[6] 如“蔡伦，字敬仲，桂阳人也”[7]，如果是桂阳县，那蔡伦就是广东连州人了，显然不是，只能是桂阳郡，究竟是桂阳郡所辖的哪个县，则不清楚，所以今日耒阳市和桂阳县都说蔡伦是他们那里的；又如“殷仲堪，陈郡人也”[8]，“鲁炅，范阳人也”[9]，“崔瓘，博陵人也”[10]，“府君姓刘氏，讳知柔，字某，彭城人也”[11]，“公讳谧，字某，其先彭城人也，唐末避地徙家寿春”[12]，都是这种情况。以上两种介绍籍贯的方式，有时甚至会出现在同一篇文章中，如韩愈曾为一位刘公写过一篇墓志铭：“公讳昌裔，字光后，本彭城人……大父巨敖……为太原晋阳令，再世宦北方，乐其土俗，遂著籍太原之阳曲。”[13] 前面说“本彭城人”，是指彭城郡，不清楚其县，后面则说“太原之阳曲”，郡名县名都介绍得清清楚楚。

回到《北梦琐言》关于刘瞻是连州人的断定。我们在前面已说到这个断定

---

① 《晋书》卷八四“杨佺期传”。

② 《晋书》卷八五“刘毅传”。

③ 《旧唐书》卷七一“魏征传”。

④ 《旧唐书》卷一〇〇“毕构传”。

⑤ 宋·张九成《横浦集》卷二〇《廖守墓志铭》。

⑥ 为何不写明具体县名，或许撰文者也不清楚，或许其所写之人名气太大无须指实到县，隋唐以来一种喜称郡望的习气对此也有影响。当时无论自称还是他称籍贯，所指常常并非现居之地而是其姓族（通常为名门或攀附名门）发派之地，亦即所谓“郡望”。刘知几《史通·因习篇》在“州郡则废置无恒，名目则古今各异，而作者为人立传，每云某所人也，其地皆取旧号施之于今”句下自注中说：“近代史为王氏传云‘琅琊临沂人’，为李氏传曰‘陇西成纪人’之类是也。非惟王李二族久离本居，亦自当时无此郡县，皆是晋魏已前旧名号”，然后感叹：“欲求实录，不亦难乎!”《四库全书总目》卷一四九《高常侍集》提要指出：“考唐代士人多题郡望，史传亦复因之，往往失其现籍。”并就此类现象举了很多例子，录几条于下：卷一五〇《刘宾客文集》提要“《唐书》禹锡本传称为彭城人，盖举郡望，实则中山无极人。是编亦名《中山集》，盖以是也”，同卷《昌谷集》提要“李贺事迹具《新唐书·文学传》，案贺系出郑王，故自以郡望称陇西，实则家于昌谷。昌谷地近洛阳，于唐为福昌县，今为宜阳县地，集中屡言归昌谷。宋《张耒集》有《春游昌谷访长吉故宅》诗，又《福昌怀古诗》中亦有《李贺宅》一首，其明证矣”，卷一〇二《益州名画录》提要“宋黄休复撰，前有景德三年李畋序，称江夏黄氏……宋初或沿唐五代馀习，题黄氏郡望亦未可知，未必果生于是地也”。

⑦ 《后汉书》卷一百八“蔡伦传”。

⑧ 《晋书》卷八四“殷仲堪传”。

⑨ 《旧唐书》卷一〇四“鲁炅传”。

⑩ 《旧唐书》卷一〇五“崔瓘传”。

⑪ 李邕：《李北海集》卷五《唐赠太子少保刘知柔神道碑》。

⑫ 王禹偁：《小畜集》卷二〇《冯氏家集前序》。

⑬ 《昌黎文集》卷二九《唐故检校尚书左仆射右龙武军统军刘公墓志铭》。

可能是根据刘禹锡《赠刘景擢第》诗而作出的，但那位“上人”（包括孙光宪）在逻辑上犯了偷换概念的错误，这个错误或许是无心，但更大的可能是有心犯的，因为这位“上人”（包括孙光宪）如果不偷换，那就违反了当时介绍人物籍贯通常的惯例，于是这位“上人”（包括孙光宪）就陷入了自相矛盾的境地：按惯例，刘禹锡诗中的“桂阳”是指桂阳郡，那就不能指实刘瞻是连州人；而要将刘瞻指实为连州人，就必须把刘禹锡诗中的“桂阳”认定为县名，而这又违反了惯例。也就是说，这位“上人”（包括孙光宪）说刘景“本连州人”，这是遵守了惯例，但他作出这个断定的前提，则是违反惯例的：这正是这位“上人”（包括孙光宪）自相矛盾的地方。

我们再来看刘禹锡《赠刘景擢第》诗本身，应该说，刘景是什么地方人诗中已说得非常明白了。“湘中才子是刘郎”，诗一开头就毫不含糊地点出刘景是“湘中”之人，湘中是哪里？难道可能是地处于珠江流域的广东连州吗？当然不可能，从古至今都找不到这种解释。如东晋罗含《湘中记》一书，其内容涉及地域全部都在湘江流域，无一条关乎岭南之珠江流域[①]；约比刘禹锡早半个世纪出生的刘长卿，曾写有以《湘中纪行》为题的十首诗，其内容也全是描写湘江流域的景物和传说[②]，由此可见唐代对“湘中”所指有严格的界定。刘禹锡对此也不含糊，由于历史上连州曾属设在郴州的桂阳郡所管辖，他在诗中有时也会将连州归入“湘南”的范围[③]，但他诗文中从没有，也绝不会将连州归入“湘中”的范围。他是读过罗含《湘中记》的，他曾写过一首《送周鲁儒赴举诗》，是送湖南九疑山举子周鲁儒赴京考试而作，诗前小引说周鲁儒前来拜访，刘禹锡与之交谈，周鲁儒介绍了九疑山一带的历史典故、风土人情、名山秀水，都是“罗含所未记”，“咸得之于生”，刘禹锡很高兴，对周鲁儒“以二千石客之”[④]，并在其赴京考进士时，写了此诗为他送行。

今日坚持刘瞻故里在连州的人也对“湘中才子是刘郎，望在长沙住桂阳”感到头疼，说“无法解释刘禹锡为什么说刘景是湖南人”；只好曲加解释：“为什

---

① 《湘中记》是方志的早期代表作，此书约于南宋末亡佚，《说郛》、《麓山精舍丛书》、《玉函山房辑佚书补编》等书辑有佚文，今人鲍远航《罗含〈湘中记〉考》（刊于《东南大学学报》2006 年第 2 期）亦补辑了数条。从现存《湘中记》佚文的内容看，其涉及地域全部都在湘江流域，无一条关乎岭南之珠江流域。唐及以后凡说湘中，亦是如此。

② 见《刘随州集》卷四、《全唐诗》卷一四八。

③ 如在连州写的《元日感怀》：振蛰春潜至，湘南人未归。身加一日长，心觉去年非。燎火委虚烬，儿童炫彩衣。异乡无旧识，车马到门稀（《刘宾客文集·外集》卷八）；又如《赴连州途经洛阳诸公置酒相送张员外贾以诗见赠率尔酬之》：谪在三湘最远州，边鸿不到水南流。如今暂寄尊前笑，明日辞君步步愁（《刘宾客文集·外集》卷五），都是如此。

④ 《刘宾客文集·外集》卷八《送周鲁儒赴举诗并引》。

么刘禹锡要称刘景是'湘中才子'呢？很大可能是因为刘景'望在长沙"，即他的"原籍郡望"是在长沙，所以可称为"湘中才子"[1]。"望"在此处肯定不是指刘景的郡望，因为两《唐书》刘瞻本传明确说他是"彭城人"或其"先出彭城"，其郡望是彭城而非长沙，这个解释是无法说通的。其实，"住桂阳"，就是指刘景是桂阳郡（实际上当时已改为郴州）人[2]，当时桂阳郡（郴州）几乎全部范围都在湘江流域，所以刘禹锡要说刘景是"湘中才子"。既然"望在长沙"不是说刘景郡望在长沙，那是什么意思呢？笔者在此提出一种解释：可能是指刘景当时参加进士考试是挂籍于潭州（即长沙）而由潭州解荐的。当时参加礼部进士考试要由籍贯所在的州郡推荐，考生"皆怀牒自列于州县"，通过一定的考试后，然后"举其成者送尚书省（后为礼部）"参加进士考试[3]，这就是所谓的"乡贡"和"解送"。由于各州"解送"名额有多少之别，同时能否被"解送"也并非全在考试成绩，有时考生为了增加机会，常跑到非籍贯所在州参加"乡贡"，到唐中后期乡贡已"率多寄应者"[4]，这已成为一种普遍现象。刘景或许就是在这种风气影响下，由潭州"解送"到长安参加进士考试的。

因此，《北梦琐言》关于刘景、刘瞻父子是连州人的断定是难以成立的。此外，史志中尚有刘瞻是桂州（今广西桂林）人的记载。[5] 这种说法来自于司马光的《资治通鉴》，[6] 但这种说法唯一出处也是《资治通鉴》[7]，而不见于其他任何史料，应该是司马光的误判，在此不拟对之深加辨析。

二

那么，刘景、刘瞻父子就只能是地处于湘江流域的桂阳郡（郴州）人了，这是可以肯定无疑的。然而唐后期桂阳郡（郴州）下辖八县：郴、高亭、资

---

① 见"水石连州论坛"（http：//bbs. lztour. com/bbs/index. php）《我对"桂阳"和〈赠刘景擢第〉理解》一帖。

② 刘禹锡写《赠刘景擢第》诗时桂阳郡已改为郴州（唐肃宗乾元元年，即公元758年，桂阳郡复改为郴州），但人们习惯上仍可将郴州称为桂阳郡。

③ 见《新唐书》卷四四"选举志"。

④ 《唐摭言》卷一"乡贡"。

⑤ 《广西通志》卷七〇选举志"进士"："刘瞻，桂州人，集贤殿大学士。"同书卷七十六"人物志·刘瞻传"："刘瞻，字几之，桂州人，登大中初进士，四年又登博学宏词科，累官至刑部尚书、集贤殿大学士……"

⑥ 《资治通鉴》卷二五二唐纪："咸通十年……六月……癸卯，以翰林学士承旨户部侍郎刘瞻同平章事。瞻，桂州人也。"

⑦ 《广西通志》卷七六"刘瞻传"注："案《唐书》作彭城人，今从《通鉴》。"所据唯一出处就是《通鉴》。

兴、义章、蓝山、义昌、高平、临武[①]，他们究竟是哪个县的人呢？

1993年出版的《郴州历代名人》一书，其中有《刘瞻》一文，全文不到1000字，简单介绍了刘瞻父子的事迹，断定刘瞻是"唐朝郴州城厢人"[②]，据文末注释，作者作出这个断定的文献依据仅有一种，就是清嘉庆《郴县县志》卷三〇《刘瞻传》，这是否太简单了些？

其实一些更早的方志并不认为刘瞻是郴县人，而只是说他是郴人或郴州人。如明万历《郴州志》[③]卷四"科贡表·进士"，列刘瞻在"州"下，此表按州县分列，如确知为某县人，则列入某县下，如陈清，就列在"永兴"县下，朱辂列在"桂阳"县下，可知万历《郴州志》只认为刘瞻是郴州人；在此志"人物志"的刘瞻传中，也只是说"刘瞻字几之，郴人"[④]。康熙《郴州总志》"选举志""刘瞻"名下注明"郴州，官宰相，有传"[⑤]，此志各位进士名下，都注明了所属之县，如陈清注明"永兴"，朱辂注明"桂阳"，可知康熙《郴州总志》也只认为刘瞻是郴州人，而在此志的"人物志"中也仅是说"刘瞻，字几之"[⑥]，未说何处人，显然是笼统作为州人入传。

此外，一些方志中还记载了郴州及附近有关刘瞻的一些遗迹。如记刘瞻墓，"在郡南三十里良田铺侧。唐平章事刘公瞻葬此，明年夏，暴雨坟陷，视其尸与柩俱解矣"[⑦]；记刘瞻祠，"在州学。瞻，唐相，宋大观初，郡人思其风烈，立祠祀之"[⑧]；记刘瞻读书堂，"读书堂，在州城东，唐相刘瞻尝读书于此。宋刘彭老诗：湖光渺渺浸朝霞，十里中曾旧相家"[⑨]；记刘瞻故里，"唐相刘东山故里，在今河街乌石矶，刻'刘平章故里'五字，今字迹尚存"等。[⑩]其实，如果根据这些遗迹就肯定刘瞻故里在今郴州城区，恐怕也难成定论。因

---

① 《文献通考》卷三〇九"舆地考五·郴州""领县八"注。按《旧唐书》卷四〇"地理三·江南西道·郴州"说"天宝领县八"，但只列了七个县名，《通典》卷一八三"州郡十三·桂阳郡"说"领县八，郴、高亭、蓝山、义昌、资兴、义章、临武"，也只列了七县，《文献通考》注则列出了八个县名：郴、南亭、资兴、义章、蓝山、义昌、高平、临武，但却将《通典》和《旧唐书》的"高亭"错成了"南亭"。《旧唐书》卷四〇"地理三·江南西道·郴州"："高亭，汉便县地，属桂阳郡。晋省，陈复置，隋废。开元十三年，宇文融析郴县北界四乡置安陵县，天宝元年改为高亭，取县东山名。"

② 刘华寿《郴州历代名人》，湖南师范大学出版社，1993年，第9页。

③ 上海古籍书店，1962年影印本，据明万历四年刻本影印。

④ 万历《郴州志》卷一六"人物·刘瞻传"。

⑤ 康熙《郴州总志》卷八"选举志·进士"。

⑥ 康熙《郴州总志》卷九"人物志·刘瞻传"。

⑦ 万历《郴州志》卷七"提封志下·陵墓"。

⑧ 《大明一统志》卷六六"郴州·寺观"。

⑨ 雍正《湖广通志》卷七九"古迹志·郴州"。

⑩ 嘉庆《郴州总志》卷七"古迹"。

为刘瞻之父已是进士，入仕后虽未致显要，但也官“历台省”[①]，无论是在职时还是退休后，都有能力让刘瞻到州城读书，并买屋或建屋让其居住，这是完全有可能的。那么，刘瞻在此居住过和读过书，此处就可称为刘瞻故里，这恐怕难说就是定论，还要有其他证据才行。正如不能因为毛泽东在湘乡东山读过书，在长沙清水塘住过，就说毛泽东是湘乡人，是长沙人，我们也不可根据刘瞻在郴州居住过读过书而说他就是“郴州城厢人”。至于刘瞻之墓在郴州[②]，这也难说，刘瞻死在长安，未必会葬回郴州，即使真的葬在“在郡南三十里良田铺侧”，也未必就能说明刘瞻就是“郴州城厢人”。曾国藩是湘乡（双峰）荷叶人，但他却葬在长沙[③]，这种例子多的是。何况在广东的方志记载中连州也有刘瞻墓[④]、刘瞻祠[⑤]的记载，据之我们就可说刘瞻是连州人么？

在另一些方志文献中，则有明确记载表明刘瞻是汝城人。如《大明一统志》在“郴州·人物”中说：“刘瞻，桂阳人。举进士、博学宏词，历官翰林学士、中书平章。”[⑥]《大明一统志》的“人物志”对入传人物的籍贯是明确到县的，看看刘瞻前后的郴州人物之传就可确知，如刘瞻传前面记“孟琯，郴人，元和中进士，尝著《岭南异物志》”，后面记“陈纯夫，永兴人，元丰初监举第一，寻以《易经》魁省试”，记“杜唐卿，宜章人，举进士”，记“朱英，桂阳人，正统乙丑进士”。[⑦] 这些郴州人士，其籍贯都明确了县籍：郴县、永兴县、宜章县，那么说刘瞻“桂阳人”，当然是说他为郴州辖下的桂阳县人，也就是今日的汝城人，

---

① 《北梦琐言》卷三。

② 刘华寿《郴州历代名人》对此言之凿凿，说：“乾符元年（874 年），僖宗即位，刘瞻被召回京师……是年，便病死了。死后，葬于郴县南四十里的良田大鹅岭左琉璃江（今良田镇鲁塘岭村）。乾符六年（879 年），司空郑畋自梧州迁任郴州刺史，曾营其墓。”但据新、旧《唐书》“刘瞻传”、“郑畋传”、“僖宗本纪”以及《资治通鉴》“唐纪”，唐懿宗咸通十一年（870）八月，刘瞻因谏言同昌公主事被贬出为荆南节度使，郑畋亦受此事牵连同时被贬出任梧州刺史；唐僖宗乾符元年，二人都被召回朝廷任职，刘瞻于是年去世。郑畋则一路升官，由兵部侍郎转吏部侍郎又升宰相（同平章事），到乾符四年“进加中书侍郎进阶特进转门下侍郎兼礼部尚书集贤殿大学士”，直到乾符六年，才因与宰相卢携争执如何应对黄巢之事失态，而被“罢政事以太子宾客分司东都”，即罢宰相到洛阳任职，广明元年（880）回到长安，其间并无乾符六年从梧州到郴州任刺史之事。即使就算他到梧州任刺史不久又转任郴州刺史，但乾符元年他与刘瞻都被召回长安，他又怎能在郴州为刘瞻营墓？《郴州历代名人》所言乃据嘉庆《郴县县志》，可见方志所记，如果没有其他佐证，是要谨慎对待的。

③ 其墓位于长沙市西南岳麓区坪塘镇桐溪寺后伏龙山上，清同治十一年曾国藩归葬于此。此地离曾的老家双峰荷叶直线距离在 200 公里以上。

④ 如雍正《广东通志》卷五五“连州·茔墓志”载：“宰相刘瞻墓，在翠峰。”《大清一统志》卷三五二“连州·陵墓”载：“唐刘瞻墓在州东翠峰寺东。”

⑤ 《大清一统志》卷三五二“连州·祠庙”载：“刘相祠，在州城东北，祀唐刘瞻。”

⑥ 《大明一统志》卷六六“郴州·人物·刘瞻传”。

⑦ 《大明一统志》卷六六“郴州·人物”。

这是可以肯定的，至少《大明一统志》的编撰者是这么认为的。《大明一统志》由明吏部尚书兼翰林院学士李贤等奉明英宗之命编撰，于天顺四年（1460）编成奏上，英宗亲撰序文列于书首，并赐名《大明一统志》，是国家级的志书，当然具有一定的权威性，其认定刘瞻是桂阳县（汝城）人应该有一定的根据。又万历《湖广总志》“历代进士表”，刘瞻名下注云“桂阳人”，而孟琯名下则注作“郴州人”①，万历《湖广总志》“献征志三”有刘瞻和孟琯之传，记刘瞻为“桂阳人”，记孟琯为“郴州人”②，“桂阳”、“郴州”并列，可见作为官修万历《湖广总志》编撰者也断定刘瞻就是桂阳县（汝城）人。

再看清代几部省级通志中关于刘瞻籍贯的记载。

康熙《湖广通志》“选举志”：“刘瞻，桂阳人。”此志对进士的籍贯也是记载到县的，如记“李郃，宁远人，刺史，太和初擢第一”，记“陈瞻，湘乡人”，记“文元望，攸人”；对当时的桂阳县（今汝城县）和桂阳州（今桂阳县）也有很明白的区分，这两地的进士都明记为“桂阳”或“桂阳州”，如记“胡凤，桂阳人，主事，乙未科陈循榜”，记“罗以礼，桂阳州人，知府，乙未科陈循榜”③。胡、罗二人为同年进士，胡为桂阳县人，罗为桂阳州人，记载毫不含糊；如果不清楚具体县籍则会笼统记为某州人，如记“孟琯，郴州人”。可见康熙《湖广通志》“选举志”明确认为刘瞻是桂阳县（汝城）人而非郴县人。康熙《湖广通志》“人物志”对刘瞻的记载则有些含糊，只说他是“郴州人”，未明确说他是“桂阳人”。④

雍正《湖广通志》“选举志”：“刘瞻，桂阳人，平章事。”此志对进士的籍贯也是记载到县的，如记“周鲁儒，宁远人”，记“拔野古，耒阳人，刺史”；却“桂阳”、“桂阳州”二者不分，凡这二地的进士，都笼统记为“桂阳人”。⑤可以肯定的是，此志断定“刘瞻桂阳人”，说明雍正《湖广通志》“选举志”作者绝不认为刘瞻是郴州人，因为就在前文记孟琯，就说“孟琯，郴州人”，“桂阳”、“郴州”二者分得很清楚。所以，据此不能否定刘瞻是桂阳县（汝城）人。此志的“人物志”未收刘瞻，但在“职官志”⑥和“乡贤志”中则明确说刘瞻是“桂阳人”，而“乡贤志”中入传的其他郴属人士，也很明确地介绍了

---

① 万历《湖广总志》卷三六“历代选举表·唐进士”。

② 万历《湖广总志》卷四九“献征志三”。

③ 康熙《湖广通志》卷一九《选举志·历朝进士》。

④ 康熙《湖广通志》卷三六《选举志·历朝进士》。

⑤ 雍正《湖广通志》卷三二“选举志·进士”。

⑥ 雍正《湖广通志》卷二八“职官志”“刘瞻”。

县籍，如曹靖“郴人”，杜唐卿“宜章人”，黄茂“桂东人”[①]，可见雍正《湖广通志》“乡贤志”作者对刘瞻为桂阳人是确定无疑的。

嘉庆《湖南通志》“选举志”加上了刘景，记载说：“刘景，桂阳人，元和间及第……刘瞻，桂阳人，景子，咸通初及第，尚书同平章事。”此志对进士的籍贯亦是记载到县的，如记“陈光问，茶陵人”，记“邓进忠，湘阴人”；对“桂阳”、“桂阳州”二者也分得很清，甚至还区分了桂阳州的前身“桂阳军”，如记“黄植，桂阳军人，元丰二年己未时彦榜”，记“宋仁桂，桂阳人，洪武十八年乙丑丁显榜”，记“李思聪，桂阳州人，洪武二十七年甲戌张信榜”[②]。此志“人物志”收了刘景，介绍说：“刘景，字司光，桂阳人。”而就在上文介绍孟琯，则说他是“郴州人”（该志“选举志”也明确记载孟琯是“郴州人”）[③]。可见嘉庆《湖南通志》的编撰者明确认为刘景、刘瞻是桂阳县（汝城）人。

光绪《湖南通志》“选举志”：“刘景，桂阳人，元和间及第……刘瞻，桂阳人，景子，咸通初及第。”此志对进士的籍贯也是记载到县的，如记“周崇昌，延唐人”，记“陈谏，蓝山人”；对“桂阳”、“桂阳州”二者也分得很清，也区分了桂阳州的前身“桂阳军”，如记“黄照邻，桂阳军人，大中祥符八年乙卯蔡齐榜”，记“李思聪，桂阳州人，洪武二十七年甲戌张信榜”[④]。此志“人物志”也收了刘景，介绍说：“刘景，字司光，桂阳人。”而就在上文介绍孟琯，则说他是“郴州人”（该志“选举志”也明确记载孟琯是“郴州人”）[⑤]。可见光绪《湖南通志》的编撰者也明确认为刘瞻是桂阳县（汝城）人。

乾隆《桂阳县志》“选举志”未收刘瞻，但该志“人物志”则列有刘瞻专传[⑥]，可见乾隆《桂阳县志》的编撰者也是认为（虽不十分肯定）刘瞻是桂阳（汝城）人的。

从上面这几部方志，尤其是国家级和省级（因为国家级和省级的方志明确排除了刘瞻是郴县人）的方志来看，刘瞻父子的故里在桂阳（汝城）比在郴县（郴州）的概率要大得多。由于历史上桂阳（汝城）地域由郴州管辖，桂阳（汝城）人是可以称为郴人或郴州人的，但郴人或郴州人绝不可能称为桂阳（汝城）人。[⑦] 正如今日长沙市属下各县之人都可称为长沙人，但长沙市内之

① 雍正《湖广通志》卷五〇“乡贤志·刘瞻传”。

② 嘉庆《湖南通志》卷九〇“选举志·进士”。

③ 嘉庆《湖南通志》卷一二六“人物志”。

④ 光绪《湖南通志》卷一三四“选举志·进士”。

⑤ 光绪《湖南通志》卷一六一“人物志”。

⑥ 乾隆《桂阳县志》卷十“人物志”。

⑦ 这一点是湖南省社会科学院哲学研究所万里研究员提示的。

人却绝不可称为宁乡人或浏阳人。基于此点，刘瞻虽有极大可能就是汝城人，但在古代文献中有时被称为郴人或郴州人也就没有什么可奇怪的了。

三

通过上面的考察，笔者认为刘景、刘瞻父子有极大可能就是汝城人物，下面对两人作一简单考述。

古代文献中有关刘瞻先辈的资料极少，《旧唐书》“刘瞻传”载：“刘瞻，字几之，彭城人，祖升父景。”① 仅记载了其祖父和父亲的名字，《新唐书》“刘瞻传”则连父祖之名也失载。② 唐末丁用晦所撰《芝田录》中有一段关于刘景生平的记载，比较重要，录于下：“刘瞻之先，寒士也，十岁许，在郑絪左右主笔砚（当书童）。至十八九，絪为御史，西巡荆部商山，歇马亭，俯瞰山水，时雨霁，崖峦奇秀，泉石甚佳。絪坐久，起行五六里，曰：‘此胜概不能吟咏，便晚何妨。’却返于亭，欲题诗，顾见一绝，染翰尚湿，絪大讶其佳绝。时南北无行人，左右曰：‘但向来刘景在后行二三里。’公戏之曰：‘莫是尔否?’景拜曰：‘实见侍御吟赏，起予辄有寓题。’引咎又拜。公咨嗟久之而去。比回京阙，戒子弟涵、瀚已下，曰：‘刘景他日有奇才，文学必超异。自此可令与汝共处于学院，寝馔一切无异尔辈，吾亦不复指使。’至三数年，所成文章皆辞理优壮，凡再举成名，公召辟法寺、学、省清级。及生瞻及第。”③

据此记载，刘景少时微贱，在朝廷重臣郑絪（历什唐德宗、顺宗、宪宗、穆宗、敬宗、文宗六朝，担任中央地方各种要职，《旧唐书》卷一五九“郑絪传”称其“践历华显，出入中外者逾四十年”）身边当童仆，后来因偶题一诗，其才华受到郑絪赏识，从此不再把他当仆人使唤，让他与子弟一起学习，过了好几年，经过两次进士考试，终于“成名”，登上了进士第，又在郑絪的帮助下，历任法寺（大理寺，掌刑狱）、学（太学）、省（三省：中书省、门下省、尚书省）等中央部门“清级”重要之官职。④

刘景登进士第的时间，嘉庆《湖南通志》和光绪《湖南通志》的“选举志”都认为是“元和间及第”，不知有何根据？徐松《登科记考》则将刘景列

① 《旧唐书》卷一七七“刘瞻传”。

② 《新唐书》卷一八一“刘瞻传”。

③ 见《太平广记》卷一七〇“郑絪”条引《芝田录》。此外，唐末无名氏的《玉泉子》、五代孙光宪的《北梦琐言》（卷三）、北宋王谠的《唐语林》（卷三）等书亦有类似记载，似均出于《芝田录》。

④ 清级，即清要之职。一般指地位显贵、职司重要，但政务不繁的官职，如专管机要、起草诏令等事务的官职，《北梦琐言》记此作“擢进士第，历台省”，正是指此。

入“附考·进士科”中，认为无法确定具体年代。[①] 其实如果联系前引刘禹锡《赠刘景擢第》诗，我们还是能得出刘景中进士的大致年代的。诗云：“湘中才子是刘郎，望在长沙住桂阳。昨日鸿都新上第，五陵年少让清光。”从“昨日鸿都新上第”看，此诗必作于刘景刚刚登第之时，写作地点当然就在京城。

那么，刘禹锡是在什么时候于京城写下这首诗的呢？《赠刘景擢第》一诗，气氛轻松，情调愉快，许人自许之情溢于诗表，虽是贺人得第之作，但似亦有作者自己心情的流露。刘禹锡有这种心情，应该是在永贞元年（805）八月之前，“贞元末，王叔文于东宫用事，后辈务进，多附丽之，禹锡尤为叔文知奖，以宰相器待之”[②]，从而得以参与二王八司马活动，指点朝政时才能具备的。而到了永贞元年八月唐宪宗即位后，刘禹锡因“二王八司马事件”被贬到朗州（今湖南常德）任司马，直到十年后才回到京师，还未正式任命职务，又因作《玄都观看花君子》诗，“语涉讥刺”，再贬出京为连州刺史[③]，此次刘禹锡在京师停留时间极短，可能不到一个月。[④] 此后又过了十多年，直到太和二年（828）才“自和州刺史征还”。据此看来，刘禹锡写作此诗应该是在永贞元年八月唐宪宗上台之前。

刘禹锡为何要为刘景登进士第而写下此诗？刘景只是一介后生，当时并无什么文名[⑤]，刘禹锡和他本人不可能有什么交往。刘禹锡之所以为刘景写诗，是看上了他和郑絪的关系。郑絪，早在唐德宗之时就已位高权重，在“内职十三年……上遇之颇厚”[⑥]；德宗逝世，顺宗能由太子顺利登上帝位，郑絪起了

---

① 《登科记考》卷二七，中华书局，1984年，下册，第1061页。

② 《旧唐书》卷一六〇“刘禹锡传”。

③ 见《旧唐书》卷一六〇“刘禹锡传”，刘禹锡《连州刺史厅壁记》（《刘宾客文集·外集》卷九）对此也有记载：“永贞元年，余始以尚书外郎坐党累出补兹郡，居无何，吏议以是迁也不足庚其责，故道贬为朗州司马。后十年，诏书征还，抵京师，俄复前命，佩故印绶而南。”

④ 《玄都观看花君子》诗收在《刘宾客文集》卷二四，题作《元和十一年自朗州承召至京戏赠看花诸君子》，可知刘禹锡元和十一年才回到京师，《连州刺史厅壁记》文末有“元和十一年七月二十四日，刺史中山刘某记”款记，文中内容表明刘禹锡连州视事已有一段时间，且有暇作此壁记，说明他至少在六月底或七月初已到连州。《玄都观看花君子》诗云“紫陌红尘拂面来，无人不道看花回”，桃花盛开的二月他还在长安，六月底就到了连州，说明他刚写完此诗（二月底或三月初）就必须离开京城，否则无法跋涉数千里于六月底到达连州。就算他是正月里从朗州回到京城的，他在长安也不过呆了40天左右的时间。

⑤ 无论是《全唐诗》、《全唐文》还是其他任何史料中，都找不到他留下的任何文字，他在商山所题为郑絪所激赏的那首诗，也不见载于任何文献。

⑥ 《新唐书》卷一六五“郑絪传”。

很大的作用[①]，顺宗即位后，郑絪的地位更高，权力也更大了。郑絪为人持重，对当时二王八司马的活动，他不参与其中而保持中立，“德宗晏驾，顺宗初即位，遗诏不时宣下。絪与同列卫次公密申正论，中人不敢违。及王伾、王叔文朋党擅权之际，絪又能守道中立”[②]；顺宗病危，在立嗣问题上出现了激烈斗争，这次又是由郑絪一锤定音，从而使得宪宗登上帝位[③]。由于郑絪举足轻重的地位，他的态度对二王八司马有着不可忽视的作用，所以二王八司马必然要对他拉拢以为援引。那么，作为郑絪视为“子弟”一般的刘景进士登第，这可是一个接近郑絪的机会，不排除二王以其他形式表示祝贺，而刘禹锡的《赠刘景擢第》诗，则是送给郑絪的一件雅而又雅的大礼了。此诗奉承刘景为“五陵年少让清光”，似乎京中少年都不如刘景有才华；称他为“才子”，也有溢美之嫌，因为一个唐朝才子，竟未留下一首诗、一篇文章，这无论如何是有些奇怪的。刘禹锡虽然写了《赠刘景擢第》诗，但从此诗来看，他与刘景并无什么个人交往，除了知道刘景是“桂阳”人，也谈不上对他有什么了解。正因为如此，《赠刘景擢第》诗只是一篇功利性的应酬之作，辞藻华丽而内容空洞，赞美热烈而言不由衷，可见刘禹锡对刘景并不熟悉，他写此诗纯粹只是为了让郑絪高兴。对比一下他写的《送周鲁儒赴举诗》则完全不同，周鲁儒只是拜访过他而已，但此诗的小引长达300字，不仅介绍了两人相识经过、交谈内容，表达了自己对周鲁儒的看重，还预祝他“升俊造，仕甸服，佐君藩，为御史”；其诗也写得具体生动：“宋日营阳内史孙，因家占得九疑村。童心便有爱书癖，手指今余把笔痕。自握蛇珠辞白屋，欲凭鸡卜谒金门。若逢广坐问羊酪，从此知名在一言。”[④] 而反观《赠刘景擢第》诗，只是空空洞洞的七言四句二十八个字，诗前连个小引也没有，这在刘禹锡赠人、送人的诗作中，是极其罕见的特例。为什么会如此？只能以功利性的应酬之作这个原因来解释。

综合以上的考述，笔者认为：从永贞元年到太和二年的二十三年间，刘禹

① 《新唐书》卷一六四“卫次公传”：“德宗崩，与郑絪皆召至金銮殿，时皇太子久疾，禁中或传更议所立，众失色。次公曰：‘太子虽久疾，冢嫡也，内外系心久矣，必不得已，宜立广陵王。’絪随赞之，议乃定。”

② 《旧唐书》卷一五九“郑絪传”。

③ 《新唐书》卷一六五“郑絪传”：“顺宗病，不得语，王叔文与牛美人用事，权震中外，惮广陵王雄睿，欲危之。帝召絪草立太子诏，絪不请辄书曰‘立嫡以长’，跪白之，帝颔，乃定，宪宗即位。”

④ 《刘宾客文集·外集》卷八《送周鲁儒赴举诗并引》。

锡是不可能给刘景写下那首《赠刘景擢第》诗的[①]，此诗只能作于贞元末到永贞元年八月之前他“为叔文知奖，以宰相器待之”，参与二王八司马集团活动的几年（约802—804）之间。刘景进士登第也就在这几年而不可能是在元和元年之后，也就是说，他不可能是“元和间及第”的。根据前引《芝田录》“至十八九……至三数年……凡再举成名”的记载，进士登第时刘景约25岁左右，此后他历任“法寺、学、省清级”，职任清显但并非要害实职，似亦未在地方任过州县长官[②]；除了郑细和刘禹锡之外，史料中也未见他与其他官员、知名文人交往的记载。可能随着元和中期郑细离开京城权力中枢，刘景也离开了京城和官场回到家乡（应当未回汝城而是到州治所在的郴县城内），在此兴置业产培养子女，因而一些地方志记载了郴州刘瞻故里、读书堂和刘瞻墓等遗迹。

新旧《唐书》有刘瞻的专传，他的生平是比较清楚的，但需考辨之处也有一些。关于他进士登第之年，徐松《登科记考》系于大中元年（847），孟二冬的《〈登科记考〉补正》亦同。[③]其根据是“《旧书》本传：‘瞻，大中初进士擢第’”。《旧书》，指《旧唐书》，徐松所据的本子当是明嘉靖的闻人诠刻本，因为除了闻人诠本，其他版本的《旧唐书》均作“太和初进士擢第”[④]，清人罗士琳认为当作“大中”，因为“下文云‘咸通升朝’，大中与咸通时代相接。本作太和，未免相隔过远”[⑤]，中华书局本据此亦作“瞻，大中初进士擢第”[⑥]。其实这个判断是有问题的，因为据有关史料分析，刘瞻“升朝”是在大中年间（此点下面再论），所以刘瞻进士登第之年当为太和元年（827）无疑。进士登第后，过了四年，刘瞻参加制科（皇帝亲自主持的）博学宏词科考试，同样金榜题名（《旧唐书》本传）。此时刘瞻之父刘

---

① 这二十三年间，只有元和十一年刘禹锡曾有极短的时间在长安，他此时已没有《赠刘景擢第》一诗那种轻松愉快、自许许人之心情，《玄都观看花君子》一诗语含讥刺，由此惹恼当局者而遭再贬，说明他早已没有了二王八司马时期的进取雄心，他还有必要去写什么《赠刘景擢第》以巴结郑细吗？何况据《新唐书》“宪宗本纪”和“郑细传”，郑细已于元和四年罢相，五年离开京城到地方任职，九年回到京城任工部尚书，不久又出为同州刺史，元和十一年郑细已不在京城，已是一位过气人物，刘禹锡更没有什么理由去巴结了。

② 据《新唐书》卷七一上《宰相世系表》“彭城刘氏”，刘瞻之父“景字司光，鄜坊从事”。鄜坊从事，为鄜坊节度使属官。据《旧唐书·职官志》和《新唐书·百官志》，节度使之下并无从事之职，此“鄜坊从事”当是幕僚的性质。

③ 《登科记考》卷二二，中华书局，1984年，中册，第809页；《〈登科记考〉补正》，燕山出版社，2003年，第901页。

④ 这些版本有清乾隆武英殿刻本、文渊阁四库全书本、同治浙江书局刻本和同治广东陈氏葄古堂刻本。

⑤ 罗士琳：《旧唐书校勘记》卷五九。

⑥ 《旧唐书》第14册，第4605页，中华书局，1975年第一版，1988年湖北第2次印刷。

景的恩人郑絪已经去世[①]，刘瞻在京城“朝无强援”，故“虽登科第，不预急流”[②]，在京城无法腾达，只能出京“历佐使府”（《旧唐书》本传），到地方大员府中去当幕僚之类的差使。

大中十一年（848）十二月，早在大中初年就深受唐宣宗器重的刘瑑，从“太原尹、北都留守、河东节度观察使”任上调入京城，“拜户部侍郎，判度支”，次年正月“戊午，以瑑同平章事”[③]。刘瑑是彭城人，他当上宰相（同平章事）后，视刘瞻为“宗人”，乘机把刘瞻向宣宗推“荐为翰林学士”[④]。《旧唐书》刘瞻本传记载刘瞻是在“咸通初升朝，累迁太常博士”的，这恐怕是将时序弄颠倒了。因为据上文，刘瑑任宰相是在大中十二年正月，此时刘瞻已“升朝，累迁太常博士”，然后才被刘瑑推荐为翰林学士，此时距“咸通初”还有两三年时间；而从“升朝”到“累迁太常博士”，恐怕也得要好几年才行。如此看来，刘瞻的“升朝”，即从地方进入朝廷的时间，应该在大中六年（752）左右，这时距刘瞻进士登第已有二十五年。

可惜刘瑑仅当了四个月宰相，当年五月就病死了[⑤]，第二年八月，唐宣宗也驾鹤归西[⑥]，这暂时影响了刘瞻的仕途升迁。唐懿宗咸通年间，刘瞻先由翰林学士“转员外郎，正拜中书舍人、户部侍郎承旨”，又“出为太原尹、河东节度使”，后“入拜京兆尹，复为户部侍郎、翰林学士”[⑦]，咸通十年（869）六月“癸卯以翰林学士承旨、户部侍郎刘瞻同平章事”[⑧]，这时距他进士登第已有四十二年了。第二年八月，懿宗女儿同昌公主病死，懿宗欲治医官之罪，牵连医官家族被捕下狱三百多人，刘瞻上书为医官说情，“帝阅疏大怒，即日罢瞻相位”，贬谪出京到江陵任荆南节度等使。僖宗即位，转岭南任康州刺史，不久又移任虢州（今河南灵宝市）刺史[⑨]。乾符元年（874）二月甲午，“以虢州刺史刘瞻为

① 《旧唐书》卷一五九“郑絪传”：“文宗即位，以年力衰耄，累表陈乞，遂以太子太傅致仕。（太和）三年十月卒，年七十八。”

② 《北梦琐言》卷三“河中饯刘相瞻”条。

③ 见《旧唐书》卷一七七“刘瑑传”及《资治通鉴》卷二四九“唐纪宣宗纪”大中十二年春正月有关记载。

④ 《旧唐书》卷一七七“刘瞻传”：“刘瑑作相，以宗人遇之，荐为翰林学士。”

⑤ 《新唐书》卷八“宣宗本纪”大中十二年：“五月丙寅刘瑑薨。”《资治通鉴》卷二四九“唐纪宣宗纪”大中十二年：“五月丙寅，工部尚书同平章事刘瑑薨。瑑病笃，犹手疏论事，上甚惜之。”

⑥ 《旧唐书》卷一八下“宣宗本纪”大中十三年：“五月，上不豫月馀，不能视朝。八月七日，宣遗诏，立郓王为皇太子、勾当军国事。是日，崩于大明宫，圣寿五十。”

⑦ 《旧唐书》卷一七七“刘瞻传”。

⑧ 《资治通鉴》卷二五一“唐纪懿宗纪”咸通十年。

⑨ 《新唐书》卷一八一“刘瞻传”。

刑部尚书”，“夏五月乙未……以刘瞻为中书侍郎同平章事”①，罢相四年之后又重任之。仅仅三个月后，刘瞻就在宰相位上去世②，享年大约为六十九岁。

刘瞻的卒年是清楚的，即乾符元年（874）去世；他的生年，现存史料中则找不到任何记载，也从无人探讨过这个问题。笔者对此也只能大致推论之。上文考论刘景当于贞元末到永贞元年（约802—805）之间登进士第，其时刘景年纪约在25岁；而刘瞻则于太和元年（827）登进士第，其登第之年纪，至少也当在二十岁以上。如果刘景进士登第即结婚，则刘瞻可能于永贞元年（805）或元和元年（806）出生——不可能更迟了，更迟则刘瞻进士登第之时还不满二十岁；也不可能更早了，更早则刘景尚未进士及第，他还在郑絪家中读书，年纪也刚二十岁出头，不可能结婚。此外，唐代有规定，官员七十岁（虚岁）必须退休，刘瞻死时，应当还不到七十岁。③ 所以，笔者认为刘瞻的生年当在公元806年左右。

正史中未记载刘瞻的后人。据《北梦琐言》记载，刘瞻“婚李氏，生一子，即刘赞也。相国薨后，赞且孤幼，性甚懵钝，教其读书，终不记忆。其舅，即李殷衡侍郎也，以刘氏之门，不可无后，常加楚棰，终不长进。李夫人慈念，不忍苦之，叹其宿分也。一旦，不告他适，无以访寻，圣善忆念，泪如绠縻，莫审其存亡。数年方归，子母团聚，且曰：‘因入嵩山，遇一白衣叟，谓曰与汝开心，将来必保聪明。’自是日诵一卷，兼有文藻。擢进士第。梁时登朝，充崇政院学士，预时俊之流。”④ 据此记载，刘瞻死时，其子刘赞尚在幼年，可能不到十岁，亦无兄长可依，只能投靠舅父李殷衡读书，唐末进士登

---

① 《资治通鉴》卷二五二“唐纪僖宗纪”乾符元年。

② 《新唐书》“刘瞻传”载刘瞻重任宰相后，“居位三月卒”，未说死因；《资治通鉴》卷二五二“唐纪僖宗纪”乾符元年则记载说：“初，瞻南迁，刘邺附于韦（保衡）、路（俨）共短之，及瞻还为相，邺内惧。秋八月丁巳朔，邺延瞻，置酒于盐铁院，瞻归而遇疾，辛未薨，时人皆以为邺鸩之也。”

③ 唐昭宗时奉诏撰修《宣宗实录》（未成）的翰林学士裴庭裕，在《东观奏记》卷下记载了一件事：大中十二年正月一日上朝贺岁，柳公权近八十岁了也来凑兴，将宣宗尊号“和武光孝”念作“光武孝和”，结果被“御史弹出之”。对此裴庭裕感叹道：“七十致仕，旧典也。公权不能克遵典礼，老而受辱，人多惜之。”可见唐后期很多官员并不遵守七十岁退休的规定；但刘瞻此时刚被从虢州调回京城，刚被任命为宰相，所以他的年纪不可能超过七十岁。结合刘景结婚之年和刘瞻登第之年来考察，刘瞻死时也不可能大于七十岁，同时也不可能小于68岁。

④ 《北梦琐言》卷十“刘李愚甥”条。又见清吴任臣《十国春秋》卷六二“李殷衡传”：“李殷衡，世为赵郡人，唐相德裕孙也。仕梁太祖为右补阙，开平二年充岭南官告副使，至则烈宗留之幕府，署节度判官，不时遣还。乾亨初，官礼部侍郎同平章事，居无何，终于其职。先是，故唐宰相刘瞻者，殷衡姊婿也，有子赞，幼孤而性不慧。殷衡教之读书，每督以棰楚，不进。一夕，赞遁入嵩山，遇白衣叟，语之曰：‘与汝开心，聪明必过人十倍。’自是日诵一卷，兼有文藻，俄登进士第。梁时，充崇政院学士，犹数数念殷衡不忘。”

第，五代后梁时入朝任崇政院学士。[①] 如果刘瞻死时刘赞十岁的话，那么刘赞就出生在咸通五年（864）左右，登第时年龄应在40岁左右。

这样看来，目前大致可以肯定的唐代（也可说宋以前）汝城进士有三人，就是刘景、刘瞻、刘赞祖孙三人，或许还应加上唐文宗时的宰相宋申锡[②]；至于是否还有第五人或更多的宋代以前汝城进士，则有待于今后文献史料或地下出土材料的发现。

作者简介：刘范弟，长沙理工大学文法学院教授，《长沙理工大学学报》编审。

---

① 按，康熙《湖广通志》和雍正《湖广通志》的“选举志”均未收刘赞，嘉庆《湖南通志》和光绪《湖南通志》的“选举志”均收了刘赞，但却列在“五代梁”之下。据《北梦琐言》和《十国春秋》，刘赞登进士第当在唐末。嘉庆《郴州总志》卷二八“选举上”“刘赞”之下注云：“瞻子，天祐乙丑，官崇政殿学士。据《北梦琐言》补入。”天佑乙丑即天祐二年（905），徐松《登科记考》卷二四天佑二年进士有刘赞之名，并引《北梦琐言》卷十“刘李愚甥”条认定此刘赞为刘瞻之子；但其定刘赞于天祐二年中进士的依据则是“《旧五代史》刘赞本传：‘赞，魏州人。年三十余登进士第，与学士窦梦徵同年登第，邻居友善。梦徵卒，赞与同年杨凝式缌麻，为位而哭。’按赞卒于清泰二年，年六十余，是生于咸通末乾符初，至天佑二年正三十余岁。”此刘赞为“魏州人”，且《旧五代史》卷六八“刘赞传”明载：“清泰二年春，诏归田里。妻纥干氏途中卒，赞比羸瘠，恸哭殆绝，因之亦病，行及石会关而卒，时年六十余。”《新五代史》卷二八“刘赞传”所载亦同。清泰二年是公元935年，而刘瞻死于乾符元年（874）八月，从里籍和年龄来看，此刘赞都应该不是刘瞻之子，入传新旧《五代史》的当是同时代的另一位刘赞。《全唐诗》卷七二七刘赞名下收有一首题为《赠罗隐》的诗，编者说：“刘赞，唐末人，诗一首。按唐末刘赞有三：一魏州人，举进士，为罗绍威判官，仕唐明宗，中书舍人；一桂阳人，宰相瞻之子，擢进士，仕梁，充崇政殿学士；一仕闽王曦，为御史中丞。三人皆与罗隐同时，未知孰是。”由此看来，刘瞻之子刘赞中进士之年只可说是在唐末，至于是否是在天祐二年，则很难说。孟二冬认为徐松《登科记考》将入传《旧五代史》的刘赞认作宰相刘瞻之子是错的，他说：“孟按：两《五代史》本传皆载刘赞父名玭，《北梦琐言》载‘刘瞻相公’云云，恐不足信。”（《〈登科记考〉补正》第1047页），这是对的；但他由此而否定刘瞻有一个也叫刘赞的儿子，这恐怕也失之武断了。

② 有观点说唐文宗时宰相宋申锡是汝城人（“汝城史志网·宋申锡”网页，http://szw.rc.gov.cn/show.asp?id=814）。据民国《汝城县志》卷二八“氏族志·表上·石塘宋氏”，唐高宗时石塘宋氏肇基祖宋成之父“官广州刺史，遂徙居义昌（汝城）之石塘”，宋成从此肇基于此，成为石塘宋氏的始迁祖。宋成是宋璟之次子（笔者按：据《新唐书》“宋璟传”，唐玄宗开元初宋璟“坐小累为睦州刺史，徙广州都督”；《资治通鉴》卷二〇一“唐纪”玄宗开元三年正月，“御史大夫宋璟，坐监朝堂杖人杖轻，贬睦州刺史”，如此则《汝城县志》卷二八“氏族志·表上·石塘宋氏”所说“唐高宗时”当为“唐玄宗时”），宋申锡则是宋成之子，乃汝城宋氏的二世祖，死后归葬汝城，其墓在汝城县永丰乡山口村。据“百度百科·宋申锡”（http://baike.baidu.com/view/743219.htm）所引《汝城宋氏族谱》，2012年2月10日，郴州市政府公布宋申锡墓为第三批市级文物保护单位。（见郴政函〔2012〕14号《关于公布第三批市级文物保护单位的通知》）然而在古代史料中，却找不到宋申锡是宋璟后人的任何记载，至于所谓其父宋成，也找不到关于其人其事的任何记载。据两《唐书》宋璟本传，宋璟有六个儿子：升、尚、浑、恕、华、衡，并无一个名宋成的儿子；而宋申锡，史载其“字庆臣，史失其何所人”（《新唐书》卷一五二“宋申锡传”），《旧唐书》卷一六七“宋申锡传”更明确记载了其父亲和祖父的名字：“宋申锡，字庆臣，祖素，父叔夜。”所以，宋申锡是否为汝城人还很难说。

明代监察御史范辂编年事迹考

万　里

范辂（1474—1536），字以载，初号远咎子，再号三峰，别号质庵。明代湖广布政司郴州直隶州桂阳县（今湖南省汝城县）人。关于范辂的生平事迹，一般研究者多依据三种史料，即《明史·范辂本传》、明万历《郴州志》及清光绪《范氏宗谱》。然而，这三种史料的相关记载非常简略，既多疏漏，亦不乏舛误，学术界据此进行研究，便不免以讹传讹，某些舛误甚至几成定论，无疑影响了对范辂思想及行为的继续深入研究。实际上，作为一位主要活动于明代正德至嘉靖年间的政治人物，范辂生平活动与当时一些重要政治事件多有关涉，其人亦与许多著名的官吏文士交游甚深，其事迹见诸于大量的历史文献中，但均不为学术界所熟知，甚至从未见有人提及。本文即选择所见部分史料对范辂生平事迹进行编年考述。

一、范辂生平事迹资料考述

要梳理出一份关于范辂之翔实可信的生平事迹编年，必须首先对相关史料进行考辨，以明确哪些是可信可用的资料，哪些是不可信不可用的资料，否则不但目的难以达到，反而将以讹传讹，贻误学界。

在大量的相关史料中，对范辂生平事迹及其家庭成员情况记载得最为翔实的，是明人吕柟为范辂所撰之《明福建左布政使质庵范公墓志铭》，以及吕柟为范辂夫人何氏所撰之《封孺人范母何氏墓志铭》。

吕柟（1479—1542）原字大栋，后改字仲木，号泾野，人称泾野先生。明代著名学者兼教育家。陕西高陵人。正德三年（1508）第一甲第一名进士（状元），授翰林修撰。因宦官刘瑾窃政，引疾返乡，筑东郭别墅、东林书屋以会四方学者。后复官，入史馆纂修《正德实录》。又贬山西解州判官，摄行州事，居解梁书院从事讲学，吴、楚、闽、越士从者百余人。嘉靖六年（1527）升南京吏部考功郎中、尚宝司卿，公暇在柳湾精舍、鹫峰寺（鹫峰东所）讲学。嘉靖十一年（1532）升南京太常寺少卿，又在任所讲学。嘉靖十四年（1535）调国子监祭酒，以整顿监规，使公侯子弟亦乐于听讲而知名。次年（1536）升南京礼部侍郎，仍在任所讲学。嘉靖十八年（1539）致仕返乡，再讲学于北泉精舍。吕柟生平所至皆以讲学为事，大江南北门生合约千余人，几与王守仁（王阳明）分其盛，一时笃行自好之士多出于其门，亦与当时一些著名学者曾有过频繁的学术交往和辩论。《泾野子内篇》中的《柳湾精舍语》、《鹫峰东所语》即是其在南京讲学时期的记录。

《明福建左布政使质庵范公墓志铭》[①] 收录于吕柟《泾野先生文集》卷三十二（下文引述均简称《范公墓志铭》，并不再注明卷码及版本出处），撰写于范辂去世后的嘉靖十五年（1536），依据的是范辂的次子范永宇提供之“前郎中闽人林炫”所撰之范辂行状。《范公墓志铭》称：“质庵范公之殁也，其子举人永宇兄弟自桂阳寓书金陵，曰：往年宇母何孺人殁，泾野子既铭之石矣，兹父之铭谅亦不靳乎？并以前郎中闽人林炫状来。予叹曰：呜呼！质庵公乃未究其志而止此耶。”此处所言为吕柟撰写范辂墓志铭的由来及所依据的史料来源情况。范辂行状的撰写者为林炫。清《（雍正）福建通志》云：“林炫，字贞夫……正德甲戌进士。授礼部主事。嘉靖初，以议大礼忤执政，家居。炫才识通敏，诗文富丽，宾客填门，朝夕觞咏。与邑士袁达、张万里相赓和，每一篇出，人传诵之。后起官至通政司参议。子世璧见《福州文苑》。”[②] 明俞汝楫编《礼部志稿》卷四十三“历官表·主客司·主事”云：“林炫贞夫，福建闽县人。甲戌进士。正德十五年（1520），任历南京通政司参议。”[③] 同书卷四十四“历官表·精膳司·郎中”又云：“林炫贞乎，福建闽县人。甲戌进士。升南京通政使参政。”[④] 可见林炫曾历任礼部主客司主事及精膳司郎中，后升南京通政使参政。《礼部志稿》分别载其“贞夫”、“贞乎”两字，或为其音近而用字不同。《范公墓志铭》称“前郎中闽人林炫”，可见范辂行状的撰写时间为林炫于“嘉靖初，以议大礼忤执政，家居”的期间。林炫撰有《榕江集》十卷[⑤]及

① 明·吕柟撰：《明福建左布政使质庵范公墓志铭》，《泾野先生文集》卷三二，《续修四库全书·集部·别集类》，上海古籍出版社影印本，2002年4月。

② 清·郝玉麟等监修：《（雍正）福建通志》卷四三“人物一·福州府·明·林炫”，影印文渊阁《四库全书》本，台湾商务印书馆，1986年。

③ 明·俞汝楫编：《礼部志稿》卷四三“历官表·主客司·主事·林炫”，影印文渊阁《四库全书》本，台湾商务印书馆，1986年。

④ 明·俞汝楫编：《礼部志稿》卷四四“历官表·精膳司·郎中·林炫”，影印文渊阁《四库全书》本，台湾商务印书馆，1986年。

⑤ 见明·黄虞稷撰：《千顷堂书目》卷二二，影印文渊阁《四库全书》本，台湾商务印书馆，1986年。

《卮言余录》十三卷[①]。正德甲戌为正德九年（1514），据此，林炫与范辂的侄儿范永銮为同科进士，当与范氏家族人较为熟识，范氏族人才请其为范辂撰写行状。该《行状》是范辂的儿子永宇兄弟等自桂阳寄往金陵作为请吕柟撰写墓志铭的资料的。

《封孺人范母何氏墓志铭》[②] 收录于《泾野先生文集》卷三五（下文引述均简称《何氏墓志铭》，并不再注明卷码及版本出处），撰写于嘉靖十三年（1534）何氏病殁之后的秋冬，依据的是范辂的长子范永寰提供的其弟范永宇所撰之何氏行状。范辂时任浙江布政使。《何氏墓志铭》云："孺人范母何氏者，桂阳何泉公仲女，浙江布政使三峰范公汝载之配，贡士永寰，举人永宇、永官，学生永宷母也。宇、官尝从予游于鹫峰东所，壬辰会试不第，宇过南都，夜辞予以归省。比甲午，予再至南都，而寰持宇书状为孺人问铭矣。"

范辂的两个儿子即次子范永宇、三子范永官均尝从学于吕柟。《范公墓志铭》中所称"永宇、永官相继登名乡举，皆尝从余游"，《何氏墓志铭》中所称"宇、官尝从予游于鹫峰东所"，即在吕柟任职并讲学于南京鹫峰寺（鹫峰东所）期间。吕柟与范辂本人极为熟识，又与范辂的两个儿子有师生之谊，加之撰写墓志铭的行状均为范氏家人提供的一手资料，故其所撰之两篇墓志铭的史实准确度及可信度是非常大的。

谈到范辂记述生平事迹的行状及墓志等，不能不谈到民国六年《汝城范氏族谱》第七册"行状"中所收题名为"进士礼部尚书宗人谦涵虚氏"所撰之《三峰公行状纪略》。

所谓"宗人谦涵虚氏"，即明人范谦。范谦虽然《明史》无传，但在一些史籍中对其生平有所记载，如清《（雍正）江西通志》云："范谦，字含虚。丰城人。隆庆戊辰进士。历官礼部尚书。谥文恪。有《双栢堂集》。"[③] 明人俞汝楫编《礼部志稿》云："范谦，字汝益。江西丰城人。戊辰进士。万历二十年由詹事府詹事升右侍郎兼翰林院侍读学士。本年转左。"[④] 清朱彝尊编《明诗综》云："（范）谦字含虚。丰城人。隆庆戊辰进士。历官礼部尚书。赠太子少

① 见《四库全书总目》"子部三十七·杂家类·存目四"，影印文渊阁《四库全书》本，台湾商务印书馆，1986年。

② 明·吕柟撰：《封孺人范母何氏墓志铭》，《泾野先生文集》卷三五，《续修四库全书·集部·别集类》，上海古籍出版社影印本，2002年4月。

③ 清·谢旻等监修：《（雍正）江西通志》卷六九"人物四·南昌府四·明·范谦"，影印文渊阁《四库全书》本，台湾商务印书馆，1986年。

④ 明·俞汝楫编：《礼部志稿》卷四二"历官表·尚书·范谦"，影印文渊阁《四库全书》本，台湾商务印书馆，1986年。

保。谥文恪。有《双柏堂集》。"[①] 隆庆戊辰为明穆宗隆庆二年（1568）。"涵虚氏"即据范谦字"含（涵）虚"而来。范谦的生年不详，卒于明神宗万历三十三年（1605）八月[②]，晚于范辂的卒年嘉靖十五年（1536）整整七十年；范谦中进士之隆庆二年亦晚于范辂中进士之正德六年（1511）57 年。可见两人的活动年代相隔大致有一个干支纪年（六十年）。《三峰公行状纪略》的撰者题名为"进士礼部尚书宗人谦涵虚氏"，据《明神宗显皇帝实录》记载："万历二十二年（1594）十月乙巳朔……丁未……升协理詹事府事、吏部左侍郎范谦为礼部尚书兼翰林院学士。"[③] 如果这篇《行状纪略》为范谦所撰，即当撰写于万历二十二年（1594）之后，此时距范辂去世之年将近六十年。

该《行状纪略》题下注云"进士都宪门生张尧文阅定，侄永銮谨刊"。张尧文为明代江西新淦（今江西省新干县），号复吾。万历年间进士。为泾县令，擢南武选主事。历职方员外郎、池州守、衢州守、临江副使等，《（雍正）江西通志》有传。[④] 其活动年代与范谦相近但稍晚，更晚于范辂的活动年代超过一个干支纪年，成为范辂的门生似乎没有可能。"侄永銮"即范永銮，与范辂同为桂阳（汝城）文政坊范氏一族，为范辂的侄儿，其生卒年不详，与范辂虽为叔侄关系，但两人的活动年岁相近。如两人同时受教于范渊、邓文璧、李文利等人，范永銮为正德九年（1514）进士，仅仅晚于范辂中进士之年 3 年（一科）时间。与范辂一样，范永銮的活动年代亦早于范谦及张尧文一个干支纪年左右。如果这篇《行状纪略》确实为范谦所撰，早于范谦活动年代六十余年的范永銮怎么可能"谨刊"范谦撰写的这篇《行状纪略》！如前所述，范辂的"行状"是由同时代人"前郎中闽人林炫"所撰，并由范辂的次子范永宇直接提供给吕柟撰写《范公墓志铭》以作参考的，怎么又出现了一份晚于范辂生卒活动数十年之人所撰写的"行状"呢？

此外，这份假托伪造的《行状纪略》，文字极为拙劣，行文颇类通俗小说，内容庞杂，舛误甚多。如该文题为"行状纪略"，所谓"行状"，亦称"行述"或"事略"，为叙述死者世系、生平、生卒年月、籍贯、事迹的文字，常由死者的门生故吏或亲友在"状主"卒后不久便立即撰述，以留作撰写墓志或为史

---

① 清·朱彝尊编：《明诗综》卷五六，影印文渊阁《四库全书》本，台湾商务印书馆，1986 年。

② 《大明神宗显皇帝实录》卷四一二"万历三十三年八月"，台湾"中央"研究院历史语言研究所影印国立北平图书馆红格钞本，1962 年 5 月，第 7729—7730 页。

③ 《大明神宗显皇帝实录》卷二七八"万历二十二年十月"，台湾"中央"研究院历史语言研究所影印国立北平图书馆红格钞本，1962 年 5 月，第 5135—5136 页。

④ 见清·谢旻等监修：《（雍正）江西通志》卷七四"人物九·临江府二·明·张尧文"，影印文渊阁《四库全书》本，台湾商务印书馆，1986 年。

官提供立传的依据。“行状”或“事略”一语即可概括该文的性质，加上“纪略”一语，便不止是叠床架屋，还有所不通。

文中开篇即称：“公……生于弘治甲午年九月十一日。”弘治为明孝宗年号，为公元1488至1505年，期间并无甲午年。据吕柟撰《范公墓志铭》记载：“公生成化十年甲午九月十一日，享年六十有三。”范辂卒于嘉靖十五年（1536）十月二十九日，距成化十年甲午（1474）恰恰为63岁（虚岁）。如果范辂生于弘治年间，便只享寿不到五十岁。并且该文中未记范辂卒年。作为一份为提供撰写墓志或为史官提供立传依据的行状，应该比墓志铭更加翔实，连状主的生年都搞错、卒年都阙如的行状，其真实性不能不使人怀疑。

又如文中称“时江西宁王名宸濠者，乃皇弟也……”，便极为可笑。“宁王宸濠”并非“皇弟”。按朱宸濠为宁王的第四代继承人，弘治十年（1497）嗣位，其高祖宁献王朱权为明太祖朱元璋的第十七子，洪武二十四年（1391）封王，逾二年就藩大宁，其封地最初在长城喜峰口外（今内蒙古宁城西边），永乐元年（1403）二月改封南昌，以江西布政司官署为历代宁王官邸。换言之，只有朱宸濠的三世高祖朱权才是明永乐帝朱棣的“皇弟”。而明武宗朱厚照（正德帝）为明孝宗（弘治帝）长子，明孝宗朱祐樘为明宪宗（成化帝）第三子，再往上推至朱棣，已有七世。两者世系虽出于同一源头，但已出五服，称为“宗室”尚可（如吕柟所撰《范公墓志铭》即称“宗藩”），称为“皇族（室）”便勉为其难，更何况是“皇弟”了。

再如文中用了一些文字述说宁王宸濠谋反被诛之事，称：“十三省及两京按察会本人京，言逆濠叛状，奉圣旨敕批赣州府都御史王守仁、吉安知府伍文定督剿，逆濠就擒，解京服罪，宦官凌迟籍没，诏复公原职。”且不说此事件虽然与“状主”范辂有关，但毕竟不是范辂本人的行年事迹，不值得用专门的文字详细述说（如吕柟所撰之《范公墓志铭》即以“未几，逆濠及真、鄅相继以叛诛”一言带过），而且王守仁当时的身份也不是“赣州府都御史”。明代从来没有“赣州府都御史”一职，这种称呼是对古代职官制度完全无知的说法，但却常见于章回小说之中。王守仁最先于正德十一年（1516）八月以“左佥都御史”的身份巡抚南、赣、汀、漳等处，镇压江西、福建的民变。后于正德十三年（1518）冬十月以军功升右副都御史，仍然提督南、赣、汀、漳军务，并以此职参与了对宁王宸濠之乱的平定。史籍中对此记载甚详。如《明实录》云：“正德十一年八月庚戌朔……戊辰，升南京鸿胪寺卿王守仁为都察院左佥都御史，巡抚南、赣、汀、漳等处。”[①] “正德十二年秋七月乙亥朔……庚寅，命巡抚南、赣、汀、漳等处地方左佥都御史王守仁提督军务。”[②] “正德十三年冬十月丁卯朔……庚寅……都察院左佥都御史王守仁以提督南、赣等处功陞右副都御史，荫子一人为锦衣卫，世袭百户。”[③] “正德十四年六月癸亥朔……庚辰，吉安知府伍文定及提督南、赣、汀、漳军务都御史王守仁起兵讨宸濠。”[④] 王守仁“巡抚南、赣、汀、漳等处地方”的辖域，包括有江西之南安、赣州两府及福建之汀州、漳州两府等处，绝不限于赣州一府。《行状纪略》所述，当从极为常见的史籍如《明史》等而来，《明史》的记载是：“汀、赣巡抚佥都御史王守仁闻变，与吉安知府伍文定等檄诸郡兵先后至……”[⑤] 在这里，《行状纪略》的撰者由于不懂古代职官制度，以为“汀”字上读而不录，又在“赣”后加“州府”二字，并将“佥”字去除，将王守仁的职衔确定于根本就不存在的“赣州府都御史”。而且，在正史中，可以直接称呼人的名字，但在非正式的史籍文献、尤其是士大夫文人的文字中，直接称呼他人、尤其是有身份地位之人的名讳是极为不恭敬的，一般称人之字、号方为恭敬，即使在不得已的语境中必须称呼名字，也只能采取变通方法，如王守仁，则或称之为“王公守仁”或“王都御史守仁”等；伍文定的称呼亦是如此。作为一位事功学问均达到极致的著名学者、“陆王心学之集大成者”，时人绝不可能直呼其名为“王守仁”。

此外，平定宸濠之乱时在正德十四年，正如吕柟撰《范公墓志铭》所称：“论者谓公有曲突徙薪之功，交荐十余疏。”但正德帝并未为范辂平反，直至两年之后正德帝驾崩，继位的嘉靖帝（明世宗）才为范辂平反，此即《范公墓志铭》所称：“辛巳（正德十六年，1521），今上登极，诏复原职。”因此，《行状纪略》所称“逆濠就擒，解京服罪，宦官凌迟籍没，诏复公原职”，均与与史实不合。

《行状纪略》还称范辂撰有《律吕元声》等书。其实，《律吕元声》为范辂

---

① 《大明武宗毅皇帝实录》卷一四〇“正德十一年八月”，台湾“中央”研究院历史语言研究所影印国立北平图书馆红格钞本，1962年5月，第2764页。

② 《大明武宗毅皇帝实录》卷一五一“正德十二年秋七月”，台湾“中央”研究院历史语言研究所影印国立北平图书馆红格钞本，1962年5月，第2929页。

③ 《大明武宗毅皇帝实录》卷一六七“正德十三年冬十月”，台湾“中央”研究院历史语言研究所影印国立北平图书馆红格钞本，1962年5月，第3238—3239页。

④ 《大明武宗毅皇帝实录》卷一七五“正德十四年六月”，台湾“中央”研究院历史语言研究所影印国立北平图书馆红格钞本，1962年5月，第3396页。

⑤ 清·张廷玉等修：《明史》卷一〇七“列传第五·诸王二·太祖诸子二·宁献王权附宸濠传”，影印文渊阁《四库全书》本，台湾商务印书馆，1986年。

与范永銮的老师、曾任桂阳县教谕的福建人李文利所撰。《民国汝城县志·艺文志》[①] 中将《律吕元声》作为范辂的著作著录，始作俑者，当为此假托伪造的《行状纪略》。关于《律吕元声》在作者，参加这次会议的论文中已有多篇予以考述[②]，此处不赘。

《行状纪略》之文字错漏百出，远远不止这些，毫无价值。据此可见，该文是一位既不懂古代典章制度，又不知基本史实，更不知范谦与范辂、范永銮之生存活动年代相隔甚远的人，根据《明史》及方志等零散记载，拼凑敷衍成章回小说似的文字，并将其比附到曾任礼部尚书的范谦身上，对范谦的声誉也是一种抹黑。考虑到该《行状纪略》被收录入民国六年《汝城范氏族谱》，作伪者应该是范氏的族人，至少也是经过范氏族人同意而延请某位稍通“之乎者也”之文墨但蔽塞于乡间的“三家村”乡儒所撰写；出现的年代应该在晚清以降，如果在民国六年之前的《汝城范氏族谱》没有记载，则很可能是专为编纂该年的族谱而伪撰。据此，这篇题名范谦撰写、张尧文阅定、侄永銮谨刊的《行状纪略》当为后人假托，是假借曾任礼部尚书的所谓同姓“宗人”之地位声望来“增添光彩”。其实，在明代历史上，范谦的官职虽然高于范辂，但其贡献及声望远远低于范辂，《明史》为范辂立传却未为范谦立传，便是明证。而且，这份假托《行状纪略》的撰写者，包括该文的出现并收入《汝城范氏族谱》，表明当时的范氏族人可能都不知道曾经有过“前郎中闽人林炫”所撰之范辂的“行状”，以及吕柟为范辂所撰之《范公墓志铭》与《何氏墓志铭》，才会有假托伪造之作的出现。须知，作为理学名家的吕柟，其声望影响超过范谦何止以道里计！十分遗憾的是，汝城当地及学术界某些研究者却将其作为信史征引，以讹传讹，对范辂生平事迹的研究造成了极不应该的混乱，因此不能不加以考辨。

关于范辂生平事迹的可信史料，除了吕柟所撰之《范公墓志铭》与《何氏墓志铭》外，还有散见于如《明实录》等诸多可信史籍中的记载，以及许多与范辂有过交往之人文集中的奏疏诗文等。尤其是被收入《明实录》中的许多事迹记载，表明范辂所参与的都是“国家大事”，即所谓“青史留名”。下面以两通墓志文字为主线，旁征部分其他文献记载，对范辂的生平事迹进行编年梳理，以求为研究者提供一份翔实可靠的基本资料。

---

① 陈必闻修，卢纯道纂：《民国汝城县志》卷三一，民国二十一年刻本，《中国地方志集成·湖南府县志辑》第 30 册，江苏古籍出版社、上海书店、巴蜀书社，2003 年。

② 见周晓薇、邹贺：《明代桂阳贤达范永銮仕宦述略》；李花蕾：《高山流水遇知音——从〈大乐律吕元声〉看范辂与李文利的忘年交》。

二、范辂编年事迹考

《范公墓志铭》云："按状，公讳辂，字以载，别号质庵，初号远咎子，再号三峰。郴州桂阳县人。"这里对范辂字、号的记述，比常见文献更为完整明确。

清《（雍正）湖广通志·选举志》记载："弘治十一年戊午乡试榜……范辂，桂阳人。"① 弘治十一年为公元1498年。托名范谦的《行状纪略》称"中正德丁卯科乡试"，正德丁卯为正德二年（1507），当无所据。因为范辂于弘治十二年（1499）参加过己未科的会试，不可能在此年之后才中举人。

《何氏墓志铭》云："家君己未会试不第，卒业南雍三年，母恭事井臼，暇则纺绩织纴不辍，以资觅仆会友之费。"己未为弘治十二年（1499）。"南雍"亦作"南廱"。雍，辟雍，中国古代的国家最高学府。明代称设在北京的国子监为"北雍"，设在南京的国子监为"南雍"。据此可知，范辂曾于弘治十二年参加过会试。会试不第后，在南京的国子监学习三年。在此期间，范辂的夫人何氏陪同于南京，举案齐眉，任劳任怨，"恭事井臼，暇则纺绩织纴不辍，以资觅仆会友之费"，为范辂做了极为温馨周全的后勤服务。在以男性为中心的古代社会，娶妾既是男人的权利，也是社会之常态，但范辂直到何氏去世之年，独身往山东赴任时，才娶有一妾，既显示出范辂的品格，亦可窥见夫妻二人的情感之深。

《范公墓志铭》称："登正德辛未（正德六年，1511）进士。"正德辛未为正德六年（1511）。据《明清进士题名碑录索引》记载，范辂为正德六年辛未科第三甲第十三名进士，并注明其为"军籍"。② 可见，范辂在报考进士时，填报的户籍类型是军籍。但是，据《明清进士题名碑录索引》记载，范辂的族叔（伯）父范渊、族侄范永銮却是以"民籍"身份报考进士的。③ 或许是范辂一系的父、祖辈中有人被编入军籍，或者是军人身份，尚待考证。所谓"军籍"，即其户籍的种类属于军籍的军人，亦称"军户"。军户制度是明代为求确保军队的永续战力而制定确保军源的制度。明代的军户制度基本上是承袭元代户籍的分类而来。具体的分类，据《明史》云："凡户三等，曰民，曰军，曰

---

① 清·迈柱等修：《（雍正）湖广通志》卷三五"选举志·举人"，影印文渊阁《四库全书》本，台湾商务印书馆，1986年。

② 朱保炯、谢沛霖编：《明清进士题名碑录索引》中册，第1426页，上海古籍出版社，1980年。

③ 朱保炯、谢沛霖编：《明清进士题名碑录索引》中册，第1422、1423页，上海古籍出版社，1980年。

匠。民有儒，有医，有阴阳；军有校尉，有力士，弓、铺兵；匠有厨役、裁缝、马、船之类。”[①] 一旦被确定为军籍，除非有特殊变故，子子孙孙都不能改变。“军籍（军户）”的法律地位比“民籍（民户）”要低，赋税劳役及其他额外负担却比“民籍（民户）”更为沉重，加之许多宗藩、勋贵、军官对军人乃至军户进行役使盘剥，甚至借机通过控制“军户”以威胁皇权，等等原因，致使军籍之户时有逃亡等事情发生。故军户制度弊端丛生。这些都影响到作为维护专制皇朝统治武装力量的稳定。为此，明朝自洪武年间开始，便制定清军制度以进行监督控制，执行这一职权的便是清军御史的设置。范辂后来从云南道监察御史的任上转任巡按江西清军，就是履行这一职权。但是，据范辂的友人、明代著名学者罗钦顺在《送侍御范君清戎江右序》中称“君，桂阳宦家子”[②]，似乎他又是官宦家庭出身。

《范公墓志铭》称：“筮仕行人。是时诸所差遣，多徇干谒，而职司其居者，顾或不与。君即上封事，引明前典，至以冗员自让，侵官讽人。于是使事复旧，风采懋著。尝使兰州，再使崇府，皆礼成即返，无所滞染。冢宰邃庵杨公称其学识气节度越等夷。”《何氏墓志铭》称：“家君登进士，授行人。”“筮仕”，古人将出做官，卜问吉凶，此处指初出做官。“筮仕行人”表明“行人”为范辂中进士后仕宦经历中的第一个官职。“行人”为官署“行人司”所辖官吏。行人司于明洪武十三年（1380）置，设行人，正九品；左、右行人，从九品。后改行人为司正，左、右行人为左、右司副，另设行人三百四十五人。洪武二十七年后定以进士充任，升品秩；掌传旨、册封等事。凡颁行诏敕、册封宗室、抚谕四方、征聘贤才，及赏赐、慰问、赈济、军务、祭祀，则遣其行人出使。明惠帝建文年间罢。明成祖（永乐帝）即位，恢复旧制。范辂正是以进士充任“三百四十五人”之一的行人，履行“掌传旨、册封等事。凡颁行诏敕、册封宗室、抚谕四方、征聘贤才，及赏赐、慰问、赈济、军务、祭祀”等职务。据《明实录》记载：“正德七年闰五月甲戌朔……戊子，上御奉天殿，传制遣彰武伯杨质、恭顺候吴世兴、通政司右参议任良弼、忻城伯赵槿、礼部右侍郎李逊学、兴安伯徐良武、平伯陈熹、成安伯郭宁、宣城伯卫璋为正使，工科都给事中谢讷、工部郎中顾可学、尚宝司少卿李天赋、刑部郎中方学、中书舍人孔孟富、礼部员外郎吴期英、翰林院编修陆深、行人范辂、鸿胪寺左少

① 清·张廷玉等修：《明史》卷七七“志第五十三·食货一·户口”，影印文渊阁《四库全书》本，台湾商务印书馆，1986 年。

② 明·罗钦顺撰：《送侍御范君清戎江右序》，《整庵存稿》卷六，影印文渊阁《四库全书》本，台湾商务印书馆，1986 年。下文所引该《序》不再出注。

卿张昱为副使，持节册封楚世子荣減为楚王，鲁府高密康穆王长子健杙为高密王，晋府义宁僖裕王长子知𬍛为义宁王、夫人李氏为义宁王妃，晋靖王庶第六子表檈为荣泽王，辽府湘阴恭简王长子宠湳为湘阴王、夫人刘氏为湘阴王妃，周府封丘温和王庶第五子同铬为封丘王，中城兵马指挥孟景女孟氏为荆王妃，西城兵马指挥周政女周氏为淮王妃，东城兵马指挥杨钺女杨氏为肃府淳化王妃，南城兵马副指挥王藤女王氏为周府会稽王妃，东城兵马副指挥沉云长女沈氏为浦江王妃，东城兵马副指挥李法女李氏为代府枣强王妃。”[①] 正德七年（1512）为范辂中进士后之次年。按照上述正使与副使排列顺序的匹配，作为副使的范辂是与正使“成安伯郭宁”一道持节去兰州册封“东城兵马指挥杨钺女杨氏为肃府淳化王妃”的。《范公墓志铭》称范辂“尝使兰州，再使崇府”，罗钦顺《送侍御范君清戎江右序》亦称其“尝奉使肃、崇二府，一以礼自将”，表明他还曾经奉旨作为副使再使崇府，但这次出使在史籍中未见记载。这两次奉旨出使，“皆礼成即返，无所滞染”，“一以礼自将”，其廉洁自律的高风亮节为时人所津津乐道。

《范公墓志铭》称：“甲戌，选授兰台理刑。”甲戌为正德九年（1514）。“兰台”原为汉代宫内藏书之处，以御史中丞掌之，后世因称御史台为“兰台”。明清时期行使御史台职权的机构为都察院，为最高的监察、弹劾及建议机构，于明洪武十五年（1382）改前代所设御史台为都察院，长官为左、右都御史，下设副都御史、佥都御史。又依十三道，分设监察御史，巡按州县，专事官吏的考察、举劾。明代还以都御史、副都御史都兼用作总督、巡抚的加衔以方便其行事。“兰台理刑”为都察院内的职官。范辂在行人司任行人三年后，于此年进入国家的监察、弹劾及建议机关，这与其在担任行人时所表现出来的廉洁品德密切相关。

《范公墓志铭》称：“明年，授云南道监察御史。”“明年”即正德十年（1515），《何氏墓志铭》称“升南道御史”。明罗钦顺《送侍御范君清戎江右序》称“南京云南道监察御史范君以载”。明代，在北京（今北京）及南京（今南京）各设置一套名称及职能完全相同的职官，只是南京的职官比北京的地位职权稍低。《范公墓志铭》所称“授云南道监察御史”，即为南京所设之十三道御史之一的云南道监察御史，职司监察云南道，但驻地还是在南京，故

① 《大明武宗毅皇帝实录》卷八八“正德七年闰五月”，台湾“中央”研究院历史语言研究所影印国立北平图书馆红格钞本，1962年5月，第1890页。

《明史》称“范辂……除南京御史”[①]，《明实录》称“南京十三道监察御史范辂”[②]。

范辂赴任南京时，其友人何景明有《送范以载之南京》诗：“不见君山面，看君意独哀。曾陪竹林醉，今识仲容才。骏马登台去，苍生揽辔来。春江暮云树，愁望北帆开。”[③]“南台”为南京御史台（都察院）的别称。另范辂友人张璧撰有《南台赠言序》。《序》文称：

桂阳范以载为御史，将之南台，诸交游赠之言。史官张某序曰：夫别，有离索之感也，壮夫不言别。别而有言者何也？不能已于言也，不能已于情也，义之所在也。言主于风谕，使夫人之自得之而不徒言也。是故规儆之言音则畅畅可以观矣，奖予之言音则婉婉可以劝矣，慷慨之言音则壮壮可以兴矣。夫兴有所启焉，夫劝有所慕焉，夫观有所感焉，而后言者为直、为谅、为辅仁、为同道而相益。相益，斯善矣。诸君赠言能外此尔乎？御史，言官也；南台，重地也。以载素负才望，有直气，无媕婀湨溭状，要之称斯职者。然吾闻之，风宪为天子耳目，大都以正人为责。是故辩哲愚，处利病，持纲而振纪，非公且明，固然莫能也。以载慎乎哉！公无私，守斯固明，无阇，见斯真。中则侃侃以言，外则烈烈以行，必如昔人所谓不难于自责焉。夫能自责则群僚肃，群僚肃则百度贞，百度贞则言官重，地胥于是乎称矣。以载慎乎哉！此固诸君赠别之意，而予又奚言？[④]

文中称“以载素负才望，有直气，无媕婀湨溭状，要之称斯职者”，可见范辂之正直不阿有口皆碑。但张璧也提醒范辂要慎重。

赴任南京后，范辂首先关注的是被视之为古代国家大事的建储之事，随即便将矛头指向了乱法的宗藩及阉宦官吏。《范公墓志铭》称：“首言建储以安宗社。谓先帝御极，荣王留侍，宦瑾乱法，致之去京。今当妙选宗室备储贰位，俟有青宫，然后分矛。至引宋韩琦怀《孔光传》以上仁宗，而其‘驰骋骑射，服习戎阵，不御深宫，孤立可畏’诸语，闻者缩舌。是时军官简文、王忠怙势凌辱监临主事，至捶杀其隶人；太监黎安遣隙宁、淮二府，至折挞其长史；南

① 清·张廷玉等修：《明史》卷一八八“列传第七十六·范辂”，影印文渊阁《四库全书》本，台湾商务印书馆，1986年。

② 《大明武宗毅皇帝实录》卷一三七“正德十一年五月”，台湾“中央”研究院历史语言研究所影印国立北平图书馆红格钞本，1962年5月，第2701页。

③ 明·何景明撰：《送范以载之南京》，《大复集》卷一九，影印文渊阁《四库全书》本，台湾商务印书馆，1986年。

④ 明·张璧：《南台赠言序》，《阳峰家藏集》卷二四，浙江图书馆藏明嘉靖二十四年世恩堂刻本，影印《四库全书存目丛书》集部第六十六册，齐鲁书社，1997年。

京守备刘瑯贪婪暴虐，至令都人詈市切齿；刑曹郎中听富民析产之讼，至受寡妇之金而徇偏私，公皆历疏指劾，乞正大法，南都称快。其论纳马姬事，比拟过直，尤人所不敢言者。”

“首言建储以安宗社……至引宋韩琦怀《孔光传》以上仁宗”云云，指的是建言明正德帝立皇太子事。《明实录》对此有详细记载：“正德十年冬十月甲寅朔……丁巳……南京监察御史范辂等言：宋臣范镇谓置谏官为宗庙社稷计。臣等谏官也，不以宗社至计事其君，是爱死嗜利之臣矣。臣观今日大计未定大疑未决者，以陛下独御于上，而皇储不豫建也。夫皇储者天下之本。陛下嗣大历服已逾十载，前星未耀，深宫不御，孤立之势凛凛可畏。且闾巷之人，少有田庐，倘未得子，尚预立宗；况万乘之尊，四海九州岛之富乎！且宗族之贤者孰与异姓义子？陛下日驰骋于骑射，服习于戎阵，曾念不及此，其如宗庙社稷何为？今日计：莫若择宗室之贤者置之储位，俟有嫡嗣然后遣归藩府。昔宋仁宗皇嗣未定，韩琦进《孔光传》以劝曰：‘成帝中材之主尚能立第（弟）之子，况陛下乎？’仁宗纳琦言，储位遂定。况陛下聪明圣智又远驾于仁宗乎！伏望陛下将臣所言下之廷议，断自圣衷，则大计定，大疑决，而宗社安矣。疏入，不报。”[①] 据此记载可见，范辂的奏疏并未产生作用。这在一年后另外两位监察御史刘廷簠、伍希儒的奏疏中得到证实：“正德十一年夏四月壬子朔……甲子……监察御史刘廷簠、伍希儒言：皇上春秋鼎盛，储副尚虚。天下之事宜无大于此者。迩大学士梁储，南京兵部尚书乔宇，及御史吴华、范辂等皆以为言，乞详其奏于亲王中择其名分之正者，简命一人建为储副，则神器有托，而亿兆有所系属矣。不报。”[②]

正如《范公墓志铭》所称，在南京云南道监察御史任上，范辂还单独或与其他监察御史一道对一些有不法行为的宦官、军官及官吏进行了斗争，“是故宁论劾刘瑯、毕真、宸濠诸奸，虽濒于死而不悔，而不欲以迂谗浮议之事，姑以塞责而免祸”。《明史》亦云：“（范辂）先后劾中官黎安、刘琅，及卫官简文、王忠罪。”[③] 虽然“公皆历疏指劾，乞正大法，南都称快”，但在明正德帝的昏庸庇护下，不法官宦不但未予治罪，任职于南京（南都）的这些御史如范辂等人反而受到惩戒，《明实录》对此亦有记载：“正德十一年夏四月壬子朔

---

① 《大明武宗毅皇帝实录》卷一三〇“正德十年冬十月”，台湾“中央”研究院历史语言研究所影印国立北平图书馆红格钞本，1962 年 5 月，第 2582—2583 页。

② 《大明武宗毅皇帝实录》卷一三六“正德十一年夏四月”，台湾“中央”研究院历史语言研究所影印国立北平图书馆红格钞本，1962 年 5 月，第 2691 页。

③ 清·张廷玉等修：《明史》卷一八八“列传第七十六·范辂”，影印文渊阁《四库全书》本，台湾商务印书馆，1986 年。

……癸亥。夺南京监察御史杨必进、罗凤、钟晓、章概、范辂、蒋达俸各二月。必进等因御史张经与太监于喜讦奏系狱，上疏申救之。有旨责必进等朋比，令首实。至是奏至，姑宥之，皆夺俸。”① 明朝是中国历史上阉宦之患发展到极致的时期，他们在皇室的授权下，直接干预甚至把持国家的政治经济各领域，以维护皇权，同时也借机结党营私，破坏正常的政治秩序，祸害社会，甚至对皇权造成威胁。因此，士大夫官吏与阉宦的斗争是明朝政治舞台的一大景观。

夺俸之事发生在正德十一年（1516）夏四月，此后范辂不但没有“吸取教训”，反而在一个月后又与其他御史一道又将矛头直接指向明正德帝，这就是《范公墓志铭》所称“其论纳马姬事，比拟过直，尤人所不敢言者”。《明实录》记载此事云：“正德十一年五月辛巳朔……甲申，南京六科给事中殷云霄等言：近闻陛下纳马昂有娠之妹，官昂为都督，取其兄弟数人随侍游衍。窃考前代，坏国家而生患害其端非一，内宠恩幸其效尤著。夫以闾阎娶妇闻已尝适人者尚恶其不洁而远之，况陛下承运继统，富有四海，顾何取于昂妹不嫌其污秽而宠乐之！古之登御于君，自后妃以下，皆慎求端淑，盖以慎嗣厚而永统绪。女之不德，维以蔽聪；皇之不极，实以从欲。诗曰：赫赫宗周，褒姒灭之。盖伤其以天下之大而坏于一人也，可不慎与！昔吕不韦进有娠之妾于秦庄襄，黄歇进有娠之妾于楚考烈，后世未尝不痛恨夫二主之弗察也。陛下久无储嗣，天下所忧。今昂敢以适人有娠之妹进御，罪不容诛。陛下不早绝其原，何以解万民之惑哉？且昂无他能，徒以妹故，致位显荣，兄弟蒙恩，出入禁闼，恩以狎生，权由宠作，小人之情不知厌止，宠甚生骄，骄生不制，不制生患。易曰：‘困于石，据于蒺藜。’言小人处非其据，终不可安也，可不慎与！夫礼以制欲则身安，慎以防微则患远。伏愿陛下思《易》《诗》之成，察往昔之迹，亟出昂妹，仍以昂明正典刑。南京十三道监察御史范辂等亦疏论之，皆不报。”② 昏庸骄淫的正德帝在江山与美人之间选择了美人，这也是宁王宸濠敢于蓄谋造反的政治背景。作为一位深受传统儒家思想教育的范辂既然步入了仕途，任职于监察、弹劾及建议机构，便抱着“杀身成仁，舍生取义”的信念，明知山有虎偏向虎山行，在夺俸之事发生后的同一年冬天，步入其人生最为悲壮的一段旅程。

---

① 《大明武宗毅皇帝实录》卷一三六“正德十一年夏四月”，台湾“中央”研究院历史语言研究所影印国立北平图书馆红格钞本，1962年5月，第2690页。

② 《大明武宗毅皇帝实录》卷一三七“正德十一年五月”，台湾“中央”研究院历史语言研究所影印国立北平图书馆红格钞本，1962年5月，第2699—2701页。

《范公墓志铭》称："丙子（正德十一年，1516）冬，奉敕清理江西，时逆濠虐焰方炽，有劝公避难者，公引'埋轮'事以行。至未数旬，即论濠优秦荣僭侈居如王宫，继论濠令三司朝服庆贺蔑弃典礼，乃又劾太监毕真附丑，仇正渎货无厌，都指挥郭宇传泄诸司消息，罪状重多；且请武庙或出郊原，严警跸，敦扈从，以防不虞。当其风采，人或比范滂云。"毕真在一些史籍中又作"毕贞"。

如前所述，阉官是在皇室的授权下干预国家的政治经济以维护皇权，但其结党营私在破坏正常的政治秩序、祸害社会的同时也对皇权造成了威胁，尤其是他们在与各地的宗藩勾结时更是如此。江西当地的情形便是如此。由于种种原因，帝王虽然因某些监察御史的犯颜诤谏而并不喜欢他们，但对这些人的耿耿忠心还是坚信不疑的，实际上，他们也都是皇权的衷心维护者，甚至比官阉宗藩更无私心，因此，帝王经常利用他们来制约官阉宗藩，以免造成尾大不掉的局面。范辂"奉敕清理江西"便是如此。

范辂赴任江西之前，曾经循例返回家乡一转以省亲，此即罗钦顺《送侍御范君清戎江右序》中所云："而君既被命，例许挈家还乡，因获躬奉卮酒拜上其慈闱，千万岁寿极天伦之至乐，贻乡里之美谈，又重以为君喜也。"范辂奉敕出巡江西为正德十一年（1516）冬，循例返乡一转后，故其到任已经是正德十二年（1517）初。

范辂在清军江西的任上做了许多事情。首先是范辂与宁王宸濠及其阉宦党羽等进行了直接的斗争，已如前述。此外，范辂还为桂阳（汝城）的乡贤名宦朱英请谥。《明实录》记载："正德十三年春正月辛丑朔……壬寅……赐故右都御史朱英谥曰'恭简'。英成化中总督两广军务，以恩威著名，专事储蓄，在镇数年积金以数万计，流移胁从赖以复业全活不可胜纪。子孙有劝自陈年劳及军功者，则曰：'食报如是足矣。'历官四十余年，清白之操如一日，广人思之，与叶盛、韩雍、陈选并祠学宫。子刑部郎中守孚请谥，得旨后以病卒，不果。至是，御史范辂为之申请，故有是命。"[①] 据此记载可知，朱英之子朱守孚曾经为其父亲请谥，已经有过赐谥，但因朱守孚"得旨后以病卒，不果"，范辂再次请谥后得以成功。

正德十三年（1518）春天，在宁王宸濠及宦官毕真等人的构陷下，范辂被捕下狱。《明史纪事本末》云："武宗正德……十三年春正月，宁王宸濠诬奏清

① 《大明武宗毅皇帝实录》卷一五八"正德十三年春正月"，台湾"中央"研究院历史语言研究所影印国立北平图书馆红格钞本，1962年5月，第3019—3020页。

军御史范辂贿近幸，逮问除名。辂与毕贞争坐，及辨朝王服色，故被陷。”①《范公墓志铭》称：“然真、宇皆濠党也……各先诬奏公离间骨肉，诽谤宗藩。公巡历至赣，被旨令拿解系狱，拷掠几毙。”最初范辂被械系时是关押在南昌，后又“械系辂至京问理”。据《范公墓志铭》称，范辂“缧绁七月”后“又淹系经年”，似乎他在狱中的时间超过了一年半。但据《明实录》的记载，他于正德十四年（1519）夏四月被贬谪为龙州宣抚司经历而出狱，缧绁狱中应该为一年稍多的时间。

《范公墓志铭》称：“始谪龙州宣抚司经历。”《明实录》云“正德十四年夏四月甲子朔……己巳……谪南京监察御史范辂为龙川宣抚司经历。辂清军江西，举劾镇守太监毕真诸不法事，又为宁王所忌，皆欲陷之。辂乘轿过真，真夺其轿，并摭其罪过奏之，逮下锦衣卫狱，遂以不谙宪体谪之。”②

在龙州宣抚司经历任上，范辂不以被冤屈贬谪而灰心丧气，仍然兢兢业业地忠于职守，此即《范公墓志铭》所称：“尔乃修崇礼信，均平赋役，又使知送死之道以感化四夷。”据清《（雍正）四川通志》记载，范辂在龙州宣抚司经历任上还“修学宫以教士子，立漏泽园以瘗枯骨”。③

正德帝于正德十六年（1521）三月驾崩④。同年四月，即明嘉靖帝即位的后的第一个月，范辂终于平反，恢复原来的监察御史职务。《明史》云：“御史谢源、伍希儒等交章荐辂，未及召，世宗立，复故官。”⑤《明实录》云：“正德十六年四月壬午朔……辛亥……南京吏科给事中孙懋等言：‘顷者宸濠既擒，逆党并就诛戮，海内称快，而首折奸崩如御史周广、范辂，给事中陈鼎，今或谪在下位，或编为齐民，非所以彰曲突徙薪之赏。……’会御史郭楠亦以为言。诏下吏部行之。”⑥此即《范公墓志铭》所称：“未几，逆濠及真、瑯相继以叛诛，论者谓公有曲突徙薪之功，交荐十余疏。辛巳，今上登极，诏复原

---

① 清·谷应泰编：《明史纪事本末》卷四七“宸濠之叛”，影印文渊阁《四库全书》本，台湾商务印书馆，1986年。

② 《大明武宗毅皇帝实录》卷一七三“正德十四年夏四月”，台湾“中央”研究院历史语言研究所影印国立北平图书馆红格钞本，1962年5月，第3350—3351页。

③ 清·黄廷桂等修纂：《（雍正）四川通志》卷七上“名宦·龙安府·范辂”，影印文渊阁《四库全书》本，台湾商务印书馆，1986年。

④ 《大明武宗毅皇帝实录》卷一九七“正德十六年三月”，台湾“中央”研究院历史语言研究所影印国立北平图书馆红格钞本，1962年5月，第3680页。

⑤ 清·张廷玉等修：《明史》卷一八八“列传第七十六·范辂”，影印文渊阁《四库全书》本，台湾商务印书馆，1986年。

⑥ 《大明世宗肃皇帝实录》卷一“正德十六年四月”，台湾“中央”研究院历史语言研究所影印国立北平图书馆红格钞本，1962年5月，第55—56页。

职，送者填道泣别，命其崖曰‘滴泪崖’。”范辂被“诏复原职”后，龙州百姓“送者填道泣别，命其崖曰‘滴泪崖’”，可见确实如《范公墓志铭》所称范辂在龙州“修崇礼信，均平赋役，又使知送死之道以感化四夷”，为百姓做了许多好事实事。

《范公墓志铭》称：“阅月，即升漳南兵备佥事，四阅月又升饶州兵备副使，盖殊擢也。”范辂平反后首先是恢复原职，即监察御史。一个月后，即正德十六年五月，估计范辂还在从四川返回中原的途中，嘉靖帝即诏吏部：“查先朝直言守正降黜并乞归诸臣，死者议恤，生者录用。”“吏部奏：……监察御史……范辂……皆以危言触忤，黜谪废弃，众论惜之，谨各具履历以闻，乞赐优礼愍恤，而复李昆等官，以次擢用。疏上。”[①] 接到吏部的奏疏后，旋即于次月，即正德十六年六月，升范辂为漳南兵备佥事。《明实录》云：“正德十六年六月，辛巳朔……丙戌……升湖广道御史余珊于江西，山东道御史李翰臣于河南，大理寺左寺副孟廷柯于四川，南京御史范辂于福建，俱按察司佥事。”[②] 一年后，即嘉靖元年（1522）五月，又升范辂为江西按察司副使。《明实录》云：“嘉靖元年五月丙午朔……丙辰……升河南道御史熊相为山东按察司副使，整饬密云等处兵备；福建按察司佥事范辂为江西按察司副使，整饬饶州等处兵备；浙江道御史张翰为河南按察司副使，整饬汝宁南阳等处兵备。各铸给关防赐之，敕从兵部会议请添设也。”[③]《范公墓志铭》所纪范辂的升迁时间与《明实录》所载稍有差异，当以《明实录》记载为准。

《范公墓志铭》称：“饶州东湖，盗之渊薮也，公议设官兵于康山以控制，又禁遏淮府群校之恣横，乃修饶城及万山、东乡二城，创置安仁一城，皆经画有式，出纳明允；而又筑湖堤以壮学宫，增漏泽以掩贫骴，焚库皮以祛积祟，威惠大行，信义昭著，盗戢民安，屹然一方。”此即范辂以江西按察司副使身份在整饬饶州等处兵备任上的政绩。这些政绩在史志中多有记载。

饶州城垣与饶州东湖湖堤的修筑是一道进行的。关于饶州城垣的修筑，清《（雍正）江西通志》记载：“旧城秦番君吴芮所筑，至吴周鲂守郡增修之。梁大通中鲜于琮叛，内史陆襄缮城为保障计。宋建炎初，舒贼刘文舜寇，饶州守

① 《大明世宗肃皇帝实录》卷二“正德十六年五月”，台湾“中央”研究院历史语言研究所影印国立北平图书馆红格钞本，1962年5月，第76—77页。

② 《大明世宗肃皇帝实录》卷三“正德十六年六月”，台湾“中央”研究院历史语言研究所影印国立北平图书馆红格钞本，1962年5月，第120页。

③ 《大明世宗肃皇帝实录》卷一四“嘉靖元年五月”，台湾“中央”研究院历史语言研究所影印国立北平图书馆红格钞本，1962年5月，第476页。

连南夫缮治。……嘉靖间，兵备副使范辂、沈良佐，知府彭辨之，相继完治。……”[①] 关于饶州东湖湖堤的修筑，清《（雍正）江西通志》记载：“鄱阳东湖堤，唐建中元年刺史李复筑，以捍江水，百姓戴其德，因名‘邵父堤’。又东北三里有‘李公堤’，岁久堤圮。明嘉靖三年，兵备道范辂檄知县徐俊民筑石堤三十里，留钓桥、画桥二埒以消溢水，易名‘范公堤’。提学周广有《记》。”[②]

提学周广的《饶州东湖堤记》收录于《（雍正）江西通志》中，引录如下：

郡之城左偏为隍者曰东湖，湖故有堤，唐刺史李公复筑，以捍江为城备。岁久堤圮，湖以堤障，亦为泥沙阏浅，遇水泉涸则可途，有患无利，公私病焉。湖周回三十里，潴芝山崇福云。南荐福诸山水，西薄郡城，西北则鄱阳县学挹其胜，永平通衢横亘于南，有钓桥、画桥、德新桥以出入水道。顾惟德新桥埒隘口，当春夏水溢，一泻无障，城犹无隍也。嘉靖二年春正月，郴阳范公以提衔武事至，承民绎骚后思与休息。越明年秋九月，尝登芝山，观地势，得其概，因谋诸郡守彭辨之，命知县徐俊民计财力若干，鸠工作石堤一道于德新桥埒，高阔丈尺各若干，中为堰口，潴水于湖，仍留钓桥、画桥二埒随时以消其溢，令通舟楫。踰月告成。广巡理学政适以时至，郡之士大夫胡司寇、俞佥宪辈相与言曰：昔堤名“李公”，御外患也；今堤名“范公”，兴内利也。堤成而民德之不忘。广曰：“因民之所利而利之曰仁，仁民，善政也，范公何心焉！”范公亦曰：“堤湖，水之泆也易。堤民，心之泆也难。地且利、人且和矣，尤惧其泆于法而泆于礼也，又如之何而堤之？”广曰：“公惧之，民德之，上下相亲曰信，信立而政成，宜书以记。”[③]

据《记》文可知，饶州临东湖之面向的城垣修筑于东湖湖堤之上，“捍江为城备”，因此，城垣与湖堤的修筑是同时进行的，主持修筑者为范辂，参与谋划者还有知府彭辨之，具体执行者则是知县徐俊民。开始修筑的时间为嘉靖三年（1524）秋九月，“踰月告成”，进度是非常快的。前述《明实录》记载范辂于嘉靖元年五月被任命为饶州兵备副使，此《记》文则称其于嘉靖二年春正月莅任饶州，《范公墓志铭》称“饶州东湖，盗之渊薮也，公议设官兵于康山

---

① 清·谢旻等监修：《（雍正）江西通志》卷六“城池二·饶州府”，影印文渊阁《四库全书》本，台湾商务印书馆，1986年。

② 清·谢旻等监修：《（雍正）江西通志》卷一六“城池一·水利三·饶州府”，影印文渊阁《四库全书》本，台湾商务印书馆，1986年。

③ 清·谢旻等监修：《（雍正）江西通志》卷一三二“艺文记十一·明·饶州东湖堤记”，影印文渊阁《四库全书》本，台湾商务印书馆，1986年。

以控制"，故有可能在此之前的大半年时间，范辂在忙于兵备之事宜。"泆"，古通"溢"。范辂所云："堤湖，水之泆也易。堤民，心之泆也难。地且利、人且和矣，尤惧其泆于法而泆于礼也，又如之何而堤之?"兵备城垣固然可以防盗，故湖水可堤，但民心之堤则泆也难。古语有云"防民之口甚于防川"，即此意焉！周广所云："公惧之，民德之，上下相亲曰信，信立而政成。"公信力的提升是导俗民心、疏导民怨以建立"地且利、人且和"之和谐社会的关键，此可以为古今执政者戒。身为饶州兵备副使、受命以平乱防盗为职责的范辂能够有如此的认识，真是难能可贵。杭州西湖以"白公堤"（唐代白居易任杭州刺史时所筑）、"苏堤"（苏轼任职杭州时所筑）而增添光彩，饶州东湖也应以"范公堤"为骄傲。

《范公墓志铭》称"筑湖堤以壮学宫"，周广《记》文称"东湖……西北则鄱阳县学挹其胜"，指的是同一回事。关于学宫修葺，《（雍正）江西通志》记云："鄱阳县儒学旧与州学共。宋淳祐间，县令周还淳始就北门内州学旧基创之。元至正壬辰兵毁。明洪武五年，知县林伯龄迁建于城北隅兴贤巷帝师殿旧址，知县聂瞻任勉相继增葺。宣德三年，知县雷升重修。……嘉靖间，知县徐俊民增设号舍；副使范辂市民居以广学基；知县蒋瑜、庄思宽，教谕俞应龙相继修葺。"[①] 准确地说，范辂并未对鄱阳县儒学建筑的本身进行修葺，而是将学宫周围的一些民居买下，以拓宽整体建筑的范围规模，并与同时修筑的城垣湖堤两相辉映，成为饶州临东湖一景；具体对学宫进行增修者，是前述修筑饶州城垣与湖堤的具体执行者知县徐俊民。

关于东乡县城的修筑，清《（雍正）江西通志》记载："明正德时，姚源、华林贼炽，守道徐蕃巡道，高宾请于都御史陈金，移兵先定东乡。疏于朝，置东乡县。兵备道胡世宁筑土城，周六百五十七丈，高一丈六尺，濠深五尺，广二丈。为四门：东安仁，南广信，西临川，北进贤。嘉靖四年，按察副使范辂下令增筑，伐石陶甓，为永久计。提学洪范有《记》。"[②]

提学洪范的《东乡县城记》保留在《（雍正）江西通志》中，引录如下：

> 东乡旧为临川之封域，距治邑特远数舍。先是，岁饥禁疏，犁锄冥顽斩木揭竿风起，为厉一时。司牧瞠目束手，咸莫为戢。卒至移兵，禽狝草薙，而后山薮流移始获安堵。总制都宪陈公金暨诸藩臬重臣，咸议增邑于临之东乡，而

① 清·谢旻等监修：《（雍正）江西通志》卷一八"城池一·学校二·鄱阳县儒学"，影印文渊阁《四库全书》本，台湾商务印书馆，1986年。

② 清·谢旻等监修：《（雍正）江西通志》卷五"城池一·抚州府·东乡县"，影印文渊阁《四库全书》本，台湾商务印书馆，1986年。

益以进贤、金溪、余干、安仁之分地。邑设，官联民治一新。副使胡公世宁来奠兹土，谓御暴保民，宜增城守，因筑孝冈为东乡邑治。越数稔，副使范公辂复勤保厘按视，城日就圮，罔以奠民，遂下令重修筑。伐石陶甓，费资出公，因时齐力，子来庶民，若分财用，平版干，称畚筑，程土物，议远迩，具糇粮，罔不尽心。越数月，城盖翼然屹然，视旧增固。邑之士民既颂而感，咸谓二公之功诚项背相望，其遗泽虽世世不忘。而拟岘之碑，不可无记。知予荒陋，犹堪秉笔。夫《春秋》，凡城创始完旧，虽时且义必书，见劳民为重务也。江南诸邑旧多无城，近增筑者，备盗也。盗起于民而原于上，繁刑急敛，实为之招。况教本化原俗，吏久不之讲，欲民之无盗，难矣！盗起而滋炽，虽金汤不足恃，此又民牧大小所宜知也。范公前为御史，按江右，若预折强藩，击叛阉，风节奇伟，为海内敬慕。予辱知旧，深其大行远到，谅有余地，而丰功茂烈，宜铭鼎彝。予虽偃蹇，诚切私望，城此一节，未足为公书也。第邑人德公之诚，不可虚辱。知县郑溥将命惟谨，贤劳足征，县丞杨巘、义官杨希震，咸以能勤事者也，并宜书之。①

在《记》文中，洪范着重指出“范公前为御史，按江右，若预折强藩，击叛阉，风节奇伟，为海内敬慕”。

关于安仁县城的创置，《（雍正）江西通志》记载：“安仁县旧无城。明正德五年，姚源寇起，官民庐舍焚毁殆尽，知县薛球因筑土城六百余丈，以为蔽捍计。嘉靖五年，饶州兵备范辂改筑石城，周围七里。四十一年，巡抚胡松檄县增城浚池，三年工成，约一千三百余丈，筑石腰墙窝铺一如府制。为门八：东育仁，西正义，南歌熏，北拱极，东南兴贤、云锦，西南观澜、便民，规制宏伟。西南北三面俱临大河。”② 据“按察副使范辂下令增筑”等语可知，这些城池是范辂等人主持修筑或创建的。前文所述伪托之民国六年《汝城范氏族谱》载《三峰公行状纪略》云：“（范辂）复升江西赣州岭北道，奉敕便宜修建城垣，至今安仁县城墙，公创也，其砖上有‘范三峰’字记。凡修建一切工费，俱自捐己俸，不劳民力，不烦供亿。”且不说范辂的官职并非“江西赣州岭北道”，而是以江西按察司副使身份整饬饶州等处兵备，或称“饶州兵备副使”；城垣的修建既不是“奉敕”，更不是“凡修建一切工费，俱自捐己俸，不劳民力，不烦供亿”。修缮甚至创建一座城垣，花费必然不小，绝不是某个人

① 清·谢旻等监修：《（雍正）江西通志》卷一三一“艺文记十·明·东乡县城记”，影印文渊阁《四库全书》本，台湾商务印书馆，1986年。

② 清·谢旻等监修：《（雍正）江西通志》卷五“城池一·抚州府·安仁县”，影印文渊阁《四库全书》本，台湾商务印书馆，1986年。

的财力能够承担的，况且明代官吏的俸禄不高，作为清廉之士的范辂，刚刚从龙州宣抚司经历的任上平反归来不久，即使有心，也不可能有能力独自捐俸修筑这些城垣。修筑城垣需要民工劳力，正如前引洪范《东乡县城记》云：所费资金出于公帑，而民众则“因时齐力，子来庶民，若分财用，平版干，称畚筑，程土物，议远迩，具糇粮，罔不尽心”。据此，也可以佐证《三峰公行状纪略》之伪。

此外，范辂还修建了分巡饶九南道的公署。《（雍正）江西通志》记载：“署在府治西隅，明正德间，姚源盗起，添设兵备道，驻饶州，副使许廷光即大有仓地创建。嘉靖元年，副使范辂增修。嘉靖末，副使涂泽民复增建。天启间，又改按察分司署为道署。”①

正是范辂在饶州兵备副使任上政绩显著，江西的一些地方志都将其作为有功于地方的“名宦”记载。② 但范辂在饶州兵备副使任上的履职也并非一帆风顺，《范公墓志铭》称：“有郡守乖礼，因公面诘，遂生荆棘；且尝见忌乡宦，构兴谗谤，流布遐迩，言官论列，漫及于公。公即恳疏乞归。抚、按交留旌荐，不顾。未几，一巡察使奏调公南赣以便行事。公曰：监司改调，属官宴然，纲纪解矣。遂三疏，得旨致仕。饶人刊遗爱录以传。公归，杜门课子，当路故知片札不通，三年一日也。”

“言官论列，漫及于公”之事发生在嘉靖五年（1526）正月，《明实录》记云：“嘉靖五年正月甲申朔……六科给事中及十三道御史以拾遗劾江西参政王大用、副使范辂、浙江参政朱鸣阳……以不谨例罢黜。”③ 这里称“以不谨例罢黜”，《范公墓志铭》称“恳疏乞归”、“遂三疏，得旨致仕”，不论具体情况如何，范辂在嘉靖五年正月之后不久便于饶州兵备副使任上致仕。因其在任上政绩卓著，“饶人刊《遗爱录》以传”，即此所谓公道自在人心。

范辂归乡后，“杜门课子，当路故知片札不通，三年一日也”。在范辂乡居三年期间，许多官吏为其不平，上疏请求重新起用。如嘉靖六年（1527）正月，侍御史吴大本即有此奏疏，《明实录》载云：“嘉靖六年正月己卯朔……丙午，侍御史吴大本言：近以修省令四品以上自陈，后乃概留赐留用。虽朝廷爱惜人材，第恐不肖者得以苟容，慢不加警。因核都御史刘泽、御史谭鲁纳贿，

① 清·谢旻等监修《（雍正）江西通志》卷二〇“城池一·公署·饶州府·分巡饶九南道”，影印文渊阁《四库全书》本，台湾商务印书馆，1986年。

② 清·谢旻等监修：《（雍正）江西通志》卷五八“名宦二·明·名宦二”，影印文渊阁《四库全书》本，台湾商务印书馆，1986年。

③ 《大明世宗肃皇帝实录》卷六〇“嘉靖五年正月”，台湾“中央”研究院历史语言研究所影印国立北平图书馆红格钞本，1962年5月，第1421页。

尚书李充嗣衰懦，谕德顾鼎臣奸回。状且荐乔宇、顾清、盛应期、张璇、温仁和、范辂、彭办之等可用。”[①] 嘉靖七年（1528）十一月刑部尚书胡世宁又疏荐起用范辂，《明实录》又载：“嘉靖七年十一月己亥朔……癸卯……刑部尚书胡世宁疏荐御史李润、范辂当宸濠谋叛之日，皆能以节义自持，执法不挠。今润远调南京，而辂且罢归听勘，非所以崇奖直节令臣下劝也，惟陛下稍加录用之。得旨：令吏部再加访核，斟酌推用。”[②]

胡世宁的奏疏为《存节义以回士风疏》，疏云：

切惟自古节义之在平时若无所用，而一朝事变，平日所称才智之士各为身家而阴相附贼，人主孤立无闻，势亦殆矣。中有人焉，确然中立，誓死无二，乃独不顾身家存灭以言其事，或遂攻心腹以破其谋，或先击党与以孤其势。虽或彼势既盛，孑立难成，而此等之人或身陷重罪，或日虞险祸，一时附势自全者争笑其愚，而天下忠义之士秉彝好德之心则皆为之唤省，而顺逆遂分，从违有定，贼势遂孤，而举逆无成矣。此之谓节义之人不为无益于世，而岂宜全弃也哉！臣窃见江西宸濠初肆强横之时，中外官员奉差在彼，及江西三司等官，俞谏、王泰等首先趋附，遂起非谋，一时群吏被胁，或犹中立，或遂倾心，而称其护卫则曰侍卫，称其令旨则曰有旨。按察司印必启而后委官以掌，布政司门必启而后赐钥以开。在京事务，五日一报彼，而朝令有不顺于彼者，自料阻报，不使传闻，盖怀二心者多矣。臣愚，不揣有言，已致身家被陷。维时给事中徐文溥、孙懋，监察御史徐文华、程启充，皆以次直言，众皆服其忠义。今徐文溥已殁，孙懋、徐文华、程启充各以他事得罪，是或昔曾救臣，臣涉私嫌不敢与论。乃闻时有御史李润者，初点巡按江西，未曾出京，即劾宸濠之元谋王泰，而敢直言其附势剥民纵子纳贿之恶，亦庶几乎张纲埋轮首劾梁冀之风者。……又闻御史范辂者，先在江西清军，执法不挠，亦为宸濠所陷，逮赴禁狱，降黜夷方。臣昔巡抚四川，见其在彼，不卑小官，勤于民事。后升江西兵备副使，又能不避嫌谤，竭力筑城弭盗，有功地方。惟以绳一属官过当，被其反奏，而告回原籍听勘，今二年矣。惟此二人与臣无嫌，而论其平昔忠义于国可惜，伏望圣明，特敕吏部再加访察，如臣所言非妄非私，将此二臣论其材器所宜，稍加录用，则忠义之风或有所劝，而依阿尖巧之人不专于得志矣。[③]

---

① 《大明世宗肃皇帝实录》卷七二“嘉靖六年正月”，台湾“中央”研究院历史语言研究所影印国立北平图书馆红格钞本，1962 年 5 月，第 1640 页。

② 《大明世宗肃皇帝实录》卷九五“嘉靖七年十一月”，台湾“中央”研究院历史语言研究所影印国立北平图书馆红格钞本，1962 年 5 月，第 2204 页。

③ 明・胡世宁撰：《存节义以回士风疏》，《胡端敏奏议》卷八，影印文渊阁《四库全书》本，台湾商务印书馆，1986 年。

胡世宁的这份奏疏撰写于嘉靖七年十一月，时距范辂于嘉靖五年致仕回乡后已两年多，奏疏称“今二年矣”乃取其概数。奏疏中追述了他对范辂在江西清军、龙州宣抚司经历及江西兵备副使任上经历的了解，其中“惟以绳一属官过当，被其反奏，而告回原籍听勘”等语，可借以进一步了解范辂在江西兵备副使任上致仕的原因。上疏的结果是：“奉圣旨：这所举范辂等二人，着吏部再加访察，如果可用，斟酌推用他。”① 实际上，经过吏部的再次访察，重新起用的时间最早也应该在次年即嘉靖八年（1529）的上半年。《范公墓志铭》称：“己丑（嘉靖八年，1529），尚书胡公永清荐，起公密云兵备副使，寻转本司，讨矿贼有功，获赐金帛。是冬，升陕西参政，分守陇右，驻扎巩昌，协剿西番板儿等族，再荷赐金。七阅月，升福建按察使。过家省母朱夫人，承欢月馀，母忽遘疾不起，居丧哀毁，数日不食，服阕。巡抚汪公珊荐公与唐公凤仪为全楚长林。”“胡公永清”即胡世宁，“永清”为其字。己丑为嘉靖八年，范辂于该年起用为密云兵备副使。并于当年的冬天升任陕西参政。《范公墓志铭》称“七阅月”后，即嘉靖九年（1530）的下半年，升任福建按察使。具体时间，《明实录》记载为：“嘉靖九年十月丁巳朔……乙丑，升陕西布政使司右参政范辂为福建按察使。”② 当以《明实录》所载为准。在从陕西往福建赴任途中，他借道回家省母。从长途跋涉所须费时间看，到家的时间应该已经是嘉靖十年（1531）的年初。据《范公墓志铭》记载，其母姓朱。“承欢月馀”后，“母忽遘疾不起，居丧哀毁，数日不食。服阕”。“服阕”即三年守丧期满除服，时在嘉靖十三年（1534）年初。据此，范辂虽然被任命为福建按察使，但因服母丧而并未到任。

《范公墓志铭》称：“乃甲午春，复起山东按察使。”甲午为嘉靖十三年（1534）。范辂于该年春天受命赴任山东后不久，估计尚在途中，其夫人即去世，《何氏墓志铭》称：“孺人范母何氏者，桂阳何泉公仲女……今嘉靖甲午四月十六日，遽以病卒，距生成化丙申年，才五十有九。……择是年十二月日，葬母县东二里浙陂岗。”据此，何氏的生卒年为成化十二年（1476）至嘉靖十三年（1534），享年五十九岁（实岁）。在范辂以前的仕宦经历中，其夫人只是在他任职京师（北京）行人司到出任南京监察御史期间（包括范辂清军江西也是以南京监察御史的身份）随侍在旁十余年，此即《何氏墓志铭》所称：“家

---

① 明·胡世宁撰：《存节义以回士风疏》，《胡端敏奏议》卷八，影印文渊阁《四库全书》本，台湾商务印书馆，1986年。

② 《大明世宗肃皇帝实录》卷一〇八“嘉靖九年（1530）十月”，台湾“中央”研究院历史语言研究所影印国立北平图书馆红格钞本，1962年5月，第2800页。

君登进士，授行人，升南道御史，母随宦两京，殆十余年，一守布素不以，亨遂之日，少动华丽之念。”到范辂被诬系狱，其夫人则应该回到家乡。《何氏墓志铭》云：“家君出按江西，与逆濠及镇守毕真讦奏，被逮下狱者二载，母燃香吁天，阴祈无恙。慰祖妣曰：无已大忧。昔侍夫子，每谈忠孝，击节叹赏，今日之事，可谓下不负亲，上不负君矣！闻者竦服，以为真三峰公之内助也。”据“慰祖妣”等语，可知何氏随侍在乡居的范辂母亲身旁。此后她未再陪同范辂于任上。《何氏墓志铭》又云：“正德间，邑被粤寇，宇奉母避去入山，行至银岭，道有饿莩，疲馁不能兴。母抆泪酸辛，命宇扶起，且出囊糗以济其困。则其所以教不肖辈者，不独言语之间而已。”据此，范辂的儿子范永宇等也随侍母亲居乡。在家乡，何氏显示了出传统大户家庭女性之风范，此即《何氏墓志铭》所云：“其接诸妇，雍肃并行，恩爱虽或有僻，终非恒性，门内斩斩，罔有纵逸。或品第诸妇逆顺之节，咸中其实，无不允服。母在家时，间有不堪其严者，及去家之日，长少便至违和，然后人人欲母恒在家也。至于上事伯母，旁处妯娌，下待姑女侄孙，远接宗党，恩礼甚笃。虽贵显，言笑衣服常若平时。其驭臧获，亦如人子。劳逸饮食，俱有节法。皆出心画，众皆效力。若乃施与之恩，怜及孤贫，乡人称曰：‘见大不惧，见小不欺，何夫人之谓也’。”

因范辂年岁已高，其贤内助又去世，身边必然需要一个贴身人服侍。因此，他在赴任山东途中，纳有一妾。《范公墓志铭》记载：“公配何氏先卒。旧无妾，赴山东过徐（州）始纳一妾，曰张氏，公卒之五日，自经以从之，亦异矣乎。”这位张氏的里贯年龄不详，在范辂卒后的第五天自缢而死。民国六年《汝城范氏族谱》第二册“人物之节妇”中收录有一篇清代汝城人、曾任职于翰林院的何庆元［(1785—1850)，字子贞，号积之，别号漱石。汝城县城郊乡厚坊村窑头人。］所撰《书贞烈夫人张氏》文，所述便为范辂之妾张氏事，文中称：“道光壬寅秋八月，予有事于范氏，得观其先代告身中有贞烈夫人张氏诰敕一通，乃嘉靖十三年三月以赠宁夏巡抚范公辂侧室张氏者。制词褒其秉礼度义，洁身投缳，为古今罕觏。询诸范氏子孙，家庙故有张氏主款如诰，检其谱注，张扶公柩归葬毕，遂自尽……”。此文又见于《湖南文征》①，题为《书真烈夫人张氏》。文中所述张氏归于范辂之年虽为嘉靖十三年不错，但该年三月，只是范辂刚刚纳娶张氏为妾之年，范辂与张氏均未卒，何来“嘉靖十三年三月以赠宁夏巡抚范公辂侧室张氏者”的“贞烈夫人张氏诰敕”？且范辂时为赴任山东按察使，并非宁夏巡抚，亦与《范公墓志铭》所述范辂行年事迹不合；范辂卒于福建左布政使任上，地点在福建布政使司官邸，张氏是在范辂去

① 何庆元撰：《书真烈夫人张氏》，《湖南文征》卷一二八，岳麓书社 2008 年，第 3685 页。

世后五日即自尽，亦何来“扶公柩归葬毕遂自尽”之事发生？因撰写《范公墓志铭》所依据之行状为范辂儿子当时所提供，较为可靠，而何庆元《书贞烈夫人张氏》文为三百余年后根据范氏族人口述所撰，故张氏事迹当以《范公墓志铭》为准。

嘉靖十三年秋天，范辂升任浙江右布政使。《明实录》载云：“嘉靖十三年九月甲子朔……壬午，升山东按察使范辂江西右参政。”[①]《范公墓志铭》称：“抚、按交荐，秋升浙江右布政使。藩务丛杂，乃未明振衣，日中退食，形神颇瘁。”从“藩务丛杂，乃未明振衣，日中退食，形神颇瘁”看，范辂因劳累过度，此时的身体已经开始衰瘁。

《范公墓志铭》称：“丙申，升福建左布政使。七月莅闽，精神顿减，归思屡兴。十月二十六日，遽中风痹，越三日卒于正寝。”丙申为嘉靖十五年(1536)，范辂于此年的二月升任福建左布政使，《明实录》云：“嘉靖十五年二月丙戌朔……辛卯……以浙江右布政使范辂为福建左布政。”[②] 同年七月到任。三个月后的十月二十六日遽中风痹，三天后去世。从所述症状看，应该是脑溢血中风。由于范辂到任后仅仅只有三个月便去世，故其在福建左布政使任上尚未施展身手，没有突出的政绩被记载下来。

民国六年《汝城范氏族谱》及前述何庆元《书贞烈夫人张氏》等文献均记载范辂曾从福建左布政使升任“宁夏巡抚”，一些研究者也据此认为范辂卒于宁夏巡抚任上。从上述范辂行年经历看，他并未有此任职。且吕柟所撰题为《明福建左布政使质庵范公墓志铭》，按照惯例，墓志铭中所题墓主身份职官，或为其曾经担任的最高职官，或为其卒时的任职，故范辂曾任“宁夏巡抚”之事当为误记。

《范公墓志铭》还记载了范辂的一些事迹，称：“呜呼伤哉！公和厚精确，遇事敢为，勇不可夺。事母至孝，狱病中形之于诗。抚兄孤女极厚。尝携养一甥于宦所。捐积俸赀立置家庙，序刊族谱。周族人之不能婚丧者。叔珏卒于金陵，贫鬻其子，公赎之以还，又归其葬。乡友许君恺卒于途疫，躬为殡殓。至于辟荐名贤，如恐不及。虽处乡州盗寇，亦皆有策。然则，御史之风烈，藩臬之树绩，岂偶然哉！”从“捐积俸赀立置家庙”语看，范辂一系族人的家庙为范辂所倡议并捐积俸赀创置。民国六年《汝城范氏族谱》第九册中保存着一份

① 《大明世宗肃皇帝实录》卷一六七“嘉靖十三年九月”，台湾“中央”研究院历史语言研究所影印国立北平图书馆红格钞本，1962年5月，第3662—3663页。

② 《大明世宗肃皇帝实录》卷一八四“嘉靖十五年二月”，台湾“中央”研究院历史语言研究所影印国立北平图书馆红格钞本，1962年5月，第3901页。

范辂的次子范永宇所撰《新建祖庙输费题名记》，据此，范辂一系族人家庙的主持修建者或者修建召集人为范永宇。“序刊族谱”语则表明范辂一系族人的族谱在当时已经由范辂倡修并序刊。

关于范辂的子嗣情况，《范公墓志铭》记云：“子男四：永寰贡于乡；永宇、永官相继登名乡举，皆尝从余游；永宲业儒。女一，适医官郭畋。孙男五：时敞、时敕俱邑庠增广生；时敷、时敭、时徹尚幼。孙女六。曾孙男二：元默、元熙。”《何氏墓志铭》记云：“母生宇兄弟七人：二弟少卒折；寰娶郑氏；宇娶朱氏；官娶朱氏，继蒙氏；宲娶黄氏。至有孙男子时敞、时敕、时敷、时敭、时敦五人，曾孙男、女各一人，乃尚未能有一名德禅补慈闱，以为在生悦，使其慊然赍恨以归。”两通墓志所载可以相互补充，只是《范公墓志铭》所载最幼之孙男“时徹”，在《何氏墓志铭》中作“时敦”。

《范公墓志铭》最后以“铭曰”对范辂的事迹风范进行了赞颂：

嗟乎御史之难能也，士风之邪正、世道之隆替关矣。夫弹劾，其职也：当其有势，恐忤权而违时也，或逡巡而避；当其无势，恐寡言而旷官也，或搜剔而论。夫荐贤，其职也：当其高贤，恐其或拂人也，姑隐忍而已之；当其未贤，恐其未合人也，或夹带而辟之。于是豺狼恣于当路，姻娅齿于膴仕，士风以邪，世道日替，忧国之士每切念焉。范方伯之初为御史也，侃侃乎其严辞也，庭庭乎其正色也，断断乎其履公也，是故宁论劾刘瑯、毕真、宸濠诸奸虽濒于死而不悔，而不欲以迂谗浮议之事姑以塞责而免祸。宁论录罗玘、张吉、王思诸贤虽寝其报而不怨，而不欲举钻刺营苟之人姑以示恩而徼利。得公数人布列台省，又何忧士风世道哉！乃今云已，伤如之何，铭此贞石，千载其不磨！

《范公墓志铭》称：“公生成化十年甲午（1474）九月十一日，享年六十有三。所著有《质菴稿》及《绩稿》若干卷，藏于家。永寰将以某年月日合葬何孺人于某山之原。”关于范辂生卒年的考述已见上文。他的著作有《质菴稿》，至于《绩稿》或为《续稿》之误。这里称范辂“合葬何孺人于某山之原”，《何氏墓志铭》称：“葬母县东二里浙陂岗”，故范辂的归葬地也是在县东二里之浙陂岗。

作者简介：万里，湖南省社会科学院哲学研究所研究员。

清军江西任上的明代监察御史范辂

陈良文

范辂（1474—1536），字以载，初号远咎子，再号三峰，别号质庵。明代湖广布政司郴州直隶州桂阳县（今湖南省汝城县）人。明武宗正德六年（1511）进士。历任行人司行人、都察院理刑、南京云南道监察御史、漳南兵备佥事、饶州兵备副使、密云兵备副使、陕西参政、福建按察使、山东按察使、浙江右布政使等职。明世宗嘉靖十五年（1536）升任福建左布政使，卒于任所。在范辂的一生中，最为光彩夺目并留名青史的重要事迹，是他以南京监察御史身份清军江西时，与明宗藩宁王宸濠及一些阉宦的斗争。

一

明武宗正德十年（1515），范辂出任南京云南道监察御史。正德十一年（1516）冬，他奉敕以监察御史的身份“清理江西”。所谓“清理”，又称“清军”，亦称“清戎”。这是自明洪武年间开始制定的一种对军籍事务进行监督控制的制度，史称清军制度。执行这一职权的便是清军御史的设置。范辂“清理江西”，即以监察御史的身份来江西履行清理军籍事务的职权，就其职权而言则称之为“清军御史”。

当范辂奉旨清军江西时，著名学者、时任南京太常寺少卿的罗钦顺撰写了《送侍御范君清戎江右序》为其以壮行色，并寄予厚望。历史上“江右”为“江西”的别称。罗钦顺（1465—1547）字允升，号整庵，江西泰和人。弘治六年（1493）进士，授编修。历任南京国子监司业、太常寺少卿、吏部右侍郎、吏部尚书等职。嘉靖二十六年（1547）四月二十四日卒，年八十三。赠太子太保，谥文庄。著有《困知论》、《整庵存稿》等。《送侍御范君清戎江右序》是一份有关明代军籍、清军制度及范辂能力、气节评价极有史料价值的文献。序文称：

国朝设卫所以严武备，所辖军士皆有定伍，其伍或缺，则按籍而求其人以实之。按籍而求其人，初若易简，及其久也而弊端滋出，禁令科条由是日繁。故自京畿以及诸藩服，上常专命监察御史一人往莅其事，期于武备之无乏尔。而御史所至，凡一方官吏之贤否，军民之利病有所闻见，皆得列上于朝，黜陟废兴于是乎在。自牧伯以上有大疑大议，率参决其可否，一言之当，则阖境之内莫不阴受其赐焉。盖虽名为清戎，而其责任之备乃如此，此其人之贤否所系于轻重之数岂小哉！吾江右属有盗贼之虞，清戎之政因而暂辍，及兹勋勤甫定，而南京云南道监察御史范君以载乃复承命以往。君桂阳宦家子，既登进士，擢行人，犹好学不倦，才识益宏以远。尝奉使肃、崇二府，一以礼自将。及迁御史于南台，岁犹未期而封事已三上，所言皆天下大计与当时切务，忠直之气舆论推先肆。吾江右士夫闻清戎之属，于是莫不欣欣然，以得人为喜。而君既被命，例许挈家还乡，因获躬奉卮酒拜上其慈闱千万岁寿，极天伦之至乐，贻乡里之美谈，又重以为君喜也。君行有日，侍御杨君抑之等以告于太宰孙公，谋所以赠，遂来征言于余。余非能言者，然不谓之“知君不可其可失君”？吾江右之民比年以来憔悴甚矣，所望于仁人君子抚摩煦妪以迓续其命脉，真若大旱之望霖雨。今得君以临其上，其有幸乎！夫清十得三，不枉平民，此清戎之最，君固无难辨者。惟是所以宣上德而通下情，赞吁谟而翼公道，使吾民小大咸不失望而憔悴以苏，宜必加之意也。推是以往，以居大行之地，功业所就，其可量哉！遂书以为赠。

从序文可以看出，这次范辂出巡江西，为其壮行者有“侍御杨君抑之”、“太宰孙公”等多人，大家都以“(范辂）所言皆天下大计与当时切务，忠直之气舆论推先肆。吾江右士夫闻清戎之属，于是莫不欣欣然，以得人为喜”，欣喜厚望之情溢于言表。监察御史奉旨往莅清军，但其职能权力又不限于“清军”，还包括监察御史的常设任务及职权。因此，范辂在清军江西的任上做了许多事情。

范辂奉敕出巡江西为正德十一年（1516）冬，循例返乡一转后，故其到任已经是正德十二年（1517）初。

二

范辂奉敕出巡江西时，江西的社会环境及政治形势是十分恶劣的。据明人吕柟撰《明福建左布政使质庵范公墓志铭》（下文简称《范公墓志铭》）称：“丙子（正德十一年，1516）冬，奉敕清理江西，时逆濠虐焰方炽，有劝公避难者，公引‘埋轮’事以行。至未数旬，即论濠优秦荣僭侈居如王宫，继论濠令三司朝服庆贺蔑弃典礼，乃又劾太监毕真附丑，仇正渎货无厌，都指挥郭宇传泄诸司消息，罪状重多；且请武庙或出郊原，严警跸，敦扈从，以防不虞。当其风采，人或比范滂云。"①

《范公墓志铭》中所称"逆濠"，即明王朝宗藩宁王朱宸濠。朱宸濠为明太祖朱元璋五世孙，即朱元璋第十七子宁王朱权的后裔。在明代，自永乐帝从建文帝手中夺取皇位后，便自我总结经验教训，对藩王宗室的控制极严。一般情况下，藩王宗室可以腐败，但不能结党营私以威胁皇权。因此，藩王在驻地并无实权，而且受到地方官吏的严密监控。明武宗正德二年（1507），朱宸濠通过重赂太监刘瑾等人，矫诏恢复已裁撤的护卫，开始拥有了可以掌控的兵力。后又畜养亡命，随意杀逐幽禁地方文武官员和无罪百姓，强夺官民田产动以万计；并劫掠商贾，窝藏盗贼，密谋起兵；还企图以己子入嗣武宗以取得皇位；并勾结宦官作为其谋反的外援，如设法疏通宫内太监帮助，将宦官毕真调为浙江镇守太监等。毕真在镇守浙江期间，以操练军队的名义给官军发重赏，收买军心；又打造了大批盔甲，购买粮食为叛乱做准备。

"埋轮"典出《后汉书·张晧传附张纲传》："汉安元年，选遣八使徇行风俗，皆耆儒知名，多历显位，唯纲年少，官次最微。余人受命之部，而纲独埋其车轮于洛阳都亭，曰：'豺狼当路，安问狐狸！'遂奏曰：'大将军冀、河南尹不疑蒙外戚之援，荷国厚恩，以刍荛之资居阿衡之任，不能敷扬五教，翼赞日月，而专为封豕长蛇，肆其贪叨，甘心好货，纵恣无底，多树谄谀，以害忠良，诚天威所不赦，大辟所宜加也。谨条其无君之心十五事，斯皆臣子所切齿者也。'书御，京师震竦。"② 后世以"埋轮"喻官吏不畏权贵勇于斗争。面对"时逆濠虐焰方炽，有劝公避难者"的恶劣环境，范辂"引'埋轮'事以行"，表明他已经有着视死如归的信念。"当其风采，人或比范滂云"语中之范滂（137—169），东汉官吏，字孟博，汝南征羌（今河南省漯河市）人，少厉清节，举孝廉。曾任清诏使、光禄勋主事。按察郡县不法官吏，举劾权豪，严整疾恶。桓帝延熹九年（166）以党事下狱，释归时士大夫往迎者车数千辆。灵帝初（168）再兴党锢之狱，诏捕范滂，他自投案而死狱中。"人或比范滂云"即时人谓范辂有范滂之不畏豪强的风采，在古代，这是对监察官吏非常高的评价。

当时对朱宸濠的谋反迹象已经有所警觉的主要有五位官吏，时称"五臣"，

① 明·吕柟撰：《明福建左布政使质庵范公墓志铭》，《泾野先生文集》卷三二，《续修四库全书·集部·别集类》，上海古籍出版社影印本，2002年4月。

② 南朝宋·范煜撰：《后汉书》卷八六"张晧传附张纲传"，影印文渊阁《四库全书》本，台湾商务印书馆，1986年。

即胡世宁、费宏、费采、范辂和郑岳。

胡世宁（1469—1530）字永清，号静庵，浙江仁和人。弘治六年（1493）进士。历任南京刑部主事、郎中等，与李承勋、魏校、余佑称“南都四君子”。后迁江西按察司副使，疏论宁王宸濠反状，系锦衣狱，减死戍辽东。嘉靖中，拜兵部尚书，加太子太保。后以疾乞归，卒谥端敏。为官清廉，疾恶如仇，为时人称道。著有《胡端敏奏议》等。

费宏（1468—1535）字子充，号健斋，又号鹅湖，晚年自号湖东野老。江西铅山人。自幼聪慧好学。为成化二十三年（1487）状元。历仕明宪宗至明世宗四朝皇帝，素以高风亮节享誉于时，与杨廷和、杨一清等人共治天下，深受君主、朝臣倚重。终官太子太保、武英殿大学士。

费采（？—1548）为费宏之弟。正德六年（1511）进士。历任翰林院庶吉士、翰林院编修、左春坊左赞善、南京尚宝司卿、右春坊右庶子、南京通政使司右通政、南京国子监祭酒、南京礼部右侍郎、南京吏部右侍郎、北京兵部左侍郎、礼部左侍郎、礼部尚书等。

郑岳（1468—1539）字汝华，号山斋。福建莆田人。弘治六年（1493）进士。历任户部主事、江西左布政使、大理寺卿、兵部左侍郎等。著有《山斋集》二十四卷、《莆阳文献》十三卷等。

以上四位官吏与宁王朱宸濠的斗争事迹在下文将会述及，详细情况可参见清人谷应泰所编《明史纪事本末》[①]，此处不赘。

与宁王朱宸濠及其阉宦党羽等进行面对面斗争的还是范辂，当然他所受到的迫害也最大。

范辂与朱宸濠的斗争主要是针对他的僭礼行为。据《明实录》记载：“正德十三年五月己亥朔……甲子……定出使官朝见诸王礼。时宁王宸濠妄自尊大，抚、按、三司多为钤制，盖有朝服臣礼见者。御史范辂巡按江西，因言：‘洪武间定礼，王府官属亦称官，其后乃始称臣。其余州县文武及出使官，凡遇庆贺俱称官，行四拜礼，出使则便服。今天下王府朝服皆同，有具、有不具，终无定论。臣以为尊无二上，凡不称臣者皆不宜具朝服，以严大防。宁王亦奏出使官如持节赍诏之类。抚、按官久在地方，恐难援以为比。且洪武十八年所定礼仪亦随班事。’下礼部，议不敢决，但持两端以请诏，仍集议。议再上，乃谓随班礼仪为洪武十八年所定，至洪武末年颁行。祖训则俱便服行礼久矣，况抚、按、总兵俱奉有敕制行事，宜以便服为定。上以佥议，既明令如祖

① 清·谷应泰编：《明史纪事本末》卷四七“宸濠之叛”，影印文渊阁《四库全书》本，台湾商务印书馆，1986年。

训，累朝相承例行。仍以书谕濠，濠自是构怨于辂，卒为中伤云。”[①] 这里所论表面上虽只是为朝见诸王礼，但怀有异志的宸濠僭礼行为实际上已经是嚣张跋扈、反状毕露了。

宸濠之所以肆无忌惮，是已经与某些权阉互为勾结，朋比为奸，所以，范辂面对的是一个权力利益集团而非个体。虽然如此，范辂并不畏惧气馁，更加显示出其铮铮铁骨。《明实录》记载："正德十三年二月庚午朔……巡按江西监察御史范辂疏：'御马监太监毕真先朋逆瑾，在天津打鲜，藉瑾声势，吞噬无厌。往来徐、扬之间，科敛民财以数万计，民皆衔入骨髓。后因瑾败，再营广东市舶，又营山东镇守。今复起镇守江西，到任之初，擅作威福，人人自危。迹其所为，视瑾尤甚，及今不为之处，将来地方之变，有不忍言者。臣谨条具真贪酷不法一十五事上闻，伏乞将真取回闲住。'不报。"[②] 范辂屡次奏疏换来的还是"不报"，表明这一权力利益集团在朝廷还有着强力的保护伞。此即《范公墓志铭》所称："然真、宇皆濠党也。濠、真使人遮留公奏。"毕真在某些史籍中又作"毕贞"。他是于十二年十二月受命太监镇守江西的，马上依附朱宸濠参与谋逆。

在清军江西任上，范辂还与其他权臣进行了斗争。如对曾为范辂的顶头上司、以都察院右副都御史身份巡抚江西后转任南京大理寺卿的任汉进行弹劾。《明实录》记载："正德十二年夏四月丙午朔……甲子。巡按江西御史范辂劾论南京大理寺卿任汉脂韦奸巧，渎乱纲常。始任南京御史时，尝丧其妻，即娶王氏女为嫡。已而其家娶黎氏者，至两女争嫡，相继忿死。不知者以为误，而汉正欲其误也。及为江西巡抚时，又以丧妻娶温氏女为嫡，已而其家又娶张氏者至，两女亦以争嫡忿死，不知者以为不幸，而汉独以为幸也。乞亟黜罢。吏部议：汉失律身刑家之道，宜如所劾。诏：仍留之。"[③] 弹劾的结果是，吏部虽然支持范辂的劾论，但任汉在明武宗的庇护下没有受到惩处。这也反映了明代正德朝政治的腐败，以及范辂所处政治环境的恶劣。从"濠自是构怨于辂，卒为中伤云"，到范辂对不法阉宦、权臣的不停弹劾，他们对范辂的诬陷构狱已经为时不远了。

正德十三年（1518）春天，灾难终于来临。据《明史纪事本末》记载：

① 《大明武宗毅皇帝实录》卷一六二"正德十三年五月"，台湾"中央"研究院历史语言研究所影印国立北平图书馆红格钞本，1962年5月。

② 《大明武宗毅皇帝实录》卷一五九"正德十三年二月"，台湾"中央"研究院历史语言研究所影印国立北平图书馆红格钞本，1962年5月。

③ 《大明武宗毅皇帝实录》卷一四八"正德十二年夏四月"，台湾"中央"研究院历史语言研究所影印国立北平图书馆红格钞本，1962年5月。

“武宗正德……十三年春正月，宁王宸濠诬奏清军御史范辂贿近幸，逮问除名。辂与毕贞争坐，及辨朝王服色，故被陷。”[①]《范公墓志铭》称：“然真、宇皆濠党也……各先诬奏公离间骨肉，诽谤宗藩。公巡历至赣，被旨令拿解系狱，拷掠几毙。”据此可知，给范辂安上的罪名有“辂贿近幸”及“离间骨肉，诽谤宗藩”等。

范辂被祸时，明武宗在做什么呢？正如《明实录》记载，他在各地游玩。“十三道御史袁宗儒等言：‘陛下近年以来忧勤罔念，逸乐自恣，北幸山陵，南幸海子，西幸宣大，东幸渔阳。或旬月，或半年。今又远事宣大，直抵榆林、宁夏、甘肃及河南、山东、山西、南北直隶。则是车辙马迹将遍于海内，回銮之期殆未可以岁月计也。今天下府库皆空，公私交匮，水旱相仍，赋役繁重，困苦流离，怨咨思乱者在在皆是，设有不逞之徒一旦倡乱，缓急将何所御邪？古者圣王居重驭轻，修内攘外，未闻重夷狄而轻中国，事外攘而忘内治者也。伏愿大奋乾纲，翻然改悟。’不报”。[②] 范辂等人为了帝王的江山社稷而缧绁狱中“拷掠几毙”，而帝王自己却在游山玩水。此即《范公墓志铭》所称：“值圣驾北狩，（范辂）缧绁七月，后送法司议罪，复值圣驾南巡，又淹系经年。”

在此期间，许多人都曾经上疏营救，均未产生作用。如《明实录》记载云：“正德十三年秋七月戊戌朔……南京十三道御史曹锌等言：‘近者江西清军御史范辂与镇守太监毕真讦奏，遂械系辂至京问理。臣惟法者天下之公也，辂既械系，而真晏然在位，声势益张，是朝廷之法独加于耳目之官，不及于近幸之臣也。迩年以来，凡巡按御史一触镇守之怒，祸若响应，如刘谟、刘天和、王相、董相辈相继谪谴，臣恐自此上下观望，务为隐忍，欺玩国法以奉权臣，败坏纲纪以辱朝廷，非国家之福也。’不报。”[③]《明实录》又云：“正德十四年春正月丙申朔……巡抚山东都御史伍符，巡抚云南都御史范镛，监察御史范辂、刘士元、潘仿、张文明各因事系诏狱。六科都给事中陈沾、十三道御史王度等上疏请赦之，俱不报。”[④] 大批忠诚正直的御史都被缧绁而得不到平反，这是个人的悲哀还是国家社会的悲哀？

---

① 清·谷应泰编：《明史纪事本末》卷四七“宸濠之叛”，影印文渊阁《四库全书》本，台湾商务印书馆，1986年。

② 《大明武宗毅皇帝实录》卷一六四“正德十三年秋七月”，台湾“中央”研究院历史语言研究所影印国立北平图书馆红格钞本，1962年5月。

③ 《大明武宗毅皇帝实录》卷一六四“正德十三年秋七月”，台湾“中央”研究院历史语言研究所影印国立北平图书馆红格钞本，1962年5月。

④ 《大明武宗毅皇帝实录》卷一七〇“正德十四年春正月”，台湾“中央”研究院历史语言研究所影印国立北平图书馆红格钞本，1962年5月。

在狱中关押一年多后，即正德十四年（1519）夏四月，范辂被贬谪为龙州宣抚司经历。《明实录》云："正德十四年夏四月甲子朔……己巳……谪南京监察御史范辂为龙川宣抚司经历。辂清军江西，举劾镇守太监毕真诸不法事，又为宁王所忌，皆欲陷之。辂乘轿过真，真夺其轿，并摭其罪过奏之，逮下锦衣卫狱，遂以不谙宪体谪之。"①

范辂被贬谪为龙州宣抚司时，友人张璧撰写《杂言三章赠范子》，文曰：

范子落职龙川（州），张子壮其节而励其有终，作杂言三章赠之，曰：

夫忠感于义，成于勇。勇则身危国利，享大名矣。今天下都荣爵者，独昧焉何居。范子为御史，忤豪贵，批患折难，惟祸之甘，不懦矣；砥节砺行，罔持禄以幸为宠，不贪矣。夫不贪之谓义，不懦之谓勇，范子其良矣乎！

才可著而不可逞，志可弘而不可放。逞才者其谋浅以疏，其弊也乱；放志者其行粗以厉，其弊也狂。是故德以主之，才以御之，勇以临之，和以节之，恭慎以将之，此之谓中正之道。

善者福，不善者祸，常道也。善者不获福，恶者不罹祸，变数也。夫君子不以数变常，是故食偶噎弗去谷，行一蹶弗却步，守吾志焉耳矣。诗云：靖共尔位，正直是与！神之听之，式谷以女。曰正直者不变也。②

范辂任职于龙州宣抚司经历后的两个月，即"正德十四年六月癸亥朔……丙子，宁王宸濠反"③。虽然包括范辂在内的许多御史都因预警宸濠将会谋反而被罪贬谪甚至落职，宸濠谋反事发也证明了范辂等人的言行是正确的，但是，在事后的两年内，许多官员都为范辂等人申诉，却都被明武宗拖延下来。在封建专制社会，帝王永远是正确的，他们可以被坏人蒙蔽，但绝不会向好人认错，这是中国古代社会的常态，也是中国封建专制政治的悲哀。

三

朱宸濠被诛杀后，范辂等人并未被立即平反。许多人为其鸣冤申诉，都被明武宗拖延压制下来。如《明实录》记载："正德十四年八月壬戌朔……甲申

① 《大明武宗毅皇帝实录》卷一七三"正德十四年夏四月"，台湾"中央"研究院历史语言研究所影印国立北平图书馆红格钞本，1962年5月。

② 明·张璧撰：《南台赠言序》，《阳峰家藏集》卷二七，浙江图书馆藏明嘉靖二十四年世恩堂刻本，影印《四库全书存目丛书》集部第六十六册，齐鲁书社，1997年。

③ 《大明武宗毅皇帝实录》卷一七五"正德十四年六月"，台湾"中央"研究院历史语言研究所影印国立北平图书馆红格钞本，1962年5月。

……南京给事中王纪等、御史杨必进等言：‘宸濠计不足以谋身，兵不足以制胜，实恃太监毕真以为应援。真在江西未踰年而遽有浙江之调，正为今日计耳。如先任御史范辂尝劾宸濠乐官，真则挤辂以快其心。……况真逆瑾遗党，积习已成，乞械诣京师明正宪典。’诏：‘真已有旨取回，候至日再议以闻。’”①《明实录》又载：“正德十四年冬十月辛酉朔……甲申……御史谢源言：‘逆藩宸濠谋为不轨久矣，当时固有先事折其奸谋而反为中伤者，在今日尤宜录其功。如大学士费宏及其弟编修采之去以沮复护卫也，布政使郑岳之为民以不遂侵求也，副使胡世宁之充军，御史范辂之落职以其发奸恶也，此五臣者，其明既能料于逆谋未露之前，其枉尚未白于大害既除之后，伏望皇上特复其官秩，以为忠义之劝。’御史伍希儒亦言：‘（费）宏、（费）采当濠之请复护卫也，抗言力沮已怀先事之忧，及反谋之既成也，间道献策，尤急勤王之义。世宁、岳、辂及都御史俞谏，皆以忤濠得罪者，岂不知隐默之可以全身，激亢之足以取祸哉！亦忠义所发，宁辱其身，而不敢负国家也。宜大彰公论，皆以原职擢用。……书曰人惟求旧，孟子之称武王曰不忘远。盖言老成之有益于人国，与故旧之不可遗也。惟圣明采纳。’上俱下其章于所司。”②《明实录》又云：“正德十五年十二月己亥朔……壬辰……南京六科给事中易瓒等言：‘宸濠逞其凶暴，中外靡然从之其谋复护卫，独大学士费宏以为不可；遗以厚贿，其弟编修（费）采峻拒不纳，且对其使力致沮抑之意；若官于江西者，则惟先任巡按御史范辂举奏乐官奏荣及议定朝王礼仪；副使胡世宁抗疏发其罪状。而四臣者皆罹祸不测。今濠既以逆败，论其功，奚啻比之曲突徙薪者，顾可终于摈斥耶？此非臣等之私言，实天下之公论也。伏望以特敕起宏复置左右，世宁等皆加超擢，庶忠贤举用，人心益劝。’……疏入，俱下所司知之。”③

上述奏疏有部分留传下来，这里引录胡世宁的奏疏以见一斑。与范辂一样，胡世宁曾为与阉宦宗藩斗争而落职，即前引《明实录》所述因揭露宸濠与阉宦勾结而受到迫害的著名“五臣”“四臣”之一，对胡世宁的惩处为充军，后被先期起用，故与范辂惺惺相惜。其《举用贤才以安地方疏》云：

臣闻为政之道以得人为本，事君之义以荐贤为忠。臣虽不才，敢昧斯理？况臣所属四川，地方广远，西连吐蕃，自古为患，南接诸夷，不时寇掠。至于

① 《大明武宗毅皇帝实录》卷一七七“正德十四年八月”，台湾“中央”研究院历史语言研究所影印国立北平图书馆红格钞本，1962年5月。

② 《大明武宗毅皇帝实录》卷一七九“正德十四年冬十月”，台湾“中央”研究院历史语言研究所影印国立北平图书馆红格钞本，1962年5月。

③ 《大明武宗毅皇帝实录》卷一九四“正德十五年十二月”，台湾“中央”研究院历史语言研究所影印国立北平图书馆红格钞本，1962年5月，第2877页。

腹内，地方先被流贼残破，疮痍未复，近年又为采办大木及取佛使臣，在彼科率骚扰，民穷财尽，十分难处。况臣才弱不堪，非得上下同事一时军民职官尽皆贤能，其何能济？臣窃见……原差江西清军监察御史范辂，见任浙江杭州府知府留志淑……此数臣者，臣虽不能悉状其器识之所似，然闻其皆有体国为民之志，皆有修政立事之才，与他龌龊自守惟保名位者不同。……如蒙圣明，特敕该部再加访察，如果臣言不妄，乞将前数臣中推举一员代臣巡抚，容臣休致，或并后数臣遇缺升补四川地方相应职事，使得各施所蕴，助臣抚治，必能有益地方，以宽朝廷西顾之忧，而微臣亦得以少逭尸素之责矣。①

胡世宁时官左都御史巡抚四川，是范辂的上司，胡世宁希望对范辂予以重任，“遇缺升补四川地方相应职事，使得各施所蕴”，助其“抚治，必能有益地方，以宽朝廷西顾之忧”。但奏疏并未得到批准。

许多正直的官吏不止是屡屡上疏请求为范辂正名平反，甚至还在明武宗态度暧昧的情况下，在范辂的家乡桂阳县（今汝城县）修建了一座牌坊，此即举世闻名的汝城绣衣坊。绣衣坊是时任巡按湖广监察御史毛伯温领衔率领郴州及桂阳的一批地方官员所建，建成的时间为正德十四年（1519）十二月二十四日，此时距范辂被贬谪为龙州宣抚司经历只有八个月，距平定宁王宸濠谋反不到半年时间。与平时常见的御赐牌坊不同的是，这是地方官员的自发行为。在范辂尚在贬谪时间修建一座旌表其行为的牌坊，是要冒巨大风险的，这是浩然正气在支撑着他们。

明武宗于正德十六年（1521）三月丙寅日驾崩于豹房。② 直至明武宗驾崩后，范辂等人才得到平反。同年四月，即明嘉靖帝即位后的第一个月，范辂等人终于平反。《明实录》云：“正德十六年四月壬午朔……辛亥……南京吏科给事中孙懋等言：‘顷者宸濠既擒，逆党并就诛戮，海内称快，而首折奸崩如御史周广、范辂，给事中陈鼎，今或谪在下位，或编为齐民，非所以彰曲突徙薪之赏。又编修王思、给事中张原、御史徐文华、主事李中、修撰舒芬，郎中张衍瑞、姜龙、黄巩、孙凤、陆俸，员外郎夏良胜，主事万潮、林大辂、蒋山卿，博士陈九川，寺正周叙，行人巴思明等，各以直言蒙谪，宜召还擢用，以为忠良之劝。’会御史郭楠亦以为言。诏下吏部行之。”③ 此即《范公墓志铭》

① 明·胡世宁撰：《举用贤才以安地方疏》，《胡端敏奏议》卷三，影印文渊阁《四库全书》本，台湾商务印书馆，1986 年。

② 《大明武宗毅皇帝实录》卷一九七“正德十六年三月”，台湾“中央”研究院历史语言研究所影印国立北平图书馆红格钞本，1962 年 5 月。

③ 《大明世宗肃皇帝实录》卷一“正德十六年四月”，台湾“中央”研究院历史语言研究所影印国立北平图书馆红格钞本，1962 年 5 月。

所称："未几，逆濠及真、鄢相继以叛诛，论者谓公有曲突徙薪之功，交荐十余疏。辛巳，今上登极，诏复原职。"辛巳即正德十六年（1521）。从正德十四年夏四月范辂被谪，至正德十六年四月整整两年时间，明武宗犯下的错误，才在嘉靖帝的手中予以平反。此亦为封建专制社会之常态，不必赘言。

史称弹劾不避权倖、声称凛然者为"铁面御史"，范辂当之无愧！

作者简介：陈良文，湖南省社会科学院宗教文化研究中心研究员。

明代儒臣朱英家族户籍考

陈靖华

朱英（1417—1485）字时杰，号诚庵，明代湖广布政司郴州直隶州桂阳县（今汝城）人。正统十年（1445）进士。历官浙江道监察御史、广东布政司右参议、广东布政司右参政、陕西布政司右参政、福建右布政司使、陕西左布政司使、都察院右副都御史、总督两广军务兼理巡抚等职，后以右都御史掌都察院事。成化二十一年（1485），秋七月十二日病卒于任，享年69岁。赠太子太保。以其“敬顺事上，一德不懈”追谥恭简。①

作为一位活动于明代中期政治舞台上的名宦，其名不但见诸于大量历史文献的记载中，而且还有明人何乔新所撰之《太子少保都察院右都御史赠荣禄大夫太子太保朱公神道碑》等翔实史料，其生平事迹基本上没有什么疑问。但是，如果要更为深入地对朱英及其家族并进而对汝城若干历史悠久之宗族的社会背景进行研究，以及拓展对朱英本人生平事迹的研究，则已有的与朱英直接相关的文献记载中尚有一些未能明确记载的问题，如朱英及其家庭的“户籍”归属问题就是一个，本文拟就此进行考察。

在直接关于朱英生平事迹记载的诸多文献中，对其“户籍”归属的记载均付阙如。但是，据明人陈献章（白沙先生）所撰朱英之弟的《朱君惟庆墓志铭》记载，朱惟庆的户籍为军籍。该《墓志铭》云：

君名惟庆，字汝善，桂阳外沙朱氏。赠资政大夫、右都御史讳思谏之子，故太子太保诚庵先生之弟也。

君生三岁而孤。兄弟二人同受学于掌教凌先生某。先补太保儒学生员，次将补君，家籍戎偏桥卫，有司以君充戍。母夫人胡氏谋尽弃其所有以赎君。君奋曰：“男子之始生也，悬弧以志，偏桥戍于吾何？有货以图之，不恤家恤我，遂太夫人心，室如悬磬，使吾兄朝夕忧衣食之不暇而暇为笔砚忧乎？”于是毅

① 见明·郭良翰撰：《明谥纪汇编》卷一五“臣谥中·文臣”，影印文渊阁《四库全书》本，台湾商务印书馆，1986年。

然请行。至则见者无贵贱遇以礼，不敢以常卒伍例视之。其地有横蛮黄一奇，夺嫠妇李氏为妻，君于其夫为族兄弟。李氏使人告难于君，断一指以示信。蛮知祸将及，亟馈金以冀免。君叱以狗彘，即日以其状白于官，捕蛮投卫狱死焉。君邻盗者，君知之而未能徙，盗忧不见容，以所劫帛献，君从容喻之于义，火其帛，盗亦感悟。都指挥告某由是重君为人，将谋进之。君一不以介意，而独以母老哀鸣，一卫怜之，遂得解伍以归。间奉太夫人来广，就其兄参议之养，遇盐商馈白金百余，不顾而去。其在困也，不自卑而失守其处；亨也，不藉势以儌利。其才如此，与太保俱学，其不迁业，于戎伍以需其成，其亦可观也夫。①

据该《墓志铭》文可知，朱惟庆为朱英的亲弟弟，朱惟庆既然属于“家籍戎偏桥卫”的军籍，那么朱英也不能例外。由于朱英已经在先补为“儒学生员”，故当局（有司）在某次“征兵”时，便“以君充戍”，命朱惟庆从军。朱惟庆的“母夫人胡氏谋尽弃其所有以赎君”，但朱惟庆考虑到父亲已故，家庭经济状况并不是很好，如果竭尽家庭之所有来买赎，则将“室如悬磬”，势必影响到兄长朱英的攻读。因此，他毅然戎伍。其慈母的温情、兄弟的情谊、个人的责任感等，均在该《墓志铭》展现无遗，姑置勿论。

据《明清进士题名碑录索引》记载，朱英是在正统十年以“军籍”身份参加科举考试并中第三甲第八十一名进士的。② 朱英之子朱守孚也是以“军籍”身份参加科举考试并中成化五年（1469）第三甲一百三十九名进士③。可见他们的家庭确实为军籍无疑。

所谓“军籍”，即其户籍的种类属于军籍的军人，亦称“军户”。明代的军户制度基本上是承袭元代户籍的分类而来，是为求确保军队的永续战力而制定的确保兵源的制度。明代户籍制度的具体分类，据《明史》记载：“凡户三等，曰民，曰军，曰匠。民有儒，有医，有阴阳；军有校尉，有力士，弓、铺兵；匠有厨役、裁缝、马、船之类。”④ 民众的户籍一旦被确定为军籍，世袭为军，除非有特殊变故，子孙后代都不能改变。在三种户籍中，“军籍（军户）”的法律地位比“民籍（民户）”要低，但赋税劳役及其他额外负担却比“民籍（民户）”要更为沉重，加之一些宗藩、勋贵、军官对军人乃至军户进行役使盘剥

① 明·陈献章撰：《朱君惟庆墓志铭》，《陈白沙集》卷四，影印文渊阁《四库全书》本，台湾商务印书馆，1986年。

② 朱保炯、谢沛霖编：《明清进士题名碑录索引》上册，第785页，上海古籍出版社，1980年。

③ 朱保炯、谢沛霖编：《明清进士题名碑录索引》上册，第777页，上海古籍出版社，1980年。

④ 清·张廷玉等修：《明史》卷七七“志第五十三·食货一·户口”，影印文渊阁《四库全书》本，台湾商务印书馆，1986年。

等原因，致使军籍之户时有逃亡等事情发生。

明朝军队编制实行“卫所制”。卫所制是明朝最主要的军事制度，为明太祖所创立，其构想来自于隋唐时代的府兵制。在与元朝及元末群雄的争战期间，朱明军队的兵源，有诸将原有从征之兵，有元兵及群雄兵归附之兵，有获罪而谪发之兵，但最主要的来源则是籍选，亦即“垛集军”，是由户籍中抽丁而来。除此之外还有简拔、投充及收集等方式。明朝中期以后又有强使民为军的方式等。但卫所制仍然是最主要的军制。卫所制的军队组织有卫、所两级。一府设所，若干府设卫。卫设指挥使，统兵士五千六百人。卫下有千户所，统兵士一千一百二十人；千户所下设百户所，统兵士一百一十二人。各府县的卫、所归各指挥使司都指挥使管辖，各都指挥使又归中央五军都督府管辖。卫、所兵士有军籍，世袭为军，平时屯田或驻防。遇有战争，朝廷命将，率领调自卫、所的士兵征战。

《朱君惟庆墓志铭》中所谓“家籍戍偏桥卫”，即朱英、朱惟庆的家庭属于“偏桥卫”的兵员备征来源。

在明代，偏桥卫是一处重要的戍卫，位于今贵州省境内，在明代镇远府下辖的施秉县（今名同）境内。明人李贤等撰《明一统志》记载：“镇远府，建置沿革，《禹贡》荆州南境旧为竖眼大田溪洞，元初置镇远沿边溪洞招讨使，后改为镇远府，属思州军民宣抚司。本朝洪武五年（1372），改为镇远州，隶湖广布政司。永乐十一年（1413），仍于州置镇远府，隶贵州布政司。正统中，省镇远州。领长官司二，县二。”下辖的两个县为镇远县和施秉县；两个长官司为偏桥长官司和邛水十五洞蛮夷长官司。其中的偏桥长官司“在府城西六十里，元置偏桥中寨蛮夷军民长官司。本朝改置偏桥长官司。编户二里”；邛水十五洞蛮夷长官司“在府城东八十里，元置安安县，后改卭水县。本朝洪武五年改置卭水十五洞蛮夷长官司。编户五里”。[①] 这里的“偏桥长官司”与“邛水十五洞蛮夷长官司”均为行政机构。

作为军事机构的卫、所，其上级统辖机构为巡抚都察院（简称“都司”）。在明代，偏桥卫原来隶属于偏沅巡抚都察院，后改隶贵州巡抚都察院。《明会典》称：“镇远卫，偏桥卫，清浪卫。已上三卫在贵州境内。”[②] 清《（雍正）湖广通志》称：“湖南巡抚都察院，在府城内西北。旧驻节沅州，兼辖偏桥卫，

① 明·李贤等撰：《明一统志》卷八八“贵州布政司·镇远府”，影印文渊阁《四库全书》本，台湾商务印书馆，1986年。

② 《明会典》卷一〇八“兵部三·湖广都司”，影印文渊阁《四库全书》本，台湾商务印书馆，1986年。

为偏沅巡抚都察院。后偏桥卫割隶贵州，（偏沅巡抚都察院）移驻长沙，仍名偏沅巡抚。雍正二年抚臣魏廷珍以官名与地不相符，咨部改偏沅为湖南。今为湖南巡抚都察院。”① 由此可见，清代从统辖今湖南与湖北两省境域的湖广布政司中划分出来的湖南巡抚都察院，乃是从明代“驻节沅州，兼辖偏桥卫”的偏沅巡抚都察院而来；换言之，明代初年所建置的镇远府（州）及其下辖的镇远、施秉两县和偏桥、邛水十五洞蛮夷两个长官司，均为湖广辖域内的行政及军事建置。

“偏沅”一语中的沅州位于湘西与贵州接壤之处。其建置沿革是，宋熙宁七年（1074），以五代叙州、奖州、懿州、锦州地改置沅州，治卢阳（今湖南芷江侗族自治县），领卢阳、麻阳、黔阳三县。元至元十二年（1275）升沅州为沅州路。明太祖甲辰年（1364，明朝建立之前），改沅州路为沅州府。洪武九年（1376）降为州，以州治卢阳县省入，隶辰州府，领黔阳、麻阳二县。清初因之。乾隆元年（1736），又升沅州为沅州府。民国二年（1913）废。偏桥与沅州同与苗区错杂，两地之间以古五溪之一的㵲水等河流相交通。清人晏斯盛《黔中水道考》云：“镇阳江即㵲水古五溪之一，源出偏桥右司太阳河，又曰杉木江。东南流至新施秉县东北，右合小江。新施秉者，旧偏桥卫也。明张一鹄诗曰：‘有水可乘筏，其如难渡何。不辞车马惫，还怯虎狼过。楚水偏桥尽，黔山平越多。城阴最惨淡，一路少田禾。’此已事矣”② 明人张一鹄的诗言尽了该地的险隘惨淡；而偏桥的太阳河便是最终流入湖南的“古五溪之一”的㵲水。曾任贵州提学道佥事的清人卫既齐所撰《重修偏桥碑记》云：“施秉弹丸邑耳，而黔楚往来，实为东西咽喉。由黔而之滇、之蜀、之粤西，一线羊肠联络省会且四五焉。县北门外故有桥名偏桥，夫楚南密迩荒服，故设偏沅巡抚，挈一州一卫，以命幕府重其地也。桥而专有卫名，其为关津冲要非一日矣。”③ 该辖域的行政机构及军事管理机构以“偏（桥）沅（州）”命名，表明在明清时期，该地域具有极为重要的政治及军事战略地位。

明永乐十一年，在属于行政机构的偏桥长官司从湖广布政司改隶贵州布政司的同时，属于军事机构的偏桥卫也从偏沅巡抚都察院改隶贵州巡抚都察院，这是为了将行政建置与军事建置的管理归属改为一致。

① 清·迈柱等修：《（雍正）湖广通志》卷一六“城池志·公署·长沙府”，影印文渊阁《四库全书》本，台湾商务印书馆，1986年。

② 清·鄂尔泰等修：《（雍正）贵州通志》卷三七“艺文·黔中水道考”，影印文渊阁《四库全书》本，台湾商务印书馆，1986年。

③ 清·鄂尔泰等修：《（雍正）贵州通志》卷四二“艺文·重修偏桥碑记”，影印文渊阁《四库全书》本，台湾商务印书馆，1986年。

为什么要将偏桥卫建立在这个地方呢？是由于这里地势险要，又处“九股生苗”聚居地，即史籍中所谓“苗疆”，为苗区之人出入之必须经过的途径。概言之，即为防备苗人所建。清《（雍正）贵州通志》记载：“镇远为黔省之门户，㵲溪一水下达沅湘，樯帆辐辏，虽地势险隘不能建甓垣墉，然据石屏山以为城，带镇阳江以为池，居然楚国之方城汉水也。马场、鼓楼两坡为诸苗出入必由之径，一泥丸可封。昔人戍守之遗迹犹存也。附郭自镇远而外，所辖止施秉一县，幅员稍隘。往者九股生苗剽掠旧县，因迁治于偏桥以避之。自台拱清江，设官置镇，翻狡兔之窟作饮马之川，封畛所届，懋迁化居，雄于诸郡。近又以湖南之天柱来属，茨岭铁坪东西环峙，郡治东南益壮屏蔽焉。”[①]

何谓“九股生苗”？《（雍正）贵州通志》记载：

黔开自明世，前此皆溪洞苗蛮也。故今各府风俗止就明以来志乘中语书之。其汉、唐、宋诸史书中西南夷南诏南蛮诸传所载，则编于苗蛮之首。

九股苗在兴隆卫凯里司，与偏桥之黑苗同类。武侯南征戮之殆尽，仅存九人，遂为九股，散处蔓延，地广而族伙。其衣服、饮食、婚姻、丧祭概与八寨、丹江等同，而性尤剽悍。头顶铁盔，后无遮肩，前有护面两块即铸于盔，极重；身披铁铠，上如背搭，止及乳下，用铁链周身，形如圈笼缀于上，坐则缩而立则伸，约重三十觔。下以铁片缠腿，健者结束，尚能左执木牌，右持标杆，口衔利刃，捷走如飞。大枪约重十余觔，铅子重八九钱不等，发至百步外，着人立糜。洞又有牛尾枪，几与内地子母炮埒。强弓名曰“偏架”，长六七尺，三人共张，矢无不贯。前明播州之乱，为杨应龙羽翼，虽调兵十数万诛灭杨应龙而九股未剿，伏莽劫掠，时出为害。由地旷而险，猝难制伏。雍正十年，钩连蠢动，合楚、粤、黔三省兵，剿抚兼施，搜缴兵甲，建城安汛焉。[②]

由于偏桥卫所处“地势险隘不能建甓垣墉”，因此“石屏山以为城，带镇阳江以为池”，连山带江修建为关隘城池。《明一统志》记载：“关梁……偏桥，在府城西六十里。”[③]《清一统志》记载：“偏桥废卫在施秉县西北，偏桥司南隔江。明初置。本朝省入施秉县。《明史》：洪武二十三年置清浪、偏桥二卫指挥使司于思南宣慰司之地。《黔记》：城周一千二百二十八丈，门四。西南俱

① 清·鄂尔泰等修：《（雍正）贵州通志》卷二“地理·镇远府图说”，影印文渊阁《四库全书》本，台湾商务印书馆，1986年。

② 清·鄂尔泰等修：《（雍正）贵州通志》卷七“地理·风俗”，影印文渊阁《四库全书》本，台湾商务印书馆，1986年。

③ 明·李贤等撰：《明一统志》卷八八“贵州布政司·镇远府·关梁”，影印文渊阁《四库全书》本，台湾商务印书馆，1986年。

坡，恃为险峻。东北逼近溪河。《通志》：本朝康熙二十六年省卫，入施秉县。”①

关于偏桥的地域特征及风土人情，明清诗文中多有咏叹者。如曾经以兵科给事中身份出核湖广、贵州军储的潘希曾有《偏桥》诗云：“匹马偏桥路，悠悠向夕曛。水清窥底石，山密踏层云。险地苗居半，封疆楚已分。数声花畔鸟，犹似故园闻。”② 潘希曾（1476—1532）字仲鲁，浙江金华人。弘治十五年（1502）进士。撰有《竹涧集》等。与明代汝城名宦、监察御史范辂关系甚密的何景明也有《偏桥行》诗：“城头日出一丈五，偏桥长官来击鼓。山南野苗聚如雨，饥向民家食生牯。三尺竹箭七尺弩，朝出射人夜射虎。砦中无房亦无堵，男解蛮歌女解舞。千人万人为一户，杀血祈神暗乞蛊。沙蒸水毒草根苦，上山下山那敢歔。蠢尔苗民尔毋侮虞，庭两阶列干羽。”③ 何景明（1483—1521），字仲默，号白坡，又号大复山人，河南信阳人，为明代著名的“前七子”之一。清代雍正年间曾经担任贵州等处承宣布政使司布政使、并参与《贵州通志》修纂的常安亦有《晚霁自镇远赴偏桥》诗：“峦光雨后转氤氲，行过屏山日欲曛。石磴千层天际出，飞泉百道岭头分。鸟栖翠竹啼红雨，人坐篮舆度白云。风送晚钟何处寺，昏黄月下隔溪闻。”④ 常安（？—1747），纳喇氏，字履坦，满洲镶红旗人。在担任贵州布政使时，曾疏言：“苗疆多事，由于兵役扰累。嗣后有扰累事，罪该管文武官。”

偏桥卫的建置时间为明太祖洪武二十二年（1389）。《明一统志》记载：“公署……镇远卫，在府治西，洪武二十二年建。偏桥卫，在府城西六十里。”⑤ 为了行政及军事邮传的需要，在偏桥长官司及偏桥卫设置的同时，还设置了驿站。《明会典》记载：“贵州……镇远府……施秉县：偏桥驿，清浪水马驿，镇远水马驿。”⑥《清一统志》记载：“偏桥驿在府城西，偏桥司东。明

① 《钦定大清一统志》卷三九五“镇远府·古迹·偏桥废卫”，影印文渊阁《四库全书》本，台湾商务印书馆，1986 年。

② 明·潘希曾撰：《偏桥》，《竹涧集》卷一，影印文渊阁《四库全书》本，台湾商务印书馆，1986 年。

③ 明·何景明撰：《偏桥行》，《大复集》卷一一，影印文渊阁《四库全书》本，台湾商务印书馆，1986 年。

④ 清·常安撰：《晚霁自镇远赴偏桥》，载清·鄂尔泰等修：《（雍正）贵州通志》卷四五“艺文”，影印文渊阁《四库全书》本，台湾商务印书馆，1986 年。

⑤ 明·李贤等撰：《明一统志》卷八八“贵州布政司·镇远府·公署”，影印文渊阁《四库全书》本，台湾商务印书馆，1986 年。

⑥ 《明会典》卷一二〇“兵部十五·驿传二·水马驿·贵州·镇远府·施秉县”，影印文渊阁《四库全书》本，台湾商务印书馆，1986 年。

洪武二十五年设。”[①]

如前所述，卫所在平时为屯田或驻防，偏桥卫也有屯田。据清《（雍正）湖广通志》记载：“偏桥卫，屯田二百八十二顷二十四亩四分五厘，屯粮三千七百九十三石五斗二升八合七勺三抄六撮六圭。”[②] 既然屯田，必然有粮食储存设施；而且作为军粮的储备，亦必须有储存军粮的仓库，这就是所谓“卫所仓”。《明会典》载有作为卫所仓的“偏桥仓”。[③]

偏桥卫的组织机构、官吏职级及兵员数量为：“偏桥卫指挥使，指挥同知，指挥佥事，左、右、中、前、后千户所千户，百户；兵五千六百名。”[④] 这是明代一个卫的正常建制。

朱英既然出生于“家籍戎偏桥卫”的军籍家庭，其弟弟朱惟庆又曾经从军于偏桥卫，故其对所谓“苗蛮”等少数民族的风土人情较为熟悉，这与他后来出任总督两广军务兼理巡抚等职时所成就之留名青史的功业当不无关系。朱惟庆后来受到“都指挥告某”的尊重，并在“以母老哀鸣，一卫怜之”之下“遂得解伍以归”，是否与其兄朱英之仕宦发达，“奉太夫人来广，就其兄参议之养”有关，则不得而知。

朱英的家族世居桂阳（汝城），但其家籍却隶属于“戎偏桥卫”。桂阳与偏桥卫地隔千里，居住地与军籍所属地相隔甚远，原因何在？其实，这与明代的兵制有关。据《明会典》记载：“正统……四年，令北人充南军，南人充北军。除辽东、万全、山西、陕西等处边卫逃军，及近年土豪盐法编发充军不动外，其余清出军丁，各就地方改解附近卫分，若南人充南军，北人充北军，不在改调之例。”其具体的“计改调卫所”，就湖广行省而言，则“湖广布政司：宝庆府调五开卫；辰州调铜鼓卫；衡州调九溪卫；永州府调镇远卫；靖州调五开卫；郴州调偏桥卫；常德府调豹韬卫；长沙府调龙虎卫；荆州府调镇南卫；岳州府调龙江右卫；武昌府调行在府军卫；黄州府调行在虎贲左卫；汉阳府调行在旗手卫；德安府调行在金吾前卫；襄阳府调燕山前卫；沔阳州调济州卫；安

① 《钦定大清一统志》卷三九五“镇远府·关隘·偏桥驿”，影印文渊阁《四库全书》本，台湾商务印书馆，1986年。

② 清·迈柱等修：《（雍正）湖广通志》卷一八“田赋志·偏桥卫”，影印文渊阁《四库全书》本，台湾商务印书馆，1986年。

③ 见《明会典》卷四〇“户部二十五·内外仓廒二·各司府州县卫所仓·湖广布政使司·偏桥仓”，影印文渊阁《四库全书》本，台湾商务印书馆，1986年。

④ 清·迈柱等修：《（雍正）湖广通志》卷二四“军政志·偏桥卫”，影印文渊阁《四库全书》本，台湾商务印书馆，1986年。

陆州调济阳卫”[①]。远地调遣的目的，当然是为了防止与当地人之间相互勾结坐大势力以影响政权的稳定。由此，作为郴州辖县的桂阳（汝城）等县，便成为远处贵州之偏桥卫的后备兵源地。

弄清楚朱英家庭的户籍归属，对更为深入地对朱英的思想行为进行研究，进而其家族乃至对汝城若干历史悠久之宗族的社会背景进行研究，都具有重要的意义。

值得指出的是，朱英及其弟朱惟庆、子朱守孚虽为军籍，但朱英的族兄弟朱海以及朱海的儿子朱守恕却都是以“民籍”身份参加科举考试的。朱海与朱英同科，为正统十年第二甲第二十七名进士[②]；朱守恕为成化八年（1469）第三甲第十八名进士[③]。由此可见，朱英与朱海的家庭虽然同族，但二人家庭的宗系自父辈乃至更早，便被编入不同的户籍之中。这种情况亦见于同为明代桂阳（汝城）著名人物的范辂与其族叔（伯）父范渊、族侄范永銮，范辂是以“军籍”身份参加科举考试中正德六年辛未科（1511）进士[④]，而范渊、范永銮却是以“民籍”身份报考并中进士的[⑤]，前者为弘治九年（1496）第三甲第一百六十三名进士，后者为正德九年（1514）第三甲第一百零一名进士。此外，籍贯为汝城的明代名宦中，还有不少人的家庭属于军籍，如“曾鉴，字克明，其先桂阳人，以戍籍（戍边吏卒的户籍）居京师”[⑥]。这些，都是进一步研究古代汝城社会以及宗族源流值得注重的问题之一。

作者简介：陈靖华，湖南省社会科学院哲学研究所副研究员，宗教文化研究中心副主任。

---

① 《明会典》卷一二四“兵部十九·计改调卫所”，影印文渊阁《四库全书》本，台湾商务印书馆，1986年。

② 朱保炯、谢沛霖编：《明清进士题名碑录索引》上册，第780页，上海古籍出版社，1980年。

③ 朱保炯、谢沛霖编：《明清进士题名碑录索引》上册，第777页，上海古籍出版社，1980年。

④ 朱保炯、谢沛霖编：《明清进士题名碑录索引》中册，第1426页，上海古籍出版社，1980年。

⑤ 朱保炯、谢沛霖编：《明清进士题名碑录索引》中册，第1422、1423页，上海古籍出版社，1980年。

⑥ 清·张廷玉等修：《明史》卷一八五“列传第七十三·曾鉴”，影印文渊阁《四库全书》本，台湾商务印书馆，1986年。

明代工部尚书曾鉴生平事迹系年

马晓伟

曾鉴（1434—1507），字克明，原籍汝城县土桥。因祖辈从戎，籍居京师。明天顺八年（1464）进士，试政刑部。历任刑部主事、工部主事、吏部验封、稽勋员外郎、吏部郎中、通政司右通政、太仆寺卿、工部右侍郎、工部左侍郎、工部尚书等职，进阶荣禄大夫致仕。正德二年丁卯（1507）卒，赠太子太保，享年74岁。

曾鉴《明史》有传，其他历史文献亦有记载，但均较为简略。对其生平事迹记载得最为详细的，是曾鉴终生挚友、同科进士李东阳为其所撰的《明故工部尚书进阶荣禄大夫致仕赠太子太保曾公墓志铭》，收录于《怀麓堂集》卷八十八（下文简称《曾公墓志铭》，并不再注明出处）[①]。本文以《曾公墓志铭》所述为主线，旁证其他文献，对曾鉴的生平事迹进行系年简述。

《曾公墓志铭》云："公与予同出湖南，同籍京卫、入京学，同举进士第，前后四五十年交最稔。去冬公访予，病弗果见，为之怅叹以去。今春，予始入觐，而公已病，越数日遂不起。其子沄以治命乞铭。嗟乎！予竟不获与公面诀而遽铭耶。"曾鉴为桂阳（今汝城）人，李东阳为茶陵人。两人都是"以戍籍居京师"[②]。"戍籍"又称"军籍"，即从军戍守吏卒的户籍。李东阳的"戍籍"为"金吾左卫"[③]，李东阳自述称："臣原籍系湖广长沙府茶陵州人，金吾左卫右所军籍，在京住坐。"[④] 据《明会典》记载，金吾左卫的职责为："洪武三十

① 明·李东阳撰：《明故工部尚书进阶荣禄大夫致仕赠太子太保曾公墓志铭》，《怀麓堂集》卷八八"文后稿二十八"，影印文渊阁《四库全书》本，台湾商务印书馆，1986年。

② 见清·张廷玉等修：《明史》卷一八五"列传第七十三·曾鉴"，《明史》卷一八一"列传第六十九·李东阳"，影印文渊阁《四库全书》本，台湾商务印书馆，1986年。

③ 朱保炯、谢沛霖编：《明清进士题名碑录索引》中册，上海古籍出版社，1980年，第1300页。

④ 明·李东阳撰：《辞免起复纂修奏本》，《怀麓堂集》卷三九"文稿十九·状疏"，影印文渊阁《四库全书》本，台湾商务印书馆，1986年。

五年以燕山左护卫改设，掌守卫皇城东面及巡警京城各门。”[1] 曾鉴的“戍籍”记载不详，李东阳与其一道在京师的太学（国子监）读书。明天顺八年(1464)，二人同中甲申科进士，曾鉴为该科第三甲第二十三名进士[2]，李东阳为同科第二甲第一名进士。[3] 两人前后相交近五十年。“今春”即正德二年丁卯（1507）闰正月。曾鉴卒于该月初八日。曾鉴之子曾沄请李东阳为其父亲撰写墓志铭。

《曾公墓志铭》云：“公姓曾氏，讳鉴，字克明。举景泰丙子乡荐。其举进士以天顺甲申（八年，1464)。试政刑部。通州民十余辈坐盗，狱且具，公辩其诬，人惑之，后果得真盗，乃大服。”景泰丙子为明代宗景泰七年（1456)，曾鉴于该年乡荐。“试政”又称“观政”，即士子进士及第后并不立即授官，而是被派遣至六部九卿等衙门实习政事，这是明代进士的观政制度。该制度肇始于洪武十八年（1385)，实施于有明一代。曾鉴中进士后，曾鉴即从试政于刑部。“通州民十余辈坐盗”云云，在《明史》曾鉴本传中有记载，不赘言。

《曾公墓志铭》云：“初命为主事，寻以父丧阕服，改工部。督造供应器物，综理甚精，改吏部验封，迁稽勋员外郎。母丧服阕，再入验封，进郎中。奏拟精核，人无訾议。”进士的“观政”一般为三个月或半年，但也有一年的。“观政”结束后，曾鉴被任命为刑部主事。后因服父丧三年，复职后改任工部主事。在任工部主事任上“督造供应器物，综理甚精，改吏部验封”。验封为验封清吏司的官员。验封清吏司是明清时期吏部的下设机构，职掌文职官员之封爵、议恤、褒赠、土官（少数民族聚居地区之本地官）世职及任用吏员等事；其职官设有郎中、员外郎、主事、笔帖式、经承等。曾鉴应该担任的是验封清吏司的主事。后迁稽勋员外郎。稽勋员外郎为吏部下设之稽勋清吏司的官吏。稽勋清吏司掌文职官之勋级、名籍、守制、终养等事，其职官设置有郎中、员外郎、主事、笔帖式、经承等。曾鉴在稽勋员外郎任上时值母丧，服丧三年后，再入验封清吏司，任郎中。据《明实录》记载：“弘治元年四月甲午朔……庚申，初，河内人李恕以符箓经咒惑人，因得出入内府。尝因内侍王聪请托验封司郎中曾鉴于朝，鉴不许。”[4] 这是在追述弘治元年（1488）之前“初……尝因内侍王聪请托验封司郎中曾鉴于朝”的往事，故曾鉴任职验封清吏司郎中时在成化年间的后期。

---

① 《明会典》卷一八〇“金吾左卫”，影印文渊阁《四库全书》本，台湾商务印书馆，1986年。

② 朱保炯、谢沛霖编：《明清进士题名碑录索引》下册，第2321页，上海古籍出版社，1980年。

③ 朱保炯、谢沛霖编：《明清进士题名碑录索引》中册，第1300页，上海古籍出版社，1980年。

④ 《大明孝宗敬皇帝实录》卷一三“弘治元年四月”，台湾“中央”研究院历史语言研究所影印国立北平图书馆红格钞本，1962年5月。

《曾公墓志铭》云："成化丁未，擢通政司右通政，专领武官诰籍。"成化丁未为成化二十三年（1487）。"通政司"为明代"通政使司"的简称，俗称"银台"。其长官为"通政使"；掌出纳帝命，通达下情，勘合关防公文，奏报四方臣民实封建言、陈情申诉及军情、灾异等事。其职官有通政使一人，正三品，掌受理内外章疏、敷奏封驳之事；左、右通政各一人，正四品，受理内外章疏和臣民密封中诉之件；誊黄右通政一人，正四品，记录武官贴黄、卫所官袭替缘由，以备征选之事；左、右参议各一人，正五品，佐通政使，受理四方章奏。曾鉴的职责为"专领武官诰籍"，故其当官职为正四品誊黄右通政。

《曾公墓志铭》云："弘治庚戌，迁太仆寺卿，马政修举。"弘治庚戌为弘治三年（1490）。太仆寺卿始置于春秋，秦、汉沿袭，为九卿之一，从三品，掌皇帝的舆马和马政。其下有太仆寺少卿、太仆寺丞、太仆寺员外郎、太仆寺主事、太仆寺主簿等，品秩均较太仆寺卿为低。《曾公墓志铭》既称"迁"，曾鉴所任必然为太仆寺卿。

《曾公墓志铭》云："壬子，擢工部右侍郎，督易州山厂薪炭事，钊治经画，事集而人不扰。"壬子为弘治五年（1492）。《明实录》对此有所记载："弘治五年五月庚午朔……辛巳……太仆寺卿曾鉴为工部右侍郎，管理易州山厂柴炭。"① 据此可知，曾鉴担任此职的时间为该年五月。工部为六部之一，职掌营造工程事项及各项器物制作等事务，为正二品衙门，设尚书主持部务，左、右侍郎为之副，下设司务厅，掌催督、稽缓、勾销簿书。但《明史·职官志》对侍郎的品秩记载不详。曾鉴"擢工部右侍郎"，品秩当有所提高。在工部右侍郎任上，曾鉴专职"督易州山厂薪炭事"。

《曾公墓志铭》云："乙卯，召还。转左侍郎，修仓庾，葺宫掖。充唐府册封使。"乙卯为弘治八年（1495）。《明实录》卷之九十八"弘治八年三月甲申朔……庚戌，命管理易州山厂工部右侍郎曾鉴管部事"。② 曾鉴在管理易州山厂督薪炭事三年后，于该年三月被召还京师，主管部务工作。同年六月，其子曾洪为国子监生，《明实录》对此有所记载："弘治八年六月壬子朔……甲寅，命工部右侍郎曾鉴之子洪为国子监生，从其请也。"③ 同年十二月，曾鉴受命与户部左侍郎刘大夏一道主持修建京城内的仓廒等，《明实录》记载："弘治八

① 《大明孝宗敬皇帝实录》卷六三"弘治五年五月"，台湾"中央"研究院历史语言研究所影印国立北平图书馆红格钞本，1962 年 5 月。

② 《大明孝宗敬皇帝实录》卷九八"弘治八年三月"，台湾"中央"研究院历史语言研究所影印国立北平图书馆红格钞本，1962 年 5 月。

③ 《大明孝宗敬皇帝实录》卷一〇一"弘治八年六月"，台湾"中央"研究院历史语言研究所影印国立北平图书馆红格钞本，1962 年 5 月。

年十二月庚戌朔……癸丑……先是户部奏于通州旧城西增置仓廒一百六十八间，上命于京城内相地建置，至是命户部左侍郎刘大夏、工部右侍郎曾鉴领其事。”① 关于曾鉴转任品秩相同但地位较高一些之工部左侍郎的时间，《明实录》记载为次年即弘治九年（1496）的八月：“弘治九年八月乙亥朔……壬午，升工部右侍郎曾鉴为本部左侍郎。”② 较《曾公墓志铭》的记载更为准确。《曾公墓志铭》所载曾鉴“充唐府册封使”事，在弘治十年（1497）的十一月，《明实录》记载：“弘治十年十一月戊戌朔……甲子，上御奉天殿，传制遣……工部左侍郎曾鉴……持节充正使……册封……西城兵马副指挥丁鹏女为唐府郾城王妃。”③

《曾公墓志铭》云：“庚申，拜尚书，修诸禁门、社稷坛及京城垣陴，凡涉公帑民力者，时执艺以谏。上尝召至便殿，趣造战车，公言派办不可，亟请以旧所积榆槐木为之；又尝问工匠缺乏，公历陈灾伤逃徙之故，皆见嘉纳。”庚申为弘治十三年（1500）。据《明实录》记载，曾鉴于该年的五月擢任工部尚书：“弘治十三年五月甲寅朔……丙寅，升都察院左都御史闵圭为刑部尚书，太子少保如故；工部左侍郎曾鉴为本部尚书。圭、鉴各具疏辞，不允。”④ 同年六月，受命与兵部尚书马文升一道检查京师九门的守城器具，《明实录》记载：“弘治十三年六月癸未朔……己丑……命兵部尚书马文升、工部尚书曾鉴阅九门守城器具。”⑤ 同年九月，曾鉴受到南京监察御史的弹劾，便上奏章乞致仕，未获得同意，《明实录》记载：“弘治十三年九月壬子朔……丙子，工部尚书曾鉴以南京监察御史劾之，因乞致仕。上曰：‘卿年力未衰，方膺委任，勿罔人言遽求退避。’所辞不允。”⑥

弘治十五年（1502）八月，曾鉴再次受到弹劾，《明实录》记载：“弘治十五年八月庚子朔……己酉……南京监察御史余敬等言七事：一曰黜不职，谓文

① 《大明孝宗敬皇帝实录》卷一〇七“弘治八年十二月”，台湾“中央”研究院历史语言研究所影印国立北平图书馆红格钞本，1962年5月。

② 《大明孝宗敬皇帝实录》卷一〇六“弘治九年八月”，台湾“中央”研究院历史语言研究所影印国立北平图书馆红格钞本，1962年5月。

③ 《大明孝宗敬皇帝实录》卷一三一“弘治十年十一月”，台湾“中央”研究院历史语言研究所影印国立北平图书馆红格钞本，1962年5月。

④ 《大明孝宗敬皇帝实录》卷一六二“弘治十三年五月”，台湾“中央”研究院历史语言研究所影印国立北平图书馆红格钞本，1962年5月。

⑤ 《大明孝宗敬皇帝实录》卷一六三“弘治十三年六月”，台湾“中央”研究院历史语言研究所影印国立北平图书馆红格钞本，1962年5月。

⑥ 《大明孝宗敬皇帝实录》卷一六六“弘治十三年九月”，台湾“中央”研究院历史语言研究所影印国立北平图书馆红格钞本，1962年5月。

武大臣旷职者多，如户部左侍郎王俨等屡经弹劾，兹不复及；方乃若户部尚书吕钟，工部尚书曾鉴，南京通政使毛伦……皆职务废弛……宜罢归田里，或置闲散。……下其奏于所司。”受到弹劾的六天后，曾鉴再次上奏乞致仕，《明实录》记载：“丙辰，工部尚书曾鉴乞致仕。上曰：‘卿才望老成，练达政务，宜尽心供职以副委任。’不允所辞。”上述弹劾的奏章下到吏部，《明实录》记载：“戊午，吏部复奏：南京科道所奏黜不职事，谓所劾户部尚书吕钟、工部尚书曾鉴、南京通政使毛伦、右通政姜清、顺天府府尹兰奇、应天府府丞李堂、巡抚江西都御史韩邦问、太常寺卿李温，其去留惟上所命。得旨：‘俱存留供职。’”[①] 由于曾鉴受到明弘治帝的信任，同年十二月，在曾鉴的奏请下，曾鉴之子曾沄也成为国子监生，《明实录》记载：“弘治十五年十二月己亥朔……辛丑……命工部尚书曾鉴之子沄补荫为国子监生，从其请也。”[②] 这或许是对曾鉴的一种肯定和安抚。

弘治十六年（1503）九月，曾鉴因监造不如法之罪，受到罚俸一月的处分。《明实录》记载：“弘治十六年九月甲子朔……初，内官监太监李兴、工部尚书曾鉴奉命改铸朝钟，既成，计费白金十余万两。兴、鉴皆受赏，匠官溥玖等各升职加俸有差。未三月而钟璺，工科都给事中马子聪、监察御史宋恺等劾兴、鉴等监造不如法之罪，命姑宥之。鉴仍罚俸一月，傅玖等所升职事俸粮冠带俱夺之。”[③] “璺”，裂纹，即所铸朝钟上有道裂纹，故因此获罪。

弘治十七年（1504）三月，曾鉴受命祭祀天寿山后土之神，《明实录》记载：“弘治十七年三月壬戌朔……辛巳……遣工部左侍郎曾鉴告天寿山后土之神。”[④] “天寿山后土之神”为司工程之神（详见下文），故由担任工部尚书的曾鉴主祭。这里称其为“工部左侍郎”，当为误记。同年五月，曾鉴与几位大臣一道以“灾变求退”，未能获得同意，《明实录》记载：“弘治十七年五月庚寅朔……己亥……礼部尚书张昇、兵部尚书刘大夏、刑部尚书闵圭、工部尚书曾鉴、都察院左都御史戴珊、右都御史史琳各以灾变求退。上曰：‘卿等各有

① 《大明孝宗敬皇帝实录》卷一九〇“弘治十五年八月”，台湾“中央”研究院历史语言研究所影印国立北平图书馆红格钞本，1962 年 5 月。

② 《大明孝宗敬皇帝实录》卷一九四“弘治十五年十二月”，台湾“中央”研究院历史语言研究所影印国立北平图书馆红格钞本，1962 年 5 月。

③ 《大明孝宗敬皇帝实录》卷二〇三“弘治十六年九月”，台湾“中央”研究院历史语言研究所影印国立北平图书馆红格钞本，1962 年 5 月。

④ 《大明孝宗敬皇帝实录》卷二九〇“弘治十七年三月”，台湾“中央”研究院历史语言研究所影印国立北平图书馆红格钞本，1962 年 5 月。

职司，委任方切，灾异示戒，正宜同加修省，岂可引咎求退。’所辞不允。”①

弘治十八年（1505）三月，曾鉴受命与刘健、李东阳等一道担任该年科举考试的殿试读卷官，《明实录》记载：“弘治十八年三月丙戌朔……庚子……命少师兼太子太师吏部尚书革盖殿大学士刘健、太子太保户部尚书兼谨身殿大学士李东阳、太子太保礼部尚书兼武英殿大学士谢迁、少师兼太子太师吏部尚书马文升、户部尚书韩文、兵部尚书刘大夏、太子太保刑部尚书闵圭、工部尚书曾鉴、都察院左都御史戴珊、右都御史史琳、通政使司通政使田景贤、大理寺卿杨守随、翰林院学士刘机、侍讲学士杨时畅为殿试读卷官。”② 该年五月辛卯，弘治帝驾崩。六月，为弘治帝所选择的山陵地已经确定，准备动工修建，曾鉴受命祭告天寿山后土司工之神，《明实录》记载：“弘治十八年六月甲寅朔……丙辰，礼部奏：侍郎王华等覆视原择山陵地果吉，宜行钦天监择日兴工。上从之，遣驸马都尉蔡震、马诚祭告诸陵；尚书曾鉴祭告天寿山后土司工之神。”③

正德帝即位后，曾鉴马上成为随侍（“侍班”）皇帝的重臣之一④，并于正德元年（1506）二月，与一些大臣一道陪同正德帝到京师的先农坛祭祀先农之神，《明实录》记载：“正德元年二月辛亥朔……乙丑，上祭先农之神，遂躬耕耤田，命太师英国公张懋、太傅瑞安侯王源、太傅寿宁侯张鹤龄各行五推礼，大学士刘健、李东阳、谢迁，尚书马文升、闵圭、张昇、刘大夏、曾鉴、杨守随各行九推礼。”⑤

曾鉴既然身为侍班大臣，便认真履行职责，随时向正德帝进言，尤其是事关民生之事，更是直言不讳。《明实录》记载：“正德元年五月庚辰朔……丙申……内织染局奏行苏、杭等府织造两宫上用等段计二万四千七百六十匹。尚书曾鉴等言：四方多事，公私匮竭，科征不息，民何以堪！宜暂停或量减。上是

---

① 《大明孝宗敬皇帝实录》卷二一二“弘治十七年五月”，台湾“中央”研究院历史语言研究所影印国立北平图书馆红格钞本，1962年5月。

② 弘治十八年三月，《大明孝宗敬皇帝实录》卷二二二“弘治十八年三月”，台湾“中央”研究院历史语言研究所影印国立北平图书馆红格钞本，1962年5月。

③ 《大明武宗毅皇帝实录》卷二“弘治十八年六月”，台湾“中央”研究院历史语言研究所影印国立北平图书馆红格钞本，1962年5月。

④ 见《大明武宗毅皇帝实录》卷九“正德元年春正月”，台湾“中央”研究院历史语言研究所影印国立北平图书馆红格钞本，1962年5月。

⑤ 《大明武宗毅皇帝实录》卷十“正德元年二月”，台湾“中央”研究院历史语言研究所影印国立北平图书馆红格钞本，1962年5月。

之，曰：‘既连岁灾伤，其减三分之半以苏民力。’”[①] 正德帝虽然答应得好，但并未付诸实施，反而还变本加厉，随后曾鉴不断上奏进行批评，《明实录》记载：“正德元年八月戊申朔……乙卯……令内官监左少监崔杲等往应天等府织造彩妆段匹。工部尚书曾鉴等奏曰：皇上嗣位，下诏停免织造，德音方布，何以辄复沮之？今东南水旱相仍，生民失业，意外之虞，所当豫防。况彩妆段一匹用数十人之工逾半年而后可完，分外所费，尤难悉数。窃惟服以彰德，赏以酬劳，赏之有节，则得之者宝藏珍重以为奇，滥则亦以寻常视之耳。伏望躬行节俭，裁抑赐予，或有应赏人员，止用织金段匹。差官宜暂免，勿使重困地方。六科给事中陶谐等、十三道御史杜旻等亦具奏，弗听。”[②] 曾鉴还对其他皇亲国戚的奢靡行为进行了批评，《明实录》记载：“正德元年九月丁丑朔……壬申……命工部营造皇亲夏儒居第。时工部为儒访求房二区，与儒所居邻。有旨以为卑隘，欲拓其址而新之。尚书曾鉴等因言：其房完整，不必改作。今公私匮乏，改作甚难。况所居之傍皆百年以来安土居民，势难迁徙，再欲开拓，必生怨谤。愿寝其役，俟年丰财裕以渐议之。不听。”[③] “弗听”、“不听”等语，道尽了封建专制制度下皇权的肆无忌惮以及臣子们的无奈。

《曾公墓志铭》云：“正德丙寅，修卢沟桥堤。制内殿龙毯百余，特赐玉带，若白金彩币等物不可殚纪。”正德丙寅即正德元年（1506）。曾鉴在该年还主持修筑了卢沟桥堤等民生工程。

正德二年（1507）闰正月初八，曾鉴的身体感到不适，乞致仕。《明实录》记载：“正德二年闰正月乙巳朔……壬子……工部尚书曾鉴乞致仕。上曰：‘卿老成勤慎，历事有年，方切委任，而乃恳辞以疾，特兹俞允。’仍进阶荣禄大夫，命有司给食米月三石，役夫岁四名。”[④] 关于曾鉴乞致仕及病卒的时间，一些出版物乃至百度百科的记载，均记为“正德二年闰四月病逝”。《明实录》为逐日实录史事的文献，应能不会有误，而且此记载与《曾公墓志铭》“公……卒于正德丁卯（1507）闰正月八日，得寿七十四”正合。查陈垣著《二十史朔闰表》，该年也是“闰正月”而非“闰四月”[⑤]。因此，当以《明实录》及

① 《大明武宗毅皇帝实录》卷一三“正德元年五月”，台湾“中央”研究院历史语言研究所影印国立北平图书馆红格钞本，1962 年 5 月。

② 《大明武宗毅皇帝实录》卷一六“正德元年八月”，台湾“中央”研究院历史语言研究所影印国立北平图书馆红格钞本，1962 年 5 月。

③ 《大明武宗毅皇帝实录》卷一七“正德元年九月”，台湾“中央”研究院历史语言研究所影印国立北平图书馆红格钞本，1962 年 5 月。

④ 《大明武宗毅皇帝实录》卷二二“正德二年闰正月”，台湾“中央”研究院历史语言研究所影印国立北平图书馆红格钞本，1962 年 5 月。

⑤ 陈垣著：《二十史朔闰表》，古籍出版社，1956 年，第 172 页。

《曾公墓志铭》为准。也就在"乞致仕"的同一天，曾鉴病卒。作为官修之编年史书的《明实录》对其评价云："工部尚书曾鉴卒。鉴字克明，郴州桂阳县人，以戎籍生长京师。天顺甲申进士，授刑部主事。通州民十余辈坐诬为盗，狱已具，鉴辩其冤，后果得真盗。改工部。升吏部郎中。成化末，升右通政。弘治中，历太仆寺卿，工部左侍郎、尚书。上尝召至便殿，趣造战车，鉴言派办之害，请以旧所积榆槐木为之。又尝问工匠缺乏，鉴历陈灾伤逃徙之故。皆见嘉纳。正德初，以修卢沟桥堤、制内殿龙毯，赐玉带。以病致仕，进阶荣禄大夫，赠太子太保。赐祭葬如例。鉴为人谨厚勤励，居家友于兄弟，履历数十年，虽无表表建立，然亦无失德也。"①

《曾公墓志铭》云："前后所得敕、诰、赠、封其二代及妻者凡四。命荫其子二人。既病，亟具疏乞休。上念公勤慎，勉从所请。进阶荣禄大夫，令有司月给米三石，岁给舆隶四人。命下，而公已卒矣。讣闻，上悼惜，赠太子太保，遣中官赐宝镪万贯为赙，遣礼部官赐祭者再，仍令有司治葬事如制云。"这里所称"前后所得敕、诰、赠、封其二代及妻者凡四"中之"二代"，指的是曾鉴的祖父与父亲。"荫其子二人"之二子，当为前述为国子监生的曾洪及曾沄。

《曾公墓志铭》对其评价是："公温纯乐易，不事矫饰，虽风雨寒暑不废朝谒。官事未毕，继之以夜。性敦孝，友兄弟，同居白首无间言。族里穷急，力为周施，而自奉简约，不为禄位所移易。部吏少俊者，教以举业，且为给膏火费。后举乡贡者二，举进士者一，皆德之终身。下至仆隶，亦感慕无饮怨者。是亦可谓难已。"

《曾公墓志铭》云：

公生宣德甲寅（1434）六月二十三日，卒于正德丁卯（1507）闰正月八日，得寿七十四。以三月二十四日葬于都城南五基之原。其配陈夫人合焉。公初娶于陈，生子洪；侧室滕氏，生子沄，今为国子生。公遗事尚多，尚书李公时器有状、铭，不能悉也。铭曰：

卿有六署，公居其三。幼学壮行，老且益谙。工曹最繁，公所终始。世历累朝，岁几四纪。夙兴夜寐，心矢靡他。日累月积，岁计实多。尽瘁而生，得正而毙。亦有余恩，为身后地。凡器之类，锐必先折。公戢其锋，有用无缺。凡物之生，早必先萎。公敛其华，有实之理。公不言功，皇则念之。公不责效，天则验之。孰传厥宗，家有介子。孰最厥名，国有太史。

① 《大明武宗毅皇帝实录》卷二二"正德二年闰正月"，台湾"中央"研究院历史语言研究所影印国立北平图书馆红格钞本，1962年5月。

《铭》文中所述“卿有六署，公居其三”，指的是曾鉴历任中央政府六部中的刑部、吏部和工部。而他任职时间最久的是在事务最为烦琐的工部衙门。在京师政府的各个部门中，他服务了四十余年，真可谓兢兢业业，任劳任怨，鞠躬尽瘁，死而后已。

李东阳除了为曾鉴撰写墓志铭外，还撰写了《祭曾尚书文》：

人生聚会，可谓甚难。南北殊踪，壮老异观。惟今之悲，乃昔之欢。凡我同年，迭倡交和。朝必充廷，宴必盈坐。惟今之吊，乃昔之贺。过公之门，邻哀巷怜。登公之堂，男涕女涟。挹公仪容，不见周旋。听公音声，不闻笑言。公寿实希，年既逾七。公官实高，品既登一。公名不堕，公行可述。公无往憾，我自公恤。陈词叙哀，侑我芬苾。平生之交，于此永毕。呜呼哀哉！尚飨。[①]

“公名不堕，公行可述。公无往憾，我自公恤”，这既是李东阳对挚友曾鉴的追忆，也是汝城人民对这位先贤的怀念。

作者简介：马晓伟，湖南省社会科学院宗教文化研究中心特约研究员。

① 明·李东阳撰：《祭曾尚书文》，《怀麓堂集》卷七五“文后稿十五”，影印文渊阁《四库全书》本，台湾商务印书馆，1986年。

高山流水遇知音

——从《大乐律吕元声》看范辂与李文利的忘年交

李花蕾

一、一门三进士

汝城地处湖南省东南部，与广东、江西两省接壤，有“鸡鸣三省，水注三江（湘江、珠江、赣江）”的美称。自东晋穆帝升平二年（358）置县，至今已有1600多年的历史。曾名庐阳、义昌、郴义、桂阳、汝桂。汝城是理学文化的发源地之一，北宋仁宗皇祐二年至五年（1050—1053），理学鼻祖周敦颐任汝城县令，于政务之外潜心研学，创作了《爱莲说》、《拙赋》等历史名篇。受周敦颐理学思想的熏陶，汝城人历来崇尚读书，形成了良好的文化氛围。在此氛围之下，汝城才人辈出，其中尤以三拱门范氏家族最为著名。仅明弘治九年（1496）到正德九年（1514），不到二十年间，范氏一门就先后出了三位进士，他们是范渊、范辂、范永銮。

范渊（1453—1512），字静之，号君山，范辂族叔。明弘治九年登进士第，累官刑部郎中、云南按察司副使。范辂（1474—1536），字以载，明正德六年（1511）登进士第，历江西、福建左、右布政使。范永銮，字汝和，号苏山，范辂侄。明正德九年登进士，曾任四川右布政使。一门之中连续出了三位进士，这一方面得益于汝城良好的学风，另一方面也得益于范氏家族尊师重教的理念。范氏的教育理念不仅仅局限于本门子弟，还因范渊等人到外地做官而推广到当地。范渊在四川维州（今四川理县）任知州时，曾作《民训》十五条改良当地民风，后又作《学训》十三条，并亲自讲解，振兴当地学风。范永銮居官在外时，考虑到家乡是偏僻小城，许多书籍难以买到，于是自购《左传》、《两汉书》、《朱子大全》等20余种书籍赠送给县学，让应试士子阅读。在这样一个家族中长大的人，即使不喜读书，想必于耳濡目染中也能袭得一脉书香。

弘治三年（庚戌，1490）秋，正当范辂及范永銮求学之时，李文利来到汝城县任教谕，其间，范辂叔侄都成为李文利的学生。李文利字乾遂，号两山，福建莆田人，成化十六年（庚子，1480）举人，生卒不详。从中举时间看，李文利与范渊年纪相仿，与范辂、范永銮差距较大，李文利中举之时，范辂还是六岁孩童，范永銮甚至还未出生。然而正如听懂俞伯牙高山流水之意的是一介樵夫钟子期，所谓知音，是不分阶层也不分年龄的。范氏叔侄不仅与李文利结下了深厚的师生情谊，成为忘年交，还因为同一本书，成为李文利的知音之人。

二、《大乐律吕元声》书首四篇

这本书近年影印收录在《续修四库全书·经部·乐类》中，分为《大乐律吕元声》六卷、《大乐律吕考注》四卷两部分，由李文利撰写，李元校补，范辂校正。

嘉靖十四年刻，书末题“嘉靖十四年仲春吉，刊于浙江布政使司”。另有朴学斋抄本3册，藏北京大学图书馆，国家图书馆也藏有部分抄本。王重民《中国善本书提要》、俞冰《书海蟫踪》均有详细描述。俞冰认为所见此书“是一部传承有序的善本”，“该书《中国古籍善本书目》著录为孤本”。[①]《续修四库全书》所据为浙江图书馆所藏，另有学者认为此书原为测海楼旧藏，后为美国国会图书馆购藏。

卷首有范永銮于嘉靖三年（1524）十一月所作《进大乐律吕元声书》一篇（民国《福建艺文志》卷十四载此文，作嘉靖二年七月），以及范辂于嘉靖三年正月所作的《大乐律吕元声引》一篇，李元于弘治十四年（辛酉，1501）七月初一（孟秋朔日）所作《大乐律吕元声序》一篇，杨月湖［杨廉（1452—1525），字方震，号月湖，一号畏轩，江西丰城人］于嘉靖三年正月廿七所作《论元声书》一篇。[②] 史书对李文利其人其事鲜有记载，而以上四篇文章既有对著作本身的评价，也有对作者本人的缅怀，更有对其成书过程的叙述，从中不仅可以了解李文利的生平，更可以窥见范氏叔侄与其交往的始末。

“编著垂成而天不假年。”从范永銮的进书中可以看出，《大乐律吕元声》一书尚未完成，李文利就去世了。“其兄前庐江县知县李元，悯其志大而未遂也，取而复加校补。臣叔江西按察司副使范辂，亦尝同臣师事文利，曾闻其

① 俞冰：《书海蟫踪》，北京：学苑出版社，2008年，第312、313页。

② 明·李文利撰，李元校补，范辂校正：《大乐律吕元声》六卷，《大乐律吕考注》四卷，上海：上海古籍出版社《续修四库全书》影印明嘉靖十四年浙江布政司刻本，2002年。

概，乃互为校正成帙。”李文利去世后，他的兄长李元接手对其遗作进行校补，范辂也参与了校正工作。“臣师李文利并其兄李元、臣叔范辂，又拳拳互相发明于大坏之后。”可见在校勘补正的过程中，李元及范辂根据自身见解，对李文利原作有所补充及改动。

从时间上看，李元的《大乐律吕元声序》作于弘治十四年，比其他三篇文章早了二十三年。“是书作于桂阳，教授思南，犹未脱稿，病剧。命侄岳清录之，甫成而逝，乃绝笔也。”“余悯其志于大而未究厥施，故述其概，以引诸首。”按李元序中所说，李文利的去世时间在弘治十四年之前，李元可能是在首次校补之后写下了这篇序文。

三、范辂《大乐律吕元声引》

比起李元和范永銮，范辂的《大乐律吕元声引》更多地回忆了与李文利的相交过程，字里行间处处流露出对李文利的缅怀之情。从这篇引文中可以得到很多李文利的生平信息。李文利于弘治三年秋开始掌教桂阳县教谕。“倘使西山可作，吾知断断乎不可易矣。”在执教过程中，李文利时常对学生阐发自己的律吕学说，可惜此时范辂“方在髫年”，虽间或有闻，却“莫得其说”。李文利在桂阳七年，“及丁巳岁（弘治十年，1497）教授思南，不逾年而没”。（明嘉靖十六年《思南府志》卷五《职官·教授》只有“李文利，广东人，告致归”一行，清道光《思南府续志》卷四《职官·教授》只有“李文利，广东人”一行，均简略且有误。）范辂“尝虑终莫得其传”，可惜此时李文利已经离世。若干年后，嘉靖元年（壬午，1522）范辂到福建任职，四处寻访李文利后人，打探他的学问是否得以传承。后来得知李文利的长兄李元已经把他的遗作校补成帙，于是同李文利的小儿子李岳一同“观以缮本”。同年九月，范辂经过甫田，在李文利墓前痛哭祭拜。随后拜访并请学于“梅东先生”，梅东先生即李文利的哥哥李元。李元此时已经九十岁，辞官隐居四十余年，范辂与李元就李文利的学说进行探讨，并受到李元的多方指点。“质疑竟日，蒙教示如指黑白。退而绎之，恍若有得，其诸家所论同异，亦因曲畅旁通矣。”至此，范辂终于对李文利的律吕学说豁然贯通。大概在此时，范辂从李元处得到了经李元校补过的李文利遗作。嘉靖二年（癸未，1523），李文利的侄孙李景昕前来看望范辂，范辂“知其得家学也”，遂命三子范永官与其共同携手，再次对李文利遗作进行校正，“以俟后之识乐君子，脱其说得行，诚千古之一快也”。

杨月湖所写的《论元声书》实际上是一封回信，即收录在《续修四库全书·杨文恪公文集》卷四八的《与范宪副以载》，宪副即监察史的副官，范以载即范辂。“承惠寄校正两山先生李公《律吕书》”，从书信的第一句可以看出，杨月湖是应范辂邀请校正李文利著作的。在李元校补的基础上，范辂除了亲自作校正之外，还交由三子范永官与李文利之孙李景昕等进行过校正。即便如此，范辂仍嫌不足，又把书稿寄给杨月湖再次进行校正，由此可见范辂治学态度之严谨，及对李文利遗作之重视。

四、李文利生平事迹

从以上四篇文章中可以大致梳理出李文利的生平。李文利于成化十六年中举，弘治三年秋掌教桂阳县教谕，在此过程中结识范辂和范永銮。其时李文利一边执教，一边开始着手《律吕元声》的撰写，同时，李文利对律吕学的独到见解，也逐步影响着范辂。弘治十年，李文利升任思南府教授，离开桂阳，当时《律吕元声》一书尚未完成。当年或次年，李文利病逝，临终前曾命儿子李岳誊录遗作。李文利病逝后，范辂因没有得到师传而惋惜不已。李元在李文利离世后开始对其遗作《律吕元声》进行校补，并于弘治十四年写下《大乐律吕元声序》。嘉靖元年，范辂到福建任职，看到了经过李元校补成帙的《律吕元声》。同年九月，范辂祭拜李文利墓并拜访了李元。嘉靖二年，范辂命三子范永官与李文利后人再次对《律吕元声》进行校正。嘉靖三年正月，范辂写下《大乐律吕元声引》。同年正月廿七日，杨月湖作《论元声书》。同年十一月，范永銮謄写《大乐律吕元声》，并作进书一篇，一同进上请旨，目的是希望李文利的学说得以传衍，“如文利之所著果有裨于大乐，下之所司，试而行之，诚千万世之大幸，而文利平生辛勤考穷之功亦得以少见于天地间矣”。

作为一介文人，李文利除了留下十卷遗作之外，鲜有其他事迹流传。目前能够查到的历史资料中，仅明焦竑编《国朝献徵录》卷一百一有一篇佚名的《教授李文利传》，仅二百六十余字，略云：“李文利字乾遂，成化庚子乡□。授桂阳县教谕，家传理学，行己清修。尝校文两浙，如方伯范辂及侄方伯永銮皆其所甄拔。升思南府教授，所著书有《律吕元声》，盖据《吕氏春秋》并《隋志》、刘恕《通鉴外纪》所载伶伦制律三寸九分为黄钟之宫，因而评加考证。……画图立说，凡六卷。杨月湖廉称其天授独见。嘉靖二年永銮为御史题请于朝，以复古乐，惜有司鲜通其说者。辂宦闽，谒其墓，从其兄元讲究是书，序而刻传之。”[①] 该传记内容与范辂《大乐律吕元声引》中所描述的基本一致，有可能是取材自范辂之《引》。《教授李文利传》针对李文利著作有这样

① 明·焦竑：《国朝献徵录》，台北：明文书局《明代传记丛刊》影印本，1991年。

两句评价："然王浚川廷相辨其不然，盖习于旧说久矣。"传后又附《蔡于穀传》，并说："时论以于穀之学与文利颉颃云。"蔡于穀，莆田人，嘉靖中岁贡，湖广行都司经历，著有《开国事略》十卷。

另外明高儒撰《百川书志》卷三对《大乐律吕元声》及《大乐律吕元声考注》有以下简单著录："《大乐律吕元声》六卷、《大乐律吕考注》四卷：皇明思南府儒学教授，莆田两山先生李文利乾遂著。引用刘恕、长孙无忌、吕不韦二十五家之言，考订律吕得失，系之以图。《元声》凡三十章，《考注》凡五章。"①

明郎瑛《七修类稿》卷一三议论明廷音乐，曾提道李文利，云："今之太常，果谁能哉？若闽人李文利杂著《元声》一书，恐亦踵刘恕《外纪》、长孙无忌《隋志》、《吕氏春秋》之故迹欤？不然，依其所著而作乐，果能致百兽率舞之事欤？是何太常之不从也？"②

清张廷玉《明史·艺文志》中著录"李文利《大乐律吕元声》六卷，《大乐律吕考证》四卷"，同时著录有"黄积庆《乐律管见》二卷"，注文云："正李文利之非"。③

清黄虞稷《千顷堂书目·礼乐类》著录："李文利《大乐律吕元声》六卷、《大乐律吕考证》四卷：文利号两山，莆田人，官思南府儒学教授。本之刘恕《通鉴外纪》、长孙无忌《隋志》，并《吕氏春秋》，谓黄帝命伶伦取竹制律，断两节阔三寸九分而吹之，为黄钟之宫，曰'含少'，因而详加考证，正司马迁九寸之误。编□成而作，其兄前庐江知县李元校补之，嘉靖三年其门人巡抚四川监察御史范承銮进其书于朝。王廷相，韩邦奇皆精心乐律，不以其说为然。"④

清《四库总目提要》列为乐类存目，云："《大乐律吕元声》六卷，附《大乐律吕考证》四卷：明李文利撰。文利字乾遂，号两山，莆田人。成化庚子举人，官思南府教授。是书据《吕氏春秋》黄钟长三寸九分之说，驳司马迁黄钟长九寸之误。《明史·艺文志》又载黄积庆作《乐律管见》二卷，驳文利之说……"，并且认为李文利之说有误，"文利误解《吕览》、韦昭之意，而坚执三寸九分为黄钟，并以黄钟之九寸为蕤宾，不亦舛乎？""乐类存目"按语中尤其严厉地断定："明李文利以黄钟为长三寸九分，尽改古法，皆世衰而邪说作

① 明·高儒：《百川书志》，民国长沙叶氏刻本。

② 明·郎瑛：《七修类稿》，北京：上海书店出版社，2001年。

③ 清·张廷玉：《明史》，北京：中华书局，1974年。

④ 清·黄虞稷：《千顷堂书目》，上海：上海古籍出版社，2001年。

也!”于宋过源《浩斋语录》提要中又说:“观其论乐以黄钟为三寸九分,是《吕氏春秋》之文李文利不得其解,衍为异说者也。”于明吴继仕《音声纪元》提要中说:“惟李文利独据《吕氏春秋》谓黄钟之长三寸九分,而以司马迁九寸之说为误。……单文孤证,乖谬难凭。”于清龚在升《三才汇编》提要中说:“乐律用李文利之说,皆非确论也。”①

当代学者的研究中,如王耀华《民族音乐论集》(1988)、《福建传统音乐》(2000),及刘德城、周羡颖主编《福建名人词典》(1995)等,仅有简略记载。

姑且抛开律吕的纠纷不论,关于李文利的生平事迹,就保留下来的有限记载来看,似乎即以范氏叔侄与李文利的交往为核心。

从寥寥可数的文献中去还原李文利其人其事,并不可行,但是可以看出李文利与范氏叔侄的感情是非常深厚的,他们之间既有师生之情,又有知音之意。李文利用毕生心血谱写了《律吕元声》十卷,在他病逝之后,范氏叔侄不遗余力地推行他的遗作,使他的学说得以刊刻并流传后世。高山流水遇知音,如果没有范辂的理解与重视,没有范永銮的大力推行,《律吕元声》最终恐怕只能是“知音少,弦断有谁听”,李文利这个名字也将在历史长河中消失,寂寂无名。

五、《律吕元声考注》作者为范辂、序文作者为杨慎之疑

范辂为官刚直,文风清雅。近年出版的《湘人著述表》列举的范辂著作有:《律吕元声考注》十卷,《二京宦游集》三卷,《质庵集》,《三峰集》。② 其中《律吕元声考注》十卷一书,笔者最初以为是范辂对李文利《律吕元声》所作的考注,可惜遍搜国内各大图书馆均未见有馆藏。最后在民国《汝城县志·艺文志》中看到如下记载:“明左布政司范辂著,旧志误为桂阳县教谕莆田人李文利著,兹据原书更正之。”③ 从这一条可以看出,旧县志中《律吕元声考注》的作者是李文利,而到了陈必闻修新县志时,根据“原书”认定作者为范辂。此处所说的“原书”如果是范辂单独所作的考注,为何旧县志会误录为李文利所作?可惜“原书”和旧县志都无从查找,无法佐证。

民国《汝城县志》紧接着说:“其书有杨慎序,曰:‘夫乐本乎太始,生于人心……’”杨慎(1488—1599),字用修,号升庵,四川新都(今成都市新都

① 清·纪昀:《四库全书总目》,北京:中华书局影印清光绪浙江书局刻本,1965年。
② 寻霖、龚笃清:《湘人著述表》,长沙:岳麓书社,2010年。
③ 民国·陈必闻修,卢纯道纂:民国《汝城县志》,民国二十一年刻本。

区）人。杨慎在文学上造诣颇深，《明史》称其："明世记诵之博，著作之富，推慎为第一。诗文外，杂著至一百余种，并行于世。"① 明武宗正德六年（1511年）辛未科殿试，杨慎中第一甲（状元），范辂中第三甲。汝城范氏家庙大门悬挂着一副楹联，上书"力行清慎勤昭代山中贫宦第，支连吴越楚盛世海内旧名家"，据范氏后人说，该联为杨慎书赠。另外，在汝城范氏家庙旁，有一座为纪念范辂而修建的中丞公祠，内有题名"紫微堂"的堂匾。民国《汝城县志》有清代桂阳县令颜鼎受关于紫微堂的记载，"范氏有思诚堂，即旧紫微书院也。明故方伯三峰范公建此堂于城南，为燕息读书地。公登杨升庵先生榜进士且友善，故杨先生题此名以赠公。"② 另外还有一种说法，认为紫微堂匾额为明世宗钦赐，此说有待进一步考证。

作为同榜进士，范辂、杨慎之间存在交往并不足奇，他们之间有酬唱之作也在情理之中。但是，笔者查遍《升庵集》全书八十一卷，不管是楹联也好，序文也好，并未发现与范辂或《大乐律吕元声》一书相关的任何记录。将《汝城县志》所说的杨慎序文与李元的《大乐律吕元声序》进行对比，除个别字句有异，两篇序文的绝大部分内容都相同。不同之处有三：

（一）李元序称"是书作于桂阳，教授思南犹未脱稿，病剧"，杨慎序作"是书作于闽中藩署，未脱稿，病剧"。

（二）李元序称"命侄岳清录之，甫成而逝，乃绝笔也"，杨慎序作"命三子永官录之，甫成而逝，乃绝笔也"。

（三）李元序称"余少时尝与语，黄钟非九寸，律历同一道"，杨慎序作"余昔尝相与语，黄钟非九寸，律历同一道"。

第一条的区别是作书地点，一为桂阳，一为闽中藩署。李文利曾在桂阳任教，范辂曾在福建做官，单从此条来讲，李文利和范辂都有可能是该书作者。第二条的区别是人名，一说由李元之侄即李文利之子李岳抄录，一说由范辂三子永官抄录。据范辂《大乐律吕元声引》所说，其三子永官确实参与了《大乐律吕元声》的校录工作。另据《汝城县志》卷二十三《人物志》，范辂有三个儿子：长子永寰，次子永宇，三子永官。此处说命三子永官录之，是讲得通的。第三条的区别涉及序书者与作书者的相识时间，一说小时候谈论过，一说从前谈论过。据《明史・杨慎传》记载，杨慎1488年出生于四川，大概12岁之后随父亲杨廷和进京。范辂出生于1474年，比杨慎大14岁，假设杨慎于

① 清・张廷玉：《明史》，北京：中华书局，1974年，卷一九二。

② 民国・陈必闻修，卢纯道纂：民国《汝城县志》，民国二十一年刻本。

1500年进京，此时范辂26岁。吕柟[①]为范辂夫人何氏所撰的《封孺人范母何氏墓志铭》云："家君己未会试不第，卒业南雍三年。"[②] 己未为弘治十二年(1499)，"南雍"即明代设在南京的国子监。据吕柟所说，范辂于1499年会试不第后，在南京的国子监学习了三年。1511年，范辂37岁，杨慎23岁，两人同榜进士及第，大概就在此时，他们之间开始有了交往。嘉靖三年，杨慎因"大礼议"事件被流放至云南，终生不得还乡。这一年，正是范辂写作《大乐律吕元声引》的时候，范永銮的《大乐律吕元声进书》及杨月湖的《论元声书》也写于这一年。综合出生地、年龄以及活动范围等因素，杨慎和范辂"少时尝与语"的可能性较小，"昔尝相与语"明显更具合理性。

把以上三条单独拆开来看，民国《汝城县志》所说都合乎情理，似乎范辂确实针对李文利著作单独作了十卷《考注》，并请杨慎为之作《序》。但是，如果把以上三条合起来看的话，存在颇多疑点。首先，范辂于嘉靖十五年(1536)去世，《序》中有"甫成而逝"之说，证明该《序》是在作书者去世之后写的。如果该《序》为杨慎所作，时间应该在嘉靖十五年之后，而李元的《大乐律吕元声序》作于弘治十四年，两篇序文的写作时间相差35年，内容相似度却达到九成，不同之处仅仅是地名、人名与时间。由此可以推断，两篇序文实际上完全由同一篇演化而来，写作时间较早的李元《序》更具母本优势。其次，《序》中所说的"甫成而逝"，无论是范永銮的《大乐律吕元声进书》，还是范辂的《大乐律吕元声引》，都有涉及，是指李文利病逝前尚未完成《律吕元声》这一事件。如依民国《汝城县志》所说，该《序》是杨慎为范辂的《律吕元声考注》所作，那么，范辂和李文利连命运都如此巧合吗？都经历了书未成而人先逝吗？从《序》中体现的作者生平来看，无疑更像是指李文利。再者，不管是李文利生前还是死后，《大乐律吕元声》一书都不算出名，如果范辂针对该书又单独作了十卷《考注》的话，应该在嘉靖三年所作的《引》中有所体现，但是不管是范辂的《引》还是范永銮的《进书》，对此都没有提及。结合李元《序》、范辂《引》、范永銮《进书》的相关描述，笔者认为，民国《汝城县志》提到的"杨慎序"，实际上就是李元于弘治十四年所作的那篇《大乐律吕元声序》，而范辂本人并没有撰写《律吕元声考注》十卷。至于民国《汝城县志》提到的"原书"，有可能是在汝城范氏后人中小范围内流传的《大

① 吕柟(1479—1542)，字仲木，号泾野，明代著名学者兼教育家，曾分别为范辂及其夫人何氏作墓志铭。

② 明·吕柟：《封孺人范母何氏墓志铭》，《泾野先生文集》卷三五，《续修四库全书·集部·别集类》，上海古籍出版社影印本，2002年。

乐律吕元声》抄本，并且在传抄过程产生了错误。旧县志说该书作者是李文利，把该书收录在范辂名下，应该是因为该书由范辂校正的缘故。陈必闻纂《汝城县志》，把该书直接列为范辂著作，应该是受“原书”误导，而《湘人著述表》可能又因为县志的误导，也错误地把该书当成了范辂的著述。

结　语

一个是呕心沥血的作者，一个是不遗余力的推行者，无论是李文利还是范辂，如果他们看到《大乐律吕元声》一书流传至今，想必都会欣然一笑。其实相对于著作本身而言，世人更加乐于传唱他们之间那份情谊，因为高山流水，知音难得。

作者简介：李花蕾，湖南科技学院图书馆馆员，湖南省社会科学院宗教文化研究中心特约研究员。

曾鉴与明天顺甲申同年进士交游考

徐午苗

曾鉴，字克明，原籍湖广郴州桂阳县（今汝城县）。因祖辈从军，以戍籍居京师。明宣宗宣德九年（1434），曾生于北京。英宗天顺八年（1464）进士及第，试政刑部。后历任刑部主事、工部主事、吏部验封、稽勋员外郎、吏部郎中、通政司右通政、太仆寺卿、工部右侍郎、工部左侍郎、工部尚书等职，进阶荣禄大夫致仕。武宗正德二年（1507）卒，赠太子太保，享年七十四岁，葬于都城南五基之原。

曾鉴一生基本上都在京师度过，且四十余年的仕宦生涯无有外放为官的经历，故其交游对象主要是在京师的同僚，尤其是一道登天顺八年（甲申年）进士榜的同年。该榜所中进士为二百五十人，可谓人才济济，许多人在明孝宗弘治年间成为朝廷重臣。他们在政务之暇经常举行诗会，不止是增进了友谊，更是一种精神层面的相互鞭策鼓励。他们交游雅集的事迹，通过参与者的诗文，特别是当时画师所绘《甲申十同年会图》，以及明代著名文士、“茶陵诗派”领袖、“十同年”之一的李东阳所撰之《甲申十同年图诗序》，传播当时，流传后世，脍炙人口，以致人称该科得人之盛可以媲美前代而有过之，即所谓“此会比洛中耆英差仿佛，而弘治之视熙宁殆过之”。[①] 本文即就相关记载进行讨论，既可为进一步深入研究曾鉴的仕宦经历提供资料，亦可借以了解明代官吏之宦余生活的一些情状。

一

李东阳《甲申十同年会图诗序》（以下简称《诗序》）详细记载了这些同年进士之间的关系，引述如下：

---

① 明·孙矿撰：《书画跋·跋续》卷三“画·刘氏藏甲申十同年会图·王氏跋一”，影印文渊阁《四库全书》本，台湾商务印书馆，1986年。

《甲申十同年图》一卷，盖吾同年进士之在朝者九人，与南京来朝者一人而十，会于太子太保刑部尚书吴兴闵公朝瑛之第而图焉者也。

图分为三曹：自卷首而观，其高颧，多髯，髯强半白，袖手，右向而侧坐者，为南京户部尚书公安王公用敬；微须，发颁（斑）白，鸢肩高耸，背若有负而中坐者，为吏部左侍郎泌阳焦公孟阳；微须多鬓，白毵毵不受栉，面骨棱层起，左向坐右，手持一册，册半启闭者，为礼部右侍郎掌国子祭酒事黄岩谢公鸣治。又一曹，微须赪面，笑齿欲露，左手握带，右向而坐者，工部尚书郴州曾公克明；虎头方面，大目丰准，须髯微白而长，左手携牙牌，右握带，中左坐者闵公也；白须黎面，面老皱，两手握带，中右坐者，工部右侍郎泰和张公时达；无须赪面，耸肩，袖手而危坐且左顾者，都察院左都御史浮梁戴公廷珍。又一曹，为户部右侍郎益都陈公廉夫者，面微长且赪，眉浓，须半白，稍右向而坐；为兵部尚书华容刘公时雍者，面微方而长，须鬓皓白，左手握带，右手按膝而中坐；予则面微长而臞，髭数茎白且尽，中若有隐忧，右手持一卷如授简状，坐而向左，居卷最后者是也。十人者皆画工面对手貌，槩得其形模意态，惟焦公奉使南国弗及会，预留其旧所图者而取之，故仅得其半而已。

是日谢公倡为诗，吾八人者皆和，焦公归亦和焉。以年论之，闵公年七十有四，张公少二岁，曾公又少二岁，谢、焦二公又少一岁，刘、戴、陈、王四公又递少一岁，予于同年为最少，今年五十有七，亦已就衰。追忆曩时之少者壮者，使猝然而逢之若不相识也，然则今日之会岂徒然哉。唐九老之在香山，宋五老之在睢阳，歌诗宴会皆出于休退之后。今吾十人者，皆有国事吏责，故其诗于和平优裕之间，犹有思职勤事之意。他日功成身退，各归其乡，顾不得交倡迭和鸣太平之乐以续前朝故事，则是诗也，未必非寄情寓意之地也。因梓而序之，以各藏于其家。

闵公名珪，张公名达，曾公名鉴，谢公名铎，焦公名芳，刘公名大夏，戴公名珊，王公名轼，陈公名清。今各以次举，而予则太子太保户部尚书兼谨身殿大学士长沙李东阳宾之也。进士举于天顺之八年，会则于弘治十六年癸亥三月二十五日。越翼日乃序。①

所谓“三曹”，即自右至左分为三组（参见附图）。画面中的三组人物皆身着官服，正襟危坐，或正向，或侧向。人物的座次安排不以爵位而以年齿，年纪最长的闵珪居中（中间一组的右起第二人），余者据年齿依次坐在两边，李东阳年龄最小，坐于最后（左边一组的左起第一人）。背景分别为梧桐、修竹、

① 明·李东阳撰：《甲申十同年图诗序》，《怀麓堂集》卷六三“文后稿三”，影印文渊阁《四库全书》本，台湾商务印书馆，1986 年。

红梅、芭蕉、奇石、松树，其间穿插有案牍、书册、古玩以及童子数人。景物高洁雅致，简练有序，未作过多渲染。

李东阳的这篇《甲申十同年图诗序》，其实也可以称之为“图序”或“图跋”。《诗序》中记述了这次聚会的时间、地点、参与者、唱和诗的情况等，具体到每位参与者的姓名、身份、籍贯、在图画中所处的位置及相貌特征等都详细记载。非常明显，包括《图》、《诗序》在内，这是一份试图为后世留存资料的记载。

《图》、《诗序》中所绘（述）的十位参与者分别为闵珪、张达、曾鉴、谢铎、焦芳、刘大夏、戴珊、王轼、陈清与李东阳，聚会的地点是闵珪的府第，时间是“弘治十六年癸亥（1503）三月二十五日”，距同榜题名已近四十年，十人亦均身居高位。其中“南京来朝者一人”是时任南京户部尚书的王轼（王用敬），其余则都在京师朝中；但“惟焦公奉使南国弗及会，预留其旧所图者而取之，故仅得其半而已”，即焦芳当时奉命外出，未能亲临此会，是画工取焦芳旧时的画像补充进去的，所以当时实际参与聚会者还是九人。首倡为诗的是谢铎，八人当场和诗，焦芳则回来后补和。《诗序》撰写的时间是聚会的次日。《诗序》对图画中十位同年朋友的相貌与形态特征都有细致描述，其中“微须頯面笑齿欲露左手握带右向而坐者工部尚书郴州曾公克明”（《图》中间一组的右起第一人）。

《诗序》中提及的“唐九老之在香山，宋五老之在睢阳”，所指唐代白居易等七位耆老晚年退身隐居、集结“七老会”（后增为“九老”）于洛阳香山聚会宴游和北宋名臣杜衍等五人致仕后归老睢阳（今属河南省商丘市）、醵集赋诗的故事，与兰亭修禊、洛阳耆英会、西园雅集、杏园雅集一样，宴饮唱和和绘图纪念的“雅集”之风最为古代文人雅士所喜爱并得到世代传承。由此可见，曾鉴、李东阳等人的“甲申十同年”聚会，从内容到形式，无疑有对此风雅韵事的思慕效仿，是对“雅集”和“雅集图”的继承和发扬，以致李东阳不但在《甲申十同年图诗序》中述及，还在许多其他诗文中谈到。如他在《寿祭酒罗先生七十次所寄韵二首》诗之一云：“登第同年事宪皇，看君射策胜穿杨。两都《赋》出争传汉，《九老图》成正忆唐。旧日才贤多鼓铸，老来神采尚飞扬。也知忧国怀人意，不问寒暄问雨旸（原注：来诗云‘燮调事业须公等，卧看南山记雨旸’）。”

曾鉴、李东阳等人的这次“甲申十同年”聚会所绘之图，即《甲申十同年会图》，当时一共绘制了十幅，分别由十位参与者收藏。同时代稍后之人还曾经见到过其中的三幅。如明代著名士大夫王世贞所撰《弇州四部稿》云：

《甲申十同年会图》作于弘治辛亥，距今六十有七载矣。太师李文正公为之序，而太保闵荘懿诸公次焉。余所见两本：其一在益都故尚书陈公清所，其一则庄懿诸孙一鹤、一琴持以见示者也。明兴，人才之盛独称孝庙时，而孝庙诸大臣又独称甲申成进士者。中间如刘忠宣、戴恭简、李文正、谢文肃、王襄敏及庄懿公，皆扬历中外，位承弼著笃，桀声其它类，亦廉洁好修之士，仅一焦泌阳驽耳。以香山、洛社之耆俊，不在野而在朝，固可以仰窥孝庙如神之智，其一时景物光彩为人所艳羡而不可得者仅此图，在览之宁无兴忾耶！然是九君子之贤，厪足以奉弘治之泰；而一焦泌阳成正德之否而有余，小人之效速于君子若此，则又可懔然而思警也。甲申之名公卿而物故者，则倪文毅岳，在南者则张简肃敷华。因附志之。[①]

这是王世贞首先见到的两幅《甲申十同年会图》，分别为陈清及闵珪的后人所收藏。在《跋》语中，王世贞赞叹道："明兴，人才之盛独称孝庙时，而孝庙诸大臣又独称甲申成进士者。中间如刘忠宣、戴恭简、李文正、谢文肃、王襄敏及庄懿公，皆扬历中外，位承弼著笃，桀声其它类，亦廉洁好修之士，仅一焦泌阳驽耳。以香山、洛社之耆俊，不在野而在朝，固可以仰窥孝庙如神之智……然是九君子之贤，厪足以奉弘治之泰；而一焦泌阳成正德之否而有余，小人之效速于君子若此，则又可懔然而思警也。"顺便提及，王世贞称"《甲申十同年会图》作于弘治辛亥"，"辛亥"当为"癸亥"之误。

不久后，王世贞又见到一本，再次撰写了题跋：

《甲申十同年会图》余所见凡三本：一本于大司徒益都陈公家，一本于太保吴兴闵庄懿公家，一本于太保华容刘忠宣公家。其序皆太师长沙李文正公手书，而公所赋诗视诸公独伙。又多代人书此图，自弘治癸亥至万历己丑，盖八十有七年矣，而衣綦犹若新，犀玉参差，青紫辉暎，神观眉宇，奕奕有生气。试一指问之，其师师而坐、衎衎而食者，将李文正挥洒内制之暇乎！抑刘忠宣、戴恭简亲承天问之后乎！闵庄懿抗（阙）三尺而得遂志者乎！王襄敏平蜀寇而旋凯者乎！谢文肃讲诵弦歌之余晷乎！无论其人不可作，其时不可遘，而其事亦不可再。不佞贞叨第丁未，于今四十三年矣，同榜二太师、一太保已前逝，今在朝者仅四人。藉令三相君亡恙，沈严若太乙贵神，其肯甘末坐以与诸卿佐周旋若李文正者哉？其肯不厌笔札之役为诸卿佐九书其文若诗者哉？嗟嗟宜不佞贞之有感于三不可也。此会比洛中耆英差仿佛，而弘治之视熙宁殆过之。刘忠宣可伯仲司马文正、富文忠。今为忠宣之后人比部君书此，聊寓执鞭

① 明·王世贞撰：《弇州四部稿》卷一二九"文部·杂文·跋·甲申十同年会图"，影印文渊阁《四库全书》本，台湾商务印书馆，1986年。

之慕云。[①]

该《跋》语称："其序皆太师长沙李文正公手书，而公所赋诗视诸公独伙。"表明当时李东阳在十幅图中都书写了相同的《诗（图）序》及"所赋诗"，据此推测，其他人亦同样将自己所题诗书写在十幅图中，以便为参与者留下相同的图诗记载。王世贞对身为"太子太保户部尚书兼谨身殿大学士"的李东阳"其肯不厌笔札之役为诸卿佐九书其文若诗者"极为赞叹，而反观与自己同榜的进士，也有"二太师、一太保"，但他们却"沈严若太乙贵神，其肯甘末坐以与诸卿佐周旋若李文正者哉"！之间的对比差异，不能不使王世贞感到今不如昔，而对《甲申十同年会图》中人物道德事功敬仰万分。明代著名士大夫兼书画鉴赏家孙矿（1543—1613）在《书画跋·跋续》中著录了王世贞的题跋，并加以述评云："此图既系当时所绘，何不如兰亭标出衔名，使后人挹其丰范，何乃混列为图，徒使企慕者想象揣度乎！《跋》所云三相君沉严若太乙尊神，良然。古云'人情似纸番番薄'，今昔虽互有贤邪，然要之'薄'之一字，则实不可返。此诸公亦庶几宋洛中比。然宋时投闲，今乃当路，则我明胜矣。"[②] 述评中再次强调了"《跋》所云三相君沉严若太乙尊神，良然。古云'人情似纸番番薄'，今昔虽互有贤邪，然要之'薄'之一字，则实不可返。"更为突出了对"宋时投闲，今乃当路，则我明胜矣"的赞叹。

《甲申十同年会图》今尚存一卷，原为闵珪家所藏，现藏于北京故宫博物院。画卷为绢本设色，纵 48.5 厘米，横 257 厘米。本幅无款印。卷后有李东阳书《甲申十同年图诗序》，钤"宾之"（白文）、"大学士章"（朱文）印各一方。之后有十位与会者的唱和诗，共十八首，皆本人亲手所书，继之是聚会次年（弘治十七年，即 1504）谢铎的《书十同年图后》及明、清、民国年间的六家题跋。

关于作者，闵珪玄孙闵声跋云："而当时绘图者，则四明吕公廷振也。公讳纪，精于绘事，以花鸟擅奇，迄今藏之者如获拱璧，而不知写照之妙如此。"又云："此会在（闵珪）达尊堂中，此额为李文正公（李东阳）手笔，仿李斯小篆；即先庄懿（闵珪）遗像，亦吕公所写，文正为赞，以中郎隶法书之"。论者认为："吕纪不仅绘制了《十同年图》，还绘制了闵珪像。这是闵氏家族世代所传言，还是原画卷（包括闵珪画像）装裱签题上有所注明，我们今天不得

① 明·王世贞撰：《弇州续稿》卷一六九"文部·画跋·刘氏藏《甲申十同年会图》"，影印文渊阁《四库全书》本，台湾商务印书馆，1986 年。

② 明·孙矿撰：《书画跋·跋续》卷三"画·刘氏藏甲申十同年会图·王氏跋一"，影印文渊阁《四库全书》本，台湾商务印书馆，1986 年。

而知。”[①] 吕纪为明代中期著名画家。明朱谋垔撰《画史会要》云：“吕纪，字廷振，号乐愚。鄞（今浙江宁波）人。风神秀雅，精于绘事，时缀小诗其上。初学边景昭花鸟，袁忠彻见之，谓出景昭上。馆于家，使临唐宋名画，遂入妙品，独步当时。尝画雌鸡壁间而生雄，谷谷绕其侧，弗去，殆古点睛敲板之流。孝庙时，召至京，官锦衣卫指挥。纪为人谨礼法，敦信义，缙绅多重之。其在画院，凡应诏承制，多立意进规。孝皇称之曰：‘工执艺事以谏，吕纪有焉。’比病，存问络绎，自言曰：‘渥恩难胜，吾其死矣。’果卒。”

二

由于曾鉴一直任职于京师而从未外放，故其交游不是很广，作为终生挚友的主要是一些在京共事的大臣、尤其是上述诸同年进士。

闵珪（1430？—1511）字朝瑛，乌程人（今浙江吴兴）。天顺八年（1464）进士，授御史。历官江西副使、广东按察使、右副都御史、刑部右侍郎、右都御史、两广总督等。弘治七年（1494）迁南京刑部尚书，寻召为左都御史。弘治十一年（1498）加太子少保。弘治十三年（1500）为刑部尚书，再加太子太保。正德六年（1511）卒，年八十二，赠太保，谥庄懿。有《闵庄懿公诗集》。闵珪的题《同年十友会》诗是：“列卿班里九同年，又见司徒奏凯还。序齿独惭吾老矣，绘图齐觉鬓皤然。看花共忆甲申岁，修禊欣逢上巳天。谁记圣朝人物盛，沉思展卷玉堂仙。”[②] 曾鉴七十岁时，闵珪以《寿同年曾司空七十》诗祝寿，诗云：“忧国忧民白发新，年周甲子又经旬。金风荐爽过三伏，翠釜飞香入八珍。此日共倾花下酒，当年都是榜中人。题诗为祝期颐寿，宿望于今重老臣。”[③] 当曾鉴奉旨册封唐府时，闵珪又有《送同年曾亚卿使唐府册封兼柬巡抚周都堂同年》诗：“使节煌煌下九重，宸衷简命少司空。玉河饮饯休攀柳，金册分封不剪桐。去路无尘犹积雪，还朝有约待春风。汴梁若见陈巡抚，屈指同年几老翁。”[④]

① 杨丽丽：《明人〈十同年图〉卷初探》，《故宫博物院院刊》，2004年第2期，第100—112页。

② 明·闵珪撰：《同年十友会》，《闵庄懿公诗集》卷四，明万历十年闵一范刻本，四库全书存目丛书编纂委员会编《四库全书存目丛书》集部第三十八册，齐鲁书社，1997年。

③ 明·闵珪撰：《寿同年曾司空七十》，《闵庄懿公诗集》卷四，明万历十年闵一范刻本，四库全书存目丛书编纂委员会编《四库全书存目丛书》集部第三十八册，齐鲁书社，1997年。

④ 明·闵珪撰：《送同年曾亚卿使唐府册封兼柬巡抚周都堂同年》，《闵庄懿公诗集》卷八，明万历十年闵一范刻本，四库全书存目丛书编纂委员会编《四库全书存目丛书》集部第三十八册，齐鲁书社，1997年。

谢铎（1435—1510），字鸣治，号方石。明太平（今浙江温岭）人。天顺八年（1464）进士，入翰林院为庶吉士，次年授编修。成化三年（1467）参加编修《英宗实录》，后升侍讲。弘治三年（1490）升为南京国子祭酒。次年辞官回乡，家居十年，先后有数十人举荐。明孝宗命吏部遣人员至其家，起用为礼部右侍郎兼国子祭酒。七十二岁告老还乡。卒后赠礼部尚书，谥文肃。谢铎博通经史，文学造诣极深。他既是“茶陵诗派”的重要作家，又是一位理学家。著有《桃溪净稿》、《伊洛渊源续录》、《尊乡录》等。在甲申同年十老中，谢铎的身体一直不是很好，经常卧病，因此许多次的同年集会他都没有参与，但也赋诗相赠，这从其文集中的诸多诗文中可以看出。如《卧病不预斋宿呈诸同年》诗云：“客怀寥落病相兼，只（咫）尺清颜失顾瞻。空忆炉熏随茗碗，漫凭药里伴书签。此心自信斋明久，在处真同对越岩。十载柬荣诗卷在，墨池春藻待君添。”[①]《病中不及预同年会柬席上诸公》诗云：“三百人中今十人，回头二十七年春。蘧蘧枕畔梦未觉，落落天边星已晨。病来苦恨路歧隔，欢在且教尊酒频。勋名镜里各自爱，莫问谁家鬓似银。”[②] 又如《斋次柬东院诸同年》诗云：“檀屑香清蜡炬红，晓星突牖月当空。掖垣自与东西隔，斋阁空怜日夕同。健笔几闻惊石品，渴心时复仰诗筒。腐儒事业真堪笑，断送风光此夜中。”[③] 虽然他多次未能与会，但读到同年会诸友的诗文时，不禁感慨良多，如《读同年会诗集有感》诗云：“一读诸诗百感生，几惊生死几升沉。白头自荷青编在，一息犹存未死心。”[④] 此外，谢铎还有《斋居呈诸同年兼怀李宾之知己》等诗[⑤]，不再引述。

刘大夏（1436—1516）字时雍，号东山，明代湖广岳州华容（今岳阳华容县）人。天顺八年（1464）进士，授兵部主事，迁郎中。弘治间治理黄河，事竣以疾归。弘治十四年（1501）召回任兵部尚书。正德元年（1506）乞休回乡。因得罪宦官刘瑾，被谪戍肃州。刘谨伏诛后始得赦归。正德十一年

① 明·谢铎撰：《卧病不预斋宿呈诸同年》，《桃溪净稿》卷九，明正德十六年合州知府顾璘刻本，四库全书存目丛书编纂委员会编《四库全书存目丛书》集部第三十八册，齐鲁书社，1997年。

② 明·谢铎撰：《病中不及预同年会柬席上诸公》，《桃溪净稿》卷三二，明正德十六年合州知府顾璘刻本，四库全书存目丛书编纂委员会编《四库仝书存目丛书》集部第三十八册，齐鲁书社，1997年。

③ 明·谢铎撰：《斋次柬东院诸同年》，《桃溪净稿》卷十，明正德十六年合州知府顾璘刻本，四库全书存目丛书编纂委员会编《四库全书存目丛书》集部第三十八册，齐鲁书社，1997年。

④ 明·谢铎撰：《读同年会诗集有感》，《桃溪净稿》卷三六，明正德十六年合州知府顾璘刻本，四库全书存目丛书编纂委员会编《四库全书存目丛书》集部第三十八册，齐鲁书社，1997年。

⑤ 明·谢铎撰：《斋居呈诸同年兼怀李宾之知己》，《桃溪净稿》卷十，明正德十六年合州知府顾璘刻本，四库全书存目丛书编纂委员会编《四库全书存目丛书》集部第三十八册，齐鲁书社，1997年。

(1516) 卒，享年八十一。赠太保，谥忠宣。著有《东山诗集》、《刘忠宣公集》。与王恕、马文生共称为“弘治三君子”。刘大夏也撰写有许多与同年之间的唱和诗，如《会同年》诗云：“同年二十有余人，眼底而今见几存。浅薄不惭淹郡国，合簪却喜在都门。自期白首陪英杰，共割丹心见至尊。此会不辞沉醉去，平生心事得重论。”① 《在黄河遇风雨泊舟于荒烟野渡感而赋此寄诸同年》诗云：“满天阴雨北风狂，舟泊长河古渡旁。隐几沉心抡岁月，推蓬极目看帆樯。黄流何日安常道，白发承恩返故乡。却忆同年诸俊杰，正抽衷缕补君裳。”② 又《次诸同年联句韵》四首诗云：“客边新学酿春醪，燕市无妨酒价高。名籍未还青琐旧，交坛重叙玉堂豪。联篇唱和能纾眷，百拜殷勤敢惮劳。同向掖垣沾雨露，独惭文墨负青袍。”“玉堂仙子旧同年，退值来临八骑连。一榜才华惟此在，百年心事旧相宣。宦游胸负平生约，文会如参最上禅。濯足未应还楚泽，愿从云路执吟鞭。”“万累都凭一醉销，阴晴不必问明朝。君王道已隆周汉，将相才应陋管箫。南客偶违渔钓侣，北来重听凯旋谣。九衢尘土迷春望，何处朱门物色饶。”“满目阴云几日收，春来对此不胜愁。思乡每念青山在，恋主还从紫禁留。事嬾求人甘瓦砾，酒逢知己倒金瓯。独怜白发犹公道，青眼相看欲上头。”③ 他还有《题同年卷次诸公韵》诗二首，题注云：“卷有《序》，乃西涯阁老所撰。”“西涯阁老”即李东阳。诗云：“蚤年汇进晚相亲，晓露侵星尚十人。许国共怜青眼旧，论交谁谓白头新。极知文盛曾唐宋，敢说科名又甲申。珍重少年黄阁老，挥毫摹写意殊真。”“瘴雨蛮烟忆岭南，偶来今日共清醴。榜中人物刚逢十，图内分曹且列三。心尚古人思后乐，身从剧地抱中惭。白头重会应谁健，世务还能扪虱谈。”从诗中“榜中人物刚逢十，图内分曹且列三”等语看，这是他题于上述《甲申十同年图》上的诗。

在同年十友中，曾鉴与李东阳的关系最为密切，这或许与他们（包括刘大夏）都是湖南大同乡有关。曾、李二人都是“以戍籍居京师”④，“同出湖南，同籍京卫、入京学，同举进士第，前后四五十年交最稔”⑤。也就是在甲申十

① 明·刘大夏撰：《会同年》，《刘忠宣公遗集》卷二，清光绪元年刘乙燃刻本，《四库未收书辑刊》第六辑第二十九册，北京出版社，2000年。

② 明·刘大夏撰：《在黄河遇风雨泊舟于荒烟野渡感而赋此寄诸同年》，《刘忠宣公遗集》卷三，清光绪元年刘乙燃刻本，《四库未收书辑刊》第六辑第二十九册，北京出版社，2000年。

③ 明·刘大夏撰：《次诸同年联句韵》，《刘忠宣公遗集》卷三，清光绪元年刘乙燃刻本，《四库未收书辑刊》第六辑第二十九册，北京出版社，2000年。

④ 见清·张廷玉等修：《明史》卷一八五“列传第七十三·曾鉴”，《明史》卷一八一“列传第六十九·李东阳”，影印文渊阁《四库全书》本，台湾商务印书馆，1986年。

⑤ 明·李东阳撰：《明故工部尚书进阶荣禄大夫致仕赠太子太保曾公墓志铭》，《怀麓堂集》卷八八“文后稿二十八”，影印文渊阁《四库全书》本，台湾商务印书馆，1986年。

同年聚会的同一年，即弘治十六年（1503）的六月二十三日，曾鉴寿七十岁（虚岁），一些至交好友赴其家为其祝寿，一同把酒赋诗，李东阳撰《寿工部尚书曾公七十诗序》记载了当时之情状以及作为同年进士又同宦京师者之间的情谊：

予同年进士年踰七十者，吴兴闵公朝瑛、泰和张公时达。今年工部尚书郴州曾公克明始跻七十。于是二长者帅诸少者具觞酒赋诗成帙以贺于其家。时闵公以太子太保为刑部尚书，张公为工部侍郎，台州谢公鸣治以礼部侍郎掌国子祭酒事，南阳焦公孟阳为吏部侍郎，华容刘公时雍为兵部尚书，浮梁戴公廷珍为都察院左都御史，益都陈公廉夫为户部侍郎，暨公凡九人。今之言执政者，必曰六部、都察院，而九人者一时分职遍布其间。盖自登科籍以来，历三朝四十年，更出迭入而后得此，固以为难；且所谓九人而跻七十者乃得其三，其难尤甚。故其所为贺者不以爵而以齿，而诗之次第、席之先后亦以齿也。夫士之仕于朝，苟不出于捷径，躐等必累任积级而后获跻显位，故爵与齿常相应而不相远。公历工、刑、吏三部属官，又尝以通政领诰籍，太仆掌马政亦兵之事，则所谓六部者已预其四，阅历既深而勋绩亦久矣。且古之论政必询事而考言，循名而责实，故或略细而举大，日计或不足，而岁计则有余。今枚数而举，指屈而计，凡狱讼之断决，资品之厘正，戎功马数之勾稽，以至于工作、器物、出纳、修治百凡之用，择才而任之，容亦有繁简、异宜、左右之不相有者。考公之所尝试，有公望而无私负也，则其累积之极以至于此也，岂易而得哉！天下之士固未敢泛论，以予观之，同游于京庠者若干人，同出于湖藩者若干人，其间恃才数夸声誉善始而不令终者亦多矣。然则，笃厚易直，持恒守俭，由壮及老而不少易如公也者，其齿尊而爵贵，岂非有以称之然欤！今日之贺，固非不以爵而亦以其德也。唐之香山，宋之睢阳，歌诗燕会皆出于休退之后。诸公当盛时，居显位，方与公合志，协力为国家，耆俊为天下用，故其诗多和平丰裕之辞。为今日道者，予与公望湖南不得归，使他日获遂优暇，往来都邑间，所为倡和，当不止此。故为诸公序之，而不敢以少而辞云。时弘治癸亥（1503）六月二十三日也。①

李东阳（1447—1516）字宾之，号西涯，明代湖广长沙茶陵人。天顺八年（1464）进士，授编修，后任侍讲学士、东宫讲官。孝宗时任太常少卿，上书议时政得失，多有匡正，擢升礼部右侍郎。弘治八年（1495）直文渊阁参预机

① 明·李东阳撰：《寿工部尚书曾公七十诗序》，《怀麓堂集》卷六三“文后稿三”，影印文渊阁《四库全书》本，台湾商务印书馆，1986年。

务。累迁太子少保、礼部尚书兼文渊阁大学士，与刘健、谢迁并称贤相，为朝廷重臣。赠太师，死后谥文正。李东阳是曾鉴终生挚友。曾鉴去世后，李东阳为其撰写《明故工部尚书进阶荣禄大夫致仕赠太子太保曾公墓志铭》，还撰写了《祭曾尚书文》，祭文云：

人生聚会，可谓甚难。南北殊踪，壮老异观。惟今之悲，乃昔之欢。凡我同年，迭倡交和。朝必充廷，宴必盈坐。惟今之吊，乃昔之贺。过公之门，邻哀巷怜。登公之堂，男涕女涟。挹公仪容，不见周旋。听公音声，不闻笑言。公寿实希，年既逾七。公官实高，品既登一。公名不堕，公行可述。公无往憾，我自公恤。陈词叙哀，侑我芬苾。平生之交，于此永毕。呜呼哀哉！尚飨。①

祭文中“人生聚会，可谓甚难，南北殊踪，壮老异观。惟今之悲，乃昔之欢”，道尽了人生的悲欢离合之情。

附图：明·吕纪《甲申十同年会图》

明·吕纪《甲申十同年会图》一卷，绢本设色，纵高48.5厘米，横长

① 明·李东阳撰：《祭曾尚书文》，《怀麓堂集》卷七五“文后稿十五”，影印文渊阁《四库全书》本，台湾商务印书馆，1986年。

257 厘米。本幅无款印，原为闵珪家所藏，现藏北京故宫博物院。自右至左：王轼、焦芳、谢铎、曾鉴、闵珪、张达、戴珊、陈清、刘大夏、李东阳。

作者简介：徐午苗，湖南省社会科学院宗教文化研究中心研究员。

乡村祠堂的人文礼义精神“寻根”

——从“古祠堂之乡”湖南汝城县说起

穆渭生　文　嘉

在我国传统农业时代，血缘宗族一直是基层的社会组织。宋代以来的乡村宗族，包括有父系血缘关系的丁口及其族谱、祠堂、祖坟、族产、族规和族房长等。而围绕祠堂的礼俗惯制，主要是按照世次辈分供奉先祖牌位、按规定时间进行祭祀，处理宗族内部事务，执行族规和家法，族人联谊（冠婚寿丧，节日喜庆），设立本族子弟的“家学”等。因而，祠堂被视为宗族的象征和标志。

自进入现代社会以来，宗族制度历经民主革命的剧烈冲击，族产被没收，族谱被焚毁，祠堂被征收或拆除，宗族活动被严厉禁止，族权迅速式微、不绝如缕。但是，“崇祖观念”虽然历遭“折腾”，依然魂灵不散、打而不倒。[①] 直到20世纪80年代以后，乡村宗族才得以部分地“复活”（以南方地区为显著），并开展各种活动（宗亲组织、祭祖与年会、修葺祠堂、编写家谱、参与协调族内人际关系、宗族摩擦等）。

从近30余年来乡村宗族“复活”情状，可见其仍然具有顽强的生命力和社会适应性，但也表现出明显的局限性和负面影响。暂且不论其未来的发展前途如何，从政府层面上，首先要用理性眼光（历史唯物主义）来看待，切不可再搞“十年文革”那种疾风暴雨式的“瞎折腾”[②]；同时要进行“实事求是”的科学研究，总结历史，展望未来，因势利导，扬长弃短。

本文依据“文化”的三分法（物质、制度、精神），以乡村祠堂为切入点，从传统礼制、自然人伦、宗教性文化心理认同等方面，溯其渊源，为读者提供

① 按：人类社会文化在时间上是层累而进步的，新、旧文化经过整合、扬弃而得以保存和发展，并不是简单的代替。而宗教活动的消亡，必须以宗教观念的消亡为前提。人们的信仰观念没有消亡，相应的活动形式在政治强令禁止下会“暂停”，一旦遇到合适时机，又会“复活”。

② 笔者家乡（陕西关中乡村）的旧祠堂遗存，令人扼腕叹息。“十年文革”中，笔者曾目睹父辈自毁家族“挂谱”的无奈。如今，年节祭祖的情景，已是60岁左右老人的依稀回忆。而新修的祠堂（复制品），则没有“原生态”的沧桑感和历史文化价值。

一些唯物辩证的认识线索。而湖南汝城县保存的“古祠堂群落”，便是本文据以讨论的典型“样本”。

一、汝城县古祠堂概况

汝城县保存的宋元明清古祠堂有710多座，其中有300多座保持原本面目。对于一个多民族（汉、瑶、畲、壮等）的偏邑小县（36万人口，309个行政村，280多个姓氏）来说，堪称奇迹，不愧为“古祠堂之乡”。县内所存殷商、秦汉以下的历史文化遗址，列入省、地、县三级保护目录者，有30余处，亦可谓“历史文化名县”。①

从建造时间来看，汝城“古祠堂群落”始于宋，盛于明，规模于清，与古代民间祠堂兴造的“历史步伐”相一致。从空间格局来看，古祠堂主要分布在两个中心（新、旧县城人口密集区，仅土桥镇就有100多座）、四个入口（交通走集之地，也是人口密集区），大村祠多，小村祠少。从姓氏结构来看，表现为大姓祠堂多而大，小姓祠堂少且小；一姓一祠或多祠，稀散姓氏则无祠。

很显然，汝城“古祠堂群落”是基于自然生态环境条件、基于各宗族人口状态而“发育”的社会人文景观，既具有人类文化地理的一般特征，又具有中国农业文明时代的“原生态”特色——通过古祠堂这一具有原始宗教性、传统礼仪性建筑形态凝积沿承下来。

汝城古祠堂得以保存的原因，一是地处穷陬，岭绝谷深，交通不便；二是受到现代社会民主革命、文化破坏运动的冲击较小。正所谓“礼失而求诸野”②，幸存的“古祠堂群落”，不仅是汝城县发展旅游业的珍贵“特色”资源，也是研究近、现代人文社会景观演变的区域性差异之“标本”。

二、乡村祠堂的“礼制”寻根

乡村祠堂是各姓宗族的祭祖等活动场所，其规模虽说不上宏大，但多以精巧华丽相尚，与一般民房家院相比，可谓气派堂皇，非常显眼。以汝城古祠堂为例，其选址讲求“风水”形胜，一般建于村落中心位置；主体建筑的平面格

---

① 朱惠芬主编：《汝城古祠堂》，长沙：岳麓书社，2012年4月。

② 据《汉书·艺文志》：仲尼有言“礼失而求诸野”。意为：国家礼仪制度失之于都邑，则于乡野民间求之。

局，以三间两进、三间三进为最多[①]；附属建筑位于两侧、前后，起着烘托作用。远望其外观：斗拱门楼，翘角飞檐，装饰华美，马头山墙凸起两侧，屋顶的龙吻、宝珠、仙兽等，以相对突出的建筑体量，显示着世俗而威重的族权地位。[②]

众所周知，古代社会的突出特征是等级秩序。自上古三代以降，立庙祭祖是贵族、官僚地主的特权。直到宋代以后，“庶人无庙”的礼制规矩才被打破，平民百姓开始在居室（寝）之外，选择风水之地修建家庙、祠堂，祭祀四代祖先（父、祖、曾、高），到明清之际，已蔚然成风。[③]

虽然民间祠堂兴起于宋代，但从“礼制”上寻根，与先秦典型的封建贵族等级制宗庙，秦汉帝国以下的皇家“太庙”[④]、高级官员的“家庙”[⑤]，具有共同的性质——不能因为存在着明显的等级差别而断然否定。

从西周初年周公（姬旦）主持“制礼作乐”，后世遂有“礼仪之邦”的称誉，中华文明也称“礼乐文明”。可见，“礼”是解读传统文化精神的“关键词”。但是，自汉代以来盛称的“刑不上大夫，礼不下庶人”之说[⑥]，一直用作判断周代礼法性质的重要依据，影响至今。

然而，根据考古出土的先秦文献（竹书），这句话的原本表述是：“刑不逮（及）于君子，礼不逮于小人。”[⑦] 而所谓“君子”与“小人”对举，在先秦并非法定的社会阶层称谓。“君子”既用于泛称贵族男子，也指称道德修养高尚者；而“小人”则指称人格卑鄙或见识短浅者（如《论语》等书中多见）。最关键的问题是，汉代的说法，与周代的礼制典章并不相符。

首先，周代并无“刑不上大夫”的制度。最典型的事例，就是西周初年

---

① 按：“间”指房屋的正面宽度（几个开间），“进”指院落的进深层次。“一进”有一处厅（堂），“二进”有上、下厅，一处天井；“三进”有上、中、下厅，两处天井。

② 朱惠芬主编：《汝城古祠堂》，长沙：岳麓书社，2012 年 4 月。

③ 冯而康等：《中国宗族史》第三章，上海：上海人民出版社，2009 年，第 164—221 页。

④ 按：皇家宗庙、社稷（土地神、五谷神坛）是古代最高规格的礼制建筑。据《周礼·考工记·匠人》记载，在先秦都城的建筑格局中，王宫居中而南向，祖庙在左，社稷在右，市集在后。“社稷”是国家（王朝）的象征和标志，常用为国家的代称。

⑤ 例如著名的《郭氏家庙碑》，就是唐代“中兴名臣”郭子仪为其亡父修建“家庙”时所刻立，代宗皇帝以隶书赐题碑额：“大唐赠太保祁国贞懿公庙碑”，大书法家颜真卿撰作、书写碑文。现藏西安碑林博物馆。

⑥ 据《礼记·曲礼上》：“国君抚轼，大夫下之；大夫抚轼，士下之。礼不下庶人。刑不上大夫。刑人不在君侧。”意为：国君手抚车轼（车前横木）致敬时，大夫就应该下车；大夫手抚车轼行礼时，士就应该下车。礼不下及于庶人。刑不上及于大夫。受过刑的人不能用在国君之侧。按：先秦的庶人之礼，参照士阶层之礼而有所降低。

⑦ 荆门市博物馆：《郭店楚墓竹简》，北京：文物出版社，1998 年，第 174 页。

“周公东征”时，诛杀管叔、流放蔡叔、贬黜霍叔（三人皆周武王之弟）。

其次，周初实行“裂土分封”和血缘宗法制度，形成天子、诸侯、卿大夫、士和庶民的社会等级——这与礼制完全“不逮”庶人，毕竟是两个范畴。倘若国家的礼仪制度条规，完全不及于人数最多的“庶人”阶层，他们岂不成了“化外”之民；其“金字塔”式的等级政治体制，岂不成了没有支撑的“空中楼阁”。一个只有贵族而没有平民的社会和国家，也是不可理解的。

周代“分封制度”形成的“金字塔”式社会等级结构，可作如下图示：

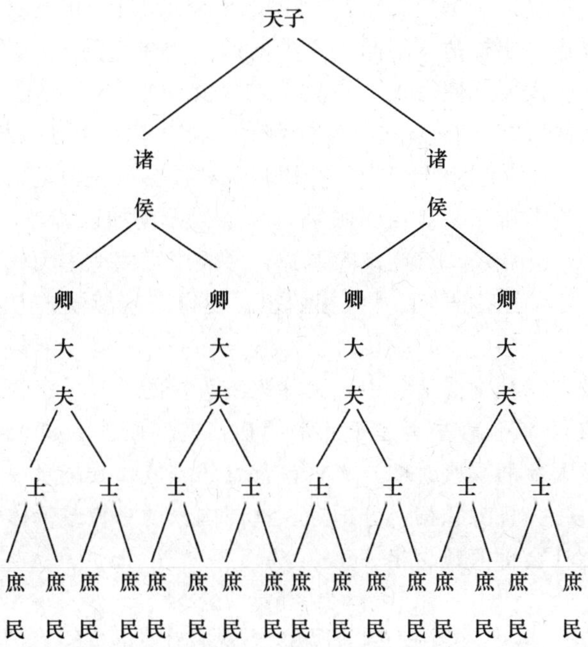

再次，先秦立庙祭祖的制度为：天子七庙，诸侯五庙，大夫三庙，士一庙，庶人无庙祭于寝。[①] 无庙不等于“无礼”，二者不可混为一谈，“祭于寝”就是庶人之礼（等级最低）。再如祭祀社稷之礼：“庶人春荐（奉献）韭，夏荐麦，秋荐黍（黄米），冬荐稻；韭以卵（配以蛋），麦以鱼，黍以豚（猪肉），稻以雁。”[②] 还有摰礼（敬送君长的见面礼物）、生子庆贺之礼、行役之礼、丧礼以及相见、称呼之礼，皆下及于庶人，但有明确的等级差别。[③]

实际上，春秋战国时期的庶人祭祖，多采取“墓祭”形式；秦汉以下，墓

① 《礼记·王制》。

② 《礼记·王制》。

③ 刘信芳：《“礼不下庶人，刑不上大夫”辨疑》，《中国史研究》，2004 年第 1 期。

祭更为普遍。王充的《论衡·四讳》指出："古礼庙祭，今俗墓祀。"这是祭礼的一种变通，其特征是不讲等级，不分大、小宗，使人们的"崇祖信仰"（宗教性心理需求）——"慎终追远"、"祖宗血食"得以满足。但直到唐代，立庙祭祖仍继续沿用先秦制度：二品以上官员四庙，五品以上三庙，六品以下至于庶民祭祀祖祢而已。[①]

降至宋代，出现国家礼制"松动"，平民可以立庙的社会原因，一是科举选官制度进一步发展，"取士不问家世"，官僚地主阶层的流动性更趋增大（"朝为田舍郎，暮登天子堂"）。二是土地租佃契约制进一步发展，农民对地主的人身依附关系进一步松弛（不同于六朝的门阀地主与荫户门客之关系）。三是商品经济进一步发展，使得土地买卖（地权流动）、贫富无定成为常事；而且，财产继承上的"多子平分"习俗惯制[②]，也阻滞着土地和资本的高度集中。于是，官僚地主阶层出于保护其既得利益和社会秩序稳定，主张重建前代的宗族组织——将上古以来尊祖、敬宗、收族的原则加以调整，通过修宗谱、建祠堂、置族田、立族长、订族规等形式，形成以官僚地主为代表的民间化宗族。[③] 至明清时期，国家准许百姓祭祀始祖，使得宗族规模扩大化，祠堂建造更趋普遍化。

在汝城县的"古祠堂群落"中，大坪镇溪头村的"宋氏宗祠"始建于南宋绍定四年（1231），其他较早者建于元末明初，90%以上者建于明清两代。而明代是汝城仕宦人才的兴盛时期，有官宦背景的家族，其祠堂一般皆比较气派（开间大，进深多），且有总祠、分祠等。这与国家的官僚政治体制（官本位）、光宗耀祖的世俗社会价值观念相一致。

三、祠堂祭祖的"人伦"血脉

祠堂以及祖坟祭祀，是传统宗族活动的头等大事，仪式隆重且名目繁多，有一年之中的四时（季）之祭，有冬至祭始祖、立春祭先祖、秋分祭祢（父）以及忌日之祭等特祭，有年节的年祭等。这些乡村礼俗传统，与古代的国家

---

① 唐·李林甫等：《唐六典》卷四《礼部》，陈仲夫点校，北京：中华书局，1992年，第123页。

② 按：直系血缘个体小家庭定型于战国时代著名的秦"商鞅变法"以后："民有二男（子）以上不分异（分家）者倍其赋"；普遍实行"立户授田"制度，个体小家庭（五口之家）成为国家版籍上的"编户齐民"；在家庭财产的继承分配上，直系同代子女享有直接、均等继承权。参据张金光：《商鞅变法后秦的家庭制度》，《历史研究》，1988年第6期。

③ 冯尔康等《中国宗族史》第三章指出：宋代理学家张载、程颐、朱熹等人重建宗族制度的主张，影响深远。

“大祀”（祭祀天地、宗庙等），具有共同的礼仪性质和人伦精神。其渊源可上溯到先秦典型的宗法制度、史前的父系氏族时代，有着鲜明血缘脉络。

表1　汉、隋、唐代的国家“祀典”等级简表

朝代	大祀	中祀	小祀
汉	天、地、宗庙	日月星、社稷、五祀、五岳	司命、司中、风师、雨师、山川、万物
隋	昊天上帝、五方上帝、日月、皇地祇、神州、社稷、宗庙等	星辰、五祀、四望等	司中、司命、风师、雨师、诸星、山川等
唐	昊天上帝、五方上帝、皇地祇、神州、宗庙	日月星辰、社稷、先代帝王、岳镇海渎、帝社、先蚕、孔宣父、齐太公、诸太子庙	司中、司命、风师、雨师、灵星、山林、川泽、五龙神祠。州县社稷、释奠及诸神祠并同小祀

众所周知，人类的血缘亲属关系是自然生育形成的，是一切社会关系的“原生态”，比国家、民族更为邈远，具有天然的、神圣的规定性。在史前时代，血缘人伦既是唯一的社会关系，也是生产关系的自然形态，具有直接而深远的支配作用（血浓于水）。进入新石器时代（原始农业，畜牧业产生）以后，明确的父系血缘统绪的繁衍，就是社会关系、生产关系的生产与再生产（自然的、历史的社会“惯性”）。正如恩格斯所言：“劳动愈不发展，劳动产品的数量、从而社会的财富愈受限制，社会制度就愈在较大程度上受血族关系的支配。”①

在史前父系氏族时代，人们对父家长权力和财产的继承，对其生前权威的敬畏、崇拜以及各种祭祀礼俗，就是上古三代“血缘宗法”制度的前提。降至西周、春秋时期，宗法制度已臻完善，“封疆建国”（诸侯）、层层分封的政治体制，在血缘关系上就是扩大的宗族组织。而先秦礼制规定的贵族“立庙”等级以及“庶人祭于寝”，其精神内核，很显然就是以父系血缘为统绪的人伦关系。

在甲骨文中，“祖”的字形如同“且”字，象男性生殖器；旧时民间供奉的先祖牌位，正面形状也像“且”字，有方头、尖头两种样式。② 在一些新石器文化遗址中，也发现有石祖或陶祖（生殖崇拜遗迹）。甲骨文“宗”字上面

---

① 恩格斯：《家庭、私有制和国家的起源》第一版序言，《马克思恩格斯选集》第四卷，北京：人民出版社，1972年，第2页。

② 郑慧生：《上古华夏妇女与婚姻》，郑州：河南人民出版社，1988年，第5—10页。

的“宀”，是宫室之象征；下面的“示”是祖先牌位（神主）之象征。“宗”即宗庙，是祖先魂灵的居处，也是祭祀祖先的场所。

传统祭祖仪式的主要目的意义，在于“报本反始”，即报谢天地造化之功，怀念祖先生育之德。再加上管理社会、宣导教化的“君师”，便构成为“礼之三本”。所谓“上事天，下事地，尊先祖而隆君师”（天地君亲师），便是中华文明5000年来的“三元神谱”和信仰体系。

孔子有云：“祭如在，祭神如神在。吾不与祭，如不祭。”① 其弟子曾参亦云：“慎终追远，民德归厚矣。”② 敬拜祖先乃事关社会秩序的根本大事，是社会价值系统对每个国民的基本要求。

四、祠堂祭祀的宗教性质“解读”

如上所述，“慎终追远”、“报本反始”的宗祠祭祖仪式，是每个宗族的神圣典礼——祠堂、祖先牌位、祭器等，皆具有神圣意义和价值，任何人不得随意亵渎，即使族人也不能借住祠堂。可谓“孝的宗教”，具有典型的“中国特色”。

在人类文明的起源与形成过程中，宗教就已经如影随形，而“万物有灵”是其核心观念。③ 自史前以来，中国人的“祖灵崇拜”一直占据着主导地位，表现为祭祖活动的重要、普遍性。在仰韶文化遗址中，已发现大量规格甚高的墓葬、庙坛建筑，就是明证。在进入文明社会（国家产生）的物化标志中，就有大型宗教礼仪性建筑和礼器（其他重要标志有文字、城市、青铜冶炼技术等）。

上古社会王权（国家政权）产生的三个来源是神权（宗教权）、族权和军

① 《论语·八佾》。意为：祭祀祖先时就像面对着祖先，祭祀神灵就像面对着神灵。我如果不能亲临祭祀，就如同没有祭祀。

② 《论语·学而》。意为：谨慎地办理父母的丧事，虔诚地祭祀祖先，人们的道德就会归于淳厚。

③ 原始宗教基于人类对自然力量、自身奥秘的无知、敬畏与崇拜，其对象在时间上依次为自然、精灵、图腾、祖先、神灵；由多神发展到至上神、一神；由部落宗教演化到民族宗教。原始宗教可称“自发宗教”，无明显的创教者，从群体中自发产生出来。其信仰观念与整个社会意识形态混合一体；礼仪活动、宗教戒规与风俗习惯不相区分，全体社会成员直接参与、没有独立的宗教组织；礼仪主持者为氏族尊长，平时无特殊的宗教标志。随着生产劳动分工的发展，逐渐出现专职化的巫师、神人直至祭司。但“自发宗教”也绝非无人为因素；进入国家社会，“自发宗教”逐渐演化成世界性“人为宗教”（如佛教、基督教、伊斯兰教）。恩格斯指出：基督教和伊斯兰教等成为世界宗教，“多少是人工造成的”；但它们也具备客观基础，并非可以任意创造，有些“人为宗教”在初期也是自发形成的。进入国家社会以后，宗教日益受到统治阶级的控制，人为因素和有意识的编造日益增多；其教义、礼仪、组织等具有定型、稳定和完备化之特征。

权。而祭祀权、尤其是祭祖主持权，则将神权和族权结合为一体。也就是父系氏族首领的主祭权，一直延续在进入国家以后的整个古代社会中。先秦时代，“国之大事，在祀与戎”[①]，就是其典型说法。

中国传统的祭祖礼俗，一直可以追溯到原始“图腾时代”，其演变依时间顺序为图腾亲属、图腾祖先、图腾神的崇拜观念和祭祀仪式。——这是原始先民对人类、自然、神灵“三界”（三元）的认识和定位。[②] 在原始农业产生以后，伴随着定居生活（地缘关系）对父系血缘关系确立的有力促进，祖先神越来越被人们奉为最重要的保护神，信仰和祭祀也趋于固定化，并逐渐演变为文明时代的礼制“大祀”。还有“社神”（土地神），最初是由祭祀“图腾”的圣地演变而来。在中国古代，从天子到庶民都有“社”，乡村有土地庙，农户家院有土地神龛（土地窑）。

大多数学者认为：中国传统之“礼”起源于史前宗教[③]，其最初形态就是崇拜、信仰观念与祭祀仪式（宗教的基本要素，缺一不可）。而崇拜祭祀乃是人们向天、地、神鬼祈求福佑、避祸免灾的一种行为惯制。其活动有四个要素：一是有祭祀对象，二是有主祭人和参与的群众，三是有一套活动程序，四是要供献祭品（衣食、玉帛和乐舞等）。

而宗教作为人类共有的精神文化，包括三个体系（或层次）：各种神灵、善恶等属于观念体系；宗教制度、禁忌、仪式等属于制度体系；宗教建筑、圣物和器物属于物质（或艺术）体系。

由此以观，传统的乡村宗祠祭祖，不仅具备以上四个要素、三个体系，也具备一般宗教仪式的重复性、规范性和表演性（以动作、语言、态度等方式表达某种意义和愿望）特征。宗族制度的内涵（祖坟、祠堂、族谱、族房长、聚族而居、族田、族规等），也与一般宗教所具有的偶像、教堂、教义（经典）、教阶体制（宗教人员的等级、宗教事务管理体系与制度）、教区（宗教事务行政区）等外在形式，有着明显的相似性。

当然，外在形式的相似或相同，与内在精神价值的一致性之间，并不能简单地画等号。要清楚中国古老的宗族制度，与世界性的“人为宗教”，还是有着明显差别。

---

① 《左传》成公十三年。按：古代的皇家太庙已成为“历史文物”。现今每年清明节祭奠“人文初祖”黄帝、炎帝的活动，由地方政府官员主持，虽然具有新的社会功能意义，但其形式仍是传统“礼乐制度”文化的延续。

② 何星亮：《图腾与中国文化》第四编，南京：江苏人民出版社，2008 年，第 321—386 页。

③ 关于“礼”的起源，自古以来有多种学说，如起于宗教祭祀、饮食男女、天人之际，源于人之本性、人之节制情欲、尊神崇孝、风俗习惯等等。

以基督教为例，它不分犹太人和外邦人，以信仰“主耶稣”作为“得救”条件，一视同仁（“上帝面前人人平等”），超越了单个民族群体，成为普及性的世界宗教。而中国的宗族组织，是以姓氏家族的血缘统绪为人际关系范围，虽然其地域也可超出一村一县甚至更远，但却不具备超越民族和国家的“普世性”。特别是“宗庙尚亲”，以家族、宗族为利益共同体，狭隘性尤为明显。

在中国秦、汉王朝以降，超强的国家政治力量（中央集权和多层级官僚体制）控制“天下”，宗教被纳入“礼法”制度的框架之内，儒、佛、道三教合流，混融交叉，都不具有绝对唯一性。但是，从相对意义上讲，只有“祖灵崇拜”在宗教性、伦理性心理认同上，具有超越单一民族、阶级和王朝的高度凝聚、整合功能——中华民族皆为“炎黄子孙”。

然而，在宗庙、祠墓祭祖时，古老观念中的“神不歆（享）非类，民不祀非族”，“鬼神非其族类，不歆其祀”[①] 等等，却是一脉传承，根深蒂固——参与宗祠祭祀者为同姓同族之人，否则，祭祀也无福佑。这种以“孝”为核心的社会价值体系（孝亲、尊祖、敬天、忠君等），使得中国传统文化的宗教性色彩相对淡漠，而伦理性、狭隘性明显突出。

五、宗祠“祖灵”照临下的心理认同结构

宗族组织由多个小家庭构成，父系血缘是其天然纽带，“祖灵崇拜”是其心理认同和规范，祠堂是其外在标志和精神象征，祭祖是其最为隆重而严肃的礼仪活动。正所谓“礼有五经，莫重于祭”。所以，宗族组织与其群体心理结构，具有天然的层次性、内聚性和整体性。

宗族（家族）组织的规模，随着人丁繁衍而自然扩大、分化、联宗。宋代以前，民间家族的范围一般是“五服”[②]。“五服”以内为“亲”，以外为“疏”(族亲关系)。自南宋到明初，一般的祠堂都是家祠（家庙），供奉四代祖先(父、祖、曾、高)。嘉靖十五年（1536）诏许天下臣民祭祀始祖，而宗祠大

① 《左传》僖公十年、三十一年。

② 按：“五服”是古代葬礼上众亲属所穿的“丧服”，依据生者与死者血缘关系的亲疏远近，分为五等。“斩衰”最重，用粗麻布、针脚粗疏不缝下边；腰束厚麻带，称“苴（麻）绖”，手持哭丧杖，意为哀毁不食，行走无力，须用杖扶持身体。子、未嫁女为父母，媳妇为公婆，承重孙为祖父母，妻为夫，都服斩衰。俗称“披麻戴孝”。“齐衰”次一等，用粗麻布制成，但缉边缝齐。是已嫁女对父母，子对继母、庶母，侄辈对伯、叔父母，孙对祖父的丧服。“大功”又次于齐衰，用熟麻布制成。“小功”和“缌麻”，都是较轻的丧服，也用熟麻布制成，而质地更细。丧服的对象为已婚的姑母、未婚的堂姊妹、众孙、众子妇；本宗伯叔祖父母、外祖父母、族曾祖父母、族伯叔、舅父母、岳父母等。

兴，并向联宗祭祖的大宗祠（始祖庙）发展。[①] 其实，民间“违制”祭祀始祖、先祖的现象早已存在。

				高祖父母				
			族曾祖姑	曾祖父母	族曾祖父母			
		族祖姑	族姑	祖父母	伯叔祖父母	族祖父母		
	族姑	堂姑	姑	父母	伯叔父母	堂伯叔父母	族伯叔父母	
族姊妹	再从姊妹	堂姊妹	姊妹	己身	兄弟	堂兄弟	再从兄弟	族兄弟
	再从侄女	堂侄女	侄女	长子众子	侄	堂侄	再从侄	
		堂侄孙女	侄孙女	嫡孙众孙	侄孙	堂侄孙		
			侄曾孙女	曾孙	侄曾孙			
				玄孙				

图 1　家族亲属关系：同宗“五服九族”示意图

通常“五服”（五世）以外的疏族会另立祠堂（立族），称为“支派”。随着兄弟分家（房），子孙繁衍而不断“立族”，将多个小家庭按照血缘序列、以树状结构归属为一层层的“房”或“支”，进而联结为“族”。“五服”是初级的房支组织，随着一个个“房族”的产生，宗族的血缘和地缘便扩大到一村、一乡以至更远。前述汝城县“古祠堂群落”盛于明，规模于清，便是在这种社会大背景之下形成的。

宗族的群体认同心理结构，与其组织结构互为表里，也是多层次的，这是基于人类个体自然生命过程的心理认同序列。第一层（核心层）是父子认同，每个人都是先认同于父母而后认同于祖先，“无子不成家”，不论贫富贵贱，皆是如此。第二层是兄弟认同，一奶同胞的兄弟情同手足（长大娶妻分家后有所淡化）。第三层是夫妻认同，婚姻乃人伦之本，它比兄弟关系更要稳定。第四

① 冯而康等：《中国宗族史》第四章，上海：上海人民出版社，2009 年，第 222—289 页。

层（最高层）是直系祖先认同，这是核心小家庭认同的必然趋势和结果，是祖灵崇拜的“报本”之“本”；由此再进一步扩展到更大范围的宗族、同宗认同。[①] 这就是中华民族传统社会文化心理（信仰认同）的最大特征——政治伦理性的“人本”渊源。

群体心理认同，早在原始氏族社会（先母系、后父系）就已形成，是基于人类求食、求偶、求安全的自然天性和社会意识（文化观念）。[②] 由此而下，在传统农业经济时代成熟的宗族伦理和价值观念，仍然普遍地延续在当今社会中。但是，也要清醒地看到，随着商品经济的持续发展（“陌生人社会”的扩大），传统“乡村熟人”社会适用的伦理价值观念中，那些狭隘的“私德”成分，不可逆转地会逐渐剥落，代之以民主、公平、自愿的法制化“公德”。

然而，以自然血缘结构的小家庭，依然离不开伦理的维持，这是不争的“人伦天理”，是人类的共同价值（心理认同）。一个不要祖宗的民族和社会，是不堪想象的。

六、结语

建筑是人类的一种艺术性创造，其形式、精神皆具有地域的、民族的特色，以及丰富的文化“气息”（灵魂）。而中国乡村的宗祠，从来就受到国家礼制的规范，具有鲜明的伦理性、等级性，但宗教性不显扬（水平不高）。——中国的民间信仰体系非常庞杂，包括儒、佛、道教的内容，有土地、财神、观音、如来、玉帝、关公等等。[③] 这种多神信仰（进庙烧香，见神磕头），是自然崇拜（万物有灵）的延续。

而儒家（儒教）其实并不真正相信鬼神，上古社会的统治者“以神道设教”，即利用神鬼之道来进行社会教化，更重视实际的社会政治功能。所谓“天子受命”（君权神授）是居高临下的政权威慑，宗庙祭祀、崇敬祖先更突出伦理道德教化。因为，父母、祖先是最直近的血缘、原初的人际亲情关系。生

① 王玉波：《传统的家族认同心理探析》，《历史研究》，1988 年第 4 期。

② 按：美国人本主义心理学家马斯洛于 1943 年，提出著名的“人类需要层次说”：生理、安全、归属与爱、尊重、自我实现等。乡村宗族群体心理认同的物质基础，便是个体小家庭农耕经济，人口少、技术差、产量低、力量弱是其共同特征。俗谓“靠天吃饭”。众所共知，本节不作赘述。

③ 中国的民间信仰可谓“入世宗教”，具有多样性（多神崇拜）、功利性（实用性）、神秘性（巫术、禁忌等）、多变性（不确定性）等特征。而人类生存的终极意义、精神彼岸等（出世宗教），从来都是极少数贤哲达人关注的问题。参据贾二强：《神界鬼域——唐代民间信仰透视》，西安：陕西人民教育出版社，2000 年。

受其恩，死怀其情。所谓“天道远，人道近”，遂使伦理性成为中华文明的显著特色。

当我们走近一座座乡村宗祠，望着那些四角翘起的门楼飞檐，耸立两侧的山墙，会凛然而生一种崇敬之感——我们身上都流淌着祖先血脉。走进祠堂，踏入正厅，仿佛融入祖先的怀抱，感受原始的亲情抚摸和交流。爰此情境，每个中国人都会听到自己心底的感喟：血脉繁衍，祖灵永在。

作者简介：穆渭生，陕西学前师范学院历史文化与旅游系教授。
文嘉，陕西学前师范学院图书馆助理馆员。

中国宗族文化的活化石

——湖南省汝城古祠堂群探微

朱红玲

汝城是位于湘粤赣三省交界处的一个山区县，尚存有700多座古祠堂，其中保存完好、精美的有300多座，被誉为“古祠堂之乡”、“中国宗族文化的活化石”。2009年，汝城古祠堂群（含范氏家庙、中丞公祠、朱氏祠堂、朱氏总祠、卢氏家庙、叶氏家庙、李氏宗祠、太保第、周氏家庙、周氏宗祠）捆绑申报全国重点文物保护单位。

一、汝城古祠源远流长

汝城县有19个乡镇，现有40万人口，其中，瑶、畲、壮、土等少数民族有6.8万人。汝城古祠堂遍布乡村，村村有祠堂，姓姓有祠堂，有的村多达六、七座，全县尚存有710多座，其中保存完好、精美的有300多座。大部分为明、清时期各氏家族兴建，尤以明代所建体量大、技艺精。

汝城古祠堂根据姓氏地方始祖及分脉将所建祠堂分类，可分为总祠、家庙、宗祠、公祠、家祠几个等级。总祠是一个较大区域的某姓家族共同建造的祠堂，如朱氏总祠由中南三省十八个县市朱氏族人捐建的；家庙是为纪念某姓始迁本县始祖所建的祠堂，如黄氏家庙、范氏家庙；宗祠是为纪念某姓在某村祖先所建的祠堂，规模仅次于家庙，如李氏宗祠、邓氏宗祠；公祠为宗祠之后的分祠，是某姓的分支房派所建的祠堂，如津江克纪公祠、克宽公祠；家祠，某姓某小房所建的祠堂，也叫私厅，一般以该小房祖先的名字为名或无定名。从建造时间来看，汝城古祠堂始于宋元，盛于明清。据调查，大坪镇溪头村的宋氏宗祠始建于宋理宗绍定四年（1231）、新南村谭氏宗祠始建于元顺帝至正二十年（1360），其余90%以上的都建于明清时期。范氏家庙始建于明成化乙巳年（1485）、中丞公祠建于明嘉靖壬午年（1522）、金山叶氏家庙、卢氏家庙始建于明万历年间、先锋昭旌第建于清康熙年间，朱氏总祠建于民国时期。从建筑型制来看，汝城古祠堂非常看重祠堂正立面造型，按有无门楼斗拱、出檐形式、坡顶形式将其分成若干类。如双檐歇山顶斗拱式祠堂、单檐硬山顶式祠堂等，门楼斗拱往往修建得精美华丽，富丽堂皇。

汝城古祠堂建筑布局体现了理学思想的宗法等级制度。祠堂作为村落的公共建筑，是族权宗法的形象体现，宗祠建筑和选址，力求符合风水法度。一个村子古祠堂的朝向，代表这个村子的风水，这个村子民居的朝向一般也与该祠堂相同。汝城古祠堂位于村子中心位置，民居围绕其而建，但不得超过祠堂的高度。在中国社会中，儒家思想一直占统治地位，尤其是理学鼻祖周敦颐于北宋皇祐四年任汝城县令，传授理学思想，崇文尊儒，儒家的中庸思想、伦理道德观念和礼仪深刻影响着汝城古祠堂的建筑型制，在建筑规模、布局上都严格遵照等级制度，处处体现了理学思想对礼的规定，不敢有丝毫的僭越。汝城古祠堂的平面布局仿文庙，前有一口半月形泮池式的明塘，喻心名如水如镜，又可以聚风聚水聚财，调节村落的小气候。祠堂左右各有一条仿文庙建筑格局的“礼门、义路”式的巷道，指“君子循行的礼义之路”。语出《孟子·万章下》：“夫义，路也；礼，门也。惟君子能是路，出入是门也。”建筑型制为三间二进或三间三进的形式，两进之间设有天井，台阶三级或五级，形成对外封闭、对内敞亮的风格，又便于通风、采光和排泄雨水，完全符合清王朝对宗祠的“凡三品以上官吏可建厅堂五开间，台阶五级，东西厅堂各开三间，南门两重，东西设侧门。依此法官阶功名低的规模往下减……”的规划与规定。祠堂内各进之间逐级递升，有“步步高升”、“连升三级”寓意。厅堂内的梁柱粗大，气派稳重，营造出宽敞明亮的空间。主体建筑位于中轴线上，两侧或一侧另设祭祀库、厨房等设施。后厅设神龛，祭祀先祖，始祖居中，左昭右穆分列两旁。祠堂的青砖青瓦清水墙的色彩，也体现了儒家的审美思想，这种等级森严的宗制凸显了程朱理学的伦理纲常的理念。

二、汝城古祠堂震撼世人

汝城古祠堂群是湖南省规模较大、历史较为悠久，历史、科学、艺术价值较高，文化底蕴较为深厚的祠堂建筑群，是研究当地古文化、古建筑、古民俗、古宗法、古迁移史的重要实物资料，具有十分重要的价值。

（一）汝城古祠堂具有丰富的人文价值

汝城古祠堂珍藏着千百年来的族群传承精神和人文内涵，承载着族群的感情寄托与亲情伦理，是家族寻根问祖的精神家园，是维系一个家族情感的纽带。汝城的先民或慕山水，或仕宦留居，或躲避战乱，或为保温饱从各地迁徙而来。他们聚族而居，一村一姓，以血缘为纽带，形成了一个极强的宗族组织。为了与祖先们保持精神上联系，不忘祖根，修建祠堂以奉先祖神灵，春蒸秋尝勤加祭祀，所以他们举全族之力，将祠堂修建得富丽堂皇，成为村落的政治、文化中心，成为标志性的建筑，成为家族盘根问祖、慎宗追远的精神家园。

（二）汝城古祠堂具有齐全的社会功能

汝城古祠堂是祭祀祖先的祭堂，是惩恶扬善的法庭，是聚众议事的会议厅，是婚丧嫁娶的礼堂，是宗法组织的象征与核心。它社会功能十分齐全。一是盘根念祖，慎终追远。人们修建祠堂以妥先祖神灵，依时举行春节团拜、春蒸秋尝等祭祖活动。二是炫耀门第，激励进取。祠堂代表着家族的经济、社会和政治地位，关系着家族的荣誉，人们倾力把祠堂修建得壮观宏大，富丽堂皇，因而是村落中最壮丽的建筑。三是民主管理，聚会议事，是家族的议事厅。凡涉及家族的重大事务，诸如治山管水、修路架桥、办学修谱、赡济扶困都在此进行商讨。四是婚丧嫁娶，节日喜庆，是家族的社交活动场所。家族内的婚丧嫁娶、寿宴喜庆、年节迎神等娱乐庆典在此开展，达到敦亲睦族、尊老爱幼的教化作用。五是宗法自治，辅佐政事，是维护封建社会正常秩序的重要场所，填补了封建皇权不下县的部分空间，起到了惩恶扬善、辅佐政事的作用。

（三）汝城古祠堂具有重要的建筑学价值

汝城古祠堂的建筑工艺极为有特色，是古祠堂建筑的艺术宝库，是古祠堂文化的博物馆。汝城古祠堂青砖黑瓦、层层迭起的马头墙、富丽堂皇的门楼，坐落于村落中心，体现了一种静穆的生命力，震慑人的心灵。它的选址、采光、排水、风水以及建筑布局、建筑型制、建筑体量、建筑工艺等等各方面无不体现出重要的建筑学价值，也体现出中华民族传统中的“天人合一”的哲学思想。汝城古祠堂平面布局精巧，中轴对称，主次分明，严谨规范，整体和谐。古祠堂门楼沿用我国独特的抬梁、穿斗混合木构架建筑型制，梁架巧妙组合形成的巨大屋顶，使坡顶、正脊梁翘起的飞檐形如飞鸟展翅，营造出壮观的气势和古建筑特有的轻盈灵动韵味。祠堂内则以板壁、隔扇、帐幔、屏风、天井等隔为两厅两进或三厅三进的天井院落式。明间开门，门上彩绘门神栩栩如生。下设高门槛，寓意“门第高”，门两侧抱鼓石一对，雕刻精美。厅堂随地势不断升高，寓意为“连升三级”、“步步高升”。厅堂内数十根立柱粗大挺直，使厅堂空间宽阔明亮。梁架、枋间雀替雕龙画凤，展现了民间建筑艺术之精湛，体现了汝城古祠堂群的建筑艺术之美。

（四）汝城古祠堂具有高超的艺术价值

汝城古祠堂的石雕、木雕运用浅浮雕、镂雕、圆雕等技法，刀法细腻，工艺十分精湛，是祠堂建筑的精髓。汝城古祠堂最精美的建筑是门楼，鸿门梁的双龙戏珠纹饰，构思精巧，雕工精细，或浮雕，或透雕，都栩栩如生，曲折蜿蜒犹如真龙，象征着神圣力量与威严。梁柱栏枋、斜撑雀替、神龛槅扇以及门楼雕板上雕刻有历史故事、戏曲人物、神话传说、传统吉祥纹饰，精雕细刻，立体感很强。“渭水访贤”、“空城计”、“三英战吕布”、“孝子图”等精雕细琢的图案，演绎了一幕幕忠君报国的故事，有惩恶扬善的教化意义，并描金抹粉，显得更加耀眼夺目。山墙、藻井、照壁、梁枋等处彩绘着一幅幅精美雅致的吉祥图案，倒飞的蝙蝠、龙飞凤舞、石榴寿桃、梅兰竹菊……利用谐音表达了人们希望多子多福，健康长寿的美好愿望，寄托了人们对美好生活的追求。古祠堂的石鼓、石狮、柱础、神案等处雕刻有许多精美的图案纹饰，精准娴熟，深浅有度。马桥石泉胡氏宗祠门楣浮雕“摇钱树”、“聚宝盆”等图案，表现出“祈福、盼富”的愿望。古祠堂中的碑刻都有明确纪年，记载了祠堂兴建始末与捐款宏名，表现了家族的经济实力与凝聚力。有的还将族规民约刻石于祠堂内，将尊祖敬父、孝敬长辈等程朱理学思想表现得淋漓尽致。汝城古祠堂精美华丽的装饰艺术，张扬地显示出祠堂在家族、在村落的重要地位。

（五）汝城古祠堂具有深厚的文化价值

汝城古祠堂群内的堂号、门匾、堂匾、楹联、碑刻，内涵深厚，寓意深远，蕴藏着大量民俗、民风、宗族、宗法、民族迁徙、人口繁衍等原始史料。有的表达追根思源，有的表达对先祖的崇敬缅怀，有的表达家族的辉煌荣耀，有的表达家族的律规守则，有的表达对后人的希冀祝愿。以堂号为例，金山李氏家庙又称“陇西堂”、洪流黄氏宗祠又称“江夏堂”，是追根溯源式的；金山卢氏家庙又称“南楚名家”，是炫耀式的；外沙“太保第”、范家“中丞公祠”是纪念家族名人式的；先锋“昭旌第”是以明皇亲敕名号而来，是嘉奖纪念式的；金山叶氏家庙又称“敦本堂”、斗山曾氏祠堂又叫“三省堂”，是敦教式的。汝城古祠堂中的堂号、堂联、堂匾、门匾、碑刻由名家撰文或书写，中丞公祠中颂扬范辂的《范辂传记》木刻匾出自清代著名书法家范廷扬所书；太保第中的“理学名臣”、“柱石名家”匾出自明代理学家陈献章、清代名臣张廷玉之手；明代宰相张居正为星村何氏家庙题写的“冰清玉洁歌朝野，学饱文雄迈古今”、秀溪宋氏宗祠“入则孝出则悌守先王正道，进以礼退以义敦古圣遗风”、先锋周氏宗祠“诗书世守濂溪范，礼乐家传姬昌风”等楹联，都蕴含着深刻的理学思想。外沙宋氏宗祠“唐宋元明十二状元三将相，诗书易礼八百进士五封侯”、厚坊何氏家庙“金马玉原是吾家旧物，鸾台凤阁今承昭代新恩”、西黄祠堂“龙虎榜中提姓氏，凤凰池上浴恩波”，显示了家族的显赫荣耀。祠堂前的旗杆石是家族子弟科举高中回乡竖旗祭祖，以光耀祖先，成了功名、荣誉、权势、地位的象征，成为家族尊贵荣耀的标志，体现了深厚的文化底蕴和博取功名、光宗耀祖的程朱理学思想。

三、汝城古祠堂集萃

范氏家庙：位于汝城县城郊乡益道村三拱门范家，始建于明成化乙巳年（1485），三开间三进两天井，门楼高大雄伟，飞檐凌空，门上悬挂“翰林第”、“振威将军”等匾额，彰表了范氏一门三进士（范渊、范辂、范永銮）赫赫之荣耀。中厅内悬挂有横匾三十多块，明代兵部尚书王守仁赠的“世笃忠正”匾额最为醒目。堂联“力行清慎勤昭代山中贫宦第，支连吴越楚盛世海内旧名家”为明中叶文学大师杨慎所书赠。杨慎，字用修，号升庵，正德六年（1511）进士第一，《三国演义》卷首词即为其所作。

中丞公祠（含绣衣坊）：位于范氏家庙旁，是为纪念明代监察御史范辂而建。始建于明嘉靖壬午年（1522），祠分三进，门楼双檐翘角，古朴典雅。中丞是对巡抚的尊称。为纪念范辂，其后世子孙为他建造专祠。在落成之日，明皇世宗钦赐“紫微堂”堂匾作为祠堂的堂号。

绣衣坊：始建于明正德十四年（1519），坐东朝西，青石结构，三柱四门，中门门楣上方阴刻“绣衣坊”三个正楷大字。牌坊石构件上镂刻双凤朝阳、封侯挂印、富贵牡丹等图案。绣衣是监察御史的别称，绣衣坊是湖南省唯一一座专为旌表监察官员的文物，被誉为“湖南第一坊”。范辂字以载，号质庵，正德六年（1511）进士，筮仕之初，写诗明志：“此心若有纤毫伪，口舌飘零不得还。”

朱氏祠堂：位于汝城县城郊乡津江村，始建于明嘉靖三十六年（1557），占地面积1008平方米，建筑面积468平方米，门楼斗拱飞檐，鸿门梁镂雕三层双龙戏珠。朱氏祠堂内有几件镇祠之宝，一是四盏祖传的古代宫灯；二是栩栩如生的鲤鱼跳龙门石雕；三是朱德同志手书的“世界一家”匾额；四是民国十一年（1922）湖南省长赵恒惕题赠的“敬教劝学”匾额。

朱氏总祠：位于城关镇新井村上黄门，始建于民国三十五年（1946），由中南三省十八个县市朱氏族人乐捐，坐西朝东，占地面积5895平方米，建筑面积2898.36平方米，中式风格的祠堂、八角楼与欧式风格的鼓楼、钟楼和拱门融为一体，风格独特、工艺精湛、规模宏大、气势磅礴，为南方数省市之少见，是20世纪50—70年代汝城的政治、经济、文化中心，见证了汝城风起云涌、波澜壮阔的历史变迁。

卢氏家庙（叙伦堂）：位于汝城县土桥镇金山村，始建于明万历三十三年（1606），坐西南朝东北，砖木结构，三重风火墙，三间三进两天井，占地面积367平方米。门楼歇山式小青瓦布顶，檐下施如意斗拱，鸿门梁镂雕双龙戏珠，额枋正中蓝底金字书“南楚名家”，因宋太祖赵光义曾赐诗卢氏，诗中有：“楚国之南皆名家，家声远播耿朝纲”，于是卢氏称其家族为“南楚名家”。

叶氏家庙（敦本堂）：位于汝城县土桥镇金山村，始建于明弘治至嘉靖年间（1488—1528）。朝门是汝城有名的三条半朝门之一，家庙坐南朝北，单檐硬山顶封火墙，三间三进两天井。鸿门梁三层镂雕双龙戏珠，云水纹环绕，栩栩如生，蜚声南方诸省。中厅与后厅之间是一落地木板画屏，上画海水云龙，红色底板书16对32条报条，记载叶氏子孙外出做官人员姓名、官职。

李氏宗祠：位于汝城县土桥镇广安所村，始建于明永乐甲辰年（1424）。李氏宗祠由两个朝门及宗祠组成，坐西朝东，三间三进两天井。门楼单檐歇山式，鸿门梁镂雕双龙戏珠，门神形象威猛。祠内保存一块石雕圣旨碑，正背两面分别浮雕“圣旨”和“恩荣”，祠堂内现存有明、清时期的石碑十七块。

八角楼：位于广安所李氏宗祠旁。明弘治二年（1489），为彰表李氏家族“以武力开基而能以文德继之”，钦命为乡进士李安立“文武世家”木牌坊。八角楼三门四柱，飞檐翘角，除石柱础和门前的一对石鼓外，其余均为木结构建筑，为古典门楼之精典，因顶檐四翘角与底檐四翘角互为呼应，故称八角楼。

太保第：位于汝城县外沙乡外沙村，始建于明嘉靖元年（1552），原名朱氏家庙，为纪念明理学家、太子太保朱英而改名为太保第。歇山顶，檐下额枋浮雕“太保第”，家庙内外悬挂堂联、堂匾数块，尤以明代大学士陈献章、清宰相张廷玉手书的“世臣故家”、“柱石名家”匾额最为珍贵。朱英（1416—1484），字时杰，明正统十年进士（1445），历任陕西左右布政使、两广总督等职，明成化二十年（1484）加封为太子太保，其墓志铭赞他为“出而为万里长城，入而为三朝元老”。

周氏家庙：又称序伦堂，位于汝城县永丰乡先锋村，是散居在汝城各地周族共同祭祀之地。明万历年间，周氏源首祖捐地基四井以建家庙。家庙坐北朝南，门楼简朴大方，大门石鼓精美，门簪阴刻，门神威猛。家庙分前厅、中厅、后厅三进，布局得当，梁柱硕大，柱础为覆盆式，八角或六角形，浅雕卷草弦纹。

周氏宗祠：位于周氏家庙旁，始建于清康熙初叶（1665），青瓦飞檐，雕梁画栋，三重封火墙。朝门为汝城有名的三条半朝门之一，单檐歇山顶，下施如意斗拱，斗拱正中悬有一金龙盘边“圣旨”匾额，鸿门梁正中书写着“诏旌第”。周氏宗祠雕刻精美，对联含义深厚，处处彰显其族与北宋理学鼻祖周敦颐一脉相承。2004年中央电视台“走遍中国”栏目，在汝城拍摄《爱莲说故地重游》时，曾对周氏宗祠作过深度报道，名扬海内外。

作者简介：朱红玲，汝城县文物管理所副所长、革命历史陈列馆馆长。

《太极图说》与汝城古祠堂风水探究

黄九斤

汝城作为周敦颐《太极图说》的发源地，《太极图说》对汝城人文产生了重要的影响，渗透了汝城的各行各业。本文重点论述《太极图说》理论对汝城古祠堂风水的作用。

汝城有“古祠堂之乡”的美称。每个古祠堂在风水学上都有自己的特色，留下“范氏出官朱氏出钱、李氏风水甲天下”等很多美丽的传说。笔者作为易学应用研究者，经常到实地勘察、用心体悟，走遍了汝城古祠堂的大部分古祠堂，对古代先贤流传下来的阴阳五行和谐相生的风水原理有所领悟。得出的结论是：汝城古祠堂从选址、立向、设计等方面基本上都符合《太极图说》理论，有的祠堂更是深入细致地把《太极图说》理论表现得淋漓尽致。具体情形，将从以下方面进行论述。

一、对周敦颐《太极图说》的理解

(1) 对周敦颐《太极图说》的逐句理解。“无极而太极”，意思是说宇宙事物是从无到有，无形发展到有形；“太极动而生阳，动极而静；静而生阴，静极复动”，意思是说宇宙事物在有形状态不断发展壮大，发展到极点又转化到无形状态，无形状态发展到极点又转化为有形状态，以动态为阳气，静态为阴气；“一动一静，互为其根”，意思是说在宇宙事物的发展过程中，阴阳转化、动静转化相互存在，相互依赖；在数量上一阴配一阳，一动配一静为最佳状态；“分阴分阳，两仪立焉”，意思是说宇宙事物发展到阴阳两气力量平衡时为最佳状态；“阳变阴合，而生水、火、木、金、土”，意思是说阴阳两气转化的过程中形成水、火、木、金、土五种气场或物质，称为阴阳五行；“五气顺布，四时行焉”，意思是说五种气场物质按顺序相生，按时节运行；“五行，一阴阳也；阴阳，一太极也；太极，本无极也”，意思是说金木水火土每种物质都有阴阳两方面，阴阳是组成物质的最小的分子，每种物质的最小组成分子也是一个小宇宙，是从无到有的；“五行之生也，各一其性”，意思是说五行相生是各有特点的；“无极之真，二五之精，妙合而凝”，意思是说宇宙事物是由阴阳五行按规律相生转化形成；“乾道成男，坤道成女”，意思是说宇宙事物的形成过程中各个阴阳五行的力量大小决定事物的发展方向；“二气交感，化生万物”，意思是说宇宙事物是由阴阳两气转化形成新的物质；“万物生生，而变化无穷焉”，意思是说阴阳五行相生是变化无穷的，从而形成各种新的物质；“惟人也得其秀而最灵”，意思是说只有人才能促使事物发展达到阴阳五行平衡相生的最佳状态；“形既生矣，神发知矣，五性感动而善恶分，万事出矣”，意思是说人体也是一个宇宙，生下来就已经具备父母长辈的禀性和特性，但后天教育培养能改变人的本质，从而决定人的善恶、贵贱和命运吉凶及事物发展的吉凶；“圣人定之以中正仁义而主静，立人极焉”，意思是说圣人以阴阳五行平衡相生规律和中正仁义为行为准则，成为最尊贵的人；“故圣人与天地合其德，日月合其明，四时合其序，鬼神合其吉凶”，意思是说圣人知道运用阴阳五行相生的规律来指导自己的行为，顺应规律使自身这个小宇宙发展到最佳状态。违背规律人体小宇宙就不能顺利发展；“君子修之吉，小人悖之凶”，意思是说只有顺应规律则吉，违背规律则凶；“故曰：立天之道，曰阴与阳；立地之道，曰柔与刚；立人之道，曰仁与义”，意思是说阴阳五行相生规律是天理，是一切事物存在和发展的规律，阴阳五行的属性可表现为刚柔并济，也可表现为中正仁义；“又曰：原始反终，故知生死之说”，意思是说阴阳五行不断相生转化，违背了相生规律宇宙事物就不能顺利发展甚至灭亡，符合相生规律宇宙事物就能顺利发展。阴阳五行相生规律是决定事物产生、存在、发展和灭亡的根本规律。也可以根据阴阳五行平衡相生的原理可推测天地事物的产生、存在、发展和灭亡。“大哉易也，斯其至矣！”意思是说阴阳五行相生的规律是一切大小宇宙事物形成存在和发展的客观规律，是真正的易道天理。

（2）结论：周敦颐《太极图说》理论可以总结为以下几点：①任何事物都是一个宇宙，天地是一个大宇宙，是由无数个事物的小宇宙组成的，每个事物的小宇宙俱有各自的阴阳五行特性。②事物小宇宙与小宇宙之间存在相互转化相互依赖的关系。③阴阳五行平衡相生的规律是一切事物形成存在和发展的客观规律，所有事物大至天地宇宙、小至微尘小宇宙都遵循这个规律，违背规律则凶险灭亡，顺应规律则吉利发展。④人体是一个宇宙，是社会大宇宙的组成分子，每个人与天地万事万物的发展也必须遵循阴阳五行平衡相生的规律才能发展到“分阴分阳，两仪立焉”的最佳状态，达到和谐发展的目的。⑤周敦颐《太极图说》理论为人与自然环境的和谐发展、人与人之间的和谐发展和人与事物的和谐发展指明了方向，有利于建设和谐社会。⑥根据《太极图说》阴阳五行平衡相生的规律可以推测人与自然环境、人与人和人与事物发展吉凶的趋势。自然环境（包括风水环境）五行相生平衡则吉，失衡则凶，顺应自然则吉，天人合一则吉，悖之则凶。

二、汝城古祠堂风水特点与《太极图说》理论的关联

(1) 选址利用自然、依山造形、依形造势、以点带面，符合《太极图说》宇宙太极阴阳动静和五行相生的规律。下面用实例说明。

实例一：例如外沙的太保第后有三座相连蛋形坐山，每个蛋形外形极像古代官帽，且东南的来龙转至东方起起顶，再缓缓下降至蛋形山，远远看来就像神龙连吐三珠，此正是三珠相连的风水格局。东南来龙方始祖山峰秀丽如文笔形样，为文笔峰，主出文人。明堂前面有天马形样的笔架山做案山，主官贵。前有半圆形实水明堂，水中荷花中直，艳而不娇，荷叶又大又圆，随风起舞，好一派天地和谐的美景。从整个空间外形上看，左右两边有龙虎山，太保第坐落在紧靠在三座蛋形山的中间段。左右两边龙虎臂向两边逐渐展开，有收天地之灵气聚于太保第之势，此势之妙言之不尽，只可意会。

从阴阳相生上分析：太保弟坐坎向离，龙自巽方而来，环绕震方至坎而结穴，正是太保第之所在。向方近前有曲尺形荷叶塘为明堂为静水为阴，远有耒水流动不息为阳，坐山来龙气势雄伟，力量强大，向方耒水川流不息有以柔化刚之功，山为阳、水为阴，此乃阴阳互融之意，完全符合《周易》所讲“一阴一阳谓之道”和周敦颐《太极图说》“分阴分阳，两仪立焉”的原则。水动山静，为一动一静，山水呼应，互相依赖，正如《太极图说》所讲的“一动一静，互为其根”。

从五行上分析，整个村庄空间是内窄外宽的梯形状，五行属火，龙气自巽方而来绕过震方，巽震为木，村中又有不少千年古树，木之力量不弱。向方耒水川流不息，水的力量强大。坐山及来龙之山五行为土，因来龙源远，力量强大，离祠堂又耒水远山近，土的力量稍胜于水，但土的原神火弱，土的克星木比火旺能耗土。唯嫌白虎山稍高于青龙山不利因素，为化解白虎之凶锐之气，古人把明堂做成曲尺形，向白虎边伸进，白虎为兑金，金旺且用水来化泄，形成金水相生，水再生青龙木，化不利为有利。太保第的外形属长方形，五行为金，金化土能生水。木旺能化水生弱火，火生土，土又生金，金生水，五行生化基本流通无阻，通过五行互化，形成了以水土两旺为主五行相对平衡的局势，完全符合周敦颐《太极图说》所讲的“五气顺布，四时行焉”的原则。符合阴阳五行和谐相生风水原理。难怪此村人才辈出，明代太子太保朱英在此诞

生，近代开国上将朱良才也是在此村诞生。

实例二：马桥乡石泉村胡氏宗祠是依形造势，依势选址。胡氏宗祠坐坎向离，内设天井采光，大门两侧设小屋储物用。大门前小房子，房子高于大门的三分之二。右前方开有朝门比祠堂低 1 米左右，朝门也是坐坎向离。朝门外形设计气势雄伟，此种大门前小房子以朝门为主的设计粗看似乎不合易理，细看朝门前有明堂聚气，明堂前的两案山从中间而断，形成气口，朝门正对气口收气，案山之外是较阔的空间，对来气口形成强大的气流，朝门前明堂聚气可降缓气流速度，再经朝门缓缓上升而入祠堂，此种设计正是理气气流原理的运用，主要用于收强大来气气场。胡氏宗祠坐方是居民房，离山脉较远，按常规看法坐山不力。笔者于是登山以观其全貌，整个石泉村空间外形极似一只老虎侧卧的样子，其尾巴从乾方伸至坤方，两后爪伸至离方，两前爪伸至巽方，头卧艮方，左右后三方居民房布局整齐有序，就像老虎的五脏六腑，胡氏宗祠位处老虎心脏部位，心脏是动物最重要的部位，是整个外形空间的聚气点，有以点带动全身的作用。老虎形状主武贵，新中国成立前时任国民党中将的胡凤璋在此诞生。

从五行上分析：虎形，虎为寅木，虎头卧艮方，艮为土，前后两爪分别伸到巽离方，为木火。外形五行缺金、水。但古人建造祠堂时采用了坐向及朝门方位来补救，祠堂坐坎向离，门前有水，朝门设在祠堂的西南申位，申为金，坐坎，坎为水，向离，离为火，从而达五行俱全，连续相生的格局。从五行生克的情况上分析：究竟形状像老虎侧卧，虎卧主静，则无生机，则用朝门所在申位来冲动寅虎，让虎动起来。虎动则威，寅动则生向方离火，离火得生则生虎头与在方艮土，艮土再生申金，申金生祠堂坐方坎水，坎水则水寅木，五行连续相生。此局妙在申冲支寅虎，祠堂坐山水主静，此为一动一静推动五行能量流转相生。符合《太极图说》所讲的“一动一静，互为其根。分阴分阳，两仪立焉”。

(2) 阴阳平衡、五行相生、局部科学、整体和谐，符合《太极图说》宇宙事物发展到阴阳五行高度平衡为最佳状态的规律。

汝城古祠堂所在整个村庄外形所属的五行，祠堂外形所属的五行，祠堂坐向所属的五行，明堂方位所属的五行，案山朝山所属的五行，所有阴阳五行的生克转化符合《太极图说》宇宙太极阴阳动静和五行平衡相生的规律。这也是汝城古祠堂具有强大的生命力和护佑力的根本原因之一。

实例一：土桥镇广安所李氏宗祠，经罗盘测量，李氏宗祠坐辛山乙向，兼酉卯。申、亥两方来龙相聚于酉方降脉到李氏宗祠处龙尽气钟而结穴。坐山方有几个弹头形的山峰聚气相连，传气于来龙，龙气旺盛。立辛山乙向，直收龙来之气，辛酉同在于兑卦，气直而快，唯恐气直难留，于是在前面建一围墙帮助聚气，再在震方开朝门，朝门坐坤山艮向。艮方远处有将军出寨的朝山，前面宽广的明堂聚气。前面100米左右有公路，公路两头较高，即在祠堂的巽位和震位。水自西北方而来绕至北方再往南走。

从五行上分析：来龙方申为金，亥为水，相聚于酉，酉为金，坐山辛为金，向方乙为木，朝门在震方，震为木，朝门坐坤向艮，坤艮为土。南方有自少祖山分降的白虎龙脉，并已有建筑。南方五行为火。北方有来水，如今成为了水田，形成了虚水，但五行还是水。仅从祠堂看，五行不全，加上朝门所纳之气，五行俱全。此处妙在朝门开得妙，收纳的五行之气为祠堂所用。五行流转为：金生水，水生木，木生火，火生土，土生金连续相生，符合《太极图说》"万物生生，而变化无穷焉"。

弹头形的山峰犹如古代兵器枪头，主出武贵，同时也像笔尖，主出文贵。朝山将军出寨主先出武贵，明朝骠骑将军李兴就是此村的，有皇帝钦赠铁券，其五世孙李安又被钦命为乡进士，李氏被钦命为"文武世家"，可谓文武双全。

实例二：永丰乡先锋村周氏宗祠，外形特殊并有古代圣旨，经罗盘测量，周氏宗祠是坐兑向震，门前10米处有半圆形水塘为明堂；近有笔架形的案山，远有气势磅礴的朝山。祠堂的坐方离山有几里路远，看似有坐山不力的感觉。粗看难通其中之妙，于是登到其坐方山顶，希望能找出其中缘由。通过两个多钟头的爬山，终于抵达山顶。只见整个先锋村的空间地形好像个椭圆形，入气口位于巽、乾两方，祠堂坐落在乾巽两入之气的正中交界处，乾卦为阳卦所来之气为阳气，巽卦为阴卦所来之气为阴气，两气正中交界处为阴阳两气交合的最佳点，这正是风水中讲的最佳聚气点，是气场力量最集中最大的地方。也是全村空间气场的龙头位置。完全符合《太极图说》所讲的"二气交感，化生万物"。这种选址方法是依势造形法。祠堂是供奉祖先的地方，体现了古人尊敬祖辈、以孝为先的思想。

从外形、布局上分析，祠堂的外形基本上是整体长方形，前有主大门和侧门，主次分明，内有天井采光。外有明堂聚气，符合天圆地方，天地互通的规律。古代私人民房选址布局不能违背祠堂的布局需要，体现了个人服从整体、团体和谐的思想。从阴阳五行上分析：整个村庄外形是椭圆形五行为金，四面均有山脉环抱，山为土，祠堂坐兑方，兑为金，是旺土生金，半圆形水塘为明塘为实水，生向方震木，入气口来自巽方巽为木，加强木的力量，但震方森林并非十分茂盛，周围无江湖或较大的流水，水力量不大，水是木之原神，木原神不足难以强旺。从而形成土最旺金次旺水木两弱的格局，最忌旺火化木生土进而克水，断木之原神，起五行相生受阻失衡。但祠堂离方都有古房占据，火的力量难以发挥，祠堂离坎山距离近于离山，坎为水、离为火，有强水抑火之功，从而保持了阴阳五行的相对平衡。符合宇宙万物无绝对平衡只有相对平衡的自然规律。完全符合《太极图说》讲的“五气顺布，四时行焉”。

（3）结合实情、因地制宜、利用《太极图说》理论利用自然和改善风水。汝城古祠堂风水还体现了古人灵活利用《太极图说》理论利用自然改造风水，实现了风水格局的阴阳五行和谐相生，达到趋吉避凶的目的。

实例一：汝城县延寿乡新坡村勘查李氏宗祠，粗看土木结构、外形方长而正，大门设计普通，并无特异之处。细看李氏宗祠坐艮向坤，前有空坪明堂，后有金星寨为坐山，前有溪水环抱聚气，水外有案山护卫，案山青龙高于白虎，青龙主正直武贵，案山之外有高大的朝山朝拜。坐山金星寨山外形如椭圆，形势不高不大似有坐山不力的感觉。但金星寨少祖山至祖山，缓缓上升高至云霄，金星寨与其少祖山相连之处有深垅束气，所有龙气都聚于金星寨，难怪金星寨虽是石山，但树木茂盛、生机盎然、生气十足。整条龙气经深垅束气，犹如葫芦形，出气口正在李氏宗祠的坐山方。葫芦形气口出气又快又急，欲收其气需紧贴并用长形空间方能收稳其气。李氏宗祠紧靠金星寨，采用长方形，来聚收来龙强大的气场，古代先贤之所以设计建造长身的祠堂是根据其来龙强大的气场设计的。此种来龙束气紧，龙穴出气快急，为阳动之气，祠堂长方形，收龙气，并能缓和龙气，长方形类属坤卦，坤卦为阴，祠堂前面不远有江水，气见水则止则静，龙水两气交合为阴阳合化，符合《太极图说》所讲的“无极之真，二五之精，妙合而凝”。把龙气凝聚于祠堂与明堂之中，龙气自东方震宫而来，李氏宗祠坐艮卦，后天艮方为先天震位，先天为体，后天为用，有先后天卦气互通之意。坐艮卦有聚收震龙灵气之功。震为阳为长男，阳为武贵，震为雷，雷必声，雷在天主正直，综合起来看震龙主出名扬天下的武将，震为三壁木，必在三运时出大将之才。1904 年进入三运，1905 年人民的功臣开国上将李涛将军在此诞生。这正是古人利用和改造环境风水的高明之处。

实例二：上水东奎联第祠堂，由祠堂与朝门组成，祠堂前面的十八栋古民居前是朝门，朝门前面是半圆形水塘和宽广的明堂，明堂前面有秀丽的笔架山。水从东南而来到明堂前再向东北而去。经罗盘测量，奎联第坐庚山甲向兼酉卯。坐山方即西边较低，且空旷，初看有坐山不力之嫌。但此村人才辈出，朝门更是汝城有名的三条半朝门之一，绝对不是徒有虚名的。于是笔者认真细致地从外局开始勘测。经实地勘测，来龙自东南巽方而来，绕到南边离方至西南坤方，龙脉从西南坤方右转形成手曲弯向东南方而停，此为回龙顾祖而结穴。奎联第正建在真龙穴场上。立庚山甲向兼酉卯，坐山方虽然低，但龙势向东，故遵循自然而坐西向东。坐山方低，故在后种有大树，以助坐山。十八栋古民居却建在祠堂前面，这也不是符合常规的。但细细研究，龙势回龙顾祖，龙气在前面，整个来龙五行气场均在前面，故建在前面才能接受龙气。十八栋古民居前面的朝门，朝门为总纳气口，经罗盘测量，朝门坐庚山甲向兼酉卯，与祠堂同一个向。朝门前面明堂前面有秀丽的笔架山。东南来龙方有文笔峰，皆主文昌振发，必出文贵之人。

从五行上分析：来龙方在巽方，五行为木，经过南方离位五行为火，再到西南坤方五行为土，祠堂坐庚山甲向兼酉卯五行为金、木。朝门在祠堂的甲位，与祠堂同一个向，加上金木的力量，前面明堂有水五行为水，水走东北，东北为艮五行为土，五行皆全。《太极图说》有云“五行之生也，各一其性”，即五行相生各有特性，因此必须细致分析。今东南来水方无明水，但东北走水方却有明水，走水为动态，其他方无明显的动态物和气场，实为静态，明堂水走东北为关键点，艮土为动态生祠堂坐山庚金，坐山受生则主人丁兴旺，水动还生向方甲木，向方受生则人才辈出。因此艮方动点为全局的风水五行能量运动之源，完全符合《太极图说》讲的“一动一静，互为其根”，“阳变阴合，而生水、火、木、金、土”。来龙之气为巽木，生南方离位火，火生艮坤土，艮土为动态生坐山金，金本要克向山木，但有明堂实水通关化解，形成木生火，木生土，土生金，金生水，水生木连续相生的局势，实现“五气顺布，四时行焉”。故文人辈出，名扬四海。

上水东奎联弟祠堂，贵在结合实际反常规而重五行相生，用朝门配合收外来龙气，重动点而引动全身，实为《太极图说》理论在汝城古祠堂运用的典范。

汝城古祠堂数量多达数百之多，风水上都与《太极图说》宇宙太极阴阳动静和五行平衡相生的规律相符。可见《太极图说》对汝城古祠堂风水影响是非常之深的，可以讲《太极图说》是汝城古祠堂风水的指导总纲。由于篇幅之限，以上所述难以完全说明《太极图说》理论在汝城古祠堂风水应用之精妙。

三、弘扬《太极图说》理论，切实加强保护汝城古祠堂

《太极图说》云：“形既生矣，神发知矣，五性感动而善恶分，万事出矣。”说明风水气场的形成了，五行的不断运动而产生吉凶。

汝城古祠堂在古代建造时，遵行天理，利用自然，按《太极图说》阴阳五行和谐相生的原理，结合当时实际情况，合理选址、设计，起到了良好作用，出了很多人才。但时至今天，为什么有些村原来出人才，现在就不行了，没出什么人才，有的甚至还出一些恶人。从风水上究其原因，是因为祠堂周围的环

境发生了一些变化，影响了祠堂的风水环境。打乱了原来祠堂风水阴阳五行平衡相生的格局，正如《图极图说》所讲的“小人悖之凶”。下面举两个实例说明。

实例一：太子太保故里为何人才不济，太子太保朱英故里，自开国上将朱良才诞生之后，百年来再未出影响较大的人才了。笔者经实地考证认为其原因有以下几方面：①明堂水曲尺形，被后人改短了，前面有论述，曲尺形的水是化解祠堂右边白虎山的，曲尺形遭到破坏，水的力量明显减弱，白虎的凶锐之气得不到彻底的化解，白虎属兑卦五行为金，无水生可生则克青龙木（青龙为震卦五行为木），形成金木相克相战的局势。②前面近代新建房子太乱太多，缩小了明堂的视线与范围，使祠堂前面收气范围缩小了。同时把原有长方形空间缩成了梯形空间，长方形五行为金，梯形则趋于火，则金的力量被削弱。太保第祠堂坐坎向离，为癸山丁向兼子午，金为水之源，力量被减弱，则生坐山癸水之力减弱，则坐山癸水之力也相应减弱，坐山主人丁，对人丁有不良影响。更有甚者有一家人在祠堂明堂中心建房子，破坏明堂的天心十道，严重破坏了风水，房子建好后被雷击倒。在离祠堂西南不足50米的地方，建了一栋高楼房，影响了祠堂风水，当然房主也肯定不好，建房不久家中有人出事。

从五行相生的规律上分析：太保第坐癸山丁向，坐山五行为水，向山五行为火。明堂水曲尺形，被后人改短了，水的力量明显减弱，白虎的凶锐之气得不到彻底的化解，白虎属兑卦五行为金，白虎兑金无水生可生则直克青龙木（青龙为震卦五行为木），形成金木相克相战的局势。西南方为坤卦五行为土，不足50米建了一栋高楼房，引动并加大的坤土的力量，坤土旺土本可生金，但于长方形被新建房子的影响缩变成了梯形金，金的力量明显减弱，金弱则无力化旺动之土，土则克坐山癸水，此为坐山被克。向方因收气口的变形缩弱，远方耒水之气难以全部收入，故水气减弱。五行上形成土旺克水的相战局势，水为阴，土动为阳，为阳气旺动，阴气不足，形成阳盛阴衰的失衡状态，违背了《太极图说》“分阴分阳，两仪立焉”的原则。五行土克水、金克木的相战局势违背了《太极图说》“五气顺布，四时行焉”。阴阳失衡则阴阳不交合，五行相战不相生，就不能实现《太极图说》所讲的“二五之精，妙合而凝”“二气交感，化生万物”。

实例二：古代文武世家为何近代文武不贵。土桥广安所李氏宗祠有大明洪武年间的钦赠铁券，在明代是文武世家。但后来人们在祠堂后面即来龙方修了一条水渠，断了龙气，断了五行五气之源，破坏了祠堂的风水，打乱了祠堂阴阳五行相生的局势。此后影响较大文武人才皆未再出。

以上两例说明风水变化导致不出人才，都是风水遭到破坏，导致祠堂风水环境及阴阳五行相生失衡引起的，违背了《太极图说》宇宙太极阴阳动静和五行平衡相生的规律。《太极图说》有云："故圣人与天地合其德，日月合其明，四时合其序，鬼神合其吉凶。君子修之吉，小人悖之凶。"指出了"趋吉避凶要顺应天时、地利的规律，也就是太极阴阳动静和五行平衡相生的规律，顺应则吉，悖之则凶。可见继续发扬《太极图说》理论用于古祠堂风水保护是非常重要的，切实加强汝城古祠堂的保护是刻不容缓的。希望引起社会各界的高度重视。

作者简介：黄九斤，汝城县濠头乡干部。

理学文化对汝城古祠堂群形态的影响

余日昌

湖南郴州汝城古祠堂群落，提供了相当丰富的历史文化遗产，也带给人们对其所承载的传统儒家思想、特别是周敦颐所创立的理学精神以及文化内容进一步思考。

汝城古祠堂群具有其独特的文化符号特征及其儒家文化内涵。至今，汝城38万人口中，分布有汉、瑶、壮、畲等多民族的280多家姓氏，依然较为完整地保留着始于宋元、盛于明清的古祠堂710余座，尤其形成了以金山叶氏家庙和卢氏家庙、津江朱氏祠堂、广安所李氏宗祠、大坪镇的溪头村宋氏宗祠和新南存的谭氏宗祠、外沙太保第、益道绣衣坊的范式家庙和中丞公祠等古代祠堂建筑所构成的古祠堂群。

作为一个多民族居住的偏邑山县，汝城之所以能形成众多具有孝、诚、礼、仁等浓郁儒家思想色彩的家族宗祠，并一直维系各姓氏家族谱系至今，一个重要原因，就是它们从不同方面承载在浓厚的理学观念，产生出某种其他地区宗祠发展所不具备的内在推动力。

一、承载“天人合一”理念

汝城是理学开山鼻祖周敦颐的故乡，因此，其古祠堂群落的形成与发展，长期浸淫于理学思想中的传统儒家“天人合一”理念。

周敦颐曾经进一步融合《周易》变化发展观、道家自然思想和儒家人学精神，提出了自己独特的“天人合一”模式，即通过从“太极”到“人极”的理学模式，建立了一种将行而上理念层面贯通到行而下实践层面的关联。这种关联不仅为理学背景下的宋明儒学开创了一条格物致知的新路径，而且就汝城地区自古以来陆续建立的一批宗族祠堂建设而言，在表现宗祠功能及维系其生态方面提供了理论支撑，在规范汝城地区古代祠堂营造风格并提升其环境美学方面提供了理性指导。这使得汝城古祠堂群落不论其建筑特色还是所承载的儒家伦理精神方面，都与闽、浙、晋、皖等地的宗祠有所不同。

古代宗祠被认为是祖宗神灵聚居的地方，因此往往被用作同一姓氏族人与他们的祖先维系精神沟通的主要通道或重要场所。众多的宗族前辈牌位，长期承担或推动着被上述周氏关联所体现的一种阴阳之间的神秘对话机制。

宗祠中的祭祖仪式所表现出来的祖宗崇拜，其前提是将宗族高置于天堂，将祖德比作天德。每当族人面站在祠堂中供奉“天地君亲师”牌位时，便会形成一种带有“天人合一”价值诉求的准宗教仪式形态，同时产生内涵儒家伦理精神的宗教性情怀。

传统儒家提倡“天人合一”，其旨趣之一在于以天道激励人道，让活着的人能通过与祖先们的精神世界对话，去获得支撑其未来生存的特殊力量。周敦颐在《太极图说》中提出：“立天之道曰阴与阳，立地之道曰柔与刚，立人之道曰仁与义。”这不同于后来发生了变化与发展的程朱理学。周敦颐初创理学所坚持的是以人为本的基本立场，他的天道观是为其人道观服务的。如他所说：“万物生生而变化无穷焉。惟人也得其秀而最灵……圣人定之以中正仁义而主静，立人极焉。故圣人与天地合其德，日月合其明，四时合其序，鬼神合其凶吉。”(《太极图说》)

在周敦颐的理学思想体系中，天极与天道主静主柔，人极与人道主动主刚。那么，人极的位置在什么地方呢？

按照周敦颐的太极图说模型，人极理当处在人道之上偏向静柔的中正之处。这是一种形而上的说法。如何将这种天极与人极对映、天道与人道互通的理性结构落实到形而下层面，古代宗祠便是最为恰当的地方之一，因为宗祠往往处在一种天道与人道发生精神互通交感的“中正”位置。宗祠所营造的祖宗崇拜形式，提供了一种特殊的儒家伦理教化功能，带给族人们一种崇仁尚义的精神氛围，发挥出一种促进静动转化、刚柔相济的积极作用。

为了能够感受这种“中正”所承载的仁义，周敦颐提出人们此时应当进入一种“诚”的境界，某种程度上周敦颐以诚表征人道的最大特征。他认为：“诚者，圣人之本。大哉乾元，万物资始，诚之源也。乾道变化，诚斯立焉，纯粹至善者也……元亨，诚之通；利贞，诚之复。”由天道极静而产生“诚”，通过天道朝向人道变化而辅助“诚”，人们最终便升华到纯粹的仁义至善境界。其中，“元、亨”讲的是发生和孕育，属于天道范畴；“利、贞”讲的是发展和成果，属于地道；天道让人道“活化”，地道让人道“厚重”。由此形成了周敦颐理学模型的精神内核。

在族人的祖宗崇拜仪式中，宗祠提供了一种“诚”的氛围。任何一位走进祠堂的族人，都会情不自禁地以“诚”相对祖宗牌位，相信三尺之上有神灵。

也正是通过宗祠形式，汝城地区各族人民步入了一种“天道”与“人道”之间的特殊关联通道去接受儒家思想的教育和规范。

正是基于这层理学意义与祖宗崇拜仪式的实践结合，汝城古宗祠往往被族人们视为最能实现天、地、人“三道交汇”、“三才合一”的处所。周敦颐那种将宇宙论的“太极”关联到人生道德论的理论模式，通过宗祠文化的具体实践，渐渐得到了汝城地区的民间共识。于是，成为众多宗祠得到当地族人长期精心维建的一个充分理由。

二、构造“理一分殊”模式

理学发展到周敦颐的学生程颐、程颢时期，开始形成了“理一分殊”的理论框架，后来又得到朱熹的进一步强化。

如二程所说：“天下物皆可以理照。有物必有则，一物须有一理。”“万物皆备于我，不独人尔，万物皆然，都自这里出去。”（《遗书》卷一八）其中，已经萌生出“理一分殊”的基本观念特点。后来，朱熹衍发禅宗“一法遍含一切法”和华严宗“月印万川”的思想，更为明确地指出：“万个是一个，一个是一万。”（《语类》卷九四）“自其本而之末，则一理之实而万物分之以为体，故万物之中各有一太极。”（《通书·理性命章注》）

显然，从理学结构设计来看，“理一分殊”这种形上观念的提出，正是为形而下层面“格物致知”实践而服务的。如果形而上的“一理”不可在形而下“分殊”，则万物便会“失理”。

正是立基于这种“理一分殊”的理论支撑，汝城地区的宗祠各姓氏族人，一方面能够分别立制，在宗族总祠之下各房支也分别建有分祠或支祠；另一方面，它们共同趋向于儒家的“五伦”道德体系。因此，汝城地区的古祠堂群落，也就能够不同于普遍崇神的晋祠那样宏大独立，或不同于普遍尊孔的鲁祠那样深远统领。

于是，汝城地区按照族姓而形成的各大宗祠，长期以来便为族人们提供了一个“格物致知”的最佳场所。所格之“物”，即为本族中每件陈堂于宗祠的特殊事件；所知之“理”，即为各宗祖德所传承下来的传统儒家纲常伦理。“格物致知”的目的，在于明心中仁义至善之理而引导生命，正如二程所说：“只穷理，便是至于命。”（《遗书》卷十）“明善在于格物穷理。”（《遗书》卷一五）。

几百年来，二程“有物必有则”的说法，一直在汝城古宗祠群的存在与发展中得到了印证。每一姓氏家族最大的“格物”，体现在宗祠上祭祖和遵行家礼等过程中。每一宗祠都有自己的家法家礼，这就是所谓的“则”。而每个姓族在形式上相近却内容相异的家法家礼，通过不同的堂号、族规、族谱实际上归宗于传统儒家伦理道德这个“总则”上。这个特点，既体现了“理一分殊”的实用价值，也可以从一个特殊的侧面，来说明理可以通过宗祠这种特殊载体，充分发挥在形而下层面向社会输送及落实儒家传统道德伦理思想的有效功能，不仅维系姓氏家族关系，也不同程度上实现了在一定地理范围内不同家族之间的社会道德共建。

三、延续“敬祖崇礼”风范

理学发展到朱熹，更加强调传统儒家的礼教。

于是，宗祠往往成为了中国古代农业地区推行以“敬祖崇礼”为特征之一的儒家文化的重要渠道，同时发挥着促进宗族内部团结和合、各族之间和谐共存的积极作用。

汝城古宗祠群中，宗庙也占一定比例。因此，也存在着宗庙与祠堂的细微区别。

在清代初期开始将宗庙特定位帝王之所用之前，所谓“宗庙”所崇敬的是同一姓氏组人之间的那个“百世不变之宗”，它强调永恒的家族精神和姓氏文化的相对稳定持恒。相对而言，祠堂所承担的是家族宗法礼制的时代演变，它在形式和内容上更偏向于与时俱进式发展，更讲究儒家礼教在家族范围中的灵活使用。

在中国古代祠堂文化中，“祠”主“祭”，仪式的对象主要为逝去的先人，内容集中于追思、忏悔、求赎、求佑等盘根念祖、慎终追远方面，呈现一种“阴、静、柔”特点。相对而言，“堂”主“继”，仪式的对象主要为活着的族人，内容集中于典庆、教育、规范、彰扬、惩戒等铭志先贤、承前启后方面，呈现一种“阳、动、刚”特点。于是，祠堂这种“敬祖崇礼”文化，便逐渐体现出了一种特殊的阴阳交感互动式理学太极模式。

当时，二程提出人们“去恶从善”可采用一种“变化气质”方法。他们认为，人类的恶意恶行往往来自人类各种私欲。人们如果不按照儒家礼教去行为，即便有意去做善事，那也是私欲。带着这种私欲的行为，就是“非礼之为”。所以，二程认为“无人欲即皆天理”(《遗书》卷十五)。人事需要不断通过“气质变化”去趋近中正仁义。所谓“变化气质”，就是力图能够让祠与堂之间那种由阴阳转化所产生的神秘道德力量，去影响族人们的日常品行。

这种特殊的影响方式，逐渐形成了一种独具崇古性、崇尚性、崇敬性和崇礼性复合特点的唯理论式祠堂教育模式。在祖宗崇拜的强烈氛围中，启蒙文化、仕途文化、族氏文化、风水文化、书院文化乃至民间宗教文化等多元文化形态交融熏染，让族人不断提升对生与死、家族与社会乃至国家、个人荣辱与家族荣耀、亲族统合与民族振兴乃至族群经济发展与各宗族之间共同进步等方面的复杂关系，进行不同程度的深入思考。这些思考往往能够以潜移默化的礼教方式，给族人们提供一种进入“气质变化”而趋向中正仁义境界的推进力量。这种力量，因为有宗祠祖先道德力量加持，而得以在一个家族中长期持续，从而逐渐夯实着姓氏家族维持道德不衰的基础。

汝城古宗祠所形成的“敬祖崇礼”的文化风范，经过近千年的风风雨雨，随着时代变迁和社会发展而渐渐弱化，但是，作为一种极为有效的儒家道德文化载体，它们所承担的家族责任如此深重，所根植的族源如此渊源，以至于历代云游于他乡各地的汝城人，都会以自己的宗族为骄傲，为自己的族谱增添光辉。这种汝城祠堂文化所独有的文化特质，如今依然具有再度发掘的价值。起码，作为一种具有积极意义的地方文化符号，值得重新充实以当代文化内涵，更有必要让古老的儒家文化载体，能够为进一步促进当代社会和谐和人类进步服务。

其中，有一点值得去努力尝试。这就是如何才能让“宗祠”这个过去充满封建、悲情、晦暗、压抑等气息的场所，能够变化其气质，成为当代相同姓氏族人充满平等、激情、阳光、愉悦等时代理想与气息的精神家园。

这需要当地政府善意地引导与扶持，最终能够将原先自发于各姓氏家族的祠堂文化，进一步融合并将其打造成为一种和谐并进的区域文化，将地方性的古祠堂群落，进一步建设成为一批传统道德教育及家政服务基地，甚至有可能纳入国家和地方公共文化服务体系建设规划中，作为一类姓氏家族的基本文化活动场所，以促进当地的民生与发展。

一旦如此，向汝城这样一些充满各地区地方性特色的古祠堂文化，就有可能进一步被拓宽其服务于当代社会的有效范围及被发掘出更为积极的人文关怀意义。这一点，恰如周敦颐所说：“乐者，本乎政也。政善民安，则天下心和。故圣人作乐，以宣畅其和心，达于天地，天地之气感而大和焉。天地和则万物顺，故神只各，鸟兽驯。”（《通书·乐中第十八》）。

作者简介：余日昌，江苏省社会科学院哲学与文化研究所副所长，研究员。

汝城祠堂家训与周敦颐道德修养思想

肖立生

汝城地处湘粤赣三省交界地带，有1600余年历史，其古祠堂群建筑，始于宋元，盛于明清，现存700余座，形制精美，保存完好，部分已列入湖南省省级文物保护单位，汝城也因此而有“古祠堂之乡”美誉。[①] 在我国封建社会，祠堂除了盘根念祖、敦睦家族等功能外，还兼具了封建宗法功能，是封建皇权的重要延伸。汝城作为理学鼻祖周敦颐存神过化之地，其古祠堂群自始创至鼎盛，无不与理学有着千丝万缕的联系。而立于祠堂的家训族规，作为祠堂的精神统领，与理学之水乳交融，也自在情理之中了。

一、汝城祠堂家训思想内容浅析

据笔者掌握的资料，五六十篇家训[②]虽然不是汝城祠堂家训的全部，但似乎仍可一窥全貌。因为从已掌握的这五六十篇家训来看，尽管文字各异，但思想内容却基本相同。也许刊刻于祠堂内墙或正门外墙的“忠孝廉节”四字，已经充分表征了汝城祠堂家训与程朱理学的密切关系。在汝城仙居、营内朱家祠，津江克纪公祠，永丰先锋周氏宗祠，均是以“忠孝廉节”四字作为家训而刊书于神龛两侧的内墙。

据《汝城古祠堂》，津江朱氏祠堂《朱氏家训条例》立于清康熙四十一年(1702)，由安庆府少府朱永鹍撰述，为第一部分，第二部分《重增家训条约》由朱作霖增补。这可能是汝城存世较早的家训。《汝城古祠堂》和《廉风》均在家训之篇首予以介绍，但奇怪的是均未见家训正文内容，只在《汝城古祠堂》中附有一页书影，且截图不完整，可以看到两条目：“祭祀以致敬为本，

① 见朱惠芳主编：《汝城古祠堂》，第14页。

② 本文所论家训均出自朱惠芳主编：《汝城古祠堂》与中共汝城县纪律检查委员会编《廉风》，两书均为内部资料。见朱惠芳主编：《汝城古祠堂》，第14页。

宗庙以有事为荣；祭毕而燕，位次有别”，内容有关宗庙祭祀。作为现存订立较早的家训，遗憾未能一睹全文。

收入《汝城古祠堂》的《朱氏家训》，据其文中附图，当为文明乡沙洲村朱氏宗祠所立，共有“孝父母、宜兄弟、教子孙、睦家族、勤本业、崇俭朴、急输将、戒淫邪”八条，逐条之下均先引《诗经》诗句再予以阐释。

《欧阳氏家训》共十条，为“笃孝思、敬长上、肃闺门、勤职业、隆师传、睦家族、息争讼、崇节俭、急公务”。

《上官氏家训》共十四条，为“孝父母、友兄弟、宜家室、敬祖宗、教子弟、重师长、慎交游、睦宗亲、和乡邻、崇礼仪、尚勤俭、禁赌博、谨丧事、息争讼”。

《包氏祖训》共十条，为“孝父母、友兄弟、训子弟、睦宗族、和夫妇、存忠厚、勤本业、戒奢侈、急输将、息争讼”。

由上述所列家训，可知内容仍无出“忠孝廉节”封建纲常、人伦日用范围。

在这五六十篇家训中，笔者发现一个耐人寻味的现象，就是几乎大部分家训都立有“息争讼”条目。当然表述文字不尽相同，除出现较多的“息争讼”外，还分别表述为“争讼当止”“戒争讼”“争论当止”“杜争讼”“莫逞气性”“平息争讼”“争讼宜忍”“争讼当息”“惩忿怒、怀刑法”“戒词讼”“终讼则凶”“戒争论”“戒词论（按：当为词讼之误）”“息争论”等等。表述文字虽有不同，但意思都差不多。汝城为理学鼻祖周敦颐过化之地，周曾于宋皇祐二年至五年出任桂阳（汝城时称桂阳）令。[①] 这很容易让人联想到周敦颐的吏治故事。

据明李桢《濂溪志·元公年表》，庆历元年，周敦颐为分宁县主簿，时县有狱久不决，先生至，一讯立辨。邑人惊诧曰：“老吏不如也。”由此可见周敦颐处理狱讼案件的能力。周敦颐因在郴、桂二县卓有治绩，得到同僚的交相称荐，旋改大理寺丞，知洪州南昌县。《元公年表》云：

> 南昌人知先生来，喜曰：“是能决分宁疑狱者，吾属得所诉矣。”于是更相告语，莫违教命，盖不惟以得罪为忧，而又以污善政为耻。[②]

后面几句话透露了一些信息，周敦颐善决疑狱，且为政以德，深得百姓爱戴，故百姓相率敬依教命，以词讼误善政为耻。周敦颐治桂是在知南昌县之

① 李桢：《濂溪志·元公年表》。

② 李桢：《濂溪志·元公年表》。

前，任分宁县主簿之后，南昌百姓之莫违教命，以词讼误善政为耻，也当是桂阳（汝城）百姓的心声。

周敦颐在任桂阳令期间，著有《拙赋》一篇，文较简短，录之如下：

或谓予曰：人谓子拙？予曰：巧，窃所耻也，且患世多巧也，喜而赋之。巧者言，拙者默，巧者劳，拙者逸，巧者贼，拙者德，巧者凶，拙者吉。呜呼！天下拙，刑政彻，上安下顺，风清弊绝。①

周敦颐还著有美文《爱莲说》②，提倡“出污泥而不染”的君子品格。周敦颐通过德政的感化和对拙诚、谦敬等君子品德的推崇，无疑对汝城百姓产生了重要而深远影响，而祠堂家训也是使这一影响不断散发、巩固和延伸的重要载体。“息争讼”的家训条文，既能看出理学鼻祖周敦颐德政的感化效果，也可看出理学家人格修养魅力对百姓的影响。

朱熹《濂溪先生行实》谓周敦颐“奉己甚约，俸禄尽以周宗族。在南昌时，得疾暴卒，更一日夜始苏，或视其家，止一敝箧，钱不满百”。③ 睦宗族、尚节俭也是汝城祠堂家训中出现较多的条目，这也可看做周敦颐身体力行，留给汝城人民的一笔精神财富吧。

二、祠堂家训与周敦颐道德修养思想

关于道德人格修养，传统儒者提出“内圣外王”的圣人品格，理学鼻祖周敦颐在此基础上则提出了“孔颜乐处”的君子品格：

圣希天，贤希圣，士希贤。伊尹，颜渊，大贤也。伊尹耻其君不为尧、舜，一夫不得其所，若挞于市。颜渊不迁怒，不贰过，三月不违仁。志伊尹之所志，学颜子之所学，过则圣，及则贤，不及则亦不失于令名。④

程颢云：“昔受学于周茂叔，每令寻颜子仲尼乐处，所乐何事。”⑤ 周子的循循善诱，使二程“慨然有求道之志”，领悟到了“吟风弄月”，“吾与点也”的境界。

周子又说：

---

① 明·胥从化：《濂溪志·元公杂著》。

② 据明·李桢：《濂溪志·元公年表》，《爱莲说》作于宋嘉祐八年五月，时周敦颐47岁。

③ 李桢：《濂溪志·濂溪先生行实》。

④ 明·胥从化：《濂溪志·通书·志学第十》。

⑤ 《二程集》（一），中华书局，1981年，第16页。

治天下有本，身之谓也；治天下有则，家之谓也。本必端，端本，诚心而已矣……是治天下观于家，治家，观身而已。[①]

这样，周敦颐既指出了个人道德修养的重要性，内圣外王，内圣为关键、为根本，同时又指明了切实可行的道德修养路径，修身齐家平天下便成了每一个个体均可怀抱并予践行的信仰。诚如某学人所言：

周敦颐所提出的“孔颜乐处”，不仅进一步充实了“君子”人格，“圣人境界”的具体内容，更重要的是，它提出了一种新的道德修养的途径，也就是不脱离现实生活的，以寻求快乐作为道德修养标志的一种修养方法，这种方法把原本远离生活的，难以把握的“圣人”形象拉近了，从而使成圣的道德修养活动也变得更容易实现了。[②]

寻“孔颜乐处”是从正面谈人格道德修养，“惩忿窒欲”则是从反面指出修养的路径。周敦颐继承和发展了孟子“养心莫善于寡欲”的思想，认为：

养心不止于寡焉而存耳，盖寡焉以至于无，无则诚立、明通。诚立，贤也，明通，圣也。[③]

周敦颐一生清贫，为官久处下僚，但“不卑小官，职思其忧”，“旷然不以为意”，一生孜孜于“寻孔颜乐处”，成为万世景仰的一代大儒，理学鼻祖，黄庭坚誉为“人品甚高，胸中洒落，如光风霁月”[④]。

周敦颐的敦品自励、“寻孔颜乐处”和“惩忿窒欲”，无疑为普通民众的道德修养树立了榜样，指明了路径。从汝城祠堂家训的内容来看，汝城的先祖们确乎秉承了周敦颐这一思想而训示子孙后代的，“毋使纷华以淫其志，毋令闲游以舍其力。则秀者书升于上国，朴者亦安于闾阎矣”。也许是家训这一文体特点的原因，从手头资料来看，汝城祠堂家训较多的是从“惩忿窒欲”方面对子孙后代予以训示的。如“戒淫邪”“弃污贱”“戒争讼”“禁邪巫”“戒忤逆”“禁赌博”“禁贪鄙”“正内心”“戒斗狠”“戒渔色”“戒贪财”“戒使气”“戒酗酒”“戒凌弱”“戒饕餮”“戒骄奢”“戒懒惰”“戒酗殴”“端心术”“戒妒忌”“戒淫行”“惩忿怒”等等。

汝城作为历史上的一个偏远县邑，因有大儒周敦颐的沾溉和理学的滋润，

---

① 明·胥从化：《濂溪志·通书·家人睽复无妄第三十二》。

② 李娅：《浅析周敦颐的“孔颜乐处”思想》，见梁绍辉主编：《濂溪学研究》（第二辑），湖南人民出版社，2006年，第184页。

③ 明·胥从化：《濂溪志·养心亭说》。

④ 李桢：《濂溪志·濂溪先生行实》。

士醇民朴，人文蔚起。《乾隆二十年桂阳县志》云：

独怪桂阳在楚南，濂溪过化而后，流风余韵，至成化弘治间，人才特盛。

汝城宋代即有举人 24 名，其中进士 19 人；元朝举人 5 名，进士 1 人；明朝举人 54 名，进士 15 人；清朝举人 34 名，进士 4 人。宋至清代共产生举人 117 人，进士 39 人。[①] 这在偏隅小县，堪称人才鼎盛。汝城明代还出了著名理学名臣朱英，四朝元老，历官左都御史、太子太保。汝城籍官员，大都有清廉之名，较著名者有朱英、邵晔、朱辂、朱海、曾鉴、曹琚、范辂等。

为官一任，化成一方。上述人文盛况，正是周敦颐“惩忿窒欲”、推崇“孔颜乐处”君子品格的道德修养思想泽被汝城而结出的硕果。

作者简介：肖立生，湖南大学出版社综合文化编辑室主任，副编审。

① 见李群利：《在“周敦颐汝城理学思想与中国传统乡土社会”学术研讨会汝城课题组调研见面会上的汇报》。

论祭祀制度中大宗法向小宗法的演进

——以汝城祠堂群为实地考察

张利文

《朱子语类》中记载了朱熹的这么一句话："大宗法既立不得，亦当立小宗法。"①后世对这句话多有不同理解。有学者认为朱熹"试图复兴小宗"②，也有学者说"朱熹的主张重点在于小宗祠堂之制"，但又通过对远祖、始祖的墓祭"为大宗族人祭祖和收族提供了方案"。③在《朱子语类》中，另外还记载了这么一则有趣的小故事："余正甫前日坚说一国一宗。某云：'一家有大宗，有小宗。如何一国却一人?'渠高声抗争。某检本与之看，方得口合。"④大概是余正甫与朱熹高声抗辩，认为周代诸侯一国以内，国君后代均为同一宗族。朱熹却说大夫之家尚且可以区分出大宗、小宗，诸侯更是如此，故不止一宗，并翻书为证。余正甫这才哑口无言。朱熹所翻之书，我想大约是《礼记·大传》。其中有一段文字说"有百世不迁之宗，有五世则迁之宗"⑤，郑玄注文"继高祖者，亦小宗也。先言继祢者，据别子子弟之子也。以高祖与祢皆有继者，则曾、祖亦有也。则小宗四，与大宗凡五。"⑥郑注中"小宗四，与大宗凡五"这句话成为后世对周代宗法制度的一种普遍理解。或许有人会这样认为：一个宗族可以划分为两种截然不同的系统：大宗与小宗（或小宗更细分为四，则有五宗）。如李家骥曾说："大宗仅仅出于同一远祖，不能通婚……小宗是同财的血缘实体，大宗不是，两者有本质区别，绝不可能有一宗而兼大宗小宗二任的道理。"⑦

---

① 宋·黎靖德编：《朱子语类》卷九〇《礼七·祭》，中华书局，1986年，第2308页。

② （日）井上彻著，钱杭译：《中国的宗族与国家礼制——从宗法主义所作的分析》，上海书店，2008年，第95页。

③ 常建华：《宗族志》，上海人民出版社，1998年，第40—41页。

④ 《朱子语类》卷九〇《礼七·祭》，第2308页。

⑤ 《十三经注疏》整理委员会整理：《礼记正义》卷三四，北京大学出版社，2000年，第1175页。

⑥ 《礼记正义》卷三四，第1175页。

⑦ 李家骥：《宗法今解——兼与杨宽先生商榷》，《学术月刊》，1982年第5期。

众所周知，宗法制度可以通过祭祀礼仪典型性地表现出来。然而西周以降，历代祭礼均有所损益，那么因祭礼而表现出来的宗法制度发生了怎样的递变呢？我想在进入宗法制度演变的讨论之前，有必要先考察一下大宗与小宗的概念。

一、先秦史籍对大小宗的记述

对“大宗”与“小宗”概念最早比较清晰的表述，见于《礼记》的《大传》与《丧服小记》中两段比较相近的文字。如《大传》中说：

庶子不祭，明其宗也。庶子不得为长子三年，不祭祖也。别子为祖，继别为宗，继祢者为小宗。有百世不迁之宗，有五世则迁之宗。百世不迁者，别子之后也。宗其继别子者，百世不迁者也。宗其继高祖者，五世则迁者也。尊祖故敬宗。敬宗，尊祖之义也。[①]

郑注曰：“别子，谓公子。若始来此国者，后世以为祖也”[②]，孔疏云：“别子谓诸侯之庶子也，诸侯之適子適孙继世为君”[③]，“谓诸侯適子之弟，别于正適，故称别子也。为祖者，别于后世为始祖，谓此别子子孙为卿大夫，立此别子为始祖”。[④]以大夫之家为例，诸侯的嫡长子继承诸侯之位为下一代诸侯，而诸侯的非嫡长子（嫡子之同母弟或庶兄弟）因与嫡长子区别，故被称为“别子”或“支子”，则被封为卿大夫。此始封的卿大夫（别子）将成为他后世的始祖，故说“别子为祖”。需注意这里的“祖”是相对于他即将建立的新宗而言，“别子”则相对于他已脱离的诸侯旧宗而言。然后就这一“为祖”的始封大夫而言，“继别为宗”，郑注：“别子之世適也，族人尊之，谓之大宗，是宗子也”[⑤]，孔疏云：“别子之世世长子，恒继别子，与族人为百世不迁之大宗”[⑥]。单言“宗”，往往即所谓“大宗”，此即指始封大夫世世恒继的嫡长子。

---

① 《礼记正义》卷三四，第1174—1175页。三《礼》真伪，聚颂千载，非本文讨论重点，故不多涉及。陈戍国先生《先秦礼制研究》认为“‘三礼’为先秦礼书一说应当是基本或大体可信的……《礼记》大都可信，但又不可全信……要之，孔门后学七十子作《记》传礼无可疑”。（湖南教育出版社，1991年，第28—29页）笔者从之。若说三礼所载祭祀制度为周代之定礼固不足信，但说其为先秦儒生拾文武之未坠集成的理想化的先秦礼制，盖亦不为过。

② 《礼记正义》卷三四，第1174页。

③ 《礼记正义》卷三四，第1175页，《礼记》引文及本文中，“適”与“嫡”同。

④ 《礼记正义》卷三二，第1122页。

⑤ 《礼记正义》卷三四，第1174页。

⑥ 《礼记正义》卷三二，第1122—1123页。

"继祢者为小宗"，郑注曰："继祢者，据别子子弟之子也"[①]。孔疏云："祢谓别子之庶子，以庶子所生长子，继此庶子，与兄弟为小宗。"[②] 根据郑注与孔疏，这里的"祢"不可简单理解为父亲，而是有所特指的。其特指始封大夫（别子）的非嫡长子（孔疏简言庶子）；"继祢者"则是始封大夫的非嫡长子的嫡长子。此意继祢者以其祢为相对于始封大夫嫡长子的小宗。总结而言，以始封大夫（别子）为一宗族之祖，那么可以分为大宗与小宗。始封大夫的世世代代的嫡长子承续为大宗；而始封大夫的非嫡长子相对于继承大夫之位的嫡长子称为小宗（所谓"继祢者为小宗"）。不仅如此，始封大夫的非嫡长子的后代子孙相对于始封大夫的嫡长子的后代子孙亦称为小宗。所以郑注言："继高祖者，亦小宗也。先言继祢者，据别子子弟之子也。以高祖与祢皆有继者，则曾、祖亦有也"[③]，即"小宗有四，或继高祖，或继曾祖，或继祖，或继祢"[④]。那么就是说以大夫为例，自其从诸侯分出，就别立为自宗族之祖，其后代之嫡长子世世为这个宗族的大宗（或简称宗），而除此一系之外的后代则相对于大宗都称为小宗。

《大传》与《丧服小记》以大夫为例说宗法，然而从天子以至于士，周代贵族都实行这样的一种宗法制度，至少从先秦古籍上看如此。如《诗经·大雅·板》说："大邦维屏，大宗维翰"[⑤]，毛传曰："王者，天下之大宗"[⑥]。则历代周天子为天下之大宗；历代诸侯为国之大宗；历代大夫为家之大宗；士之嫡长子亦累世为大宗。其小宗则逐级分化出来，天子的小宗别立为诸侯之始封祖，诸侯的小宗别立为大夫之始封祖，大夫的小宗别立为士之祖，士的小宗则出为庶民。此如白寿彝在其《中国通史》中说：

> 天子世世相传，每世天子都是嫡长子继承父位而为第二代天子，奉戴始祖，是为"大宗"。其同母弟与庶兄弟封为诸侯，是为"小宗"。每世的诸侯也是由嫡长子继父位为第二代诸侯的，奉始祖为"大宗"。他的诸弟封为卿大夫，是为"小宗"。每世的卿大夫也是嫡长子继父位为第二代卿大夫，奉始祖为"大宗"，他的诸弟为"士"，是"小宗"。士的嫡长子仍为士，其余诸子为庶人。[⑦]

---

① 《礼记正义》卷三四，第 1175 页。

② 《礼记正义》卷三二，第 1123 页。

③ 《礼记正义》卷三四，第 1175 页。

④ 《礼记正义》卷三二，第 1122 页。

⑤ 《十三经注疏》整理委员会整理：《毛诗正义》卷一七之四，北京大学出版社，2000 年，第 1352 页。

⑥ 《毛诗正义》卷一七之四，第 1352 页。

⑦ 白寿彝：《中国通史》第三卷，上海人民出版社，1994 年，第 330—331 页。

这里需说明的是，大宗与小宗是一对相对的概念。如《大传》中所说“别子”，其相对于其父的嫡长子——即继承诸侯之位的大宗而言是小宗，但其在大夫家世中又别立为祖，别子及其世代嫡长子又构成了自家宗族里的大宗。所以前文所引李家骥之言“绝不可能有一宗而兼大宗小宗二任的道理”是不能成立的。宗法制度的核心即是大宗继承制度，大小宗的区别的关键即在于是否嫡长子。

根据《礼记》中《大传》与《丧服小记》的描述，大小宗还有另一个次要的，但也很重要的特征：即“有百世不迁之宗”，孔疏云“谓大宗也”①；“有五世则迁之宗”，孔疏云“谓小宗也”②。别子开立的宗族由大宗宗子（嫡长子）百世承续，大宗在则宗族在，所以说大宗是百世不迁之宗。但据《礼记》此说，小宗则只能维持五世的规模，超过五世就要从原宗族中迁出，别立新的大宗。既然小宗只能维持五世，那么就可以再分为继祢之小宗、继祖之小宗、继曾祖之小宗与继高祖之小宗。所以郑注“小宗有四”。但这四小宗同样是相对的概念，只有在一个相对固定的宗族树状结构中，我们才能确言“小宗四与大宗凡五”的五宗。如下图所示：

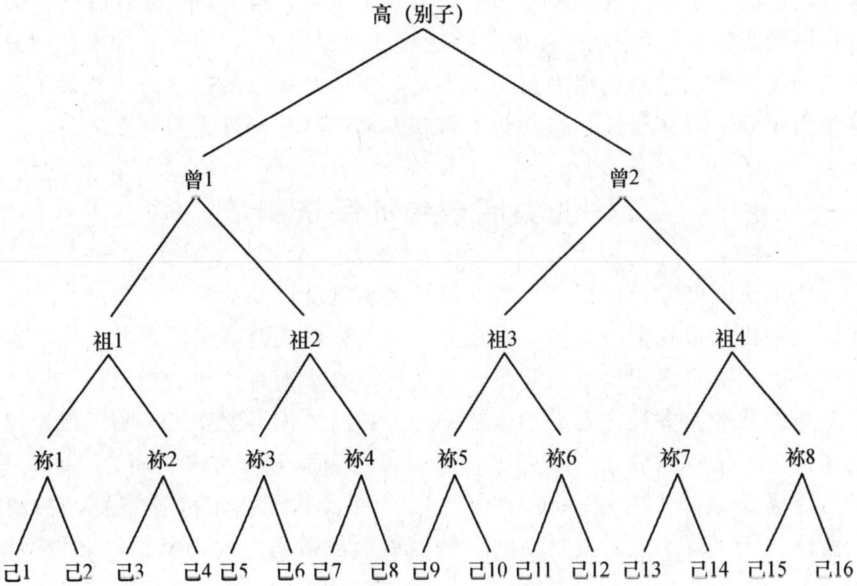

图 1　五世宗族二叉树图

① 《礼记正义》卷三四，第 1175 页。

② 《礼记正义》卷三四，第 1175 页。

以最简化的二叉树结构为例，该宗族中每人有二子，设定为左分支优先，即以每棵子树的左侧节点代表嫡长子，以右侧节点代表非嫡长子（包括同母弟与庶兄弟）。则该树状宗族图中，最左侧的一系分支（高、曾$_1$、祖$_1$、祢$_1$、己$_1$）代表该宗族的“大宗”。其余的节点都是该宗族的小宗。而小宗又细分为四。己$_2$为“继祢$_1$之小宗”；祢$_2$及其子树为“继祖$_1$之小宗”；祖$_2$及其子树为“继曾祖$_1$之小宗”；曾$_2$及其子树为“继高祖之小宗”。如此组合成“小宗四与大宗凡五”的树状宗族组织。

“五世则迁”反映出封建时代宗族的产生原则。一旦支子从原宗迁出，别立为“祖”，那么随后数代系于该“祖”的“宗”也就不再与原宗相关了（即《大传》所谓“杀同姓”、“亲属竭”①），故《丧服小记》说“祖迁于上，宗易于下”②。当然在西周礼制中，五世可能是个约数。如毛奇龄曾说《丧服小记》、《大传》二篇所说“遍核之他经及春秋时宗姓氏族诸所记又并无一验”。③然而小宗数世后迁出，别立为下一阶级之统治者既是封建制的需要，又能使宗族保持一定规模，不至于无限庞大，从而确保大宗宗子对宗族的有效统治。尽管这种迁祖易宗现象在现实操作中未必恪守于五世，但应该也是存在的。需要特别指出的是，“五世则迁”虽然孔颖达疏“为小宗也”，但没有理由把“五世则迁”理解为小宗之制。因为孔疏“小宗”者，乃是指未迁之时，相对于原有大宗称为小宗；至其已迁，在其新生宗族内部仍然是奉行大宗制度的。

二、先秦庙祭中的宗法制度

周代宗法制度除了体现在世袭的宗子继承制度以及迁祖易宗制度上，还体现在祖先祭祀的祭礼上。在祖先祭祀上有两点礼制规范值得留意。其一，是社会阶级的不同决定祭祀世数的等差；其二，是大宗拥有主导的祭祀权。

祭祀世数的差等性主要见于《礼记·王制》：“天子七庙，三昭三穆，与大祖之庙而七。诸侯五庙，二昭二穆，与大祖之庙而五。大夫三庙，一昭一穆，与大祖之庙而三。士一庙。庶人祭于寝。”④周代礼制在于尊卑有别，长幼有序，所以从天子降至士，其祭祖的世数也就形成阶差，此即所谓“名位不同，

① 《礼记正义》卷三四，第1171页。
② 《礼记正义》卷三二，第1122页。
③ 清·毛奇龄：《大小宗通绎》，中华书局，1985年，第1页。
④ 《礼记正义》卷一二，第448页。

礼亦异数”[①]。虽然早在春秋时，礼数的僭越破坏已司空见惯，不过天子七庙，诸侯五庙，以及昭穆制度却成为后世祭礼的范例。所谓天子七庙，郑注曰：“大祖及文王、武王之祧，与亲庙四。”[②]大祖即后世祭礼中所谓的始祖，在周天子专指后稷，在诸侯则为“始封之君”。“远庙为祧，有二祧焉”[③]，祧盖指远祖之庙，在周天子七庙中专指文武之庙。值得注意的是近祖之庙只有“高祖以下亲庙四”[④]，即高、曾、祖、祢四位。这表明周天子庙祭所奉之神主也并不是“凡知者，尽祭之”。郑注曰：“迁主所藏，曰祧。先公之迁主，藏于后稷之庙。先王之迁主，藏于文武之庙。”[⑤]孔疏云：“七庙外亲尽之祖，禘祫尤当祀之”[⑥]。依此意，天子高祖以上的远祖被祧入后稷之庙或文武之庙，后稷庙已被专称为大祖庙，故文武二庙又被称为祧庙。诸侯无祧庙，亲庙、大庙数与天子同；大夫亲庙则减为祖祢二庙；士一般只有祢庙。因为周天子与诸侯高祖以上的祖先或被祧入大祖庙，或被祧入祧庙，则天子、诸侯可有“五世则祧”之说。“五世则祧”与“五世则迁”往往容易混淆。[⑦]今厘清之，则如上所述，五世则迁是指小宗从原有宗族中迁出别立为祖，而五世则祧纯为大宗所预事，因为不论五世之内的庙祭，还是对五世外已祧的远祖的禘祫之祭，其主祭者只能是大宗宗子。这就是本节将要讨论的第二点：大宗拥有主导的祭祀权。

大宗拥有主导的祭祀权，《曲礼》中谓之“支子不祭”[⑧]，《大传》中说“庶子不祭，明其宗也”[⑨]，支子、庶子这里都是指非嫡长子，“明其宗”即明大宗之尊。后世程颐曾说“宗子有君道”[⑩]，依照礼制，大宗宗子通过对祭祀权的专享，掌握对宗族的统治权。小宗对大宗的依附被视为是对列祖的尊奉，《丧服小记》说明了这一点：“尊祖故敬宗，敬宗所以尊祖祢也。”[⑪]这样由天子

① 《十三经注疏》整理委员会整理：《春秋左传正义》卷九《庄公十八年》，北京大学出版社，2000年，第296页。

② 《礼记正义》卷一二，第448页。

③ 三国魏·王肃注：《孔子家语》，上海古籍出版社，1990年，第87页。

④ 唐·孔颖达疏，《礼记正义》卷一二，第448页。

⑤ 《十三经注疏》整理委员会整理：《周礼注疏》卷二一《守祧》，北京大学出版社，2000年，第659—660页。

⑥ 《礼记正义》卷一二，第449页。

⑦ 如黎虎《夏商周史话》中说：“小宗则是‘五世则迁之宗’，即由本人依次往上推算，由父、祖、曾祖至高祖为五世，高祖以上的远祖神主便迁入祧庙，不再祭祀”（北京出版社，1984年，第178页），这实际上说的是五世则祧，与五世则迁并不是完全一回事。

⑧ 《礼记正义》卷五，第181页。

⑨ 《礼记正义》卷三四，第1174页。

⑩ 宋·程颢、程颐：《二程遗书》，上海古籍出版社，2000年，第228页。

⑪ 《礼记正义》卷三二，第1122页。

乃至庶人的封建社会中，便实现了宗统与君统的合一。通过祭祀权表现出来的大宗对小宗的主导权，一方面实现了对列代先祖的尊奉，另一方面同时也实现了大宗对宗族权力的收摄。《礼记》中描述的“支子不祭”的大宗祭祀权是非常严格，除了宗子有疾、宗子有罪不得归国这些个别情况，一般而言，从始祖到高、曾、祖、祢，小宗支子都没有祭祀权。《丧服小记》明确将《大传》中的“庶子不祭”详解成了“庶子不祭祖者，明其宗也”①，“庶子不祭祢者，明其宗也”②。可见《礼记》中的“支子不祭”是指支子对其任何一代的先辈的祭祀权都要让渡给宗子主持，故孔颖达疏云：“诸侯之適子適孙继世为君，而第二子以下，悉不得祢先君。”③小宗只有从大宗迁出别立为祖以后，才拥有被祭祀权。然而如前所述，在此别子新建的宗族之中，仍然奉行大宗继承、大宗祭祀制度。所以从此一般意义来说，言“宗”即指大宗，所谓宗法制度亦即指大宗制度。

三、宋代祠堂祭礼中的宗法制度

上文已说，所谓宗法制度，严格地说便是大宗制度。维持大宗对宗族的统治，从先秦至宋，一直都是一种理想，当然也一直都难以完全奉行。因为这种理想的大宗制度要求宗统与君统的完全合一，即历代宗子既继承祖先的大宗地位，又对小宗有君臣之义。然而即便在西周，大宗对小宗的君臣之道也未必全然存在于现实当中。如《礼记·曾子问》中就有曾子问孔子“宗子为士，庶子为大夫，其祭也如之何”④ 的情况。孔子答“以上牲祭于宗子之家……祝曰：‘孝子某，为介子某荐其常事。’”⑤，可见尽管庶子为宗子提供上牲，但仍然宗子主祭。不过此种特例下，庶子已获得了助事祭礼的权力，即在“重宗”的同时，亦给予了“贵禄”的一分权重。至隋唐后，封建废，科举立，宗子累世承袭品官的可能性几乎已经不存在了。科举制对大宗制度的摧毁是无可挽回的，也就是说宗法制度中宗统与君统的矛盾性越发显露，宗子未必能成为朝廷重臣，而科举所取之士也未必都是宗子。程颐已经认识到宗法制度与文官世袭制度之间的矛盾，所以说“宗子法不立，则朝廷无世臣”⑥，当然程颐是从憧憬

① 《礼记正义》卷三二，第 1122 页。
② 《礼记正义》卷三二，第 1126 页。
③ 《礼记正义》卷三四，第 1175 页。
④ 《礼记正义》卷一九，第 705—706 页。
⑤ 《礼记正义》卷一九，第 706 页。
⑥ 《二程遗书》，第 228 页。

三代世臣的理想而言宗子法的再立的，这自然是比春秋时代更难实现的一相情愿了。程颐描述了当时宗法制度荒废的情形说："宗子法废，后世谱牒，尚有遗风。谱牒又废，人家不知来处，无百年之家，骨肉无统，虽至亲，恩亦薄。"①

面对科举制下大宗难以"收族"的现实，程颐对宗法制度提出了两点改革。其一，是开放士庶对一切可知世数祖先的祭祀权。程颐说：

自天子至于庶人，五服未尝有异，皆至高祖。服既如是，祭祀亦须如是。其疏数之节未有可考，但其理必如此。七庙、五庙亦只是祭及高祖。大夫、士虽或三庙、二庙、一庙，或祭寝庙，则虽异，亦不害及高祖。若止祭祢，只为知母而不知父，禽兽道也。祭祢而不及高祖，非人道也。②

祭先之礼，不可得而推者，无可奈何；其可知者，无远近多少，须当尽祭之。祖又岂可不报？又岂可厌多？盖根本在彼，虽远岂得无报？③

时祭之外，更有三祭：冬至祭始祖，（厥初生民之祖）立春祭先祖，季秋祭祢。④

程颐对祭礼的突破性改革是比较大的。他不仅消除了天子与庶人祭祀世数的差等，而且说"其可知者，无远近多少，须当尽祭之"，那么不论士大夫还是庶民，都可以祭祀远祖乃至于始祖。程颐的这个主张大概只属于草根议论，根本没有影响宋代的官方礼制，甚至没有证据表明程颐的主张在民间获得有效的落实。不过这种最大限度放大宗族祭祀世数的主张似乎成为了明清之后民间祭礼的理论源头。

其二，是开放小宗的祭祀权。程颐说：

古所谓支子不祭者，惟使宗子立庙，主之而已。支子虽不得祭，至于齐戒，致其诚意，则与主祭者不异。可与，则以身执事；不可与，则与物助，但不别立庙为位行事而已。后世如欲立宗子，当从此义。虽不祭，情亦可安。若不立宗子，徒欲废祭，适足长惰慢之志，不若使之祭，犹愈于已也。⑤

这里程颐"小宗主祭"的主张还是比较含蓄的，原则上保留了"支子不祭"，若立宗子最好，但若因某些因素立之不得，则不若使支子主祭。但《二

① 《二程遗书》，第209页。
② 《二程遗书》，第214页。
③ 《二程遗书》，第228页。
④ 《二程遗书》，第292页。
⑤ 《二程遗书》，第212页。

程外书》中所谓的“夺宗法”则更直白地表达了“小宗主祭”的诉求：

立宗必有夺宗法。如卑幼为大臣，以今之法，自合立庙，不可使从宗子以祭。[①]

这明显与《曾子问》中的古礼不同，古礼中支子虽为大夫，但也仅仅是助祭，主祭者还是为士的宗子。支子立庙夺宗子以祭，放在《礼记》中考察，毫无疑问是僭礼的。但如后人所说，程颐此主张乃是不得已的“缘情而为制，权宜以设教”。相对于古礼中宗子主祭的大宗祭祀制度（大宗法），程颐此允许支子主祭，且不论世数乃至于始祖其可知者尽祭之的祭礼思想，可以说是一种纯粹的小宗祭祀制度（即小宗法）了。

毫无疑问这种小宗祭祀制度，既是一种祭礼改革要求，但也是一种僭礼的主张。故而朱熹对程颐的两点开放政策，经过一番犹豫，最终都未予采纳。对祖先祭祀的世数，朱熹仍然限定在高祖以下，至少在祠堂祭祀中如此。《朱子语类》中说：

尧卿问始祖之祭。曰：古无此。伊川以义起。某当初也祭，后来觉得僭，遂不敢祭。[②]

杨复在整理《朱子家礼》时，记载了朱熹晚年祭礼思想的改变：

先生曰：某家旧时，时祭外，有冬至、立春、季秋三祭。后以冬至、立春二祭似僭，觉得不安，遂已之。季秋依旧祭祢。又曰：始祖之祭似禘，先祖之祭似祫。[③]

朱熹早年亦如程颐所说，冬至祭始祖，立春祭先祖，但是后来觉得此如禘祫之祭，没有了君臣的礼数之别，属于僭礼，所以“已之”。在《家礼·通礼·祠堂》[④] 中朱熹已将高祖以上祖先的祭祀从祠堂祭礼中祧出，藏于墓地，实行墓祭：“始祖亲尽则藏其主于墓所，而大宗尤主其墓田，以奉其墓祭，岁

① 宋·程颢、程颐：《二程集》，中华书局，1981年，第414页。

② 《朱子语类》卷九〇“礼七·祭”，第2318页。

③ 《家礼·附录》，文渊阁四库全书电子本。

④ 《朱子家礼》一书是否为朱熹所作多有争论。清人王懋竑曾著《家礼非朱子书考》，之后四库馆臣完全采取王懋竑之说否认《家礼》为朱熹所作。但钱穆《朱子新学案》、陈来《朱子〈家礼〉真伪考议》、张国风《家礼新考》等皆主其非，认为《家礼》仍然是朱熹的作品。本文从后者，认同《家礼》为朱熹所作，当然因此书先亡后得，未经朱熹刊定，故书中某些文字未必全然符合朱熹晚年的主张。又，本文所引《家礼》主要采用上海古籍出版社王燕均、王光照点校的版本，然而该本删略杨复《附录》的部分内容则参考四库全书本。

率宗人一祭之。”[①]将祠堂祭礼限定在高祖以下，使得五服以外的小宗不再参与祠祭，是符合古礼中五世则迁的礼制的。同时五世则祧，则效仿了古礼中天子、诸侯之庙祭之礼，虽亦为僭，但因为朱熹将远祖、始祖摒除在祠祭之外，所以较之程颐来说，已经是本分得多了。但是反过来说，祠堂中不祭始祖、远祖对于大家族[②]的形成而论是个弊端，天子、诸侯虽五世而祧，但因为有大祖庙、祧庙可以暂且保留远祖，所以虽然高祖以上祖先“亲尽”，但仍然通过禘祫之礼获得祭祀。然而朱熹的祠堂却没有祭祀远祖、始祖的功能，墓祭因为客观原因往往不太现实，所以五世则祧往往有沦变为五世则废的可能。朱熹自己也认识到了这一点，《语类》记载：

问：祧主当迁何地？曰：便是这事难处。汉唐人多瘗于两阶之间。然今人家庙亦无所谓两阶者。两阶之间以其人迹不踏，取其洁耳……唐人亦有瘗于寝园者。但今人坟墓又有太远者，恐难用耳……《礼注》说藏于两阶间。今不得已，只埋于墓所。[③]

既要不逾礼数，又要让士大夫祭祀远祖，这当然是一个难处。将远祖祧于祖坟，实行墓祭是一个办法，但往往士大夫的祖坟在家乡，祠堂神主祧至祖坟祭祀不太现实。结果往往是找一块清洁之地将神主的牌位就地瘗埋。朱熹就是这么权且地解决了这个远祖、始祖祭祀的难题的，以后我们可以知道，这当然会受到试图建立大家族的小宗主义者的批评。

在是否允许支子主祭这一点上，朱熹也比程颐保守得多，朱熹只是在最低限度上开放了支子祭祀权，而与程颐形成了明显差异。关于这一点的认识，需要仔细检讨《朱子家礼》中的一段文字：

大宗及继高祖之小宗，则高祖居西，曾祖次之，祖次之，父次之；继曾祖之小宗，则不敢祭高祖，而虚其西龛一；继祖之小宗，则不敢祭曾祖，而虚其西龛二；继祢之小宗，则不敢祭祖，而虚其西龛三。若大宗世数未满，则亦虚其西龛如小宗之制。[④]

根据本文第一节对“小宗四”的分析，参照如图 1 所示的宗族树状结构，所谓“祭祢之小宗则不敢祭祖”是指己$_2$不敢祭祖$_1$；“祭祖之小宗则不敢祭高

① 王燕均、王光照点校：《家礼》，《朱子全书》第 7 册，上海古籍出版社、安徽教育出版社，2002 年，第 879 页。

② 在本文中，“家族”与“宗族”被视为是同等概念。

③ 《朱子语类》卷九〇“礼七·祭”，第 2305—2306 页。

④ 《朱子全书》第 7 册《家礼》，第 876 页。

祖”是指祢$_2$及其子孙不敢祭曾$_1$；同理“祭曾祖之小宗则不敢祭高祖”是指祖$_2$及其子孙不敢祭高祖（别子）。这三条规则中，继祢规则优先于继祖，祭祖规则优先于继曾祖，同理继曾祖规则优先于继高祖，或者代表性地可说“继祢之小宗则不敢祭祖”是一条最优先规则。根据《朱子家礼》中这一段描述，在大小宗五层树状结构中，形成了一条重要的基本原则，本文谓之“朱子祠堂祭礼原则”，即：支子可以祭祢但不得祭祖。

宗族中任何一个人建立祠堂时，以其自身在各级分支中的大小宗关系决定虚龛情形。例如己$_3$是继祢之大宗，同时也是继祖之小宗，那么他将“不敢祭曾祖（同时不敢祭高祖）”，故“虚其西龛二”。但因其父（祢$_2$）是其祖（祖$_1$）的支子，根据朱子祠堂祭礼原则，支子允许祭其父，故己$_3$实其东二龛，祭其父及其祖。再看己$_3$的亲弟己$_4$，不仅是继祖之小宗，而且还是继祢之小宗，那么他只能祭其父，故“虚其西龛三”。再看己$_{13}$，他是继祢之大宗，继祖之大宗，继曾祖之小宗，继高祖之小宗，虽朱熹也说继高祖之小宗四龛皆实，但继曾祖的规则优先，所以需“虚其西龛一”，故己$_{13}$祭其祢、祖、曾祖，唯高祖不祭。四龛皆实的情况，参图1，唯见于己$_1$与己$_9$，己$_1$是纯粹的大宗，己$_9$是继祢之大宗、继祖之大宗、继曾祖之大宗、继高祖之小宗，根据“大宗及继高祖之小宗，则高祖居西，曾祖次之，祖次之，父次之”，所以二人四龛皆实。

以上是以高祖为“别子”，第五代的主祭情况。若论第四代及其以上诸代的主祭，则《家礼》说：“若大宗世数未满，则亦虚其西龛如小宗之制。”[①]限于篇幅，本文不再推演。

由“继祢之小宗则不敢祭祖”决定的朱子祠堂祭礼的基本原则：支子可以祭祢但不得祭祖，既不同于古礼的大宗祭祀，又不同于程颐彻底放开支子主祭的小宗祭祀，是朱熹审时度势，有限度地对小宗祭祀的开放。根据“小宗有四”的原则，如果将小宗祭祀权分为四级，那么可以说朱熹只开放了最低一级，即支子可以建立祠堂，但只能祭其父，祭祖权仍然要收归大宗，这是最小权重的小宗祭祀。若对祖、曾、高的支子祭祀权分别开放，则小宗祭祀权逐步放大。乃至于如程颐曾经主张、嘉靖礼制改革以后民间推行的小宗对于远祖、始祖也有祭祀权的祠堂祭礼，那么这就成为最大权重的小宗祭祀了。小宗祭祀权的最大化，则使得小宗与大宗之间的界限彻底消失，这在程颐的蓝图以及嘉靖以后的祠堂祭礼中得到了证实。

如上分析，既然朱熹的祠堂祭礼是最小权重的小宗祭祀，那么参照其前后的历史情形，说“朱熹试图复兴小宗”、“重点在于小宗祠堂之制”，笔者认为

① 《朱子全书》第7册《家礼》，第876页。

是欠妥当的。相对于程颐步子迈得太大了的小宗改革，朱熹的祠堂祭祀制度实际上是试图复兴大宗的。鉴于科举制下“大宗法既然立不得，勉强得立小宗法”的现实，朱熹只是根据古礼，最低限度地给予了小宗祭祀的权力。支子祭祢不得祭祖，完全是顾及世情而对古礼做出的最低限度的损益，但同时把程颐主张的支子祭祖乃至始祖的权力统统地收归大宗所有了。可以说朱熹出于对宗法制的维护，其祠堂祭礼是相当保守的。从宋代祠堂出现，乃至于明清的祠堂泛滥来看，朱熹《家礼》中构建的祠堂蓝图与其说是小宗祠堂，不如说是大宗祠堂，因为在由宋至清所有的祠堂建制中，其大宗主义的权重是历代最大的。

四、明清祠堂以及汝城现存祠堂的小宗祭祀制度

上文论述了《礼记》中记载的大宗祭祀制度，以及宋代士大夫倡导的祭礼改革。程颐首次提出了小宗祭祀的全盘主张，这个主张是比较激进的。而朱熹基本上否定了程颐的祭祀思想，一方面在祠堂祭祀中排除始祖、远祖祭祀，另一方面将支子主祭的世数限止于父辈。朱熹的祭礼相对于程颐，是向古礼的回归，所以上文说朱熹的祭礼是相对保守的。封建制下大家族的坐大对中央集权的王朝来说并非一件好事，所以程颐的礼制改革主张从来没有纳入官方律典，而相对保守的《朱子家礼》中的祠堂祭礼却被朱元璋纳入官礼。洪武三年敕令修撰的《大明集礼》说“国朝品官庙制未定，于是权仿朱子祠堂之制”。[①]但是随着科举制度在明清的兴盛，君统与宗统的矛盾性越发显著，大宗在宗族中的宗统地位越来越难以维系。所以朱熹《家礼》中规定的权重仅至父辈的小宗祭祀制度难以落实，程颐主张的小宗祭祀思想再次获得响应。嘉靖年间礼部尚书夏言上疏的祭礼改革就是这种响应的一种表现。夏言在奏疏上说：

> 臣愚以为颐深于礼学者……缘情而为制，权宜以设教，此所谓事逆而意顺者也……朱熹顾以为僭而去之，亦不察之过也……
>
> 迩者平台召见，面奏前事，伏蒙圣谕：“人皆有所本之祖，情无不同，此礼当通于上下。惟礼乐名物不可僭拟，是为有嫌，奈何不令人各得报本追远耶！”
>
> 大哉皇言！至哉皇心……伏望皇上推广因心之孝诏令天下臣民许如程子所议冬至祭始祖，立春祭始祖以下高祖以上之先祖……愚夫愚妇得以尽其保本追远之诚。溯源徂委亦有以起其敦宗睦族之谊。其于化民成俗未必无小补云……

---

① 《明集礼》卷六，文渊阁四库全书电子本。

后儒亦皆谓程子言有服者皆不可不祭，其说甚当……以是差之则莫若官自三品以上为五庙，以下皆四庙。为五庙者亦如唐制，五间九架厦两旁隔版为五室，中附五世祖，旁四室附高曾祖祢……然三品以上虽得为五庙，若上无应立庙之祖，不得为世祀不迁之祖。惟以第五世之祖凑为五世。只名曰五世祖。必待世穷数尽，则以今之得立庙者为世世祀之之祖，而不迁焉。四品以下无此祖矣。惟四世递迁而已……若夫庶人祭于寝，则无可说矣。[①]

在嘉靖帝“礼当通于上下”的秘意授予下，夏言上疏朝廷采用程颐的祭礼思想，允许臣民祭祀始祖，且建议三品以上立五庙，以下立四庙。就三品以上立五庙（考其文，其实是一家庙中立五室）而言，品官祭祀世数上至五世祖，至其亲祧尽，品官仿古之别子，为不迁之始祖。夏言并未说明支子是否有主祭的权力，不过品官既立五庙上祭及五世祖，则根本无法保证品官及其高、曾、祖、祢在五世之内均为嫡长子。那么至少说明小宗主祭在夏言主张中是被默许的。夏言虽亦未允许庶民立祠堂，不过既然允许祠堂“四世递迁”，那么如科大卫所说：“只要可以找到一个五代前有资格建家庙的祖先，即使庶人，亦可以这个祖先为核心，建立有合法依据的家庙”[②]，庶民不立祠堂的限制是很容易在民间被突破的。

夏言建议官民祭祀始祖的主张正好迎合了大礼议事件中嘉靖皇帝“推孝”于臣民的要求，如常建华所说“带有政治斗争的色彩”[③]，在嘉靖之后的诸朝并未得到承认，所以夏言的奏议在张居正续修成书的《明世宗实录》中不载，万历十五年修订的《大明会典》亦完全忽视，仍然照录了《大明集礼》中朱熹祠堂制度的《品官家庙》[④]。但《明史》在“群臣家庙”条摘引夏言奏章后，写下了“从之”二字[⑤]，《皇明史概》、《宪宗外史续编》中也记载了“十一月诏天下臣民得祀始祖”这样的话[⑥]，说明夏言上奏的祠堂祭礼改革虽未纳入官方律典，但也以皇帝诏书的形式颁告天下了。此议亦获得了不少士大夫的拥护，如隆庆年间南京兵部主事管志道曾说：

① 明·夏言：《请定功臣配享及令臣民得祭始祖立家庙疏》，《四库全书存目丛书》集部第 74 册，第 528—530 页。

② 科大卫：《祠堂与家庙——从宋末到明中叶宗族礼仪的演变》，《历史人类学学刊》第 1 卷，2003 年第 2 期，第 5 页。

③ 常建华：《明代宗族研究》，上海人民出版社，2005 年，第 21 页。

④ 明·李东阳等撰：《大明会典》第 3 册，卷九五，礼部五十三，广陵书社，2007 年，第 1481 页。

⑤ 《明史》卷五二，《二十四史全译》第 2 册，汉语大辞典出版社，2004 年，第 1008 页。

⑥ 引见常建华：《明代宗族研究》，第 18—19 页。

宗法中，大宗难复，而小宗易复……大宗非嫡长子不立，小宗则庶出之子亦可立……但今宗法久湮而吴越之民风尤涣。虽立大宗讵能联族属于五世之后哉？宋儒原谓大宗难立，则莫如且立小宗。其论最当……有嫡子则立嫡长为宗……无嫡子，则立庶长为宗……今不问嫡长庶长，但含大宗之虚名，而行小宗之实事。主丧主祭。众兄弟咸宗之……至于五世服穷之际，倘有贤贵者能合无服之宗亲即大宗也。可以议古者百世不迁之宗法矣。不然，则随其亲尽情尽而用五世则迁之法，无害也。[①]

管志道明确指出了明末宗法久湮、民风尤涣，大宗难以收族的现实，所以主张不如让小宗承续宗统。所谓“无嫡子，则立庶长为宗”在实际操作中往往只是个托词，不论大宗是否一定不肖或者卑微，只要小宗被认为是或贤，或贵，或富于大宗，且能获得族人的拥护，那么小宗立为宗子就是顺理成章的了。甚至该小宗如果有足够的“贤贵”，他还可以收族五服之外的宗亲。

这种将始祖、远祖与四亲一并祭祀，且主祭者不问嫡庶，但立贤贵为宗子的祠堂制度，完全抛弃了“别子为祖，继别为宗”的大宗法原则，不仅逾越了“庶子不祭祢”的《丧服小记》中的规定，而且超越了“继祢之小宗则不敢祭祖”的《朱子家礼》的限定，小宗支子只要被认为有足够的“贤贵”，不仅可以祭祢、祭祖、祭四世之高祖，甚至可祭及远祖、始祖。相对于朱子仍然为大宗保留了祭祖权的大宗祠堂而言，这种嘉靖礼制改革之后的祠堂可以算是一种名副其实的小宗祠堂了。如果说《二程遗书》中收录的一些关于程颐祭礼的语录仅仅是一种未付实践便被否定的理论或者设想，那么嘉靖朝之后士大夫们倡导的祠堂礼制则是对程颐思想的回归和落实。

支子既获对始祖以下一切祖先的祭祀权，则大宗泯于小宗，大宗的特权无复存在，可以说是一种最大权重的小宗祭祀。此小宗祠堂所祭祀的神主不仅五世不祧，而且五世不迁。也就是说高祖以上的远祖仍然被祭奉，因此五服以外的宗亲仍然被收拢，故小宗五世而不迁。所有的支系都被摄拢于始祖（始迁祖、别子）之下，明清之际的民间宗族也因此坐大，形成了宗亲庞大的大家族了。有时候这种大家族共奉的祠堂也被学者称为“大宗祠堂”，但如上所述，从宗法原则上说，它采用的是最大权重的小宗法，因此本质上它还是一种小宗祠堂。

所谓上有所好，下必甚焉，由嘉靖帝授意，夏言等士大夫倡导的臣民祭祀制度改革一旦流入民间，祠堂规模的扩展与民间宗族的壮大则迅猛加速。不仅

① 明·管志道：《考宗法以立家庙议》，《从先维俗议》卷二，海南出版社，2001年，第58—60页。

以三品官吏为始祖的大型宗祠在南方府县随处可见，而且更大规模的，以省为单位的总祠也在南方诸省出现了。这些宗祠所奉始祖更推久远，其人物已非明代可限；其从兄弟之层数更不可计量，何止“再从”、“三从”，但凡省内同姓者皆可收入族内。乾隆二十九年江西巡抚辅德在一篇奏文中如此描述当时祠堂的情形：

江西民人，有合族建祠之习。本籍城乡，暨其郡郭，并省会地方，但系同府、同省之同姓，即纠敛金钱，修建祠堂。率皆栋宇辉煌，规模宏敞……所建府省祠堂，大率皆推原远年君王将相一人，共为始祖。如周姓则祖后稷，吴姓则祖太伯，姜姓则祖太公望，袁姓则祖袁绍。①

辅德当然是从宗族无限庞大化带来的一些流弊这一方面说省祠的，此中利弊权且不论，辅德的意见至少说明了这类合族建祠远超五世的现象在清初的南方省份已经非常普遍了。既合族而建祠堂，则五世而祧、五世而迁的古制已无存在的必要。所谓大宗的宗法也不过徒有“虚名”，实际上“而行小宗之实事”（管志道语）。朱熹《家礼》是祠堂祭礼最早成型且被明代官方律典采纳的品官祭礼制度②，嘉靖礼制改革之后的祠堂祭礼虽未列入律典，但因嘉靖帝的倡议与士大夫的推波助澜，而在民间实际上获得了推行，并被明清诸朝默许。从朱子祠堂至嘉靖朝之后的明清祠堂，我们可以看到宗法制度由大宗法向小宗法的演变，而祠堂规模则由高、曾、祖、祢五服之内向上古始祖的扩大。

明清之际这种“且立小宗法”的合族祠堂目前仍然可以在湖南省汝城县看到历史遗留，现存710多座古祠堂中有300多座保留完好，其中绝大多数都是家族性祠堂。考察这些保存完好的家族性祠堂的神主陈设，可以帮助我们了解明清以降宗族的组织形式。如上所述，朱子祠堂只能祭祀四代，所以只设四龛祭祀高、曾、祖、祢。而且因为执行的是最接近于大宗法的最小权重小宗祭祀，所以很大程度上会有虚龛现象（以上文最简二叉树式的家族图式而言，虚龛率就有87%，子嗣越多，虚龛率将越高）。夏言提出三品以上祠堂“如唐制五间九架厦两旁隔版为五室”，则比朱子祠堂增加一个当中的始祖神位，实际

① 清·辅德：《请禁祠宇流弊疏》，《魏源全集》第16册《皇朝经世文编》卷五八，岳麓书社，2004年，第263页。

② 司马光曾有《书仪》，其中《祭》、《影堂杂仪》等篇略论品官家庙事，然较之《家礼》《祠堂》篇所言甚略。其与程颐的主张略近，亦主张支子得祭，但同时说“仁宗时尝有诏，听太子少保以上皆立家庙，而有司终不为之定制度，惟文潞公立庙于西京，他人皆莫之立，故今以影堂言之”。（司马光：《司马氏书仪》，王云五主编：《丛书集成初编》，商务印书馆，中华民国二十五年，第113页）北宋因有僭礼之嫌，士大夫多不敢立庙，司马光亦不愿言庙，而以“影堂”代指，故正式进入官方礼制的品官祠堂祭礼，应以《朱子家礼》为始。

是五龛：始祖居中，左一高祖，右一曾祖，左二祖，右二祢。至明末，既然开始了五世不祧，且五世不迁的大型宗祠倾向，那么祭祀的神位就呈几何级数递增了。非但不会虚龛，而且四龛、五龛也远远不够了。管志道曾总结这种合祭现象说："盖古也同堂异室，而今也同室异龛"[①]，其实以汝城祠堂为例，已不止于"同室异龛"了，进而是"同龛异阶"、"同阶多主"了。即在同一神龛中又由上至下分为多级阶位，同一阶位供奉多位神主。笔者所见大多数的汝城祠堂仍恪守五龛的规模，但阶数却有五阶、七阶等不同。因为神主架设可以呈二维扩展，所以是否恪守五龛也并不重要，故我们同时可以看到因于祠堂的规模大小，亦有三龛、七龛者。

因为大型宗祠中成百上千神主的陈设无法如《家礼》中那般横向一维排列，所以昭穆制度也必然有新的发展。大多数汝城祠堂以中间一龛为先为尊，但也有部分祠堂以最上一阶为先为尊。

例如土桥镇广安所的李氏宗祠（文武世家），奉明代洪武年间骠骑将军李兴为始祖（李兴字学仕，汝城乾隆二十二年《捐置祠堂碑记》有记载："始祖讳兴字学仕……妣张氏"）李氏祠堂始祖牌位上书："显考始祖李公学仕太府君，妣婆张氏孺人之神主"，其嫡母并不另立牌位，而与先考配享共一神主。"考、妣"、"公学仕太府君、婆张氏孺人"均并列双行小字，考左妣右。李氏宗祠寝堂共五龛五阶，始祖神位并非中列一龛最上阶，而是中列一龛上数第二阶。中龛最上阶预留给了李氏宗族诸祖共享之神位，上书"李氏门中光祖历代"等字。[②] 中龛上数第三阶牌位上书"二世祖显考李公"等字，仍为一对考妣共享一神主。中龛上数第四阶牌位上书"三世祖"等字，则有四对考妣共享一神主。中龛上数第五阶牌位书"四世祖"等字，共七对考妣共享一神主。中间一龛全部排满后，最上一阶由左昭右穆的形式排列五世祖。最上一阶五龛排满后，再从上往下，左昭右穆排列六世祖、七世祖乃至十余世祖的神主。[③]这种最中列一龛为首，然后左昭右穆，从上往下的神主排列秩序在汝城家族祠堂中是主要形式。金山卢氏家庙（南楚名家）也是采用此种秩序的神主陈设，其寝堂五龛五阶，始祖至五世祖从上而下占列中龛，然后始祖左一为六世祖，右一为七世祖，左二为八世祖，右二为九世祖，然后其余二、三、四、五阶，亦以昭穆秩序排列十始祖及以下诸祖神位。但也有不同的，如金山叶氏家庙（敦

---

① 明·管志道：《酌量祠堂仪式议》，《从先维俗议》卷二，第60页。

② 言"等"字者，因笔者摄影条件所限，前后或有文字未能于调研时取相识辨。以下皆同。

③ 值得注意的是此类大型宗祠中所说的某世祖，是由始祖往下数的世数，与古礼正好相反。如上文所引夏言所说祠堂"五室中附五世祖"，此五世祖乃指由主祭者向上数的五世。大型祠堂既无迁、祧之说，则其"世数"所数也只能反转过来。

本堂），并不以中龛为首，其“叶氏门中光祖历代神主”与始祖合为一个牌位，奉于中龛最上一阶，二世祖至四始祖皆排列于最上一阶。则其纯以上阶为尊。另外，对于年代久远祠堂，所奉神主超过二十余世，则其寝堂所设神位未必限于五龛五阶。如金山李氏家庙（陇西堂）奉唐代始迁祖李希颜为始祖，累世至今共二十四世祖，故其祠堂设为七龛七级，排列次序则是先中间一龛由上至下，然后最上阶先尽左龛，次尽右龛，二至七阶逐阶同上。

值得留意的是这种祠堂神主的供奉活动至今仍在继续，我们在一些牌位上仍能见到书写在红纸上的新增神主，如上文所说金山卢氏家庙中，在二十世祖、二十四世祖牌位上都见有近年新贴的“新故显考卢公某某府君之神主”的字条。说明在汝城民间，这种大型祠堂仍然在宗族中发挥着其尊祖收族的作用。当然，在如此庞大的宗族谱系中，嫡长子世世主祭的大宗制度一般早已不存在了。宗子往往被称为族长，由族人共同选举产生。

五、小结

以上大致分析了由先秦至明清之际（以汝城现存祠堂为实物例证）祭礼制度的演变。通过对《礼记》中《大传》与《丧服小记》的分析，指出“大宗”与“小宗”两概念的区分，主要在于嫡长子与非嫡长子（支子）的差异。并且大宗与小宗是一个相对的概念，在“五世则迁”的原则下，别子作为相对于其嫡兄的小宗一旦别立为祖，其与其累世嫡长子继承者就构成新的大宗。在迁出的“五世”宗族组织中（模拟为深度为5的宗族树），可以分为“小宗四与大宗凡五”的五宗（深度为5的宗族树可分为5个子集）：即“大宗”、“继祢之小宗”、“祭祖之小宗”、“继曾祖之小宗”与“继高祖之小宗”。《礼记》中的《王制》、《曲礼》、《大传》及《丧服小记》等篇为古代祭礼规定了严格的礼数。天子、诸侯、大夫乃至于士均有差等的庙数，而且明确了大宗主祭、支子不祭的宗法制度。

唐宋以降，封建已废，科举渐兴，西周宗法制度中宗统与君统的矛盾渐渐显露，文官世袭现象已经不再存在，大宗很难在士大夫的宗族中发挥收族作用。有鉴于此，程颐等缘情制礼，主张开放小宗祭祀权，认同支子主祭的“夺宗法”，并且所祀世数无论远近，可及始祖、远祖。程颐等宋代士大夫盖希冀借此品官祭礼以恢复理想中的“朝廷世臣”，此一想法虽符合士大夫之情，却难合集权下君王之意，所以程颐等人的主张始终停留于礼制改革的蓝图之中。朱熹制定《家礼》，其祠堂祭礼原则限定了“祭祢之小宗则不敢祭祖”，并且规定宗子在祠堂祭祀中的最远所祀世数止于高祖。朱熹的祠堂礼制是最小权重的小宗祭祀，也最接近于大宗法，因而朱子祠堂是历代祠堂中最典型的大宗祠堂。也正因此，朱熹的祠堂礼制被明初编入《大明集礼》以及后来的《大明会典》，而成为规范品官家庙的官方律典。

嘉靖朝的礼制改革采纳了夏言的建议，允许三品以上官员祭祀始祖并建立家庙。在士大夫的推动下，明清之际南方诸省民间合族建祠的大型祠堂大量涌现，这些祠堂不仅五世不祧，而且五世不迁，从始祖而下无论远近，一切可知的祖先皆被奉入祠堂祭祀，因此也完全开放支子主祭且不论世数的权力。相对于朱熹最小权重的小宗祠堂而言，这是最大权重的小宗祠堂，是先秦至唐宋乃至明清以来，大宗法向小宗法过渡的最终结果，也由此产生了组织庞大的民间大型宗祠。湖南省汝城县现存的300余座保存完好的家族性祠堂，就是这种明清祠堂祭祀制度的活化石。

作者简介：张利文，湖南省社会科学院助理研究员，哲学博士。

汝城祠堂、牌坊群落匾额文化田野考察

——兼论祠堂象征意义与匾额之关联

黄守愚

地处湘粤赣交界的汝城县历史文化博厚悠远，虽然在近百年内遭受了各种天灾人祸的冲击，但是依旧保存有700余座始于宋元、盛于明清的古祠堂与古牌坊，是著名的“古祠堂之乡”。这些至今保存完好的古祠堂不仅是研究理学思想与中国传统乡土社会文化的活化石，而且也是研究匾额文化与榜书艺术的博物馆。

匾额与楹联是祠堂、牌坊群落之灵魂，也是其象征意义所在。本文作者通过田野考察与钩沉文献史料，主要对汝城祠堂、牌坊群落匾额文化进行分析，讨论其匾额的种类与功能及书法风格，兼论祠堂象征意义与匾额之关联。因主题与篇幅所限，仅对祠堂匾额作阐述，祠堂楹联则不作讨论。

一、汝城祠堂匾额的种类

祠堂院落的匾额，大致可分为外匾和内匾。其内容与形式，旨在使人生敬畏之心，以体认自我主体。

（一）外匾类

祠堂外匾，有名号匾与功名匾。名号匾主要承担标识名称（即命名）之功能。其中，以功名、奖赠、世誉等命名之名号匾还承担着表彰先人功业、标榜门第之功能。祠堂外匾之功名匾承担表彰先人功业、标榜门第之功能，用以提升本宗族在当地之地位与影响力，并可激励后人开拓创新。

1. 名号匾

名号匾是祠堂名称之标识。汝城现今祠堂之名号，多以郡望、姓氏、祖居地、功名、典故、祖先名号、名望表彰等命名。此类门匾一般为阳刻，横形，多以正大、庄重、肃穆之榜书题写。据民间说法，阳刻外凸开阔，以求显露、外铄与张扬，这是为了趋吉避凶，祈求开拓进取。

（1）以姓氏命名类。

此类门匾标明祠堂所属何姓氏。如朱氏祠堂（城郊乡津江村）、范氏家庙（城郊乡益道村）、何氏家庙（城郊乡云善村）。朱氏祠堂（城郊乡津江村）现门匾“朱氏祠堂”，四个鎏金大字，苍劲饱满，正大开阔，章法森严，颇有庙堂之气。阳刻。书写者失考。范氏家庙（城郊乡益道村）现门匾“范氏家庙”四字，绿底金字，苍劲含蓄，流美华滋。阳刻。书写者失考。何氏家庙（城郊乡云善村）现门匾“何氏家庙”，苍劲有力，骨丰肉满，严谨端庄，雍容华贵。阳刻。书写者为清代进士、翰林院实录馆协修何庆元。

（2）以功名命名类。

此类门匾不仅承担标识名称之功能，还承担着表彰祖先功名之功能。如太保第（外沙乡外沙村）、中丞公祠（城郊乡益道村）、豸史第（城郊乡津江）等。太保第（外沙乡外沙村）现门匾“太保第”，浑厚流美，正大端庄。阳刻，书写者失考。中丞公祠（城郊乡益道村）现门匾“中丞公祠”，刚劲端庄，挺拔流畅，有飞白。灰底金字。阳刻。书写者失考。

（3）名望表奖命名类。

此类门匾意在表彰宗族之声望、世德、荣耀等。如南楚名家（土桥镇金山村）、诏旌第（永丰乡先锋村）等。南楚名家（土桥镇金山村）现门匾“南楚名家”，浑厚刚劲，端庄华美。阳刻。书写者失考。诏旌第（永丰乡先锋村）现门匾“诏旌第”，绿底金字，端庄华贵，颇有庙堂之气。阳刻。书写者失考。

（4）以郡望命名类。

祠堂以郡望命名，是为表明此宗族源远流长，历史文化沉淀厚重，血统正宗，门第高贵，令名由来已久。如汝南祠（土桥镇周家村），系周氏家庙。汝南，周姓著名郡望。汝南祠（土桥镇周家村）现门匾“汝南祠”，雍容华贵，圆润丰美。阳刻。书写者失考。

（5）以典故命名类。

祠堂以典故命名，或为勉励族人积极进取，或为表彰先祖之世德与声望。如何氏登贤坊（土桥镇土桥村后户组）、朱氏奎联第（附城乡上水东村）。

（6）以祖先名号命名类。

祠堂以祖先名号命名，是为表明该宗族所属何分房祖先与支派，并纪念其功德。如克纪公祠（城郊乡津江），是为明代南京监察御史朱海所建之专祠。克纪公祠（城郊乡津江）现门匾“克纪公祠”，浑厚端庄，流美畅润。阳刻。书写者失考。

（7）以祖居地命名类。

祠堂以祖居地为名，是为表明其历史渊源与声望及世德。如西街衍庆（附城乡曾家村），系曾氏祠堂。西街曾氏，于宋淳祐六年（1246）由江西太和卜居汝城县西街。至明代，裔孙曾鉴官至工部尚书，其有三房子孙，长房得昴公为“尚书右族”，也称“尚书第”。次房得升公为“尚书继世”。三房太来圩得欣公为“西街衍庆”。“西街衍庆”，表明此支曾氏系从汝城县西街迁徙而来，系曾鉴后裔。

2. 功名匾

祠堂外面之功名匾，多在悬挂于大门横额上方，居中。多为竖形。亦有横形，然少见。多为阳刻。此类匾额，多为宋体，也有手书楷体者。官本位之社会，个人人生价值大小在于官爵之高低。官爵高，则人生价值大，视为“成功”，备受后人推崇。反之，则人生价值小，可能受到后人冷落，难享俎豆馨香。此类匾额在于表彰人生价值，激励族人奋发读书登第以光宗耀祖，并标榜门第，提升宗族地位与声望。

（1）竖形。如叶氏家庙（土桥镇金山村），现有“大夫第”、“翰林院”、“孝廉方正”、“皇恩诰封文林郎、徵仕郎”、“覃恩诰赠奉政大夫、武德骑尉”五匾。如何氏家庙（城郊乡云善村），现有“钦点翰林院”匾。如太保第（外沙乡外沙村），现有“户部检校”、“两广总督”、“内京都察院”、“诰授刑部郎中”、“钦点刑部主事”、“奉政大夫”、“诰封奉直大夫”七匾。

（2）横形。如祝氏宗祠（太平镇中祝村），现有“黄门”匾，上款：“赐进士第授两京都察院右副都御史毛伯温赠为。”下款为：“嘉靖己丑科进士、任四川按察使、陕西布政升户部转兵部入谏垣祝咏立，道光十五年孟秋月吉旦重修。”现“黄门”两字，浑厚凝重，苍劲挺拔，正大威严，有飞白。阴刻。祝咏，桂阳县（今汝城）人，嘉靖八年（1529）进士。毛伯温（1482—1545），正德三年（1508）进士，曾任都察院右都御史、巡按湖广监察御史、兵部尚书等职。

（二）内匾类

内匾有堂号匾、功名匾、敬宗睦族匾、表赠匾、贺寿匾、义理匾等。

1. 堂号匾

汝城现今祠堂之堂号，多以郡望、表奖题赠、祖先谥号、祖先名号、典故、先贤名言、儒家伦理教化、家声和先祖功德等命名。多为阳刻，横形。

（1）以郡望命名类。

以郡望为堂号，在于表彰此姓氏之历史文化渊源、血统、门第与世望等。如陇西堂（土桥镇金山李氏家庙）、江夏堂（田庄乡洪流黄氏宗祠）、彭城堂

（田庄乡塘头村刘氏家庙）等。

（2）以表奖题赠命名类。

表奖题赠，多出自帝王或政要及名贤之手，以体现此宗族之世德、声望及社会地位。如紫微堂（城郊乡益道村中丞公祠），为范辂之同科状元杨慎所题写。又传明世宗曾钦赐“紫微堂”匾。中丞公祠（城郊乡益道村）现堂号匾“紫微堂”，浑厚庄重，雍容华贵。蓝底金字，阳刻。书写者失考。

（3）以典故命名类。

以典故为名，多为表达希冀、殷勉、训诫之意。如五礼堂（城郊乡予乐村唐氏宗祠）、化雨堂（霞留村袁氏宗祠）、燕翼堂（土桥镇西林村何氏家庙）、光裕堂（延寿瑶族乡松溪村彭氏宗祠）、五桂堂（附城乡上水东奎联第）、荣寿堂（永丰乡涧布村曹氏宗祠）等。

（4）以儒家伦理教化命名类。

以儒家伦理教化命名，可达敬宗收族、报本反始、教化后昆之目的。如敦本堂（土桥镇金山叶氏家庙）、叙伦堂（土桥镇金山卢氏家庙）、亲睦堂（土桥镇土桥村登贤坊）、笃亲堂（附城乡斗山村尚书右族）等。

（5）以先贤名言命名类。

以先贤名言命名堂号，多因此宗族源自先贤，名列经典，不仅可标榜本宗族之历史渊源，增加自豪感，而且可激发后人恪守礼教与读书登第。如三省堂（附城乡曾家村西街衍庆）、克复堂（附城乡东溪村颜氏宗祠）等。

（6）以先祖谥号命名类。

以先祖之谥号命名，不仅表彰先祖之功德，而且标榜此宗族之世德、声望与社会地位。如忠简堂（马桥乡石泉胡氏宗祠），源自祖先胡铨之谥号“忠简”。胡铨（1102—1180），南宋吉州庐陵（今江西吉安）人。胡氏宗祠（马桥乡石泉）现堂号匾“忠简堂”，挺拔严整，骨力十足。阳刻。书写者失考。

（7）以先祖之名命名类。

以先祖之名命名，当是此先祖或有盛大之功业，或为始迁祖，或为分房之始祖等。如伯一堂（城郊乡云善村何氏家庙）、麟公堂（三星镇殿华村宋氏家庙）等。何氏家庙（城郊乡云善村）现堂号匾“伯一堂”，浑厚刚劲，丰润华滋。阳刻。书写者失考。“伯一堂”即源自何氏十六世伯一郎之名。

（8）以家声和先祖功德命名类。

以家声、先祖功德命名，系表彰宗族之世德与令名及祖先之功德。如世德堂（土桥镇青龙寨村何氏家庙）、世美堂（土桥镇土桥村广安所李氏宗祠）、积善堂（土桥镇土桥村何氏虞公祠堂）、诗礼堂（土桥镇土桥村何氏辅公祠堂）等。

2. 功名匾

功名匾是祠堂匾额之主类。此类匾额多以科第出身、仕宦官阶、朝廷恩赐等为内容。所见多为阳刻，亦有阴刻。于古代，此类匾额是人生价值之体现，是“成功者”之荣耀，用以表彰宗族之繁荣兴盛、社会地位与名望，并激发族人奋发读书登第，光前裕后，壮大门第。如中丞公祠（城郊乡益道村），现有“黄堂太守”、“拔贡”、“羊城州宰”、“鄢郜节推”四匾，均系阳刻。书写者失考。据《汝城范氏族谱》（民国六年），其尚有“西雍漕宪”、“苍梧太守”、“御史”、“皋宪”、“进士”（四块）匾。如叶氏家庙（土桥镇金山村），现有“文魁”、“太守”、“府参军”、“进士”（两块）等，均系古匾，有破损。书写者均失考。或阴刻，或阳刻。均浑厚苍劲，圆润丰美。如李氏宗祠（土桥镇土桥村），现有竖碑一通，石制。正面为“圣旨”匾，背面为“恩荣”匾。

3. 表赠匾

表奖题赠类匾额，多出自帝王或政要及贤达名士之手。其事由或为个人，或为宗族。其内容或为褒奖，或为称颂，或为酬答，或为敬慕，等。此类匾额多为体现先人之功德、宗族之世望与社会地位。如朱氏祠堂（城郊乡津江），现有四匾。若现“敬教劝学”匾，系湖南省省长赵恒惕于民国十年（1921）亲笔题赠。篆书。古朴刚劲，庄重肃穆。阳刻。若现“世界一家”匾，朱德元帅于民国十六年（1927）书赠，瘦劲古朴，端庄秀丽，法度森严。阳刻。如中丞公祠（城郊乡益道村），现有“屏翰西蜀”、“文章节气，师表缙绅，忠义勤劳，功施民社”、“带德恩纶”三匾。均为阳刻。均雍容华贵，浑厚苍劲。其中“文章节气，师表缙绅，忠义勤劳，功施民社”系明嘉靖皇帝御赐时任福建左布政使范辂之匾。据《汝城范氏族谱》（民国六年丁巳）记载，其别有“世笃忠正”、“世臣宗庙”、“明禋锡类”、“节钺名家”、“乔岳世家”等匾。如克纪公祠（城郊乡津江）有民国三十七年（1948）由蒋介石所题赠之“热心教育”匾。如太保第（外沙乡外沙村），现有三匾。若现“柱石名家”匾，系明代著名哲学家、广东古冈人陈献章题赠。行书，有飞白。阳刻。若现“世臣故家”匾，系清吏部尚书张廷玉题赠。刚劲含蓄，浑厚洞达。绿底金字。阳刻。若现“理学名臣”匾，无上下款。题赠者失考。蓝底金字，苍劲有力，浑厚，有飞白。阳刻。

4. 贺寿匾

此类匾额为孝道与尊老之表达。贺寿匾，题赠对象有男性，亦有女性。现今贺寿匾多为阳刻，亦有阴刻。于古代，践行孝道与尊老，不仅为社会舆论所称道，也为官方所表彰。如叶氏家庙（土桥镇金山村），现有“名节古稀”“寿纪期颐”、“萱堂戏彩”、“萱堂上瑞”，均为贺寿匾。四匾均系老匾修复，上下款失考，书写者失考。其中，现“萱堂戏彩”、“萱堂上瑞”两匾是为女性祝寿所题。“名节古稀”匾，红底金字，行楷，苍劲有力，古朴端庄。现“寿纪期颐”、“萱堂戏彩”、“萱堂上瑞”三匾，行楷，舒缓有力，浑厚华滋，雍容华贵。

5. 敬宗睦族类匾

此类匾额多为近年祠堂修复落成庆典所赠，亦有古匾。多为祝颂之词，内容多为对祖先功德之敬慕与缅怀，以及对历史使命之担当与后人之希冀、训诫，可激发族人之宗族文化自觉，以达敬宗收族、报本反始、教化后昆之目的。如克纪公祠（城郊乡津江），现有“祖德流芳”、“明德惟馨”、“开拓创业”、“业精敬祖”、“世代荣昌”、“奕世荣昌”、“（海峡子孙）敬祖思乡”等匾，均系今人题匾。均阳刻，浑厚端庄，书写者失考。

6. 义理类匾

现今义理类匾额，多出自经典名言，多为古匾。阴刻、阳刻皆有。此类匾可教育族人恪守儒家礼教，整饬宗族伦理秩序，并激发族人读书登第，光宗耀祖。如克纪公祠（城郊乡津江），现有“忠孝廉节”匾。叶氏家庙（土桥镇金山村），现有“鱼起鸢飞”匾。李氏家庙（土桥镇金山村），现有“孝弟忠信”、“礼义廉耻”两匾。庞氏宗祠（延寿乡官亭村郭家组），现有“礼义廉耻”匾。

二、牌坊群落匾额

牌坊原系操控出入之坊门，至明清时期，逐步演变具有旌表功能之纪念性建筑物，成为表彰人生价值之精神象征物。牌坊有官立、民立，多为树立道德楷模，均须经官方批准，是旌表制度之产物。牌坊彰显出合乎其时代所需之气节、孝悌、贞节、仁义、善行等德操，是为道德风向标。牌坊匾额或为皇帝御笔恩赐，或地方官题写。牌坊相当于为表彰者之德行盖棺定论，为各界公认与推崇，不仅是一种规格极高的表彰形式，更是一个宗族至上之荣耀。一个宗族在享受牌坊之精神激励之同时，还有物质方面之优待。故而牌坊记录一个宗族之荣辱与兴衰。

（一）功名类

现存此类功名类牌坊匾额，系残存之古迹。多为楷书，双钩阴刻。如绣衣坊（为范辂而建）、司马坊（为何继拾而建）、“司宪坊”（为郭秉昭而建）等。另有“父子绣衣坊”（为朱海、朱守恕父子而建），“都宪坊”（为朱英而建），绣衣坊（为范永銮而建），豸绣坊（为周玑而建）等均已毁。如城郊乡益道村绣衣坊（为范辂而建），正德十四年（1520）十二月建，中门门楣上方横额内自右至左阴刻“绣衣坊”三个正楷大字，双钩阴刻，工整秀劲，沉稳端庄。又如三星镇星村村司马坊（为何继拾而建），始建于明万历七年（1579）。正间大额坊中书有“司马”二字，楷书，阴刻，工整雄秀。

（二）声望类

现存声望类牌楼匾额，系修复类建筑，未知原貌。阳刻。书写者失考。如文武世家坊（土桥镇土桥村），又名八角楼，位于土桥镇土桥村李家李氏宗祠左侧，系为嘉奖李兴、李安之功德而建。现“文武世家”匾，绿底金字，豪迈流美。阳刻。书写者失考。上款为“李安立”，下款为“弘治二年”。

（三）表彰贞妇类匾

现存表彰贞妇类牌坊匾额，系残存之古迹。为阳刻。如岭头“节孝坊”（为朱光壁之妻胡氏而建）、上流“节孝坊”（为袁为宪之妻朱氏而建）。马桥乡上流村“节孝坊”始建于清乾隆十九年（1755），系旌表袁为宪之妻朱氏丧夫育子行孝之美德而立。上阳刻“旌表”、“圣旨”，“节孝坊”匾亦为阳刻。

三、汝城祠堂匾额的功用分析

匾额发轫于先秦，定型于两汉，发展于唐宋，成熟于明清。自汉以来，匾额从标识、命名功能走向精神意义之寄寓等，成为哲学观念、审美趣味、价值取向、宗教信仰、思维方式之反映，并升华为一种深层次之心理表象与精神象征物。

在汉代，匾额除了题名建筑等外，又被作为旌表之物，用来表彰劝奖士民，即对士民某一德行之认同与表彰，由此成为一种精神象征物。《后汉书·百官志》载：“凡有孝子顺孙，贞女义妇，让财救患，及学士为民法式者，皆扁表其门，以兴善行。”至唐代，匾额大兴，有“无颜不匾”、“十匾九颜”之说。明清至民国时期，匾额盛行，已进入社会各个方面，形制完备，礼制规范。尤其是用于旌表之官方匾额，作为一种官方表彰方式，逐渐成为一种礼俗，承担起礼仪规范与道德教化之功能。

匾额是祠堂之灵魂，有画龙点睛之妙用。汝城祠堂中之匾额数以万计，其功用大致可分以下几种。

（一）标识名称，显扬自我

标识名称是匾额之基本功能。在汝城，祠堂之名号匾和堂号匾皆有此功能。名号匾如黄氏家庙（田庄乡洪流村）、别驾第（金山村田心组）、三代明经（土桥镇土桥村）、诗礼名家（土桥镇土桥村）等，堂号匾如笃亲堂（附城乡斗山村尚书右族）、敦本堂（土桥镇金山叶氏家庙）等，皆具有标识名称、显扬自我之功能。

（二）激励精神，标榜荣耀

匾额作为一种象征符号，是一种心理表象，是一种精神激励与暗示之表达方式，其背后有着一种无言的精神凝聚力。汝城祠堂中，如中丞公祠（城郊乡益道村）有明嘉靖皇帝御赐时任福建左布政使范辂的“文章节气，师表缙绅，忠义勤劳，功施民社”匾。

匾额由物质之形式转化为精神之象征符号后，表彰受匾者之功德并使其获得荣耀与名利及一定的社会地位，成为一方表率，用以激烈士民效忠朝廷，遵行官方认可之道德规范，是古代统治者治理天下之手段，于清代极为盛行。匾额之题写、馈赠亦成为仪式，具有整饬人心之作用，德高望重之贤达题写匾额无疑不仅只是对受匾者德行之记录与称颂，更是使得受匾者之身份获得提升。受匾之过程则为受匾者显示荣耀与名利以及对民众进行教育、鼓励之过程。他人则受此影响，会潜移默化地遵从此道德规范与礼仪。因匾额之表彰获得社会舆论公认，故而足以激励更多人以求获得匾额，以自我标榜与提升门第。其中之玄妙为：“……各给匾额……以荣其身。……此例一倡，必有心知其荣，守礼奉法，观感而继起者矣。……夫愚贱有何知识，不信耳而信目，不唯其传言之可听，而惟其前事之可师，当亦情势之必然者也。”[①]可见，朝廷通过授匾之表彰和心理之暗示，不论贤愚，皆可得到教化，认同并敬畏之。

（三）推崇功德，彰显名位

祠堂匾额之多寡，反映出一个宗族兴旺发达与否。一个宗族出过达宦名臣，有权有势，在当地声望与地位高，祠堂内匾额则多。反之，则寡。在汝城，凡是出过达宦名臣之宗族，其祠堂悬挂之匾额不仅明显多于未获过功名之宗族之祠堂，而且匾额题赠者之身份也更为显赫。如朱氏宗祠（城郊乡津江）有民国时期之湖南省省长赵恒惕赠匾，克纪公祠（城郊乡津江）有蒋介石赠

① 清·胡煦：《请博举孝弟疏》，《皇朝经世文编》卷五七，文海出版社，1980年，第2121页。

匾，中丞公祠有明嘉靖皇帝赠匾，太保第（外沙乡外沙村）有清吏部尚书张廷玉赠匾，祝氏宗祠（太平镇中祝村）有毛伯温赠匾，李氏宗祠（土桥镇土桥村）有御赐“圣旨”、“恩荣”匾，等等。

功名显赫是一个宗族走向繁荣昌盛与在当地拥有较高地位之根本，故而汝城祠堂中，以功名匾为最多。如克纪公祠（城郊乡津江）、太保第（外沙乡外沙村）、叶氏家庙（土桥镇金山村）等之功名匾共计百余块。如范氏家族一门出范渊、范辂、范永銮三进士，有赫赫之荣耀与名位，是故范氏家庙（城郊乡益道村）有“翰林第”、“荣禄大夫”、“谏议大夫”、“通政大夫”、“振威将军”等匾。

（四）公认成就，表彰价值

祠堂、牌坊匾额相当于今日之勋章与奖状，不仅是对个人或宗族之表彰，也是其成就之宣示，实现人生价值而获得公认之“成功”。如太保第（外沙乡高村）之“理学名臣”、叶氏家庙（土桥镇金山村）之“名节古稀”、现存之“绣衣坊”（为范辂而建）、岭头“节孝坊”（为朱光壁之妻胡氏而建）等匾，均是如此。

对于一个宗族而言，不管是官府或帝王之旌表匾额，还是民间私人或集体馈赠之匾额，都不仅是一种荣耀和精神象征，更是一种成就。所以求匾、题匾、制匾、迎送匾、赠匾、升匾（挂匾）和答谢筵席等，礼仪规范齐备，场面隆重热闹，壮观威严。受匾额者，如获至宝，认为是极高之礼遇，人生价值之表彰，功就之公认，感到无比荣耀。

（五）整顿人心，激发自觉

祠堂、牌坊之匾额内容美好吉祥，又用正大之榜书题写，可反衬出宗族之权威与等级秩序之合理合法性，使人生敬畏之心，激发家族文化自觉。匾额高悬祠堂，肃穆庄严，威仪十足，更可激励后人勇猛精进，传承美德，开拓创新，光大门第。

祠堂是宗教场所，必须体现出静穆威严之气象，也是整饬与提慑人心之处。所以作为标识祠堂名称之匾额，要表现出正大开阔、静穆严肃、气势沉雄之意境，使人感到敬畏，以更好地衬托出祠堂之威仪与价值，折射出祠堂之象征意义。譬如朱氏祠堂（城郊乡津江村）之名号匾“朱氏祠堂”、“五经世第”，浑厚苍劲，端庄静穆，颇具庙堂之气，而且还有神气与古意，给人一种欣欣向荣、积极向上之审美意境，一种因历史之悠长而形成的莽莽苍苍之视觉效果，彰显出祠堂之古老与威严，与追述久远历史之门联相得益彰。

四、祠堂匾额表达敬畏

（一）祠堂之功能

在族人心目中，祠堂是高高在上之神圣殿堂——精神家园。祠堂虽然在功能上十分齐备，可以议事、聚会、教育、行使族权，并可在其中举办红白喜事，但主要是作为“崇宗祀祖”之宗教场所而存在。也就是说，庙堂是祠堂之本色。

林耀华通过对义序宗族祠堂之研究，认为：“宗族一个最大的特征，就是全族人所供奉的祠堂。祠堂的建立，原是为祭祀，崇拜宗祖，感恩报本，然时过境迁，祠堂的功能，不复仅限于宗教方面，其他功能也渐渐附着产生。祠堂化作族人交际的场合，变为族老政治的舞台；公众意见由此产生，乡规族训由此养成，族人无不以祠内的教义信条奉为圭臬。简言之，祠堂是宗族中宗教的、社会的、政治的和经济的中心，也就是整族整乡的集合表（collectiverep-resentation）。”①

祠堂之基本功能是祭祀祖先与先贤，通过对先祖之祭祀，以达到“保本反始之心，尊祖敬宗之意”，形成宗族内部之凝聚力和亲和力，以实现本宗族开业传世之目的。据钱杭先生之研究，祠堂之功能大致可归纳为以下五个方面：①按一定规则供设祖先神主（牌位）的场所；②举行各类祖先祭祀活动的场所；③宗族尊长向族众宣讲礼法戒律和道德规范的场所；④宗族成员讨论族中事务的场所；⑤处理宗族内部纠纷的场所。②

但是，在汝城，祠堂之功能不仅仅局限在这五个方面，还有标榜门第、激励进取之功能；还有社交之功能，即承办冠寿婚丧、节日喜庆等红白喜事；还有教育之功能，即通过创办宗族学堂教育宗族子弟；还有表彰人生价值之功能。

祠堂作为表彰人生价值与实现生命永恒（不朽）之场所，由来已久。追求生命永恒（不朽），是一种崇高理想。于古人而言，历经千万世，能永为后人崇祀，是为不朽。古人之婚姻，要在传宗接代，若能不绝于后，则可不朽于世。北宋时期，王安石后人于金陵钟山寺立祠，至元代理学家吴澄游历时，仍不绝于祀，故吴澄《吴文正集》卷四十六《临川饶氏先祠记》云：“予昔在金

① 林耀华：《义序的宗族研究》，生活·读书·新知三联书店，2000年，第28页。

② 钱杭：《中国宗族史研究入门》，复旦大学出版社，2009年，第167页。

陵，同一达官游钟山寺，见荆国公王丞相父子三世画像，香灯之供甚奢。达官怃然兴叹焉，盖以二百年之久，荆国公子孙衰微散处，而僧寺之祠独不泯灭。此孝子慈孙爱亲之意所以不能不然者与?”香火万世不绝，崇祀百代不替，即成为不祧之祖，是古人追求生命不朽之理想，也是古人人生价值之表彰。按照古人入宗庙或祠堂成为不祧之祖而血食之条件，当创立不朽之事业，有大功劳于世。如此，则有激励后人光前裕后，勇于进取，开拓创新，超越前人。

（二）“敬畏”是祠堂之象征意义

“家”是祠堂之本质，“敬畏”是祠堂之主旨。故而在本文作者看来，祠堂不仅只是血脉之圣殿，而且是敬畏生命与自我标榜之庙堂，更是安身立命之所。儒家有“君子三畏”，意思要敬天法祖，敬畏社会秩序（权威），敬畏“真理”，体认自我主体，承担责任。《论语·季氏》云：“孔子曰：‘君子有三畏：畏天命，畏大人，畏圣人之言。小人不知天命而不畏也，狎大人，侮圣人之言。’”畏，敬也，敬畏也，心服也，即心里敬服也。《广雅·释训》：“畏，敬也。”《礼记·曲礼上》：“贤者狎而敬之，畏而爱之。”郑玄注：“心服曰畏。”

敬畏则自我主体确证，而“报本反始之心，尊祖敬宗之意”得以落实，归属感、历史感、责任感、道德感由此得以增强与充分体现，族人由此获得文化自觉，认同与赓续宗族文化，捍卫与博取宗族之利益，并实现自身之人生价值。

于宗法时代而言，个人之生命属于宗族或祠堂，儒家伦理与宗法制度是金科玉律，个人不可违背。否则，将被逐出宗族或祠堂，成为孤魂野鬼。宗族作为一利益团体，当然一切以宗族为中心。而宗族文化是团结宗族这一利益团体之工具与手段。宗族是个人生活依赖之根本，宗族之强弱事关个人名誉、社会地位之大小。而个人名誉、社会地位之升降又反作用于宗族。是故作为个人，有义不容辞之责任读书登第，以求光宗耀祖，壮大宗族门第。而登第出仕后，又有义不容辞之责任荫庇宗族，捍卫与博取宗族之利益。否则，是为宗族之败类，会被逐出宗族或祠堂，不能享受后人之俎豆馨香。

汝城自明清以来，朱姓、何姓、范姓、李姓占优势多数，此四姓以及曾姓能于县城创建祠堂，并且各自称雄一方，无不得益于五大姓有族人通过科举出仕，增强其宗族之势力。从某种意义来说，个人之文运，决定宗族之兴衰。所以在清代，汝城县城内大姓文运式微，于道光二十年（1850）毁文塔以祈求好运，“因科举不利，毁而夷之”（《桂阳县志》）。

（三）祠堂匾额是“敬畏”之表达

敬畏则自我主体确证，由此唤醒宗族文化自觉，建构宗族文化自信心与价值源泉。宗族文化自觉，是指生活在某一宗族文化内之人对其宗族文化有自知之明，并对其发展历程和未来有充分之体认。也即宗族文化之自我觉醒，自我反省，自我创建。其通过匾额点题。是故祖先之成就与荣耀，宗族悠久之历史，血脉之高贵，姓氏之起源与郡望（或祖居地），宗族之古老与众望，宗族之管理与教育，为人之修养与处世，世道之称誉与希冀，多载诸祠堂匾额与楹联。譬如前文已厘析之各类祠堂匾额，是族人生命价值之源泉，召唤自我主体之确认与宗族文化自觉，增强族人之荣耀感与认同感，激发族人之自信心与使命感，继往开来，光大门第。

祠堂之匾额多颂扬先祖辉煌功绩，炫耀族人之举业和仕途，如太保第“柱石名家”、“世臣故家”、“理学名臣”、“两广总督”等匾，宋氏宗祠（外沙乡高村）“祖孙宰相”、“翰林院”、“武德将军”等匾，李氏宗祠（土桥镇土桥村）的“圣旨”、“恩荣”匾，曾氏家庙（土桥镇黎明村）“太师太傅”、“宗圣郕国公”、“太子太保”等匾。特别是匾额之榜书表现出肃穆沉重之意境，人若置身其境，无不肃然起敬。此类十分夸张与极为狂妄之匾额、楹联，可谓祠堂精气神之所在，其象征意义所在。它以本宗族为中心，述说本宗族之血统、声望、科甲名人、历史等，左阀右阅，给族人造成一种唯有本宗族在当地是最强盛、最发达之认知，大有“天下第一”之我族中心主义感觉。匾额之文字精练、吉祥、正大，是祠堂画龙点睛之处，而楹联则是补充说明。它们使得族人以本宗族为荣耀，心服于宗族与祠堂，以为一种依赖，并作为安身立命之所。既然宗族过去与现在无比辉煌，那么族人会觉得活着有脸面，内心充满骄傲与自信，由敬畏而体认自我主体，由此生敬天法祖之心，自觉承担起继续壮大本宗族之历史使命与责任，发奋读书登第，光宗耀祖。

是故，祠堂之匾额与楹联，不仅是宗族文化之精神寄托，而且是祠堂象征意义之语言表达，在于召唤族人确证自我主体与宗族文化自觉。

作者简介：黄守愚，《湖湘文化研究与交流》杂志执行副主编。

匾额、榜书与祠堂榜书的审美诉求

——以汝城祠堂群匾额为例

徐双喜

地处湘粤赣交界的汝城县历史文化厚重，是濂溪理学的发祥地之一，同时也是著名的“古祠堂之乡”。该县历史文化资源丰富，不仅有千年理学圣地濂溪书院，而且有700余座始于宋元、盛于明清的古祠堂与古牌坊，数以千计的匾额。这些至今保存完好的古祠堂是研究匾额文化与榜书艺术的博物馆。

一座祠堂或牌坊，没有匾额，显然不可以称作祠堂或牌坊。匾额是祠堂、牌坊群落的灵魂，画龙点睛之处。匾额与榜书还是道德教化的工具。所以，匾额榜书在历代都受到重视，并且视为书法中的王冠。本文作者钩沉文献，以及结合本人的榜书实践，以汝城祠堂匾额为例，讨论其匾额与榜书的渊源以及祠堂榜书的审美诉求。

一、匾额与榜书

匾额起源于何时，今已难以考证。据文献记载，匾额可能源自题写名称，即命名（标识名称），亦当不限于门户之名。大致可以说发轫于先秦，形成于两汉，发展于唐宋，成熟于明清。从汉代开始，匾额从标识、命名功能走向精神意义的寄寓等，成为哲学观念、审美趣味、价值取向、宗教信仰、思维方式的反映，并升华为一种深层次的心理表象与精神象征物。

匾额，又称作扁牓、牓、榜。《说文》：“扁，署也，从户、册。户册者，署门户之文也。”段玉裁注：“署门户者，秦书八体，六曰署书。”王筠《句读》：“题署也。”署，题写。《广韵·御韵》：“署，书也。”《汉书·苏建传》：“署其官爵姓名。”颜师古注：“署，表也，题也。”《广韵·铣韵》：“扁，扁署门户。”《六书故》卷二一云：“牓，北朗切。扁也。册为扁，片为牓。扁、牓之声义相通。”“额”字，《说文》作“頟”、“题”、“頟”。《说文》“頟”，徐铉注：“今俗作额。”常指代匾额。先用榜书书在扁、牓上，悬挂在门户上，才称作牓、匾。古文献中，常用扁榜、榜、牓指代匾额。宋·潜说友《咸淳临安志》卷十五周必大《宗祀庆成》："斋心十日专，揭名新扁榜。"注："御书明堂及明堂之门。"此"扁榜"当是指门匾。宋·陈思《书苑菁华》卷八："（韦）诞，字仲将。京兆人。善楷书。魏宫馆、宝器皆是诞手写。魏明帝起凌云台，误先钉榜而未题，以笼盛诞，辘轳长絙引之使就榜，书之。榜去地二十五丈，诞甚危惧。比下，乃诫子孙绝此楷法，着之家令。"此"榜"当是指门匾。宋·刘攽《彭城集》卷三二《兖州美章园记》："乃命除道，南出辟大门，揭榜，书之，既又刻石，广其说以示后。"此"榜"当是指门匾。《神异经·中荒经》："门有银牓，以青石碧镂，题曰：'天地长男之宫。'"白居易《两朱阁》："寺门敕牓金字书，尼院佛庭宽有余。"此"牓"皆指匾额。

榜书古称署书、榜署，亦常称擘窠大字、擘窠大书、大字、大书。据文献记载，秦已有署书。《说文·叙》云："自尔秦书有八体，一曰大篆，二曰小篆，三曰刻符，四曰虫书，五曰摹印，六曰署书，七曰殳书，八曰隶书。"段玉裁注："木部曰，检者，书署也。凡一切封缄题字皆曰署，题榜亦曰署。册部曰：扁者，署也。从户册。"《说文》："检，书署也。"段注："书署谓表署书函也……《广韵》云，书检者，印窠封题也。则通谓封印为检矣。"可见，当时的榜书仅为署书之一类，署书并不限于榜书，一切封检题字均可叫署书。明·费瀛《大书长语》曰："秦废古文，书存八体，其曰署书者，以大字题署宫殿匾额也。汉高帝未央宫前殿成，命萧何题额……此署书之始也。"康有为《广艺舟双楫·榜书》："榜书，古曰署书，萧何用以题'苍龙'、'白虎'二阙者也；今又称为擘窠大字。"宋·惠洪《冷斋夜话·东坡属对》："又登望海亭，柱间有擘窠大字。"查诸文献，以善"署书"、"擘窠大字"、"擘窠"、"题署大字"、"题署"者，代不乏人。宋·陈思《书苑菁华》卷一五《署书题阁判》条："得甲代以署书为业，因题而变华发。"明·陶宗仪《书史会要》卷五唐人条："王知敬，太原人。官至秘书少监。工正行草，峻利丰秀，尤善署书。"明·陶宗仪《书史会要》卷六宋人条："吕权，福唐人。元丰间工题署书。"《明史·文苑传四·王稚登》："四岁能属对，六岁善擘窠大字。"清·储大文《存研楼文集》卷一三《湛斯曹子传》："湛斯少沉默，不逐曹辈嬉游，日坐杲亭作行草暨题署大字。"清·倪涛《六艺之一录》卷三七一撰《历朝书谱六十一》明·傅光宅条："光宅善榜书，所过祠庙刹院，多为题额（《吴县宦迹志》）。"

凡数寸至径丈之字皆称作"榜书"。从理论上讲，榜书无有大小之限制，但人力有所拘。

在古代，不仅宫殿匾额、门额，而且告示、张榜，皆用榜书题写。可见榜书用途甚广。

“榜书”一名，于文献中出现比较晚，大概在明末或清初。清人论“榜书”甚多，譬如清·王澍《淳化祕阁法帖考正》卷一二有《牓书》条，论榜书书写之技法等。王士祯《居易录》卷二七：“寺有杨忠烈公涟榜书‘无尘别境’四大字，极遒劲。”康有为《广艺舟双楫》有一章专论“榜书”。

榜书具有公共性文化功能，以易识美观、实用为第一审美标准。字形大小比较均匀整齐，大、正、精，笔画雄壮厚实，以求庄重大方和良好的远视效果。博大恢宏，气势磅礴，静穆雄健，圆浑威严，古拙质朴，伟岸凝重，突兀峥嵘，苍劲凛然，是榜书之主要特征。纵观古今，篆、隶、楷（真）、行、草，五体均可榜书题写。清代亦有满、蒙、藏或其他少数民族文字之榜书匾额。汝城祠堂匾额中，就有满文匾额，如城郊乡予乐村五里界唐氏家庙朝门有“熙朝阀阅”满文匾。包世臣《艺舟双楫·国朝书品》列“行榜书”、“草榜书”。先秦时期，榜书之文献不足证。秦有李斯作榜书。汉萧何善篆籀，题额未央宫。南北朝时期，有泰山经石峪《金刚经》，此摩崖以隶书为骨架，融合了楷书、篆书、行书、魏碑等笔意，被尊为“大字鼻祖，榜书之宗”与“榜书第一”；唐宋至清中期，以颜体一系的榜书书皇室宫阙、城隘寺观匾额者，几近无处不是。清中晚期，碑学大兴，士大夫由帖学转入碑学，榜书融入魏碑元素，并大行其道。

据史料，两汉魏晋时期，门匾多延名家题署。北魏·郦道元《水经注》曰：“汉世，洛阳宫殿门题多是大篆，或云蔡邕书。”唐·张怀瓘《书断》曰：“初（曹魏明帝）青龙中，洛阳、许、邺三都宫观始成，诏令仲将大为题署，以为永制。”《元河南志》曰：“（北魏）宣武永平二年，又诏定诸门阏名。初命中书舍人沈馨以隶书书板题之，景明正始之年，又敕符节令江式以大篆易之。”《太平广记》卷二七〇：“孝武帝改治宫室及庙诸门，并欲使王献之隶草书题榜，献之固辞。”唐宋以来，不仅皇帝亲赐匾额，而且王公大臣、贤德名士也纷纷题署匾额，风气弥漫整个社会。明清时期，祠堂匾额的题署，无不出自皇帝、高官、名士、贤德、族人之手，而声誉不佳者，往往被拒绝题署祠堂匾额。一为提高受匾一方之地位与声望，二为教化民众。

汝城祠堂群的很多匾额出自文化名人或政要之手的，如进士、翰林院实录馆协修何庆元题有“何氏家庙”匾（何氏家庙），赐进士第、授两京都察院右副都御史毛伯温为祝咏题有“黄门”匾（祝氏宗祠），明代著名哲学家、广东古冈人陈献章题赠有“柱石名家”匾（太保第），清吏部尚书张廷玉题赠有“世臣故家”匾（太保第），明嘉靖皇帝御赐范辂有“文章节气，师表缙绅，忠义勤劳，功施民社”匾（中丞公祠），湖南省省长赵恒惕于民国十年（1921）

题有“敬教劝学”匾（朱氏祠堂），朱德元帅于民国十六年（1927）题有“世界一家”匾（朱氏祠堂），蒋介石于民国三十七年（1948）题赠有“热心教育”匾（克纪公祠）。《汝城范氏族谱》（民国六年丁巳）记载，在范氏宗祠里，明代著名哲学家、兵部尚书参赞机务兼都察院左都御使王阳明题赠有“世笃忠正”匾，明代赐进士及第、翰林院学士杨慎题赠有“世臣宗庙”匾，明代太子太师、礼部尚书、掌詹事府顾鼎臣题赠有“乔岳世家”匾。

二、祠堂榜书的审美诉求

汝城祠堂群落始于宋元、盛于明清，其匾额的年代亦然。因多种天灾人祸及自然因素，大部分祠堂被毁或重修，匾额亦然，所以现今所存匾额或为古匾，或为复制，或为新作。

因为匾额对于所在建筑物而言，具有画龙点睛的作用，所以古人非常重视匾额与榜书，并且总结出了创作祠堂匾额榜书的审美诉求。

书法批评术语中“庙堂之气”，即形容庙堂的审美体验，形容词有庄严、肃穆、威严、大气、浑厚、古朴、苍劲、端庄、沉雄、静穆、筋骨神气、含蓄老成、丰润华滋、雍容华贵、正大开阔等。古代匾额榜书，有“十匾九颜”之说，全因颜真卿书法有“庙堂之气”，能正大人心，显神彰魂。当然，不惟颜体，其他书体只要体现出庙堂之气，也可题写庙堂匾额。

祠堂不同于作为闲适与颐养性情之处的园林，祠堂是宗教场所，必须体现出静穆威严的气象，也是整饬、震慑人心之处。所以作为标识祠堂名称的匾额，当然要表现出正大开阔、静穆严肃、气势沉雄的意境，使人感到敬畏，以更好地衬托出祠堂的威仪与价值，折射出祠堂的象征意义。汝城祠堂群的外门匾中的名号匾，多有庙堂之气。如“朱氏祠堂”（城郊乡津江村），浑厚苍劲，端庄静穆，颇具庙堂之气。这类匾额的书法，切忌小气拘谨，否则如同俗话说的“压脚不住”、“镇气不住”。如克纪公祠（城郊乡津江村）内匾中的功名匾也是如此。

祠堂建筑壮观宏大，强调对称、严肃、方正，层次分明，有机相谐。作为标识祠堂名称的匾额，也是祠堂门楣视觉中心，应该与祠堂整体风格协调一致。其一须笔画粗壮，结体庞大，饱满缜密，视觉冲击力巨大，十分醒目且有利于远观，立体感强，于雄伟壮丽的祠堂之映衬下更显宏大。其二须严整方正肃穆，法度森严，体现出规整的秩序性和一丝不苟的庄严性。自唐以降，宫殿、城堡、庙宇寺观、家庙、祠堂以及府第民居等建筑物的门匾，无不体现着威严、端厚、雍容华贵之富贵之气，具有正大堂皇的庙堂气象。此一风格在视觉和心理上符合中国文化的传统审美趣味，已深入人心，可谓匾榜之正统、正宗。这一点，“范氏家庙”匾（城郊乡益道村）、“宋氏宗祠”匾（外沙乡高村），颇为合乎此传统范式。

榜书之书写者之主体精神和个性的张扬须与外部环境相谐为前提，以烘托出使用者所要表达的庄重典雅、正大堂皇的气氛。祠堂门匾榜书创作之章法，并非以匾额之大小布局，而是以整个建筑物及周遭的外部环境布局。整个建筑物与周遭的外部环境作为书写之空间，决定了榜书字体、书风、创作方法以及章法。其对审美观念之影响甚巨，若同整个建筑物与外部环境有机和谐，门匾榜书便获得了无穷之魅力和永恒之生命力。如祝氏宗祠（太平镇中祝村）的“黄门”匾，浑厚凝重，苍劲挺拔，正大威严，与其外门颇为相谐。

榜书也是儒家伦理道德的表达。儒家要求温良敦厚，端正严肃，保持敬畏，也体现于艺术审美上，审美须以伦理纲常为准则，彰显道德价值与社会伦理意义。明·费瀛《大书长语》云：“（堂匾）字体须端庄古雅，非比亭榭燕游之所，流丽情景，可恣跌宕也，且气数所关，尤忌偏枯飞白及怒张奇崛臃肿之态。”明·詹恩于《字要序》：“盖大字之用不过殿堂楼观、馆阁祠庙、榜额牌匾所需耳，岂有书此而敢肆飘逸纵横之状哉?”元·虞集《道园学古录》：“书之易篆为隶书为简，然君子作事，必有法焉，精思妙造，遂以名世。方圆平直，无所假借，而从容中度自可观，则譬如冠冕佩玉，执璧奉行，自然成文，则其善也。乃若颇斜反侧，怒张容媚，小人女子之态，学者戒之。”如此，榜书艺术又与儒家伦理思想紧密结合在一起。如叶氏家庙（土桥镇金山村）的贺寿匾“名节古稀”、“引年尚德”、“寿纪期颐”、“萱堂戏彩”、“萱堂上瑞”，此五匾均系老匾修复，上下款失考，书写者失考。其中，“名节古稀”匾，红底金字，古朴端庄。“引年尚德”、“寿纪期颐”、“萱堂戏彩”、“萱堂上瑞”四匾，浑厚华滋，雍容华贵。此五匾之内容为孝道之表彰，而其书法温良敦厚，更是儒家道德伦理的表达。

祠堂匾额榜书须有神气。祠堂匾额榜书之神气不仅能表现祠堂之精气神，而且要求其气势宏大，给人一种欣欣向荣、积极向上的审美，气象与意境相谐。明·费瀛《大书长语》云：“（大字）先求其骨力，骨力既得，形势自生。”明·费瀛《大书长语》云：“大字唯尚神气，形质次之，最忌修饰，才修饰顿减精神。”榜书之神气，是为榜书之灵魂。古人作榜书皆是原大原貌，要按照悬挂之理想状态题写，非常讲究一气贯注之整体效果，若雕琢修饰仅徒具其形，则神格丧失，远离榜书之本意。榜书之筋骨神气由精熟中得来。明·李淳《大字结构八十四法》云：“若夫筋骨神气，须自书法精熟中融通变化，久则自然有得，非但拘拘然守此成法为也。”如“豸史第”匾（城郊乡津江村），挺拔俊朗，流美端庄，神气十足，古意盎然。

祠堂匾额榜书须有古意，是指祠堂匾额榜书生发出来的苍茫之感，还可能是因历史之悠长而形成的莽莽苍苍的视觉效果。祠堂匾额榜书贵老成持重，力避软嫩轻浮，所以要追求苍劲老到之趣。古与今相对，着眼于时间之美，其本质即是生命的悠久、历史的邈远。表现在点画上则是藏锋敛锷、泯灭棱痕，较之锋芒毕露者含蓄醇厚，富有古意。由此，祠堂匾额榜书则能彰显出祠堂之古老与威严。如“朱氏祠堂”匾（城郊乡津江村）、“何氏家庙”（城郊乡云善村）匾，都古意盎然。

书法是人格与道德的达成。祠堂匾额榜书作为祠堂的一个重要组成部分，也不是单纯地服务于祠堂，还反过来以丰富的形式和深邃的内涵传达着深刻的信息，有意无意地表述着书写者和使用者的思想观念，尤其是价值取向，以满足更高层次的需求。自唐宋以来，以人论书之观念常被应用于书法批评中，或因人书高，如颜真卿、柳公权，或因人书贱，若蔡京、赵孟頫。因审美移情和联想，故世人可从颜真卿、柳公权之书作中体认出忠义节烈、刚正不阿。颜、柳风格之榜书题于祠堂匾额，威严端厚，能使人见其书而慕其人，其教化作用不言而喻，更何况在文词内容的暗示下还会使人受到更深层次的教化。当然这种教益又往往是朦胧的，潜移默化的。故而古代禁止声誉不佳者题写祠堂匾额榜书。汝城祠堂群中，题匾者多为名流达宦，有较高的社会声望，对社会的教化意义不言而喻。如毛伯温、顾鼎臣、陈献章都曾为汝城祠堂题写匾额，此三人都为人仪则，有道德文章流传千古，而其人格与道德文章又体现于其书法之中，故而其道德教化意义非常明显。像汝城本地进士、翰林院实录馆编修何庆元书写的“何氏家庙”，有北碑的刚劲沉雄，严谨浑厚，这与他作为乡绅、学者的身份及其人格追求是分不开的。因为书法是他心象的表达，故而，其道德教化意义也就不言而喻。

作者简介：徐双喜，北京大学书法艺术研究所客座研究员、中国传统文化艺术研究院院长、中国书画艺术研究院常务副院长。

湖南民国楼宇民居的建筑技术

——以汝城县马桥乡胡凤璋故居为例

傅宏星

一、汝城地形与气候概况

湖南省因大部分地区在洞庭湖之南，故称湖南，又因境内湘江贯通南北，而简称“湘”。湖南的地形为东、西、南三面环山，中北部低落，形势呈北向敞开的马蹄形盆地。总体而言，湖南有5个地形区：洞庭湖平原、湘中丘陵、湘西山地、湘南山地和湘东北山地。

汝城县是典型的湘南山地地形，多丘陵和山地，境内山地、丘陵及高山约占总面积的八成，水面不到一成，适合水稻生长的田地约占一成，俗称“八山半水一分田，半分道路通庄园”。它位于湖南省郴州市东南部，湘、粤、赣三省交界处的南岭山脉中段与罗霄山脉南端交接部，素有“鸡鸣三省，水注三江（湘江、珠江、赣江）”之美称。汝城属中亚热带季风性湿润气候，四季分明，阳光充足，雨量充沛，春暖多变，夏无酷热，冬少严寒，无霜期长。由于境内山岭陡峻，高差悬殊，气候的垂直变化和地域差异比较明显，具有立体气候的特色。此外，汝城资源丰富，以森林、水能、地热、矿藏得天独厚，是湖南省重点林业县。全县森林覆盖率为79.77%，空气清新，郁郁葱葱。[①]

特殊的地理环境、气候条件，对汝城地区形成自己独有的建筑类型产生了深刻的影响。其传统民居建筑或因山就势，或傍水而居，讲求南向、穿堂风和遮阳等降温措施，风格接近徽派建筑，也大量使用小青瓦和马头墙，但明显的区别有三点：一、房屋结构单一，不如徽派建筑繁复，空间感稍逊；二、不滥用马头墙，形制略低，墙脊线条呈弧形，两头微翘，不如典型徽派建筑线条平直和高大；三、同样都重视门楼的装饰，徽派建筑大量使用石雕和砖雕，而汝

① 参见汝城县委县政府编：《生态汝城，绿色家园》前言，2011年。

城建筑则擅长木雕工艺，雕栏画栋，自有一番迷人的风韵。至于汝城的民国建筑与传统建筑相比，不如我国沿海沿江大都市那些新派建筑的特点鲜明，洋味十足，还是基本延续了传统建筑的某些特色和建筑技术，但已经开始强调建筑的独立性，淡化了传统建筑所蕴含的宗族和等级观念，以及门楼和大屋顶的审美功能，层数加多，突出建筑本身的舒适性和实用性，并通过走廊、屋檐硬山顶的使用或错落高差来实现其防火功能，从而取消了马头墙；其与传统建筑的明显区别主要表现在门窗的形制、装饰等等，也会偶尔出现钢筋混凝土这类新型建材，但使用地方不多。

图 1　汝城县马桥乡胡凤璋故居

汝城县马桥乡胡凤璋故居始建于 1933 年，朝门北向，砖木结构，三层青砖瓦房，由七栋正房、厨房、柴屋、巷道、空坪组成封闭式院落。每栋长 30 米，宽 11 米，栋高 12 米，总占地面积 1800 余平方米。房屋建筑为中西合璧式，装饰考究，水磨青砖净水墙，青瓦覆盖硬山顶，正门前安有门簪，雕有精美纹饰。栋与栋之间既独立又有木制走廊相连，并在每栋楼房的角落都设有枪眼（图 1）。离其数米远，还有一栋建于民国时期的建筑，是胡凤璋侄子胡湘故居。它由东西南北各一栋三层楼组成了一个封闭的独立空间，建筑欧式风格浓厚，极富特色，门罩、雕花窗、转角石雕刻精美。[①]

由于汝城县多丘陵山地，木、石等建筑材料丰富，加之传统的烧砖技术较高，所以民国楼宇民居中也多以砖、木、石为主要的建筑材料，虽也吸收了一些外来建筑风尚的影响，但主要还是结合当地传统的建造技术、构造方式以及当地的气候条件、历史传统、生活习俗和审美观念等，形成较高的建造技术。

① 参见百度“胡凤璋”词条，http：//baike. baidu. com/view/3403982. htm。

现以胡凤璋故居为例，主要论述在以下两个方面。

二、民居立体结构

结构上，湖南地区一般传统民居多用砖木结构。做法之一是（土）砖、石墙体，木楼板，小青瓦屋顶。完全用石的墙体很少，较多的做法是墙脚用当地生产的条石，上部用土砖，一般民居多采用此种结构。做法之二是房屋外墙用（土）砖、石承重，内部用柱承重，土砖或木板分隔空间，木楼板，小青瓦屋顶。胡凤璋故居亦为砖木结构，前后墙体为青砖到顶，外墙面白灰勾双缝，山墙和分割墙的门、窗、墙角等关键部位用青砖，其余墙体用混合土夯制而成，水泥灰浆抹面，木楼板，小青瓦屋顶。

图 2　图 3　硬山顶　　　　**图 4　“七字”式挑檐**

大屋民居多用穿斗式和抬梁式木结构。尤其是民居及祠堂中的厅、堂等大空间多为抬梁式木构架，而其他房间多为砖木结构或穿斗式木构架，也有穿斗式与抬梁式混合的梁枋结构。胡凤璋故居则采用硬山顶，小青瓦覆盖，双面坡（图 2～图 3）。硬山顶多见于北方民居，但在汝城民居中都较为常见，山墙架梁而内包，屋檐出挑极小，利于防风防火，但不利于防雨。因此该栋建筑的设计师出人意料的将屋檐的出挑增大，不得不用“七字”式挑檐来处理（图 4）。而与胡凤璋故居属于同时期的民国楼宇建筑，还有汝城县城郊乡津江村朱舜华故居，亦采用硬山顶，小青瓦覆盖，双面坡。但朱舜华故居属于标准的硬山顶，屋檐极短，两层小楼，建筑技术远不如胡凤璋故居。此外，硬山顶屋面本身的通透性和通风性很差，顶层房间只好通过前后开大尺寸窗户得以弥补。由此可见，胡凤璋故居的式样除了中西合璧之外，还有南北交融的特点。

湖南传统民居屋檐的出挑方式反映了中南地区民居建筑的一个特点，即“七字”式挑檐。当屋檐下不设柱子时，在开间的墙内预埋木料（或木板）作为檐枋，但上下枋伸出长度不等，上枋大约为下枋的两倍，下枋端部立短柱支撑檐外第一根檩条，上枋穿过下枋上的立柱直接承接檐外的第二根檩条，外形上看去像个“七”字，故称“七字”式挑檐。屋架体系的民居可将梁、枋直接伸出，做成“七字”式挑檐。① 湘东北、湘中和湘南地区民居的出檐采用这种做法较多，胡凤璋故居也不例外。

三、构造与材料工艺

湖南民国楼宇民居的构造特点与西洋建筑风格的引进和新型建材的广泛应用密切相关，也与当地的气候、建材、生活习俗和审美观念等文化传统有关。主要体现在以下几个方面：

（一）地面、墙体与木楼板

（1）地面与道路。

湖南传统民居内多为“三合土”地面，基本上就是屋基的面层材料。一般民居房屋内的地面以素土地面为多，只在卧室、堂屋等主要房间用“三合土”。有的大屋民居在主要的厅、堂内铺条石或青方砖。房屋前或内部庭院的道路一般为条石或青方砖甬道连接外部道路。胡凤璋故居底层楼房地面铺青方砖，二、三层为木楼板；院落内道路今以素土地面为多，既有条石的残存，又有混凝土石子路面，由于年代久远，疏于维护，导致边界不清，已经不易判断当年道路的形制了。

（2）屋基。

屋基可以说是古民居建筑底部的板式基础，它高出周围地面成一整体，一般用碎砖石、三合土等夯筑而成，山区屋基多用青石板砌成。民居建筑，由于楼层不高，荷载不大，上部墙体、柱础直接落在屋基上，在屋基内不再有延伸。湖南大屋民居的屋基按建筑主次、等级划分，存在高差，后面厅堂的屋基比前面的槽门屋基要高出 3 级～5 级。内庭院也同时抬高，与前面的槽门屋基

---

① 伍国正、余翰武、隆万容：《传统民居的建造技术——以湖南传统民居建筑为例》，《华中建筑》，2007 年第 11 期。

高差不大。屋基四周设排水明沟。这样既很好地解决了排水问题，突出了主要堂、室的位置，又满足了人的心理需求——人从外入内，“步步高升”。一般民居的屋基高度多在0.5m左右。[①] 胡凤璋故居则淡化了传统建筑所蕴含的宗族和等级观念，丝毫不见“步步高升”的景观，七栋正房全部在一个平面上，统一比内庭院道路高出一个台阶。屋基用青石板砌成，由于层数高，荷载较大，屋基在地面以下应该有相当的延伸。

（3）墙体与墙基。

湖南传统民居建筑的外墙体多使用土坯砖，也有采用夯筑的，甚至全用木质墙，称“木心屋”，富裕的家庭也有用青水砖到栋（“到栋”即砌到屋顶）的。大屋民居中，主体建筑多为青水砖墙到栋。如湘东北张谷英大屋和湘南上甘棠村的青砖尺寸均为9寸×6寸×3寸（30cm×20cm×10cm）。内墙多用土坯砖或木板分割空间。胡凤璋故居前后墙体为青砖到顶，墙面白灰勾双缝，山墙和分割墙的门、窗、墙角等关键部位用青砖砌成，其余墙体则用混合土夯制而成，水泥灰浆抹面。虽表层灰浆偶有剥落，但夯土部位仍坚硬无比，墙体完好（图5）；而同村的不少民国建筑则使用土坯砖，表层灰浆剥落后，如今破败尤甚，坍塌不少。此外，出于自卫防盗的考虑，胡凤璋故居建造了高达7、8米的围墙，大门口设有高高的岗楼哨所，并在每栋楼房、岗楼和围墙的不同位置都设有内八字射击孔，既方便打击敌人，又可以起到保护自己的作用。

图5　夯土墙

由于湖南夏季潮湿天气较长，外墙基各地多采用当地生产的麻石、红石或青砖砌筑，高度在0.5～1.5m左右，也有下面用碎砖石夯筑，上面用青砖墙体的。内墙基高度一般齐门槛，材料为条石或青砖。大屋传统民居中的内墙基也有高达1.5m以上的。土坯墙和青砖墙的阳角常用1.5～2m左右高的条石竖砌作护角。胡凤璋故居亦采用青石竖砌作护角，上面用青砖墙体，外墙基以上0.5m，用高标号水泥砂浆抹面，并画有方格状装饰线条（图6）。

① 伍国正、余翰武、隆万容：《传统民居的建造技术——以湖南传统民居建筑为例》，《华中建筑》，2007年第11期。

图 6　青石护角和方格状装饰线条

(4) 木楼板。

湖南地区大屋民居建筑的设计重点在室内空间的运用上，因此在建筑的前檐和天井四周会有不少立柱，柱子多为木柱，山区也有较多使用麻石柱到顶的。胡凤璋故居则接受了西洋建筑的设计思路，即功能单一的砖木建筑再配以宽大的庭院，又选择了木材用量最少的硬山顶，因此建筑主体没有出现一根木质立柱，故而将木材的使用减少到了极致。整栋建筑，用木最多的是屋顶的梁椽，其次是木楼板和木制走廊，最少之处是楼梯和门窗。木楼板质量较轻，安装简便，冬暖夏凉，缺点是不隔音、不承重，容易漏水，又是可燃之物。

(二) 木制走廊与木楼梯

胡凤璋故居七栋楼房均为三层砖木结构，栋与栋之间既独立又有木制走廊相连，走廊一边封闭，一边敞开，亦为三层，但第三层顶部略低于正房屋顶。一层均开一扇木制小门，位置不固定，或通院外，或为内门；二层的走廊，有主梁悬架于栋与栋之间的，也有用底层青砖立柱支撑的，均加有木质护栏；三层的走廊，有主梁悬架于栋与栋之间的，也有下层木制立柱支撑的，有木质护栏敞开的，也有加隔墙封闭而开窗的；造型各一，形制既统一，又有变化。(图 7～图 9)

中国传统民居中楼梯间的体积常常只占很小的空间，坡度也比较陡。一般把楼梯布置在隐蔽、次要的位置，不能影响堂屋作为民居主体核心的地位。而西方住宅则习惯把楼梯作为住宅的核心，并作重点装饰，故意强调地坪起步处的宽度，以显示家庭主人由楼上走下来时住宅的豪华。湖南传统民居中的木楼梯一般在堂屋两侧的厢房内沿墙布置，或布置在天井一侧的茶室内，也有在厅

图 7　木制走廊

图 8　木制走廊

图 9　木制走廊

的一侧或庭院内设置楼梯。而湘南地区木楼梯一般设置在堂屋后面的退房里。[①] 胡凤璋故居因系西式建筑，不存在传统建筑堂屋与厢房之别，也非西式大客厅建筑样式，一处楼梯间设于楼宇中间，其余则设于主室后隐蔽、次要的位置，特点并不突出。

(三) 采光与通风

中国传统民居中的院落和天井主要用于采光、通风和排除屋面雨水。原因是井字形内天井式建筑天然采光最好，建筑密度最大，而且有了内天井，房屋可以从两面采光。通过天井边的隔扇门窗，室内表现出更为生动的光线效果，得以通风换气。内天井成为家庭生活的美化中心，来自天井的天然光线把人们的视线从琐碎的家庭杂物中引向外部庭院的景物，光的清晰感有助于看清内外装修的细部，并增加绿化在天井中的美感。[②]

湖南传统民居建筑的采光与通风方式大致有如下几种：①通过门上方的横批采光和通风；②采光气亭；③门头上的亮子采光和通风；④漏光洞和老虎窗（天窗）采光和通风；⑤前后屋檐存在高差，利用隔扇窗采光和通风；⑥隔扇门、窗采光和通风；⑦天井采光和通风；⑧明瓦采光。[③]胡凤璋故居的采光与通风方式，主要还是通过房间前后或侧面所开的窗户来实现的，大门和楼梯间上方一般都有一个大尺寸的亮子，作为采光和通风的补充（图 10～图 12）。

---

① 荆其敏：《中国传统民居》，天津大学出版社，1999 年，第 121 页。

② 荆其敏：《中国传统民居》，天津大学出版社，1999 年，第 25 页。

③ 伍国正、余翰武、隆万容：《传统民居的建造技术——以湖南传统民居建筑为例》，《华中建筑》，2007 年第 11 期。

图 10　图 11　亮子和横批　　　图 12　楼梯亮子

（四）排水与批水

湖南传统民居的屋面材料几乎都为小青瓦，瓦直接搁置在椽子上。一般民居多为歇山式的四坡屋面，少数民居在两端的山墙处增设批檐房屋作为脚房。人屋民居多为悬山顶，只是在入口等少数地方做硬山顶。屋面排水坡度一般在1∶1.7～1∶1之间。在中国古代，水是财富和吉祥的象征，大屋民居中天井一方面起到了采光和通风的作用，另一方面也将四周的屋面雨水收集进来，俗称“四水归堂”、“财不外流”。

胡凤璋故居屋基四周原设有排水明沟，并与院外引水渠贯通，可惜年久失修，今已废弃不用，唯有邻近的胡湘故居，保存较好，仍可见当年“绿波绕屋”的景色。

门、窗洞口及墙头等处的上方设批水是南方多雨区域的一贯做法，一方面防止雨水污染门窗，另一方面也丰富了立面。湖南传统民居立面上的门、窗洞口及墙头等处也多设批水， 般用砖石叠涩出挑，上盖小青瓦。胡凤璋故居也不例外，门、窗洞口及墙头等处的上方多设有批水，或中拱两翘的欧式窗檐，材料则用青砖和混凝土塑造，形象生动，韵味十足，批水下多作雕刻或彩绘，装饰细致，尽显奢华。（图 13～图 15）

图 13　窗

图 14　侧门

图 15　批水

(五) 防潮与防火

如前所述，民居建筑的屋基防潮一般用碎砖石、三合土等夯筑，高出周围地面 0.5m 左右。建筑的墙体多采用当地生产的麻石、红石或青砖砌筑高度在 0.5～1.5m 左右的墙基防潮，墙基也有高出一层的。土砖墙体多用灰浆抹面等。胡风璋故居亦然，只是在灰浆中加入了水泥等新型建材，防潮效果更胜传统建筑而已。

防火对于土木结构的中国古建筑尤为重要。湖南传统民居建筑单体两端的山墙一般不开窗，易于防火。大屋民居的防火有多种考虑：①设风火山墙。一般为青砖砌筑到顶，高达 10 余米，如县城范氏家庙和马桥乡石泉村胡氏宗祠的主体建筑两端均用风火山墙。②利用巷道。大屋内的巷道对隔火起着重要作用，如遇火灾只需将巷道上的瓦撤开，火苗上窜，就很快截断了火路，不致一家失火，殃及四邻。③在屋前和院内置烟火塘。在汝城县的调研中发现，所有大屋民居一般都采用硬山顶，较少使用风火山墙，只有在祠堂和家庙等重要建筑上可见风火山墙的踪影，且装饰意味大于实用功能。利用巷道阻断火路，或在屋前和院内置烟火塘，都是民居常见的消防设计，且村村都邻近水源，如外沙村太保第正面为池塘；井坡乡曹村、永丰乡先锋村周氏宗祠、土桥乡金山村叶氏家庙等屋前都有池塘或小河，要是有火灾，可以就近取水。

胡风璋故居由于采用了易于防火的硬山顶，山墙每层都有开窗，因此增强了采光与通风的效果。七栋正房栋与栋之间又通过木制走廊相连，既成一个整体，又有相对独立性。尤见设计匠心的是：木制走廊位于山墙的偏后一侧，远离山墙上的窗户，即使出现火灾，也可以利用硬山顶与走廊的错落高差来阻断火路，不致使火势蔓延（图 16）。此外，胡凤璋故居是一栋独立的院落，有宽敞的庭院空间，有高达 7、8 米的围墙，门前还有池塘，又有小河绕屋而过，既不会殃及村舍，也可以就近方便取水。

图 16　硬山顶与木制走廊

四、结　语

文章从结构、构造与材料工艺等方面分析了胡凤璋故居的建造技术，可以说湖南民国楼宇民居的建筑技术成就不仅与西洋建筑风格的引进和新型建材的广泛应用有关，也与其所处的地理环境、气候条件以及当地的历史文化传统、生活习俗和审美观念等因素相关，较多地传承了中国传统民居建筑的特点。同时，地区特色鲜明，如青砖与土墙结合的墙体样式；反映中南地区传统民居建筑特点的“七字”式挑檐；青石竖砌作护角；造型生动的门窗样式；采用硬山顶与走廊落差来防火等等。建筑技术结合建筑装饰、防火、防盗功能，较多地体现了中国传统建筑的某些特点。

作者简介：傅宏星，湖南科技学院国学研究所所长。

保护利用古祠古村　加快发展乡村旅游

杨锦芳　朱忠悦

汝城县地处湘粤赣三省交界处，是湖南省历史文化名城，文物大县，古祠堂之乡。许多原生态的古村落以古祠堂为中心，保有大量的地方特色突出、明清风格显著、古朴美观的古民居，极有利于发展乡村旅游。

一、汝城古祠堂古村落的基本情况

汝城古祠堂始于宋元，盛于明清，现保有710多座，其中有较高历史、艺术和科学价值的有300多座，已列入县级文物保护单位的有10座，列入市级文物保护单位的祠堂3座，列入省级文物保护单位的祠堂有12座，列入省级历史文化名村核心保护建筑的祠堂有7座，同时重点选择了9座祠堂捆绑申报第七批国家重点文物保护单位，目前已通过国家专家评审，待国务院公布。

汝城现有保存较为完好、美观的古村落20余个，集中连片的历史传统建筑面积达25万平方米。主要有属于省级历史文化名城范围的津江村，2011年公布为省级历史文化名村的永丰乡先锋村、文明乡沙州瑶族村、土桥镇金山村和土桥村、马桥乡石泉村和外沙村6个村，以及尚在整理资料的卢阳镇东溪村、土桥镇周家村等。这些古村落大都以古祠堂为中心展延发展，古民居格式大都源于明朝三间五架的规定，徽派建筑风格。

近几年来，为加强古祠堂古村落保护利用，汝城做了大量的基础工作。2003年，先后邀请省文物局、省社科院专题考察汝城古祠堂，并在长沙举行了“汝城古祠堂”新闻发布会。2006年，全国政协常委、中科院院士、湖南省政协副主席姚守拙率部分省政协委员及文物、建设、规划部门考察汝城古祠堂，并题写了“古祠堂之乡”。2007年以来，编辑出版了《汝城古祠堂》一书，县政府制定颁发了《关于加强文物古迹保护的决定》、《汝城古祠堂保护办法》等文件，初步进行了古村落调查。2011年，请郴州市城市规划设计院开展了《汝城历史文化名城保护规划》，并已报省政府批准，规划了十六条古祠堂游览线路。

二、汝城古祠堂古村落的重要价值

（一）作为历史的遗产，是历史的见证、历史的记载、历史的浓缩、历史的标本

汝城的先民或慕汝城山水，或仕宦留居，或躲避战乱，从各地迁徙而来。他们聚族而居，以血缘为纽带，往往是一村一姓形成了一个极强的宗族组织。为了与祖先们保持精神上的联系，不忘祖根，修建祠堂以妥先祖神灵，春蒸秋尝勤加祭祀，所以他们举全族之力，将祠堂修建得富丽堂皇，成为村落的政治、文化中心，成为标志性的建筑，成为家族盘根问祖、慎宗追远的精神家园，并以祠堂而发展村落。因此，汝城古祠堂古村落蕴含着丰富的历史价值，承载着汝城先民的感情寄托与亲情纽带。一座祠堂、一个村庄往往就是一个家族的历史记录，并折射着社会的沧桑。

（二）作为建筑的遗产，是研究古文化、古建筑、古民俗、古宗法、古迁徙不可或缺的资源

汝城古祠堂古村落具有重要的建筑学价值，其选址朝向、建筑布局、建筑形式、坪巷交通、采光排水等，体现了中华民族传统中的天人合一的思想。

汝城古祠堂古村落在环境美学上很有特色，平面布局精巧，中轴对称，主次分明，严谨规范，整体和谐。祠堂青砖黑瓦、层层迭起的马头墙、富丽堂皇的门楼，坐落于村落中心，两侧平行于祠堂中轴建筑民居，体现了一种静穆的生命力。

汝城古祠堂古村落有很高的艺术价值及深厚的文物价值，诗词楹联赋、碑刻雕塑镂、牌匾堂额号与族谱家训互为补充相得益彰，筑起了祠堂文化的大观园。特别是浮雕、镂雕、圆雕等技法细腻，花鸟鱼虫、梅兰竹菊等图案精美，装饰工艺精湛，如鸿门梁漏雕精刻双龙戏珠纹饰，曲折蜿蜒犹如真龙；门楣石刻浮雕“摇钱树”、“聚宝盆”，表现出“祈福、盼富”的愿望，体现了湖南明清时期的雕刻艺术特色和水平。

（三）作为文化的遗产，积淀着千百年的人文精华

汝城古祠古民居是民俗文化的结晶，封建礼制的一个侧影，古祠堂的堂号、门匾、堂匾、楹联流朱溢彩，内涵深厚，寓意深远，很多堂匾出自名家之

手。像太保第中的“柱石名家”匾额出自明代翰林院检讨陈献章，朱氏祠堂中的“世界一家”匾出自开国元勋朱德。祠堂中的碑刻都有明确纪年，在古建筑考古学上为湖南明清古建筑的分期断代提供了客观的标准。这些堂号、堂匾、楹联碑刻中，蕴藏着大量民俗、民风、宗族、宗法、民族迁徙、人口繁衍等原始史料，记录了汝城的历史与沧桑，记载了汝城曾经的辉煌与灿烂，是极为珍贵的文化遗产。

汝城古祠堂古民居还深含着深厚的仕宦文化底蕴，是古代仕宦文化的标本。

汝城自东晋建县以来，人文荟萃。唐代曾有宰相宋申锡。理学鼻祖周敦颐过化以后，更是人文蔚起，共出举人 117 人，进士 39 人，很多在中国历史上影响深远。宋朝何先觉的《耕桑治生备要》为中国古代农业经典著作；明朝朱英，历左都御史、太子太保等官职，四朝元老，著名理学家；监察御史朱海，正直清廉，激浊扬清，有“豸史”之称；监察御史范辂，不惧安危参劾南京王朱宸濠，为纪念范辂而留下的绣衣坊全国独有；曾鉴，仕三部，累官工部尚书，是明朝中期的顶梁柱；还有云南按察司副使邓文璧，福建学政、四川右布政使范永銮等。清朝有翰林院庶吉士何庆元；著名诗人郭远，呈请南北分闱，促成了湖南于清朝中期开始单设科举考场。大部分古名人都留有纪念性建筑或祠堂等，并成为著名的人文景观，如太保第、豸史第、诏旌第、三省堂、克复堂、敦本堂、南楚名家、曾氏家庙、中丞公祠等。

（四）作为家族的遗产，其功用价值常在

作为氏族活动的中心，是铭记先贤、承前启后的宗族大厅，是聚会议事、协调纠纷、群文活动、婚丧嫁娶、节日喜庆的综合场所，是荟萃宗族思想、弘扬历史传统、实行道德教育的理学阵地，还曾作为封建自治的法场，填补着封建皇权不下县的部分空间，起到了惩恶扬善、祛邪扶正、辅佐政事的作用。

三、汝城古祠堂古村落的现存问题

（一）年久失修且破烂不堪

许多古祠堂梁椽腐朽、墙体开裂变形，品相寒碜，濒临倒塌，亟需抢救性保护维修。部分古祠堂所在的家族或因组织不力，或因人心涣散，或因经济困难难以实施维修。我县虽建立了古祠堂维修资金，使古祠堂保护经费非常有限，依靠政府资助维修保护显得杯水车薪。许多古村落的民居住人越来越少，

往往只住有老弱病残，甚至成了空心村，民居也濒临倒塌。

（二）环境较差且破坏严重

古祠堂古村落基本都处于自然村庄，交通条件差，公路狭小，难以进出旅游车辆，没有停车场，尚未建配套旅游设施，购物、饮食、休息、服务场所少；环境脏、乱、差现象突出，各种电线电缆纵横交错，难有一个干净的拍照背景。在古祠堂周围和古村落重点区域新建、改建、拆除建筑物的现象较为突出，破坏了古祠堂古村落的生存环境和整体风貌。特别是违规建设行为，往往未上报、未审批，新建筑与古祠堂古村落风貌极不相称。保护与发展、保护与民生矛盾突出。特别是对建设性破坏认识不足。许多地方在古祠堂的维修中，未能按照《汝城县古祠堂保护办法》等规定进行，维修工匠也无古建筑维修知识，纯粹按照各自的意愿盲目维修，滥用现代材料，造成在建设中破坏、维修中损毁。文物管理部门人员少，经费不足，使得管理、指导顾此失彼，很多事心有余而力不足。

（三）大旅游机制尚未形成

目前，各重点古祠堂古村落也经常来各地各方面的游客，但未形成真正的商业旅游。各处尚缺乏必要的组织和指导，群众缺乏办旅游的意识，未建立统一的旅游公司，未形成利益共享机制，业主未得到应有的利益，缺乏必要的维修、管理、维护费用。有的地方甚至厌恶游客的到来，连开个门都很不情愿。

单一的古祠堂古村落旅游尚难以形成气候，汝城古祠堂古村落虽然比较精致美观，有较重的文化含量，但作为单一的旅游项目，还没有足够的视觉冲击力和目标吸引力，还难以吸引远方的游客。要实现大规模的古祠堂古村落旅游，尚需立起“汝城古城”这块旅游牌子。

四、汝城古祠堂古民居的保护利用

（一）确立把乡村旅游培养成支柱产业的战略定位

发展大旅游，需要强力决策和坚定推动，需要全县上下的理解、支持、配合，需要大数额的投入，大规模的改造，因此，先要充分地论证，在论证的基础上做好决策，确立把旅游培养成支柱产业的战略定位，并且长期坚定不移地实施。要成立乡村旅游发展的领导机构及协调机构，组建投资公司及旅游公司，实质性开展工作。要加强宣传，提高保护利用意识。对外宣传要着力提高汝城古祠堂的知晓度、美誉度；对内要加大《文物保护法》、县人大《关于加强文物古迹保护的决定》、县政府《汝城古祠堂保护办法》的宣讲力度，使广大干群更加关注、理解、支持、配合古祠堂保护工作。

（二）做好保护规划，实施大保护大利用

一要对症下药，研究制定具体政策。围绕《文物保护法》《历史文化名城、名镇、名村保护条例》《湖南省文物保护单位保护办法》等法律法规及我县《关于加强文物古迹保护的决定》、《汝城古祠堂保护办法》等，研究出台一些配套的政策。如在空心村改造、新农村建设中，如何对古村落实行保护，避免古村落风貌的破坏。对住在古祠堂和古村落保护范围内的农户，要在适当位置划定宅基地，让他们能异地建房，避免在保护范围内再建新房影响整体风貌。

二要加大落实、严格执行《汝城县历史文化名城保护规划》。同时一旦“汝城古祠堂群”列入第七批全国重点文物保护单位后，要根据我县古祠堂保护格局发生的重大变化，聘请相应资质的团队做好详细的高水平古祠堂古村落保护规划。

三要加强管理，确保保护效果。充分发挥乡、村两级积极性，具体落实保护措施，根据古祠堂古民居保护级别，分级成立古祠堂古民居保护机构，明确责任主体，将责任层层落实到组到户。现有列入保护范围的古祠堂古村落古民居，做好做到有标志说明碑、有保护范围和建设控制地带、有专门管理班子、有科学记录档案，要加大执法力度，对擅自在古祠堂的保护范围和建设控制地带新建、改建、拆除建筑物的要严格依法处理。

（三）加大维修投入，打造一批精品旅游点

要选择一批建筑精致、底蕴深厚、基础较好、集中成线的古祠堂古村落，加强引导，加大扶持，多元投入，重点维修，要从高定位，从严要求，确保维修高质量。要采取有效的措施，促使各地切实按古祠堂的维修程序和方法进行维修，实行县、乡、村联动，加强监管和指导，使古祠堂的维修规范有序。要加强古祠堂维修队伍建设，建立若干支专业的古建维修队伍，并加强技术培训，使古祠堂的维修高质高效。

加大重点景点的配套建设和环境整治力度。对计划发展乡村旅游的地方，基础设施投入要倾斜，要将发展与保护有机结合起来，有力融洽与新农村建设的关系，借助新农村建设的力量，整体打造环境。要让乡村路道畅通，做好绿化，搞好环境整治，拆除乱搭乱建，清除乱堆乱放，搞好清洁卫生，种树种花种草，添建停车场、购物、休息等旅游配套设施。

（四）策划旅游活动，打造旅游精品线路

厦蓉、炎汝两条高速公路开通后，汝城将进入旅游产业发展的极为关键时期，是发展以古祠堂古民居为主的乡村旅游的历史性机遇。要整合资源，不断适应市场需求，加强挖掘整理，加大宣传推介，创新机制，尽快把古祠堂古民居的资源优势转换成经济效益。

要均衡各方利益，认真策划旅游活动。通过组建“乡村文化旅游公司”等，创新机制管理机制，采取购买、置换、入股等方式理顺责权利关系，调动各方面积极性，组织好旅游活动。可考虑九龙江生态旅游节、汝城瑶畲民俗风情节、汝城香火龙祈祀系列活动等。

现阶段主要做好广东及本省旅游线路接轨，按汝城古祠堂古民居古村落的分布，住在县城或热水，发展一至两天小规模近距离的休闲游和体验游比较合适。

作者简介：杨锦芳，中共汝城县委宣传部副部长。
朱忠悦，中共汝城县委宣传部副部长。

浅议汝城古祠堂的特点及旅游开发

赖某深

祠堂是族人祭祀祖先或先贤的场所，是我国乡土建筑中的礼制性建筑，是家族的象征和中心。目前关于祠堂的研究，除了通论性的著作外，学者们主要集中于安徽徽州、广东岭南、江苏无锡的古祠堂研究，而对于湖南古祠堂的研究可谓屈指可数，对汝城古祠堂的研究更是寥若晨星。本文不揣浅陋，对汝城古祠堂的特点及旅游开发作一初步探索，以求方家教正。

一、汝城古祠堂的特点

汝城古祠堂的第一个特点就是它是传统乡土社会生活的“活化石”。首先，汝城的古祠堂具有浓郁的乡土特色，乡土气息十足，古朴的建筑与山野、田园景观相互融合，互为衬景，是顺应自然、装点自然的典型代表。其次，从汝城的古祠堂能见证传统乡土生活之一斑。长期以来，人们所了解的历史，都是上层社会的历史，是帝王将相的历史，直到1947年，费孝通出版了《乡土中国》这部著作，该书被认为是运用西方社会学方法，对中国乡土社会进行研究的奠基性著作。费孝通认为，“从基层上看去，中国社会是乡土性的”。该书从乡土本色、家族、男女有别、礼治秩序、无讼、长老统治、血缘和地缘等方面描述了传统乡土社会生活的特点。也许是费孝通写作此书时见到的古祠堂很少，也许是他对古祠堂在传统乡土社会的作用认识不足，在此书中对古祠堂只字未提。事实上，古祠堂作为乡村的公共建筑，见证着历史变迁，记载着一方土地的历史记忆，是传统乡土社会生活的“活化石”。

祠堂原本是同族人祭祀同一个宗祖的场所，到后来功能越来越多：

——祠堂是乡土社会的公共建筑和公共空间，是族人活动的中心。祠堂一般位于村落中央，族人的私宅分列于祠堂左右。族中凡有红白喜事，节日庆祝，娱乐演戏，都在此举行活动。

——祠堂是乡土社会同族中人加强血缘联系的纽带。通过祠堂祭祀祖先，凝聚人心。有的宗族还成立各种救济会，以扶贫济困。

——祠堂是乡土社会家族势力的象征，是行使族权的场所。中国封建社会一般是皇权不下县，县以下宗族的族权起着重要作用。家庭成员之间如果发生了冲突，像审理争端、兄弟析产等，都由族长调节解决，一般不上衙门诉讼。族内出了叛逆不孝子弟，就要执行族规家法，将其捆绑于祠堂，轻者鞭打训斥，向列祖列宗忏悔，重者就要开除族籍，以维护家庭秩序。这些族规家法大多数载于族谱，有的则以碑文形式刻于祠堂内墙，让族人永记，并按约惩罚，如外沙高村宋氏祠堂的“永禁赌碑志”，碑文显示，嘉庆十八年（1805），由于赌博泛滥，“族众目击心伤”，“公举头人，日夜巡查，凡遇赌博之人，无论老少，一经拿获，定行鸣鼓众罚，倘有刁强不服者，鸣官究治”。对犯禁赌博者，采取重罚，罚演戏一本（一本戏少则七八场，多则十几场），或宰猪示众。

——祠堂还是乡土社会努力劝学的场所。为了本宗族的发达和光宗耀祖，每个家族都很重视子孙后代的教育，在族规里都规定子孙务必要读书，有的宗族还置办学田，以田租资助学子学费、应试赴考等各种费用。子弟取得功名，一律载入族谱，举人以上，在祠堂门前立旗杆石竖旗，祠堂大厅悬挂牌匾，春蒸秋尝与耆老同列，并且可以多分胙肉，极其荣耀。

总之，汝城古祠堂曾经长期有效地维持了乡土社会的生产和生活秩序，是传统中国乡土社会生活的“活化石”。

汝城古祠堂的第二个特点是它是古代民间建筑艺术的博物馆。威严庄重的气势，高人挺拔的造型，雕梁画栋的装饰，粗壮有力的梁柱，这一切似乎都在向人们诉说着那曾经有过却已逝去的繁荣与昌盛，同时也在显示着族内先人们当年的奋斗和辉煌。祠堂作为一种民间建筑，受到中国古代建筑等级制度的限制，不可能在建筑的规模、式样、色彩等方面与皇家的、官式的建筑相比，然而为了炫耀或攀比的需要，又必须尽可能建得宏伟壮丽，于是便在建筑的造型、风格、材料、装饰等方面下工夫。造型尽可能巧妙，风格尽可能独特，材料尽可能高贵，装饰尽可能华丽，总之集中国民间建筑艺术的一切成就，成为中国古代除以宫殿建筑为代表的皇家建筑和以园林建筑为代表的文人建筑以外的民间建筑艺术的最高成就的代表。

汝城古祠堂的第三个特点是具有数量多、建筑年代早及成群的特点。作为“祠堂之乡”，汝城的古祠堂数量特多。这个“多”具有二重含义，即汝城古祠堂在历史上建得很多，另外是汝城古祠堂基本保存完好的现存很多。据田野考察实地统计，汝城县境内目前尚有 707 座祠堂。其中原址原状保存或修复较为完好的 304 座，约占祠堂总数的 43%。汝城的古祠堂建筑年代早，在遗存的 707 座祠堂中，有 627 座系清代所建，约占总数的 89%，尚有 19 座为宋、元、明三代所建，约占祠堂总数的2.7%。

汝城部分古祠堂始建年代一览表

祠堂名称	始建年代	所处乡镇
宋氏宗祠	南宋理宗绍定四年（1231）	大坪镇溪头村
谭氏宗祠	元顺帝至正二十年（1360）	大坪镇新南村
欧阳氏宗祠	明洪武二年（1369）	三星镇西黄村
颜氏宗祠	明洪武五年（1372）	附城乡东溪村
邹氏宗祠	明建文三年（1401）	小垣镇简水村
简氏宗祠	明永乐四年（1406）	小垣镇简水村
阮氏宗祠	明永乐五年（1407）	岭秀乡永利村
叶氏家庙敦本堂	明弘治十一年（1498）	土桥镇金山村
卢氏家庙叙伦堂	明万历二十四年（1596）	土桥镇金山村
李氏家庙陇西堂	明万历四十七年（1623）	土桥镇金山村
朱氏家庙	明嘉靖三十六年（1557）	城郊乡津江村
李氏宗祠	明永乐末年（1424）	土桥镇土桥村
朱氏太保第	明嘉靖元年（1522）	外沙乡外沙村

以上这些古祠堂在地方志、族谱或祠堂碑刻中都有确切的始建年代，充分证明汝城古祠堂建筑的历史悠久。

汝城的古祠堂不仅多，建造年代早，而且成群分布。祠堂作为耕读文化和农耕自然经济的标志，通常单一地分布在一个家族、一个聚居地或一个村落之中，缺乏密集分布的祠堂群落形态。然而，在汝城十桥镇金山村，在一平方公里范围内，就分布有六处古祠堂，分别为三个姓氏的家庙，土桥镇土桥村也建有明清古祠堂五座，形成风格各异、蔚为大观的古祠堂建筑群，也是各姓氏和谐相处的历史见证。

一般说来，汝城古祠堂的分布具有几个规律：第一，大姓多建，小姓少建或不建。第二，宗族政治和经济实力越强，祠堂建得越多且精美。衡量宗族强弱的标准主要有：宗族培养的科甲人士，入仕官僚的众寡，宗族财产的厚薄，宗族先主的功业大小，宗族血统的高低及人口多少等。第三，地形封闭、地势险要地。第四，名臣、硕儒、巨贾后裔聚居地。俗话说人杰地灵，名人和祠堂的兴建有着密切的关联，地方上文化昌盛，有良好的学习环境和文化氛围，的确能造就很多本地人才，即便他们外出为官了，家乡依然是他们衣锦还乡的祖籍。而旅居此地，或讲学，或供职留任，或者是云游至此的名人总会雁过留名，他们的千古佳话、华彩诗文、典故传说又能为该地平添几分人文色彩，从而使此地闻名于世。

汝城古祠堂的第四个特点是价值高。汝城古祠堂具有极高的历史、文化、艺术、科学价值。对古祠堂价值的评估可以分为三个层次：第一个层次是历史性，按悠久、知名、稀有程度评定等级。年代久远者历史性越强，与相关名人、历史事件、建筑设计者的关系体现了知名程度，稀有表明某个或某组祠堂建筑虽非最早或唯一的，但稀少使其具有突出的美学和文化意义。第二个层次是科学性，按完整、典型、合理评定等级。祠堂原址未有大的迁址变动，具有一定的建筑规模，保持了相当程度的完整性。祠堂具有典型的地方、民族、时代特点。空间合理布局，合理利用地形。第三个层次是艺术性，指古祠堂的表现力、感染力和吸引力，反映在建筑造型、比例、尺度上完美，总体布局与建筑形态相得益彰，和谐生动，装饰精美，具有特殊点等。(见下表)

价　值	内　容	特　征
历史价值	悠久	是否年代久远
	知名	名人诗文、地方志是否有记载
	稀有	是否较为稀少
科学价值	完整性	建筑类型的丰富程度、是否原址
	典型性	时代、民族、地方的特点是否鲜明
	合理性	空间布局是否合理、是否能合理利用地形
艺术价值	表现力	建筑细部和装饰工艺水平是否精湛
	感染力	祠堂布局构思
	吸引力	装饰物、色彩等

以上述三个标准来衡量，汝城古祠堂大都历史悠久，源远流长；规模宏大，巍峨壮观；装饰精美，古朴典雅。其价值与安徽徽州、广东岭南、江苏无锡的古祠堂相比，毫不逊色。

二、如何对汝城古祠堂进行旅游开发

在现实生活中，许多人以为具有丰富的旅游资源，就能够很好地发展旅游，这种看法是不全面的。具有丰富的旅游资源只能说是具备了发展旅游的必要条件而不是充分条件，要想把现实的旅游资源转化成旅游产业优势，是需要进行一系列旅游开发的。所谓“旅游开发”，就是指为发挥、提高和改善旅游资源对游客的吸引力，使得潜在的旅游资源优势转化成为现实的经济优势，并使旅游活动得以实现的技术经济活动。也就是说要以满足旅游者需求为指导原则，以旅游资源为“原材料”，以挖掘、加工和完善其价值为手段，从而达到促进旅游业发展，实现经济、社会和环境三大效益的目的。

汝城旅游开发的有利条件是旅游资源非常丰富，既有山水景观，又有人文景观，还有不可多得的驰名中外的温泉。当地政府和居民旅游开发的热情非常高，我们每到一个祠堂参观，祠堂负责人或宗族长者总是热情地向我们介绍祠堂的特色及历史，有的祠堂还印制了精美的祠堂介绍宣传品。许多官员有着很深的人文素养，甚至在公务之余著书立说，对本地的历史文化有深入研究。但是汝城旅游也面临着一些不利条件：汝城远离大都市，交通不便，旅游缺乏区位优势，汝城古祠堂在全国的知名度不高，汝城经济发展较为落后等。针对以上问题，我们提出以下设想：

一、在制定旅游发展规划时，要主打“古祠堂之乡”的品牌，明确提出“以古祠堂建筑文化为特色，以观光生态农业为配套，以温泉度假为依托”的理念。因为古祠堂是重要的文化旅游资源，是先人们留下的宝贵文化遗产，具有深厚的文化内涵和建筑艺术特色，相对于温泉和自然风景，古祠堂对游客更具有魅力和吸引力，是旅游业生命力的源泉和可持续发展的基础。据统计，在我国入境旅游收入名列前茅的旅游城市中，有七成是历史文化名城。而我国首批公布的4A级旅游区中，以文化遗产或仿文化遗产作为吸引物的旅游区占了六成之多。可见，随着我国经济的快速发展和社会文明程度的不断提高，人们对文化遗产旅游的需求将继续增长，文化遗产在旅游资源开发中的基础性作用也将得到进一步的发挥和提升。

二是要加大宣传力度，提高汝城古祠堂的知名度，打造汝城旅游品牌，建议制定并实施“八个一工程”。即一批文章，一个电视专题片，一个网站，一句口号，一张光碟，一套画册，一张地图，一次评选活动。一批文章是指组织撰写一批深入挖掘汝城历史文化内涵的文章，如毛泽东与汝城，朱德与汝城，汝城大土匪胡凤璋的传奇人生，彭德怀三打汝城大土匪胡凤璋等，首先扩大汝城在全省乃至全国的知名度。一个电视专题片即以汝城古祠堂为主题，建议制作成探索或揭示历史之谜的形式，精心设计一些观众感兴趣的引人入胜的问题，而不是泛泛而谈地宣传介绍古祠堂。一个网站即办好汝城旅游网，目前汝城旅游网存在的突出问题是信息量不丰富，信息更新不快，旅游景点介绍不全面且缺乏深度，更没有汝城古祠堂的专栏介绍和专题研究。目前无锡办有专门的《祠堂博览》杂志及网站，对惠山古祠堂群进行研究和介绍，其栏目设置有祠堂文化、祠堂研究、祠堂揽胜、谱牒研究、谱牒荟萃、姓氏文化、祠堂艺苑、专家学者、政策法规等，值得借鉴。特别重要的是要安排专人搜集网友提出的各种关于汝城古祠堂的问题（也可自己设计，自问自答），如汝城有哪些精美的古祠堂，汝城古祠堂有什么特点等，最好是图文并茂。一句口号即面向全社会征集一句特色鲜明、形象生动、寓意深刻、认知度高、具有强烈冲击力和震撼力的汝城旅游宣传口号，获奖口号在主要客源地的媒体上、在黄金时段播出，让口号深入人心，叫响汝城旅游。一张光碟即在对汝城旅游资源进行全面了解的基础上，制作一张精美的汝城旅游宣传光碟，在主要客源地的电视上播放，同时上传到互联网上，供网友查询、点击欣赏，扩大汝城旅游的宣传面。一套画册即举办全国性的汝城旅游（或汝城古代建筑）摄影大赛，把获奖作品制作成为一套反映汝城旅游名胜、自然风光、人文风情的精美画册，同时也可以把获奖作品制作成为明信片、台历、挂历等宣传载体，全面提升汝城旅游促销品位。一张地图即编制出一份内容新、信息全、专业性强、方便实用的新版旅游地图，中英文对照，力争系统、充分地展示汝城的旅游资源、文化名胜、风土人情、民俗风貌、交通状况以及食宿、购物等方面的实用性信息。强化国际性特色，宣传汝城旅游，推介旅游企业，服务广大游客。一次评选活动即举行一场全县古祠堂“十佳”评选活动，从历史价值、科学价值、艺术价值及保存完好程度等方面进行评选，一方面扩大古祠堂的知名度，另一方面更进一步提高当地居民认识古祠堂、了解古祠堂、珍惜古祠堂、保护古祠堂的自觉性。

三是要将古祠堂的旅游开发与当地居民的切身利益结合起来。只有给当地居民带来实惠，从根本上改变贫困落后面貌，才能使古祠堂得到更好的保护，使旅游开发获得可持续发展性。国外风景区的居民多以依附旅游产业为生，我省各地也创造了许多宝贵经验，如怀化中方县荆萍古村与益阳等地普遍发展农家旅舍，着力开发有地方、民族特色的旅游商品，发掘组织民间传统节目表演，村民集资入股成立自己的公司，接纳大批农村劳动力转移到旅游产业中来等等。为此，某些地方以极优惠的条件招商引资，甚至将旅游景点“卖断”的做法是不值得效仿的，旅游开发当然要招商引资，但应该只限于交通、服务、旅游产品等方面的项目而不是出让资源。旅游开发更重要的是形成产业规模，以促进地方经济的发展，同时使包括当地居民在内的多方受益，以实现真正意义上的扶贫。

四是要加强对汝城古祠堂的深入研究，挖掘其历史文化内涵，为突出汝城古祠堂的特色和产品的文化性打下雄厚的学术研究基础。目前，关于汝城古祠堂的研究成果寥寥无几，还远没有进入学术界的视野，除了《汝城古祠堂》一书外，只有《湖湘壁画》对汝城古祠堂的壁画有所涉及。今后应当组织人力，整合力量，和社科院、高校、文物部门合作，成立古祠堂研究所，对有关古祠堂的文献（包括家谱、族谱、名人碑文、楹联、家训）进行搜集、整理，对古祠堂进行详尽细致的田野调查，为抢救、修复和保护古祠堂出谋划策，从历史学、文化学、建筑学、民俗学、美学、社会学等方面进行深入研究。

在正式运作时，还要特别注意几点：第一，发展汝城旅游需要省内外各重要景区的相互依托以吸引客源，为此要精心设计旅游线路，将汝城古祠堂的旅游线路与其他景点（特别是韶关丹霞景区和郴州市的其他景点近在咫尺，更要加强联系）产生联系，加强可进入性。第二，汝城古祠堂旅游资源应分期开发，首先选择建筑精美、有代表性的、保存完好、交通便利的祠堂群对外开放，而不要遍地开花，将较为普通的古祠堂也对外开放，这一方面有利于积极探索旅游开发模式，另一方面积累经验，而且避免给旅游者带来“不过如此”的错觉。第三，要使旅游者停留时间较长，增强对古祠堂和宗族的认识，避免走马观花，就必须在他们参观祠堂时，组织一些原汁原味的、原生态的、与古祠堂密切相关的民间文艺表演。其中汝城古代流传下来的香火龙表演就值得向旅游者充分展示。第四，除了旅游观光外，为了增强古祠堂的吸引力和影响力，可否打造成高校建筑院系的科研实习基地、影视拍摄场地、儒家文化的研习基地、寻根问祖的“圣地”？

作者简介：赖某深，长沙理工大学文法学院副教授。

浅谈对汝城古祠堂、牌楼群落的保护及旅游开发

欧阳浪舟

被国内众多专家学者誉为“古祠堂之乡”的湖南省汝城县保存着宋元明清以来大小祠堂七百多座，散布于全县十九个乡镇三百零九个村落之中。青砖黛瓦，斗拱飞檐，古色古香，呈现出一片苍茫宏丽的气象。

一、汝城古祠堂、牌楼群落的建筑特色

汝城古祠堂的建筑，继承和发展了宋代理学大师朱熹在《家礼》之《通礼·祠堂》篇中关于“君子将营宫室，先立祠堂于正寝之东，为四龛（高、曾、祖、考之神位）以奉先世神主”的制度，从“建祠堂于正寝之东”改进为建祠堂于聚族而居的村子中心，从“为四龛”发展为供奉本村始祖以下历代先祖，而且建筑规模逐渐扩大，建筑结构逐渐复杂，装饰手法逐趋华丽，祭祀功能和教化功能逐臻完善。

汝城人修建祠堂，大都选择“山川之胜，原野之阔，足以立子孙百世大业”之地为基址，多数采用“三间两进”式，“三间三进”式，少数“三间一进”式，“三间四进”式。祠堂前构筑华美的门楼，上“嵌××氏宗祠”、“××氏家庙”或“××氏家祠”榜书横额；门楼内分为上、下厅或者上、中、下厅。上厅筑神龛，供奉列祖列宗的牌位，并作祭祀厅，中厅、下厅聚会议事或当宴饮厅；门楼前铺设拜坪、拜坪两侧立旗杆石以彰显本村历代仕宦的功名；拜坪前筑大朝门以取风水朝向，筑罩墙以挡风聚气；朝门外筑宽阔的明塘以洗心明志，消灾防火；祠堂两侧筑厨房以供聚宴，筑祭库以收藏祭礼仪具；村主道上立牌坊以彰表名节；民居在祠堂两侧及后面依序排列，组成众星拱月的森严气象。

四十多年前，汝城县有专为表彰功名节孝的牌坊、门楼六十多座，可惜大部分毁于“文革时期”的“破四旧”，现仅存五座。其中县城范家的“绣衣坊”

始建于明正德十四年十二月（1520），由湖广监察御史毛伯温，郴州知州沈炤同、鲁玘为监察御史范辂立。湖南省考古研究所考古专家将汝城“绣衣坊”誉为“湖南第一坊”。土桥镇广安所的“文武世家坊”（又名“八角楼”）始建于明弘治二年（1489），钦命提督学政任湖广按察司副史薛刚为乡进士李安立。木结构，三开间三楼，斗拱飞檐，典型的明代门楼风格；泉水镇星村“司马坊”始建于明万历七年（1579），青石结构，三间四柱四楼，由湖广巡府率都察院副都御史赵远栋、监察御史邓希门等官员为广东惠州府通判何志实立；马桥乡上流“节孝坊”始建于清乾隆十九年（1755），青石结构，四柱三间五楼，由族人奏请朝廷为上流袁为宪妻朱氏立；泉水镇岭头村“节孝坊”始建于清乾隆甲戌冬月（1754），青砖结构，三门五楼，由村民自发集资为本村朱光壁之妻胡氏立。就这五座牌坊，型制高大，结构工整，雕镂精美，各具风采，各自代表了那个时代的民风民俗、审美特征和建筑风格。

二、汝城古祠堂牌楼群落的理学内涵

北宋理学创始人周敦颐于皇祐二年（1050）任桂阳县（今汝城）令。任职4年，“治绩尤著”。正如高祐钇在《重修濂溪书院记》中所言：“先生得蕴奥于遗经，以穷理尽性之旨昭示来学，其阐图著述，若《太极》、《通书》皆以发明经义，上继孔孟之传，下开程朱之学，修己治人实本乎此。”“是先生遗泽，足以使人仰止景行，况昔时过化之地哉?”周敦颐创立的理学思想在汝城影响深远，遍及政治、经济、文化各个领域。

综观汝城众多古祠和牌楼的建造，从选址、朝向、用材、建筑结构、建筑装饰、建筑风格的确定，到祭祀、仪礼、聚会、教化、宗法等多种功能的实施，都浸润着深厚的理学思想。其中，选址、朝向的“随山依地顺水脉”，选取山环水绕，视野开阔，倚山临水之地为祠堂基址，含有“阳变阴合，而生水火木金土。五气顺布，四时行焉”的理学原理；选用结实工整的砖木石材，采用传统的营造法式，则符合周敦颐在《通书·拟议第三十五》中所言：“至诚则动，动则变，变则化”的理学原理。装饰以饱含传统文化和理学深义的牌匾楹联、碑刻雕饰和书法彩绘，营造出肃穆雄伟、金碧辉煌的汝城古祠堂群，则符合周敦颐的“乐教”理论：“圣人作乐的宣畅其和心，达于天地，天地之气感而太和焉。天地和则万物顺，故神祇格，鸟兽驯。”“和则躁心释，优柔平中。”“天下化中，治之至也。”

总之，从汝城古祠堂、牌楼的选址、造型、砖雕、石雕、木雕、油漆、彩绘到楹联牌匾的文字内容，饱含着敬祖追宗，笃宗睦族，耕读为本，遵纪守法的理学内涵，饱含着启发后人为人处世、立志立言、追求齐家治国平天下的人生价值的教化功能。

三、汝城古祠堂、牌楼群落的教化功能

汝城古祠堂是一个家族的政治、经济、文化活动中心，是祭祀祖先、婚丧嫁娶、聚众议事的大礼堂。每座祠堂的后端均精心构筑了神龛、供奉着本村历代祖先的神位，供后代子孙祭祀。就像曾子说的“慎终追远，民德厚归矣”。每逢村内有各类喜事，舞龙舞狮，唱大戏等庆典活动，都在祠堂内举行，男女老少欢聚一堂，笃亲睦族，其乐融融。

在汝城，祠堂还是惩恶扬善、匡扶正义的“道德法庭”。家族利用修订族谱，制定出族规家法，提倡孝悌忠信、礼义廉耻，规范族人的言行，维系家族的平安。土桥镇金山李氏的《家训箴言》有“敦孝悌、亲睦族、端士习、重农桑、崇节俭、励廉耻、保茔墓、禁匪患”等规定；金山卢氏的《新增家训箴言》有“正伦常、识勤俭、绍书香、慎取予、积阴德、善教训、救急难、戒盗贼、戒赌博、戒强梁、戒溺女”等规定，对违反族规家法的村民，由族长召集族人聚于祠堂，当众按族规家法执行处罚。轻则责打罚款，重则实行“革族”，逐出家族之外，另寻活路。而对造福乡里的嘉言善行则极力表彰。对修路架桥、兴建学堂、抚慰孤寡的义举，均一一详载族谱之中。如明代成化十八年（1482）永丰乡永丰村周如光，输谷济贫，捐粮千担，又修路架桥，广为善事，其事迹载入周氏族谱，朝廷颁圣旨“诏族第”以示嘉奖，为后人永远钦敬。

在汝城，有许多祠堂的门楼两侧建筑八字墙，墙上大书“忠孝”、“节义”或者“礼义”、“廉耻”等箴言，在两侧巷口上方，筑有“礼门”、“义路”的门楣，在祠堂内厅依次悬挂有“忠孝传家”、“耕读传家”、“慎终追远”、“理学名家”、“理学名臣”等各类匾额，这些匾额以及众多饱含理学精义的楹联，起着启发教育族人立志成才，建功立业，齐家治国的教化作用。有很多家族设立文课会制度，适时奖励学有所成的本族学子。在城郊津江、新井叶家、横巷、大坪欧村、泉水西黄等村祠堂内墙上还保留有《文课会碑记》，记述着各族奖拔培育人才的善举。这些设施和制度为培养族人的道德修行，发奋成材和维护地方的社会安定，都起到了很好的教化作用。

四、对汝城古祠堂、牌楼群落的保护

文物古迹是一种不可再生的文化资源，一旦毁圮就永远消失。历史上有许

多文物古迹毁于兵火战乱亦即人为破坏的现象屡见不鲜，教训沉痛。

最典型的事件发生在“文革”时期。汝城也有许多“造反派”，将历史上保存下来的众多古祠堂、古牌楼视为“四旧”，肆意扳倒之，摧毁之。没法摧毁的，则将雕刻、楹联、彩绘、神龛实施刀砍斧劈，直至满目疮痍，破烂不堪。好在仍有许多有识之士，特别是老年人牢记祖训，把祠堂视为神圣的殿堂。为了防止“造反派”的破坏，冒着被批斗的危险，偷偷把祠堂内精美的雕刻件刷上石灰浆或者泥浆，有些好心人则将祠堂内可以移动的文物搬回家中深藏，直到“破四旧”的妖风烟消云散之后，才把石灰浆、泥浆刮去洗净，将收藏的文物放回原处。

20 世纪 60 年代末，城郊乡益道村范家就有几位村民冒着生命危险几次制止了“造反派”要拆毁“绣衣坊”的行动。县城中大街就有几十位老者誓死阻止了“造反派”要拆除县城文塔那座标志性古建筑的逆行。“青山遮不住，毕竟东流去。”丑恶的现象终究不能长久，正义的力量总如红日之当空。正因为历代都有很多深明大义的人在自觉地保护文物古迹，才使汝城境内保住了 700 多座精美的古祠堂，获得“古祠堂之乡”的美誉。

如今，国家日益富强，社会安定，文物古迹都得到了国家专门法律的保护。1992 年 2 月，汝城县成立了文物管理所。通过广泛持久的文物保护宣传，人们的文物保护意识普遍增强，现存的文物古迹得到了很好的保护。但是，风霜雨雪等自然力的侵蚀依然客观地存在，社会上少数不法分子为谋取私利，盗窃、破坏文物古迹的现象仍时有发生，近几十年来，文物古迹毁于建设性的破坏的现象也时有发生。努力提高全社会的文物保护意识，切实加强对文物古迹的保护管理，加强文物执法力度，坚决打击文物犯罪活动，尽量减少或者避免建设性破坏文物古迹的行为，依然任重道远。对于现有的文物古迹，要切实按照《中华人民共和国文物保护法》的有关规定，成立乡、村几级文物保护小组，责任到人，实行日常保护管理。对于濒临毁圮的文物古迹，要执行“保护为主，抢救第一”的方针，切实采取抢救维修的措施。对于需要维修的古祠堂要坚持“修旧如旧”的原则，进行保护性的维修，以延长文物古迹的寿命。

汝城的老百姓是纯朴善良的百姓。为了保护祖先留下的文物古迹，他们节衣缩食，自觉捐款捐物，出钱出力。近二十年来，陆续有 300 多座古祠堂得到了及时的抢救维修。动工之前，都自觉到县文物管理所咨询有关维修规定，按照古祠堂的原型制，原结构、原材料、原装饰进行维修，切实做到“修旧如旧”，原汁原味。

时至今日，卢阳镇曾家“曾氏家庙”，井坡乡古塘“袁氏家庙”，马桥乡石泉“胡氏家庙”等 8 座古祠堂已列为县级文物保护单位；马桥乡高村“宋氏家祠”，土桥镇金山“李氏家庙”，卢阳镇厚坊“何氏家庙”等3座祠堂已列为市级文物保护单位；卢阳镇益道“范氏家庙”、“朱氏总祠”，永丰乡先锋“周氏宗祠”等10座古祠堂已列为省级文物保护单位；土桥镇金山“叶氏家庙”、“卢氏家庙”，马桥乡外沙“太保第”等10座古祠堂已申报为国家级重点文物保护单位。泉水镇星村“司马坊”，岭头“节孝坊”已列为县级文物保护单位，马桥乡上流“节孝坊”已列为市级文物保护单位，卢阳镇范家“绣衣坊”和土桥镇广安所“文武世家坊”已申报为国家级重点文物保护单位，汝城已成为湖南省当之无愧的文物大县。

五、旅游开发

随着我国社会生产力的快速发展，人民生活水平的不断提高，旅游开发事业异军突起，已成波澜壮阔之势。汝城境内崇山叠嶂，茂林拥翠，奇峰异洞各具风姿，溪间飞瀑频添游兴，白云悠悠、流水潺潺，气候温润，风和日丽，更兼文物古迹苍茫秀美，古祠古坊参差代雄，山水人文触目萦怀，是一块宜居宜游的旅游胜地。要搞好汝城的旅游开发，就必须充分利用得天独厚的自然、地理、气候优势和文物古迹等丰富的人文资源。

1. 整体规划、整体开发

根据汝城地理环境的布局和山川河流的分布，制定出翔实的旅游开发整体规划，分区分类分块，选定旅游景点、安排旅游线路，设置服务设施，在县旅游局的统一组织领导下，学习旅游专业知识，培训专业导游接待队伍。所谓整体开发，是指在整体规划的前提下，分主次、分轻重缓急进行开发，而不是一窝蜂拥上去。做到边开发、边受益，边受益、边开发，稳步前进。

2. 育林护林，保护原生态

汝城县地处湘粤赣三省交界处，也是罗霄山脉南段与南岭山脉中段的交接处，境内崇山叠嶂、江河纵横，有1000米以上的高峰274座，有大小河流696条，林地面积293.7万亩，活立木蓄积量695万立方米，园地面积7.88万亩，草地面积4万亩，森林覆盖率高达67.83%，有大坪林场、暖水林场、益将林场等三人国有林场，汝城县还是全国绿色生态示范县。育林护林，保护原生态，是改善空气质量，美化旅游环境的重要举措，不可等闲视之。

3. 保护文物古迹

汝城县是湖南省的文物大县，汝城县城是省级历史文化名城。境内有6个省级历史文化名村，6处市级爱国主义教育基地，大小99处国家级和省、市、县级文物保护单位。古村、古祠、古楼、古塔、古坊、古井、古桥、古关隘参差错落，苍茫秀丽，其中尤以古祠堂数量最多，保存最好。综观汝城众多文物古迹，历史悠久，文化内涵丰富，具有深厚的历史价值、艺术价值和科学价值。像城西郊的“濂溪书院”，本身就是一个引人入胜的历史故事，甚至于是一部描述汝城县从北宋皇祐年以来的教育发展史；像卢阳镇津江“朱氏祠堂”，既有规范的古祠堂型制，完美的“三雕”、彩绘，还有表彰清代抗法名将朱明亮的“资政大夫”匾，民国时期湖南省长赵恒惕鼓励津江办学的“敬教劝学”匾，新中国开国元勋朱德亲笔手书的“世界一家”巨匾，文化内蕴涵盖了古今历史，读来令人深思动容。这许多文物古迹弥足珍贵，必须在切实保护的前提下开发利用，切不可只为追求商业利润而漠视了文物保护。

4. 营造科学合理的旅游环境

旅游开发，少不了要营造科学合理的旅游环境，而科学合理的旅游环境，首先要搞好水、电、路的建设。各地游客源源不断地来，要饮水用水、照明用电，要有通达的交通道路，才能有好心情、好游兴；其次要逐步完善宜游乐、宜观赏的游览景点和可供食宿的楼台馆舍。比如在九龙江国家森林公园内，要有计划地开发几个主要景区。一是中塘、远平原始次森林景区，专为观赏次森林的绿色景观，呼吸清新的氧离子；二是青龙峡瀑布群景区，专为观赏形态、色彩、水势、声音各具特色的瀑布群，兼及嬉水游乐；三是热水镇黄石古冰川遗址景区，专为观赏低海拔古冰川的奇异景观；四是热水镇温泉景区，专为观赏温泉景区各个景点，选择各类温泉沐浴方式等等。在这些景区的幽静处合理地兴建适量的楼台亭榭馆舍，为游人提供食、宿、娱乐、购物的需求。最后，要着力培训高质量、高水平的导游、接待队伍，有文化、有旅游敬业精神、有专业业务能力的队伍，能解答游客的游乐疑问，能热情接待，服务周到，让游客流连忘返，去而复来。

千年等一回。汝城这座锁在深闺的历史文化名城，随着社会的进步，随着祖国的富强，正在撩开古老神秘的面纱，裸露她妩媚动人的天生丽质，彰显她生机葱茏的奇峰秀水，吐纳她清新湿润的温馨空气，陈列她苍茫雄伟的古祠古坊，为了发展汝城的旅游事业，张开双臂，敞开胸怀，笑迎四海游客，广纳天下嘉宾。

作者简介：欧阳浪舟，原汝城县文物管理所所长。

汝城丰厚的人文底蕴

欧阳海波

汝城县位于湖南省东南部，地处湘、粤、赣三省交界处，素有“鸡鸣三省，水注三江”之称，东晋穆帝升平二年（358）置县，全县土地面积2400平方公里，辖19个乡镇，40万人口，其中少数民族乡镇5个，6.8万人口，是湖南省五大少数民族散居县之一。

汝城是湖南省历史文化名城，文化大县，文物大县，是中国农耕文明和理学文化的发源地，是《爱莲说》的故乡、“香火龙”故乡、古祠堂之乡，是湘南暴动的策源地，朱德与范石生谈判合作地，还是湖南省重点林区县、有色金属之乡、小水电装机容量（34.62万千瓦）最大的县，全国小水电五强县。全县森林覆盖率73.69%，有天然林13万亩，有河流696条，气候宜人，风光秀丽，生态优美，温泉奇特。

2011年，全县实现地区生产总值33.31亿元，财政总收入6.4亿元左右，全社会固定资产投资额达37.18亿元，社会消费品零售额6.52亿元，城镇居民人均可支配收入12175元，居民储蓄余额39.16亿元，列入市级重大建设项目78个，总投资达177.75亿元，完成投资52.68亿元。

但自古汝城文化之名盛于经济，文化兴县始终是汝城着力探讨的一个重大课题。人文汝城的丰厚底蕴主要体现在八大方面。

一、农耕文化底蕴

公元前26世纪，中华民族的人文祖先神农炎帝在汝城城南五里的耒山发明了耒耜等农业生产工具。此历史记载较多，如《衡湘稽古录》载：“帝之匠赤制氏作耒耜于郴州之耒山。”而《徐霞客游记》中称：“耒水出桂阳县南五里耒山下……”《寰宇记》云：“耒山在郴州义昌县，考义昌废址与城头寨邻南，耒水流寨脚，正耒水也。”钦定四库全书《湖广通志》：“耒山在桂阳县南五里，耒山在县南，西流资兴，又西北会郴水，经衡州之耒阳注于湘。”此外《九域志》、《万历郴州志》等均有记载。

神农在汝城作耒耜，在嘉禾教民耕种，在炎陵误食断肠草而亡，使得神农文化在湘南一带影响深远。神农对于中华民族的伟大贡献在于把中国从原始渔猎社会带入了农耕社会，在汝城作耒耜的史实，对汝城文化历史来说佐证了两点：一是汝城的人文活动很早；二是汝城是中国农耕文化的发源地之一。

汝城人民自古对神农尊敬有加，在神头寨筑有神农庙。在2009年，还发现了原神农庙炎帝宫铸铁钟。《人民网》、《人民日报（海外版）》、湖南人民出版社出版的《湖南之最》等国家、省、市媒体均有相应的报道。

二、理学文化底蕴

北宋皇祐二年至至和元年（1050—1054），理学鼻祖周敦颐就任汝城县令，治绩尤卓，影响深远。

周敦颐在汝城活动的主要记载和传说有：蕴创《太极图说》，著《爱莲说》和《拙赋》；二程拜师求学，携二程弟子郊游予乐湾；重学兴教，设置木匦以藏文书；凿爱莲池种莲；闲隙垂钓作赋于钓鱼台（又名濂溪吟弄处）。程颢亦在予乐湾作《春日偶成》。

为纪念周敦颐，宋宁宗嘉定十三年（1220），汝城县令周思诚在周敦颐曾讲课的县府大成殿旁兴建“濂溪祠”。之后曾改名“希濂堂”“濂溪阁”。明嘉靖甲寅年，县令徐兆先在“濂溪阁”增建讲堂学舍，正式创办了“濂溪书院”并一脉发展至今，为省级文物保护单位。

周敦颐对汝城影响深远，理学对汝城人文影响深刻。汝城人民对周敦颐评价极高，并以濂溪过化之地而自诩。近年，汝城县以千年学府濂溪书院为载体，完善了以周敦颐及理学文化为主要内容的书院陈列展览，召开了全国周敦颐学术思想研讨会，中央电视台4频道《走遍中国》栏目作了“爱莲说故地寻踪”专题，县里开辟了“濂溪讲坛”；同时，先后复建或兴建了予乐亭、太极亭、养心亭、吟弄亭，濂溪广场、爱莲广场等纪念性建筑。城市道路命名有爱莲路、守拙路，新行政中心后建拙政公园，理学氛围愈益浓郁，理学文化名城初现端倪。

三、祠堂文化底蕴

汝城古祠堂建造时代早、保存完整、形制精美、数量众多。全县40万人口，282家姓氏，保有始于宋元，盛于明清的古祠堂700余座，有规模的300

余座，仅县城四周便有100座以上，并有津江、金山、土桥等古祠堂群。

2003年3月和4月，湖南省文物局、省社科院专家学者先后两次来汝城专题考察了古祠堂，并于4月5日在省博物馆举行了以古祠堂群为主题的“汝城文物新发现新闻发布会”。2003年4月和2008年5月湖南网络广播、新华网、江苏频道先后以《郴州汝城惊现全国最大祠堂群》为题进行了报道。2006年，全国政协常委、中科院院士、湖南省政协副主席姚守拙率部分政协委员及湖南省文物和建设规划部门的专家一行27人考察了汝城古祠堂。姚守拙院士赞美说，汝城古祠堂建造时代早，建筑精美，保存完整，文化底蕴深厚，在全国确属少见。他欣然命笔，题写了“古祠堂之乡”。省文物局专家认为汝城古祠堂文化是汉族古代文化的集中体现，具备申报世界历史文化遗产的条件。近几年，先后有8座古祠堂列入省市文物保护单位。2009年，省、市文物管理部门把土桥广安所李氏宗祠、金山卢氏家庙、叶氏家庙、李氏家庙、外沙太保第以及津江朱氏祠堂、朱氏总祠等一批古祠堂作为“汝城古祠堂群”打捆申报国家级重点文物保护单位，现已通过国家文物局专家评审。

2012年湖南岳麓书社出版的《汝城古祠堂》一书对汝城古祠堂作了比较全面的介绍。

四、仕宦文化底蕴

宋朝以前，汝城仕宦的史料比较少，但记下了唐朝汝城出过进士宋申锡，历官宰相。

周敦颐过化以后，汝城人文蔚起。宋朝出举人24名，其中又中进士者19名；元朝出举人5人，其中又中进士者1名；明朝出举人54名，其中又中进士者15名，清朝出举人34名，其中又中进士者4名。共出举人117人，其中又中进士者39人。

汝城很多进士在中国历史上很有影响。

唐之宋申锡为皇帝谋诛宦官而死，其生平入唐史及《资治通鉴》。

宋时何先觉的《耕桑治生备要》为中国古代农业经典著作。

明朝朱英，四朝元老，历左都御史、太子太保等官职，是著名理学家，了朱守孚也中进士；监察御史朱海，为人正直清廉，激浊扬清，有“豸史”之称，子朱守恕也中进士，并与解缙等人交厚；著名监察御史范辂不惧安危参劾宁王朱宸濠，为纪念范辂而留下的绣衣坊，全国有名，其子永宇、永官皆为举人；曾鉴，仕三部，累官工部尚书，与大学士李东阳等人同年，明朝中期的顶梁柱；范渊，与王阳明等人交往至深；还有云南按察司副使邓文璧，福建学政、四川右布政使范永銮等。明朝汝城的进士大部分在县内留有纪念性建筑或遗址等，并成为著名的人文景观，如相公崖、太保第、朱英墓、豸史第、朱海墓、中丞公祠、绣衣坊、曾氏家庙等，极具打造及推广价值。

清朝汝城进士何庆元，任翰林院庶吉士、实录馆协修；举人的杰出代表郭远、周玑等人影响深远，特别是郭远，呈请南北分闱，促成了湖南于清朝中期开始单设科举考场。

五、民居文化底蕴

汝城县城是一座有上千年历史的文明古城。2007 年 4 月，经湖南省人民政府核定，批准为湖南省第四批省级历史文化名城。历史文化名城范围主要由理学思想文化发源古迹地、商贸文化古街、津江古村等三个大部分组成，历史传统建筑面积 25 万平方米，重点文物古迹 58 处。2010 年，汝城金山、先锋、土桥、外沙、石泉、沙洲等 6 个村又获批省级历史文化名村。

城区及历史文化名村内明清风格的古民居保有量很大，源于明朝三间五架的结构，徽派建筑风格。城郊、文明、附城、马桥、土桥等乡镇均有相对完整的古村落群。现保存完好的像马桥胡凤璋故居、土桥周玑故居、津江朱雄万故居、附城上水东古民居群、文明沙州古民居群等。古民居和星罗棋布的古塔、古桥、古井、古书院、古牌坊、古凉亭、古石碑、古遗址相得益彰，更增添了历史文化名城的魅力。

全县近 1000 处遍布城乡的文物古迹，充分展现汝城的沧桑及古朴，是粤港澳游客的旅游点之一。

六、民俗文化底蕴

汝城是多民族居住的地方，具有浓郁的民族风情。语言方面，有汝城土话及瑶、畲、壮、苗、回等少数民族语言。文学方面有民间传说、故事、歌谣、谚语、谜语等许多奇闻轶事。美术方面有绘画、雕刻、剪纸等民间工艺。音乐有民间唢呐、锣鼓牌子曲、山歌。戏曲有祁剧、鬼脑班、装故事。民间工艺有竹编、藤编、草编、造纸、石印、绣花、服饰。土产有香菇、木耳、冬笋、茶油、茶叶。还有上刀山、过火海、下油锅、顶石臼等民间秘技。

汝城“香火龙”是国家级非物质文化遗产，起源于殷商时期，为庆祝丰收，祈求风调雨顺、平安幸福、祛邪消灾，先民以舞龙的方式来表达。经数千年传承，香火龙已成为一种造型精美、技艺精湛、形态逼真、表演优美的大型民间娱乐活动。改革开放后，舞香火龙成为了汝城民间一大盛会，文化内涵更丰富。现县内还留下了古时修建的龙王殿、龙王庙、龙母宫的建筑或遗址，城东龙王庙遗址石门还有存联："资生百谷幻风云，宣化九天新雨露。"

近年来，汝城先后编辑了《耒山文丛》、《汝城山歌》、《九龙江国家森林公园探秘》、《汝城人物》、《汝城游志》、《汝城民间轶闻趣事》和《汝城历代诗文选注》等资料，系统推介汝城民风民俗民情。2011 年 10 月，举办了汝城县民族乡镇成立二十周年庆典暨"生态汝城、魅力瑶乡"文化经贸节活动。

七、红色文化底蕴

汝城是个红色革命根据地，属于大井冈山的范畴，同时也是湘、粤、赣红三角的中心地带。早在 1926 年，汝城即成立了中共汝城小组，开展革命工作。汝城的朱舜华是我国最早的女党员之一，第一个建议毛泽东上井冈山的人。

1927 年，国民党反动派发动上海"四·一二"事变、广州"四·一五"事变、长沙"马日事变"后，全国的工农革命运动处于低潮。但地处湘粤赣边境的汝城县却在逆境中掀起革命高潮，聚起三省农军 4000 余人、1000 余枪支的队伍，其高涨之势被时任中共中央军事部长的周恩来誉为"新湖南运动"。

于 1927 年 7 月下旬，在汝城组建了第一支在中国共产党领导下的工农革命武装力量——中国工农革命军第二师。中国共产党领导下的首面军旗在汝城升起。

同年，南昌起义后的朱德、陈毅率领部队来到汝城，在这里，朱德与范石生谈判成功，赢取了振军的时机，与陈毅等人最初策划了湘南起义，召开了载入中共史册的"汝城会议"，在津江留下了"世界一家"的匾额。

红军长征时期，汝城是红军突破第二道封锁线的主战场，红军在此设过总指挥部、总政治部、总军事部、总卫生部，击溃了国民党反动派、湘粤赣"剿匪"中将司令员胡凤璋的反动武装，留下了彭德怀三战胡凤璋，青石寨阻止战，"红军借据""半床棉被"等许多动人的故事。

抗日战争时期，汝城是第八战区司令部驰地，薛岳的指挥部设在汝城连珠岩。

如今，朱德、陈毅故居，朱德赠匾、朱范合作谈判、中国工农革命军第二师、"汝城会议"旧址，红军突破第二道封锁线纪念碑，汝城烈士公园、红军楼、胡凤璋上古寨老巢等一批红色景点及爱国主义教育基地已修缮保护、打造利用，并新辟了"湘南起义策源地纪念馆"，中国工农革命军第二师及"汝城会议"旧址正在申报国家级文物保护单位。

八、生态文化底蕴

汝城是个山清水秀、生态奇美、环境独特、宜居宜游的地方。平均海拔600多米，是典型的山间盆地。全年光照充足，雨量充沛，平均气温16.7℃，降雨量1545.7 mm，无霜期达274.5天，森林覆盖率达73.69%，物种丰富多样，有动植物种类1万多种，是全国生态建设示范县和湖南省重点林区县。

游山有九龙江国家森林公园，热水、东岭古冰川遗址，20万亩楠竹林基地，汜水山、白云仙高山草原，君子岭、五指峰高山风光。游水有热水、暖水温泉，飞水寨、九龙江瀑布，东江湖漂流。游洞有白石岩、厚坊岩、清风岩、连珠岩、相公岩、留富岩、林家岩等。赏石有天柱山、七拱龙、飞云台、白云仙、岩鹰石；狩猎有水鹿、獐麂、山羊、野兔。

九龙江国家森林公园位于汝城县东南部、湘粤赣三省交界处，面积15644.8公顷，公园内领有九龙江天然林、热水温泉、黄石古冰川群、汜水山高山草甸、两江口水域、黄龙洞、鱼王洞竹海等。公园天然阔叶林和针阔混交林比重较大，野生动植物资源极为丰富，空气中负氧离子浓度相当高，空气中负氧离子浓度相当高，最高超过120000个/cm^3，平均有5000多个/cm^3，高出全国一级空气质量标准3000/cm^3。已整理出种子植物181科1643种，陆生脊椎野生动物72科217种，还被湖南省确定为首个兰花自然资源保护区，是我国华南地区物种资源丰富和遗传基因保存完好的典型天然林区。区内热水温泉水温一般为91.5℃，最高达98℃，流量5540吨/天。

汝城是块期待开发的风水宝地，丰富的人文资源，独特的气候条件将随着交通的改善而日益凸显，潜力巨大。

作者简介：欧阳海波，中共汝城县委常委，宣传部长。

汝城的理学印记

陈建平

周敦颐在宋皇祐二年至至和元年（1050—1054）在桂阳（今汝城）任县令，此时是其理学思想蕴思、形成、成熟的重要时期，经过多年探索，逐渐形成了理学思想体系。汝城人对他和他的思想敬仰有加，在近千年的历史中，理学对汝城影响深远，在汝城的众多自然和人文景观都留下了丰富而深刻的理学印记。

汝城天然太极图——启燃理学的“引信”

理学是一门哲学，濂溪理学的哲学思辨观点，最重要的体现在《太极图说》中。《太极图说》用“无极”、“太极”、“阴阳”、“动静”、“三界”、“四时”、“五行”的辩证关系，一方面揭示自然界万物产生、发展、变化、相生相克，消亡的原因和规律，它代表濂溪理学的世界观；另一方面，以其“五行之气感动而生善恶”，揭示了人与自然世界的关系，即社会与自然的关系，使濂溪理学所主张的社会观有了自然世界的依附，也就是说，精神世界有了物质的结合，从而使其所倡导的理学社会规范，具有理、有据、有形的根，使理学学说成为千百年来普遍信服、认同的理论。由此可见，《太极图说》是濂溪理学的奠基之作，是理学立论的根本基础。

汝城城西五里，山间盘地中有一村名朱家湾，耒水河在此蜿蜒如S形曲贯村子，周敦颐以水分土，立见阴阳两半，S形的南边地势较高，为阳，S形的北边地势较低，为阴，一幅天然太极图跃然眼前，他辨机悟道，蕴思出《太极图说》，成就了阐释天、地、人的哲学鸿篇，萌生了理学架构，以此为引信，引燃了理学之火。如今到此参观者日众，无不为大自然的造化叹奇，即使对太极图一无所知的，看后也略知一二了。

汝城濂溪书院——崇尚理学的“信物”

汝城濂溪书院始建于宋宁宗嘉定十三年（1220），初建于县署大成殿侧，名濂溪祠，以祀周敦颐。宋理宗宝祐元年，又建“希濂堂”，并祀邵雍、程颢、程颐、张栻、朱熹，名曰“六君子祠”。明洪武六年，复建濂溪阁于县厅之东，置肖像祀之。明成化年间，构楼于爱莲池上。明正德年间，改建于县西南桂枝岭麓。明嘉靖三十三年，增构讲堂学舍，正式命名为“濂溪书院”。清顺治八年，为红寇所毁。清康熙四年，就桂枝岭故址筑室三楹。清嘉庆九年，在县西一里许之金凤岭，重建濂溪书院（即现址）。

濂溪书院自始至今800年来，虽九易其址，四更其名，然薪火相传，保存至今。濂溪书院始终供奉的是濂溪先生，教授的是四书五经，传承的是理学经典，培养的是理学才俊，弘扬的是理学思想。

汝城以濂溪书院等四个书院为理学教育大本营，广泛而深远地影响了汝城的文风、官风和民风。使文风昌盛，官风清明，民风淳朴。自宋以来，出了39个进士，出了数十个立朝有声的重臣，就是当代，也成就了新中国的开国功臣。

汝城古祠堂——弘扬理学的讲堂

汝城古祠堂有710多座，可以讲村村有祠堂，族族有祠堂，而且建筑精美，文化浓厚，是汝城文化遗产的精华，是全国较为独特的古建筑形式。汝城古祠堂在华美的外观下，其实蕴含着深厚的理学文化。

许多古祠堂的大门两侧或大堂上，都有四个醒目的大字“忠、孝、廉、节”，且都为大理学家朱熹手迹仿体，祠堂两边一般有两条巷道，巷门上分别书写“礼门”、“义路”，从这里可知，程朱理学这种新儒学的思想主张，已深深烙刻在汝城古祠堂文化中。

汝城古祠堂，是一个家族的缩影，它是荣耀和权威的载体，是进行管理和议事的场所，是实施教育和激励后人的课堂，其地位和作用在一个家族中无可替代。汝城古祠堂无不把理学的思想教化作为根本。在祠堂命名上也尽显理学精义，如土桥乡金山村叶氏家庙取名“敦本堂”，同村的卢氏家庙取名“叙伦堂”，卢阳镇予乐村唐氏宗祠取名“五礼堂”，卢阳镇斗山村曾氏祠堂取名为“三省堂”，卢阳镇东溪村颜氏宗祠取名为“克复堂”，卢阳镇津江村祠堂取名为“五经世第”，等等，不一而足。一些古祠堂的堂联也尽显理学内涵，如马桥乡外沙村“太保第”联云：“考亭理学源流远，恭简勋猷德泽长”，巧妙地把朱熹和朱英这两个理学大师、理学名臣连为一体；土桥镇周家村周氏宗祠联云：“国勋已见排诸吕，家学曾经授二程”，把周敦颐倡立的理学尊奉为家学，还有什么比这个更亲切更值得崇尚的呢；卢阳镇长湖朱氏祠堂联云：“由闽省以开基理学文章施马厅前垂旧典，卜长湖而聚族力田孝弟登龙堂上焕新猷”，把理学文章作为厅前典制，足可看其重了。其他一些祠堂的牌匾对联，或示理学渊源，或含理学教义，多与理学融通。

汝城古祠堂秉承理学教化这一宗旨，将“仁、义、礼、智、信”这五常阐释教化非常具体，在“仁”的方面倡导仁心、仁义、仁政、仁慈、仁爱；在“义”的方面，崇尚道义、正义、礼义、情义，讲究义理，提倡义举、施行义务、颂美义士；在“礼”的方面，讲究礼法、礼节、礼让、礼仪、礼貌；在“智”的方面，主张尊崇贤达，激励上进，处处重文兴教，讲求知书达理，追求伟才达儒；在“信”的方面，突出一个“守”字，主张守义、守信、守制、守职、守业、守家。

汝城贤达——忠于理学的信徒

千百年来，受周敦颐“爱莲（廉）守拙”、朱熹“存天理、灭人欲”的思想影响，自宋以来，汝城出官多忠直廉洁，“崇理尚德”始终是汝城精神之灵魂。汝城官员大多成为御史（监察官员），御史现象成为汝城人文的一个特征。出了朱英、朱海、朱守孚、范辂、范永銮等数十位颇有影响的御史，出现过父子御史，叔侄御史，兄弟御史。他们忧国忧民，耿直忘我的事迹仍为人们乐道。

明正德年间，皇族藩王主南昌府的宁王朱宸濠意图谋反，时为南京监察御史的范辂（汝城籍）正好到江西巡视，他见朱宸濠有异，便冒险上书朝廷，弹劾朱宸濠及亲信镇守太监毕真，后遭朱宸濠、毕真等反诬入狱，所幸朱宸濠、毕真起兵谋反失败被诛，范辂才官复原职。范辂在朱宸濠图谋反叛朝廷这一大是大非面前，尽管面对的是皇亲重臣，尽管预知弹劾难果，可能招来杀身之祸，仍坚守舍生取义之志，足见其忠义之心，也反映出自小受理学熏陶的理学名臣的性格特征。因此朝廷赐建“绣衣坊”和“中丞公祠”以祀之，时至今日，此二建筑仍屹立在县城范家村。

明都察院左都御史朱英（汝城籍），为官 40 年，都能清心寡欲，保持操守，殚精竭虑，造福百姓，薄赋轻役，安抚民众，惩恶扬善，刚正不阿，深得民众拥戴，被誉为“五谷神”。在明《朱恭简荣哀录》序（注：朱英谥号恭简）

中，写道：“仕宦所至，辄有声，实总督两广，两广之士民爱戴之如父母……及其卒也，天子谕祭之，述其贤能功德而哀之。民哭于野，士哭于学，缙绅士大夫哭于京邸，其也所谓生荣死哀者耶。”正如明礼部尚书周洪漠在其墓志铭所云：“出而为万里长城，入而为三朝元老。”在外沙村纪念朱英的“太保第”祠堂中，一块古匾“理学名臣”道出了其中因由。

在永丰乡先锋村，有一座古祠堂叫“诏旌第”，其门楼两侧楹联为：“世德千秋重，君恩万代荣”，门楼斗拱正中镶嵌一块“圣旨”牌，这是为纪念朝廷旌表周氏九世祖周如尧义举而建。明成化十八年，天下大旱，荒灾四起，周如尧捐粮千担，赈灾济贫。皇帝颁圣旨将周氏朝门谕为“尚义门”。在浸润理学文化的汝城，即便是匹夫，也将“忠义”举得至高无上。

作者简介：陈建平，汝城县文化广电新闻出版局局长。

浅谈汝城乡土社会与理学的互动

何珍良

思想产生于社会而传播和运用于社会，是思想与社会最基本的互动关系，理学是诸多思想中产生、传播和运用于社会最成功者，而汝城乡土社会是理学与社会互动的“活”的样本。因此，笔者从古代汝城儒释道状况、周敦颐在汝城活动情况以及理学在汝城的乡土化等三个方面，解释这种互动的关系，意图粗浅地再现理学产生、发展、兴盛的过程和方法。

一、古代汝城儒释道的状况

理学是理学家以救世济民为目的，为寻求建立一个完美的社会和人生，以伦理为主体，糅合儒释道三家思想而成的新儒学。谈社会与理学的互动，应研究周敦颐之前汝城县本土的儒释道状况。

（一）儒家的状况

自汉至唐，儒家学说已由孔、孟、荀的儒家之学变成经学，以经学又变成专重训诂考据的古文经学，更何况唐末五代之乱以来道德沦亡、廉耻尽失，儒家学说已经式微。甚至杜甫也喊出“儒术于我何有哉？孔孟盗跖俱尘埃！”可见儒学在唐代地位的沦落。但是，汝城这一山中草县却因山明水秀、利于耕种，吸引了一批崇儒重教的士大夫家族卦居此，保持了崇儒重教风气。

1. 邓平直开耕读文化风气

汝城县是农耕文明发源地之一，立县久远，但一直处于原始落后的蛮荒时代。陈武帝永定初年，衡州刺史欧阳頠见儒生邓平直品行道义高尚，荐其为卢阳（汝城）令。邓平直任卢阳令数年，罢征敛、弭盗贼、创城隍、修水利、兴学校、崇儒术，开创文明。尤其把兴学校与奖励农耕相结合，鼓励读书人广占山泽、招揽中原流民耕种，逐渐兴起崇儒重教的耕读文化风气。

2. 宋璟家族兴致仕风气

唐龙朔三年，唐朝名相宋璟十七岁擢进士第，授义昌（汝城）令，开元初年再南下为广州都督时，宋璟的次子宋成迎娶唐朝名相、曲江人张九龄的次女为妻。为侍奉岳父岳母，宋成留居义昌县石塘，成为汝城宋氏开基肇祖，宋成之子宋申锡（现汝城君子岭下有宋申锡墓），擢进士第，唐文宗年间任宰相。汝城宋氏作为名相后裔，历代人才辈出，出仕风气绵绵不绝。

3. “五经公”后裔存儒者之风

汝城朱氏始祖是唐朝末年儒生朱诚。据史载，朱诚操守高洁、学问渊博，以“五经”教授学生，人称“朱五经”。朱诚曾说：“我生平熟读五经，赖此糊口。所生之子，惟全昱尚有些相似，存与温皆不肖。”果然朱温取李唐而代之，为梁太祖。但朱全昱有朱诚的儒者风范，其人品性格与朱温、朱存迥然不同。朱温为梁太祖后，朱全昱曾于大殿指责朱温不肖行为。朱全昱是李唐岭南道节度使，其子朱友谅继之。朱友谅瘁于岭南，其子朱毗在返回砀山途中，见汝城县是宜居之地，遂率族居于汝城县仙居，成为汝城朱氏始祖，其后裔崇儒重教，以“五经世第”自居。

古有诗人迁居汝城称“家临汉室神仙宅，路入唐朝宰相乡”，引颜回、袁绍、欧阳询、郭子仪、黄盖等名人后裔纷纷慕名迁居汝城，汝城崇儒重教出仕之风长盛不衰，北宋之时便有“文物衣冠胜一方”之说。

（二）佛教的状况

佛教传入汝城县始于唐朝，教派属佛教八大宗派之一的禅宗。时，县内佛寺有西禅寺、报恩寺、妙觉寺、石峰寺、永宁寺几处。其中，创建最早的西禅寺（位于现县城三育学校），世传唐时智俨禅师与禅宗始祖、南华寺六祖慧能（主张“心即是佛、见性见佛”）同云游到县，传播禅宗佛教。

（三）道教的状况

道教因唐朝皇帝姓李，认李耳为祖先，而繁荣发展。道教传入汝城县亦在唐朝。时，王仲真、王仲魁、王仲良三兄弟建白云仙为汝城道教之始，后渐盛，有白云仙、白鹤观、九仙观、白鹤庵、六目仙等千年道观数十处。

二、周敦颐在汝城的活动

（一）年纪轻、人品佳、善读书，有学识

周敦颐生于公元1017年，十九岁（1036）时因舅父郑向保荐而任分宁监主簿，后任南安军司参军。庆历四年（1044），周敦颐27岁，任桂阳（汝城）令，庆历六年迁任郴县令。宋史载：周敦颐“移郴之桂阳令，治绩尤著。郡守李初平贤之，语之曰：‘吾欲读书，何如?’敦颐曰：‘公老无及矣，请为公言之。’二年果有得”。又传，周敦颐任南安军司参军时，兴国县令程珦识其人品学识，令儿子程颢、程颐拜其为师。说明，周敦颐到汝城担任桂阳令时，年纪虽轻，但人品佳、善读书、有学识。

（二）以师道自任、讲学修道

新中国成立前依然存在的钓鱼台、濂溪吟弄处、学宫、孔庙和予乐湾皆为周敦颐讲学修道之所，可惜在“文化大革命”时期文庙、学宫、濂溪吟弄处、钓鱼台已被损坏，独予乐湾是天然景物存留。

钓鱼台和濂溪吟弄处，位于现濂溪书院前，古有巨石临深潭，是周敦颐在案牍劳累之余钓鱼和吟弄之去处。

学宫和孔庙，位于原汝城县城墙内，周敦颐曾讲学于此。

予乐湾，位于城西五里，浙水河畔，是程颢（1032—1085）和程颐（1033—1107）年少时陪伴老师春游之处。据周敦颐后裔、南宋桂阳令周思诚的《桂阳濂溪祠记》载“庆历间，尝宰桂阳，去今仅百八十年……县西五里，有山环合，林木茂翳，而溪流清泻，萦纡期间，士人号其乡为予乐，亦因先而名之?”此记载虽然没有言明程颢《春日偶成》是写于予乐湾，但从“云淡风轻近午天，傍花随柳过前川。时人不识余心乐，将谓偷闲学少年”的风格和内容来看，与程颢、程颐兄弟来汝城的时间和使命极相吻合。并且“予乐湾”之名在周思诚来汝城之前已经有，断非后人杜撰。

周敦颐在汝城讲学修道。他讲什么学？修什么道吗？

笔者认为周敦颐是修讲“道德性命”之说。据《桂阳濂溪祠记》载：“思诚遂合一邑之士，课试于中，而日禀之。凡三十余员，分隶六斋，挟册吟咏，多能读书，通道德性命之说，非他邦举子，束此于高阁，谓非时文所急也。乃知是邦之士，沐先生之泽，洽于其心久矣。”此载可说明三个问题：一是理学在当时不是科举取士的时文显学，在汝城之外的地方都不受重视。二、汝城学

子受周敦颐的影响，皆能“道德性命”之学。三、周敦颐在汝城时虽然年纪轻，我们也有待进一步考证《太极图说》、《通书》是在汝城所作的相关情形，但此记载最少已经说明，周敦颐此时已经对“道德性命”之说有较精深的研究，要不然周敦颐无法讲授此道，影响一百八十年。

（三）兴农桑修水利

庆历四年，周敦颐在土桥尖冈岭下，凿泉塘池，修建了县内最早的蓄水工程，灌溉农田，防止了干旱灾害，促进了农业的发展。每逢立春时日，周敦颐又亲率吏民在先农坛举行春耕大祭，祭神农，然后亲自下田扶犁，劝农耕农。

三、理学在汝城的乡土化

理学乡土化过程有两条途径，一是教育，传理学之道；二是通过官方提倡，以理学为核心完善家族制度，把伦理纲常系统化、具体化和通俗化。汝城如是。

（一）兴教倡理学

除上节已讲的周敦颐在学宫和孔庙传道外，汝城民间私学讲授理学之风亦盛。据南宋敕封状元朱经贯传记载：“其父少纪秉性宽弘、乐善嗜学，曾在太道桥西建书室，集贤课子。朱经贯精研理学医学，因庆元六年应募为皇妃治病而敕封为状元，授荣禄大夫，宋宁宗嘉宪四年（1211）国子司业刘跃奏请皇帝开设理学，因得朱经贯的支持，朱子理学得以在太学开设。”而此前，宋宁宗认为理学是伪道学。此载说明，周敦颐离开汝城之后，私学讲授理学之风盛行。

其后的宋元明清间，各家族私学更盛，并置学产以资学。学产主要用于聘请教师、修缮校舍、发放灯油费用、支助参加科举考试，使得家族中学龄孩童不分贫富皆能读书，成就无数英才。例如，明朝理学重臣、都察院右都御史朱英，年少时是个放牛娃，也入私学白石书院读书而中进士。朱英传弟子陈献章，陈献章又传湛若水，二者皆在理学和仕途取得辉煌成就。其他著名私学有何氏云头书院、范氏紫微书院等等。

汝城兴教倡理学还有两个特色。一是汝城历代出仕的学子大都担任过御史之职，形成一道独特的御史文化。从某种程度上说明这些学子受理学“内圣外王”的影响，注意个人修养，克己奉公，从而得到皇帝的信任。二是清朝末年文风转武风。太平天国起事后，汝城学子创建“桂勇”，随曾国藩、左宗棠投笔从戎，成为理学的捍卫者、湘军中的精锐之师。镇压太平军后，“桂勇”出任总兵、提督十数，主浙南、闽南、粤北、粤东、赣南军事数十年。1917 年护法战争，孙中山先生败至闽南，闽南的“桂勇”随许崇智投奔孙中山，成为 1920 年孙中山回师广州之战的主力。其中，黄国华为粤军第二军参谋长（当时粤军仅仅两万余人，第一军军长陈炯明，参谋长邓坚；第二军军长许崇智），后又任东路讨贼军右路总指挥；何其朗为第三旅旅长。

（二）家族制度

宋明理学的高妙，除体现在“心性义理”和哲学体系之外，还在于找到了家族制度这一世俗化的载体，设计了从族礼、祠堂、家谱、族产、家规到族长的一套完整家族制度，把伦理纲常系统化、具体化、通俗化和法律化，从而确保了理学的广泛深入推行，理学世俗化了，世俗也理学化了。汝城县人口以家族群居为主，正是理学家推行家族制度的最佳所在。汝城现存古祠堂 700 多处，人们至今仍然可以在其中感受家族制度的余威。

1. 祠堂

祠堂是祭祖场所，也是族人团拜的地方。在祠堂祖先灵位前举行祭祀、族食、团拜、读谱，不仅日益疏远的血缘关系不至于淡薄，同时，祠堂作为宣读和执行族规、族训之所，可以惩治违反理教的族众，可以调解纠纷、断是非，起到了理教法庭的作用。祠堂是理学世俗化、乡土化最前沿、最强大的阵地。

2. 族长

古时，汝城各姓家族皆有族长，族中各房又有房长。他们的职权主要是主持祭祀礼仪。每当祭祀时，族长、房长以祖宗化身自视，宣读祖训、家法，族众只可俯首听命。族长作为祭祀主持者，有惩戒违犯族规、家训者之权，断是非之权，其本质成了理学在世俗的代言人、司法者。

3. 族谱

汝城县民间自古以来修谱成风，如今盛世，各家族又掀修谱热潮。族谱有明族属、识本源、别亲疏、分尊卑、定嫡庶之用。

4. 族产

族产是一族的公共财产，有义田、祠田、墓田、庙田、学田等名目的土地和其他山林，是实施家族制度最现实的经济基础。目前，各家族的部分族产已经成为以村民委会会或村民小组为单位的集体资产，但因为现在汝城县人口还是以家族集居为主，家族势力对集体资产的使用处置仍然起决定性作用。

5. 族礼、族规、族约和家训

族礼。理学家们十分强调封建礼节对维系巩固家族制度的重要性，他们认为处理父子、兄弟、夫妇之间关系，不仅要在思想上严格遵循三纲五常、三从四德等伦理道德，而且要使这些道德原则在言语、行为的细节上表现出来，从而对冠、婚、丧葬等活动以及人们的日常起居、生活、出行、走路、言语、态度等都规定了十分烦琐的礼仪和节序。

族规、族约是家族自定的规定和约定。家训指与礼相表里的宗族教化。如家训，在中共汝城县纪委整理的《廉风》一书中收集了57姓的家训，说明族礼、族规、族约、家训是族族皆有之事。如周敦颐的后裔，汝城县的周氏以“忠、孝、廉、节”为家训，其祠堂都有朱熹的“忠、孝、廉、节”四个大榜书。

汝城家族制度中的族礼、族规、族约和家训具有强制性的特点，是捍卫理学的世俗法律，族人循者褒奖、违者受罚。褒奖措施有：物质奖励、立传载入族谱、竖碑旌表、立节妇坊和孝子坊等等。惩罚措施有：劝诫、罚跪、鞭打、革族、押送官府等等。例如，在新中国成立前，革命是反礼教的，共产党员基本上都被革族，在族谱上除名。

总之，理学家通过兴教倡理学和推行家族制度，使理学融入汝城乡土社会的每一个角度，乡土社会被彻底理学化。

作者简介：何珍良，汝城县史志办主任。

从耒水到濂溪

——汝城地方文化主题探析

张京华

一、汝城地域文化的主题是“圣贤文化”

从人的主体方面来说，汝城文化是圣贤文化，以圣人、贤人作为楷模表率，作为“先进代表”。从耒水到濂溪，可以视为汝城文化的象征性标志。

从地域方面来说，汝城文化固然是南方文化、湘楚文化的一个部分，但是与中央、中原、华夏并没有本质的不同，而只有风土的差异。

从文化性质方面来说，汝城文化是华夏文化、汉文化，以儒家、理学思想为主导的传统文化，但也包含地方性的权变和多元文化的交流。

从生态方面来说，汝城文化是以家族为生态的基本单位，耕读相兼，积极出仕而又注重地方教育的传统，在政治、教育、人伦、生产各方面，均表现出进步意义，在明清时代环境中能够“与时俱进”，为整个中华文明的发展树立了一个良好典型。

从历史进程方面来说，汝城文化先有神农为开端，后有周敦颐重振，明清以降贤良士大夫莫不以理学为修身齐家的宗旨，如朱英、范辂、张栻、湛若水等名族乡贤，循吏流寓，层出不穷，前后形成“圣贤文化”的主线。与此同时，在湖南的其他地区，有炎帝葬茶陵、虞舜南巡狩葬零陵，胡安国、胡寅、胡宏父子，张浚、张栻父子，先后来湘，又有朱熹居官长沙、魏了翁贬靖州等等，与汝城文化相呼应，构成整个湖南文明史的主体。

二、“文化”、“文明”与“圣贤”概念

(一)“文化”的概念是与“本能”、“物欲”相对而言

汉语“文明”、“文化”之“文”，其含义为交错之笔画、交错之色彩。《说文》曰：“遣画也，象交文。”《易传》曰：“物相杂，故曰文。”《庄子》曰：“青黄黼黻”、“青黄而文之”。《楚辞》曰：“青黄杂糅。”曰：“文者，会集众彩以成锦绣。典籍又有“黼黻”、“文章”之说。《说文》曰：“黼，白与黑相次文”，“黻，黑与青相次文”。曰“青黄赤白黑合为五色，青与赤为文，赤与白为章，白与黑为黼，黑与青为黻”。色彩交错，合为五色，故称“五色成文而不乱”。

“文”从人事上说则为“人文”，或者称为“人道”。“人文”与“人道”是相对于“天文”、“天道”而言。但“人文”与“人道”又不与“天文”、“天道”截然对立，而是从“天文”、“天道”中渊源而出。从“天文”到“人文”，从“天道”到“人道”，构成一个有序的整体。

“文”从政治上说，有所谓“文治”，《礼记》曰：“文王以文治，武王以武功。”“文治”即“仁政”、“王道”。“仁政”、“王道”有别于征伐，不以力服天下，故《孟子》曰：“行一不义，杀一不辜，而得天下，皆不为也。”

“文”从作用上说则为“文教”，或者称为“文化”、“教化”，又称为“风教”。所谓“风”，是指文教之施行，如风吹草偃，柔和而有效，而不必如法令执行之刚断强硬。所谓“教”，本义为“上行下效”，“教”字解为“效”，《说文》曰：“教，上所施、下所效也。”所谓“化”本义为死而复生的一种变化，《说文》曰：“匕，变也，从倒人”，“化，教行也”。故道家言“顺则生人，逆则成丹”，儒家言“化民易俗”、“化性起伪”。“化”有两种，一为“物化于人”，一为“人化于物”。“物化于人”称为人文，“人化于物”则有如禽兽、有如夷狄，实则变而之死，不能复生。故《礼记》曰：“夫物之感人无穷，而人之好恶无节，则是物至而人化物也。人化物也者，灭天理而穷人欲者也。”“文化”之“化”意为变化，即如《礼记》、《孝经》“移风易俗”之“移易”，及《庄子》之“臭腐复化为神奇”、《荀子》之“化性而起伪”、宋儒常言之“变化气质”，所强调者在于教化。“文化”即是“人文教化”，人文来自教化，人文的根本即是教化；不教化，顺其俗，从其欲，就不成其为“人文”。“文化”一语是重在表达人类应当努力去做，表明“人文”不能不期而自至。故东方古典之“人文”乃是自觉与人类群体相认同，而与禽兽、动物相区别。

（二）“文明”的概念是相对于“低俗”、“顺俗”、“循欲”而言

“文”从发展程度上说，因其高明，因其境界，因其灿烂，因其悠久，故称之为“文明”。日月之光照为明，“悬象莫大乎日月”，“遍照天下，无幽不烛，故云明”；“高明，所以覆物也；悠久，所以成物也”，“博也，厚也，高也，明也，悠也，久也”，此之谓“文明”。

东方文明、文化、仁道、王道中包含的根本一点，即不以物质需求为人类的第一要义。文明或文化归根结底是一种生存方式，东方人文思想讲求“生生”，但重在恒久的整体生存，而拒绝短暂的个体物欲。生存但却不一味依赖于物欲，此之谓“文明”，此之谓“文化”。在此意义上的文明与文化，乃是西方思想所不具备的。

故在东方古典中，“文明”、“文化”、“人文”、“人道”、“仁道”、“文教”、“风教”、“教化”，诸名一义。就其语义与经典表述之多样化而言，明显比西方 civilization（文明）、culture（文化）丰富细腻，比 humanities（人文）、evolution（进化）更加独到。

（三）“圣贤”的概念是相对于发明创造与继承传统、相对于“创业”与“守成”而言

“圣贤”是一个曾经被严重误解的词语概念，在“五四”西化思潮中被视为神圣、权威、专制的代名词，成为打倒的对象。

周敦颐《通书》引《尚书·洪范》说：“思曰睿，睿作圣。”又说：“圣希天，贤希圣，士希贤。”无论从训诂上，还是从义理上，“睿作圣”都是“圣人”词语的最基本、最准确的界定。而“贤希圣”一语则表明了圣人、贤人、士人的严格分界。即：具有圣人的贡献才能称之为圣人，具有贤人的贡献才能称之为贤人。

孔安国传：“于事无不通谓之圣。”《说文》：“圣，通也。”“睿，深明也，通也。”而所说“无不通”、“深通”意味着能够建立使整个人群、国家、民族历经千百年而长治久安的大经大法。

《周礼·冬官考工记》：“知者创物，巧者述之，守之世。”所说“知者”（智者）即是“圣人”，而“圣人”必须做到“创物”。“巧者”即是“贤人”，而“贤人”必须能谨守圣人创设的典章制度而不失。

《世本》有《作篇》，专门记载古人的发明创造。《作篇》之“作”与《考工记》之“创物”同一含义。

《礼记·乐记》：“作者之谓圣。”《易经·乾卦》：“圣人作而万物睹。”

孔子谦称自己“述而不作”，即只有“述”，没有“作”。古人所为，首先是“述”，“述”在前面。“作”是非常隆重的，“不作”不是说否定它，不是说它不重要，正是因为它太重要，所以不可率尔言之。“述”是每个人都有责任的，而且是每个人多少都能做到的，而“作”不是一般人能做得到的，所以轻易不说“作”，普遍而可行的还是继承，然后才是创造。所以古代是这样一个观念，说到“作”的时候一定是圣人“作”，一说到贤人，知识与智慧不及贤人，便只是“述”。“圣者作之，贤者述之”，“作”与“述”、“圣”与“贤”两两对应，其文法差别如此。

《礼记·中庸》：“子曰：‘夫孝者，善继人之志，善述人之事者也。’”朱熹集注：“上章言武王缵大王、王季、文王之绪以有天下，而周公成文武之德以追崇其先祖，此继志述事之大者也。”所说“善继”、“善述”，正是对“贤人”的具体界定。

古人许多专门术语，或称专有名词，多渊源于王官之学。如“道”古文作“衜”、“术”繁体作“術”，出于自羲和治历之官；“法”、“治”、“刑”、“平”出于司空治水之官；“和”与“谐”，古文作“龢龤”，出于乐夔、乐正之官；“度量”、“权衡”、“规矩”、“准绳”出于巧倕共工之官；“理”，《说文》曰：“理，治玉也”，可知出于玉人之官；而“文”字则出于画缋之官，《周礼·考工记》曰：“画缋之事，杂五色。”这便是清人章学诚所指出的“世官世畴”。

世官世畴亦非谓天子之王官可以“垄断学术”，乃谓王官能尽职守。清赵翼《廿二史札记·累世经学》云：“古人习一业，则累世相传，数十百年不坠。盖良冶之子必学为裘，良弓之子必学为箕，所谓世业也。工艺且然，况于学士大夫之术业乎！”

以事物之重要而设为专官，而所居官之人即最能精通此一事物之人。以今语言之，谓之“劳动能手”、“劳动模范”，故天子王官是真“先进工作者”、“五一劳动奖章获得者”。（在现代汉语中，“发明创造”与“劳动者”的词语已经很大程度上扭曲了。）

三、以神农作耒耜于耒山作为汝城文化的开端

（一）王万澍《衡湘稽古》的意义和价值

2008年汝城政协出版的肖春英主编《汝城人物》引用《衡湘稽古录》：“神农先创水稻于嘉禾，后制耒耜教农耕于耒山。”（P3）所说正是汝城文化的一大主题。《衡湘稽古》还提出，具体制作耒耜的是一位郴州人，并且神农氏

之乐《扶来》也与在郴州发明耒耜有关。其详情记载在《衡湘稽古》卷一，有如下三处：

“帝子柱教耕于淇田之阳”一节云：“《管子》曰：‘种五谷于淇田之阳，九州之人，乃知谷食也。’淇田即骑田岭也，音同而字偶异。……桂阳县北有淇江，其阳有嘉禾县。予先人王（讳应章）《嘉禾县学记》曰：‘嘉禾，故禾仓也。炎帝之世，天降嘉种，神农拾之以教耕作，于其地为禾仓，后以置县，徇其实曰嘉禾县。帝之教稼也，其子曰柱，为农正，躬勤耒耨，与小民同饔飧。当时民生而未知有稼穑之事，始为教之，不得不身亲于亩。’”（《管子·轻重戊》原文作：“神农作，树五谷淇山之阳，九州之民乃知谷食，而天下化之。”）

“赤制作耒耜于耒山”一节云：“《易·系辞》：曰：‘神农斫木为耜，操木为耒，耒耨之制，以教天下。’当时田器帝创其式，命匠作之，颁赐万国。衡湘山水故每以田事制名。《衡湘传闻》曰：‘帝之匠赤制氏，作耒耜于郴州之耒山。’《明一统志》曰：‘耒水出郴州之耒山’，是也。水西北流经耒县，《水经注》曰：‘县盖因水以制名。’然水乃因事，为作耒而得耒名矣。”（《易经·系辞下传》原文作：“包牺氏没，神农氏作，斫木为耜，揉木为耒，耒耨之利，以教天下。”）

“郴夭作扶耒之乐以荐犁耒”一节云：“《路史》曰：‘乃命郴夭，作《扶耒》之乐，制《丰年》之咏，以荐犁耒。’《衡湘传闻》曰：‘郴夭者，郴人也。因赤制作耒耜于郴。夭乃为《扶耒》之乐，以献于帝，所以佑天子亲耕籍田而扶耒也。亲耕之礼自神农始矣。’或作‘扶来’，‘来’、‘耒’字音相近，如耒水，《水经》作‘耒水’，《地理志》作‘来水，出郴县来山’是也。《帝系谱》曰：‘伏羲乐曰《扶来》，神农乐曰《扶犁》，此说非也。伏羲盖曰《凤来》。”

《衡湘稽古》为清常宁人王万澍所著，共五卷，“历述伏羲、神农、黄帝、少昊、颛顼、帝喾、尧、舜、夏、商二代以迄周昭”，《四库提要·杂史类存目》有著录，已收入《四库存目丛书·史部》。

据《湖南通鉴》、《湖南年鉴》、《衡阳年鉴》，王万澍又著《湖南春秋》，与《衡湘稽古》二书合为《湖南阳秋》616卷。《湖湘文库》规划有点校本《衡湘稽古》及《王万澍集》、《湖南阳秋》、《湖南阳秋续编》、《湖南阳秋释地》，目前《衡湘稽古》未见出版。

《衡湘稽古》一书多引罗泌《路史》，及《衡湘传闻》，与正史所载往往不同。但就远古、上古史实而言，历时久远，文献残缺，既难以确考，也不宜简单否定。如果从古代文明、古代制度的大背景上考察，其事虽未必可信，其理却会当如此。历史学家的责任，一方面是考实信史，实事求是，一方面也要注意提炼活的历史精神，与时俱进。特别是作为思想史、文化史的研究，允许有

“阐释学”的义理揭示。历史文献学更多地倾向于考据学，而文化史、学术史更多地倾向于人类精神的表现。

就此而言，《衡湘传闻》一书在神农与汝城的关联上，具有特殊的意义和价值。

（二）神农开辟了上古史的农耕时代

炎帝为姜姓，姜即羌，一般认为炎帝族起源于西北。《说文》：“羌，西戎牧羊人也。”

但“炎帝”或“赤帝”的得名则由于其居于南方。《说文》：“赤，南方色也。”

“炎帝”为帝名，“神农”为别号，神农别号“神农”是因为从事农耕、稼穑，发明粮食物种和农业器具耒耜。

《易经·系辞下传》：“包牺氏没，神农氏作，斫木为耜，揉木为耒，耒耨之利，以教天下。”

《白虎通义》卷一：“谓之‘神农’何？古之人民，皆食禽兽肉，至于神农，人民众多，禽兽不足。于是神农因天之时，分地之利，制耒耜，教民农作。神而化之，使民宜之，故谓之‘神农’也。”

耒和耜，类似后来的锹和犁。《说文》：“耒，手耕曲木也。从木推丯。”《说文》：“□，臿也。”徐铉曰：“今俗作耜。”

耒耜的发明者，古书所载稍有不同。谯周《古史考》：“神农作耒。”又曰：“神农作耜。”

《世本》：“倕作耒耜。”《说文》：“古者垂作耒□以振民也。”

“垂”或作“倕”，别称“巧垂”，为上古氏族名及官职名，犹如后世的少府、尚方，世官世畴，因此历时悠久不废。垂曾为神农之臣，故认为神农发明耒耜与垂发明耒耜，意义相同。

罗泌《路史》卷三九《余论》“事始”条辨析异说，可参看。

炎帝神农氏开辟出了一个伟大的时代，这就是抗战中钱穆在《国史大纲》所概括的：“中国以农立国”，“其文化特别具有‘着实’与‘团结’与‘和平’之三要素，不如印度之耽于玄想，亦不如波斯、希腊、罗马之趋于‘流动’与‘战争’与‘分裂’”。

（三）“耒耜”为农业、农民的代表性标志

“耒耜”为农民的代表性标志，首先体现为天子、诸侯的藉耕仪式，必须要亲自操持。

《礼记·月令》记载：孟春之月，“乃择元辰，天子亲载耒耜”，“帅三公九卿诸侯大夫，躬耕帝藉”。

《礼记·祭义》也说：“昔者，天子为藉千亩，冕而朱纮，躬秉耒。诸侯为藉百亩，冕而青纮，躬秉耒。”

其次，“耒耜”为农业和农民的象征性标志，甚至可以被制作成小型模型，随身佩戴。

《礼记·礼运》：“故治国不以礼，犹无耜而耕也。”

《孟子·滕文公下》记载：“士之仕也，犹农夫之耕也。农夫岂为出疆舍其耒耜哉?”

《白虎通义》卷八说道：“所以必有佩者，《论语》曰：‘去丧，无所不佩。’天子佩白玉，诸侯佩山玄玉，大夫佩水苍玉，士佩瓀珉石。佩即象其事。若农夫佩其耒耜，工匠佩其斧斤，妇人佩其针镂。”

（四）发明、制造“耒耜”具有一定技术难度，是国家官府手工业的一部分

《周礼·考工记》记载：“匠人为沟洫，耜广五寸。”又说：“车人为耒，庛尺有一寸，中直者三尺有三寸，上句者二尺有二寸。自其庛，缘其外，以至于首，以弦其内六尺有六寸，与步相中也。坚地欲直庛，柔地欲句庛，直庛则利推，句庛，则利发。倨句磬折，谓之中地。”对于耒的各部分尺寸以及弧度，都有一定的范式规定。

此外，对于制作耒的木材的选取，也有具体规定。《周礼·地官》记载：“山虞掌山林之政令。物为之厉而为之守禁。仲冬，斩阳木；仲夏，斩阴木。凡服耜；斩季材，以时入之，令万民时斩材，有期日。”

另外，对于耒的用法和使用季节，也有具体规定。《周礼·秋官》记载：“薙氏掌杀草。春始生而萌之，夏日至而夷之，秋绳而芟之，冬日至而耜之。”《周礼·地官》也说：“正岁，简稼器，修稼政。”《大戴礼记·夏小正》又说：“初岁祭（察）耒，始用畼也。”

可见古人对于耒耜，从采集木材，到使用的季节，都有具体规定，并由专官执掌，依照法规执行，不允许粗劣器具制造流通。

（五）“桂阳”、“郴州”之得名的推测

“桂阳”之“桂”为植物名，而桂树以生长在此地的为最具典型。“郴州”之“郴”为树木众多之意，特指桂树品种众多。“桂”为古代主要的健身强体、防病治病药材，与神农尝百草、发明药学的记载密切相关。

《说文》：“桂，江南之木，百药之长。”段玉裁注：“‘江南木’，《本草》

曰：‘桂生桂阳。牡桂生南海山谷。箘桂生交趾，桂林山谷。’‘百药之长’，《本草经》木部上品首列牡桂、菌桂。箘桂味辛温，主百病，养精神，和颜色，为诸药先聘通使，故许云‘百药之长’。《檀弓》、《内则》皆‘薑桂’并言。”

《太平御览》引《地理记》曰：“桂阳郡有桂岭，放花遍白，林岭尽香。”

由于多桂树，因而有“桂水”之名。由于有桂水，因而有“桂阳”之名。

《太平寰宇记》：“桂水：在郴县西南六十里，合耒阳水。”唐齐光义《安陵县石记》：“自楚都而析壤，因桂水以为名。”

古有“八桂”之说。作为地名，“桂”包含较广，可视为地区名。“郴”字从“邑”从“林”，为桂阳的别称、专称，含义正是“八桂”之意。可以解释为“多桂树之城”。

《山海经》：“桂林有八树，在番禺东。”（或作“贲隅之桂”，注：“贲隅，番禺也”。）罗泌《路史》卷二六《国名纪三》认为“盖桂阳也”。

关于郴州历史沿革，一般文献均以秦汉设置郡县为起点。然而在秦汉设置之前，此地可能已有本土住民建立的“桂国”存在。

《逸周书·王会解》伊尹《四方令》有“桂国”，罗泌认为即八桂、桂阳。

（六）“耒水”和“耒山”

古代文献对于“耒山”、“耒水”、“耒口”，多有记载，不胜枚举，仅略述如下：

《汉书·地理志》桂阳郡郴县：“耒山，耒水所出，西至湘南入湘。”

汉桑钦《水经》卷三九记述了耒水：“耒水出桂阳郴县南山，北过其县之西，又北过便县之西，又西北过耒阳县之东，又北过酃县东，北入于湘。”

《水经》卷三八《湘水》记述了整条湘江水道：“湘水出零陵始安县阳海山，东北过零陵县东，又东北过洮阳县东，又东北过泉陵县西，又东北过重安县东，又东北过酃县西……”耒水为湘江支流，因此北魏郦道元《注》补记了耒水：“郴县有耒水，出耒山西，至湘南西入湘。”“耒水西北至临承县，而左注湘水，谓之耒口也。”郦道元《注》：“耒水发源出汝城县东乌龙白骑山。”

宋王象之《舆地纪胜》卷五七《荆湖南路·郴州》引《郴江前集序》：“郴为湘楚之上游也”，“郴阳自唐以山水名天下，有沈、杜、韩、柳相继发挥之”。

《舆地纪胜》又载：“耒水：《舆地广记》云：‘桂阳县有耒山，耒水所出也。东北过便县、耒县及酃县。’”“耒山：在桂阳县南十里，四面孤绝。《汉·地理志》云：‘郴有耒山。’《寰宇记》云：‘耒山在郴州。’”

《明史·地理志》郴州桂阳县：“南有耒山，耒水所出，西北会于郴水。”

（七）“清淑之气”与“圣贤气象”：从自然山水到人文创造的转化

唐代韩愈、杜甫、沈佺期、戴叔伦等人，各有诗纪咏桂阳。

韩愈《送桂州严大夫》诗：“苍苍森八桂，兹地在湘南。江作青罗带，山如碧玉篸。户多输翠羽，家自种黄甘。远胜登仙去，飞鸾不假骖。”诗中说到桂树、郴江、草药和升仙。

《舆地纪胜》卷五七《荆湖南路·郴州》引《郴江前集序》：“郴为湘楚之上游也”，“郴阳自唐以山水名天下，有沈、杜、韩、柳相继发挥之”。

至宋代，阮阅甚至有《郴江百咏》，称之为“荆楚一佳郡”，“山川寺观之胜，城郭台榭之壮，未经品题者尚多”。

但是，自然山水不是最重要的，退一步说，假使环境条件再差，也都不是阻挡人们“率性修道”、“止于至善”的理由。通过人为的努力，将自然山水转化为人文创造，这是古代文化的一个重要特质。

所以，在郴州志、汝城志等文献中，一方面可以看到诸多对山水景致的纪咏，一方面更多地可以看到对于前贤旧迹的追怀和承接。这种将自然山水转化为人文创造的过程，古人称之为“天人相参”、“天人之际”。其中圣贤人物的风采较之自然山水更加重要。

《东观汉记》记载：“茨充，字子何，为桂阳太守，民惰懒，少粗履，足多剖裂。充教作履，今江南知织履，皆充之教也。”

汉末，有郡民苏耽，栖游此山。《桂阳列仙传》记载：“耽，郴县人。少孤，养母至孝。”

耒阳有蔡洲，“洲西即蔡伦故宅。傍有蔡子池。伦，汉黄门，顺帝之世，捣故鱼网为纸，用代简素，自其始也”。

北魏郦道元在记载境内山川的同时，记载了湘江、耒水流域的诸多历史人物：

九疑山“大舜窆其阳，商均葬其阴。山南有舜庙，前有石碑”，“又有舜庙”、“有《舜碑》”，“有鼻墟，言象所封也，山下有象庙”。

岣嵝山为南岳，“山下有舜庙，南有祝融冢。楚灵王之世，山崩，毁其坟，得《营丘九头图》。禹治洪水，血马祭山，得金简玉字之书”。

白土乡，“《零陵先贤传》曰：郑产字景载，泉陵人也，为白土啬夫。汉末多事，国用不足，产子一岁，辄出口钱，民多不举子。产乃敕民勿得杀子，口钱当自代出。产言其郡县，为表上言，钱得除，更名白土为更生乡也”。

“芙蓉峰之东，有仙人石室，学者经过，往往闻讽诵之音矣。”

麓山“东临湘川，西傍原隰，息心之士，多所萃焉”。

上述人物中，舜、禹、祝融均称为圣人，而郑产以及“学者”、“息心之士”等无名人物则称为贤人。

阮阅《郴江百咏》有《蔡伦宅》一首，又有《三怀堂》一首云：“东京吏治孰称循，范晔才书十二人。前日桂阳三太守，许谁来此继芳尘。”

这些对于圣贤、乡贤、先贤的记述，到唐代韩愈时，曾经概括为“清淑之气”。“清淑之气”既在山水上体现，也在人物上体现。自韩愈之后，“清淑之气”几乎可以视为郴州地方文化的“人文意象”——具有代表性和长久不衰的风格特征。

韩愈《送廖道士序》说：“郴之为州，在岭之上，测其高下得三之二焉。中州清淑之气，于是焉穷。气之所穷盛而不过，必蜿蟺扶舆磅礴而郁积。衡山之神既灵，而郴之为州，又当中州清淑之气，蜿蟺扶舆磅礴而郁积，其水土之所生，神气之所感，白金、水银、丹砂、石英、钟乳、橘柚之包，竹箭之美，千寻之名材，不能独当也。意必有魁奇忠信材德之民生其间。”

阮阅《郴江百咏》有《清淑堂》一首云：“三仙一相有遗风，清淑谁言到此穷。寄与郴阳忠信士，得名端合谢韩公。”所咏即韩愈之文意。

《舆地纪胜》引《郴州兴造记》云：“其地多崇山大泽，引衡岳而带九疑，中州清淑之气蜿蟺郁积于其间，亦天下佳山水处也。”引洪内翰（洪迈）《重建城门楼记》云：“郴为州，其山奇变，其水清泻，其气宛潬旁薄，其民魁奇而忠信。”可见人们对于“清淑之气”的认同。

“清淑之气”，“清”意为纯，“淑”解为善。

值得注意的是，与韩愈“清淑之气”之说相对，唐人还有一种“地中而气正”之说，论述边陲和四夷问题，而也归结到天地之气上来。

唐杜佑《通典》卷一八五《边防序》说道：“覆载之内，日月所临，华夏居土中，生物受气正。其人性和而才惠，其地产厚而类繁，所以诞生圣贤，继施法教，随时拯弊，因物利用。三五以降，代有其人。君臣长幼之序立，五常十伦之教备，孝慈生焉，恩爱笃焉。主威张而下安，权不分而法一。生人大赉，实在于斯。”这里说到人们秉受天地之气，中原所得较为中正一些，所以文明。

卷四八《礼沿革》又说：“其地偏，其气梗，不生圣哲，莫革旧风，诰训之所不可，礼义之所不及。”但是地理条件可以用“风气”的条件所改变。“古之中华，多类今之夷狄。”“古之人朴质，中华与夷狄同，有祭立尸焉，有以人殉葬焉，有茹毛饮血焉，有巢居穴处焉，有不封不树焉，有手抟食焉，有同姓婚娶焉，有不讳名焉。中华地中而气正，人性和而才惠，继生圣哲，渐革鄙风。今四夷诸国，地偏气犷，则多仍旧。”

这里又说到中原人们所秉受到的中正之气，也是经过依循礼义逐渐养成，所以关键问题还不在地区、方为的差别，而在于人们的努力与否。正因如此，《通典》反对依赖武力开疆拓土。

南宋以后，理学家对于人文教化的思考，更有一种“圣贤气象”之说。周敦颐的贡献，固然是因为他的若干主要著作。但是《太极图说》与《通书》虽然重要，却还是学者们可以诵读的。而周敦颐的心迹，如“窗前草不除，云与自家意思一般”，却是无迹可求、无可学习的。理学家称此为“圣贤气象”，或称“儒者气象”、“正大气象”、“有道者气象”。

黄庭坚称道周敦颐为“胸怀洒落，如光风霁月”，李延平每诵此言，以为善形容，有道者气象。

这种描述完全如同人们对山水景致的描述，也如同人们对于天气的描述。天地、山水、人文，在此融为一体。

程颢说过：“观天地生物气象。”

二程还说：“仲尼，元气也。颜子，春生也。孟子并秋杀尽见。仲尼无所不包，颜子视‘不违如愚’之学于后世，有自然之和气，不言而化者也。孟子则露其材，盖亦时然而已。仲尼，天地也。颜子，和风庆云也。孟子，泰山岩岩之气象也。”

朱熹说：“大抵自尧舜以来，至于本朝，一代各自是一样气象不同。如三代人物，自是一般气象。《左传》所载春秋人物，又是一般气象。战国人物，又是一般气象。”

朱熹还说：“伊川令学者看圣贤气象。”“凡看《论语》，非但欲理会文字，须要识得圣贤气象。”“圣人气象虽非常人之所可能，然其如天底气象，亦须知常以是涵养于胸中。”

这种不容易定义出来，却容易感觉得出的存在，不仅贯通于天地之间，光耀于山水之上，而且体现在历史、人文之中。清儒张伯行阐释道：“天地间天理流行之妙，随处发见。故万物之生，浑是一团大和元气，充塞遍满于上下之内，而不静观不知也。周子谓‘窗前草不除，云与自家意思一般’，正见得天地气象在我，而我之生机流行，亦初无一息之或停矣。”又说：“气象非一时摹拟得出，熟复玩味，便觉明白亲切。”

要之，韩愈将郴州、汝城的文化精神称述为“清淑之气”，认为与中州并无差别，所谓“在德不在险”、“君子居之何陋之有”，只要“清淑之气”在，则“必有魁奇忠信材德之民”在。这一精神理念，是郴州、汝城文化中最可宝贵的。

四、周敦颐为继孔孟之后的第三位“圣人”，亦称“先儒”、“大儒”

周敦颐之所以被称为“圣人”，高出于“贤人”之上，是因为他的杰出贡献。夏商周三代尧舜禹汤文武所开创的礼乐文明，经过晚周、秦汉、魏晋、隋唐二千年的沿革变迁，世殊事异，必须重新加以整理。文献问题归文献，制度问题归制度，义理问题归义理。文字和制度总是会变的，而天理人心是永远的。周敦颐之所以重要，正是因为他为宋儒重振儒学迈出了最初的一步。

周敦颐在宋明新儒家的建立过程中，起着关键的“仪式性”作用。前引《宋史·道学传》又说：“文王、周公既没，孔子有德无位……孔子没，曾子独得其传，传之子思，以及孟子，孟子没而无传……千有余载，至宋中叶，周敦颐出于舂陵，乃得圣贤不传之学，作《太极图说》、《通书》。”

宋明新儒家继汉唐经学之后，跨越千年而起，直承孟子，表明学术学派的兴起，有不为时间所阻断者。单就操作层面而言，宋明新儒家的建立过程，全由朱子对于周子的推崇而实现。考其所以如此，必须具备如下条件：

第一，恰好为宋初先驱长辈。众所周知，在宋儒诸学案中，周敦颐既非最早，也非大宗，“大抵近世诸公知濂溪甚浅”、“即濂溪二子，亦失其家学之传”（钱穆《朱子学提纲》，P21），但若以辈分粗论，周敦颐在“北宋五子”之中确实年长一辈，使得自“初祖”以至朱子有一恰当的时间作用（适当的连续与适当的间隔），亦无可否认。

第二，恰好为二程之师。周敦颐是否为二程传道之师，自当世学者已多表怀疑。《程氏遗书》所载，二程只称周敦颐为茂叔而不称先生，平生绝口不提《太极图说》，而门下弟子游酢至称“周茂叔穷禅客”。全祖望《宋元学案·濂溪学案·序录》称：“濂溪之门，二程子少尝游焉，其后伊洛所得，实不由于濂溪……今观二程子终身不甚推濂溪……予谓濂溪诚入圣人之室，而二程子未尝传其学。”但周敦颐确曾为二程之师，亦绝不可否认。

第三，恰好著有《易通书》。宋代新儒家学者当世少有显达，退居治学，往往以诸子位置自居而回避经术，表明诸人与当世政治的并立立场，至元代表彰朱子，乃是再次升子为经。但子家有一形式要求，即须留有文字，如先秦诸子之例，凡有言论直接或间接留于后世者，皆得称之为子。而周敦颐著作十分单薄，《太极图说》仅三百余字，《通书》三千余字，且在当世亦不知名。如钱穆《朱子学提纲》所说：“北宋理学开山有四巨擘：周敦颐濂溪、张载横渠、程颢明道、程颐伊川兄弟。此四人皆仕宦沉沦，不居显职，在中朝之日浅，并未在治道实绩上有大表现。论其著作，濂溪分量特少，独有《易通书》与《太极图说》，一是短篇，一是小书，据朱子考订，《太极图说》亦当附《易通书》，非单独为篇，是则濂溪著书仅有《易通书》一种。”但是，周敦颐毕竟有一完整“子学”著作，从而使得逝者已逝之后，“阐释”的作用得以成立，而文本阐释初亦不必限于文字遗产的数量多寡。后朱熹与吕祖谦合编四子《近思录》，《太极图说》“无极而太极”一句跃居十四卷之首，全由朱熹“发明”而至。

具备了这几个条件，宋明新儒家的儒统乃可以获得全新的建构，即：孔子→子思→孟子→周子→二程子→朱子。

而对于汝城来说，周敦颐如同一座巅峰，屹立在中古的大地上，与上古之际的圣人神农氏前后相接、上下相望。

汝城县长宛方舟为《汝城县志》所作《序》中有如下诠释：“斯邑为濂溪周子过化之地，尝考顾泾阳谪桂阳州判官，以柳子厚、苏子瞻、庄定山昔曾谪居其邑，遂额其室曰‘愧轩’。今之桂阳州与汝之故名同，而皆在郴之附近。”

卷二十二《人物志·政绩》小序又说：“周子濂溪则百世之师……居是邑而称茂宰，必首濂溪。自宋而下，以治行闻者，未有不淑于濂溪者也。”

五、地方文化研究的宗旨、途径和方法

（一）地方文化研究的宗旨

在改革开放三十年后的今天，地方文化研究应当争取出精品，出高端产品。以历史发展为主线，求真求是。倡导文明主题，强调社会发展的高雅化、理想化。华夏与四夷的界定，主张以文化为界定标准。中原与四方的格局，强调统一与整体，区域性、民族性居第二位。尊道崇古，厚古薄今。以复古为解放，以尊重古代文明推动现代社会的进步。

（二）地域文化研究的途径

文化可以视为经济资源，并且是重要的经济资源。但文化不宜直接转化为经济利益，文化应当间接地发挥经济作用。将文化直接转化为经济利益，往往会出现“建设即是破坏”的后果。必须真正关怀、服膺、承接文化，依循内在规律而弘扬文化，则有风俗朴茂，民情淳美，经济利益自可不期而至。文化之道，甚易知，甚易行，而天下莫能知，莫能行。

（三）地域文化研究的方法

地域文化研究中必须注意方法问题。对历史的研究，求真求是，以唐还唐，以汉还汉。对文献的记述，客观准确，有真存真，有疑存疑。充分认识儒家理学思想追求天理、警惕人欲的合理性及其积极的现实意义。充分理解古人的人生理想与幸福标准，并寄予敬意与同情。注重对汝城历史的文化研究，即强调历史中的人文创造、政治表率、教化作用。注重对汝城历史的文明考察，发现、揭示、倡导向上的与高雅的因素，移风易俗。表彰忠孝廉洁，礼义诚信，推崇克己互助，淳风美政，批评逐时顺俗，个人利欲膨胀。在探讨地方文化的同时，仍以国家、民族的整体性居第一位。在探讨历史文化的多元、交流、变迁的同时，仍不忘承接儒家、理学传统的主线。

作者简介：张京华，湖南科技学院濂溪研究所所长，《湖南科技学院学报》主编，教授。

周敦颐理学思想对汝城民风民俗的永恒影响

何曼霞

汝城县，地处南岭山脉东段与罗霄山脉南端之交接部，与广东、江西两省接壤，素有“鸡鸣三省，水注三江”之美称。全县森林覆盖率73.69%，有天然林13万亩，气候宜人，夏无酷暑，冬少严寒，年平均气温16.6摄氏度，平均降雨量1547.1毫米，平均日照1371小时，地平均海拔300米左右，素有“小昆明”之称。自东晋穆帝升平二年（358）置县以来，在近2000年的历史中，四易县址，九更县名，汝城人口陆续从全国各地迁入，并在此繁衍生息，文化积淀深厚。本文试从周敦颐的理学思想过化之后，探讨其对汝城民风民俗的影响。

一、周敦颐理学汝城渊源

周敦颐，字茂叔，学者称濂溪先生，1017年生于湖南道县久佳乡楼田村，1073年病逝于江西九江。谥元，称元公。公元1050—1054年，周敦颐任桂阳（今汝城）县令，一边勤于理政，政绩卓越，百业兴隆，文风鼎盛，功德卓著。一边潜心研学，“上承孔孟、下启程朱”，“发天理、正人心，使孔孟绝学，灿然复明”，著《太极图说》、《通书》等理学代表作，“言约而道大，文质而义精”，为后世宋明理学的创立发展奠定了坚实的理论基础，被尊称为理学开山鼻祖。

正是他的或亲自主政，亲传亲教，身体力行；或丌办学校，著书立说，训诫阐释，培养传人，使得宋明理学思想的精髓，成为汝城人民安身立命的箴言，为人处世的信条，观察自然、社会、人生的思维准则。《宋史·道学传》说：“千有余载，至宋中叶，周敦颐出于春陵，乃得圣贤不传之学，作《太极图说》、《通书》，推明阴阳五行之理……然后道之大原出于天者，灼然而无疑焉。”[①] 就是这位“得圣贤不传之学”的理学开山大师，身体力行，努力践履他“立人极”的做人最高准则，而且著书立说，开办学校，训诫育人。他不光有“老吏不如”的办事能力，有“出淤泥而不染”的人品，也有“奉养至廉”的清正廉洁，有“为学知道”的真才实学，更有“修学校以教人”，从学者甚众的风范。

正是有理学发源地，这样一个得天独厚的条件。同时，理学的一些思想观念有大师的言传身教，积极倡导，对汝城人的成长起到耳濡目染的教化作用。使汝城人接受宋明理学的基本思想才能够如此深入人心，正所谓“近朱者赤”、“近墨者黑”。汝城至今仍保留有“濂溪书院”，足可见其在汝城影响之大。

二、周敦颐理学对汝城民风民俗的影响

在古代，也就是说在秦之前，郴州属楚地，荒蛮僻远，属文化荒原。由于楚国政治制度鞭长莫及，基本上无人管辖，故在历史上称蛮地。《史记·货殖列传》卷129载：“楚越之地，地广人稀，饭稻羹鱼，或火耕而水耨。”这大体是对古代南岭山下汝城村居生活的真实写照：守住一座山，用火耕方式在旱土上种植瓜果粟麦，以水耨之法耕耘稻田，冬天狩猎，夏天捕鱼。

真正改变汝城这种文化荒原状态，那就是宋明理学诞生了！宋明理学是在先秦诸子百家之学、两汉经学、魏晋玄学、隋唐佛学之后，哲学发展史上的一个新时期，是我国封建社会后期别具特色和风格的哲学思维形态。它被封建统治阶级奉为官方哲学，长达六七百年之久，对我国政治、经济、文化，乃至民族性格造就有着深刻而广泛的影响。而汝城是理学发源地，周敦颐作为理学的开山鼻祖，汝城人民对其评估极高，并以濂溪过化之地而自诩。的确理学过化之后，形成了别具特色的民风民俗，并得以较为完整的保存下来。概括而言，汝城的民风民俗有如下特色：

（一）守道循理

在思想观念上，汝城人经常挂在嘴上的一个词是“天地良心”。无论是为了明辨是非，还是为了表示清白，都喜欢把这个词拖出来，作为大前提加以预设。比如，两人为某事争吵，一位可能先发制人：“做人要凭天地良心，这样的事都敢做出来呀，嗯怕人家笑话?”另一位则会针锋相对：“天地良心，你敢

---

① 《宋史》卷四二七。

冤枉人哪，这样的话亏你说得出口?”与此相关，汝城人做人做事喜欢“穷理”、“明道理”。为了一件鸡毛蒜皮的小事，他们可以不惜讲“理”半天，互不服气，甚至四处找人投诉。而无论做什么事，首先的要求是“明道理”，要懂得为什么去做和怎么去做。假使事情做出了差错，安排任务的人或者家长一定会责怪你：“你嗯晓得道理呀!”他们教育孩子的第一要务是要懂“规矩”，一个调皮的孩子如果胆敢向大人挑战，他的家长或大人必定会呵斥他：“没规没矩!”“循理”在汝城人的词汇中表述为“讲理”，遇有是非曲直、人情往来、红白喜事、祖宗祭祀等，他们通常会说“照理应当如何如何”，重在以“理”来统一思想。汝城人民这种对理的执著，恰恰是宋明理学的核心概念，如：“天理”、“格物穷理”、“守道循理”。

（二）力求“天人合一”

周敦颐依据《易传》、《中庸》等，接受道教、佛教的某些思想，又从陈抟那里吸收了太极图式说，提出了一个简单而有系统的宇宙构成论，从而为儒家确立了宇宙本体论，“人”由“天”而出，儒学的终极追求在于“成圣”，而“圣”的境界就是“天人合一”的境界，独特理解了天人合一的思想。

汝城人对于鬼神的敬重就足以说明受宋明理学思想的浸染。宋明理学家把死亡看做是一种自然现象，是“气”之“良能”的体现。朱熹说：“天地之间，只是此一气耳。来者为神，往者为鬼。比如一身，生者为神，死者为鬼，皆一气尔。”[①] 汝城人民也相信祖先的鬼神会在人间自由来往，也相信自己死后能与他们相会，叙谈平生，因而祭祀祖先便成了“孝道”的一个重要组成部分。传统的客家祠堂里，正厅的中堂必定有一张神桌，上面摆满祖先的灵位，每逢初一、十五，逢年过节，上香上供，虔诚而又恭敬。相应地，各种名目繁多的鬼神似乎无处不在，如门神、灶神、五谷神、扁担神、土地神等等。

在村落的选址方面也体现了汝城人民“天人合一”思想。汝城地处山地丘陵地带，群山环抱，川谷崎岖，因而村落的选址多利用天然地形，遵循五位四灵的模式，顺坡就势来建造村落，在选址上既表达了追求“天人合一”这种理想境界的和谐环境观，又体现满足人们趋吉避害的心理观。风水观念中对村落总体环境的要求是：前有朝山，后倚来龙山，有形为狮象、龟蛇的山把守水口河流，溪水似玉带环流，更有形似官帽的山体主文运，发科第等。正如《土桥何氏族谱（三股香)》对村落环境的描述：“村前巍巍东岗如屏，村后有银岭、神千岭、金山连绵起伏，如龙腾凤翔。左有巍巍天柱山似虎，嶙嶙连珠岩如

① 《朱子语类》卷六。

龙，虎踞龙盘，乃卧虎藏龙之地”。从建筑高度上来看，“严守前栋不能高于后栋，最高不能超过祠堂高度的旧习”。再有，“大门禁忌对墙角”。开门见墙角，人们会从心理上感到难受，风水家说这样会迎到“杀气”。在乡村，后建的房屋如果无视这一条，公然用自家的墙角对准已建人家的大门，通常会招致严厉的抗议和谴责。所以，在民间，“大门禁忌对墙角”也成为乡规民约，共同遵守。由此可见，在传统聚落中，屋宅首先是东邻的西舍，西舍的东邻，只有舍南舍北都照顾到，然后才能轮上“我亦爱吾庐”。这样看来，在汝城的传统聚落建筑中似乎已有了一套自己的“伦理”标准。正是因为这种建筑“伦理化”的存在，才有了建筑群体的和谐，也呼唤了人群的和谐。

（三）尊师重教

根植于理学文化土壤的汝城文化，千百年来，孕育了许多与众不同的民族风情，形成了独具风格的地方文化。他们不管在耕作于本地，或是远走闯天下，都以读书识字为荣，形成了汝城人“喜读书、尚礼教、崇信义、敦朴素、勤耕作”的传统美德。这种民风民情，在本地各村落中都有所体现，如有的人在祠堂牌匾上书写上“敬学劝教”、“热心教育”、“耕读持家”、“尊师重教”等。这里的人们他们可以贫穷，但一定想方设法送孩子去读书，汝城人的“尊师重教”、“读书明理”思想，都是受理学思想的浸染所致。

（四）对生活积极态度

汝城处在三省交界这样一个特殊的地理单元上，受三省中心区的辐射相对较弱；由于多丘陵山地，对外交通联系多有不便，成为一个僻远山区，贫穷而落后。但这里的人民有一种乐观、积极向上的生活态度，因为他们可以不受条件的限制，劳作的辛苦，不停地寻找快乐的法宝。如：从民间传统的庆祝或祭祀的节日和专门活动上看。汝城人民节庆的形式和内容多姿多彩，地方特色浓郁，特点鲜明。畲族、汉族的节日也繁多，按农历计算，每月都有自己的节日。正月春节、元宵，二月至三月清明，三月三，四月八，五月节（端午节），六月六，七月半（七月十四），八月十五（中秋节），九月九（重阳），十月十五，十一月冬至，十二月二十三（小年晚）、除夕等。畲族还有本民族的节日，如农历三月三的赛歌会、染乌饭。瑶族有大节日和小节日之分，大节日主要有盘王节、封鸟节、清明节、田公节、尝新节、中元节、春节等，小节日每月都有。其中尤以盘王节最为隆重。它是瑶族人民纪念始祖的最为盛大的节日。盘王节分为定期和不定期两种，定期为每年的十月十六，一年一次。不定期的则无定数，具体时间由师公择吉月吉日举行；其次，风情雅致的民族山歌。山歌主要有祭祀歌、抒情歌、风俗歌、生产歌、苦歌等，在劳动余暇和节日喜庆中，常常对歌或“坐歌堂”。村民逢年过节要举行山歌会，以三月三、六月六歌会最隆重。迎客歌、敬茶歌、情歌对唱等悦耳动听，其代表作有《十二包文书》、《歌有心来妹有情》。

程颢在诗中自道：“富贵不淫贫贱乐，男儿到此是豪雄。”这说明汝城民性中对待生活积极向上的态度与宋明理学的目标有相通之处。

（五）独具特色的本地方言

汝城话是全国现存下来特有的秦汉古音，对研究我国古代语言有较高的参考价值。如南昌大学曾献飞教授编著的《汝城方言研究》认为，汝城方言至少是元明以前的古音。更有学者研究认为，汝城话多上声，而上古正定方言入声读上声，正是中原秦汉时期的语言。因此，汝城话属秦汉古音。同时汝城世居少数民族由于跟当地居民不断融合、同化，在保留、发扬本民族语言特征的同时，亦在不同程度上受到了汉族语言、客家话等多种语言的辐射与渗透，从而形成别具汝城特色的民族语言。汝城瑶族除保留独特的过山瑶勉语外，还形成了最有代表的地方方言，如延寿话、徐家话、九峰话、东岭话等。汝城畲族以客家话为主，掺入其他方言（如湘音、中原音），当地人称作“讲白话”。所以在汝城这个美丽的地方，有时同是汝城人却不一定能听懂对方的话的有趣场景。

总之，从根本上说，汝城别具地方特色的民风民俗，是在宋明理学思想熏陶下，汝城人民共同创造的，也是我们应当保护与传承的宝贵的物质和精神文化遗产，是研究南中国山地北方移民宝贵的精神活体。

作者简介：何曼霞，中共汝城县委党校高级讲师，副科纪检员。

书院祭祀发展历程与祭祀对象

肖永明

书院祭祀是体现书院文化教育功能的重要形式，是书院规制的重要内容。它与教学、藏书一道构成了“书院的三大事业”。① 自宋初书院开始采用祭祀之后，书院祭祀就与书院的其他功能一样，不断发展完善，并在内容与形式上呈现出区别于其他祭祀类型的独特性。考察书院的祭祀的发展历程与祭祀对象，有助于我们进一步了解书院的特色与社会功能，把握书院在社会文化系统中的地位与作用。

一、书院祭祀的发展历程

祭祀是指向神灵、祖先等崇拜对象行礼，以示崇敬或祈求保佑。在古代社会生活中，祭祀占有非常重要的地位，甚至被认为是国家政治生活中的大事。《左传·成公十三年》载：“国之大事，唯祀与戎。”《国语·鲁语上》也说：“夫祀，国之大节也。”在传统中国社会中，“礼”是非常重要的社会控制、整合手段，被认为是“所以别嫌明微，傧鬼神，考制度，别仁义，所以治政安君也”②，在社会生活中的地位与作用可以想见。而在各种礼仪之中，祭礼的地位又最为重要，所谓“凡治人之道，莫急于礼。礼有五经，莫重于祭”。③

在古代的学校中，存在着祭祀活动。《周礼·春官·大宗伯》中说：“春，入学，舍菜合舞。”《礼记》中也多次提到古代学校的祭祀活动。《礼记·学记》说：“大学始教，皮弁祭菜，示敬道也。”《礼记·祭义》说：“祀先贤于四学，所以教诸侯之德也。”《礼记·文王世子》说：“凡学：春，官释奠于其先师，

① 盛朗西：《中国书院制度》，中华书局，1934年，第47页。

② 《礼记正义》卷二一，《礼运第九》，阮元：《十三经注疏》，中华书局，1980年影印本，第1418页。

③ 《礼记正义》卷二五，《祭统第二十五》，阮元：《十三经注疏》，中华书局，1980年影印本，第1602页。

秋、冬亦如之。凡始立学者，必释奠于先圣先师，及行事必以币。”按照李申的说法，在周代学校出现的祭祀主要是一种对行业祖师的祭祀，其对象包括先圣、先师与先贤。[①] 此后，学校的祭祀活动一直延续，祭祀的内容、形式也不断发展并逐渐形成独立的祭祀空间。台湾学者高明士考察中国古代学校祭祀空间的发展，认为一部中国教育史，可以说是由“学”到“庙学”的发展过程。在“学”的时代，除讲堂外，都用正厅或正殿之室以供祭祀之用。在“庙学”时代，则已有独立空间作为祭祀场所，校园也由教学与祭祀两个空间构成。周代以前，祭政合一，教育活动本来是包含在祭祀活动中展开的，二者不可截然区分，“学”与宗庙、明堂是在同一地点而不同室，因此“学”中有多种场合举行祭礼。这些制度，对汉以后教育具有较大影响。汉代“学”中也举行释菜、释奠之礼。东晋太元十年（385），孝武帝在国子学西边建孔子庙，庙学制首次出现。北齐天保元年（550），文宣帝令郡学立孔颜庙，将庙学制从首都推广到地方郡学。唐贞观四年（630），唐太宗又将庙学推广到地方官学中的州学与县学。此后直至清代，庙学制一直相沿不变。[②] 正如清代学者所谈到的，“唐宋以来，郡、州、县莫不有学，即莫不有庙”。[③] 在唐宋以后的官办学校中，祭祀一直是重要的教育活动内容。

受官学系统祭祀制度的影响，书院在其兴起及不断的发展过程中，也进行祭祀活动。许多学者甚至将祭祀作为书院的标志性特征。如前文谈到，盛朗西以供祀作为书院的“三大事业”之一，章柳泉也将“书院祀先贤”视为书院的几大特点之一。[④]

书院祭祀活动具体起源于何时，限于资料，目前尚无法明确考证。但可以肯定的是，早在宋初，书院中已存在祭祀活动。如长沙岳麓书院的祭祀活动就始于北宋开宝九年（976）朱洞创院之时。[⑤] 咸平三年（1000），学者王禹偁《潭州岳麓山书院记》在谈到李允则重建岳麓书院时称：“开宝中，尚书郎朱洞典长沙，左拾遗孙逢吉通理郡事，于岳麓山抱黄洞下肇启书院，广延学徒。二公罢归，累政不嗣，诸生逃解，六籍散亡，弦歌绝昔俎豆无睹。公……肯构旧

---

① 李申：《中国儒教史》上卷，上海人民出版社，1999年，第27—39页。

② 参见高明士：《书院祭祀空间的教育作用》，《中国书院》，第一辑，湖南教育出版社，1997年，第65—78页。

③ 清·吴省钦：《什邡县方亭书院新建圣像楼碑》，《白华前稿》卷八，《续修四库全书》，上海古籍出版社，2002年，第1147册，第632—633页。

④ 章柳泉：《中国书院史话——宋元明清书院的演变及其内容》，教育科学出版社，1981年，第13—15页。

⑤ 陈谷嘉、邓洪波：《中国书院制度研究》附录一，《岳麓书院祭祀述略》，浙江教育出版社，1997年，第585—594页。

址，外敞门屋，中开讲堂，揭以书楼，序以客次。塑先师十哲之像，画七十二贤，华衮珠旒，缝掖章甫，毕按旧制，俨然如生。请辟水田，供春秋之释奠。”[①] 从此文中的“俎豆无睹”“毕按旧制”等语看来，早在朱洞创书院时岳麓书院就已有祭祀活动。而到咸平二年（999）李允则重修书院后，书院的祭祀活动不仅恢复旧制，还得到了进一步的发展，有了专供祭祀之费的“水田”。到北宋末学者张舜民游岳麓书院时，仍见“岳麓书院有孔子堂、御书阁，堂庑尚完”。[②]

白鹿洞书院在宋初也有祭祀活动。咸平四年（1001），宋真宗诏令给全国各地学校、书院发送国子监印本经书并修缮孔子庙堂。咸平五年，白鹿洞书院得以修缮，“又塑宣圣十哲之像”。[③] 此外，在大中祥符年间（1008—1016）由邑人曹诚即戚同文旧居而建立的应天府书院，在建立之初即已经有祭祀区域：“前庙后堂，旁列斋舍，凡百余区”。[④] 而按高明士的说法，宋真宗咸平五年（1002）令全国书院学校修缮孔子庙堂之举“可视为宋代全面实施‘庙学’制（含官学与书院）的开始”。[⑤] 则当时书院祭祀活动实际上已经相当普遍。

在元代，书院有祠宇已成通行的制度。元人唐肃说：“凡天下名书院者，有祠以祠先贤，有教以教后学，国朝制也。”[⑥] 到清代，更是出现了清人戴钧衡所说的“今天下郡县莫不有书院，亦莫不有崇祀之典”[⑦] 的情形。

在书院的发展过程中，书院祭祀的地位也不断提高，成为书院规制越来越重要的内容。一般书院都建有祠宇，后代甚至还出现了不少以祭祀为主的书院。如南宋景定四年（1263），道州判府提刑杨允恭为褒扬周敦颐在理学史上的开创之功，准备在周氏故居建祠祭祀周敦颐父子，“俾祠于正堂”，同时“立

---

① 宋·王禹偁：《潭州岳麓山书院记》，《小畜集》卷一七，文渊阁《四库全书》，上海古籍出版社，1987年影印本，第1086册，第164页。

② 宋·张舜民：《画墁集》卷八，《郴行录》，文渊阁《四库全书》，上海古籍出版社，1987年影印本，第1117册，第52页。

③ 宋·王应麟：《玉海》卷一六七，《宋朝四书院》，文渊阁《四库全书》，上海古籍出版社，1987年影印本，第947册，第353页。

④ 宋·徐度：《曹诚捐建应天府书院》，《却扫编》卷上，文渊阁《四库全书》，上海古籍出版社，1987年影印本，第863册，第753页。

⑤ 高明士：《书院祭祀空间的教育作用》，《中国书院》第一辑，湖南教育出版社，1997年，第72页。

⑥ 元·唐肃：《皇冈书院无垢先生祠堂记》，《丹崖集》卷五，《续修四库全书》，上海古籍出版社，2002年版，第1326册，第148页。

⑦ 清·戴钧衡：《书院杂议四首·祀乡贤》，《桐乡书院志》卷六，清末活字本，《中国历代书院志》，江苏教育出版社，1995年，第9册，第766页。

儒学斋于其右”，奏请御书濂溪书院额。① 这所书院就主要是为祭祀周敦颐而设立的。一些书院更直接从祠宇转化而来。如南宋浙江德清为吕祖谦曾经寓居讲学之地，嘉定更化之际，吕祖谦的门人“创先生祠”。到嘉熙初年，东莱祠“被赐为书院”。② 又如潮州海阳县原有建于北宋元祐间供祀韩愈的韩公庙，南宋淳祐三年（1243），郑良臣建斋舍课诸生，改为城南书庄。元至顺间，总管王元恭又改为韩山书院。③

书院祭祀规模也不断扩大。如白鹿洞书院在康熙五十八年（1719）毛德琦作《白鹿书院志》时，其祠宇包括大成庙、宗儒祠、先贤祠、忠节祠、紫阳祠等建筑群，祭祀对象除孔庙祭祀谱系的人物之外，还包括各类祭祀对象四十余人。康熙二十八年（1689），河南大梁书院重建后，厘正祀典，所确定的祭祀对象达一百一十五人。④ 而乾隆年间，僻处湖北黄冈“县北九十里”的问津书院，规模不算大，却不仅有祠宇祭祀至圣先师，还有东西两庑分别祀仲子及沮溺、朱子及先儒。在藏书楼周围还有文昌阁与奎星楼。⑤ 而在岳麓书院历史上，受祭祀的对象前后超过百人，各种祠宇前后达二十多处。据陈宏谋《培远堂偶存稿》卷四十八《申明书院条规以励实学示》，在清乾隆二十八年（1763）岳麓书院各种经费开支的总银两1341.5两中，祭祀银为28.4两，只占2%左右。但后来由于祭祀对象太多，祭祀费用激增，书院的近百亩祭田仍入不敷出，须由地方政府每年拨银若干予以资助，并由社会力量捐款以供祭祀花费。⑥ 由此可见当时书院设祀之多，祭祀活动之发达。

二、书院祭祀的对象

书院祭祀之礼主要包括释菜、释奠。所谓“释菜”，在《周礼·春官》中作“舍采”：“春，入学，舍采合舞。”郑玄注云：“舍采谓舞者皆持芬香之菜。

---

① 宋·滕巽真：《判府提刑高峰先生寿祠之记》，光绪《湖南通志》卷二七九，《续修四库全书》，上海古籍出版社，2002年，第668册，第352页。

② 宋·袁甫：《东莱书院竹轩记》，《蒙斋集》卷一四，文渊阁《四库全书》，上海古籍出版社，1987年影印本，第1175册，第500页。

③ 清·卢蔚猷：《海阳县志》卷一九，光绪二十六年刊本，《中国方志丛书》华南第64号，台北成文出版社，1985年，第173页。

④ 清·阎兴邦：《重建大梁书院厘正祀典记》，《河南通志》卷四三，文渊阁《四库全书》，上海古籍出版社，1987年影印本，第536册，第516—517页。

⑤ 湖北《黄冈县志》卷五，光绪八年刊本，《中国地方志集成·湖北府县志辑》，江苏古籍出版社，2001年影印本，第180页。

⑥ 参见杨慎初、朱汉民、邓洪波：《岳麓书院史略》，岳麓书社，1986年，第132—136页。

或曰，古者士见于君以雉为挚，见于师以菜挚。菜，直谓蔬食菜羹之菜。或曰，学者皆人君、卿大夫之子，衣服采饰。舍菜者，减损解释盛服以下其师也。舍即释也，采读为菜。”所谓“释奠”，按郑玄的说法，指的是“设荐馔酌奠而已”。在历代书院祭祀仪式中，我们可以看到大量有关释菜、释奠礼的记载。如南宋淳熙七年（1180），朱熹在修复白鹿洞书院之后，“率宾佐合师生，恭修释菜之礼”[①]，祭祀先师先圣。绍熙五年（1194），竹林精舍（后改为沧州精舍）建成后，朱熹“谨率诸生，恭修释菜之礼”[②]，行于先圣先师，以告成事。明代郑廷鹄《白鹿洞志》中有白鹿洞书院“每年孟春行释菜礼，春秋二仲行释奠礼”的规定。清代湖北襄阳鹿门书院也规定：“凡吉月课日，肃谒圣像，偕诸生释奠惟谨。”[③] 如此等等，不一而足。

释菜与释奠的祭祀对象均为先圣、先师，但举行的时间场合则有所区别。《礼记·学记》中有“大学始教，皮弁祭菜，示敬道”之说，郑玄注云：“祭菜，礼先圣先师。”又据《礼记·文王世子》，“始立学者，既兴器用币，然后释菜，不舞不授器”，“凡学：春，官释奠于其先师，秋冬亦如之。凡始立学者，必释奠于先圣先师。及行事，必以币。凡释奠者，必有合也，有国故则否”。从上述文献中可以看出，释奠之礼举行春、秋、冬三时及立学之初。而据郑玄“不言夏，夏从春可知，此常时之释奠也”[④] 之说，则释奠在夏天也同样举行。释奠之礼不专行于学校，“古者释奠或施于山川，或施于庙社，或施于学”[⑤]。即使在学校，“立学”与“四时”的释奠之礼在祭祀对象上也有区别。孙希旦《礼记集解》卷二十称：“立学礼重，故祭及先圣；四时常奠礼轻，故惟祭先师。”[⑥] 释菜之礼则在“入学”、“大学始教”之时必须举行，其举行范围也仅限于“学”。

书院采用释奠、释菜之礼，是受学校影响，按古礼行事。但在实际操作方面又根据书院的具体情况加以变通，与官方学校系统中的祭祀在某些细节上略有不同。如在释奠的具体日期安排上，就往往与官学有别。明代郑廷鹄《白鹿洞志》载，当时白鹿洞书院释奠日期为春秋仲月仲丁日，不同于府学中的春秋

① 宋·朱熹：《白鹿洞成告先圣文》，《晦庵先生朱文公文集》卷八六，《朱子全书》，上海古籍出版社、安徽教育出版社，2002年，第4037页。

② 宋·朱熹：《沧州精舍告先圣文》，《晦庵先生朱文公文集》卷八六，《朱子全书》，上海古籍出版社、安徽教育出版社，2002年，第4051页。

③ 清·陈大文：《重修鹿门书院暨添建圣贤遗像殿记》，《襄阳府志》卷一三，清光绪十一年刊本，《中国方志丛书》华中第362号，台北成文出版社，1985年，第776页。

④ 元·马端临：《文献通考》卷四三《学校考》四，中华书局，1986年影印本，第403页。

⑤ 元·马端临：《文献通考》卷四三《学校考》四，中华书局，1986年影印本，第403页。

⑥ 孙希旦：《礼记集解》卷二〇，《文王世子》第八，中华书局，1989年，第560页。

仲月上丁日："今制，每岁用春秋仲月上丁日举行先师之祭，府州县所在俱长官行三献礼，即古释奠之礼也。本洞隶南康府，府有儒学，是日不能兼行。……则洞祭宜用仲丁，郡守行礼。"① 清咸丰十年（1860），胡林翼所订的益阳《箴言书院章程》中也说："先圣祠祀以春秋二仲上丁，国典也。书院不敢同，今拟以二月初十日、九月初一日为定期。"②

书院的祭祀对象颇为广泛，包括上文述及的先圣先师及先贤等多种类型，而主要是所谓先贤，即历代著名儒学大师、著名官宦及其他历史文化名人。元人黄文仲说："凡书院，皆为先贤作也。先贤能传先圣之道，以植世教，故师之。先贤之上祀先圣，祖之也；先圣之下祀先贤，宗之也。祖一而宗分，是以所祠或不同焉。"③ 清人戴钧衡也谈到当时书院"其大者或祀孔子及七十二弟子，如各郡县学宫故事，其小者多各祀其地先贤"。④ 本来，在官学系统中，也设祠祭祀一些著名的儒学大师，如南宋中期韶州、邵州州学祀周敦颐，黄州州学祀二程，漳州州学祀乡贤高登，袁州州学及徽州婺源县学设三先生祠祀周敦颐、二程，隆兴府学立濂溪先生祠祀周敦颐，建康府学设明道先生祠祀程颢，等等。朱熹为此留下了《建康府学明道先生祠记》、《韶州州学濂溪先生祠记》、《平江府常熟县学吴公祠记》、《黄州州学二程先生祠记》等大量文字。但相比较而言，书院的祭祀对象更为宽泛，呈现出多样化的特点，这也是书院祭祀的重要特色之所在。

对先圣先师，清儒孙希旦有一个解释："制作礼乐以教后世者，先圣也，若尧、舜、禹、汤、文、武、周公是也。承先圣之所作以教于人学者，先师也，若伯夷、后夔是也。"⑤ 但在不同的历史时期，先圣、先师所指的对象并不相同。据李申的研究，在唐初，周公和孔子曾在"先圣"这一地位上上下交替，几度变化，只有到唐高宗以后，孔子才牢固地占据了"先圣"的位置。⑥ 在书院祭祀中，"先圣"专指孔子，而"先师"则往往根据各书院具体情况确定。如朱熹《白鹿洞成告先圣文》中，祭祀对象就是"先圣至圣文宣王"，"以

① 明·郑廷鹄：《白鹿洞志》卷四"释奠"，嘉靖四十五年刻本，《中国历代书院志》，江苏教育出版社，1995年，第1册，第353页。

② 清·胡林翼：《箴言书院志》卷上，《祭祀第六》，清同治五年刻本，《中国历代书院志》，江苏教育出版社，1995年，第5册，第195页。

③ 元·黄文仲：《顺昌双峰书院新建四贤堂记》，《全元文》卷一四二一，江苏古籍出版社，1999年，第46册，第144页。

④ 清·戴钧衡：《书院杂议四首·祀乡贤》，《桐乡书院志》卷六，《中国历代书院志》，江苏教育出版社，1995年，第9册，第766页。

⑤ 清·孙希旦：《礼记集解》卷二〇，《文王世子》第八，中华书局，1989年，第560页。

⑥ 李申：《中国儒教史》，上海人民出版社，1999年，第812—819页。

先师兖国公、先师邹国公配”[①]，而在《沧州精舍告先圣文》中，祭祀对象则为“先圣至圣文宣王”，“以先师兖国公颜氏、郕侯曾氏、沂水侯孔氏、邹国公孟氏配”。[②] 前后两处祭祀“先师”，对象就有所不同。有的书院也有称孔子为“先师”或“至圣先师”的情形，如清代钟世桢编江西《信江书院志》卷二称嘉庆二十年信江书院“于春风亭后添修三希殿，中祀先师孔子，以朱文公、赵忠定、文文山、谢叠山四公配享”。[③] 又据明代郑廷鹄《白鹿洞志》，当时白鹿书院每年春秋仲月行释奠礼，对象也是“至圣先师孔子”，“以复圣颜子、宗圣曾子、述圣子思子、亚圣孟子配”。[④] 因此，书院祭祀中所称的“先圣先师”，就大概言之，指的就是孔子及其著名的门人、后学。

书院还祭祀与书院学术传统、学风旨趣相关的历代儒学大师。如上文提及，南宋绍熙三年（1192），朱熹建竹林精舍于考亭，祀周敦颐、二程、张载、邵雍、司马光、李侗七位学者。其中前六位为北宋理学家，朱熹对他们相当尊崇，曾作《六先生画像赞》称颂他们在理学发展史上的地位与贡献。[⑤] 而李侗则是朱熹的老师。又如宋淳祐元年（1241），知军江万里兴建白鹭洲书院，“立文宣王庙、棂星门”，“又建祠祀二程夫子，益以周、张、邵、朱为六君子祠”。[⑥] 又如元延祐元年（1314），岳麓书院开始祭祀朱熹、张栻于诸贤祠中，到明弘治年间，又建崇道祠专门祭祀朱、张二人。[⑦] 此后数百年间，岳麓书院对朱、张的祭祀一直延续。又如康熙年间，云南崇正书院祭祀周敦颐、程颢、程颐、张载、朱熹五位理学家。[⑧] 嘉庆五年（1800），阮元于杭州西湖创诂经精舍，作为汉学研究、教学的基地。诂经精舍所祭祀的对象是东汉经学家许慎

① 宋·朱熹：《白鹿洞成告先圣文》，《晦庵先生朱文公文集》卷八六，《朱子全书》，上海古籍出版社、安徽教育出版社，2002年，第4037页。

② 宋·朱熹：《沧州精舍告先圣文》，《晦庵先生朱文公文集》卷八六，《朱子全书》，上海古籍出版社、安徽教育出版社，2002年，第4051页。

③ 清·钟世桢：《信江书院志》卷二，同治六年刻本，《中国历代书院志》，江苏教育出版社，1995年，第2册，第369页。

④ 明·郑廷鹄：《白鹿洞志》卷四，《释奠》，明嘉靖四十五年刻本，《中国历代书院志》，江苏教育出版社，1995年，第1册，第354页。

⑤ 宋·朱熹：《六先生画像赞》，《晦庵先生朱文公文集》卷八五，《朱子全书》，上海古籍出版社、安徽教育出版社，2002年，第4001—4003页。

⑥ 清·刘绎：《白鹭洲书院志》卷一，《建置》，清同治十年白鹭洲书院刻本，《中国历代书院志》，江苏教育出版社，1995年，第2册，第568页。

⑦ 清·丁善庆：《长沙岳麓书院续志》卷一，《庙祀》，清同治六年刊本，《中国历代书院志》，江苏教育出版社，1995年，第4册，第414页。

⑧ 清·郑功勋：《重修崇正书院五贤祠记》，云南《建水州志》卷一一下，雍正九年刻本，第13页。

与郑玄："奉许、郑木主于舍中，群拜祀焉。"之所以如此，是因为"有志于圣贤之经，惟汉人之诂多得其实者，去古近也。许、郑集汉诂之成者也，故宜祀也"。[①] 明代大儒、白沙心学传人湛若水更是"生平所至，必建书院以祀陈献章"。[②] 在白鹿洞书院历代的祭祀对象中，周敦颐、二程、邵雍、张载、朱熹、陆九渊、黄榦、蔡沈、林择之等儒学大师占有相当大的比例。

值得指出的是，在元代以后，各地书院供祀的众多儒学大师中，朱熹的地位最为突出，对朱熹及朱门弟子后学的供祀最为普遍。如元人贡师泰称："书院遍天下，而闽中为盛。大率祠徽国公朱文公师弟子居多，若延平、武夷、建安、三山、泉山、尤溪、双峰、北山之属皆是也。"[③] 朱熹出生于福建尤溪，很多活动是在福建进行的。其思想体系的建构也主要是在福建各地书院完成的，因此闽中书院的供祀特别突出朱熹及其弟子，也是很自然的。但事实上，在其他地区的书院中，朱熹也是最为重要的祭祀对象。据徐梓的研究，在元代，书院广为祭祀朱熹。在其随意抽取的50所元代书院中，有33所是祭祀宋元理学家的，而其中与朱熹有关的祭祀占67%。[④] 可以说，朱熹是当时书院祭祀的核心。

书院还祭祀有功于书院创建、发展的官员。如在岳麓书院发展史上，有几位地方官员有功于书院，影响深远。除前文提到的北宋开宝九年（976）潭州知州朱洞创建岳麓书院外，还有咸平二年（999）潭州知州李允则主持扩建书院，南宋乾道元年（1165）湖南安抚使刘珙重建书院，使岳麓书院兴盛一时，明弘治初年，长沙府通判陈钢、同知杨茂元重建兴复书院，使岳麓书院在沉寂百年之后重新兴盛。这几位有功于岳麓书院的官员，都是岳麓书院的供祀对象。嘉靖年间，岳麓书院辟六君子堂，祀上述五位官员及山长周式。[⑤] 明万历十八年（1590），长沙知府吴道行重修书院。后人因为"吴公有大功于斯地，道脉赖焉"，也将吴道行供祀于六君子堂，并改堂名为七君子堂。[⑥] 此外，岳麓书院还在嘉庆元年（1796）建李中丞祠，祀巡抚李发甲，以有功于书院建

① 清·阮元：《西湖诂经精舍记》，《诂经精舍文集》卷三，《丛书集成》初编本，商务印书馆，1936年，第61页。

② 清·张廷玉等：《明史》卷二八三，《湛若水传》，中华书局，1974年，第7266页。

③ 元·贡师泰：《勉斋书院记》，徐景熹主纂《福州府志》卷上，海风出版社，2001年，第357页。

④ 徐梓：《元代书院研究》，社会科学文献出版社，2000年，第158页。

⑤ 清·丁善庆：《长沙岳麓书院续志》卷一，《庙祀》，同治六年刊本，《中国历代书院志》，江苏教育出版社，1995年，第4册，第414页。

⑥ 李腾芳：《重修岳麓书院碑记》，《长沙岳麓书院续志》卷四，清道光年间刊本，《中国历代书院志》，江苏教育出版社，1995年，第4册，第476页。

设、发展的巡抚丁思孔、李湖、陈宏谋等附祀。[①]

在白鹿洞书院的祭祀对象中，也有许多在书院发展史上贡献突出的官员。如明弘治间，江西提学副使邵宝为白鹿洞书院置田建祠，并讲学、刻书于其中，颇有建树；正德年间，江西提学副使李梦阳在书院讲学、建亭，为书院撰铭、作记，并重修《白鹿洞书院志》，对白鹿洞书院贡献很大。他们后来被祀于白鹿洞书院先贤祠。[②] 另据毛德琦《白鹿书院志》，康熙五十七年（1718），祭祀于白鹿洞书院先贤祠的明代名宦就包括明成化年间任江西提学佥事的李龄、江西提学佥事苏葵，弘治间江西监察御史陈铨、江西提学副使邵宝、提学副使蔡清，正德间江西巡按御史唐龙。[③] 他们在任期间，在不同方面为白鹿洞书院的发展作出了贡献。又如宋祥兴二年（1279），江西白鹭洲书院立江文忠公祠，祭祀淳祐年间创建书院的吉州知军江万里。浙江瀛山书院曾在明隆庆三年（1569）由知县周恪重建，至清顺治间又由县令高尔修重葺，此二人均被列为书院供祀对象[④]。

书院还祭祀与当地有各种直接关系或具有全国性影响的历史文化名人。这一点在元代书院表现得很明显。元政府曾经规定“先儒过化之地，名贤经行之所，与好事之家出钱粟赡学者，并立为书院”。[⑤] 受此影响，当时有许多书院将与所在地有关的历史文化名人作为祭祀对象。黄翔龙在《重修慈湖书院本末记》一文中就谈到当时书院祭祀的情形：“前代儒先出处过化之地，必建书院，使学者尊慕而学其学。”[⑥]

其他时代类似的情况也很普遍。据丁善庆《长沙岳麓书院续志》载，岳麓书院在明代万历年间开始祭祀北宋崇宁年间著名忠臣邹浩。当时，邹浩以直谏敢言而得罪权贵蔡京遭贬谪，在贬谪途中与岳麓山有一定因缘。到嘉庆元年（1796），岳麓书院又建三闾大夫祠祭祀投汨罗江的屈原。此外，岳麓书院还有祭祀曾经担任长沙王太傅的西汉学者贾谊的贾太傅祠[⑦]。白鹿洞书院在明代曾设忠节祠祭祀曾经生活于庐山之麓的晋代诗人陶渊明，还曾祭祀过宅里位于当

① 清·丁善庆：《长沙岳麓书院续志》卷一，《庙祀》，同治六年刊本，《中国历代书院志》，江苏教育出版社，1995年，第4册，第415页。

② 清·毛德琦：《白鹿书院志》卷四，《先献》，清宣统二年刻本，《中国历代书院志》，江苏教育出版社，1995年，第1册，第88—89页。

③ 清·毛德琦：《白鹿书院志》卷四，《先献》，清宣统二年刻本，《中国历代书院志》，江苏教育出版社，1995年，第2册，第88—89页。

④ 清·方祖德：《四先生祠堂记》，《瀛山书院志》卷六，乾隆三十九年刻本，《中国历代书院志》，江苏教育出版社，1995年，第8册，第420页。

⑤ 明·宋濂：《元史》卷八一，《选举志一》，中华书局，1976年，第2032页。

⑥ 元·黄翔龙：《重修慈湖书院本末记》，浙江《延祐四明志》卷十四，《宋元方志丛刊》，中华书局，1990年影印本，第6340页。

⑦ 清·丁善庆：《长沙岳麓书院续志》卷一，《庙祀》，同治六年刊本，《中国历代书院志》，江苏教育出版社，1995年，第4册，第414—415页。

地颜山的唐代名臣颜真卿。[①] 河南大梁书院在清康熙二十八年（1689）重建后所确定的一百一十五名祭祀对象，“或生于斯，或仕于斯，或寄迹于斯，立德立功，与嵩同峻，与河同深，皆与大梁有光”。[②] 广东嘉应州七贤书院在康熙三十四年（1695）增建祠宇，将曾经过化此地的周敦颐、王阳明列入供祀对象，更名为九贤书院。[③] 清代衡山石鼓书院也有诸葛武侯祠，祭祀曾经驻临衡阳的诸葛亮。[④] 福建南安诗山书院在光绪十九年（1893）建成后，因诗山为唐代四门博士欧阳詹的发祥之地、朱熹的过化之乡，因而书院中祭祀欧阳德与朱熹。[⑤] 一般来说，书院所祭祀历史文化名人的是与本书院或书院所在地有各种联系的人。有的学者甚至主张“非有关于书院则不泛及”。[⑥]

在书院祭祀的历史文化名人中，也有一些与书院及当地并无直接关系但在某方面具有较大影响者。明弘治十四年（1501），白鹿洞书院忠节祠曾祭祀蜀相诸葛亮。[⑦] 书院还祭祀与该书院创设有关的士人学者及在该书院发展史上有特别名望或贡献的山长、主教及成就突出的生徒。如岳麓书院的祭祀对象中，就包括北宋时期“以行义著”而受到真宗召见的山长周式、南宋淳祐年间任岳麓书院副山长的欧阳守道、明代弘治年间主教岳麓的叶性、正德年间任岳麓山长的陈论、清代著名的山长罗典、欧阳厚均、车万育，等等。[⑧] 此外，岳麓书院在光绪初年还建船山祠，祭祀曾求学于书院的著名生徒、明末清初著名思想家王船山。明代白鹿洞书院先贤祠及宗儒祠中供祭的对象就包括最早曾在白鹿洞址结庐读书的唐博士李涉、李渤兄弟及南唐洞主李善道、助教朱弼，宋洞主明起、洞师刘元亨、刘涣、洞正周相、洞长张洽等。[⑨] 有一些曾讲学白鹿洞书

① 周伟等：《白鹿洞书院志》卷四，《忠节祠祭礼》，明万历十二年刻本，《中国历代书院志》，江苏教育出版社，1995年，第1册，第554页。

② 阎兴邦：《重建大梁书院厘正祀典记》，《河南通志》卷四三，文渊阁《四库全书》，上海古籍出版社，1987年影印本，第536册，第517页。

③ 曹延懿：《增建周、王二先生祠更额九贤书院记》，广东《嘉应州志》卷十六，光绪二十四年刊本，《中国方志丛书》华南第117号，台北成文出版社，1985年，第259页。

④ 《书院二·衡州府》，光绪《湖南通志》卷六九，《续修四库全书》，上海古籍出版社，2002年，第663册，第100页。

⑤ 戴凤仪：《诗山书院志》卷六，《祀典》，厦门大学出版社，1995年，第117页。

⑥ 杨廉：《白鹿洞书院宗儒祠记》，李梦阳：《白鹿洞书院新志》卷六，朱瑞熙主编：《白鹿洞书院古志五种》，第108页。

⑦ 毛德琦：《白鹿书院志》卷三，《为思贤亭》，清宣统二年刻本，《中国历代书院志》，江苏教育出版社，1995年，第2册，第46—47页。

⑧ 丁善庆：《长沙岳麓书院续志》卷一，《庙祀》，清同治六年刊本，《中国历代书院志》，江苏教育出版社，1995年，第4册，第414—415页。

⑨ 周伟：《白鹿洞书院志》卷四，明万历二十年刊本，《中国历代书院志》，江苏教育出版社，1995年，第1册，第544页。

院的学者如宋代学者、朱熹学生林用中与黄榦就祠祀于宗儒祠中。[①] 如白鹿洞书院生徒、元末学者黄异，早年“读书白鹿洞，至元间领乡荐，授惠州学录，迁道源书院山长”。后辞官归隐，讲论经史，在明代也成为白鹿洞书院祭祀对象，“祀先贤祠”。[②] 又如清代江宁钟山书院，“其堂之东有祠，祀院长之有学行者”。[③] 道光年间，又将曾任教于钟山书院多年并在此完成其代表作之一《廿二史考异》的著名汉学家钱大昕入祀其中。清代广东肇庆端溪书院，为清初著名学者全祖望执教并担任山长之地，“阁下中楹为谢山祠，祀前端溪院长全谢山先生”。[④] 湖南衡阳文定书堂，为宋绍兴元年（1131）理学学者胡安国著述《春秋传》之所。绍兴八年，胡安国卒后，其子胡宏正式命名，增建春秋楼祀其父，讲学授徒其中。到明弘治八年（1495），书堂重建，改称书院，祭胡安国及其子胡宏。[⑤] 南宋中期学者詹仪之读书于其祖所建的瀛山书院，曾与朱熹在此探讨格物致知之理，后建瀛山书院。明隆庆三年（1569），知县周恪重建书院时增建格致堂，供祭朱子及詹仪之。[⑥]

除上述几个方面的对象外，书院祭祀对象还包括各种神灵。自宋代后期，就有一些书院建魁星楼、文昌阁等，祭祀号称能主宰文章兴衰的文昌帝君和“掌人间禄秩，司科甲权衡”的魁星。[⑦] 如宋淳祐间，江西高安西涧书院祭魁星，希望“邀灵于星，文刃恢恢”，“春榜蜚英，禹门之雷。昨庭唱胪，百花之梅。万里荣途，瑞庆大来”。[⑧] 江西南昌豫章书院自南宋开始，即建有文昌阁，祭祀文昌帝君。[⑨] 到书院发展后期，对文昌帝君与魁星的祭祀已成为各地不同类型书院中比较普遍的情况。一些影响较大的书院都建有魁星楼、文昌阁。如据丁善庆

---

① 郑廷鹄：《白鹿洞志》卷四，明嘉靖四十五年刻本，《中国历代书院志》，江苏教育出版社，1995年，第1册，第355页。

② 周伟：《白鹿洞书院志》卷三，明万历二十年刊本，《中国历代书院志》，江苏教育出版社，1995年，第1册，第544页。

③ 胡培翚：《钱竹汀先生入祀钟山书院记》，《研六室文钞》卷八，道光十七年泾川书院刊本，《续修四库全书》，上海古籍出版社，2002年，第1507册，第453页。

④ 傅维森：《端溪书院志》卷三，《祀典》，光绪二十六年端溪书院刻本，《中国历代书院志》，江苏教育出版社，1995年，第3册，第368页。

⑤ 李东阳：《衡山县重建文定书院记》，《李东阳集》卷五，岳麓书社，1985年，第72页。

⑥ 浙江《遂安县志》卷五，民国十九年刊本，《中国方志丛书》华中第214号，台北成文出版社，1985年，第200页。

⑦ 丁钢、刘琪：《书院与中国文化》（上海教育出版社，1992年）一著中指出，书院祭祀文昌帝君、魁星、关帝等，是儒、道文化的交融在书院中的表现。参见该书第41—42页。

⑧ 姚勉：《西涧书院祭魁星祝文》，《雪坡集》卷四七，文渊阁《四库全书》，上海古籍出版社，1987年影印本，第1184册，第329页。

⑨ 赵与鸿：《豫章书院文昌阁记》，魏元旷编：《南昌邑乘文征》卷一八，民国二十四年重印本，第15页。

《长沙岳麓书院续志》卷一载，岳麓书院在康熙七年建文昌阁于讲堂后面，供奉文昌帝君。到乾隆五十七年（1792），湖广总督毕沅又捐金百两建魁星楼于书院[①]，有关的祭祀仪式还相当隆重。创建于同治八年（1869）的广东应元书院，是当时广东书院中程度最高的，但从书院祭祀支出的规定上看，其祭祀对象仅仅包括文昌帝君与大魁星君，而无其他。[②] 在一些规模影响较小的书院，祭祀文昌帝、魁星以求多发科第的情形更相当常见。据嘉庆十一年（1806）董桂敷《紫阳书院志略》卷三中的记载，当时汉口紫阳书院也建有文昌阁、魁星阁。[③]清代学者戴钧衡批判当时书院的这类现象说："世欲多崇祀文昌、魁星，建阁居像，岁时敬礼，以谓主文章科名之事。昔之通儒已辨其谬，昭昭然不可诬矣。"[④] 可见当时书院祀文昌帝君、魁星的现象由来已久，且相当普遍。

关帝、后土神等也是一些书院的祭祀对象。如前述福建南安诗山书院在清光绪年间祠关帝与后土神。[⑤] 白鹿洞书院在明代新辟石洞之时，祀后土神。[⑥] 在康熙初年，则有关帝祠、庐岳祠分别祭祀关帝、庐岳神。[⑦] 岳麓书院在嘉庆二十五年（1820）一度改六君子堂为岳神庙。[⑧] 此外，据《紫阳书院志略》卷八载，雍正十二年（1734）汉口紫阳书院祀后土神。[⑨] 而清代广东肇庆端溪书院也曾经建福德祠以供祀土地神。[⑩]

作者简介：肖永明，湖南大学岳麓书院副院长，教授。

① 丁善庆：《长沙岳麓书院续志》卷一，《庙祀》，清同治六年刊本，《中国历代书院志》，江苏教育出版社，1995年，第4册，第414页。

② 王凯泰：《应元书院志略·章程》，清同治九年刻本，《中国历代书院志》，江苏教育出版社，1995年，第3册，第271页。

③ 董桂敷：《紫阳书院志略》卷三，清嘉庆十一年刊本，《中国历代书院志》，江苏教育出版社，1995年，第3册，第519—521页。

④ 戴钧衡：《书院杂议四首·祀乡贤》，佚名：《桐乡书院志》卷六，清末活字本，《中国历代书院志》，江苏教育出版社，1995年，第9册，第766页。

⑤ 戴凤仪：《诗山书院志》卷六，《祀典》，厦门大学出版社，1995年，第118页。

⑥ 王溱：《新辟石洞告后土文》，李应升《白鹿书院志》卷一二，明天启二年刻本，《中国历代书院志》，江苏教育出版社，1995年，第1册，第819页。

⑦ 毛德琦.《白鹿书院志》卷十，清宣统二年刻本，《知府廖文英申详减租文》，《中国历代书院志》，江苏教育出版社，1995年，第2册，第142页。

⑧ 丁善庆：《长沙岳麓书院续志》卷一，《庙祀》，清同治六年刊本，《中国历代书院志》，江苏教育出版社，1995年，第4册，第414页。

⑨ 董桂敷：《祀后土文》，《紫阳书院志略》卷八，清嘉庆十一年刻本，《中国历代书院志》，江苏教育出版社，1995年，第3册，第627页。

⑩ 傅维森：《端溪书院志》卷三，《祀典》光绪二十六年端溪书院刊本，《中国历代书院志》，江苏教育出版社，1995年，第3册，第368页。

理学思想熏陶下的明代汝城人才群

朱忠悦

明朝是我国历史上政治制度稳定、经济繁荣、人才辈出的一个王朝。作为偏僻小县的汝城也人才鼎盛，对明朝的事业起了一定的作用，在历史上留下了积极的影响。本文通过分析汝城明代的举人和进士，提出并粗略探讨了明代汝城的人才群。

一、明代汝城的人才盛况

明代汝城共中举人54名，其中又中进士者15名。按明朝始于1368年，止于1644年共276年时间计算，平均每5.1年中举人一名，每18年中进士一名。如果从1384年宋仁贵第一个中举人至1621年严师最后中举人的237年时间计算，平均每4.4年中举人一名，每16年中进士一名。

（一）数量相对较多

从举人角度来说，明代汝城所属的湖广行省，辖15府学、16州学、110县学。按照府学40名、州学30名、县学20名的廪生数规定，全省共有廪生3280名。每三年一次科举乡试，前期录取举人60名，后期增至83名，平均不足72名，每届平均是约46个廪生名额取一名举人，每县平均要7年才有一个中举名额，汝城平均只有34名举人名额，而汝城平均每4.4年中举一人，举人数远远高于全省平均数。

从进士角度来说，明朝共有140府、193州、1138县，统计录取进士24566名。因为府、州为较县高一级的行政机构，大部分府、州下辖有县——直隶州等除外，故府、州与县同时计算进士，便有部分重复计算的可能，因此实际录取的进士数可能要少些。如果将府、州、县按同等水平计算，平均每个府、州、县录取进士16.7名，如果将府、州按二倍于县取进士计算，平均每县录取进士13.6名。明朝人口在7000万至8000万左右，而作为偏远山区的汝城只有数千户1.5万人口左右，占全国人口的万分之二，可见汝城能取进士者15名应该是在全国中上水平。

（二）阶段比较明显

太祖朱元璋洪武年在位31年，举人1人并中进士；成祖朱棣永乐年在位22年，举人5人；宣宗朱瞻基宣德年在位10年，举人3人；英宗朱祁镇正统、天顺年在位22年，举人5人又中进士4人；代宗朱祁钰景泰年在位8年，举人3人又中进士1人；宪宗朱见深成化年在位23年，举人7人又中进士2人；孝宗朱佑樘弘治年在位18年，举人4人又中进士3人；武宗朱厚照正德年在位16年，举人6人又中进士3人；世宗朱厚熜嘉靖年在位45年，举人15人又中进士1人；神宗朱翊钧万历年在位48年，举人2人；熹宗朱由校天启年在位7年，举人2人；另仁宗朱高炽洪熙年在位1年、光宗朱常洛泰昌年在位1年无科考；惠宗朱允文建文年在位4年、穆宗朱载垕隆庆年在位6年、思宗朱由检崇祯年在位17年三朝期间汝城无举人及进士。

正统、天顺、成化、正德、嘉靖几朝较为突出。

（三）政绩较为显赫

汝城15位进士，官至太子太保、尚书的2人，布政使3人，布政、布政司参议2人，郎中2人，御史、按察使6人；其余的举人官至通判5人，知府、知州、同知5人，县令、知县13人，国子监助教1人，教谕、训导3人，推官2人。主要在京城及福建、云南、陕西、广东、广西、山东、山西、四川、江西等地任地方官吏，均政绩显赫，留下有很好的声名。

明代汝城还有副举3人、拔贡10人、岁贡211人，其中有史记载的127人，官至吏部主事1人，知州、同知、知事各3人，御史2人，州判6人，府判1人，通判11人，知县16人，县丞、主簿10人，教谕17人，训导39人，教授11人，学正4人，从另一个方面说明明代汝城人才之盛。

二、明代汝城的人才群结构

明代汝城54名举人及进士中，2人同时中举人的有14次，3人同时中举人的有2次，2人同时中进士的有2次，举人及进士中有祖孙关系1对，父子关系9对，族兄弟以上关系10对，叔侄关系11对。人才群落崛起明显，结构清晰，突出有四个人才群。

（一）“永乐—宣德”人才群

明朝立国之初，需要大批管理国家的人才，举人进士不足，只有从基层选拔，汝城出现了一批由县学生员和岁贡出身的中初级官员。如：云南都司断事曹荣启，山西道御史孙逢吉，浙江道御史欧阳正禧，吏部主事欧阳必永，建昌府府判朱愈昂，山西都司断事何文恕，永川知县邓禧应，平乐府教授邓立仁，高州府通判朱思恭，汀州、莱州府通判朱曜，成都府通判何试惠，大理寺历正朱愈胜及知县邓思谦、朱友宪等。洪武、永乐两朝，生员、岁贡出身的中初级官员达二十多位，永乐年间，何怀辉以吏员身份选拔擢升为通政司右参议。

洪武十七年，宋仁贵中举人，次年会试中试，取为贡士，因贡士参加殿试，将全额取为进士，因此宋仁贵虽然因故未参加殿试，但古志中仍列入进士，官授行人，两试江广，这是汝城明代第一个科举人才。此后，汝城科举人才开始崭露头角。

自永乐三年（1405）至宣德四年（1429），24 年间汝城出举人 8 人，这是明代汝城第一个人才群。永乐二十一年宋思宦及何浩、宣德四年胡廷芳及李都均同时中举，何浩之子何珪于其父 30 年后也中举人，交趾车来县令何试保，其《交趾任谕子书》一文传世，对明代初期汝城培育民风、学风产生了深远的影响。

（二）“正统—成化”人才群

“正统—成化”人才群历正统、景泰、天顺、成化四朝，始于正统六年（1441）朱海中举，直到成化十九年（1483）朱守蒙及李安中举，42 年间，中 15 位举人其中又中进士者 8 人。正统年间朱海与朱英同宗兄弟俱中进士，景泰四年朱试昌及何圭、成化十六年朱正谊及曹琚、成化十九年朱守蒙及李安俱双双中举。

明代中期的这群汝城人，可以说是一批国家精英，也是汝城近两千年历史的人文代表。

朱海与朱英同宗兄弟俱中进士，一时名噪京师，被誉为“双凤”。朱海担任过监察御史，江西按察司佥事。朱英担任过监察御史、广东布政司参议、参政、福建右布政使、陕西左布政使、右副都御史、总督兼理巡抚、右都御史，成化二十年入掌都察院事，加太子少保，卒赠太子太保，位极人臣，明史有传，有《认真子集》等专著传世，尤其《勉男守孚书》对后世学子致力文科进取有重要指导作用。

欧阳复，钦点翰林院庶吉士，是继状元、榜眼、探花、传胪之后的最高学位，担任过兵部主事、员外郎、泉州知府，泉州人立生祠纪念他。

曾鉴担任过刑部主事、通政司右通政、太仆寺卿、工部右侍郎、左侍郎、尚书，卒赠太子太保。

随后，朱英子朱守孚、朱守蒙先后中进士及举人，朱守孚担任过刑部主事、刑部郎中，朱守蒙仕镇江府通判。朱海子朱守恕中进士，担任过武涉、修武知县、南京道监察御史、云南按察司佥事。朱氏家族一门四进士一举人，自古传为佳话。

郭秉昭中进士担任过户部主事、徐州知州、江西学政、江西按察司佥事。

一个数千户的边陲小县，42年竟15位举人又有8位中进士，两个位重直至宰相，赠太子太保，一位翰林院庶吉士，两位按察司佥事，一位刑部郎中，诸多重臣，世所罕见。

（三）“弘治—正德”人才群

“弘治—正德”人才群始于弘治二年（1489）范渊中举并于弘治九年与曹琚同中进士，直至正德十四年（1520）祝泳中举，31年间出举人10人，其中又中进士者5人。

主要有：工部主事、员外郎、郎中、广州、梧州知府曹琚；云南布政司副使范渊；云南按察司副使邓文璧；福建学政、四川右布政使范永銮；光州、宏州知州邓皋；御史、福建布政使范辂；四川夔州府通判何广；郎中欧阳绍说；陕西布政司参议祝泳等。

“弘治—正德”人才群始点人物范渊影响很大，范渊是汝城文政坊范氏亦即三拱门范氏家族崛起的关键，是范氏家族中最早一个通过科举考中进士而入朝仕官者。他曾经在汝城三拱门范家立过一个牌坊，名光裕坊，似以此名表达他对汝城文政坊范氏的作用，范辂、范永銮、邓文璧、何镐等人都曾从其学。

“弘治—正德”人才群虽没“正统—成化”人才群显赫，但群起现象更为明显，且文气更重。曹琚、范渊二人同中进士；范永銮及邓皋，范辂及何广二人，欧阳绍说、朱瓛及曾宥之三人同中举人；同时，曹琚、李安、范渊三位是少年同学，范氏家族中，范渊、范辂、范永銮连续三代进士，可谓代表范氏一代文风，也是汝城范氏族谱的创修者。

（四）嘉靖人才群

嘉靖在位的45年，汝城又出现了一个举人群，共出15位举人，但只有2位再中进士，一位是正德十四年中举、嘉靖八年中进士的陕西布政司参议祝泳，另一位是嘉靖三十四年中举、嘉靖三十八年中进士的陕西左布政使朱炳如，两人均在陕西供职，渊源可溯。举人代表人物有江西九江府推官范永宇、临江府通判范永官，广东惠州府通判何志实，南京江宁县知县何价，徐州知州祝完，国子监助教何都，广东香山县知县朱伦，陕西布政彭定守。

嘉靖元年（1522）曹直及范辂次子范永宇双双中举，嘉靖元年、四年、七年，范永宇、范永銮之弟范永锡、范辂长子即范永宇长兄范永官相续中举，此范氏三子再掀范氏文风。嘉靖七年，范永官还同时与朱希贤及曾瀚中举，其中朱希贤是进士朱炳如父亲，曾瀚是进士曾鉴侄子。嘉靖十九年何志实及何价，嘉靖二十二年祝完及何正儒，嘉靖二十八年何都及朱以乘，嘉靖三十四年朱炳如及彭定守均双双中举，朱希贤朱炳如父子分别是举人及进士，相差27年。

嘉靖年后，汝城人才开始凋零。万历四年（1576）祝完之子祝来庆中举人，任河南孟津教谕、知县，随后，直到36年后的万历四十年，才有举人朱成文。泰昌、天启、崇祯三朝，汝城人才再无大的建树。不过这一时期，汝城还出了些杰出的副举、岁贡。嘉靖岁贡朱永鹍任安庆府同知；隆庆岁贡何景文任宾州府通判；万历岁贡何应鳌任浔州府通判，何皋任平越府通判，何琏任州判，曹论、何孟潜、朱孔默、朱孔潜任知县。

三、理学思想对明代汝城人才群产生的深刻影响

北宋期间，理学鼻祖周敦颐莅汝治县，其博学力行，光风霁月，兴修水利，创办县学，蕴创《太极图说》，传授理学，开凿爱莲池，吟弄垂钓，对汝城影响深远，主要体现在三个方面。

（一）千秋的濂溪情愫

宋宁宗嘉定十三年（1220），赐谥周敦颐“元公”，同年，汝城县令周思诚于县署大成殿右庑西南始建濂溪祠，以祀周敦颐。宋理宗宝祐元年（1253），又建祠于学宫前，颜曰“希濂堂”，以祀周敦颐、邵雍、程颢、程颐、张栻、朱熹，名曰“六君子祠”。明嘉靖年间，正式定名濂溪书院。从南宋的濂溪祠一脉相承延续保护发展为现今的省级文物保护单位濂溪书院，曾四易其址，十度修葺，近千年的历史一脉相承，可见濂溪在汝城之深远影响，濂溪遗韵之历久弥光，以及汝城人对濂溪书院进而是对周敦颐之代代瞻仰。宋朝县令周思诚有“濂溪祠记”，明刑部侍郎刘节有“重修濂溪阁记”，翰林院编修、状元罗洪先有“濂溪书院记”，清高佑巳有“重修濂溪书院记”，邹杰有“重修濂溪祠记”，范毓珠有“濂溪书院记”等遗世。

（二）振作的官风民风文风

汝城东晋穆帝升平二年（358）置县，但宋以前人文沉寂，仅有记载的一位进士是唐朝宰相宋申赐。周敦颐莅汝治县，汝城的官风、民风、文风为之一振。

在官风方面，由于有濂溪理学的核心引导，濂溪书院的延绵教益，“爱莲守拙、正道直行”的院训，清正廉洁、不沾不染之思想始终影响汝城士子。宋明时代，汝城先后出三十五位进士，其中大都是理学名臣，并有十多位颇有声名的监察御史，朱海、朱英、范辂等都是御史出身，青史留名。历届县令上任，都会去拜谒濂溪先生之灵位，以弘扬和继承濂溪思想。宋朝的周思诚，清朝的鹿宾、徐兆先、盛民誉等县令在濂溪书院史上都有过浓重的痕迹。

在民风方面，汝城人以周敦颐过化之地为荣，诚实守信、拙朴无华，奉行以“汝”为中心的价值取向，明理崇德，玉汝于成，吃亏是福，和气大度，热衷于教育后人，代代涌现舍家兴学的世家大族和开明绅士。明宣德年间，汝城范袁二姓族人将计划兴建祠堂的建材全部捐献修建县学。自洪武年间开始，先后有彭氏、孙氏、周氏、宗氏等家族为县学义让地基，有20余家文课会为修建县学考棚捐款。还有修建文塔、培植文运，设立学田制度、文课会制度、功名奖励制度，修县志以资政育人等。如城南之津江村，宋宝祐年间始办私塾，后扩大办朱氏族塾，明洪武年间，家族置学田建学馆，扩大办成“问津书屋”，并延请名儒教授弟子，光绪年间，改“问津书屋”为储能高等小学堂，新中国成立后办为城郊中学，曾是全县最大规模的初中。朱氏家族助学兴教的很多义举，影响深远。至今朱氏祠堂中仍保留有二块不同凡响的匾额，一是民国时期曾任湖南省督军的赵恒惕书赠的“敬学劝教”匾，二是新中国成立前夕蒋中正书赠的“热心教育”匾。

在文风方面，较早形成了县学、乡学、私塾一齐上的办学格局。县学除濂溪书院，还有云头书院等，现存的还有始建于乾隆十四年的朝阳书院。较早的乡学有环绿书院、相公书院、白石书院等，相公书院可追索到唐朝宰相宋申锡结庐读书的相公岩，环绿书院始于宋朝。私塾有元末外沙村隐仕朱希尹创办“竹园书屋”延名师教子弟，让后代读书继世，明太子太保朱英即发蒙于此。明代三拱门范家有“思诚堂”为读书地，后明进士杨升庵题名“紫微堂”。到清中期，汝城私塾达百余处。从汝城明代进士及举人姓氏分布情况看，朱姓16人，何姓8人，范姓6人，李邓曹祝四姓各3人，宋胡曾三姓各2人，黄郭彭严四姓各1人，体现了汝城朱、何、范三大姓氏人口众多但多姓氏居住普遍重视教育的特点。

（三）仕子们对家乡教育的回馈

永乐年间举人何试保，可说是“永乐—宣德”人才群的代表，其在交趾车来任县令时，曾寄信给儿子鼓励读书进仕，后人将其整理为《交趾任谕子书》。

正统年间进士朱海、朱英，可说是“正统—成化”人才群代表，为家乡主修了《朱氏族谱》；朱英中举时的考卷《见贤思齐焉》被收入《励学斋选本》，作为范文供天下学子观摩。朱英曾写信给儿朱守孚、侄朱守恕，不仅言传读书心德，教作诗作文，更鼓励后辈，持之以恒，立德立身，后人将其整理为《勉男守孚书》。

曾鉴虽是在京城中的进士，但为县留下《修城池记》。

很多仕子们通过各种方式为家乡培植文运，先后修过文庙、六君子祠、桂枝岭文塔、平政桥文塔、予乐亭，请解缙留下了《寿江水记》，李东阳留下了《龟鹤轩记》、《桂枝岭塔记》，罗洪先留下了《濂溪书院记》等。

“弘治—正德”人才群中，曹琚晚年回乡主修县志；“铁面御史”范辂不惧安危参劾南京王朱宸濠，曾任明兵部尚书的毛伯温为纪念范辂而兴建的绣衣坊，全国有名；范渊与明朝前七子相唱和，与王阳明等人交往至深，有《君山诗稿》及《民训》等行世。福建学政、四川右布政使范永銮在外居官时节，自购《春秋传》、《左传》、《两汉书》、《朱子大全》等二十余种书籍送给县学，供应试士子阅读，年迈辞官回乡，热衷家乡教育。

据汝城县志统计，至民国三十二年，汝城濂溪、朝阳、云头、白石四大书院共有 90 人著书 139 本 459 卷，其中濂溪学子有 64 人著书 100 本 329 卷留世。

四、科举制度的完善是明代汝城人才群产生的基础

科举是中国历代封建王朝通过分科考试的办法选拔官吏的一种制度，从隋朝大业元年开始，到清朝光绪三十一年为止，经历了一千三百多年历史。

明朝统治者对科举高度重视，明王朝科举制进入了鼎盛时期。明代正式科举考试分为乡试、会试、殿试三级。乡试每三年一次，乡试考中的称举人，会试是由礼部主持的全国考试，于乡试的第二年举行，殿试在会试后当年举行，由皇帝亲自主持。殿试毕，次日读卷，又次日放榜录取进士，中进士称金榜题名。殿试之后，状元授翰林院修撰，榜眼、探花授编修，其余进士经过考试合格者，叫翰林院庶吉士。三年后考试合格者，分别授予翰林院编修、检讨等官，其余分发各部任主事等职，或以知县优先委用。庶吉士出身的人升迁很

快，英宗以后，朝廷形成非进士不入翰林，非翰林不入内阁的局面。

也正因为有明王朝科举制度的鼎盛，才有明王朝人才的鼎盛，最后才有明王朝的鼎盛。

明代初期，百废俱兴，需要各种人才，科举进仕始于复兴状态。明代中期，经济繁荣，政局相对稳定，科举走上正轨，有利于人才的正常发展。明代末年，内忧外患，人才凋零，最后王朝覆没。

明代汝城的人才群正是合乎着这样的节拍而诞生的。既是明代科举制度完善的结果，也是明朝历史的缩影和折射。

有趣的是明代汝城的人才出得多的几个时段，皇上却都不怎么样！

英宗朱祁镇正统、天顺二朝在位 22 年，汝城出举人 5 人其中又中进士 4 人。英宗当皇帝不算光彩，宠信过奸邪小人，打过败仗，当过俘虏，做过囚犯，杀过忠臣。但英宗是一个好人，能任用贤臣，特别是废除了洪武以来的嫔妃殉葬制度，被后世喻为德政。

宪宗朱见深成化年在位 23 年，汝城举人 7 人又中进士 2 人。朱见深是明英宗长子，命运几度起伏，正统十四年父皇被俘，皇太后命立他为皇太子，并立英宗弟朱祁钰为帝，即明代宗。景泰三年，代宗废其皇太子位改封沂王。天顺元年，英宗复位，重新立为皇太子。朱见深是位糊涂皇帝和痴情皇帝，陪伴他的养母和宦官是他最依赖的人，一生迷恋比他年长 18 岁的万贵妃，任用宦官，热衷于书画。政坛上，成化皇帝默默无闻，无所作为，但却顺其自然无为而治无意间“缔造”了一个充满活力、极富特色的时代。

武宗朱厚照正德年在位 16 年，汝城举人 6 人又中进士 3 人。朱厚照在历史上很有争议。很多人认为他荒淫暴戾，怪诞无耻，是少见的无道昏君。虽然通过近些年来历史学界的研究，人们对武宗的认识有所改变，不过也只认为他追求个性解放，追求自由平等，平易近人，心地善良，是极具个性色彩的一个人，没有谁说他是一位好皇帝。

世宗朱厚熜嘉靖年在位 45 年，是明朝实际统治时间最长的皇帝，汝城出举人 15 人又中进士 1 人。嘉靖帝即位之初，革除先朝蠹政，朝政为之一新。但不久因发生礼议之争，打击旧朝臣和皇族、勋戚势力，总揽内外大政，皇权高度集中。他重视内阁作用，注意裁抑宦官权力，但同时日渐腐朽，滥用民力大事营建，移居西苑一心修玄，日求长生不问朝政，首辅严嵩专国 20 年，吏治败坏，边事废弛。在用人上，忽智忽愚、忽功忽罪，杀害贬黜功臣直臣，尊道教、敬鬼神，迷信丹药方术，到处采集灵芝，并经常吞服假方士们炼制的丹药。嘉靖二十一年，命宫女们清晨采集甘露兑服参汁以期延年，致使上百名宫女病倒。宫女们忍无可忍，差点将嘉靖勒死。

这些都是明史中有趣的一些方面，但也说明一个问题，人才的兴旺与否，决定于一个朝代的制度，而不是决定于皇帝是否贤明。

五、明代汝城人才群对于今汝城的重要意义

明代汝城的人才群，是汝城一笔宝贵的文化遗产，是发展文化旅游产业的重要元素，其价值至少体现在四个方面。

（一）名人效应

明代汝城的一批人才，在明代特别是明代中期的历史中，影响深远。朱海正直清廉，激浊扬清，是有“豸史”之称的监察御史。朱英，四朝元老，历左都御史、太子太保等官职，是著名理学家，特别是在景泰三年，敢于直谏阻止代宗废皇太子朱见深，可见其远见卓识。曾鉴，仕三部，累官工部尚书，与大学士李东阳等人同年，是明代中期的顶梁柱。至今，故宫博物馆收藏有一幅明朝礼部右侍郎谢铎所绘的“甲申十同年图”，所绘的是明甲申一科（1464）年进士出身，到弘治十六年（1503）绘制此图时，达“一大学士、一都御史、四尚书、四侍郎”的十位同学，其中户部尚书兼谨身殿大学士李东阳、工部尚书曾鉴、刑部尚书闵一、兵部尚书刘大夏等位列画中，可见证当时曾鉴等人的辉煌。“铁面御史”范辂不惧安危参劾宁王朱宸濠，降职降级不为所动，不愧为御史中的佼佼者。范渊，担任过刑部主事、员外郎、郎中，因不依附宦官刘瑾，贬四川威州知州，后任云南按察司佥事、学政、按察司副使。祝咏历官太平知府、两淮盐运同知、赣州知府、四川按察司副使。欧绍说历官户部郎中、知府，为官清正爱民，民为立生祠。他们作为中国封建社会的忠实捍卫者，勤政廉洁，忠于朝廷，刚正不阿，都留下不朽的声名。

（二）教益作用

明代汝城的学子，虽出于偏僻之地，不少还家境贫寒，但勤学苦读，终有所成，进入仕宦，不忘民本，为官清政，善始善终，不忘对家乡的报答，无愧濂溪过化之地声誉，大都颇有清声留名，对后代有很好的教育作用。

明代汝城的人才群留下了很多诗文及著作，轶闻趣事，有的在档案馆、图书馆残存，有的刊印成册，更多的是散落在民间，极有挖掘价值。主要有朱英《认真子集》诗文三卷、《澹庵纪年》、《诚庵奏稿》，以及后人为其整理的《朱诚庵荣哀录》，朱守孚《竹园诗文集》，范渊《民训》，曹琚《桂阳县志》、《诗说》，邓皋《金潭诗文集》，范永銮《大学衍义》、《燕射古礼全书》、《明儒警

语》一卷、《天心仁爱录》、《明律例》三十卷，欧阳绍说《屏冈述史录》等。

（三）人文景观

与朱英有关联的人文景观有太保第、白石岩、白石书院、竹园书屋等；与朱海有关联的人文景观有豸史第等；与曾鉴有关联的人文景观有曾氏家庙等；与范渊、范辂、范永銮有关联的人文景观有绣衣坊、中丞公祠、义井、山峰伯侄桥等。而且明15位进士中有11位归葬于汝城，朱英葬马桥乡外沙村谢坡，朱海葬卢阳镇津江村凤凰山，欧阳复葬马桥乡外沙村朱砂，朱守孚葬马桥乡外沙村陈家，朱守恕葬马桥乡外沙村朱砂，郭秉昭葬田庄乡开山勘下，曹琚葬附郭余家坳享堂，范渊葬附城高桥岭，范辂葬浙溪头，范永銮葬附郭璜巷。

六、明代汝城的举人及进士一览（附）

1. 洪武十七年（1384）举人，洪武十八年（1385）进士宋仁贵，行人、两试江广

2. 永乐三年（1405）举人何试保，交趾车来县令

3. 永乐九年（1411）举人朱得志，太平府训导

4. 永乐十五年（1417）举人胡深

5. 永乐二十一年（1423）举人宋思宦，山东济宁州知州

6. 永乐二十一年（1423）举人何浩，何珪父亲

7. 宣德元年（1426）举人黄秉衷

8. 宣德四年（1429）举人胡廷芳，福建奖乐知县

9. 宣德四年（1429）举人李都，州学中式官训道

10. 正统六年（1441）举人，正统十年（1445）进士朱海，御史迁江西按察司佥事，朱英族兄、朱守恕父亲

11. 正统九年（1444）举人，正统十年（1445）进士朱英，左都御史、兵部尚书、赠太子太保，朱海族弟，朱守孚父亲

12. 景泰元年（1450）举人，景泰二年（1451）进士欧阳复，翰林院庶吉士、福建泉州府知府

13. 景泰四年（1453）举人朱试昌，长兴知县

14. 景泰四年（1453）举人何珪，何浩之子，彭山县训导

15. 天顺三年（1459）举人邓寿椿，南溪、伊阳两县知县

16. 天顺三年（1459）举人，成化五年（1469）进士朱守孚，刑部郎中，朱英之子

17. 天顺六年（1462）举人，天顺七年（1463）进士曾鉴，工部尚书

18. 成化元年（1465）举人李和，广东琼州府同知

19. 成化七年（1471）举人，成化八年（1472）进士朱守恕，云南按察司佥事，朱海之子

20. 成化十三年（1477）举人，成化十七年（1481）进士郭秉昭，江西按察司佥事

21. 成化十六年（1480）举人朱正谊，武康知县

22. 成化十六年（1480）举人，弘治九年（1496）进士曹琚，梧州府知府

23. 成化十九年（1483）举人朱守蒙，朱英之子、朱守孚之弟、朱瓛之父，经魁，镇江府通判

24. 成化十九年（1483）举人李安，仁化知县

25. 弘治二年（1489）举人，弘治九年（1496）进士范渊，云南布政司副使

26. 弘治五年（1492）举人，弘治十八年（1505）进士邓文璧，云南按察司副使

27. 弘治十七年（1504）举人，正德九年（1514）进士范永銮，福建学政、四川右布政使

28. 弘治十七年（1505）举人邓皋，光州、宏州知州

29. 正德二年（1507）举人，正德六年（1511）进士范辂，御史、福建布政使

30. 正德二年（1507）举人何广，四川夔州府通判

31. 正德五年（1510）举人欧阳绍说，霍山知县，郎中

32. 正德五年（1510）举人朱瓛，选赣州府通判，未任卒

33. 正德五年（1510）举人曾宥之，从戎韶州

34. 正德十四年（1520）举人，嘉靖八年（1529）进士祝泳，陕西布政司参议

35. 嘉靖元年（1522）举人曹直，陕西汉中推官

36. 嘉靖元年（1522）举人范永宇，范辂次子，台州、九江府推官

37. 嘉靖四年（1525）举人范永锡，范辂之侄、范永銮弟

38. 嘉靖七年（1528）举人范永官，范辂长子，亚魁，江西临江府通判

39. 嘉靖七年（1528）举人朱希贤，朱炳如之父

40. 嘉靖七年（1528）举人曾瀚，曾鉴之侄，中顺天乡试

41. 嘉靖十九年（1540）举人何志实，浙江龙泉知县，广东惠州府通判

42. 嘉靖十九年（1540）举人何价，南京江宁县知县

43. 嘉靖二十二年（1543）举人祝完，祝泳之侄、祝来庆之父，徐州知州

44. 嘉靖二十二年（1543）举人何正儒

45. 嘉靖二十八年（1549）举人何都，国子监助教

46. 嘉靖二十八年（1549）举人朱以乘，知县

47. 嘉靖三十一年（1552）举人朱伦，广东香山知县，升同知

48. 嘉靖三十四年（1555）举人，嘉靖三十八年（1559）进士朱炳如，陕西左布政使

49. 嘉靖三十四年（1555）举人彭定守，布政

50. 万历四年（1576）举人祝来庆，祝完之子，河南孟津教谕、知县

51. 万历四十年（1512）举人朱成文

52. 万历四十年（1512）举人朱世望

53. 天启元年（1621）举人朱应征，中贵州乡试

54. 天启元年（1621）举人严师，商城知县

作者简介：朱忠悦，中共汝城县委宣传部副部长，湖南省社会科学院文化研究中心特约研究员。

湖湘濂溪书院考略

夏剑钦

周敦颐（1017—1073）是我国宋代著名的哲学家、教育家，自宋以来一直被尊为理学的鼻祖。他原名敦实，字茂叔，生于北宋荆湖南路道州营道县（今湖南道县）。故居离县城西二十里，有水名濂溪，周氏世居其上。他治学为官多在江西，曾于嘉祐六年（1061）迁国子监博士，通判虔州（治今江西赣州市），道出江州（今江西九江市）庐山。据宋版《元公周先生濂溪集》所载度正编《濂溪先生周元公年表》："先生既爱庐山之胜，遂卜居山下，因溪流以寓其故乡之名，筑室其上，是为濂溪书堂。学者宗之，号濂溪先生云。"

周敦颐创办的濂溪书堂，既是他讲学会友之所，又是他的终老之地。正是从他的濂溪书堂开始，书堂、书院与理学结下了不解之缘。理学成为书院教育的理论指导，书院成了理学家的活动基地。特别是理学经程颢、程颐而杨时、罗从彦、李侗至朱熹逐步弘扬后，不仅理学臻于成熟，书院教育也走向成熟，乃至以濂溪、宗溪、景濂、爱莲等为名或祀周敦颐的书院遍及大江南北。著名者如江西分宁、赣州、萍乡的濂溪书院，芦溪镇的宗濂书院，吉州的白鹭洲书院；江苏镇江、丹阳的濂溪书院；安徽来安县景濂书院、广德州的爱莲书院；湖北武汉、钟祥的濂溪书院，枣阳的春陵书院；广东曲江、四会、广州、南恩州的濂溪书院等。

周公家乡湖南自理学首创以来，亦是理学勃兴，各地兴办以传播、发扬理学为宗旨的濂溪书院之风盛行，或名濂溪，或名宗溪、景濂、会濂、爱莲等。本文主要根据《湖南通志》和各府州县志所载，将宋元明清湖湘各地所兴建的濂溪书院逐一疏检，并考察其兴废沿革、首创续建者及规模建置等，以彰显湖湘理学之兴盛及其生生不息概况。

首先，周公的家乡营道县于南宋绍兴年间即建有濂溪书院。据度正《周元公年表》："先生既没之后，春陵人祠之学宫，复于里舍塑像。春秋二仲，有职于学宫者，遵故事，宿舍中，夙兴盥荐惟谨。"据张栻《道州重建濂溪先生祠记》："春陵之学，旧有濂溪祠，实绍兴某年向子忞所建。"知军州向子忞建祠约为绍兴九年（1139），实道州濂溪书院之初始，胡铨尝为之《记》。嘉定十二年（1219）知州董与几又以学馆狭隘，且往来不便，一面将旧馆交周钥管理，教育周氏后裔，复于州治营道城西建濂溪书院。魏了翁为之《记》。景定三年（1262），知州杨允恭奏请理宗赵昀赐御书"道州濂溪书院"六字，"以旌道学之源"。次年请李挺祖为书院掌御书臣，"辟合门而摹揭"，并拓地扩建，"凡祠宇、讲堂、斋舍咸新之"。既成，集诸生肄业其中，又作《记》告以兴学之旨。岁久寖坏，元至正壬午至丙戌（1342—1346），山长张某与通判吴肎（肯）、山长载世荣等相继修葺，欧阳玄为作《重修濂溪书院记》，又作《濂溪故居祠堂记》。元末红巾军起，祠院遭毁，乡人前归州倅吴某重建，刘三吾作《道州路重建濂溪书院记》。又有明弘治间知州方琼重建，正德、嘉靖间知府曹来旬、御史姚虞、知州王会接等均有修葺。万历间复毁于火。万历二十年（1592）御史大夫李桢重建，捐置祭田，参政吴中传作《记》，辟异说而"崇正学"。明末又毁，清顺治十三年（1656）知州高攀龙重修。康熙二十五年（1686）康熙帝赐御书"学达性天"额，三十年司马史修御碑亭。乾隆十六年（1751）、嘉庆二年（1797）均有修葺。光绪二十八年（1902）改为校士馆。现恢复为濂溪书院，在道县城西濂溪河畔周家坊街。中轴线由大门、相亭、牌坊、拜殿、正殿、谏议祠、居室等建筑组成，占地万余平方米。大门名棂星门，上有"羽翼道统"匾额，旁有"心传承孔孟，道学启程朱"对联。拜殿内有"万世宗师"、"理学之宗"、"继往开来"匾各一，外有"孔孟后一人"匾额。书院为一座融讲学、祭拜、藏书功能为一体的古建筑群，规模宏大，雄伟壮观。据《湖南通志》卷六九，尚有"濂溪小学在道州西濂溪上，宋景定中郡守杨允恭建"。旧志载有宋赵栉夫《濂溪小学记》，云："出道州城西二十里曰濂溪，即元公故居在焉。未至十里许，两峰插地，平陆疏林，云巘如画，一水横陈，乃濂溪也。溪南为先谏议墓，左龙山，右豸岭，祭田在其下，元公遗券犹存。故居有祠奉谏议。以元公侑环溪数百家，皆周氏子孙，率学农圃。郡守杨侯叹曰：'此非郑公乡乎？'乃命立小学，俾知营道县钱君经理之。祠右有功德院，盖周氏所为奉浮屠者，于元公家不类，宜改院为小学，聚周之子孙教焉……"读此记知宋景定中除迎御书扩建州濂溪书院外，周公故居还新建了教授周氏子弟的濂溪小学。

第二，在今郴州汝城县城关镇桂枝岭西北有濂溪书院，至今为省级文物保护单位。周公于庆历六年（1046）被荐为郴县县令，皇祐二年（1050）至五年（1053）改任桂阳（今汝城）县令。在郴州生活八年，南宋嘉定十三年（1220）始建濂溪先生祠祀之，嘉定十五年知县周思诚始建书院于桂枝岭，以奉祀并名"濂溪"，置学田 40 余亩，收租谷 180 余石，招"三十余生，课试于中"。宋元之际废。明正德间，邑人御史范辂、巡按毛伯温捐资请知县陈德本重建。嘉靖三十三年（1554）知县余兆先增建讲堂、学舍，由罗洪先作《濂溪书院记》。清顺治八年（1651）毁，康熙六年（1667）知县黄应庚重建，“以僧守之，遂供佛像”。十年，知县盛民誉就书院旁别筑庵，迁去佛像，扩建讲堂、学舍，可容生徒百余人。吴三桂乱时，院田为寺僧侵管，五十八年（1719）知县董正祥追回。书院教学“贵博学、审问、慎思、明理”，而“利国爱民之事更宜留心”。光绪末年，知县董桢祥改为濂溪高小，民国时改称濂溪学校。2001年维修，复名濂溪书院。书院坐北朝南，前临秀溪，后倚青山。主体建筑为四合院式布局，砖木结构，楼房左右对称，宽敞明亮，环境优美。院内立周敦颐铜像，通高2.8米。

又据清嘉庆《郴州总志》卷十，旧在郴县城左建有濂溪书院，明弘治时改建于郴州城南门外右，何孟春有记，明末圮。清康熙三十五年（1696）署州事谢允文捐俸建正厅一栋五间，东西两廊各一栋三间，大门甬道一座，外凿爱莲池，池中建君子亭，并捐置田三处，亲撰碑记。康熙五十七年（1718）知州范廷谋重修。雍正十年（1732）知州华文振修葺。乾隆四年（1739）知州胡星捐修爱莲池，复建君子亭。乾隆十七年知州谢锡佐重修。

又据嘉庆《郴州总志》卷一一载，桂东濂溪书院“在县城东门内文庙左，中为讲堂，堂后建濂溪夫子祠，上建奎星阁。祠前为爱莲池，池上君子亭。左右构精舍二十四间，为生童肄业处。堂下左右长廊，为县试坐棚”。旧志载该书院清乾隆三十二年（1767）建，嘉庆间规模如上。据县志，同治五年（1866）知县刘华邦迁建县城南门外三台山之麓。

第三，因宋治平元年（1064）冬，周敦颐曾任永州通判，次年三月仍回江州，故宋代永州府学即祀周敦颐，张栻曾撰《永州府学周先生祠记》。据道光《永州府志》卷四上所载明零陵蒋春生《重修宗濂书院引》，知永州旧有东山书院，久圮，明嘉靖壬戌年（1562），知州黄翰等捐资左费，于府城东门学宫后建宗濂书院。清顺治十四年（1657）郡守魏绍芳改建北关内，更名濂溪书院，有魏绍芳撰《国朝新建濂溪书院碑文》。岁久倾颓，至嘉庆初，郡守巴哈布捐项生息，继任以其银构祠，粗安遗像。至嘉庆十一年（1806），郡人蒋濂请于知府应先烈筹费通修；次年丁卯复请重建讲堂，并置床桌之属。己巳年郡守锡龄又捐项加修，规模大备，郡人蒋云宽为撰《重修濂溪书院记》。

又永州东安县城有紫溪书院，曾名景濂精舍、濂溪书院。明嘉靖中知县陈祥麟改清溪寺为清溪书院，后知县吴允裕增建仰高轩，祀名宦乡贤。万历间因朝廷禁毁书院，知县朱应辰改祀名宦乡贤于学宫，奉周敦颐于院中，改名景濂精舍；置田产，年收租谷，集诸生讲学其中，“县中文雅始盛”。后废。清康熙中守道朱士杰重建，改名濂溪书院，并撰《国朝重建濂溪书院序》。后移建于西门外。咸丰二年（1852）与创建于东门外的紫阳书院（祀朱熹）同毁于兵火。时山长周而溥合两院公费重建新院于城中，取名紫溪书院，自后兴学不断。光绪二十八年（1902）改为小学堂。

又古代永明县（今江永县）于明嘉靖中曾建宗元书院在县城三元宫左，礼周敦颐。清康熙十四年（1675）知县侯绶重建，改名“濂溪”。二十二年（1683）教谕徐尊显主持修葺，并置藏书，捐田亩。嘉庆二十二年（1817）知县杨耀曾主持重修。光绪十七年（1871）、二十六年（1900）两增学田。本县周兆龙、王明良、方正、周绍仪等曾为山长。该书院至清末废。

据旧志，宁远县东五十里曾有会濂书院，明万历中知县蔡光主持修建，后废。又永州蓝山县亦有宗濂书院，明万历元年（1573）知县郑之韶建，清代改他名。

第四，宋治平四年（1067）秋，周敦颐以永州通判摄邵州（今邵阳市）事，因州学“卑陋弗称”而迁于城东东山。后历代均建祠并祀濂溪。南宋乾道八年（1172）建濂溪祠于州学，绘像以张九成配，四时奉祀。淳熙六年（1179）改为周张二先生祠。绍熙四年（1193）知州潘畤又另辟一室特祀周敦颐，朱熹作《邵州学特祀濂溪先生祠记》。嘉定十三年（1220）祠随学迁城西旧址，绍定二年（1229）冬至次年夏重修府学与祠堂，魏了翁为撰《宝庆府濂溪周元公先生祠堂记》。宝祐三年（1255），知府宋仲锡扩建书堂，有讲堂、直舍，高斯得撰《宝庆府濂溪书堂记》。元末书堂毁为东山寺。明嘉靖二十九年（1550）参议杨逢春集诸生讲学其间，以“民居环列”，“遂迁僧众于别处”，于三十一年改建为书院，名“东山”。有景濂堂、濂溪祠、会心室等，“日集诸生于景濂堂，教以习经读史，且讲明心性之学，所造士，本末皆可观”。崇祯末毁于兵火。清顺治十五年（1658）辞谢张惟养重建，康熙元年（1662）知县颜尧揆增修，“书院略有成规”。十一年（1672），知府李益阳建讲堂等，“规制大备”。李又建希濂书院于东山。不久，“并两书院为一”，正式名“濂溪”。乾隆八年（1743）知府程开业主持修葺，知县高应遴置学田382亩。二十一至二十四年（1759），知府郑之侨重建，有“三希”、“致道”二堂，“敦崇”、“实学”二室，“进德”、“居业”二斋，及濂溪祠、藏书楼、观澜阁等，“大观备矣”。又作《濂溪书院劝学编》、《濂溪书院兴学编》等，大倡理学，以“明夫仁义礼智之性，以敦夫孝弟忠信之行”。嘉庆十九年（1814）知府柳迈祖又主持重修。书院主讲者如蒋载嘉、余廷灿、邓显鹤等皆一代名师。该书院于道光六年（1826）由知府谭光祜重修，咸丰九年（1859）兵毁，同治二年（1863）署知府邓绶名又主持重建，后废。

又据光绪《邵阳县志》，明崇祯十一年（1638）知府陶珙曾于县城南爱莲池左希濂堂后建爱莲书院。相传周敦颐摄邵州时曾在此种莲，后人因建爱莲池。池后有光风霁月堂和四君子堂，池中有君子亭，取周敦颐《爱莲说》中“莲，花之君子者也”句以名亭。爱莲书院至清代仍为士子肄业之所，邵阳魏源于嘉庆中曾读书于此。道光十七年（1837）知府惠体廉于爱莲池后建祠祀周敦颐。咸丰十一年（1861）知县吴永铎将书院修葺一新。

明成化十六年（1480），宝庆府新化县知县傅轸在县治西建濂溪书院。嘉靖间迁往南门外，改名文昌书院，仍祀周敦颐。万历中知县姚九功重修，后废。

第五，衡州（今衡阳市）亦有濂溪书院，在城西凤凰山郑向故宅。传说周敦颐曾随郑向在此读书，故南宋“以濂溪周子遗迹”而在胡忠简（铨）祠原址建濂溪书院，移祠于学宫，“遂名曰濂溪祠，而以胡忠简、聂逊二主配焉”。开禧三年（1207）改建学宫而书院废。清乾隆元年（1736）衡阳知县傅学灏率绅士刘竣等在学宫右衡阳地重建西湖书院以为义学。

以上所叙分布于湖南古代道州、永州、郴州、邵州、衡州各县市之濂溪书院，都是在周敦颐创办濂溪书堂的影响下，各地为传播理学、尊崇鼻祖而先后创办的，足见湖南当时理学之盛，亦可想见周公创办濂溪书堂在我国古代书院建设中所起的重大作用。

作者简介：夏剑钦，岳麓书社原社长、编审，《湖湘文库》编纂委员会副主任。

莲香千年　德化苍生

——刍议周敦颐的理学思想对汝城教育事业的影响

龚健耕

周敦颐在汝城为官四年，据《宋史·周敦颐列传》载："移郴之桂阳（今汝城）令，治绩尤著。"据现镶于濂溪书院南堂前墙壁上的，作于清嘉庆甲子年（公元1804年）清嘉庆乙丑科进士范毓洙撰的《濂溪书院碑记》载"自濂溪周子弦歌斯土，开阐理蕴，提倡宗风。洛阳程子折节来学，遂为大儒过化之区。发蒙振稚，人皆知乎。学问、文章、德行、仕宦、科名，彪炳于一时者史不绝书，何其盛欤!"周敦颐的道德文章、为官为学思想，对汝城人民产生了深刻的影响，千百年来，汝城"吏畏其威，士率其教，民怀其德"。本文试从周敦颐的理学思想探讨周敦颐对汝城教育事业的影响，作以简单的分析，起一个抛砖引玉的作用。

一、背景

中国文化史上，孔子始创儒学，孟子继之，以"仁"、"义"作为"人"之重要品德。春秋战国的乱世中，孔子知其不可为而为的践行，孟子的舍我其谁，视大人则藐之的气概，皆成为儒家之典范，奠定了往后儒者欲为圣人之标杆。然而，自汉儒以治经为重，魏晋南北朝崇尚道家，流行玄学，唐代佛学盛行，五代时，社会风气坠落，"内圣之学"不传已久!

宋代，是一个崭新的开端，也是儒学复苏的时代。当时的儒者，深受五代乱世之苦，看清道、佛思想之不足以经世、救世，于是自觉地肩负起重建文化，复兴圣贤之学的使命，要以儒学治国用世，历经胡瑗、孙复、欧阳修、范仲淹等人的努力，播下了复兴儒学的种子，在几近百年后，终于产生了新一代的儒学——理学，而从此儒学大步向前，走出了一条康庄大道，而带领此复兴运动的启蒙、奠基者，依历代圣人断言，无疑首推周敦颐。据《汝城县志·教育志》载：北宋之前，汝城县为四等县，文教不倡，周敦颐主政汝城之后，创办县学，崇文倡教。受其影响，千百年来，各界助学兴教不怠，学子奋发图强不息，人才辈出，文风蔚然。汝城虽为诹穷偏僻小县，自宋以来，竟出科举状元1名，进士39名，周敦颐影响厥功甚伟。

周敦颐是时刻以圣学自醒的思想者，依其著作《通书·富贵三十三》所言："君子以道充为贵，身安为富，故常泰无不足，而铢视轩冕，尘视金玉……其重无以加焉。"《通书·陋第三十四》中亦言"圣人之道，入乎耳，存乎心，蕴之为道德，行之为事业"。可知对于圣人之道，他时刻检视，内蕴为德行，外发为事业，是一个真实笃行圣人之学的儒者，志行高洁，一直为后代儒生所景仰，黄庭坚赞他："人品甚高，胸中洒落，如光风霁月。"认为他一生"短于取名而锐于求志，薄于徼福而厚于得民，菲于奉身而燕及茕嫠，陋于希世而尚友千古"。苏轼亦赋诗云"坐令此溪水，名与先生俱，先生本全德，廉退乃一隅"。都认为周敦颐是一个德行全面的完人。以上都足以说明周敦颐对圣学的践行彻底地彰显在他的言行中，而成为后人景仰的榜样，尤其对汝城士子的影响更加直接。

二、周敦颐的圣人之学

如何成为圣人，是先秦儒者所注重的焦点，亦是中国思想家重视伦理道德实践的表征。然而，实际上，自孔子教人做"仁者"，孟子教人"尚志"——彰显仁义礼智始，历经两汉儒者忙于传经，而魏晋南北朝以至隋唐又不是儒家发扬的时代，以至于儒家成德之学一直未曾彰显，直至宋儒为了对抗佛教，重新省察了儒家内圣义理之教，将之提出，并加以发挥，虽然受时代风气影响，其中不免掺杂了佛道思想，然其追寻圣贤气象的用心则是明显的。"圣人观是中国传统文化的灵魂，宋儒所谓理学、道学者，实际指谓就是圣人'之学'或'圣学'。理学家的知志趣在于学圣人，对于圣学，理学家由衷响慕，诚敬以之，乐在其中。"因此，"成圣之学"实为宋儒各家思想之所宗，开创了儒学的新风气，而周敦颐便是提倡此圣人之学的开山祖。他在《通书·圣学二十》中明言："圣可学。"这是他对后世儒者最深刻的训示，亦是宋代以后儒者遵循的准则，影响深远且具体，今以其著作《通书》为主，辅以《太极图说》，论述其圣人之学。

（一）为"圣"之标准——诚

周敦颐在《通书·诚上第一》开宗明义地说："诚者，圣人之本。"明说"诚"为成圣之根本。在"诚下第二"又说："圣，诚而已矣。"于"家人睽复无妄第三十二”再云“治天下有本，身之谓也；治天下有则，家之谓也；本必端，端本，诚心而已矣”。可见得，周敦颐圣人之学的标准即在“诚”字。“诚”为“圣人所以为圣”所在。杜保瑞云：“圣人境界就是将诚的道德意志予以扩充彰显的人格，圣人的行止进退是一生的事业，它显现在五常百行之中，以诚为其价值标准，以此定正邪。”

（二）为“圣”之内容——仁义中正

依上文所言，周敦颐为“圣”之标准在一“诚”字，然则其圣人之学的内容所指为何？在此简要说明之。在《通书·道第六》中，周敦颐云：“圣人之道，仁义中正而已矣。”此语于其《太极图说自注》中亦曾明言，此乃周敦颐一贯之思想，而“圣人之道”即指“仁义中正”。

（三）为圣之功夫——明通公溥

探究孔、孟儒学精神，极大成分在于道德伦理之实践上，这是儒家哲学特有的要点，杜保瑞：“儒者就是主张在现实世界实事实行的哲学家，因此，儒家对于日常修养活动的直接经验是极为宝贵的。”大抵说出了儒家重视真实生活的智慧与日常道德行为的践行。周敦颐的哲学体系本出孔孟儒家，在道德实践上，自有一番主张，而其言论大都见于《通书》，亦可与《太极图说》对照来看，概括周敦颐的道德实践分为无欲、主静、改过、教化四部分。周敦颐于《人极图说》中云：“圣人定之以中正仁义（圣人之道，仁义中正而已矣）而主静（无欲故静），立人极焉。”而于《通书·圣学二十》又云：“圣可学乎？”曰：“可。”曰：“有要乎？”曰：“有。”“请问焉。”曰：“一为要。一者无欲也，无欲则静虚动直。静虚则明，明则通；动直则公，公则溥。明通公溥，庶几乎！”

三、周敦颐思想对汝城教育事业的影响

在圣人修养的过程中，周敦颐特别强调“教化”的重要性。其云：“贤者得以学而至之。”（《文辞第二十八》）明白的说贤者具有仁义道德，是由于学习和教育的结果，故而其于《师友第二十五》亦云：“道义者，身有之则尊却贵。人生而蒙，长无师友则愚，是以道义由师友有之，而得贵且尊，其义不亦重乎？其聚不亦乐乎？”强调人生下时本是愚昧无知的，若没有师友长辈的教诲、帮助、扶持，就会愚昧一世。人所以懂道义、行道义，得以尊贵，全赖师友的教诲、帮助。可知教化的重要。故其再云：“然则圣人之蕴微颜子殆不可见，

圣人之蕴教万世无穷者，颜子也。”（《圣蕴第二十九》没有颜回的圣人之言，孔子之教难得。因此，周敦颐特别强调教化的重要，并将其重要抬之国家治乱之关键。其《师第七》云：“惟中也者，和也，中节者，天下之达道也，圣人之事也。故圣人立教，俾人自易其恶，自治其中而已矣。”而其重点则在于“先觉”者要教育“后觉”者，亦即已能至圣贤境界者，要教育未臻至圣贤境界者的后学，这便是师道在“成圣”的历程中所扮演的角色。在人的修养过程中，如能得到先贤的亲身教诲，对其成就圣人事业，当事半而功倍。

周敦颐理学思想对汝城教育的影响体现为：

（一）官民兴教办学

“按通考宋初有郡国乡党之学，而无州县学。庆历（应为皇祐）四年，始诏州县立之。”《范毓洙·濂溪书院碑记》周敦颐之前，汝城县无县学，系周敦颐首倡“县学”，之后汝城广开办学门径，县学、书院、私塾齐上，教育超常发展，追根溯源，周敦颐厥功甚伟。先后创办了环绿书院、相公书院、濂溪书院、白石书院、云头书院、朝阳书院等书院。世家大族纷纷兴办书屋、私塾，如竹园书屋、紫微书屋、问津书屋、文昌阁等，延请名儒教授弟子，文风联绵蔚盛。目前尚存的民国时期蒋介石赠“热心教育”匾、湖南省督军赵恒惕赠“敬学劝教”匾，都是嘉褒汝城重教之例证。

（二）苦读求学成风

受濂溪思想的影响，汝城历朝历代的学子把读书走出大山，报效国家作为人生的理想追求，苦读求学成风。他们不仅仅是把读书当做获取功名的敲门砖，而是十分重视把读书与修身相结合，许多学子都成为治国平天下的经天纬地之才，其中科举状元朱经贯，明代都察院左都御史，两广总督朱英，工部尚书曾鉴，刑部侍郎朱守孚，江西、福建布政使范辂，当代开国上将朱良才、李涛等是苦读求学，读书与修身相结合的杰出代表。

（三）各界义捐助学

汝城县志载，先后有众多家族义让地基、众多乡绅慷慨乐捐、乡梓民众赠学田资助办学。特别是孙氏捐让“圣殿学宫”地基，上宪准旌表孙氏，敕令子孙游泮进学，永免书钱，其是义捐助学的典范。汝城大多的祠堂墙壁上依然镶嵌有《立文课会碑》，即是记录各界义捐助学的有力证据。

（四）著书立说丰厚

濂溪、朝阳、云头、白石四大书院，共有90人著书139册459卷，其中濂溪书院为之最，有64人著书100册329卷，其影响力是宏大的。

总而言之，周敦颐身为理学鼻祖，不仅开启了一代思潮，带领了千年的学风，受其影响，汝城“千载思之”，其“出淤泥而不染”的入世君子情怀，犹如池里荷花，历久弥香；濂溪遗韵，薪火传承，泽被百世，周敦颐的思想成为汝城人民最宝贵的精神财富。

作者简介：龚健耕，汝城县文化广电新闻出版局副局长。

周敦颐与汝城儒学教育

周小喜　胡良英

北宋理学鼻祖周敦颐从23岁出任洪州分宁县主簿开始，以江西、湖南、广东三省为中心，做了35年地方官。据度正所修《濂溪先生周元公年表》，周敦颐先后于郴州郴县、桂阳县，洪州南昌县任县令，时间整整十年，其中为桂阳令四年。桂阳即今汝城，是户籍不过三千的偏远小县。“先生在郴桂皆有治绩，诸公交荐之……用荐者言，改大理寺丞。知洪州南昌县。”[①] 周敦颐在郴州因政绩显著受到举荐从而得以升迁，这看似平常不过的一段佳话，很有力地说明了他的务实与勤民，证明了他深受百姓爱戴、同僚称赞。周敦颐所到之处政治清明、民风淳朴，这固然与其“光风霁月”[②] 的人品和其精微极致的思想体系相关，也与其重视教育、采取的教化措施有密切关系。本文拟从教育的角度探讨周敦颐对汝城的深远影响。

一、周敦颐的教育思想

周敦颐重视教育，据《濂溪先生周元公年表》中记载，有几件事可以说明，一是一到郴县“首修县学”。[③] 二是工作闲暇时亲自讲学。刚出任主簿时，“鲜事，袁之进士来讲学于公斋者甚众”。[④] 三是庆历六年（1046）收二程为徒。后一件事当是他一生中儒学教育方面的一件大事。程颐在《汝南明道先生遗状》中写道：“先生为学，自十五六时，闻汝南周茂叔论道，遂厌科举之业，慨然有求道之志。”[⑤]正是二程使周敦颐开创的理学思想得以继承并发扬光大。

周敦颐传世的著述不多，可谓惜墨如金，仅存《太极图说》《通书》《爱莲

① 宋·周敦颐：《周敦颐集》，长沙：岳麓书社，2007年，第289页。

② 宋·周敦颐：《周敦颐集》，第151页。

③ 宋·周敦颐：《周敦颐集》，第288页。

④ 宋·周敦颐：《周敦颐集》，第286页。

⑤ 见程颐：《汝南明道先生遗状》。

说》《拙赋》以及少量游览唱和之诗，但是给后人留下的却是上至宇宙下到心性义理的广袤无边的思想体系。在这些不多的著述中，涉及教育的思想言论也不少，多集中在《通书》中。

1. “圣希天，贤希圣，士希贤”的教育理想论

《通书·志学》：“圣希天，贤希圣，士希贤。伊尹、颜渊，大贤也。伊尹耻其君不为尧、舜，一夫不得其所，若挞于市；颜渊不迁怒，不贰过，三月不违仁。志伊尹之所志，学颜子之所学，过则圣，及则贤，不及则亦不失于令名。”周敦颐认为做人有三种境界，其最高境界是做效法天以天为榜样的圣人，其次是做以圣人为榜样的贤人，再次是做以贤人为榜样的士。他把伊尹、颜渊视为大贤，这是因为伊尹以天下为己任，把辅佐国君使之成为尧舜那样的圣君作为自己的职责，天下有一个男人没有得到合适的安置，自己就感到像在闹市被鞭挞一样耻辱；颜子不迁怒于人，同样的错误不犯两次，长期把持仁德之心。了解了做人的三种境界，就可以界定圣贤了，超过伊、颜则是圣人，赶上伊、颜则为贤人，就是赶不上也能得到美名。

周敦颐规定了做人的最高境界为圣人，就是要求读书人“志伊尹之所志，学颜子之所学”，树立做圣人的最高理想，时时处处以圣人要求自己。当然，由于个体先天禀赋和后天努力的程度的差异，不可能人人为尧舜个个是伊颜，但人如果没有追求，就像无本之木、无舵之舟，因此，周敦颐特别强调人要立志，要树立远大的志向，就是最终赶不上伊颜，在追求圣贤的过程中，自身在不断地完善自新，在不断地接近道义，用周敦颐的话说，“不及则亦不失于令名”，那么，学习圣贤的目的也就达到了。

儒家的志，说到底就是“仁”，也就是怎样做一个有道德的人，所谓“穷则独善其身，达则兼济天下”，其最高理想就是成圣。伊尹立志使每个人都有仁心从而达到治平之世，上至天子下到百姓，是外王的代表；颜渊高尚的道德品行几乎达到儒家所要求的“中”而为后世效法，是内圣的楷模。周敦颐把他们当做标杆正是外王内圣的完美结合，是“道”的统一体。

2. 向善改过的教育目的论

关于教育的目的，周敦颐在《通书·师第七》里做了较为详细的论述：

或问曰：“曷为天下善？”曰：“师。”曰：“何谓也？”曰：“性者，刚柔善恶，中而已矣。”不达。曰：“刚，善：为义，为直，为断，为严毅，为干固；恶：为猛，为隘，为强梁。柔，善：为慈，为顺，为巽；恶：为懦弱，为无断，为邪佞。惟中也者，和也，中节也，天下之达道也，圣人之事也。故圣人立教，俾人自易其恶，自至其中而止矣。故先觉觉后觉，暗者求于明，而师道立矣。师道立，则善人多。善人多，则朝廷正，而天下治矣。”

这里，周敦颐把太极生两仪的理论运用到世间万物，同样把善恶分成两仪，各有刚柔两面。周敦颐认为教育有三方面的功能：其一，“师”是引导人们辨清善恶渐趋于中的媒介。师为“天下善”，圣人立教的目的，就是教人趋善去恶，发现恶改其恶，能易其恶则有严毅慈善之德，无强梁懦弱之病；教人正确处理刚善和柔善的关系，虽不能达到人人“中节”，但力求无太过无不及。其二，教育是“先觉觉后觉，暗者求于明”的过程。先知先觉者即为师，明于善恶者即为师。先知道明理的人向后觉者蒙昧者阐释义理、授业解惑，师道因而得以成立。其三，教育兴衰关乎社会治乱。“师道立，则善人多。善人多，则朝廷正，而天下治矣。”① 周敦颐把教育提到一个至关重要的位置，认为国家的兴衰治乱与教育密切相关，因为通过教育的教化手段，可以使越来越多的人向善，通过“先觉觉后觉”的良性循环，恶的、对社会不利的因素就会越来越少，政治自然清明，国家自然太平。这段阐述似乎让人看到了一个极其美好和谐的大同世界，也同时可以从中体会到周敦颐一千多年前就有的普及教育的超前意识，大有“百年大计，教育为先”的思绪。由此出发，周敦颐每到一处首兴教育的举动也就不难理解了。

当然，不是人人都能遵从师道向善改过，能改过的人必须具备一个前提，那就是必须有耻辱之心。孟子说：“耻之于人大矣。人不可以无耻，无耻之耻，无耻矣。”② 周敦颐也说：“人之生，不幸不闻过，大不幸无耻。必有耻则可教，闻过则可贤。”③ 有无廉耻之心是个体有无仁心的表现，是内因；闻过之“过”则来自外界，是外因，因此“无耻”甚于“不闻过”，是“大不幸”。有耻可教，才能做到闻过知改。人而无耻则无向善之心，不能发愤，不能听进去任何劝告，又哪能谈得上闻过改过呢。

“仁者爱人”，教育在教人向善的同时，还可以增强人与人之间的爱敬之心。《通书·爱敬第十五》传达了这一思想。善不及人，向人学习；人有不善，把不善之处告诉别人并告诉人如何致善。如此，人集众善于一身，世间又不因为一人有恶就弃之不顾，就都可能成为君子，“故君子悉有众善，无弗爱且敬焉”④，爱敬之心就会盛行于人间了。这一观点与孟子“爱人者，人恒爱之；敬人者，人恒敬之”⑤ 的思想一脉相承。周敦颐特别强调一个有过之人并非就是恶人，“孰无过？焉知其不能改？改则为君子矣！不改，为恶恶者。天恶之。

① 见周敦颐：《通书·师第七》。

② 见《孟子·尽心上》。

③ 见周敦颐：《通书·幸第八》。

④ 见周敦颐：《通书·师第七》。

⑤ 见《孟子·离娄下》。

彼岂无畏耶？乌知其不能改？”不因为人有恶就弃之不顾，强调教育劝恶改过的作用。

因为教育的教化功能，周敦颐尊师重道，认为通过师友的教诲和帮助可以更好地认识和理解道。周敦颐在《通书》中关于师友的论述有三章之多。他说：“天地间，至尊者道，至贵者德而已矣。至难者得人，人而至难得者，道德有于身而已矣。求人至难得者有于身，非师友则不可得也已。”① 人一辈子最难遇到的人是对自身的成长、道德修养有益的人，这种人不是他人，正是尊师和益友。古之学者必有师，一个道德高尚的人，周围一定有尊师良友，因为“人生而蒙，长无师友则愚”，正所谓“君子以文会友，以友辅仁”。②

3. “一为要”的教育方法论

在周敦颐的教育理论体系里，人是可以通过学习达到圣贤的要求的。那么怎样才能成贤成圣呢？周敦颐提出了提出“一为要”的思想。什么是“一”？“一者，无欲也。无欲，则静虚动直。静虚则明，明则通；动直则公，公则溥。明通公溥。庶矣乎！”③ “一”就是“无欲”，也就是“静”，没有任何杂念和成见。无欲则人心虚静，虚静则理胜于情，对世事通晓明晰，达到“诚”；人心虚静，在念头萌动之时，就可以排除私欲，处理事情公正没有偏颇。在《养心亭说》里，他明确指出“无则诚立、明通。诚立，贤也；明通，圣也”。④ 可见，圣贤并不是遥不可及，关键在于能不能做到无欲。

无欲、主静、诚是周敦颐思想的基本范畴，“诚”是核心。理学作为中国封建社会博大精深的思想体系，它主宰着人们的一切思想言行。周敦颐一向推崇的颜子就是无欲而静而诚的范例，因此，在教学实践中，他循循善诱，引导二程寻找孔颜乐处，“每令寻颜子、仲尼乐处，所乐何事”。⑤ 究竟所乐何事？说到底就是无欲，无欲则知足乐贫，则“心泰”，“心泰”则“处之一”，身性合一，身心合一，就能克己复礼以达于“诚”，故在《通书·颜子第二十三》中，周敦颐称“颜子亚圣”。

二、周敦颐对汝城儒学教育的影响

周敦颐在任汝城县令期间，注重教育，首创县学，并躬自设堂讲学，开启

---

① 见周敦颐：《通书·师友第二十四》。

② 见《礼记·中庸》。

③ 见周敦颐：《通书·圣学第二十》。

④ 见周敦颐：《养心亭说》。

⑤ 周敦颐：《周敦颐集》，第138页。

了汝城敦学重教的良好风气，流风所及，教育发达。

1. 官学教育

官学包括中央官学和地方官学，县学和乡学、社学都属于地方官学。县学是县级最高学府，童生考试合格方能入学，各县均有限额，因此，能入县学读书的人极为有限。开始于庆历三年（1043）的“庆历新政”规定，只有在学校里学习三百天以上的人，才有资格参加科举考试，县学成为地方输送人才的必由之路，地位极其重要。汝城向无县学，周敦颐是汝城县学首创者。民国《汝城县志》卷十七记载：“按通考，宋初有郡国乡党之学而无州县学。皇祐四年，始诏州县立之……自濂溪周敦颐弦歌斯土，开阐理蕴，提倡宗风。”皇祐四年（1052）是周敦颐到治所的第二年，他于这一年倡立县学，并以身作则，捐出自己的俸禄，带动乡绅捐资办学，修复孔庙，还在大成殿开辟讲堂，亲自授课。

180多年后的嘉定十三年（1220），因汝城县屡遭盗火，县学弛废，前之大成殿尽没于杂草之间。县主簿肖允恭修建县学，建成之后，汝城士子课试其中，弦歌不绝，再现周敦颐遗风。县学修建之时，县令周思诚在大成殿右立祠祭祀周敦颐，名濂溪祠，濂溪正学遂在汝城发扬光大。[①] 该祠后迁建桂枝岭之麓，是为濂溪书院前身。

汝城地处偏僻，土地贫瘠却人文鼎盛。据1997年《汝城县志》载，汝城历代科第，自宋朝太平兴国八年（983）癸未科邵晔获进士起，至清宣统元年（1909）止，累计获功名者共1917人次，其中朱经贯是宋哲宗元符庚辰（1100）科状元及第。[②] 这近千年中，又以明朝成化年至隆庆年为最盛，100年间出了10个进士，32个举人：“桂阳自前朝成宏嘉隆之际，科甲蝉联，英才辈出。”[③] 更为可叹的是，汝城的进士们大都留下了很好的名声，他们中被派到浙江、广东、福建、陕西、云南一带任职的较多，大都勤政廉洁、施惠于民，名载史册。

与县学紧密相关的是科考场地的建设。从现有文献来看，汝城在清乾隆前没有考棚，参加县试的童生自带桌凳在县衙内考试，台阶上都挤满考生，人多喧杂。每每鸡鸣时击鼓，到天亮还没坐定。每到中午日头当空，笔墨枯干，如果遇上刮风下雨，试卷更难以完成。乾隆戊子年（1768）胡诚悫任县令，亲自选定县衙西侧空地修建考棚，这一举措得到乡绅的积极响应，士绅解囊捐资，

① 袁玉娟主编：《品读汝城·诗文卷》，北京：红旗出版社，2010年，第75页。

② 汝城县志编纂委员会：《汝城县志》，长沙：湖南人民出版社，1997年，第607—608页。

③ 袁玉娟主编：《品读汝城·诗文卷》，第115页。

乡民也纷纷捐款，同事诸君自备薪米参加修建，全邑人齐心协力忘我劳动，于己丑年（1769）十二月动工，至明年四月竣工。短短三个月的时间建成考棚，速度之快前所未有。汝城县修建考棚一事，一方面说明汝城读书人多，参加科考获取功名的多，另一方面，也是更为重要的方面，汝城人重视教育，愿意析地捐资输材出力，建设考棚乃民风所致、群心所向。因此，笔者认为，考棚的修建，是汝城濂溪遗风的突出表现。何洛书《桂阳县建考棚记》这样描写："厥位面阳，厥材孔良，不侈不陋，卓然巨观……从来兴作，未有若是之速者，盖事本乎作育之盛典，且洽乎群心之所同然……此以知儒风丕变，文运聿新。"①

关于社学，民国《汝城县志》第五册列举的有城中社学、延寿峝社学、龙虎峝社学、城溪峝社学。② 1997年《汝城县志》大事记也载有"嘉靖十九年(1504)，知县刘缙建立延寿、龙虎、城溪三洞社学"。③ 社学始于元代，分50家为一社，每社设学校一所，"择通晓经书者为学师，农隙使子弟入学"，是针对农家子弟的启蒙学校。汝城是湖南省五大少数民族散居县之一，世居瑶族、畲族、壮族等少数民族，史料说明汝城在少数民族聚居地大量地设立学校，对少数民族也采取了相应的教化措施。

2. 民办教育

古代地方官办学校虽然县衙有县学，乡有乡学、社学、义学，但毕竟数量有限，能入学的只是极少部分，可谓凤毛麟角。因此，私人设立的家塾、私塾、蒙馆等各种名称的学校较为普遍，私学理所当然地成为受教育的主要途径之一。

汝城的私塾分蒙馆和经馆。经馆的学生以成年人为主，大多忙于举业。蒙馆又有家塾和族办村塾两种，属小学教育，每馆五六人至三四十人不等。县内私塾出现较早，宋代就有。元代较著名的是元朝末年外沙处士朱希尹创办的竹园书屋。至清朝，私塾大兴，光绪二十七年（1901）6月，县内有蒙养学堂100余处。民国时期推行国民教育，禁办私塾，但禁而不止，至民国十八年仍有48所，学生636人。至新中国成立后私塾才退出历史舞台，是县内儒学教育的重要补充。

3. 书院教育

据1996年《郴州地区志》记载，古代郴州州、县士绅在城乡创办书院达

---

① 袁玉娟主编：《品读汝城·诗文卷》，第138页。

② 见民国《汝城县志》第五册，第23—24页。

③ 汝城县志编纂委员会：《汝城县志》，第11页。

45 所，对启迪民智、培养生徒起到了很大的作用。其中有文字可考的汝城县境的书院有 6 所，它们分别是建于宋朝的环绿、相公书院，建于明朝的白石、濂溪书院，建于清代的朝阳、云头书院，其中濂溪、朝阳、云头、白石四大书院，代表着汝城教育的最高成就。

白石书院原为两广总督升右都御史、加封太子少保朱英的读书处，明朝永乐九年（1411）资政大夫朱恩诗就其原址建立书院。白石书院在明代培育出 4 个进士，即同年中进士的朱海和朱英兄弟，朱英之子朱守孚，以及朱海之子朱守恕。

濂溪书院的前身是嘉定十三年（1220）县令周思诚在学宫旁建立的濂溪祠，后几经迁建，明嘉靖三十四年（1555），县令徐兆先为纪念周敦颐，于城西桂枝岭之麓濂溪祠增构学舍，名“濂溪书院”。这所书院是汝城办学时间最长的书院。

清代的两所书院均为乡办书院。朝阳书院乾隆十四年（1749）由义学改建而成，是县令欧阳龙倡导邑绅购买民房创立。云头书院嘉庆年由邑绅范仲暄倡议，为培养士子而建。这两所乡村书院在清末改学堂，建国后又改办小学或中学，办学时间达 250 余年。

据统计，四大书院共有 90 人著书 139 本 459 卷留世。其中濂溪书院学子为最，有 64 人著书 100 本 329 卷。①

汝城从建制到现在，历时一千六百五十余年，自皇祐年间周敦颐任县令，首创县学，讲学论经，流风所及，教育逐渐发达。汝城敦学重教，县学、社学、义塾②、私塾、书院各种办学形式齐备，互为补充，且施教范围广泛，无论是汉族还是少数民族，在教育上是基本平等的。汝城民风淳朴、人文鼎盛，无疑是得益于理学鼻祖周敦颐首创县学、重视儒学教育的沾溉。

作者简介：周小喜，湖南省电大讲师。
胡良英，湖南省电大副教授。

① 袁玉娟主编：《品读汝城·人文卷》，北京：红旗出版社，2010 年，第 81 页。

② 朝阳书院初建成时也称“义学”；《汝城县志》记载，乾隆三十二年（1767），县修义学。

古代汝城家族重视教育的探讨

曹应普

重教兴学的理念，自道学鼻祖周敦颐过化以来，深深扎根我县乡土，以致文风大振，人才辈出，取得辉煌成果。

我县处在万山之中，人口不及中原大县十之一二，是仅有数千户，一万多人口的边陲小县。交通闭塞的穷乡僻壤，本属居民野蛮，民风浅薄，文化落后之列。遍查古县志，五代以前没有文人科第的任何可靠记载。然而，自宋中叶以来，文风蔚起，人才辈出，自绍圣四年（1097）朱辂中进士起至咸淳七年（1271）周惟安中进士的一百七十多年间，就涌现进士 17 人，举人 22 人。

明朝，从洪武十七年（1384）宋仁贵中举人到天启元年（1621）朱应征中举人的 237 年间，中进士 15 人，举人 54 人，

明朝我县属湖广行省，该行省辖 15 府学、16 州学、110 县学。照规定廪生数，府学 40 名、州学 30 名、县学 20 名计算，湖广行省共有廪生 3280 名，每三年一次科举乡试，规定录取举人名额（称解额），从前期的 60 名，增至后期的 83 名，平均不足 72 名，每届平均约 46 个廪生名额取中一名举人。每县平均要七年才有一个中举人的概率。这是就一般有户数万，人口十多万以上，经济、文化发达的大县而论。至于如我县仅数千户、一万多人口的山中小县之类，百年无人登科是常事，如清前期黔阳即一百余年无人登科。但是，在这 237 年间，79 届乡试，我县平均只有中 34 名举人的概率，而实际中举人 54 人，超过平均值 60%。并且，一科中二名举人的有 14 次，一科中三名的有二次。若考虑人口比例，那中举人的比例就超出常规十几倍以上。无怪乎知县、进士凌鱼赞叹“人才号称特盛”。

我县出人才有几个耀眼的亮点：

一，为明朝正统十年至天顺八年的十九年间，相继登进士竟有欧阳复即选翰林院庶吉士；朱英和曾鉴后官至官宰相的都察院左都御史和工部尚书，均赠太子太保，位极人臣。

二，为族群式科甲蝉联。朱海、朱英同族兄弟同科登进士；朱海和朱守

恕、朱英和朱守孚同族两家父子进士；范渊、范辂、范永銮同族祖、侄、孙十八年间同时代中进士；四同学友皆成名，即范渊、曹琚同科登进士、李安中举人、陈珍选岁贡；正德间本县籍进士范辂、范永銮，举人邓皋、何广、朱瓛、欧绍说全都官至通判、郎中以上直至布政使、巡抚等中高级官员。清朝范克翱位下五代子孙分居长塘、横迳两村，有范宗佺、范仲映二进士；范孟珠、范孟珙、范孟琯、范仲暄、范仲选等五位举人。其一家所中进士，竟占清朝本县进士一半，占清朝本县 34 名举人的七分之一。还有以文学彪炳史册的岁贡范俨、范仲易等，或以忠荩宦绩、或以文学攸长震耀当时、传颂后世。在数年连遭战火，县境破败，教育沉寂的清初，津江朱俊成培养五个儿子俱成名，其中朱毂拔贡，朱良调、朱良谌为岁贡，朱汇、朱良谭为廪生。时人誉为“五桂”。

清朝科第，虽说前期萎缩，但从康熙五十年（1711）郭远中举人到同治元年（1862）朱炳元中举人的 150 余年间，中进士 4 人，中举人 34 人，副举 6 人。仍然可观。

所以，清知县盛民誉在《详覆咨访利弊条议》中说：“桂阳自前朝成弘嘉隆之际，科甲蝉联，英才辈出。”知县凌鱼则感叹“人才号称特盛”。不能不说是中国古代一奇葩。究其原因，应追溯到宋庆历间，道学鼻祖周敦颐为县令，重教兴学，传播道学思想深入人心，尊师重教的理念扎根我县乡土。又从以上所举亮点可以看出，我县古代出人才的特点，主要是以家族式的群体出现。这就揭示了家族重视教育，举家族群体之力培养造就人才的优良传统。兹就较突出事例略述于下：

早在明朝前期，外沙朱氏先祖，就利用族中香明寺办私塾，以族中儒士朱维善教授族中子弟，又在祖山白石岩旁建白石书院，供子弟修业。进士朱英及其子朱守孚、举人朱守蒙等就是这两所家族学校培育出的一代精英。三拱门范家范氏家庙前，进士范辂曾自创紫微堂作子弟修业之所。数代后，又经善士范士达改建成思诚堂，教谕向大观在清初全县遭蹂躏劫灰之余，在此招士重启本县教育。嘉兴名举人颜鼎受曾在此执教多年，播下了崇文尚学的精神，培养了一代又一代的文人学士。以致范氏科第长盛不衰。以朱俊成一家为代表的津江家族，更是我县振兴教育的典型代表。朱俊成是我县清初劫后之余的文坛大家，在颠沛流离中力学不辍，手不弃卷，恢复之后，在津江老虎园自己家中，接纳朱卓、朱良全、朱熊等大批族中子弟入门就学，又接纳邻村郭远等入学。率先开创了劫后县中教育之先河。郭远、朱熊两个，为清代我县第一、二个中举人。朱卓、朱良全为岁贡，取得了辉煌的成就。随着清政府富民政策的推行，社会繁荣昌盛。富裕了的民众，都有文化知识的需求，全县尊师重教蔚然成风，培养子弟读书，谋求出仕做官，是一般小康家庭的普遍要求。以祠堂为标志的各姓氏、宗族，都力图使本宗族多出人才，官运亨通，以图光宗耀祖，增强宗族在社会上的声望和地位。于是，那些族长、开明绅士、善人义士，筹捐资金、田产，兴办塾学，聘请名师，自办私塾。如南乡沟浦岸曹帝周，刚肇基定居，即聘津江名儒朱易以教子弟。大多数宗族出面，以祠堂、庙宇聘师办学，如官桥李氏、土桥曾氏，将族塾附建于祠堂。土桥何氏、迳口何氏、湖内朱氏则另建文昌阁开办族塾。津江朱氏于村西兴建问津书屋；民国四年升格为储能高小，成为县中名校，培养出朱氏及周边各村与街市一代叱咤风云的人物。乾隆间，南乡古塘绅士袁任远，购村后别墅，改建成私塾，聘名师以培养子弟，自始，科第蝉联，成就二百多年来人才辈出，直至民国扩建为桂林高小，成为井坡、大坪、泉水培养人才的摇篮。上流则村前古有书堂，康熙四十二年，翻新扩建成克复书院。而上水东，则同时设计建造文塾、武塾以教授子弟。清代康乾盛世以来，各宗族兴办私塾、尊师重教蔚然成风，私塾遍布全县城乡。

宗族兴办学校，首要目的是培养子弟成材、做官。需要充足的金钱基础，以聘请名师，以为束脩（教师工资），教学用品之资。各姓族祠堂或将祖产、祭田拨一部分作学产，或发动开明绅士、善人义士，义捐金钱、田亩作学产。

有了学校，就要提高学童知识水平，以便培养出优秀人才。我县民间，不知何时，出现了考核学童学习成绩和教师教学成果的叫文课的机制。“课”的意思是考查、考核。文课，就是对所属范围内学童进行文化考试，以分别优劣，并予奖惩，以激励学子的学习积极性。为举行文课考核筹集和管理专项基金的文课会也就应运而生。所谓“会”，原是民间互助性质的基金会。相当向众人借债，急需用钱者为头会，邀集好友每份出钱若干给头会，以后每年依次让急需钱者收领。每份出钱逐年增多，先领会者实际支付了利息。另一种属公益性质，如一段缺水田地，田主们自愿派钱立会建山塘，每年轮流当值，山塘养鱼和流域内灌田水费归当值人收取。文课会则是动员所属富裕户义捐田地，银钱，以购置田产、山塘、店铺。每年以田产租金及所存钱粮借贷利息，作为激励文化教育的基金。文课会这一名称，古县志没有提及，其他史料也没有见到，也没有见到民国以后有关文课会的记载或传说，现代互联网上也没有查到有关内容。未知是否本县古代所特有。

笔者发现新井叶家祠堂内，有知府叶正固捐银买店面给叶族文课会的记载。特别是津江祠堂内，至今仍保留有一系列关于文课会的壁碑，完整记录着津江文课会的发生、发展，完整的运作措施，和完备的管理制度。相信这是国内不可多得的稀有史料，属宝贵的文化遗产。

兹将该一系列碑刻介绍如下：清乾隆五十六年，津江举人、教谕朱霞作《文课会序》说：“家庙旧有文课会，萃生童而鼓励之。”序中说：津江朱氏家庙早就有文课会，集中族内学童考试、鼓励。但是，由于经费困难，时开时停。族人朱高安、朱镇一等带头捐银263千文，买田若干亩，以所收田租作族内学童月课经费，有余的作学子到州、县考试的经费。十余年后，读书人迅速增加，经费不敷开支，嘉庆十六年，再次发动募捐。秀才朱经绅作《增置文课会田产记》。道光十七年，举人朱春甲又带头倡捐，募得大批银子，又购置大量田产。岁贡朱经梁作《重增文课碑记》。以所收田租和存粮借贷利息，作文课会经费。宗族重视教育的理念深入人心，族众争相捐输，文课会遂成为朱氏宗族财力最强大的专项基金。以致光绪十五年，以朱嘉宾为首又一次募集二千余两银子，竟能从中拨银六百多两（相当千石稻谷）负担重修家庙的全部费用，既可见其财力之雄厚，更显示津江族人重视教育，为振兴教育不惜倾囊以助的精神。

历次碑记，都制订或修订适应当时形势的《文课会条例》，不断完善运作模式和管理制度。

津江的文课会，主要是对族内数十所私塾的学童进行定期考试，规定每年正月十六、五月初六、七月十六、十一月十六到津江家庙进行四次考试。凡参加考试学童，每人发给一百文（约值10斤谷）。无故规避者，为人不齿。今后即使赴州、县试也不给买试卷。课试作为族中大事来举办，族中长老、绅士齐集。每次一天，清晨，学童自带文房四宝，穿戴整齐按时到达，包吃喝，中间不许外出。外聘名儒出题、解卷打分、评定名次。选取前五名发给奖金予以奖励。学子到县、州参加考试，文课会包买试卷，资助旅费。但不参加家庙文课考试者，不发试卷。考取县学生员的学童，发给约值一、二石谷（石即一担，约60多公斤稻谷）的花红（红包）二千文。补廪生及出贡者，各加喜钱一千文。推荐赴省参加乡试的诸生，可到家庙领取路费，加发喜钱四千文。拔贡及副举，各花红五千文。中举人，花红十千文。举人赴京会试，发给路费而外，另加喜钱二千文。加上县官府所发路费，这样，贫寒书生也不愁无钱赴省城、上京应考。对成绩优异的贫困学子，文课会给予适当补助金（如，孝廉方正朱廷墀，其传记说家庭寒素，能读书成名，不能不说得益于族中文课会的资助）。津江朱氏宗族如此重视教育，难怪能以约占全县十分之一的人口，每届拔取赴州试生童和录取的县学生员、廪增生，都多达全县的三分之一。据统计。清朝全县中举人、副举40人，其中津江宗族有11人，拔贡、恩贡、岁贡、廪生、增生、孝廉方正、钦赐举人多达53人。这不能不说有文课会措施得当的一份功劳。

在数年连遭战火，县境破败，人死过半，教育沉寂的清初，津江朱俊成，培养五个儿子俱成名，其中朱毂拔贡，朱良调、朱良谌为岁贡，朱汇、朱良谭为廪生。时人誉为“五桂”。朱俊成一家，人才辈出。虽没出进士、卿辅宰相，杰出人才却代不乏人，第三代朱友裴，举人知县。朱有翼，副举，教谕。岁贡，朱有绪。其后有举人、教谕朱春甲。岁贡朱国英、朱廷墀。举人、中宪大夫朱炳元。二品建威将军、福建总镇朱上林。刑部主政、代理县长朱浚华。现代有画家、武汉美协秘书长朱志元。衡阳市长、广州中医药大学厅级副院长朱善猷。衡阳市正厅级人大常委会主任朱菊香。黄埔军校毕业生有朱性初、朱奉珊、朱新、朱振武、朱孝广等。知名地下党员有朱书诚、朱志元、朱善猷、朱英、朱奇、朱逵等。自清到民国，我县七修县志，其中五修有朱俊成及其子孙参与，而且朱俊成、朱友裴、朱炳元、朱乐尧曾主持编辑工作。自朱俊成起一个家族三百多年，历世十多代，不论繁荣盛世，还是战乱频仍，始终人才鼎盛不衰，这不是什么风水龙脉，天资聪明能解释得了的。少不了家族有尊师重教，对教育的倾力资助及心怀家国天下的传统精神在主导，或可称之为“五桂堂”精神。

他们对文课会田产、粮钱的管理、运作，也有严密的制度。各房推举热心文课且大公无私者五人管理文课会资产，每届三年。嘉庆十六年规定：“逐年任事，众议丙会内人轮当，春会二名，秋会二名坐管粜务，所存粮钱借贷利息收入，以二分为率。收支逐笔记账，每年秋丙日，当众公布账目。换届年则立即移交下届轮值，不得迟延短少。一有丝毫贪墨苟且，众罚三千文。如有亏欠，按惯例，一律赔偿，本人不足则房中亲族由亲及疏负责赔清。”

文课会之名称，还于修建文庙、文塔的捐款名单中记载有南乡文课会，可能其他乡也有文课会。又有曹族、周族文课会的记载，其他姓族应当还有文课会，仅仅笔者调查采访未及而已。

至于其他乡村小宗族，当然没有如此雄厚的财力，但同样有培养子弟，助学的一套办法。一般是设立纸笔田、灯油田。每年以纸笔田所收田租，平均分给全部读书人。所以，子弟凡达到五虚岁，就开蒙读书，可以分到一份纸笔谷，少的几斗，多的有几石。笔者所知，升入书院或高级小学以上，还可以分灯油谷。有些财力较好，或读高小以上的人少，一人读书，所分灯油、纸笔谷，足够父母、儿子一年的粮食。以往，农村孩子一般不读书，十里八村无人识字是常有的事。有文课会及纸笔、灯油谷的资助，再穷也要读几年，到十来岁才停学帮做农业劳作。因而，送子弟读书的积极性就高。整体文化水平因而得到提高，一扫有些宗族、乡村无人识字的局面。

从以上探讨显示，自古重教兴学的理念，扎根我县乡土，开出了奇葩，结出了丰硕的成果。

作者简介：曹应普，汝城县退休职工。

清代桂阳县教育史事略考

——兼论族学文课会制度

张利文

汝城在明清名桂阳县，下属于郴州。地处楚徼，人口万余，亦属小县，然而明清之际一度文风蔚起，科甲蝉联。明代曾出进士 15 人，举人 51 人，副举 3 人；清代自雍正二年南北分闱以后，雍、乾、嘉三朝连出进士 3 人，举人 30 人。其中仅仅乾隆一朝 27 科，2 人进士，19 人中举，可谓英才辈出。清代又是科举制度的全盛时期，府、州、县学固不必言，各层次的私学、书院也都或多或少受到科举制度的影响，直至 1905 年科举废除，旧式教育被新式学堂代替。因此对清代桂阳县教育制度的考察，也许可以为清代地方教育的具体情形增进一分了解。

一、明清教育制度略论

有清一代的教育体制大体上延续明代，《清史稿》中说："有清学校，向沿明制。京师曰国学，并设八旗、宗师等官学。直省曰府、州、县学……各学教官：府设教授，州设学正，县设教谕，各一，皆设训导佐之。员额时有裁并。生员色目，曰廪膳生、增广生、附生。初入学曰附学生员。廪、增有定额，以岁、科两试等第高者补充。生员额初视人文多寡，分大、中、小学。大学四十名，中学三十名，小学二十名……又有义学，社学。社学，乡置一区，择文行优者充社师，免其差徭，量给廪饩。凡近乡子弟十二岁以上令入学。义学，初由京师五城各立一所，后各省府、州、县多设立，教孤寒生童，或苗、蛮、黎、瑶子弟秀异者。规制简略，可无述也。"①

可以从两个方面概括明清的教育制度。其一，从教育层次上看，明清的教育大体分为科举教育与蒙养教育。科举教育主要在京师与地方的各级官学学宫

① 赵尔巽等撰：《清史稿》第 12 册，卷一〇六，中华书局，1977 年，第 3099—3119 页。

中进行，除京师的国子监招收部分下第举子外，各地官学收录的学生一般都是生员；而蒙养教育大多在乡及乡以下的社学、义学、乡学、私塾中进行，收录的大多是未考取秀才，且年十五以下的童生。这从《钦定大清会典事例》记载的针对生员的“六等黜陟法”中可以获得参证：

顺治九年题准。生员考案……五等文理荒谬……附降青衣，青衣发社区，原发社者黜为民。六等文理不通，廪膳十年以上发社，近六年以上与增十年以上者，发本处各充吏，不愿者听余皆黜退为民。嘱各省学政务恪守定例，秉公考校，分别等第，以示劝惩。[①]

顺治朝规定，生员岁试结果分为六等，五等以下就有可能“发社”，即发配不合格的生员去社学和生童一起就读，虽仍勉强保留秀才资格，但声誉和待遇都差了许多，类似于留级了。但这种贬逐的惩戒似乎很少执行，道光以后即已废除，所以社学等机构仍然是以童生为主的蒙学教育。

其二，从教育性质上划分，明清的教育也大体分为两种，即官学与私学。京师国子监与各府、州、县的学校都是正宗官学，其教官由朝廷任命，生员经县、府、院试逐级考核而录取，而且教官的俸银、生员的膏火费等均由国库开支。而社学、义学、乡学、私塾原则上属于私学性质，但并非绝对，随着地方政府与民间财力的消长，以及王权对教育控制意愿的强化，社学与义学这两层蒙养教育也往往由地方政府接手管辖，主体经营者常常是官府，因此往往也可以把它们视为官学。例如洪武八年“命天下立社学。今京师及郡县皆有学，而乡社之民未睹教化，宜令有司更置社学。延师儒以教民间子弟，庶可导民善俗也”。[②] 朱元璋力图将皇权的触角伸到社会最基层，以实现对全国的有效控制[③]，虽其所立社学针对未睹教化的“乡社之民”，但却由“有司更置”。洪武十六年，复设社学以后，民立的社学逐渐增加，多以宗族为单位设立。[④]可见这时期社学中私学的成分逐渐增加了。清初顺治九年也曾“令直省州县置社学社师，每乡置社学一区”[⑤]，但康乾时期就已被义学代替，一般不再称为社学。“（雍正元年）命各省改生祠书院为义学，延师授徒以广文教。”[⑥]总体而言，清朝的义学往往处于官学与私学的交叉地带，或有纯属为官办者，抑或纯为民办

① 昆冈、李鸿章等：《钦定大清会典事例》卷三八二“礼部·学校·衡文黜陟”，光绪二十五年重修本。

② “中央”研究院历史语言研究所校印：《明实录·明太祖实录》，第1655页。

③ 周德昌、王建军主编：《中国教育史研究·明清卷》，华东师范大学出版社，2009年，第7页。

④ 金忠明、李若驰、王冠主编：《中国民办教育史》，中国社会科学出版社，2003年，第60页。

⑤ 《清朝文献通考》第一册，王云五：《万有文库》第二集，商务印书馆，卷二十一。

⑥ 《清朝文献通考》第一册，卷七十。

者，但更多的是地方政府倡导并拨款经营，同时也吸纳一部分民间捐资助学的教学方式。但义学以下，一乡、一村、一族合办的乡塾、村塾、族塾则基本已属于纯粹民办性的私学教育。

作为制度化私学形态出现的明清书院，如同社学、义学一样，往往兼具官学与私学的性质。尤其县级以上（包括县级）层次的书院官学影响者更为明显，从学者亦大多是生员以上的学子；而乡立、村立、族立书院大多民办，入学学子大多是尚未考上生员的家族子弟。

二、清代桂阳县的教育制度

桂阳县唯一正式的官学便是县学。然而桂阳县学在清初的重建并不是很早，县学教学至康熙十二年始正式确立。《民国汝城县志》载“康熙辛酉至癸亥，沈县主玘奉上檄修理学宫”，邑令沈玘所记碑记云：

国朝定鼎之初，贼寇未清，宫墙鞠为茅草，甚者割据其地……辛酉九月朔起工至壬戌夏四月而圣殿之挠折者以植，残缺者以葺，漫漶不鲜者以治且洁。两庑、黉门、名宦、乡贤祠俱陆续创造。至癸亥六月而明伦、启圣、文昌两祠櫺星门、泮池、罩壁、栅栏、阶级及渐次告成……桂邑学宫颓圮有年始也……某为之图其后……自是学宫辉煌，都人士涵濡长养于其间，贤者亹亹于仁义，中正之途渐进于高明广大之域……将见学术正而士习端，教化行而风俗美。①

《同治桂阳县志》又载：

因清顺治初粤寇盘踞十余载，士民逃散，辛卯、甲午，科岁四考、县考无人，仅有流寓郴州童生十余人自呈投考。②

清初顺治年间，由于战乱未复，桂阳的县学教育几乎还是空白，康熙年间县令沈玘对学宫的修缮，是清代桂阳官学的恢复之始，但仍属草创阶段。由于桂阳县内长期一无学宫，二无人投考，“督学者遂以下学取数，相沿成额”，桂阳在县学建立之后的生员配额仅仅是小学，也就是说每次院试只能录取七、八名生员。再有当时湖南乡试的贡院设在鄂州，由桂阳至鄂州，路途遥远、洞庭险隔，寒门出生的士子花费一个多月的时间奔波赴试，无疑困难重重。也正因

① 《民国汝城县志》卷一七“教育·学校·学宫”，《中国地方志集成》第30册，江苏古籍出版社等，第186页，以下简称《民国县志》。

② 《同治桂阳县志》卷十“学校志·学额”，《中国地方志集成》第29册，江苏古籍出版社等，第78页，以下简称《同治县志》（二）。

为这些不利因素，清初顺、康二朝，桂阳县也仅有郭远（康熙辛卯科）、朱熊（康熙癸巳科）二人中举。然而幸运的是经过了桂阳学子与地方官员的不懈努力，这些不利因素都最终获得了顺利解决。如康熙四十四年，湖广学宪潘宗洛应桂阳学子的呼吁提复中学，朱毂题《复中学碑记》记云：

康熙四十有二年，学宪潘公宗洛督学全楚，起衰振废。学政一新。明年按试郴于桂阳，特有嘉奖。诸生晋谒时因以提复中学请。公曰：是真可以中学者，奈何令壅于上闻也。又明年试事几乃合黄梅、云梦诸县具题广额，桂阳缘旧额得复中学。……部议覆准之日，桂人士欢忻感激。①

雍正二年又经题准升为大学，如此桂阳县的生员配额增为 15 人。虽然也并不是很多，但在湖南全省六十余县中，此招生规格已属于中上层次了（仅郴州下属五县为例，永兴、宜章、桂阳为大学 15 人，兴宁为中学 12 人，桂东为小学 8 人）。②

在桂阳生员郭远（后辛卯科中举）与邵阳生员王元复等学子的屡次呈请下，经过赵申乔、潘宗洛、李发甲等三届巡抚和御史吕谦恒的上奏，两湖南北分闱终于在雍正二年甲辰科时实现。③同年朱文泮即考取举人，成为桂阳县入清后第三位中举学子，自此桂阳科甲步入全盛期，雍正、乾隆、嘉庆三朝不到一百年内，获副举以上功名者共 35 人，即占全清总数 88%。④可见官学的重振对于科举成果而言是非常显著的，就桂阳县实地考察而论，几乎是立竿见影的。

除官学之外，清代桂阳县还有书院、义学以及私塾等私学性质的教学机构。由宋嘉定十三年六月桂阳县令周思诚创立的濂溪书院是汝城最早设立的书院，当时名为濂溪堂，亦名光风堂，隶属于县学，主要是邑令、教官等率领县学诸生纪念理学宗师周敦颐的祭祀性祠堂，位于学宫大成殿右庑之西南。⑤其后屡圮屡建，曾九易其址，明代督学宪使林懋和、县令徐兆先增构讲堂、学舍于桂枝岭，并“揖诸生诵习其中”，自此始定名为濂溪书院，并有明确记载的教学活动。⑥从学政、知县亲自督修、讲学来看，此时濂溪书院盖亦下属桂阳县学。县志又载“康熙丁未知县黄应庚重建书院，以僧守之，遂供像。辛亥知

① 《民国汝城县志》卷一七“教育·学额”，第 191 页。

② 清·昆冈、李鸿章等：《钦定大清会典事例》卷三七六“礼部·学校·湖南学额”。

③ 事见王兴国：《汝城人郭远等首倡“南北分闱”》一文。

④ 详见《民国汝城县志》卷二二“人物志·仕进”。

⑤ 《民国汝城县志》卷一七“教育·书院·濂溪书院”，第 193 页。

⑥ 《民国汝城县志》卷一七“教育·书院·濂溪书院”，第 194 页。

县盛民誉就书院傍别筑庵迁去佛像，特置先生木主奉祀……吴逆兵变后，其田遂为寺僧管。至五十八年，知县董祯祥复收归儒学管理。”[①]明末战乱，直至顺治朝，濂溪书院皆毁于寇。直至康熙初年，知县始修，但却无力经营，长期与佛庙共处。直至南北分闱前夕，方才收归县学作祭祀用。此后濂溪书院大约一直被纳入县学，所以《民国汝城县志》记之为“县立濂溪书院”，并言其最后“由桂枝岭迁城内模范学校”，后者于民国十七年再次毁于战火。[②]

相对于县学的纯粹官办而言，清代桂阳的义学既有官学的性质，但也有民间助学的因素。《乾隆桂阳县志》载“桂阳县旧义学在县城北门外……因地窄隘不足容多人，故久圮弗治。乾隆十四年署知县欧阳隆倡邑绅士购民房一所于城东北里许地名吉冲口……有碑教谕魏模为之记”[③]《民国县志》载“旧志，按此时已标额书院，或仍称为义学”。[④]可见桂阳县的义学与朝阳书院是前后一贯的教学实体，不过名称不同罢了。朝阳书院是在桂阳县义学的基础上建立的，《同治桂阳县志》中已称其为朝阳书院，不过朝阳书院完全继承了义学的性质，即官办民助，而且可能与县学一样仍有官方配额。朝阳书院的民间助学记录可见于多处史料，非常详细。如桂阳县教谕魏模的《义学碑记》说：“桂阳义学之不设也久矣。余司铎五载于兹。诸生晋接时每怅然于兴举之无。自乾隆己巳，署令龙南欧阳公龙倡其议。邑绅士踊跃乐输，商度创建。”[⑤]虽然桂阳县早已提升为大学，但此时学子求学的热情极为高涨，15 名县学生员的配额远远不能满足学子的要求，所以诸生与教谕见面谈话时往往“怅然于兴举之无”。因此在县令、教谕的合力倡导下，邑绅踊跃乐输创办义学，以弥补县学之不足。《同治桂阳县志》甚至有七页详载道光甲申年重建朝阳书院后，邑绅捐资助学的膏火田、基金等账目。[⑥] 其中道光二十六年，全邑凑成的教学基金“城口埠息”，直到民国朝阳书院改为县立初级中学时，仍被列为学校经费来源之一。[⑦]

朝阳书院的官学性质首先在于其创办及修缮者均为地方官吏，先后有邑令欧阳龙、郑禾、教谕魏模、司训文贯、邑尉周愿、邑令曾珏等人亲躬自为，而

---

① 《民国汝城县志》卷一七“教育・书院・濂溪书院”，第 194—195 页。

② 《民国汝城县志》卷一七“教育・书院・濂溪书院”，第 193 页。

③ 《乾隆桂阳县志》卷六“学校志・义学”，《中国地方志集成》第 28 册，江苏古籍出版社等，第 81 页，以下简称《乾隆县志》。

④ 《民国汝城县志》卷一七“教育・书院・朝阳书院”，第 195 页。

⑤ 《民国汝城县志》卷一七“教育・书院・朝阳书院”，第 195 页。

⑥ 《同治桂阳县志》卷一〇“学校志・义学”，第 83—86 页。

⑦ 《民国汝城县志》卷一七“教育・学校”，第 196—197 页。

且其教学开支也有相当一部分来自官府。如《义学碑记》云："每年师生膏火所需并议。拨濂溪祠租银十两，及育婴堂租谷二十石。尚有不敷，则邑宰自为捐给。"[①]此濂溪祠即上文所说康熙五十八年收归儒学管理的濂溪书院，亦可见此时濂溪书院已无教学活动，仅为县学所属祭祀性祠堂，而且有可能已经租赁给民间作其他用途了。其经费所不及之处甚至由县令自掏腰包想办法弥补之。这一方面可以看出郑禾身先士卒，乐心助学的义举，另一方面其实也暴露出义学兼于官学与私学之间，虽双方皆可助学，但也有可能陷于双方皆无着落的无奈窘境。朝阳书院虽在建立之初，因两届邑令的热心推动，轰动一时，"邑绅士率子弟从学者云集辐辏"，但不久也渐趋颓废，以至于"后圮，遗址开田"。[②]所以嘉庆年间，桂阳县开始出现的纯民间性的乡学书院对此现象给予了检讨。

嘉庆九年，鉴于桂阳县尚无规模性的私学，"才品优劣悬决于有司之目，而父兄师长无从第分其甲乙"的情况，"县中诸同志谋建立乡学"。[③]在桂枝岭濂溪祠（县立濂溪书院）的对岸，热心教育的桂阳县邑绅筹资建立了纯民间性的乡立濂溪书院。邑绅范毓洙在《濂溪书院碑记》中征引马端临《文献通考》中的话说："谓州县学，有司奉诏旨所建也，故或作或辍，不免具文。乡党之学，贤士大夫留意斯文者所建也。故前规后随，皆务兴起"[④]，邑绅范仲暄在《云头书院碑记》中也说："我邑旧有朝阳书院，延请掌教，以及馆谷之出入，悉主于官。虽其间雅意振兴，未尝无人，然往往新旧迭更，簿书期会之下，不免奉行故事。"[⑤]二人均指出朝阳书院作为"馆谷出入悉主于官"的义学的衰落，与主事者的新旧迭更、办学政策不能持之以恒有关。而嘉庆九年与十年先后由邑绅建立的两所乡立书院：濂溪书院与云头书院正好弥补了这样的一个缺陷。

桂阳县云头、濂溪两大乡立书院也都一直承担县学之外，私学的教育职能，一直延续到民国时期，分别被改为第一、第二乡立高小。另外，清代桂阳县应该还有其他一些乡学机构，但可能未必采用书院制度。如道光二十八年，文明乡在乡绅崔公的倡议下"公举首士，各尽心力，共定章程，造乡学以陶成士子"。[⑥]至于明代太子太保朱英曾经就读过的白石书院，笔者尚未见有清代时

① 《民国汝城县志》卷一七"教育·书院·朝阳书院"，第195页。
② 《民国汝城县志》卷一七"教育·书院·朝阳书院"，第195页。
③ 《民国汝城县志》卷一七"教育·书院·濂溪书院"，第195—196页。
④ 《民国汝城县志》卷一七"教育·书院·濂溪书院"，第195页。
⑤ 《民国汝城县志》卷一七"教育·书院·云头书院"，第196页。
⑥ 见道光二十八年立《合乡立文课会除弊端碑记》，该碑现存于汝城县文明乡卫生院内。

期的教学记录，《民国县志》将其列为古迹编列。

三、清代桂阳县的族学与文课会制度

除了义学朝阳书院、乡学濂溪书院、云头书院等之外，清代桂阳县私学的更多存在形态是乡级以下，由宗族创办的族学。在汝城县至今仍然完好保存有民国时期修订的族谱，以及众多祠堂碑刻，从中可以发现不少关于清代桂阳县基层教育的史事。

汝城县至今保留有710余座明清祠堂，其中绝大多数都是宗族性祠堂，是我国祠堂原貌保存最完善的地区，而且其中不少宗祠至今仍然在使用中，这说明汝城的宗族习俗有着长期较为浓厚的民间传统，而汝城宗族自身内部的教育——族学也有一个比较特色的组织结构，即“文课会”制度。

在津江朱氏祠堂中保留有乾隆五十六年（1791）溆浦教谕朱霞所撰《文课碑记》、道光十七年（1837）贡生朱经梁所撰《重增文课碑记》、光绪十五年（1889）浙江补用知府朱奎文所撰《重修宗祠文课序》三块石碑[①]，较完整地记载了津江朱氏文课会兴衰的历程。

所谓文课会，首先表现在它是一个类似于教育基金会的民间组织，它的一个首要功能就是由族人募集资金购买或捐赠学田或者店铺，收其田租和租息用于教育。例如津江朱氏《文课碑记》记载乾隆五十六年，朱氏族人捐资重建“文课之会”，“同志捐资置产，得田若干亩，租若干硕，为月课经费。有余又以克州县试卷”，以图在学业上“萃生童而鼓励之”，并在碑文中详细开列作为学田的“东岗岭背田租”的具体款项。至嘉庆朝，人丁渐盛，童生增多，族学经费再度成倍增长。《重增文课碑记》载：“嘉庆壬戌又再捐两番。栽培人材类，非为其事，而无其功，已有明征焉。今人日益众，用日益繁，而科岁开给，殊费踌躇。佥议又捐。幸各踊跃乐输，复增置田产若干亩。”直到民国初年，问津书屋改制成私立储能高小时，文课基金作为“朱族祖款”仍是一项教学经费，由朱族向学校拨给，以补充国民政府公款差额。[②]

另外汝城范氏专有一书《范族文课传书》[③] 与其族谱并传，其中列有乾隆四十六年（1781）前后进士范宗裕所撰《文课序》。其文课资金亦来亦自族人：

---

① 三块石碑现存于津江朱氏祠堂，曹应普先生拓于2006年10月，感谢曹先生为本文的写作提供拓本。

② 《民国汝城县志》卷一七“教育·学校”，第197页。

③ 《范族文课传书》，似为民国年间重修本，现藏于汝城县档案馆。

“倡捐文课总理及捐银钱人名悉登碑记。兹不复刊，今将所置业产租税并条例，开列于后”，并详列九处学田的界址。另外《九头何氏族谱》中也有嘉庆四年（1799）何氏族人捐资置田的记载：“共醵金若干两，置田若干亩，择族之长而贤者主其计，而时其出纳焉，准岁所入，以为课资，以裕奖劝，并试卷及两闱之需。”[①]

文课会所筹得款项主要用来给付族内弟子族内考试的试卷费，州、院、乡、会试的盘费，以及补廪、出贡、中举、及第等等的奖赏红钱。如上引范氏《文课序》中说“辑同族捐赀、置产、设立条规。每年四季按期会课，并给岁科试卷资，及乡会场盘费”。范族此条奖励措施一直延续到民国，如其民国时所立条规规定：如其族内子弟考入县高等小学，每人给良（银）三元，考入衡州中学和湖南省学校的族内子弟每年每人给良（银子）三元，并给报到路费。

至于教员束脩或学子的膏火费有无等，笔者目前尚未发现与文课会相关的明确材料。大体上，我们可以看出大多数宗族对文课会账目收支都有严格的约定，而且有德长者专人负责，其田界、租银等财务账目除刻碑、文书、备案官府外，《范氏文课传书》中还记有“宗堂将是届所用数目对祖宗发誓算清”，“毋得狥情。如或狥情，祖宗鉴察”等许诺，严防文课会费被挪用、侵吞。津江朱氏祠堂《文课碑记》甚至规定“每年钱款多寡，除课费外，尽给州县试卷，不必存留分文。以致借贷滋事。乡试亦如之。至于增而大之，姑以俟夫任事之贤者”。为防止不必要的借贷生事，津江朱氏甚至放弃利用文课费生息增值的可能，要求每年用尽，不必存余。对文课费挪作他用一般是非常谨慎的。如光绪十五年（1889）津江朱氏宗祠因四十年未修日趋颓圮，族人想从文课会费中挹注修缮，但碍于制度仍向文课会主事者朱奎文咨询可否。朱奎文答以“宗祠修妥光灵也，文课捐励后学也。名异事同，一举而两美”。这才由文课会拨银六百四十九两完成了对宗祠的修缮。[②]

文课会除了为课试、赴考、奖学等筹募资金并提供支助外，第二个重要功能就是组织族学内部的考试。桂阳县的族学考试（文课）基本上都是一年四次，而且具体时间各族大概都相仿。如范族规定：“月课宜严密：每逢正月十六，五月初六，七月十七，十二月初十，四季按期。”[③] 津江朱氏规定：“课期每年四课。春正月十六；夏五月初六；秋七月十六；冬十一月十六。永为

① 贡生何金枝撰：《文课会碑记》，《九头何氏族谱》，2004年续修本，第364页。

② 清·朱奎文撰：《重修宗祠文课序》。

③ 《范族文课传书》。

例”[①]。其考试模式基本模仿科举考试。如《范族文课传书》记载：“凡月课日期当课者，即于先期预备，黎明出题，已刻盖戳，酉刻交卷，不准燃烛，倘有燃烛，断不取录。莫怪父兄过严。盖欲其文之敏捷，利于家课，即以利于场屋也。”其答题时间限为一天，而且禁止燃烛，要求甚于科试。考试内容则“四书一部，对祖宗随拈一本，展开是篇，即于是篇命题”亦是科举应试内容。其文课制度完全模仿科举考试，可以说是为族内子弟即将参加的县、府、院试作准备练习的模拟考试。

文课会的课考场所亦往往设在宗族祠堂，如津江朱氏《文课碑记》记载：“临课期，各宜肃整。衣冠自具，纸笔辰集家庙”，《范氏文课传书》中说“每逢正月十六，五月初六，七月十七，十二月初十，四季按期会先日吩示，庙典打扫。宗堂内外，房屋办齐”。如上文已述，其文课账目、课考试卷等甚至要面呈祖宗神位，以示诚鉴。

由以上碑刻与族谱等资料可见，清代桂阳文课会作为族学的下属机构，是一种以强大宗族凝聚力为背景的，族内教育基金会性质的族内教育组织。[②]它往往由族内名宦倡导、族人共同捐资，推选公慎无私者文课会“总理”、“督理”，购买学田或商铺，以田租、租息等形式支助族学教育。它是明清南方大型宗族形态构成的一个有机部分，而其课考等活动场所也往往设在宗族的祠堂中。其所募资金主要用于族内子弟一年四次的课试，县州两闱的盘费以及各级奖学等等。从目前所见史料来看，文课会主要隶属于宗族内部的族学，但也并非绝对，桂阳乡学有时也会设立文课会制度，如上文曾提到道光二十八年，桂阳县文明乡合乡立文课会，公举首士，共定章程，造乡学以陶成士子[③]。这一碑刻似乎说明桂阳乡学中也存在文课会制度，但遗憾该碑文所言甚略，亦为孤例。

虽然马端临将私学与官学相较，而言官学因地方官员的更替或作或辍，乡党之学因贤士大夫尽心尽力故能持续，大体而论亦非不如此，然而具体落实之时，私学恐亦未必尽如人意。如文明乡该座《合乡立文课会除弊端碑记》碑刻，指出道光末年乡学涣散、章程松弛、倡学无人的诸多弊端，因此痛下整饬，重整教学纲纪：“今以观士儒莫振，奸邪叠生，习俗为之一变，此诚鲜救正之法，亦实际无维持之人。今发戊申，通乡绅耆伤文风之日，衰思欲复振，

---

① 朱霞：《文课碑记》。

② 文课会制度被发现在湖南省汝城县并不是偶然的，汝城县国内最大数量保存完好且至今仍然使用的宗族性祠堂，提示宗族形态在汝城民间有长久的历史传统。关于汝城祠堂与宗族的讨论可参见拙文《论祭祀制度中大宗法向小宗法的演进——以汝城祠堂群为实地考察》。

③ 道光二十八年立《合乡立文课会除弊端碑记》。

痛弊端之百出，愿期悉除，因齐集司署同商……于是齐立捐书，公举首士，各尽心力，共定章程，造乡学以陶成士子，设规条以严禁匪人。利有以兴，害有以除。”范仲暄在《云头书院碑记》中也指出私学中曾经出现的一些弊端：“学问之道莫患乎名是而实非。当其始，未尝不严立规条，思以造就人才，迨其后，延师者或瞻徇情面，务虚名而鲜真修。又或良莠杂处，不知尊师取友，切磋琢磨，以成其材。则有学亦与无学等。”[①]私学兴办既久，所聘之师或有虚名无实者，所收之生或有劣习惰学者，以至于学规逐日涣散。故而云头书院在创办之初即“以求益而先杜其弊。如此则夫循名责实，不徒视为具文”。范仲暄在为云头书院题写建院碑记时即已提出惩前毖后，持之以恒的警示。所幸濂溪、云头两大民办书院，以及许多族办私塾的教学一直延续到了民国，顺利转制成为了官办或民办高小。

四、小结

通过以上的整理，可见在清代，桂阳县的教育基本上由主导的县学与官民合办义学以及更多的民办性质的书院、族塾构成。县学主要承担生员的教学、祭祀或科试活动，而民间书院、私塾更多承担生员以下的蒙养教育。在科举考试日臻极致的清代社会，义学、书院以及族塾无不受到科举的影响，文课会制度即是此种表现之一，其课试形式均以县、府、院试为效仿典范，成为宗族为子弟将来科试提供模拟训练的蒙学教育形式。科举制废止至民国初年，按照规制，汝城县唯一的一所义学朝阳书院改为了县立初中，而乡学书院以及各类族塾均改制成了乡立或私立的高小。教学体制虽已改变，然而民间助学的性质，在汝城县仍然获得了延续。

作者简介：张利文，湖南省社会科学院哲学研究所助理研究员，哲学博士。

① 《民国汝城县志》卷一七“教育·书院·云头书院”，第196页。

“周敦颐与汝城暨理学思想与中国传统乡土社会学术研讨会”综述

王兴国

由中国社会科学院文化研究中心、湖南省社会科学院哲学研究所主办，中共汝城县委、汝城县人民政府承办的“周敦颐与汝城暨理学思想与中国传统乡土社会学术”研讨会，于2012年12月22日在湖南省汝城县召开了。这次研讨会共有来自中国社会科学院与各省社科院、高校以及汝城当地的学者近100人，发表论文60余篇。在3场学术报告会上，有24位学者发言。这次研讨会的主题分为“周敦颐与汝城”、“理学思想与乡土社会”、“汝城历史文化”三个方面。这些论文运用新的史料和新的视角，对周敦颐理学思想以及汝城历史文化、汝城乡土社会进行了深入细致的探讨，对于推进理学思想研究和地方文化建设具有重要的意义。

一、周敦颐与汝城

在周敦颐研究方面，本次会议提交的论文涉及的内容非常广泛，对周敦颐的理学思想、文学思想、史学思想、艺术观、女性观以及生平史迹都进行了深入细致的讨论，在一些方面取得了突破性的进展。具体来说，有以下几个方面：

（一）周敦颐思想研究范围的扩展

杨曾文、罗传芳和周建刚等人讨论了周敦颐思想在儒学中的地位问题。杨曾文指出理学的创立与发展与儒、佛二教的交流与会通有密切关系。罗传芳重点阐释了周敦颐作为理学鼻祖在经学向理学的嬗变中所起到的作用和历史地位。

龚祖培、庞天佑、邓慧君、赖功欧、焦杰、何志军等学者分别从文学、史学、心性论、女性观、古琴艺术等不同角度审视了周敦颐理学的相关问题。龚祖培指出要从文人的角度认识周敦颐，从新的视角分析周敦颐“君子人格”的形成与审美性情的关系。庞天佑从史学的角度讨论了理学对宋代史学在研究领域、史著体例、研究方法等方面的影响。何志军从古琴艺术的视角分析了周敦颐理学思想与古琴淡、和品质的关系。这些论文都以丰富的内容、新颖的视角拓展了周敦颐研究的范围。

朱汉民、易永卿、朱超良、曹旅宁和李群利等人讨论了濂溪学与湖湘文化的关系。朱汉民指出湖湘士大夫对濂溪学意义普遍性、地域性的双重强调具有地域文化建构的目的。易永卿则认为周敦颐理学思想对湖湘人才群体的产生有重要影响。

（二）周敦颐生平史迹的新进展

周敦颐生平的史料主要有度正的《周敦颐年谱》和《宋史·道学传》等，但还有一些细节问题长期没有得到澄清，本次会议的一些论文对此进行了辩证考据，取得了重要进展。万里、朱惠芳等人对周敦颐任职桂阳令的时间以及周敦颐与二程授受事迹进行了辨析，在前人的基础之上提出了新的观点，认为“周程授受”的地点不止于江西南康与湖南郴县，汝城也是其中之一，时间则是皇祐元年下半年至皇祐三年周敦颐任桂阳令期间。这一观点的提出，对于证实周敦颐与二程的师承关系具有重要意义。

此外，还有一批论文也对周敦颐的生平事迹和历史影响进行了多方面阐述。张京华认为汝城地方文化的特征是“圣贤文化”，周敦颐作为继孔、孟之后的圣人，对汝城文化品格之塑造影响深远。孙立信、朱诗慧缅怀了周敦颐在汝城廉洁、惠民、敷教的治绩。李勇先则通过对《舆地纪胜》一书的梳理，对周敦颐的行实与纪念遗迹作了考述。胡发贵的论文讨论了朱熹的理欲关系及其在当代的借鉴意义。周欣以《濂溪祠记》为主要研究对象追述了周敦颐在理学道统观中宗主地位的确立过程。何军祥《从〈爱莲说〉到濂溪书院》论证了《爱莲说》作于汝城。另外郭天祥、黄群昂对21世纪以来周敦颐的研究作了综述性整理。

改革开放以来，有关周敦颐学术思想的研讨会已经开过多次，对于周氏的思想和生平也作出了比较深入的研究和发掘，但并没有穷尽其底蕴。这次会议的成果表明，周敦颐思想的深度还有待进一步挖掘，其广度也是有开发余地的。至于其生平事迹，只要系统地整理和研究地方历史资料，也还是可以得到若干发现的。

二、理学思想与乡土社会

汝城的乡土文化具有鲜明的特点，是理学思想民间化、世俗化的体现。本次会议的论文主要集中在汝城的祠堂文化和教育制度方面。

（一）汝城祠堂文化

穆渭生、朱红玲、余日昌、张利文、肖立生、黄守愚、徐双喜、黄九斤等学者分别从礼仪制度、理学思想、宗法制度、家训、匾额、榜书、风水等等不同的角度对汝城古祠堂群这一带有浓郁地域特色的乡土文化及其背后蕴含的理学思想进行了深入的探讨，并给出了不少颇具价值的学术观点。杨锦芳、赖某深、欧阳浪舟等学者着重讨论了古祠堂等地域文化如何在汝城旅游业开发中具有的潜力与价值。欧阳海波、陈建平、何珍良、何曼霞、傅宏星等学者则从人文底蕴、周子过化、理学思想、民族民俗、汝城民居等角度考察了汝城乡土文化中蕴含着的思想财富。

（二）汝城教育制度

具体在教育方面，肖永明考察了书院祭祀的发展历程。朱忠悦探讨了理学思想熏陶下的明代汝城人才群现象。夏剑钦论述了周敦颐濂溪书堂影响下湖南各地濂溪书院不断涌现的具体史实。龚健耕讨论了周敦颐思想对汝城教育事业的影响。周小喜、曹应普、张利文则从碑刻、族谱和方志等材料中考察了汝城明清时代的教育制度，以及其独特的文课会制度，并对科举制度在乡土文化中的表现给予了必要的关注。

这次研讨会是国内学术界第一次系统地探讨理学与中国传统乡土社会关系这一课题，它将“形而上”（理学）的研究与“形而下”（乡土社会，特别是祠堂文化）有机地结合了起来，不仅为今后的理学思想是如何与当时社会实际生活相结合的研究开了一个好头，也为如何将乡土社会和民间文化现象的研究提到一个更高的层次开了一个好头。

三、汝城历史文化

在汝城的历史人物和史事考证方面，本次会议也收到了一批论文。这些论文从正史、方志、碑铭、族谱中寻找新材料，用严格的考证方法，对汝城的几个知名文化家族进行了深入挖掘和详细辩证，厘清了学术界某些模糊含混的认识，纠正了一些长期以讹传讹的舛误，所得的结论将有助于进一步推进对汝城历史的研究和认识，具有重要的学术意义。这些论文的研究范围主要有以下几个方面：

（一）唐代汝城历史文化

刘范弟对唐代刘景、刘瞻、刘赞祖孙三人的故里问题作了详细深入的考述，认为他们均为唐代的汝城籍进士。戴显群对汝城宋氏的二世祖宋申锡在唐文宗朝的政治生涯进行了考证。

（二）明代汝城历史文化

明代是汝城人才鼎盛的时期，出现了众多的文化世家。周晓薇、邹贺、郝润华、万里、陈良文、李花蕾等人对汝城范氏家族进行考证，从不同角度分别论述了范永銮、范渊、范辂的生平事迹和著作事功。朱忠悦、陈靖华考证了理学名臣朱英的生平和家族户籍。马晓伟和徐午苗论述了明工部尚书曾鉴的生平和交游。

（三）清代汝城历史文化

王兴国论述了清代汝城名士郭远对“南北分闱”的贡献，并从汝城方志中发现一篇郭远向偏沅巡抚所上的“南北分闱”呈文，该文是目前所见最早的一篇湖南士子所写呈请南北分闱的呈文，具有重要的史料价值。

这次会议从全国各地聚集了一大批高水平的学者来到汝城，对汝城的历史文化进行一次系统深入的发掘，这是十分难得的，它不仅为今天的汝城建设发掘出了弥足珍贵的文化遗产，为今后汝城的历史文化研究奠定了一个良好的基础，而且为汝城方面今后与学术界共同合作打下了一个良好的基础。

四、结语

本次研讨会有两个显明的特点：

其一，突破了过去周敦颐研究基本上是停留在哲学史界和思想史界的局限，邀请了一批史学界和文献学界的学者参加，这样就极大地扩展了周敦颐研究的学术视野。这一点，是值得我们在组织其他学术活动时借鉴的。

其二，这次研讨会在筹备过程中，曾邀请一批学者深入汝城进行田野考察，学者们在考察过程中，既收集了一批有关汝城历史文化的书面资料，更是参观了一大批乡土文化的实物，特别是汝城最有特色的祠堂文化，这就为这次会议的学术论文既具有理论高度又具有地方特色打下了良好基础。

（此文是在张利文、周建刚博士提供的一个综合材料的基础上，由我进行了一些加工而形成的——王兴国注）

2017年再聚汝城

——在“周敦颐与汝城暨理学思想与中国传统乡土社会学术研讨会”闭幕式上的致辞

赖功欧

很荣幸被大会委托为学者代表作一闭幕式上的讲话，其实算不上一个讲话，而只是一个简单的答谢辞。感谢大会主办单位的精心策划与运作，让我们这些学者享受到如此这般的精神大餐；特别要感谢汝城县委、县政府对学者们无微不至的关怀与热情招待。所以我要提议大家再一次以热烈的掌声表示我们最诚挚的谢意！

首先我想说的是，能够在这样一个边远的山城开成这样一个高规格的学术会议，实在不易。作为学者，我们大家都深感荣幸。我们深知，像周敦颐这样的人物，从学术发展史的角度看，无论怎么说都是一个不可或缺的重要人物。宋明儒学相对于先秦儒学而言，是新儒学，但须知它是儒学史上的又一座理论思维的高峰。那么周子在这座理论高峰上是何等角色呢？用今天的话来说，他是旗帜性人物、是领军人物；用学术术语说，他是理学的开山人物。能在他的家乡、他的建功立业之地感知其人、追记其事，当为学人之大幸也。

正如大家所预期的：这次会议十分重要，也开得十分成功。我想中国学术史将会把2012年12月22日—23日定格在湖南汝城，历史将会记住这个日子。要知道，这次会议还为2017年，也就是周子的千年纪念打下了一个很好的基础；再过五年，在周子的千年纪念大会上，我们必定会回首今天这个学术的日子——讨论的热烈、观点的碰撞、评点的鲜明，一并呈现在鲜活而紧凑的氛围中。之所以说会议开得成功，更因为这次研讨会涉猎的话题有足够的广度：周子其人其事、周子哲学思想、其他相关理学人物与汝城历史人物、世俗、乡土、建筑文化等等；论域纵横、新思迭出，给我们带来信息冲击的同时，也给我们带来启示、带来瞻望。当然，会议也让我们思考了更多的问题。正如大多数同志在讨论中所提到的，周子留下的两篇哲学经典文献《太极图说》、《通书》不足一万字，但为何周子其人在历史上会产生那样深远的影响？

大家各抒己见，精彩纷呈。我觉得一方面要看到诸多因素在共同起作用，如人格魅力——中国文化传统最讲究知行合一的人格，周敦颐正可表征出这一人格；又如中国文化也深为认同那种隐逸高道，而周敦颐恰被人们视为这样一个内涵极深的高道隐逸者，当然，其文学作品传达出的中国道德文化的鲜明主题，也是其中因素之一。但我以为更要看到根本的所在，这就是周子哲学的深度与广度，也即是学术思想的覆盖度——可以说周子的哲学思想涵盖了整个宋代理学的基本问题。换个说法，整个理学史的展开，都可以说成是为周子的理念作了一个诠释。从二程对他的张扬、朱子对他的定格，我们分明可以透见整个理学是如何诠释周子的。

通过这次会议，我们也期待对一些学术问题作更深层次的探究：如何从周子其人去透视宋代的历史与文化、如何从周子的哲学去理解其时的儒释道三教关系、如何看待周子本人融会儒道而开启其学术起点，等等。其实，从我们今天所说的“文化自信”与“文化自觉”看，周子也对我们极富启示意义，周子不仅对中国传统的道德理想主义有极强的自信与自觉，对中国的制度文化也有着深刻的意识和方法论思考，他的“八风之气”、他的“淳风化俗”都极度关注并考量如何从制度训练入手。这是他的高明之处！我们今天已步入一个制度文明的时代，然而真正走向制度之轨，结出制度之果，并非易事。此诚可向古人的制度意识作一借鉴。

会议很快就要结束了，但这并不是终点，而是一个新起点，是周敦颐给我们带来的起点。我们这一路走来，看到了汝城欣欣向荣的发展景象，深感欣慰。我想，这也是先贤给我们带来的福气，懂得惜福，就有更好的起点。

我们期待着2017年再度相聚！我们还要来到湖南汝城的，我们还要来瞻仰周子的。

作者简介：赖功欧，江西省社会科学院哲学研究所所长，研究员。

汝城文化底蕴的一次大挖掘，人文资源的一次大整合，人文历史的一次大推介

——在“周敦颐与汝城暨理学思想与中国传统乡土社会学术研讨会”闭幕式上的致辞

欧阳海波

经过一天深入的交流和讨论，此次全国周敦颐与汝城暨理学思想与中国传统乡土社会学术研讨会圆满完成了各项议程和任务，取得预期效果。

本次研讨会自筹备至今历时一年多，从方案筹划、邀请学者、选定论题、调查研究、撰写论文、搜集整理到今天的研讨交流，自始至终得到了各位专家、学者们的大力支持和省市领导的高度重视、关心、关照，特别是得到了主办单位中国社会科学院文化研究中心和湖南省社会科学院哲学研究所的鼎力相助。在此请允许我代表大会组委会、承办单位中共汝城县委、汝城县人民政府表示衷心的感谢，感谢各位领导、专家、嘉宾不辞辛劳莅临汝城探讨交流、传授经验，感谢此次研讨会主办方——中国社会科学院文化研究中心和湖南省社会科学院哲学研究所的信任，把这么高档次的学术研讨会放在我们汝城举办，让汝城这颗“养在深闺人未识”的明珠有机会散发出自己的独特人文光芒，找准自己的文化定位。

此次研讨会围绕“周敦颐理学思想”、“周敦颐与汝城”、“理学思想与中国传统乡土社会”、“汝城历史人物”等专题，通过对史料的进一步研究，对周敦颐的哲学、教育、文学等方面的思想进行了新的深入探讨和诠释，范围广泛，研究深入。专家学者们各抒己见、切磋学艺，特别是在探索“周敦颐与汝城”、“理学思想与中国传统乡土社会”方面提出了许多新观点、新见解，收获了丰硕成果，进一步推动和繁荣了周敦颐理学研究，是对汝城文化底蕴的一次大挖掘，人文资源的一次大整合，人文历史的一次大推介。

此次研讨会更是一次共议发展、意义深远的盛会。专家学者们在学术探讨中结合汝城丰厚人文底蕴，对汝城如何发扬理学思想，如何搞好古村落古祠堂开发利用及民俗民风传承保护等工作提出了许多真知灼见，为汝城“推进三城

四化、建设美丽汝城”目标的实现注入了新的人文元素。

“山不在高、有仙则灵”，如此多的专家学者汇聚汝城这样一座山城，使我们增长了见识、开阔了眼界，也丰富了我们承办大型活动的经验。借此机会，再次恳请各位专家学者，在今后多到汝城传授经验、分享成果，多向外宣传、推介汝城文化，继续关心、支持汝城发展。

作者简介：欧阳海波，中共汝城县委常委、宣传部长。

附录：会议报道

“周敦颐与汝城暨理学思想与中国传统乡土社会学术研讨会”在湖南汝城县隆重举行

2012年12月22日—23日，由中国社会科学院文化研究中心、湖南省社会科学院哲学研究所联合主办，中共汝城县委、汝城县人民政府承办的“周敦颐与汝城暨理学思想与中国传统乡土社会学术研讨会”在湖南省汝城县举行。来自中国社会科学研究院和各省市社会科学院、知名院校及汝城当地专家学者近100人齐聚一堂，围绕“周敦颐理学思想”、“周敦颐与汝城”、“理学思想与中国传统乡土社会”、“汝城历史人物”等专题进行了学术研讨。

在开幕式上，汝城县委书记廖桂生致辞，向出席本次研讨会的各位领导、各位专家表示热烈欢迎。开幕式由县委副书记、县长黄志文主持，中国社会科学院学部委员、文化研究中心主任李景源研究员作了主题发言，湖南大学岳麓书院院长朱汉民教授代表与会专家学者在开幕式上致辞。

研讨会分别举办了三场专题学术报告会。第一场，为周敦颐研究专场，由中国社会科学院荣誉学部委员、世界宗教研究所杨曾文研究员主持，朱汉民、赖功欧等8位学者通过对史料的进一步研究，对周敦颐的哲学、史学、文学、教育等方面思想进行了深入探讨和诠释。第二场为理学思想与传统乡土社会专场，由《世界宗教研究》杂志社社长、中国社会科学院世界宗教研究所黄夏年研究员主持，肖永明、赖某深等8位学者结合汝城丰厚人文底蕴，对如何发扬理学思想、深入民俗文化研究，如何搞好古村落古祠堂保护利用提出了许多真知灼见。第三场为汝城历史人物专场，由中国社会科学院《哲学研究》杂志社编审、哲学研究所罗传芳研究员主持，刘范弟、万里等7位学者对汝城历史人物之行迹史事进行了考述，并对周敦颐对湖湘文化和湖南人才影响进行了交流总结。三场学术报告会气氛热烈、发言踊跃，专家学者对相关问题进行了广泛而深入的讨论。

在圆满完成各项议程和任务后，研讨会顺利闭幕。县委常委、宣传部长欧阳海波代表承办单位在闭幕式上致辞，湖南省社会科学院哲学研究所原所长王兴国研究员作学术总结，江西省社会科学院哲学研究所所长赖功欧研究员代表学者致辞。

此次学术研讨会自 2011 年 7 月始筹备至今历时一年多，先后开展了方案筹划、学者邀请、论题选定、田野调查、论文撰写、结集出版和研讨交流等工作，研讨会共交流论文 60 余篇，对进一步推动周敦颐理学思想研究，乡土社会文化研究，以及两者间相互关系研究都具有重要的学术价值与启迪意义。

周子春游雕像揭幕仪式
在湖南汝城县举行

2012 年 12 月 23 日上午，汝城县县委、县政府，在“全国周敦颐与汝城暨理学思想与中国传统乡土社会学术研讨会”于汝城隆重召开之际，在理学发源地卢阳镇予乐村太极予乐湾为“周子春游雕塑”举行揭幕仪式，纪念周敦颐在汝城开阐理蕴传授二程之史事，为展现湖湘文化的深厚底蕴、继承弘扬中华民族优秀传统文化新增了一重要的人文景观。中国社会科学院荣誉学部委员、世界宗教研究所杨曾文研究员，中国社会科学院学部委员、文化研究中心主任李景源研究员，湖南省社会科学院哲学研究所原所长万里研究员，汝城县人大常委会朱惠芳主任为周子春游雕像揭幕。来自全国的 60 多位专家、学者参加了揭幕仪式。